先辈丛书·回忆录卷

白区工作的回顾与探讨

郑伯克回忆录

红库

中共党史出版社

图书在版编目（CIP）数据

白区工作的回顾与探讨：郑伯克回忆录 / 郑伯克著
. -- 北京：中共党史出版社，2024.9
（先辈丛书 . 回忆录卷）
ISBN 978-7-5098-6531-6

Ⅰ . ①白… Ⅱ . ①郑… Ⅲ . ①郑伯克—回忆录 Ⅳ .
① K827=7

中国国家版本馆 CIP 数据核字（2024）第 071415 号

书　　名：**白区工作的回顾与探讨——郑伯克回忆录**
作　　者：郑伯克

出版发行：**中共党史出版社**
责任编辑：庄涵莉
责任校对：申宁
责任印制：段文超
社　　址：北京市海淀区芙蓉里南街 6 号院 1 号楼　　邮编：100080
网　　址：www.dscbs.com
经　　销：新华书店
印　　刷：北京中科印刷有限公司
开　　本：710mm×1000mm　　1/16
字　　数：460 千字
印　　张：28.25
版　　次：2024 年 9 月第 1 版
印　　次：2024 年 9 月第 1 次印刷
书　　号：ISBN 978-7-5098-6531-6
定　　价：69.00 元

郑伯克（1909—2008）

一部白区工作的忠实记录

宋 平

　　郑伯克同志是一位老同志。他 1927 年在共产党的领导下参加革命运动，随后入团转党，长期从事白区工作，全国解放前担任云南省工委书记。这部回忆录就是他在白区工作的忠实记录，其中很大一部分写的是云南中共地下党的工作。

　　旧中国的国情决定了中国革命的特点是"武装的革命反对武装的反革命"，革命的主要方法、主要形式是武装斗争，是在农村建立革命根据地。但是正如毛泽东同志指出的："着重武装斗争，不是说可以放弃其他形式的斗争；相反，没有武装斗争以外的各种形式的斗争相配合，武装斗争就不能取得胜利。着重农村根据地上的工作，不是说可以放弃城市工作和尚在敌人统治下的其他广大农村中的工作；相反，没有城市工作和其他农村工作，农村根据地就处于孤立，革命就会失败。而且革命的最后目的，是夺取作为敌人主要根据地的城市，没有充分的城市工作，就不能达此目的。"（《中国革命和中国共产党》）白区工作的这种必要性和重要性，在我国革命即将取得全国胜利的解放战争时期表现得更为明显，更为突出。周恩来同志在 1947 年 2 月召开的中央政治局会议上所作报告中，把国民党统治区的人民争取民主的运动称作"第二战场"；毛泽东同志在 1947 年 5 月 30 日所写的《蒋介石政府已处在全民的包围中》这篇新华社评论中则称之为"第二条战线"。他们都把当时国民党统治区的人民争取民主的运动（特别是学生运动）提到同人民解放战争相配合的战略地位。

　　我党在白区工作中，有伟大的成绩，有不少成功的范例，云南地下党的成绩就比较突出。在皖南事变以后，他们坚决贯彻中央指示的"荫蔽精干，长期埋伏，积蓄力量，以待时机"的方针，认真执行周恩来同志在南方局为贯彻这一方针提出的"三勤"（勤学、勤业、勤交友）、"三化"（职业化、社会化、合法化）的政策，抓住西南联大这一有广泛影响的重要阵地，利用云南地方实力派与国民党中央当局存在尖锐矛盾这一有利条件，以共产党员为核心，团结广大群众，积蓄了比较雄厚的力量，因而在民主运动来潮时，昆明的爱国民主运动很快就开展起来，高潮迭起，在整个大后方产生了很大的政治影响，西南联大和昆明被誉为"民主堡垒"。抗日战争胜利以后，国民党反动派坚持内战独裁，昆明又爆发了以反内战争民主为内容的震动中外的一二·一运动。周恩来同志称这个运动是"新的一二·九"。它是解放战争时期第一次大规模的学生爱国运动，为在国民党统治区开辟第二战场拉开了序幕。国民党发动全面内战以后，云南地下党又坚决贯彻了周恩来同志指示的"长期打算，积蓄力量，发动斗争，推动高潮，配合反攻形势，发动第二战场，准备里应外合，争取全国胜利"的蒋管区工作总方针，不仅多次发动了声势浩大的群众斗争，在敌人的残酷迫害下，中共党的组织始终没有遭到破坏，而且发动了农村武装斗争，在滇桂黔边纵队的 12 个支队和两个独立团中，云南的革命武装就有 10 个支队和两个独立团，解放了云南的 60 多个县。最后又争取了卢汉起义，配合解放大军解放了全云南。真正做到了周恩来同志所要求的"里应外合，迎接胜利"。

对于云南地下党的工作成绩，毛泽东、周恩来、邓小平同志都曾予以肯定。毛泽东同志在 1945 年 12 月 15 日为中央起草的党内指示《一九四六年解放区的工作方针》中，即以"昆明罢课"作为"国民党区域正在发展的民主运动"的标志。周恩来同志 1947 年 9 月 27 日同廖志高、于江震、杨超三人谈话时，在讲到"三勤"政策的执行时说道："同样由南方局领导而且也执行'三勤'政策的云南党并没有发生马、王、李三处的同样错误，而且一经上级推动，即在民主运动来潮时起了模范的作用。"（《关于"三勤"政策》）邓小平同志 1950 年 4 月 11 日在中央人民政府第六次会议上所作《关于西南工作情况报告》中讲到卢汉起义后又发生李弥、余程万两军叛变时，也曾说道："因为云南有广大的解放区，有久经锻炼的人民军队，有有组织有觉悟的解放区人民，在他们的有力地协同和支持之下，才能迅速地扑灭李余两匪的叛乱。"

云南中共地下党工作取得显著的成绩，这是在中国革命的总的形势下，云南省工委带领全体党员，坚决贯彻执行中央提出的方针政策，紧密团结广大群众艰苦奋斗的结果，也与云南的各种条件有相当的关系。这里应该特别予以指出的一个决定性因素，就是周恩来同志先在南方局后兼任中央城市工作部长时正确贯彻执行了中央的白区工作方针，对于国民党统治区党的工作进行了具体指导。他在不同时期对于地下党的斗争策略、斗争口号、组织形式、工作方法等等方面，都有许多具体的指示。在抗日战争时期和解放战争时期，共产党在国民党统治区的工作，同以往几个历史时期相比是最成熟的，遭受的破坏是最微小的。应该说：周恩来同志那种炉火纯青的指导在这方面起了极为重要的作用。对此，郑伯克同志的这本回忆录可以说是作了很好的注脚。

当然，这不是说我党在整个白区工作中没有损失和牺牲。在白色区域，敌强我弱，实力悬殊，斗争就是打仗，损失和牺牲是不可避免的。像重庆渣滓洞牺牲的罗世文、车耀先和齐亮、刘国鋕等年轻党员，他们在敌人的监狱里经受了酷刑拷打，始终坚贞不屈，表现了共产党人的革命气节；在昆明也有一二·一惨案中牺牲的四烈士和惨遭敌人杀害的李公朴、闻一多先生。他们的牺牲，进一步激起了广大群众的义愤，掀起了一次又一次反对国民党独裁统治、争取民主自由的斗争高潮。这些先烈们将永远留在人们的记忆当中。

郑伯克同志今年已是九十高龄。他以耄耋之年，根据自己的亲身经历，并查阅不少资料，亲自动笔，几经寒暑，撰写了这本几十万字的回忆录，不仅内容详实，而且既写成绩又写缺点，可称信史，为研究党史、特别是研究党在白区工作的历史，提供了宝贵的资料。我相信，这本书的问世，当会受到党史工作者和读者的重视与欢迎。

目 录

第一章　青少年时期

一、家庭状况与我的成长

1909 年 7 月 19 日（农历己酉六月初三日），我出生于四川省屏山县黄丹乡（现属沐川县，已改为镇）一个叫漩水沱的小村子里。这里距黄丹乡十公里，离乐山县属大渡河边的铜山镇约十公里，距犍为县属岷江边的石板溪约二十公里，是三县的交界地带。村子三面环山，村后是层层梯田。整个村子被茂密的竹林、树林环抱，显得非常紧凑。村南有条小溪，沿着山麓蜿蜒向西缓缓流去，就像一条彩带，把村子点缀得十分优雅。树林里常有野兽出没，有一种会爬树的小动物，形状酷似猿猴，人们称之"为子"，晚间会跑出来，偷吃树上的酸枣，非常调皮。

我父亲郑洪斌在当地算是比较有实力的人，开有煤厂和印染、纸张作坊，还在黄丹乡街上开了一家中药房。除此之外，还拥有近百担谷的土地。我们家里人口较多，共有 14 个子女。在我一岁时，父亲因病过早地离开了人世。父亲过世后，由堂叔和三哥郑绍文接管家政。

母亲出生农家，慈祥和善，勤俭持家，一手抚育我们长大。记得我小时候吃饭时，掉了一粒饭在桌子上，她都要叫我捡起来吃掉。她常常对我们说，要懂得稼穑之艰难。给我影响最深的是，有一天她带我到附近煤矿去散步，一面走一面对我说，开煤矿是吃"黑心饭"，将来你长大了，不要靠开煤厂吃饭。当时，对母亲这番话的深刻含义，我还不能完全理解。

我的家庭比较注重教育，专门请了一个叫洪子荆的私塾先生到家里来教孩子们读书。我六岁开始和兄长一起在家馆[①]就读。传说洪子荆先生中过举，

---

① 即专门请先生到家里教孩子读书的地方。

有一定的学问。他先教我读《三字经》，再读《幼学琼林》，然后读四书、五经。他对我们很严厉，要求我们全部死记硬背，背错了一个字，就要打一次手心。开始时只要求死记硬背，不作任何讲解，一直读到《全经左传》时，他才开始进行讲解。对于老师讲的，有的懂，有的不懂，只好囫囵吞枣。老师开讲以后，教我们学作文，这是正课。除此之外，在读《千家诗》时，教我们学作诗；读《声律启蒙》时，还教我们学作对联。

我最感兴趣的是《幼学》和《左传》，书里有很多动人的故事，老师讲得有声有色，我很乐意听。配合学《左传》，我还读了吕东莱的《博议》。洪子荆的思想较开明，常鼓励我们在课余时看《三国演义》《东周列国志》《聊斋志异》等小说。他经常给我们讲这些书里的故事，我虽年幼，但听得津津有味。到我有阅读能力时，我便如饥似渴地读书，将这几部书反复读了几遍。《三国演义》中那些精彩的故事，把我深深地吸引住了。关羽温酒斩华雄，张飞大闹长坂坡，赵子龙单骑救主，书中把他们的威武气势写得生龙活虎，跃然纸上。《聊斋志异》中那些情节曲折、光怪陆离的故事，也很引人入胜，使人爱不释手。其中有的故事我特别喜爱，反复读过多遍。如婴宁纯洁天真，不拘礼教，爱花成癖的人物性格，给我留下了很深的印象。又如连城，故事中叙述到她以死抗婚，乔生割肉以报知己，魂从知己，死不欲生，也使我为之感动。

约15岁时，我到黄丹乡炭商小学高级班就读。这时，国文老师教的仍是古文，要求学生作文也要用文言文。我因有私塾根底，在全校作文中一直名列前茅。

黄丹乡每月逢二、五、八日赶集，非常热闹。街头有座古庙，人称"天后宫"，传说马边河水流湍急，险滩很多，来往的船只往往被冲没。为了求助于上天，就修建了这所庙宇。但"天后"的来历，我当时并不清楚。直到1987年我在福建莆田县登湄州岛时，才知道"天后"即"妈祖"，那是传说中宋代涉波履险救急济难的一个助人为乐的善良姑娘。

学校放寒假期间，我随大哥去小湾煤厂住了些日子。日间我到煤矿坑道口附近去看工人干活，晚上还同工人一起围坐在火塘边，听他们"摆龙门阵"①。对工人苦不堪言的工作和生活，我闻所未闻，见所未见，引起我深深

---

① 摆龙门阵：聊天、讲故事。

的同情。煤矿的采掘工叫"挖匠"，由于煤层有高有低，低处多，采矿时需弯着身子做活，年深日久，便从此直不起腰来。运煤工叫"拖匠"，也要在坑道里爬着走。坑道虽有通风设备，但有时供氧不足，氯气就会助燃起来，躲避不及，葬身火窟是难免的。掘煤时如遇到地下河，山岩会忽然塌下来，事前防备不及，也将遭到灭顶之灾。矿工生活十分贫苦，每月除初二和初十六"打牙祭"外，平日都是素食。工匠大都来自附近的破产农民，也有从远处招收的无家可归的流浪汉，还有被连哄带骗招来的年轻农民。管理工匠的"厢头"残酷虐待工人，工人们忍无可忍，往往铤而走险，以各种方式进行反抗。有的在不堪忍受的情况下，就偷偷地"放筏子"（即逃走）。我目击煤矿工人的生活后，回想起母亲过去说过的话，似乎明白了她不让我参与经营煤矿的原因。

　　一天，大哥叫我跟他一道去一个佃农家，这个佃农家在煤厂附近，当晚，我们就住在他家的楼上。第二天天刚亮，协助揽子（对股东的称呼）办事的管事①跑来惊慌失措地报告说，昨晚煤厂"抬和尚"②。我好奇地从楼上小小的窗子看去，只见煤矿坑口没有一个人，只见横七竖八堆着几大堆工具，四周静悄悄的，只有一只小狗在地上跑来跑去。回到厂里后，大哥把一个厢头叫来训斥了一顿，方知"抬和尚"的起因，是那个厢头吊打一个拖匠，激起工人群众的愤慨，众怒难犯，大家就把工具扔下后，一哄而散。这件事使我久久难以忘怀。

二、加入共青团前后

　　1927年夏秋间，五哥带我去成都考中学。我们从家乡出发，走了20里路，到大渡河边的福禄场乘木船，几个钟头后就到了乐山市。那时还没有公路和汽车，从乐山走了几天的小路，才到了成都。

　　这时，全国大革命的高潮已经过去，但成都的革命运动却方兴未艾。四川当时是防区制，统治成都的三个地方军阀迫于大革命浪潮的冲击，眼见北洋军阀纷纷倒台，便于1927年1月弃北附南，屈服于武汉国民政府，呈请加

---

① 管事是股东的助手，相当于经理或襄理。

② "抬和尚"，即工人集体总罢工，捣毁工具后全部逃走。

入国民革命军。三军阀中的二十四军军长刘文辉，绰号"多宝道人"，时任四川军务帮办，主持省政。蒋介石曾从南昌派密使来拉拢他，他也密派其军参谋长向育仁（向传义）去江西，接受了蒋介石"清共"指令。同年4月，邓锡侯、田颂尧、刘文辉三军长共同协议，成立了四川省会军警团联合办事处，以向育仁为处长，统一指挥成都城防军队、警察、团练，其首要任务是镇压共产党及左派革命运动。1927年5月，蒋介石在南京成立国民政府，邓、田、刘等四川军阀通电拥护，白色恐怖笼罩四川。在此形势下，中共川西特委运用正确的斗争策略，以合法、巧妙的斗争方式组织群众继续斗争，使反共分子无隙可乘，因此，成都革命的浪潮仍汹涌澎湃。我一到成都，就被卷入革命洪流中，接受战斗的洗礼和锻炼。

我们到成都时，成都的学校正放暑假，我们只好暂住在盐市口五哥的同学家开的棣华旅馆等待开学。在这里，我遇到一个省立第一中学的学生，叫王典章[①]。我和他一见如故，互相谈论读过的书籍，我给他讲《聊斋志异》故事，他则介绍蒋光赤的《少年漂泊者》、郭沫若的《女神》给我看。我一口气把这两本书读完了。书里贯穿的反抗旧社会的思想一下子把我吸引住了。由于我对家里未经我的同意就为我定了婚约的事心怀不满，再加上接触了一些劳动人民，对他们的苦难生活非常同情，于是对书中描写的反抗旧社会的思想产生了强烈的共鸣。在读了《少年漂泊者》之后，我非常同情那个漂泊少年，以及那个不幸而死的玉妹。读《女神》时，我也很赞美"把黑暗驱逐了一半，驱向那天球外边"的诗句，以及其中的《匪徒颂》等，我朝夕吟诵。为了再寻找这一类的书籍来看，我千方百计收罗郭沫若、蒋光赤的作品，也读创造社的一些书刊，如《创造日刊》《创造月刊》《洪水半月刊》等。由于我读的书更加广泛，视野也日益开阔。

我有个姨表兄叫唐效实，当时任省立第一中学校长。在旅省同乡的鼓动下，我投考了省一中。入学后，发现王典章正好与我同寝室，并同桌就餐，非常高兴。他在生活上热心帮助我，我非常感激和信赖他。相处一段时间后，他告诉我他是石犀社的社员，他邀我参加他们的活动，并又推荐两本书给我看，一本是《共产主义 A. B. C.》，一本是《新社会观》。我虽读不太懂，仍努力去读。他告诉我，石犀社是 CP 领导下的公开团体，CP 就是共产

---

① 王典章，屏山人，1928 年从成都回家乡，我到上海后即不知其消息。

党。他说，学校还有一个组织叫石犀学会，被人们称为"狮子狗"。我问他为什么叫他们"狮子狗"？他说这些人追随国民党，当国民党的走狗，因此称他们为"狮子狗"。王典章向我介绍了这些情况后，叫我不要同他们来往。有一次，我同他去少城公园，我们坐在茶馆里，有个卖小报的来推销报纸。他拿了其中的一张《醒狮报》，告诉我说，这个刊物宣传的就是国家主义派的观点。双十节国庆日，我随王等去街头散发传单，"狮子狗"也在那里作宣传。忽然，石犀社和石犀学会人打起架来，石犀社的人多，对方打不过他们，就逃走了。

约莫几个月后，我从一些左派同学处知道，年初，四川军阀刘湘已在重庆大肆屠杀共产党人。4月间，蒋介石亦在上海屠杀共产党人。但当时在成都，由中共川西特委领导的九大赤色社团都还在公开活动，它们是成都大学社会科学研究社、师范大学导社、四川大学法政学院共进社、志诚法专锐社、省立第一师范学校赤锋社、省立第一中学石犀社、师大附中新青年革命社、成都中小学生少年俱乐部、国民党左派人士怒潮社。共产党经过这些团体发动、团结广大群众向军阀展开斗争。我从心里佩服共产党人反抗军阀的勇敢精神。虽然当时我还不懂得共产主义，谈不上有什么政治觉悟，但我热衷于跟着共产党走。记得我曾参加过争取教育经费的运动。当时，全省的肉税，即教育经费，都被军阀按防区吃了，以致学校发不出工资，开不起课。全市大中学教师罢教，学生总罢课，集会游行。我记得还把教育厅长万克明抓起来游街。我的姨表兄唐效实对学生的行为表示异议，也被抓起来游街，我当时甚至认为这才痛快。当时，军阀都设厂造银币，其成分铜多银少，叫劣币，由此造成通货膨胀，民不聊生。老百姓对军阀造劣币愤恨已极，有句口语：川板银元破、烂、哑，三个军阀邓、田、刘。在共产党的领导下，人民群众起来斗争，商人罢市，学生上街游行宣传，开展反劣币运动，到省政府质问三军阀。我通过参加这些运动，深受锻炼和教育。

一个学期很快就过去了，在学期结束考试前的一天，王典章来找我，动员我参加石犀社，我欣然应允。学校放寒假后，我回家过春节。春节刚过，王典章从成都带消息来给我，说唐效实已不再担任省一中校长，继任校长是国民党右派、省党部执行委员、刘文辉军部秘书，叫杨廷铨。他依仗军阀作后台，武装接管学校，强迫学生拥戴他，大量开除不拥护他的学生。学生们十分愤怒，石犀社以陈进思等为首的百余名学生责问杨为何武装劫校？杨蛮横无理，群情愤怒，将其打死。因此，国民党当局下令解散了省一中。反动军阀、成都军警团联合办事处处长向传义包藏祸心，伺机已久，立即利用此机会，在全市搜捕共产党人、石犀社以及其他几个公开的赤色团体的人。1928年2月16日，国民党枪杀了14人，史称二·一六惨案，成都顿时处于一片白色恐怖之中。据《四川革命烈士传》记载，14位烈士是袁诗尧（中共川西特委宣传部长、师大附中教务主任）、周尚明（党员，共青团川西特委书记、省一师学生）、龚堪慎（党员，中共川西特委学委、四川省学生联合会主席、四川法专共进社主任）、钱芳祥（党员，中共成都大学特支书记、成大学生）、李正恩（党员，共青团成都大学特支书记、成大学生）、王向忠（党员，成大社会科学研究社成员、成大学生）、郭翼棠（党员，志诚法专锐社领导人，法专学生）、张博诗（党员，师大导社主要负责人，师大学生）、王道文（党员，成大社会科学研究社主要负责人，成大学生）、胡景瑗（党员，成大社会科学研究社主要负责人，成大学生）、石邦渠（团员，共青团省一师支部书记，省一师学生）、陈选（团员，省一师赤锋社成员，省一师学生）、韩钟霖（成大社会科学研究社成员，成大学生）、白贞瑞（省一师赤锋社成员，省一师学生）。他们个个都视死如归，英勇就义。其中有个党员在赴刑场时，还与周围的同志们谈笑风生地说："砍头坐牢是革命者的家常便饭。"我知道他们的事迹后，十分感动和敬佩。从他们身上，我看到了中国的希望。此外，我从几个姨表兄那里还听说蒋介石在全国逮捕、屠杀共产党人，叫嚣"宁可错杀一千，不可放走一个"。白色恐怖笼罩着乐山、犍为等地，但我没有感到畏惧，决心寻找救国真理。

1928年春，我转学到离家30里地的犍为县立中学。我很怀念石犀社的同学和从事的那些活动，为此，我写信给已从成都回家的王典章，打听在犍为有没有石犀社的人。不久，接到他的回信说，现在形势很紧张，石犀社等公开的赤色团体已都被解散，要我不要再提石犀社的事。在信中，他向我介绍《布尔什维克》等书刊，要我找来阅读。

正当我为找不到石犀社的人而苦恼时，在与一个表兄聊天中偶然听说我五哥有个同学是共产党的人，为了躲避敌人的追捕，从泸州逃到犍为来，住在岷江边他的一个亲戚家里。为此，我很高兴。我想，找不到石犀社的人，找到共产党的人就更好了。我就向五哥打听他的住址，设法去见他。

一个星期日，我向五哥打听了那个人的地址，专程到县城外岷江边去找他。见面后，我向他表达了敬仰之情。他询问我的经历，读过哪些书，我主动向他讲了自己曾经参加过的一些革命运动。他听出我的来意是想找共产党的人，就告诉我说他已经脱离革命了。对此，我感到有些失望。但我临走时，他送给我一本蔡和森撰写的《社会进化史》，使我印象很深。

回学校以后，我如饥似渴地把这本书读了几遍，从中我对历史发展的规律和科学共产主义的知识有了一定的了解。我看到这本书是上海泰东书局出版发行的，就猜想这个书局一定出了很多这方面的书籍，但又不知道书名。于是，我就想了一个办法，按书上写的地址汇了一些钱去，请他们把出版的书寄几本给我。过了一段时间，我果然收到了泰东书局寄来的几本书，可惜都不理想，都不是我想看到的进步书。

犍为县还有个教英语和公民课的教师，叫卢继伦，我听说他因参加共产党被朝阳大学开除了，从天津回到四川。课余时，我经常去找他，有意向他请教一些政治问题。他却对政治问题守口如瓶，丝毫不涉及，我只好作罢。

1928 年秋，我又回到成都皇城旧址内的成城公学上学。我很怀念当年的斗争和朋友，每逢星期日上街，我总是左顾右盼，盼望能碰到石犀社的人，但却一个也见不到。这段时间，我找到了一些创造社和太阳社的书刊来阅读，对他们所倡导的革命文学，我颇感兴趣。除文艺方面的书刊外，我还读了些简明易懂的社会科学方面的书。我深感学校的政治空气沉闷，就联络几个要好的朋友商量，办一个不公开的文学刊物，取名叫《霹雳》，自己印刷、散发。在第一期上，转载了郭沫若的诗"我想起了陈胜吴广……"。同时，办刊物的同学组成了秘密团体霹雳社。

1929 年 4 月，一个叫李素的同学因看一本马克思主义的书，被教务长发现，被开除了学籍。我对他深表同情，仍然继续同他交往，他说他是 CY，说霹雳社实际是共产党、青年团领导的。以后我才知道他是中国共产主义青年团员。8 月，他介绍我入团。我们在西城边支矶石公园的小茶馆里，由团省委书记宋毓萍（后叛变）主持举行了入团仪式。

同年秋，我用三哥中学的毕业文凭投考四川大学，录取在该校外国文学院读书。不久，成华团县委书记刘达（刘连波）[①] 来找我，他要我担任外文院

[①]　成华县是成都、华阳的简称。成华县委相当于成都市委。刘达，抗日战争时期川康特委统战部部长，新中国成立后曾任中共重庆市委统战部部长。

团支部书记。当时，外文院同学中共有四个团员：韩秋雁（韩劲风）、杨尚志、杨尚能和我。据我了解，韩秋雁在武汉时，曾参加过北伐，杨尚志、杨尚能是三·三一惨案中牺牲的省委书记的弟弟，他们还有个兄长是红军高级将领，我认为我的经历比他们少，水平比他们差，就回答说：我不行。他说：你不是在省一中参加过石犀社吗？我说：我参加石犀社不到一个月，就回家乡了，那时我幼稚得很，算不上什么。他说：参加一个月应该是已参加。组织审查过你的历史，是组织决定让你担任书记的。听到这是组织的决定，我只有服从。那时我们学校还有一个党员，是四川达县的吴显扬，就由我们五人组成一个团支部 ①。支部成立后，由成华县委直接领导。

9月，成都发生了一起轰动全城的大事。成都西御街春森机械厂老板夏春森将婢女虐待致死，投入井内，然后又把两个婢女一起装入一副薄薄的火匣（棺材）里，偷偷地运到东门外沙河铺埋掉。此事被共产党领导的成华女界协进会知道后，立即向党组织作了反映。在中共川西特委领导下，由成华女界协进会发起，公开的和秘密的社团参加，组成了夏氏残杀婢女案成都各界后援会，在全市展开声势浩大的宣传活动，揭露资本家迫害劳动人民的罪恶。这一事件引起社会各界人士的极大愤怒。在各界响应之下，成都又掀起了革命的浪潮。

为领导这次全市性的群众运动，中共地下党组织决定成立夏案后援会的领导核心——党团（相当于现在的党组），参加的有省立第一女子师范学校的张慎修、李茂修，成都师范大学的曹建民（曹荻秋），岷江大学的张连生，川大只有我参加。曾海元代表中共川西特委来负责领导。我记得当时参加党团的还有一个女一师的筠连人，好像姓廖，他只参加了一段时间，就不知去向了。

参加夏案后援会的有全市公开的团体，例如市商会，也有半公开的，甚至秘密团体（参加者不用其团体的名称），还有新闻界人士，人数多，声势大。由于有共产党的领导，采取合法公开的方式开展斗争，并争取到法院的人也参加，所以运动开展得很顺利。特别是沙河铺开棺验尸，把运动推向高潮。当天，人们齐聚在一起，人山人海，等待法医检验的结果。当法医宣布，检验证实死亡者是被打成重伤，然后投入井下淹死时，群情愤慨，大家

---

① 当时在一些地方，有党支部里有团员的，也有团支部里有党员的。

强烈要求严惩杀人罪犯，厚葬死者，并抚恤其家属。

后援会党团只有我一个是团员，我参加后援会的党团活动后，和党员的交往更多了。我从曹建民、张连生那里懂得了很多党的知识。与我交往较多的是张慎修，她经常把省委以至中央对形势的分析，以及一段时期总的方针政策告诉我，比我在党团活动分子（积极分子）会上所听到的还多。在这些交往活动中，我获益不少。因我在校外租房（不住川大宿舍），她有时听到上级精神的传达，就及时到我的住处告知我。

当夏案后援运动热火朝天时，反动资本家暗地勾结军阀，阴谋以武力镇压高涨的革命运动。约 9 月下旬，后援会在总府街昌福馆后面的市商会开会，研究运动的深入发展，向传义带领成都市军警团联合办事处的军警武装包围了会场，他们荷枪实弹，如临大敌。我第一次遇到这种场面，有点沉不住气，张慎修在我身旁，悄悄地暗示我要冷静。大家理直气壮地声明：支持无辜被虐杀的人民群众，合理合法。蛮横无理的反动军警扬言要逮捕所有到会的人。大家据理力争，最后推选出李茂修和岷江大学的李松（后叛党）为代表，去军警团办事处交涉，才算放了大家。

两位代表去到军警团办事处后，竟被当局拘留。党团立即组织群众去慰问被拘留的人员，同时向社会各界呼吁，要求当局释放他们。在这些活动中，张连生和我担任与新闻等界联络的任务。我们到各新闻单位，请他们在舆论上予以支援。经多方营救以及各界的声援，约 10 月下旬，军警团被迫释放了被捕代表，夏案后援运动告一段落。

1929 年夏秋间，霹雳社发展了很多社员。10 月初，我同霹雳社领导成员一起商量，利用辛亥革命纪念节可以合法公开地散发国庆宣传品的机会，揭露蒋介石背叛革命屠杀人民的罪行。我起草了一篇宣言，以"普罗社"署名。"普罗"系"普罗列塔利亚"的简称、拉丁文 proletariat 的译音，原意指社会最低等级，当时左翼文化书刊都以此词指无产阶级。

在这次散发传单的活动中，成城公学有两个霹雳社社员被军警团逮捕。审讯中，他们招认出霹雳社的主要负责人是郑某，并招出我星期六晚上要到成城公学操场向霹雳社社员讲时事。

星期五的下午，我正在搜集材料，准备第二天讲时事，忽然，张慎修来告诉我，她去军警团办事处拘留所看望李茂修时，李把成城公学学生被捕供认的情况告诉了她。她说："那两个学生把你的行踪都讲了，明天晚上你千万不能去了，赶快找个安全的地方隐蔽下来。"我听了她的话后，随即向川大外文院校务处请了病假，及时转移了住处，到南门外九眼桥附近一个同志家里去躲避了一段时期。

星期六晚上，我没去成城公学。事后听说有些巡官挎着手枪、提着大刀，在去成城公学必经之路的旧皇城城门洞等了几个小时，扑了个空。当时，成都国民党当局规定打死一个共产党人，赏大洋（银元）50元。

几天后，中共川西特委的刘达（刘连波）在九眼桥上碰到我，他对我说，现在浪头已过去，要我回到川大去继续工作。恰好我在川大用的是我三哥的名字，中学同学都不知道我离开学校后到哪里去了，敌人更不知晓。所以，我就又回到了川大，继续上学、工作。

返校后，我找霹雳社的骨干成员商量，根据霹雳社已暴露，无法继续存在的情况，研究今后怎么办的问题。大家同意另组黎明社，将原霹雳社中意志坚强、敢于斗争的人转到这个新团体来，继续开展斗争；对表现胆小怕事、畏缩不前的社员，就不再联系了。

1929年冬，组织通知我参加中共川西特委和成华县委举办的短训班学习。到短训班，我见到参加的人大都面孔很熟，虽不知道姓名，但都是在积极分子会上见过，估计都是党员和团员。在受训过程中，我认识了来讲课的秋霞（绰号"太婆"，即程子健，当时省委负责人兼川西特委的负责人）和贺竞华（绰号"灯竿"，中共川西特委秘书，后任省委军委负责人，后被捕牺牲）。因张慎修的关系，我同贺更熟悉一些。贺指导我读马列著作，我经常到他住的西城根街学友互助社去找他，向他请教。在他指导下，我阅读了大量《布尔塞维克》《红旗》上发表的重要文章，使我初步懂得了一些马列主义和中国革命理论的基础知识。

1929年到1930年，世界资本主义经济发生危机，南京国民政府的内部矛盾也日益尖锐。在白色恐怖之中，共产党组织坚持开展艰苦的工作和斗争，使苏区和红军有很大的发展。我记得，1930年初，在一次活动分子会上，上级领导同志来给我们讲形势时，说现在全国革命运动已走向高潮，要行动起来，迎接高潮。

1930年三·三一惨案纪念日，遵照上级的指示，当天举行飞行集会，要求党团员和赤色群众都应参加，我也参加了集会游行。当天，几百人的游行队伍从少城公园（现中山公园）出发，手挽着手，排成队伍，跑步向前，高呼"中国共产党万岁""打倒国民党军阀"等口号。游行队伍到中山公园（新中国成立后为工人文化宫）时，反动军警突然包围了人群，分兵几路，冲入其中捕人，顿时一片混乱。我混在坐茶馆的人群中，和他们一起喝茶、聊天，躲过了这次搜捕。事后听说有几人被捕，经设法营救，加上川西军阀与川东军阀之间的尖锐矛盾，关押不久即释放了。

直到夏天，革命运动仍此起彼伏，一浪接着一浪。上级号召发动总同盟罢工，开展游击战争，组织革命兵变，以迎接革命的新高潮。遵照这些指示，全市还组织过几次罢课、一次罢市，声势浩大。

反动当局对这些行动采取了高压政策，查封了西南、岷江、民立三所大学，逮捕了西南大学校长、共产党员梁伯龙（后牺牲）。军警团的巡查队日夜在街头巡逻，据说向传义下令，如搜查到共产党人，就立即枪毙，先斩而后奏。

在险峻的形势下，面对磨刀霍霍的敌人，由于共产党内"左"倾错误的领导，党组织仍然继续号召"争取绝对公开，冲破白色恐怖"。在党的鼓动下，加之有巨大的革命热情，年轻幼稚的我积极地投入斗争洪流中。

三、第一次被捕与出狱

1930 年 7 月，中共川西特委领导开展了一场反对华西坝筑城墙的斗争。

成都南门外的华西坝是英国、美国和加拿大等国教会办的华西协合大学、华西中学等学校所在地。多年来，帝国主义分子勾结地方军阀，强买、强占了附近几千亩土地，企图完全霸占这一地区。

六七月间，一个叫苏道璞的英籍教授在华西坝遭到抢劫（一说被杀），帝国主义分子即以此为借口，在华西坝周围建筑城墙，拦截通道，划为禁区。帝国主义无视中国主权，在中国领土上为所欲为的行径，激起了群众的公愤，纷纷起来抗议。地下中共川西特委行动委员会经过研究，认为应该顺乎民意，组织群众开展斗争。因为帝国主义分子计划在 8 月 1 日实施拆墙计划，这一天恰好是国际反战纪念日，又是共产党领导的南昌起义纪念日[①]，同时，我们还听说中央正在召开全国苏维埃代表大会，大家认为，我们在这时

---

① 这时，中央尚未把南昌起义定为建军纪念日。

开展反对帝国主义的斗争将会有很大的意义，遂决定 7 月 22 日在盐道街省立师范学校开会研究筹备事宜。

经过秘密串联，7 月 22 日，各校都有人来参加筹备会议。会议在省立师范学校的一个教室举行。这个教室外面是一条通道，来往路过的人可以从窗外清楚地看见教室里黑板上写的字，听到会场上的高声说话。

早上 8 时，会议正式开始。我见到有许多是过去在党团活动分子会上见过面的熟面孔，大家互相心照不宣，也不打招呼。参加会议的还有些是群众运动中的积极分子、赤色外围团体的成员。会议开始后，大家推选师大附中学生会主席、地下党员杨国杰为会议主席，并推举西昌人古兰皋和川南叙永一个姓李的青年学生作记录。

这次会议的主要内容是讨论斗争的纲领和口号。大家一边讨论，一边将提出的意见一条条写在黑板上，然后再逐条讨论决定。大家提出的口号，都是根据共产党的六大决议中和党当时提出的斗争号召为依据。会议开到 11 点还未结束，会场外面站满了围观的人。

突然，反动军阀向传义率领军警团联合办事处的大批军警包围了会场。他们把聚集在教室外面的人赶开，然后一个连长模样的军官进到教室，向大家宣布：不准非法集会。会议主席杨国杰挺身而出，据理力争，说：我们出于爱国热情，合理合法。反动军官不许他辩解，命令士兵将开会的人全部逮捕。他们用绳子将我们每个人从上到下捆了好几下，然后荷枪实弹地将我们押送到军警团联合办事处。不久，又将我们转送到三军临时法庭。

当时成都市是由廿四、廿八、廿九三个军分区管理，他们认为这是涉及洋人的大案，谁也不愿承担责任，所以由三军军部派人组成临时法庭，专门负责处理这一案子。并以被查封的民立大学校址为办公机关，把我们关押在这里，进行个别审问。

在临时法庭关押的这段时间，平时熟悉的党团员互相联系，逐步打通了横的关系。被关押的党团员合编为一个临时支部。外面的共产党组织通过探监的亲友送衣物、食物的机会带来消息，对被捕同志的坚强斗志予以肯定和鼓励，并指示要大家巧妙地与敌人周旋，作好应付敌人审讯的准备。

在党组织的指示和鼓励下，大家表现都很好。每次同志们被提审后回到狱中，都互相询问审问情况。大家在问答审问时的情况都差不多，一般都理直气壮地说参加这次活动是出于爱国热情，并未受谁的指使。那天开会时担任记录员的那个姓李的人，因其父亲是廿四军的高级军官，不久即被释放出狱了。

过去我在短训班里，曾受过一些关于秘密技术的教育。当时，共产党组织教育我们，地下党是在白色恐怖下开展工作，随时都有可能被捕，要有充分的思想准备。几年来，我读了不少创造社、太阳社的充满革命豪情的文艺书刊，记得洪灵菲写的小说《转变》，给我印象很深。书中描写一个革命志士的思想转变，其中有一句"愿作时代的桥梁"。我将这句话作为自己的座右铭。我常常想，我们处在新旧社会交替之间，是时代的桥梁，宁可自己受苦受难，也要让千千万万的人登到新社会的彼岸。敌人武装镇压的场面，我已经历了三次。所以，当敌人包围会场时，我并没有惊慌，而是若无其事地与一个围观的省师的学生谈笑如常。如果这时我混迹人群中，也可逃之夭夭。但我想到，做个革命志士应当临危不惧，和同志们同生死，共存亡，绝不能畏缩不前，只顾自己。正因为我没有走开，才遭到逮捕。在押解到督院街军警团的途中，我就开始沉着地思考如何应付敌人审问的办法，编出了一套假口供。

到三军临时法庭后，敌人审问我时，我按照事先想好的一套假"供词"来敷衍敌人。我说：我的名字叫"季伯谦"，平素只知埋头读书，两耳不闻窗外事。偶然到省师访友，路过一个教室，见到有很多人，就去看热闹，突然就被逮捕了。我先后被审讯了好几次，每次审讯的方式都不同，但我的回答都是一样的。有一次审问时，敌人要我招认是共产党，并问共产党的头子是谁，参加会议的还有谁是共产党？我回答说：我不懂什么是共产党，也不认识谁是共产党，对那些开会的人我都不认识。

一次审讯时，一个审讯我的人问我：你乘过船没有？接着启发我说：你寒暑假回家，从成都到岷江是下水，如果途中遇到险滩，船上的人落了水，而你正好抓着一块船板，靠它你就可以浮在水面。但如果大家都来抢这块船板，就会因承受不了这样大的压力而使众人都落入水中；如果只是你一个人扶着它，就可以使你平安地回到岸边。他劝我好好想一想，人到危难时，还是保自己的性命要紧。我装作听不懂他的话，就事论事地回答说：我没有坐过船到成都，也没有坐过下水船，从来都是走的旱路。敌人无可奈何，就没有再审下去。

在被关押期间，大家的表现都很坚强。有一次，一个青年因受不了屈辱，同看守吵了起来。一个军官看见后，竟当场用军棍乱打那个青年。同监的难友都愤恨不已，齐声高喊：不得无理打人！军官才不得不把手停下来。反动军官还肆意迫害女难友，把辣椒放进柴草里，把柴草点燃后用烟熏她们。但不论反动派采用何种办法，没有一个人供认出这次活动是共产党组织领导的。

我们在狱中不断听到外面传来的消息，说共产党组织正在设法营救我们出狱。此外，还听说党组织发动各界群众，包括长机、独轮车等工人，以及南台寺、中和场等地的农民，冲破反动军警的重重阻挠，于8月4日凌晨将华西坝南台寺帝国主义分子修筑的城墙推倒了。这一消息给予我们狱中的同志以极大的鼓舞。

国民党当局为讨好帝国主义，绝不轻易放过我们。但三军临时法庭在被捕人的供词中，又找不到任何可以"定罪"的线索，于是，就以查到的会场记录为依据，给我们定下了准备暴动的罪名，按《危害民国紧急治罪法》对所有被捕人员治罪。主席杨国杰被判处死刑，古兰皋被判处无期徒刑，其余的人员都分别判处有期徒刑。

一天上午，当看守悄悄地向我们透露出要对杨国杰实行枪决的消息时，大家都很悲愤。不久，听到了抓他出去的号声时，大家都不约而同地低下头，默默地向他致哀，并低声哼起了《国际歌》。事后得知，杨国杰临刑时非常英勇，他高呼"打倒帝国主义！""打倒国民党军阀！""中国共产党万岁！"等口号，英勇就义在春熙路孙中山的铜像下，他的满腔热血溅红了铜像基座的碑面。

当晚，狱中支部开了一个小会，沉痛悼念杨国杰同志。大家缅怀起平时与国杰同志一起工作的情况，回顾这场斗争前后的每个情节，无不义愤填膺，也深为烈士的英雄事迹所感动，纷纷决心向杨国杰同志学习，在关键时刻，以人民利益为重，不惜牺牲自己的一切，甚至生命。

三军临时法庭对我们实行判决后，将我们分别押解原籍执行。这是当时统治川西成都的三军刘文辉、邓锡侯、田颂尧的决定。因为他们虽屈从于蒋介石，但却处处在打自己的小算盘。1938年我在川康特委时，党员王文鼎也同我谈到过这一情况。因为他是川康地区的名医，经常到这些人家里去，亲耳听到他们三个人在"灯盘子"①边议论形势。他们说：洋人，我们惹不起；共产党闹事，将来成功还是失败，也难以预料，所以做事还是要留条后路。把那么多的共产党人都关在一个防区内，万一将来有什么反复，谁也受不了。所以，按防区大家都分摊一点。

我被判处五等以下有期徒刑四年零八个月，由于一天算两天，实有两年零四个月。我的原籍属屏山，距离屏山县城有三百多华里，我从来都没有去过那里，但离犍为仅几十华里，人地都很熟。因此，在填表报籍贯时，我把籍贯填成了犍为。因此，他们把我解押到犍为。

我被一排士兵解押着，从成都出发，需经华阳、双流、新津、彭山、青神、眉山、乐山等八个县，其中除成都、华阳两县外，各县距离都不近，一般每天都需走几个钟头。每到一个县城，都要等候县长坐堂审问一番，才关进监狱。我们在成都特刑庭已被判刑，但由于脖子上挂了个"共犯"的牌子，有的县长总想从突击审讯中找出个破绽，就可以讨赏，所以有的县换个公文就可过去，有的县就要麻烦一番。为此，每县停留时间三五日或十几日不等。

在每县的监狱中，都是将我们和那些政治犯、刑事犯混杂关在一起。监狱是另一个世界，久蹲监狱的老犯（多数属抢劫犯、流氓惯匪）伙同狱警，横行霸道，敲诈勒索。因欠税欠债被关进监牢的农民，衣物均被抢劫而去。我在成都县监狱住了两天，身上所带的零钱全被搜括去了。以后在沿途七县，我腰无分文，没有油水，敲诈也就随之减少。每个县的监狱都是旧式牢房，牢房每顿饭定量很少，只有三两半，不让吃饱，说是吃饱了就会闹事。

沿途虽然受到不少苦难，也得到一些同情与鼓励。例如在新津牢房里，我遇到一个难友，他见我是"共犯"，主动同我亲近。他说他是成都兵工厂的工人，因参加罢工被工厂开除，关进监牢，至今已好几年了。他把监狱的情况详细告诉我，并教我如何应付狱里把头的办法，使自己不吃亏。在青神县监牢里，我与一个老农民同狱，他待我很好，把家里送来的腊肉、泡菜分给我吃。他说他当过农协会主席，大革命失败后，被关进监牢，但他并不屈服，对未来满怀希望，他相信共产党一定会成功，总有一天，乡亲们会敲锣打鼓，打起灯笼火把来把他接出牢房。他对共产党有深厚的感情。

---

① "灯盘子"：俗称，吸毒（鸦片烟）的全套设备。

我们路过青神县时，奇怪的是该县的县长没有举行例行公事的过堂审讯。到了晚上，管监狱的警官到监房来，把我带到另一间屋子，屋子里摆了一桌丰盛的筵席。我正纳闷时，警官对我说，这个县长是犍为人，曾吩咐说，他是你的同乡，你落了难，要请你吃顿便饭。我从被捕后一直没吃过饱饭，更没有见过肉，现在我独自一人吃饭，不管三七二十一，就饱餐一顿。

押送的军警为了尽快赶到县城好交差，无论晴天或雨天都照例上路，走得疲惫不堪。我的侄子郑照临当时在成都大同中学上学，我被捕后，他每天都到特刑庭来探监。我被押解回原籍时，他沿途陪着我，他很会笼络押解军警，使我在路上不受刁难。

一次因路程较远，需走一整天，中午就在路旁么店子①歇歇脚，一碗"帽儿头"②，几片白肉，也算改善一次生活。晚上照例受一番折磨后才住进牢房。到开饭时，已饥饿难忍，掺着沙石的米饭也只有勉强咽下去。

每个县城的牢房都是旧式监狱，睡觉时，不论是躺在泥土地、三合地上，还是在木板床上，常常臭虫成群集队地沙沙作响，爬到身上，贪婪地吸食着我身上的鲜血，浑身叮咬出多少小泡，由于白天已走得精疲力倦，第二天除了赶路，还要准备对付突击审讯，只有横下一条心，忍着痒痛，它叮它的，我睡我的。这倒是锻炼了自己的意志，有了这段经历，几十年来，到睡觉时，不论有任何响动，打雷下雨，我都能充耳不闻，安然入睡。

约莫奔波了一个月，才到了最终目的地——犍为县。我的三哥郑绍文因早就知道我将被押到犍为县城，已邀着我的未婚妻兄秦昌鼎赶到了县城，等候我的到来。秦昌鼎时任犍为磨子场团总③，他上下打点，疏通关节，争取保释；县长为要拉拢地方士绅，不如做个人情，同意由我表兄唐绍惠与我家合伙经商的杨绍昆出面担保，以因病出狱就医诊治为名，将我保释出来。

1931年初，我又回到成都，仍然回到川大外文院上学。团省委负责人何雨芳（郝谦）托人通知我，叫我到陕西街存仁医院的阅报处（休息室）见面。他要我汇报了被捕前后的情况，询问了我的思想状况，然后恢复了我的组织关系。他向我传达了当时的一些中央指示精神，特别谈到了过去一段

---

① "么店子"即路旁小客店。
② "帽儿头"即饭店盛饭时，用碗把饭倒扣过来，卖给顾客，形状如帽子。
③ 团总相当于乡镇长，掌握政权和武装。

时期"立三路线"的错误。他还对我说，我的身份已暴露，不应该回川大复学。遵照他的意见，我向学校校务处请了假，即搬出学校宿舍，在川大外文院附近泡冬树街租了一间房屋住下，由成华县委与我个别联系继续工作。这时，由于在监狱里全身到处染上了疥疮，只好住进了敌人不注目的外国教会办的四圣祠医院治疗。

住院期间，我详细回忆了被捕、判刑、解回原籍的经历，也想起在新津狱中的那个兵工厂工人及青神县监狱里那个老农协会员。我感觉到，这些磨炼，使我更加成熟了。但我反复琢磨自己这次被捕同立三错误路线有什么关系时，仍茫茫然。带着这些问题，出医院后，我找来一些马克思主义基础理论书籍，想从中寻找答案。其中有些理论问题还是不大懂，与我同过支部的西南大学的一个同学介绍我去请教杨伯凯教授（大革命时的重庆地委学委书记，以后脱党，从事理论研究，1949 年在成都十二桥牺牲）。我找到他后，他耐心地指导我从马克思主义基本知识的书开始读起，主要学马克思主义的哲学，打一些基础，进而再读马克思经典著作，由浅入深，慢慢理解。对经典著作，例如《共产党宣言》《政治经济学批判导言》《德意志意识形态》《费尔巴哈论》等书，他都要求我反复读。这段时间，对我的思想觉悟和理论水平的提高很有帮助。

1931 年夏，我的身体养好后，要求回家乡工作，得到组织的同意。尽管我在成都被通缉和被捕过，但我的家乡地处犍（为）、乐（山）、屏（山）接壤地带，距离屏山县城三百多里，国民党统治鞭长莫及，相对薄弱，工作有回旋余地，开展起来较有条件。

我的三哥郑绍文时任黄丹炭商两级小学校长，我回家乡后，利用这一关系，即进入这所学校当教师。几年来，党组织又指示我出面推荐了一些党团员和进步人士来这里任教，先后有蔡筱侠、景德华、李素、袁剑成、徐又吾等。我们在学校实行了一些教学改革，如语文课不用新学制教科书，由教师自己编选鲁迅、郭沫若、茅盾、冰心等作家的作品为教材。除此之外，还指导学生大量阅读课外进步书籍。一时间，学校面貌发生了很大的变化，学生思想也变得活跃起来。

这一现象引起了当地封建势力的不满，纷纷指责学校。当地豪霸朱春坡之弟写了十首竹枝词，对炭商小学进行谩骂诬蔑。他在第一首中即指名攻击："炭商两级学校开，收取厘金有自来，每日夕阳西下后，燕语莺声舞徘徊。"以下几首指责学校所编教材全是白话，伤风败俗。朱春坡之弟当时在区小学任教，该校学生将他的诗稿传抄到我们学校，激起师生们的公愤。我同师生中的骨干分子商量，决定借此机会，打击一下地方恶势力。我们分头组织各班学生开会，以全体学生名义宣布罢课，发表宣言并沿街散发，声讨朱某诬蔑学校的行径。全体教师也以罢教来支持学生，师生共同向校董会及学生家长呼吁，请他们主持正义，维护学校尊严。在这种形势下，学校董事会及学生家长一起开会商讨处理办法。学生派代表出席会议，在会上提出必须向全校师生赔礼道歉方恢复课业的意见。学生的意见得到校董及社会各方的同情、支援。朱某迫于公愤，不得已前来炭商校向全校师生三鞠躬道歉，斗争取得了胜利。

1932 年至 1933 年间，四川军阀刘文辉与他的堂侄刘湘争夺地盘，刘文辉失败。听说 1933 年 7 月，刘湘将在成都设四川督办公署，另行委派这里的官吏。从此，"清共"委员会的叛徒、特务随之而来。考虑到我在犍为、黄丹等地已很暴露，无法开展工作，经组织同意，我借口转学去上海，并得到家庭同意。1933 年夏，我离开四川去上海。

第二章　上海五年

一、参加左翼文化团体——社联、记联、教联和转党

到上海后，我想方设法找组织关系。有一天，我同几个同乡在兆丰花园水池边坐着闲谈，忽然后面有个女孩拉我的衣服，叫我一声"舅舅"。我回头一看，竟是与我久别的张慎修。她告诉我，她在大夏大学上学，约我改日去找她。次日，我按她给我的地址去大夏大学找到她，她告诉我，她的丈夫萧某也是大夏大学学生，我们闲谈几分钟后，我即离开了。临走时，她要我经常去找她。不久，我听在中央特科工作的同乡周俊烈说，张慎修1932年"一二·八"被捕时，在狱中同姓萧的关系很好，他们出狱后结婚，姓萧的参加了国民党。知道这一情况后，我便不再去找她了。

一天，在法租界马浪路附近我住的大华公寓里，偶遇当年成华县委负责人萧毅安，他详细询问我的情况后，说我不应久住公寓，应当把生活安定下来。他当时已从暨南大学毕业，准备回四川。他介绍几个四川泸县的同乡与我认识，那几个同乡都在江湾持志大学上学，谈起今后的打算，他们都怂恿我去投考持志大学。我同意了他们的意见，报考持志大学，被录取在文史系。

正当我为寻找不到共产党组织而彷徨苦恼时，1933年九十月间，一位同志来江湾持志大学宿舍与我接头。按照秘密工作习惯，我们相互见面时，只对接头的口号，不问其姓名。几次会面后，他告诉我：叫他老陈。抗日战争时，他在湖北省委任群工部长。后来我知道他叫王翰，因他个子很高，我们也叫他高个子。王翰让我到社联工作，当时，我还不知道社联是干什么的。但对组织上分配的任务，我绝对服从。

以后我逐步知道，1933年设在上海的中共中央迁入苏区后，上海党团组

织遭受过几次大搜捕。1935年2月至7月遭受的大破坏，先后四次建立的上海中央局遭到严重破坏，后即没有重建。上海地下党在与中央失去联系后，在白色恐怖异常严重的情况下，仍继续坚持工作，幸存的部分组织、各个系统独立作战，互相不发生横的关系，党团组织亦不发生联系。社联的全名为中国社会科学家联盟，属于中国左翼文化总同盟（简称文总），与左联（中国左翼作家联盟）、影联（中国左翼电影工作者联盟）一样，是共产党的赤色外围团体，它的组织和活动方式与党组织相似，活动极其秘密。社联的核心领导为党团，王翰系社联党团成员，他经常给我们传达党的指示精神。

遵照共产党组织的指示，我在持志大学的同学中开展交友活动，先后吸收了程天麟（四川籍）、陈鹏（程啸原，浙江籍）、曾劲夫（广东籍）等加入社联。我还从四川旅沪同乡会中结识的朋友中，发现进步分子，经考察，吸收其中的几人入社联，其中有的是初到上海住在江湾区的社会青年。

约1933年冬，王翰通知我，要成立社联江湾区委。几天后，我们在复旦大学附近的一个地方开会，推选区委领导人，最后由王代表社领导作决定。结果是我为书记，贺国干（四川人）和另一名复旦大学学生为委员。

社联成员定期过组织生活，主要学习马列主义基础理论，联系当时中国社会性质等问题进行讨论。此间，我结识了在社联研究部工作的艾思奇。他是云南人，我很佩服他的理论水平，为了深入地探讨一些理论问题，有时我们将他请来参与我们的学习座谈，并即席回答同志们所提的疑难问题。社联小组还定期讨论时事，例如福建事变等大事，曾专题进行座谈，与会的同志各抒己见，讨论非常热烈。社联有个不定期的内部刊物——《盟报》，在虹口日本人内山完造开办的内山书店发行。上面刊登过一篇我写的题为《建设天府之国的新四川》的稿子。内容主要写的是介绍红四方面军入川以后，解放了大片土地，建立了苏维埃政权，受到人民群众的拥戴的情况。这篇稿子刊出以后，日本《支那资料》曾予以转载。

社联除学习以外，还经常动员进步群众参加共产党所领导的飞行集会，散发传单，写标语。有一次，我同区委以及几个社联成员黎明时在从水电路至中山路口的电线杆上写上了"中国共产党万岁""拥护苏联""拥护红军"等标语。事后，江湾地区警察、特务到处搜查，住在附近的社联成员被迫搬了家。

约1934年秋，我被调到记联工作。记联的全称是中国左翼新闻记者联盟，亦属中央文委所属中国左翼文化总同盟领导。记联常委三人，书记彭集新，组织部长老杨，我任宣传部长。文总党团领导记联的是广东人李凡夫。记联的工作一部分属于新闻界，包括上层人士；《申报》《时事新报》也有成员；还有些通讯社的人，这部分主要由彭集新联系，他们有时也利用公开合法关系，举行报告会或时事座谈会，也主要由彭去张罗。我负责联系基层的记联成员，主要有：静安寺路卡德路口鸿翔服装公司店员詹桂年等三人、申新九厂的纺纱工人、世界书局印刷工人、法租界弄堂小工厂的工人、打浦桥川菜馆的老曹（系脱党未接上关系的进步分子）、通讯社的记者史继勋、量才补习学校的汤寿龄（刘峰）、持志大学学生柳乃夫、东南医学院学生丁曼生、东南医学院学生贾某和他的侄女爱国女中学生贾唯英等。以上这些关系有的是经彭集新交给我的。例如申新九厂的工人，打浦桥的老曹等；有的是我在工作中发展来的，例如鸿翔服装公司的店员，在量才补习学校学习的店员汤寿龄，持志大学学生柳乃夫等。记联成员的日常工作，仍与社联类似，学习马列主义基本理论，散发传单，写标语，与周围人交朋友，发展记联成员，组织秘密读书会；工厂工人有条件时，在其就业的单位，开展改善生活，反对资方的斗争。

1935年秋，共产国际召开第七次代表大会，季米特洛夫发表了建立反法西斯统一战线的报告。我们从英文报上读到国际大会的文件，记联、社联等成员均组织学习。当时，柳乃夫在记联宣传部任干事，直到他去日本留学前，他都帮助我辅导几个小组的学习。

1935年初，老杨离开了记联，由朝鲜族老李参加常委。不久，李亦调离。约夏秋间的一天深夜，记联常委工作人员小胡忽然乘坐云飞汽车公司的出租车来到持志大学宿舍紧急通知我：彭集新被捕。按照地下工作的原则，我及时搬了家，离开了持志大学。彭被捕几日后即出狱，详情不悉。原记联内部刊物《集纳批判》由彭集新主编，曾因彭被捕而停刊。待彭出狱后，仍由彭主管，继续出版。

从1935年夏以来，文总党团联系记联是通过我个别接头，彭集新被捕出狱后，文总改由老田（何定华）与我联系。他通知我，组织上经过相当时期的考查，仍怀疑彭集新有问题，为防范起见，决定调我到教联（中国新兴教育工作者联盟）工作，与记联的其他人割断联系。同时将由我联系的同记联无横的关系的基层组织带到教联去，归教联领导，仍由我继续联系。

　　我在教联时，教联中共党组先后同我联系的有张敬人、张晓天。我先后担任沪西、沪东区委书记，在沪东区时间不长，又回到沪西。我所联系的仍是基层人员，属于沪西的，有女青年会女工夜校（小沙渡路）教师陈蔚卿（陈痕、陈继清）、林琼、陈舜玉等，北新泾谊记橡胶厂工人刘应辰等，蚂蚁图书馆小徐，申新九厂的工人，以及原鸿翔服装公司店员，南京路大陆商场量才补习学校汤寿龄，通讯社史继勋等。属于沪东的有女青年会公平路女工夜校教师陈立凡，临青小学教师刘望远，颐中烟草公司女工识字班朱冰如，小学教师王大中等。我所联系的每个教联成员周围还联系了许多进步群众，其社会职业主要是工人、店员、小学教师，以及自由职业者等。代表教联党组来领导我的是张敬人。

1995年郑伯克在京与原上海地下党同志合影（前排左起：陈蔚卿、陈立凡、徐明清、郑伯克、林琼；二排左起：吴莆生、陈舜玉）。

　　从1934年起，我生活上发生大的变化。1933年离家前，家里曾商定拨笔专款供我上学。自从王翰同我接上组织关系时起，我实际上已成为职业革命者，在学校上课时间很少。我上文史系，即使平日少听课或不上课，到考试时，也能对付过去。这时，王翰也主张我有个学校学业为掩护，更方便为党工作。不料1934年初，我的老家酝酿分家，供我上学的专款亦被挪用，经济来源忽然断绝，学业难以完成。这时，我五哥郑湘萍在贵州军阀王家烈二十五军特别党部当书记长，他写信给我，约我到他那里去做事。我反复考虑，许多同志为党的事业献出了宝贵的生命，还有很多同志吃苦耐劳，正在为党为革命艰苦奋斗，我应当毫不动摇地坚持革命。现在生活上虽遇到点挫折，但应经受得起。所以，我拒绝了他的要求，继续留下。为维持生活，我开初以典当衣物和借债度日。艾思奇看到我的情况，就鼓励我写稿子交给他。我试写了一篇反映煤矿工人生活的文章，在他们编的刊物《读书生活》上发表了。以后，我觉得这也是一条路子，就陆续写了些杂文在邹韬奋主编的《新生》周刊上发表；还写过一篇《记工部草堂》在《宇宙风》上发表，全文以杜甫《卜居》开头，末尾谈到四川军阀混战，使草堂遭受破坏，不胜感慨，最后引杜诗《相逢歌赠严二别驾》句："成都乱罢气萧飒，浣花草堂亦何有。"结束。

靠卖稿子维持生计，常常朝不保夕。我住江湾时，工作地点集中在法南区，我每天早晨步行到工作地点，与同志们接头、谈话，到晚间步行回到江湾水电路住处。其间必经一块坟地，在忽明忽暗的鬼磷萤火中独步，也逐步习以为常。常常早上吃一点小烧饼就饿到晚上，感到精疲力尽。顺道时，我常常到福州路河南路口商务印书馆或八仙桥青年会里去看看书报，休息一会儿，喝点免费茶水，然后再慢慢走回去。这段时期，我注意在饥饿难忍时亦不暴食，久而久之，自成习惯。直到今日，每当消化不良时，我不吃药，饿一两顿饭，让肠胃休息，又恢复正常。

1934 年，社联法南区小组长金子美介绍我到杜美路惠平中学教书。惠平中学的教师基本上没有工资，仅供食宿，但无论如何，我的生活比较稳定了。惠平中学校长是张平江，由于其夫黄惠平是国民党员，在黄逝世后，其朋辈为纪念他，集资办了惠平中学，由她担任校长。张平江思想倾向进步，她所聘的教师大都是中共党团员和进步人士，例如社联的陈有容（陈家康），特科的陈裕同、林其英，共青团的刘田夫、邓垦，还有从井冈山下来的阿曾（曾志）等，都在这里任教。这么多的党员和团员在一起，互相都不打通横的关系，但都心照不宣。

1935 年 7 月，文总党团的邓士元（邓洁）找我谈了几次话，他要我写个思想和工作小结交给他。按照他的意见，我写了一份详细的思想汇报，内容包括从 1927 年受到启蒙教育、1929 年入团、以后在左翼文化团体工作的近十年来思想发展情况及要求。不久，邓士元通知我，说组织决定我由团员转为正式党员，无候补期，并指示我负责教联所在区的党与群众工作。

以后得知，邓士元原在辽宁大连工作，被捕出狱后到杭州，经美术家倪贻德介绍给中央文委的周扬，1934 年到上海，经周扬审查，恢复其组织关系。1935 年 7 月上海中央局、江苏省委及区委遭到大破坏，重建中央文委，周扬为书记，周扬让他在文总负责，同时指定胡乔木为党团书记，由胡乔木、王翰、邓洁等组成常委。以后成立江苏省临时工作委员会①（简称省临委），周扬指定邓任书记，王翰、胡乔木等为常委。

1935 年秋，王翰等从上海苏联驻华使馆开办的外文书店里买到英文版的《共产国际通讯》和《莫斯科日报》，看到共产国际关于反法西斯统一战线的政策精神，并从巴黎《救国时报》上看到中共中央的《为抗日救国告全国同胞书》，即"八一宣言"。"宣言"指出："近年来，我国家，我民族已处在千钧一发的生死关头，抗日则生，不抗日则死。抗日救国已成为每个同胞的神圣天职"。"宣言"号召"各党派、各界同胞、各军队都应有'兄弟阋于墙，外御其侮'的真诚觉悟，停止内战，集中一切国力，为抗日救国的神圣事业而奋斗。全体同胞有钱出钱，有枪出枪，有粮出粮，有力出力，有专门技能的贡献专门技能，为祖国生存，民族生存，国家独立，领土完整，人权自由而战。"他把文件转给我们看后，我们都感到振奋。同年 11 月，周扬接到由茅盾（沈雁冰）转来萧三从苏联莫斯科给鲁迅的来信，提出为适应抗日民族统一战线的需要，应解散左联，另外发起组织一个更广泛的文学团体。萧三的来信给予我们以很大的启发。为贯彻宣言精神，开展救亡运动，1935 年冬，文委决定解散社联、教联、左联、影联、剧联（中国左翼戏剧家联盟）、美联（中国左翼美术家联盟）、语联（中国世界语联盟）、记联等八大联。八大联中人数最多的是社联、教联、左联，当时在文委系统的八大联有共产党员几百人，中华民族武装自卫会有共产党员几十人。共青团被破坏后，1936 年由陈国栋、孙大光、胡瑞英组建江苏省临委，全市团员几百人。中共江苏省临委在八大联的基础上，广泛接受各界爱国群众团体，成立公开爱国群众团体救国会。

---

① 江苏省委设在上海，上海当时属于江苏省。

1935 年 8 月 1 日，中共驻共产国际代表团以中国苏维埃中央政府和中共中央的名义发表《为抗日救国告全体同胞书》，提出全国人民团结一致共同抗日的主张。

二、参加救亡运动——国难教育社

1936 年初，上海先后建立起各界救亡团体。教联在原基础上扩大组织，1936 年 2 月 23 日成立以进步教育家陶行知为理事长的国难教育社（以下简称国教社），开始时参加的有 700 多人，以后发展到几千人。在各界救国会中，是人数较多的单位。1935 年冬到 1936 年初，在教联及筹建国难教育社这段时期，主要是邓士元先代表文总党组，以后代表省临委和我联系。

1936 年上半年，是上海抗日救亡斗争汹涌澎湃的一年，救国会的活动空前活跃。例如"一二·八""三八"等纪念日，都组织万人以上的大规模的爱国示威游行。在群众斗争中，临委坚持共产党的抗日民族统一战线政策，团结了知名爱国人士沈钧儒、章乃器、史良、吴耀宗、刘良模、沈兹九、沙千里、李公朴等。每当各界救国会召开大会，知名的爱国民主人士都参加会议，并与群众一起游行。在上海抗日救亡运动热烈开展时，平津学生黄敬、蒋南翔等南下到上海，带来一些华北信息。由于上海与平津党组织无横的关系，仅个别与其相熟的同志以私人关系联系。

为了领导日益高涨的群众运动，临委成立了由各救国团体的党员领导骨干组成的活动指挥部，对每次行动进行周密的安排和布置，包括思想动员、秘密组织、行动计划、游行路线等。第一次抗日示威游行类似飞行集会方式，在卡德路卡德戏院门口集合。这次与我联系的先后是临委负责人邓洁，以后王翰、胡乔木也先后直接领导指挥部。这个机构是秘密的，成员有孙克定（文救）、陈家康（学救）、小杨（雍文涛，职救）、林立（妇救）、司徒敏（郑伯克，国教社）等。

1936年，上海抗日救亡运动风起云涌，救亡歌曲响遍全市。国民党南京政府为镇压抗日运动，在上海实行大逮捕。国难教育社党员干部张晓天同女工夜校的教师金纫秋离沪去武汉，因暴露也被捕。金供出夜校教师、共青团员罗莉（罗毅文）；罗被捕供出夜校教师、共青团员蓝苹（江青）；蓝被捕自首。罗与丁华系小同乡，罗供出丁华。江苏省临委书记邓洁到丁华家接头时，丁、邓二人同时被捕。邓自称是送报工人，经严刑拷打没有结果而释放。

1936年9月，张敬人、帅昌书（丁华）、邓洁先后被捕后，由李凡夫继任省临委书记。余日章第三小学一个姓宋的党员被捕，供出吴莆生。我从吴那里了解情况后，将吴转移到沪东临青小学。

国教社成立后，我担任干事，先后负责沪西、沪东该社的工作，同时负责所在区党的工作。1936年冬，又兼管闸北、浦东、沪中等区工作。由于党组丁华、张敬人先后被捕，担任国教社总干事的王洞若有些暴露，辞去其职务，由我接任国教社总干事。在这种情况下，省临委调整了国教社党组，通知由王洞若、张劲夫、司徒敏（郑伯克）三人组成国教社党组。

党组开第一次会时，推选党组书记。王洞若、张劲夫的意见都要我担任，我自认为能力和水平远不及王，提议由王担任。会后胡乔木告诉我说：省临委决定由你主要负责。不久，张劲夫离开上海。以后，省临委宣传部部长胡乔木来同我个别联系，同时我仍与王洞若保持联系，我十分尊重他的意见，有事多与他商量。

国教社的具体工作，是由党组经党员骨干联系到各区。党组成员的分工是：王洞若联系山海工学团，市区主要由我联系。各区组织的具体情况如下。

在沪西：成立国教社沪西分社，由原在教联担任交通员的吴莘生（吴新稼）以小沙渡路、劳勃生路的女青年会女工夜校教师为主组成支部，吴任党支部书记，陈蔚卿、林琼、陈舜玉等任支委。1937年初，沪东的金伟君调到沪西，担任女工夜校教师，亦参加此支部。她们主要在学生中发展党员，开展救亡运动。夜校的教师、学生（大多为日商内外棉纱厂的女工，也有附近其他工厂的女工）大都参加了国教社。在这一地区，吴莘生还联系余日章第三小学绍芳、豫章、瑞方等以及小学教师党员宋晓村等国教社社员。乔木将从井冈山下来的阿曾（曾志）的关系交给我，我考虑她同我都在惠平中学教书，我不便与她打通关系，为此，我将她的关系交陈蔚卿联系。吴莘生还联系了文艺界的党员崔巍。此外，沪西余日章第三小学校长、党员金子美（金隆章）由我联系。金子美原系社联沪西区一个组的组长，该组社联成员亦参加国教社。我联系的还有静安寺路卡德路口斜桥弄鸿翔服装公司的店员小詹，他在国教社成立后即入党，他联络发展了该公司总店及南京路分店店员数十人参加了国教社。与沪西相连的还有北新泾谊记橡胶厂的工人，还有部分职员，组成国难教育社分社。经中华书局编辑阮有秋介绍，我与北新泾谊记橡胶厂工人刘应辰联系，发展他参加教联。他参加教联后，在该厂又发展了几个进步工人参加教联，我发展他入党。这时，上海掀起了救亡运动的新高潮。救亡歌声从工人宿舍唱到职员宿舍，甚至连科室里的人都参加国教社。该厂抗日救亡运动的开展，得到陶行知先生的表扬，陶先生还应邀亲自到该厂给工人作报告。为了加强这个工厂的工作，党组先后调山海工学团的党员张劲夫的弟弟张健、党员陈立凡的爱人居希（居荟民）等到该厂职工子弟小学任教。在此基础上，发展了党员，先后建立了两个党支部。工人与职员支部分开，彼此不发生横的关系。我联系的另一个党员是原左联的党员周纲鸣以及原社联盟员王起。王在南市一小学教书，他联系了一部分要求进步的小学教师以及这一地区的一部分店员。我联系的蚂蚁图书馆的小徐，发展了蚂蚁社部分社员参加国教社。中华书局总局编辑阮有秋也参加了国教社，由张敬人联系。张被捕后，由我联系。

在沪中：南京路大陆商场量才补习学校学员汤寿龄（刘峰）是原教联成员，他周围团结了一些进步店员。1936年夏，省临委书记邓洁找我谈话，要把汤寿龄转到职业界救国会。汤转关系时，邓洁同我商量，发展汤入党。汤入党后，在职救会任大队长，并代表职救会出席各界救国会，其联系的进步店员也转入职业界救国会。鸿翔服装公司南京路分店店员中的国教社成员一度转入沪中区，跑马厅附近威海卫路生活教育社曹建民等也划入沪中区，由四川来沪接上关系的党员李群夫（李亚群）联系。1936年秋，乔木将李群夫的关系交由我个别联系。

在沪东：国教社成立之初，我与陈立凡一起负责沪东区的工作。陈在领导一次工人罢工中不幸被捕，出狱后就回镇江老家去了。1936年，从山海工学团调王东方、林一心到沪东负责。王东方原在山海工学团，参加工学团支委，我代表党组与王、林联系，王联系沪东区国教社约40多名党员。其骨干成员有：王大中（金子明）、戴季康、钟民、梅洛、吴佩瑾、朱冰如，女青年会女工夜校教师徐佩玲、邓洁，黎明小学教师蒋月英，女工夜校纱厂任秀棠等。沪东区好多学校（包括夜校读书班）都被国教社掌握，例如麦伦中学校长沈体兰系国教社理事，其校很多学生分别参加了国教社或学救会；临青学校校长任崇高、常务副校长钟朗夫及教师都参加了国教社，该校党员有卢国佐（杨浩卢）、刘觉民、刘望远等；腾越路余日章一小学校长钟民是党员，教师中也有很多党员。该校办有夜校，上学的大都是附近工厂工人；齐齐哈尔路余日章二小校长吴佩瑾是党员，该校大部分教师都是党员或国教社员；杨树浦路黎明小学附设夜校由党员蒋月英主持，教师中亦大都是党员和进步分子。此外，沪东平民夜校由党员梅洛主持，长阳路青白小学内颐中烟草公司（英美烟厂）三厂女工中午读书班由党员朱冰如主持，杨树浦女工夜校由徐佩玲（党员）主持，提篮桥女青年会女工夜校、公平路女青年会女工夜校教师和学生都有党员。沪东区国教社员大都是纱厂和烟厂工人以及部分教师，工人中党员有任秀棠、任秀芳、周秀兰、夏良珍、席守荣等，教师中党员有钟朗夫等。

闸北区国教社分社主要由党员庄草主持，我与他个别联系。

浦东区国教分社主要由姓徐的一个女党员负责，此人是否叫徐佩玲，我已记不准。当时，我与她个别联系，全市各区基层大都由我联系。国教社的上层领导人除陶行知外，还有吴耀宗、沈体兰、刘良模、罗叔章等。他们定期开会，我都参加，有时还向他们汇报工作。

胡乔木与我商量，我联系点过多，恐怕忙不过来，所以另派何家槐来接替我的一部分工作。主要是把一些同国教社上层交往的工作，交给何去做，何由我联系。何来后不久，就被国教社理事张宗麟等发现，说他是有名的左翼作家，鲁迅曾支持过他，他因与徐转蓬在文坛上闹过矛盾而出名，因此无法继续留在国教社。随后，乔木又先后调一位叫老金的和一个叫阿甘的同志来，我把一部分工作分给他们去做。把北新泾的关系交给姓甘的去联系，把沪西的有些关系交给姓金的去联系，我与甘、金两人个别联系。

在教联和国教社工作中，我感到从方针政策以及组织路线、工作作风都较过去有很大的改变。1936 年初，邓洁对我说：现在的政策是建立抗日民族统一战线，群众团体要大大发展，凡是赞成抗日救国的人都要吸收。从此，国教社不再是只有少数党员和赤色群众的关门的团体了，女工夜校的学生，麦伦、惠平、正风等中学，爱国女校等校学生大都参加了救国团体，临青、黎明等小学师生全部参加。国难教育社从开始时几百人发展到一两千人。上层统一战线工作亦广泛展开。在教联时期，党组织争取了全国基督教青年会和青年协会的上层人士以及该教女青年会总干事邓裕志、上海女青年会劳工部钟韶琴等的支持，在全市办了很多识字班和女工夜校。用基督教女青年会的名义，公开合法地到工厂招生，党组织派党员、教联成员等在各校授课，宣传抗日爱国。国教社总社上层理事会在陶行知的主持下，广泛团结各界人士。他亲自做了租界工部局华人教育处长陈鹤琴的工作，陈为纪念上海基督教青年会总干事余日章而募捐办余日章小学，党组织即利用此机会，派党员在三所余日章小学任校长，所聘教师也大都是党员和进步人士。由于国难教育社有极其广泛的工人和贫苦学生的基础，有上层知名人士的支持掩护，因此，在当时各界救国会中是党组织比较坚强，群众基础较雄厚，救亡运动较深入扎实，每次游行活动参加人数最多的单位。

我在国难教育社时，同党员是以正常的组织关系联系，对群众则以干事、总干事的关系联系。形势变了，工作范围扩大了，党组织不仅要加强，而且还要发展。我直接发展了一些人入党，如王大中（金子明）、金子美（金隆章）等；也开展了一些上层统战工作，例如陶行知先生所属的生活教育社、普及教育促进会的主要负责人张宗麟，就经常与我联系，办余日章小学就是他委托我主持的。国难教育社成员周南交（原社联成员）因在申报补习学校听课，即和教师罗又玄（罗叔和）相熟，当知道罗是农工民主党的主要成员时，我经常与周一道与他接触。在 1936 年与 1937 年之交，国民党统治区第一个进入苏区的《大公报》记者范长江在该报上发表访问延安的报道《西北剪影》和《动荡中的西北大局》，罗专门请范到他愚园路的家里谈见闻，我也去听，还同时约乔木去听。

1936年11月，上海日本纱厂工人为反对日本资本家无理取消年终双薪，延长工时，由内外棉纱厂开始罢工。沪东的日本纱厂工人随即响应，形成全市日商纱厂工人大罢工。英商怡和纱厂以及其他纱厂工人都以罢工支援，形成全市纱厂工人总罢工。江苏省临委决定发动群众支援纱厂工人的斗争，以全国各界救国会的名义发表宣言，谴责日方对工人的残酷压榨和剥削。乔木同我碰头，要我发动国难教育社全力支援罢工。我与党组商量，决定调出吴莆生（吴新稼）主要负责这项工作，国难教育社沪西分社陈蔚卿等全力以赴，领导工人有理有利有节地进行斗争。罢工坚持了一个月左右，日本资方被迫退让，接受工人所提条件，罢工胜利结束。这次罢工是共青团江苏省临委参与领导，因当时上海党与团不发生组织关系，情况不悉。

1936年11月，上海中日纱厂4万工人举行抗日救国大罢工。图为工人集会后走出会场。

三、第二次被捕与出狱

1937 年 4 月下旬的一天，我准备去北新泾与张健碰头，在曹家渡五角场车站等 10 路公共汽车。忽然两个彪形大汉走到我的面前，一左一右，把我挟持到一个僻窄的弄堂口一家有老虎灶的小茶馆里。我斥责他们说："你们绑票，我没有钱。"那两人说："不要装佯，我们不要你什么钱。"他们讲的是上海话，我用四川话说："我听不懂。"那两人又反复用洋泾浜的普通话解释了几遍。我说："你们要绑架的不是我，你们连我姓名都不知道，是弄错了。"那两人不作声。这时我暗中想，他们不知道我叫什么名字，看样子，可能是特务。过了一会儿，开来一辆小车，这两人把我推到车上。上车后，他们蒙住我的眼睛。我知道事情不妙，就抓紧时间考虑对付他们的办法，在脑子里编了一套简历、姓名和住址等。车子兜了几个圈子，到了一个地方，他们把蒙在我的眼睛上的布取下来。只见这是一个院子，门口有警察站岗。进门后，他们把我推下车，带上楼去。进了一间屋子，我看到一个当官模样的人坐在屋里。见我进来，他招呼我坐下，没有说话。等了十几分钟后，一个特务带着老金进到屋里，叫他和我面对面坐着。此时，我已明白是怎么一回事，但我仍很镇静。

坐着的特务开始问话了。他问我："你认不认识他？"我回答："不认识。"他又问老金："对面坐的这个人，你认不认识？"老金答："不认识。"特务对我说："你仔细看看，究竟认不认识？"我又假装把他从头到脚看了一遍，仍摇头回答："不认识。"特务无可奈何，叫人把老金带出去。然后，把我留在屋里，又详细问我的姓名、籍贯等等。我事先编好的一套话派上了用场。我说我才从四川到上海，人地生疏。他问我到底是不是共产党？我反问他："什么是公产党？"他问我读过马克思主义的书没有？我回答说："我不认识你说的马先生。"他说："马克思是德国人。"我说："我只会读古人的圣贤书，对外洋事物素昧平生，对外洋书亦不知所云。"他要我把回答的都写出来。我拿起笔，全用文言文写，并引用了很多封建传统的经典，如孔孟之道等。敌人没有办法找出破绽，将我关进了监狱。

这是一间大房子，"犯人"们在楼板上一个铺挨一个铺地睡着，恰好老金睡在我的旁边。等熄灯后，他悄悄地告诉我，这里是南市上海警察总局，抓我们的是中统上海办事处。我们相约互相坚持到底，不说认识对方。

这里被关的大都是政治犯。除老金外，其他人我过去都不认识。几天后，我逐渐了解到，他们中的大多数是有爱国进步思想的青年，但也有特务机关伪装成的进步分子，派进来刺探情况的。我始终以落后的面目出现来掩护自己。屋里放了些书，可供我们任意翻阅，我首先找了一本孙中山的《三民主义讲演集》。这本书我曾经读过，而且能说出其大意，有些孙中山的原话我还可背诵出来。入狱前，约1936年秋，我曾读过一份党的文件，是中国共产党致国民党书，其中谈到孙中山提出的新三民主义。我想借此机会，重读孙中山的著作，细细体会中央所说的新三民主义是包括哪些内容。我在挑选书时，还见到书堆里有几本残破的《聊斋志异》，对这本书我更熟悉，不仅能讲其中的很多故事的情节，甚至对很多诗词我都能一字不差地背诵出来。这些书全是古代的文言文，多数人看不懂，能看懂点的对有些词句亦不解其意。于是，我就成了监狱里能讲述《聊斋志异》的"迂夫子"。

后来我逐步弄清了被捕的原因。老金从苏州反省院出来回到上海后，特务便盯他的梢。因为我同他碰头，特务又盯上了我。我想，只要老金与我都绝不承认，特务也就无计可施了。

一天晚上，半夜三更，警察忽然把我叫醒。老金意识到我将受刑，暗示我要沉着应付。我被带到一间屋子里，见到坐在那里的仍然是第一天审问我的那个特务。他见我进来，叫我坐下，然后突然问我："你是不是司徒？"我回答说："我不叫史徒。我只有一个名字。是出生时父母取的，改名换姓，对不起祖宗和父母，我没有改换姓名。"紧接着，他又问我说："你认不认识司徒？"我回答说："我性情孤僻，不善交友，不认识所说史徒其人。"实际上，我在上海时，党内和救国团体内我的代名都是叫司徒敏，这是帅昌书（丁华）同我一起商量改的名字，在国难教育社多数人习惯叫我司徒。我一面沉着地回答他，一面在琢磨，是否我真的被认出来了？如果他们认出了我的身份，一切就完了。所以我必须坚持住，把他顶回去。我打定了主意，看他们的动向行事。这时，特务又问我说："你们组织上发了个通知，说司徒被捕了，暂时停止活动。"我装作听不懂他的话，一口咬定说："你们抓错了人，我不是什么石徒。"我有意把"司"字念成"石"字，但他没有纠正我的错误。从这里，我猜测他们并没有弄得很清楚。特务抽出一张纸条，看看那上面写的字，问我认不认识一个叫"小吴"的？我回答说："我所交往的亲朋都有名有姓，从未有叫小张小吴的。这个叫小吴的人，我不认识。"他又问："你去过余日章小学吗？"我回答说："我不认识这位余先生，也不知余先生小学在哪里。我从外地来，对上海的街道很陌生，而且没有当小学老师的朋友，也没有去过什么余小学。"在他问到这个问题时，我心里已很有数。余日章小学我非常熟悉，余日章第三小学教师吴莘生（吴新稼）是沪西国难教育社的负责人。因国难教育社有个姓宋的党员被捕后自首，供出了吴莘生，吴被迫离开余日章小学。吴的身材较小，当时党内习惯叫他"小吴"，那个被捕供出小吴的人同我没有直接接触过。所以我知道特务是在诈我，我硬顶着，特务自然无可奈何。

不出老金所料，在这次审讯中，特务一无所获，就开始用严刑逼供。他们叫来打手，用棍子向我身上乱打，边打边说："你就是共产党，你招不招？你承认了，我们就不打了。"我忍着疼痛答道："我不是。"我始终不承认，他们没有办法。我被打得遍体鳞伤，停了一会，把我拖到一条凳子上，两脚放到上面。压得疼痛难忍，以致昏过去。特务用一盆冷水泼在我的脸上，我的感觉好像是一块湿毛巾蒙上了我的脸，两眼模糊，忽然我的头脑清醒了一点。见到我醒了过来，敌人又接着问我："说不说，招不招？你只要说个是字，就不受皮肉之苦了。"我咬紧牙关说："我不是。"接着，他们又加重用刑，我只知从脚到头，阵阵剧痛。过了一阵，他们停了下来，对我吼道："限你五分钟，只说一个'是'字，就是供认了。"接着，就开始数数："三分钟，两分钟——只一分钟了，快说个'是'字"。我硬着头皮，咬紧牙，忍着剧痛说："不是。"敌人恼羞成怒，又加重刑。我几次昏过去，又被冷水泼醒。经过几个小时的严刑拷打，特务逼不出什么东西，只好收场，两个彪形大汉把我拖回到监所。

回到监狱后，老金凑到我身旁，关切地问我怎么样。我说我全身都很疼，特别是脚，似乎疼到了骨头里。他教我说："现在你需要咬紧牙关，忍着疼，坚持在屋里来回走若干次。否则，就将可能终生残废。"他扶我起来，我拖着一双疼痛的脚在屋里来回走，直到用尽所有气力，实在走不动了，才停了下来。接着，我每天都坚持练习，使伤痛逐渐好转。但却留下一个后遗症，有时负重就感到脚上的一根筋隐隐作痛。

过了约十来天，特务把我与老金，还有一个中央银行职员一起拉出去，关到楼下一间普通的牢房里。这个房间不大，却挤满了人，都是抢劫犯、小偷、扒手，也有从近郊抓来的欠了账无法偿还的农民。晚上，大家挤在混凝土的地上，一个挨着一个躺着。在那里，我们三人都与同监人，主要是那些被关押的老犯搞好关系。这个牢房关押过好多政治犯，墙上写了很多字，有一首囚徒歌，还有一副联语："持其志毋暴其气，敏于事而慎于言。"读了以后，使我很受启发。关了几天，他们又把我们押回楼上。后来，我才知道，特务们是想叫那些土匪小偷惩治我们一下，看到我们没有受到欺负，他们达不到目的，又把我们押回来了。

我被关押了约两个多月，敌人仍没有发现什么线索。7月7日，卢沟桥事变后，抗战全面爆发了。7月下旬的一天，特务突然通知我取保出狱。他们派了个警察带着保单跟着我去找保。那份保单上写的内容是：因嫌疑被捕，以身家性命担保，今后不参加反动活动，奉公守法等话。我经过考虑，找了两个与我友谊甚笃的进步群众做保人：一个是国民党官僚资本的中央银行高级职员黄美健，一个是上海市政府的高级职员周南交。他们见到保单，毫不迟疑地盖章签名担保，使我出监狱。

出狱后的第二天，原社联成员、入党后在江苏省临委领导下工作的陈家康从黄美健处知道我出狱的消息，即来见我，互叙别后情况。第三天，他陪王翰来见我，我们一起到九江路一家饭馆去吃饭。席间，我向王翰汇报了被捕后的审讯经过等情况。王说组织已从内线方面了解到我的情况。他说，现在尽管国共合作的局面已经形成，形势有了很大变化，但仍应提高警惕。他说省临委认为我不宜再留在上海工作，已向中央报告，派我到延安去学习。他当即给了我一份向中央反映情况的报告，要我交给中央组织部，并给我40元路费，要我当天就起程。

在赴延安途中，我认真地回顾了在上海这几年的工作。到延安后，与在上海共过事的邓洁、李凡夫、胡乔木等交谈，大家总结了上海几年来工作的经验教训。总的认为，中央文委及文总八大联在临时中央迁苏区和中央局屡遭破坏、白色恐怖极其严峻的形势下，各条战线的工作都有很大的发展，党员在工人、店员及知识分子中深深地扎下了根，广泛地团结了爱国人士，为开展救亡运动，建立救国会打下了基础。在文化运动方面，无论社会科学、文学、艺术、电影、戏剧、音乐、美术都取得了领导地位，粉碎了国民党反动政府的文化"围剿"。1935年后，认真贯彻党的抗日民族统一战线政策，及时调整了斗争方式与群众组织形式，逐步改变了"左"的倾向，扩大了群众团体，建立了救国会，进而组建全国各界救国会，开展救亡运动，壮大了抗日进步力量。教联党组团结了教育家陶行知，争取了基督教青年会上层人士，在他们的支持下，公开合法地到工厂、农村开展工作；艾思奇等争取了《申报》老板史量才，在其报上开辟了自由谈，开办了量才补习学校、量才图书馆，成为左翼文化阵地。与党有联系的宋庆龄坚持孙中山的新三民主义，公开营救被国民党逮捕的共产党人。在她的主持下，组建过民权保障大同盟、国民御侮自救会、民族武装自卫会，争取了蔡元培、马相伯、杨杏佛等参与发起。这一时期，在上海保持了几百党员及周围拥有大量的左派群众，为抗日民族统一战线的开展、全国救亡运动高潮准备了条件，奠定了基础，功不可没。

第三章　在延安和东南分局

一、进延安中央党校学习

延安是我向往的地方。我接到延安学习的通知后，非常兴奋。我买了一套新衣服穿在身上，带着周南交给我的一张上海市政府的工作证和简单的行李就出发了。周南交一直送我到火车站，为我买了车票。我乘上到徐州的火车，到徐州后再转陇海路。火车经潼关时，我利用停车休息时间，参观了传说中的当年曹操割须去袍的地方。

到了西安，我即去七贤庄中共西安办事处报到。接见我的是一位老同志，他详细问了我的情况。我感到他是个非常亲切和很有水平的同志，后来一打听，才知道他就是林伯渠。两天后，按照中共西安办事处的安排，我和红四方面军部分同志一起乘一辆大卡车前往延安。

我们的车子先到云阳。在云阳红军总部，一个头戴红军帽的同志询问了我的情况。每一个问题都问得很详细，我一一如实回答。约一星期，接到通知，叫我随二方面军部分同志一道从云阳启程，步行到延安。其中还有两个从北平来的学生随我们一起行军北上。

经过黄陵县轩辕黄帝陵时，我和两个学生想上山去看看，红军同志不让去。我们一再要求，还是同意我们去看了看。我们走了几天，由于我平时缺乏行军的锻炼，总是赶不上部队的同志，总是掉队。为了不影响大家的行动，决定让我们三人自行编队而行，他们先走。从此，我们三人就成为一个小集体，继续往前赶路。

从进到云阳开始，就发现这个地区蝎子很多，每到一个地方住宿，地上、墙边就会爬出许多蝎子。我们三人一般天黑后就在村子里的老乡家里借宿，随便在地上睡上一夜。夜里蝎子会爬到身上。有一次，我想了一个办法，找条长凳子，在上面睡，这样就可以避免蝎子的叮咬了。就这样艰难地走了几天，好不容易到了洛川，住进了延安派驻这里的联络站。

在这个联络站，偶遇在成都时认识的党员常章龙（常化之）。1929年至1930年间，他在川大工学院上学，当时我在川大外文院，在党团活动分子会上或群众运动中经常见面，互相都熟。我问他的情况，他说他在这里养病，已经好多天。我们谈到分别后情况。我说在四川时，就听说他在北平被捕。他说，他当时确实被捕，前不久才出狱，离开北平，也准备去延安。住了一天，我们准备继续上路，他见我背上扛的行李不少，劝我把笨重的留下来，寄存在这里，日后设法再来取。我听了他的意见，把一双皮鞋、几本小说和一些杂物都包在一起，交给联络站帮我保存。以后，胡乔木去主持安吴堡青训班时，我要他经洛川时将那包行李带去使用。

经过一段路程之后，我们到了延安。我立即向中央组织部报到，把王翰的报告交给中央组织部的同志。组织部将我们安排在城里的招待所里住下。经过审查后，中央组织部的干部处长王观澜通知我，要我到桥儿沟中央党校学习。听到这个安排，我很高兴，随即就去报到。

我来到中央党校后，先到校务处，接待我的是教务主任王学文。当我发现他的姓名的时候，我立即想起经常在创造社的理论刊物上看到过他写的关于马克思主义政治经济学方面的文章。他看了看中央组织部的通知，第一句话就问我："你从上海来，认不认识司徒？"我说："我就是司徒。我在上海时，代名是司徒敏，党内习惯叫我司徒。"他说："欢迎你，其他的不用问了，你去第五班学习。"新中国成立以后，有一次与王学文闲谈时，我问他与我见面前为什么会知道司徒？他说他过去在中央特科工作，关于我在上海时的工作情况，他是从潘汉年处知道的。

1986年郑伯克在延安桥儿沟中央党校旧址。

王学文与我见面后，通知第五班的一个叫邹风平的来接我，把我接到他们的宿舍。

邹风平替我拿着行李向宿舍走去。他热情地问我从哪里来，当我回答他说我从上海来时，没想到他也问我说："你从上海来，认不认识司徒？"我答说："我就是司徒。"他仔细看了我几眼，又说："你是四川人吧？"我说："是。"说着，来到一个窑洞门前，他把我带进窑洞，从此，我们朝夕相处。

邹风平也是四川人。他说，他从四川经云南来到上海，在接关系的过程中遇到些与我相熟的同志，谈起过我，所以知道我的一些情况。1935 年，他在四川泸州担任中心县委书记，组织武装暴动时被敌人追捕。他从城墙上跳下逃走，跌了跤，腰常常痛。我从狱中出来后，因受过刑，伤未完全痊愈，右脚走起路来不大方便。学校非常关心和照顾我们，不让我们参加军训，早晨也不必去做操；每个月还专门给我们几斤鸡蛋，一定时期有保健医生来查体等，使我深切地感到党和革命队伍的温暖。

五班在当时是比较高级的班次，有陈伯达、郭化若、赖传珠、罗炳辉等红军将领；有黄华、邓力群等参加过一二·九运动的学生；有王任重、陈行健、陈绍芳（陈绍敏）等白区工作干部；还有白如冰等陕甘宁边区来的干部。五班班主任是我在上海就认识的邓洁（邓士元）。当时，党校校长是罗迈（李维汉），总支书记先后有廖志高、方仲如等人。在教学中，罗迈讲党的建设，成仿吾讲中国革命史，吴亮平讲联共党史，王学文讲政治经济学，艾思奇讲哲学。教师作学习辅导，课堂上还开展讨论，学员大多数时间用来自学。

当时在党校的学习条件虽差，但大家都非常刻苦钻研。给我印象最深的是，罗迈同志在讲课时往往会提出很多问题，让学员去进行思考，寻找答案。因此，上自习时，大家都认真学习和琢磨，到上课时，他让大家各抒己见，联系各自实践的经验教训，踊跃发言。罗迈认真听取大家的发言，加以启发诱导，解答难点，使大家提高很大。

在党校学习期间，我对每门功课都很有兴趣，学习得很认真。我专心听讲，认真做笔记，并阅读了大量的马克思主义和中国革命的理论书籍，这都对我以后从事革命实践打下了极好的思想和理论基础。可惜的是，在以后长期的白区工作中，这些笔记无法保留下来，这是我始终最为遗憾的。

学员们来自全国各地，来自不同的岗位，但不论过去是否相识，大家在学习、工作、劳动和日常生活中，都互相帮助，把方便让给别人，把困难留给自己。革命同志和阶级弟兄姊妹间的友爱，使大家感到十分温暖。有时发现某个同志有缺点，即便在萌芽状态，也互相指出，善意帮助。每个人都从团结的愿望出发，认真开展批评和自我批评。如在生活、学习、工作上意见不同而发生争论时，由组织研究决定，提出意见，大家则一致遵守，不说二话。这是具有高度党性和组织纪律性原则的表现。

党校生活很艰苦，因教室不够，有时还得在野地里上课。夜间没有电灯，靠点燃蜡烛（当时叫洋蜡）照明。为了节约，还要在蜡烛灯芯周围放点盐，使它燃烧得慢一些。我们吃的几乎每顿都是小米饭，副食以老南瓜为主，偶尔也能吃到大白菜。党校仅养了几头猪，除节日外，平时很难宰杀一头。虽条件艰苦，但学员们在一起，总是情绪饱满，兴高采烈。

这时，受总支分配，我负责主办《时事周刊》，并承担定期报告形势的任务。参与工作的先后有邹风平、石磊（曹瑛）、刘瑞龙等。

我在中央党校期间，除在校学习外，有时还被党校派往城里参加一些会议和活动，这对我也是受教育和学习的机会，给我留下了极其深刻的印象。特别是我有机会多次见到毛主席，聆听其讲话，使我感受至深，终生难忘。

这段时间，我列席中央党报委员会的会议。中央宣传部设有党报委员会，定期开会讨论并决定一些理论性、政策性的问题，以及党报的社论、专论等，我代表中央党校去列席会议。学校总支交代我说，议论中有何见解都可发言。我记得参加会的有张闻天（洛甫）、秦邦宪（博古）、罗迈、何凯丰、王若飞、廖承志、陆定一等。在他们这些老革命面前，我属后辈，只是洗耳敬听，谈不上有一得之见。在列席这些会议中，我对把马列主义原理如何结合中国实际，以及党中央关于抗日民族统一战线政策的策略和方针理解得更深刻了。

其中印象最深的是一次毛泽东也来参加的会议。在会上，陈伯达与吴亮平展开了三民主义与共产主义的争论。吴亮平主要以列宁《中国的民主主义和民粹主义》论点为依据，他说孙中山代表资产阶级，与俄国民粹派相似，其观点怎能与共产主义有相通之处？陈伯达不同意吴的论点，但所持论点，似不足以服人。毛泽东听罢后发表了一篇高论，他说的大意是：孙中山三民主义有旧三民主义、新三民主义，新三民主义是联俄、联共、扶助农工三大政策，第一次全国代表大会宣言等。新三民主义同中国共产党的最低纲领有相同之处，为此，中国共产党主张新三民主义为今日中国之必需，本党愿为其彻底实现而奋斗。毛泽东讲的这段话，大家都非常信服。会议结束后，大家一起离开会场，徒步街头，途中遇到成仿吾和江青。有同志提议要成仿吾做东请客（因他得到一笔稿费），成仿吾欣然同意，邀约一道去西北饭店聚餐。

那天会后，我经常带着三民主义与共产主义关系问题，反复学习琢磨。约一年以后，读到解放社出版的《列宁选集》第七卷，其中有《中国革命与俄国民粹派》这篇文章，读了几遍，觉得很有启发。列宁写这篇文章时间是1912年，但他已预料到中国会产生无产阶级政党是历史发展的必然。他说，"这个党在批判孙中山的小资产阶级空想和反动观点时，一定会细心地辨别、保存和发展他的政治纲领和土地纲领的革命民主主义内核。"从这里，我深深体会毛泽东思想是马列主义在中国的发展，他从中国革命的具体实践出发，正确地处理了各个历史阶段的革命斗争的关系，从而制定出正确的革命理论，引导革命走向胜利。

有一次，党校派我进城参加有关文化运动的座谈会。党校去参加该会的有艾思奇、成仿吾、江青（当时她在十二班），还有廖承志、周扬、何干之等人。会上发言的极其踊跃，最后洛甫（张闻天）讲话。我印象深的是他批判了周扬等对鲁迅的态度。

1937年10月至11月间，党中央在延安中央大礼堂召开了批判张国焘右倾分裂主义错误的大会。中央党校一班和七班的学员原来都是红四方面军的干部，他们都去参加这个大会。我被学校派去参加批判会，并上主席台担任记录。会上，毛泽东、张闻天、项英、蔡畅等同志都发了言，四方面军许多同志也揭发控诉了张国焘的错误及其给革命事业带来的危害。听了这些发言，使我深受教育。记得有一次，张国焘慢步走上主席台作检查。他咳几声后，文不对题地说了一通。他说中国共产党没有社会民主党的传统，对批判中大家提到他的个人野心、另立中央、军阀主义、土匪主义、退却逃跑等等错误，丝毫不作检讨，还说什么中国社会上本来就有军阀、土匪等，使人听不下去。毛泽东在批判张国焘的讲话中，以理服人，打了一个比方，他说：历来医生应当是治病救人的，但庸医却是杀人的。他说：自然界有成千上万种植物，名医立志治病救人，就到山上去采人参、黄芪等植物，开出处方，患者服了药后病除康复。庸医则相反，既没有本事，又为了个人图利赚钱，到山上去采集毒草，开出处方，就置人于死地。治理中国也和医生治病一样，如果我们采集的是中华民族传统的美德，优秀的文化，然后把马克思主义与中国社会实践相结合，就能制定出救国救民的良方。而中国社会也有军阀土匪，即有军阀主义、土匪思想，而张国焘偏喜爱这些主义、思想，他把它们汇集起来成为他的一套思想理论，这些理论是害党害人民的，救不了中国的。毛泽东这篇讲话，使我的思想豁然开朗，让我终生不忘。

1937 年 11 月间，党校派我们到清凉山下飞机场去欢迎从莫斯科回国的同志，毛泽东、周恩来等中央负责人也到了机场。我们排着队，等了一会儿，飞机就降落了。下飞机的有王明（陈绍禹）、陈云、曾山等人。他们一下飞机，毛泽东等领导人就上前去和他们亲切握手。毛泽东致欢迎词，题为《喜从天降》。他说：今天是我党大喜的日子，中央的几位同志在日本发动侵略战争，国难当头的关键时刻，骑着仙鹤腾云驾雾，从昆仑山那边飞回来了。久别重逢，家人团聚，共商救国大计，这不是喜从天降吗！同志们会问，他们去昆仑山那边做什么呢？我的回答是：到西天取经。你们都知道，中国有一部著名的小说，叫《西游记》。里面讲唐僧师徒四人，历尽艰苦，克服困难，去西天取经，却不知中国共产党也派人去西天取经。唐僧去的西天，叫"天竺国"，就是现在的印度，他们取的经是佛经。我们去的西天是苏联，取来的经是马克思列宁主义，这本经可比唐僧取的经用处大。它宣告全世界无产者联合起来推翻旧的社会制度，建立没有压迫、没有剥削的共产主义美好新社会。我们要好好学习这本经，认真贯彻这本经，根据这本经的精神去干工作、闹革命，真正精通了这本经，革命就一定能胜利，新社会就一定能建成。他说：当然精通可不是死记条文，而是会用，用经上讲的立场、观点、方法去解决中国的实际问题，这就是说：马列主义要中国化……毛泽东的欢迎词引起了一阵阵热烈的掌声。

王明在莫斯科时任中共代表团团长，是共产国际执委、东方局书记，回国后任中央政治局委员、书记处书记。但当时他给我的印象是趾高气扬，不可一世。记得 11 月中旬的一天，党校派我进城到中央大礼堂参加中央召开的活动分子会议，听毛泽东的报告。毛泽东在这次会上的报告题为《上海太原失陷以后抗日战争的形势和任务》。在报告中，毛泽东明确指出，要"在党内在全国均须反对投降主义"。他批判了党内有些同志主张把抗日根据地的人民代表会议改变为资本主义国家的议会制度。毛泽东说：在各抗日根据地，已经纠正了"议会主义"倾向。在会上，我认真作了记录。回到党校后，我反复学习思考毛泽东的这篇讲话。王明回国不久，也在干部大会上作过一次报告，我也去参加听。他的报告与毛泽东大唱反调。他说：有人反对议会制度，怎么能反对呢？中国今天惟恐没有议会，我们正需要议会。我当时感到，这句话不是针对毛泽东来的嘛！回到党校，我向总支负责人方仲如同志作了汇报，我说我对王明的报告不理解，并谈了我的看法。

1937年10月11日，中央党校派我作为代表去参加公审黄克功的大会。大会在延河边清凉山下陕北公学旁的平场里召开，主持会议的审判长是陕甘宁边区政府高等法院院长雷经天。黄克功是经过二万五千里长征的红军，当时是抗日军政大学第六队队长。有一个从白区来到延安投奔共产党的青年女学生刘茜被分配在黄当队长的大队学习，黄与刘相识不久，便互相约定终生。但一段时间后，由于两人生活习惯、兴趣爱好等等都不相同，逐渐格格不入。刘不堪忍受，便向黄提出解除婚约，黄怀恨在心。一天晚上，黄约刘一起到延河边谈话，谈话间发生争吵，刘坚持离开，黄坚持继续在一起；刘认为婚姻大事，有其自由，既不能终生相处，理应分手，另找对象，黄不同意，拿出手枪逼刘就犯。刘坚决不从，黄恼怒中，竟开枪将刘打死。当晚，黄悄悄回到宿舍，把枪上、身上的血迹洗干净，妄图蒙混过去。当群众在延河边发现刘被杀的尸体报政法机关后，政法部门调查了解有关情况。几个月来，抗大和陕北公学许多人都相传黄刘恋爱关系。刘被杀后，群众也对黄有所检举。法院找黄的警卫员谈话，警卫员反映了黄偷偷洗枪和服装情节。在调查的基础上，黄被拘留审查。此后，法院派人化验其服装和枪，结果查出血迹。黄被关押后，写信给毛泽东，要求赦免他的杀人之罪，让他去抗日战场上冲杀敌人而死。当时刘茜之死的消息不胫而走，众议纷纷。有的说黄是老红军干部，抗日正需要人，可让他去前线立功赎罪，以免其一死；有人说杀人者应偿命，不应有非议。当时白区大批知识青年满腔热情奔向延安，对刘茜被凶杀，不少人愤愤不平。雷经天见党内对黄案意见分歧很大，就写信向毛泽东请示。毛泽东当即回信，信里说：黄克功过去革命斗争史是光荣的。今天处以极刑，我和中央的同志都为之惋惜。但他犯了不容赦免的大罪，以一个共产党员、红军干部而有如此卑鄙的残忍的、失掉党的立场的、失掉革命立场的、失掉人的立场的行为，如为之赦免，便无以教育党，无以教育红军，无以教育革命者，并无以教育做一个普通的人。因此，中央与军委便不得不根据他的行为，根据党与红军的纪律，处他以极刑。正因为黄克功不同于一个普通人，正因为他是一个多年的共产党员，是一个多年的红军，所以不能不这样办。共产党与红军，对于自己的党员与红军成员，不能不执行比较一般平民更加严格的纪律。当此国家危急革命紧张之时，黄克功卑鄙无耻，残忍自私至如此程度，他之处死，是他自己行为决定的。一切共产党员、一切红军指战员、一切革命分子，都要以黄克功为前车之鉴。请你在公审会上，当着黄克功及到会群众，除宣布法庭判决外，并宣布我这封信。对刘茜同志之家庭，应给以安慰与抚恤。毛泽东的话，铮铮有理，是非分明，使所有人折服。

当审判长征询参加公审的各单位的意见时，我发言表示，对黄克功个人主义自私自利如此登峰造极，以至于横蛮到严重违反党纪军纪和法纪的人，我们完全拥护党中央、毛主席的指示和决定，同意处以死刑。黄克功低头认罪。审判长当众宣布对黄克功处以死刑，立即执行。

处决黄克功后，党内外同声称颂：共产党、毛主席真大公无私，在法律面前人人平等。在延安，红军干部、白区干部、工农干部、知识分子都更加紧密地团结在党中央、毛泽东的旗帜下。

1937年11月，邹风平同原红四方面军的廖志高、于江震、王相才三个同志调出党校，分配回四川工作。12月下旬，因抗战前线和白区都迫切需要干部，第五班提前结业。结业前一连开了几天的支部大会，要对每个学员都做个鉴定。给我印象最深的是对陈行健的鉴定。陈在特科工作，到延安进党校前，在城里招待所住了一段时期。大会讨论时，大家提出意见和批评。有的同志说，他在上海有时进出豪华的大饭店，到延安后仍衣冠楚楚，西装笔挺，哪像一个党员；有的同志说到延安参观油井时，陈见到工人工作条件较艰苦，就发牢骚，说不满的话，所以怀疑他对党是否三心二意；有的同志甚至提出要审查他的历史和参加党的动机，看有无问题。大家你一言，我一语，把陈说得一无是处。最后罗迈校长对大家说：同志们对陈提了许多看法和意见，主观愿望是很好的。他同时也说，大家对陈不太了解。他说，我的意见，在陈的鉴定上应该写上：对党忠实，工作积极。罗迈解释说：一个共产党员，对党忠实，工作积极，是起码的要求，不必写在鉴定上。但对陈行健同志必须这么写，由于他的工作有其特殊性。有的同志仅从他的外表看，不了解其实质。他对党确是忠心耿耿的，党交给他的任务，他是积极完成的。

对我进行鉴定时，全支部的同志都发了言。有的同志把优点说过头了，但多数同志对我提出了意见，批评很尖锐。有的同志说：李家庚（当时我的化名）主持党校时事研究会，上台去作报告，旁若无人，骄傲自满；有的同志说：李自恃所知甚广，讨论问题时，对他人的发言置若罔闻。最后罗迈发言说：同志们都提了很多意见，是对他的严格要求。李家庚有能力，长于宣传鼓动工作，但要警惕骄傲自满情绪。这次支部大会，使我受到很深刻的教育。我决心以后处事、处人、做工作都要谦虚谨慎，虚心学习，多学习他人的长处，多看到自己不足之处。

二、在东南分局和新四军驻赣办事处

1937 年 12 月下旬的一天晚上，我接到通知，要我去城里的中央组织部报到。按照组织纪律，我没有多问，马上卷起行李，就到总支去办手续。朝夕相处了一段时间后，同志们都舍不得彼此分开。我依依不舍地向同志们告别，表示非常感激党校几个月来对我的教育和同志们的关怀与帮助。

我到中组部后，王观澜同我谈话，他说：中央决定调你去东南分局工作，同时担任项英同志的秘书。他还交待我说：项英是分局书记，是工农干部，你在他直接领导下工作，要尊重他。王观澜最后这句话算是给我打了预防针，敲了警钟。对项英，我一向非常敬重他。他到延安时，我曾从很多渠道听到很多关于他在南方坚持三年游击战争时的事迹，使我感到很钦佩。我想，王观澜同志提醒我，我须特别注意。

第二天早晨，我背着行李到了车站，前往西安。同行的还有党校的赖大超、罗梓铭、赖传珠等；此外，同车到西安的还有刘少奇、彭德怀、曾山等。到西安后，我们住在七贤庄八路军办事处。两三天后，又乘火车到武汉，也住在八路军办事处。

在武汉八路军办事处，我和项英都住在四层楼。四层住的主要是长江局负责同志，有王明、周恩来、博古等。八路军办事处的附近，有个新四军司令部筹备处。1937 年 10 月 12 日，国共两党谈判时达成协议，将南方湘、鄂、豫、皖、赣、闽、粤、浙 8 省 13 个地区的红军游击队改编为新四军，军长叶挺，政治委员兼副军长项英，新四军及原红军活动地区均属东南分局管，分局副书记陈毅、曾山，组织部长涂振农（以后南委被破坏时被捕叛变），宣传部长黄道。我的职务是东南分局秘书兼项英的秘书。除我以外，项英还有生活秘书和警卫员等。我的日常工作是办理有关东南分局的筹备事务，主要处理分局以及项英的来往文件。如遇重要的文件，我就把主要内容告诉他。长江局组织部长为黄文杰，我经手的很多事需和他商量，因此相处较熟。

有一次，我在办事处见到黄文杰同从上海来武汉的张劲夫等谈话，我即在旁边听，方知上海八一三抗战以后，他们离开淞沪等地，转辗来到武汉。他们未带组织介绍信，要求接关系。我要张留下住址，接着我就去看望他们，进一步了解了他们的情况。返回办事处后，我找到黄文杰，我说：从上海来的张劲夫、王洞若、张敬人、王东方、张健等同志，我都很熟悉，他们都是好同志，我可写个详细材料来证明，建议恢复他们的组织关系。这件事被项英知道后，就找我去谈话。他说：上海党组织经过几次大破坏，问题很多，你不要同他们来往。我说：我也是从上海来的。项英说：你在延安经过中央组织部的审查，而他们没有经过这样的审查，叫你不要与他们来往，就不要来往，这是纪律。从此，我更加小心谨慎了。

沪宁等地相继沦陷后，来武汉的同志很多，有的与我是多年同生死共患难的战友，久别重逢，极想与他们来往，但项英对我要求很严，不让我与他们来往。我想向他要求和解释，但好像也不会有什么结果，只好横下一条心，不见客。每日就在办事处楼上，有事办事，无事时看看文件，浏览报纸、书刊，无工作必要时，也不上街。

在武汉住了几日，我们又坐船到九江，转乘火车到了南昌。这里已经设了个新四军驻赣办事处筹备处，负责筹备处的叫盛震叔，原在上海生活教育社工作，是陶行知的门生，所以我同他也熟识。盛下面有个姓夏的副官，负责行政事务。到南昌后不几日，赖传珠分配去筹备司令部，罗梓铭去湖南平江办事处，我与赖大超陪项英、曾山去几个红军游击队根据地作调查和指导工作。

这次出去，有两个地方给我的印象很深。一处是经莲花、永新等县到九龙山湘赣特委及所属根据地。另一处是经吉安、兴国、赣州到大庾、广东南雄间的梅岭、粤赣特委及所属根据地。我见到这些游击队根据地一切仍然保持着老苏区的特点，老乡知道我们是老红军，便亲如家人，热情接待。这时已是数九寒天，很多指战员还穿着单衣，光着脚板，很少能穿上草鞋或布底鞋。见到此情景，我想到他们在这样艰苦的情况下，坚持三年游击战争，抗击几十倍甚至上百倍于我的敌人，保存了力量，敬佩之情油然而起。

在根据地，我见到了谭余保、谭震林①、阿丕（陈丕显）等同志。对谭余保，我过去听说过，陈毅到九龙山传达中央抗日民族统一战线政策，红军改编为新四军开赴前线的命令时，他不相信，甚至怀疑陈毅是叛徒，将陈扣留起来，并要枪毙他。后经过陈毅耐心细致地向他宣传解释，他才改变过来。

在游击区，我除处理文件和有时为项英起草一些稿子外，还同赖大超等一道下连队讲解党中央的政策，动员指战员积极整编，筹建新四军及其支队。

1938年初，我们从赣南回到南昌后，项英通知我到驻赣办事处工作。他给我交待任务时，曾山也在场。曾山向我交代了具体的工作任务，要求我处理办事处的日常工作，并代表办事处负责对外联系和接洽。这时项英已另有一个秘书，我把文件和工作移交给他后，即到办事处工作。分局常委黄道负责党的宣传和统战工作，兼新四军驻赣办事处主任，我定时向黄汇报请示工作。

新四军驻赣办事处简称南昌办事处，设在南昌市内三眼井，是原清朝末年辫子大帅张勋的公馆。这里对外挂牌为国民革命军新编第四军驻赣办事处，实为中央东南分局和新四军司令部所在地。新四军司令部1938年1月12日在此处正式建立，不久即开赴安徽前线，军部有些事就由办事处办理。

我到办事处后，任秘书长，主持日常工作。下设秘书处、副官处、总务处及警卫连。秘书处负责处理文书事宜，副官处处理后勤和前线军需等工作，总务处处理行政事务以及日常生活事宜，警卫连负责保卫和警卫工作。分局的生活、事务、警卫等事均归办事处承办。办事处有个夏副官，还有吴华友、胡金魁等都在副官处工作；有个叫卢伟良的，工作了一段时期就调走了。

办事处的工作人员大都来自游击根据地，所以与各根据地的联系都很熟悉。新四军驻赣办事处实为新四军总办事处，它同武汉八路军办事处经常保持联系，并承担八路军办事处以及武汉《新华日报》（长江局机关报）托办事务。南方八省游击队改编为新四军后，在吉安、贵溪、瑞金、修水、婺

---

① 谭余保，湘赣特委书记；谭震林，赣粤特委书记。

源、宜春、都昌、赣州、大庾，以及湖南平江等地也都先后建立了办事处、留守处或通讯处，其任务为优抚军烈属，与前方联系等。他们与驻赣办事处经常保持联系，驻赣办事处也代办他们委托办的事务。

上海、南京、无锡、常州、镇江、芜湖等市县沦陷后，大批积极要求抗日的爱国青年蜂拥到了南昌。他们目睹国民党军队在日本侵略军进攻下节节溃败，而共产党领导的八路军开赴前线后却捷报频传的情况，把挽救祖国危亡的希望寄托于中国共产党，都纷纷来向办事处要求接受领导和分配工作。办事处热情地接待他们，凡主动找上门来的，经过谈话初步了解其情况后，都分别安排了工作。党员有党的组织关系的，或没有带组织介绍信的，经与他谈话后认为确是党员的，就转给组织部去处理，一般是直接交给部长涂征农或处长罗孟文；如果是进步群众、爱国青年，办事处就协助分局青委、妇委，组织他们就地参加抗日工作。我经常同青委陈丕显、赖大超、黄知真，妇委陈绍芳（陈绍敏）、李坚贞等保持联系，经过办事处接谈后，将其中的一些积极分子编成新四军战地服务团，在南昌向群众宣传抗日救国，组织他们参加群众运动，锻炼一段时期后，再把他们送到前线。

当时，新四军与国民党江西省政府合作，组织了几千流亡青年参加的青年服务团，分局派夏征农去团部工作，在团里建立了党的核心领导。该团以江西省主席熊式辉为团长，团员编为若干大队，分赴全省各市县，在地方党委领导下，开展宣传、组织群众抗日运动。

1937年底，上海劳动妇女战地服务团随国民党十八军罗卓英部撤退到南昌，当时办事处尚在筹建，她们即来联系，向我们汇报工作，要求接受领导。1938年初，办事处正式在三眼井挂出牌子后，其团长胡兰畦几次到办事处来，直接找陈毅汇报工作。有一次，陈毅同我谈话，谈到深夜。他见我御寒衣薄，就说，胡兰畦送了一件毛衣给他，他冬天衣服已足够，就把这件毛衣转送给我。服务团有个党员叫任秀棠，与我在上海时即相熟，她常带着服务团中的党员来办事处汇报工作，听取中央分局的指示，请分局领导人给她们作报告。她们到了办事处，如同回到自己家里一样，无拘无束，无话不谈。不管有什么困难和要求，就直接提出来，请求给予解决。这个服务团是由共青团江苏省临时省委组建的，由于他们长期未能与中央取得联系，所以不知道中央已于1936年解散了共青团，组建了西北青年救国会，所以他们仍保持共青团组织。我将这个情况向陈毅同志汇报后，分局组织部决定把该团团员都转为党员。

有个上海煤业运输队，是由上海一些民族资本家捐钱和捐车组成的，有二十几辆车，属于中国红十字会。这个运输队的主要人员是一批热心爱国的青年，竭诚拥护中国共产党，他们主动来到办事处，表示自愿为新四军无偿服务。我与他们接谈后，同他们建立了密切的联系。以后，他们辛勤地为安徽岩寺新四军军部输送药品、医疗用具等物资。我也定期去他们的驻地，给他们讲时事，指导他们学习马列主义，在学习交往中，结下了深厚的友谊。他们的驻地在驻赣办事处附近，有时听到躲避日本飞机的空袭警报响了，我们还一道去找地方疏散。经过考察了解和培养，我在该队中发展了黄洪年等入党，在队里建立了党的组织。

1938 年夏，办事处受延安抗日军政大学和陕西安吴堡青训班的委托，在南昌招生，按照其招生简章的要求，公开招考学员。各地流亡青年闻风后纷纷赶来报考，经笔试、口试和审查等几道手续，最后大都被录取，分别推荐去延安或安吴堡，这个工作全由我主持办理后向分局汇报。

1938 年间，抗日高潮方兴未艾。由于处于国共合作的情况下，凡需要与国民党江西省党政军高级官员商谈的大事，都由办事处主任黄道出面；而平常的一些活动，如一些具体事务的协商，省级党政军机关联合举办总理纪念周、孙中山逝世纪念活动，以及与省保安处的联系等，则由我代表办事处出面办理。这时省保安处处长是蒋经国，办事处曾经请他来作报告。他讲话中说："对蒋委员长也可以批评嘛！"当时都认为他还比较开明。我离开新四军后，听说蒋在任赣南第五行政区专员时，许多共产党人被捕，共产党组织受到极大破坏，这才使我认识其本质。1938 年 4 月，新四军军部由南昌迁往安徽屯溪时，他还专门前来送行。

为扩大文化宣传工作，在黄道主持下，办事处在南昌支持开设生活书店和战时书报供应所，并支持一个姓漆的开设的大众书店在南昌推销武汉出版的长江局机关报《新华日报》。书店以半公开的或秘密的方式，向爱国的进步青年传播马列主义理论以及关于共产党和红军的书。黄道还以办事处名义，通过各种渠道，支持了许多进步刊物的出版和发行。

1938 年春夏间，南昌的抗日救亡运动形成高潮。在七七抗战一周年等重大纪念日，都举行了大规模的群众活动。在这些活动中，都由我代表办事处参加筹备和公开的群众运动的领导机构工作。

由于东南分局和办事处在南昌大规模的抗日救亡运动中发挥了很大的作用，国民党江西当局异常恐惧。他们在办事处周围布下一道特务网，监视盯梢出入办事处的人员。七七抗战一周年纪念游行活动中，当游行队伍经过中山路洗马池时，国民党宪兵特务制造借口，逮捕了办事处的几个工作人员。事情发生后，黄道立即通知办事处，派人去国民党警察局交涉。各界群众十分愤慨，纷纷表示抗议。抗敌后援会主任委员许德珩，亦向国民党当局提出释放被捕人员的要求。众怒难犯之下，国民党反动当局才被迫释放了被捕同志。

我在新四军驻赣办事处工作期间，由于同各方面联系比较广泛，原在上海认识我的同志，都纷纷传闻司徒敏任办事处秘书长的消息。所以，很多人写信给我，或叙述离别之情，或找我帮助解决这样那样的问题。如在新四军支队及留守处工作的林琼、林楷（庄草）等写信给我，林楷来信涉及工作上的事，我回信鼓励他，并送了他几本新华日报社新出的书。留在上海搞地下工作的好几位同志也分别写信给我，向我推荐一些参加救亡协会工作的同志，希望将他们送往延安抗大。对于老战友所托的事，在符合组织原则之下，我都尽力去办。对推荐的人员，只要政治上没有问题，我都分别安排到青训班或延安。

我离开四川后五年来，从未给家里通过信息。这段时间，我从事的是公开工作，可以给家里写信了，于是就提笔给四川老家写了一封信。考虑到将来工作环境可能发生的变化，我没写我的化名和职务，通信处写的是办事处李家庚转。李家庚是我在延安和新四军的化名。在信中，我只谈了一些生活琐事，告诉他们我的身体还好，除脚气病时常发作外，没有其他的病痛。信发出后不久，就接到五姐郑茂萱的一封信，她随信还附寄了一笔钱给我。这段时间医生告诉我，要除去脚气病就要吃些营养、滋补的食品，五姐寄来的钱如雪中送炭，我正好派上用场。

1938 年七八月间，日本侵略军攻入九江，并有向南昌进犯的倾向。东南分局为做好应付突然事变的必要准备，派曾山同我前往吉安另外筹建一个办事处，以防日本进占南昌时能转移到吉安。我们到吉安后，住在临街的一家木器铺的楼上，我主要协助曾山做些起草文稿之类的事。几天后，我们回到南昌。这时，黄道找我谈话，他通知我说：长江局来电报，决定调你去四川做地方工作。同时，他也征求我的意见，说：如果分局将你留下，转到江西地方工作亦可。我问他们的考虑如何？黄道、曾山都说他们打算把我留在江西省委工作，并准备向长江局汇报。我说：我在江西一直做公开工作，认识的人很多，转地方工作不易隐蔽，我的意见去四川为好。他们听了以后，也只好同意我的意见。

约8月上旬，我带着组织部长涂振农给博古写的转党的关系的信离开江西，绕道浙赣路，经长沙到武汉长江局报到。

第四章　川康三年

一、在四川省工委

1938 年 8 月上旬，我到武汉长江局报到，分管组织部的博古同我谈话。他说：你去四川工作，参加省工委，那里的同志你比较熟悉，但也要先了解情况，才好工作。

在武汉，我见到了在湖北省委工作的王翰和在八路军办事处工作的陈家康等人，同他们少叙了别后情况。随后，我即同长江局派往四川工作的王亦清一道，乘船逆江而上去重庆。

到达重庆后，我们来到机房街八路军办事处。首先见到的是许涤新。我在上海时，他曾担任过社联党团书记，我们一见如故，他简略地向我介绍了一些四川的政治情况。

重庆办事处介绍李沐英同我们一道去成都。李在上海国难教育社开会时，我们曾经见过面，我参加党组时，知道她是个党员。上船前，我们商量好，互相称呼都用代名，并约定如遇到搜查或意外情况，就说是我们是在船上才认识的。船行至宜宾，须溯岷江而上，我与王、李二人打招呼说：我们将经过我的家乡，这一带亲友较多，如果船靠码头，我就不能出舱，以免被人认出来。但一路上还算顺利，没有遇到什么麻烦。

船行到了乐山，就是终点了。我们上岸后，找了个僻静街道的旅馆住下，他们二人出去买票，由于人生地不熟，买不到票。我们商定，由我带路当向导，步行到成都。

我们经青神、眉山等县，走了几天才到成都。我离开成都已经八年了，但街道依旧，我还认识。当天，我们临时在西御街找了家旅馆住下，然后去交通站交了信。次日，省工委书记兼组织部长邹风平就到旅馆来看我们，我们久别重逢，畅叙离情。

邹将王、李二人安排好后，把我带到他的住处。我向他汇报了情况，他告诉我说：省工委已经接到长江局通知，要你担任省工委常委兼宣传部长。从此，我同邹、程（子健）二同志在一起工作，我们朝夕相处，推心置腹地团结合作，心情很愉快。

我和邹风平是在延安认识的。他是四川三台人，1905 年出生于一个农民家庭，1927 年就入了党，先后担任过三台北区区委书记、盐亭特支书记、成都东区区委书记、成华县委常委与宣传部长、省委组织部秘书、省委常委兼秘书长、泸县中心县委书记等职。1935 年春，在叛徒特务追捕时，紧急情况之中从城墙上跳下，摔坏了腰骨，遂转到云南镇雄，以教书为掩护，继续从事革命工作。1937 年春到延安，在桥儿沟中央党校学习时，我同邹风平两人共住一个窑洞，亲密无间。1937 年 12 月，邹风平被调回四川工作，任四川省工委书记。1938 年 11 月建立川西特委（1939 年初因西康省设立，改名为川康特委），邹风平任书记。1939 年春，罗世文任书记后，邹风平任副书记，主持日常工作。1942 年整风运动中，由于时任总学委副主任的康生发动"抢救运动"，大搞逼供信的过火斗争，诬蔑四川、甘肃等省的地下党为"红旗党"①。在四川主持过工作的邹风平在劫难逃，被诬陷为特务，遭受到无情的折磨，1943 年 12 月 11 日含冤去世。1945 年 8 月，中央党校对邹风平的问题进行了甄别，撤消了康生的诬陷之词，恢复了风平同志的本来面目。

程子健是四川荥经人，1924 年在法国勤工俭学时加入社会主义青年团（不久改为共产主义青年团），1925 年在四川重庆转为中共党员，先后担任过重庆地工委（相当于省委）书记、川西特委组织部长、四川临时省工委书记、四川省委书记、省军委书记、中央军委委员（负责士兵运动等）工作。1933 年在上海由于叛徒出卖而被捕，他坚持气节，毫不动摇。1937 年抗战爆发后，因国民党释放政治犯而出狱，辗转至武汉找到党。1938 年 2 月，长江局决定程子健回四川参加省工委工作。1929 年到 1930 年间，我在成都工作时，程子健在短训班为我们讲过课，在活动分子会上作过报告，有的同志叫他"太婆"，有时叫他"秋霞"。他讲课深入浅出，给我的印象很深。他原担任四川省工委宣传部长兼工委书记，我到省工作后接替其工作，程改任组织

---

① 特务伪装的假共产党。

部长。川西特委（1939年1月改名川康特委）建立后，程任组织部长兼工委书记。1940年6月，任川康特委书记。从1946年起先后担任四川省委（实为重庆分局）民运部长、东北局工业部部长、西南局统战部长等职。

省工委为我安排了住处。我定居下来后，与邹风平、程子健在新南门外茶铺里碰了一次头，风平把四川的政治形势和党的建设情况向我作了简略的介绍。同时，省工委将王亦清分配去川东工作，李沐英分配去五通桥通材中学工作。

随着抗日战争形势的发展和蒋介石势力的渗入，国民党中央与四川地方实力派之间的矛盾日益加深。国民党中央企图控制四川，而四川地方实力派反对蒋介石的控制，明争暗斗，情况十分复杂。原国民党四川省主席刘湘为了保存实力，改变了大革命时期以来的"拥蒋反共"政策，实行"反蒋亲共"。刘湘出川抗战，在武汉病死后，蒋介石派原刘湘部属、亲蒋的王瓒绪为四川省主席。原刘湘部主要归潘文华率领，潘继承刘的遗愿，继续抵制蒋介石的控制。

二十年代以来，二十四军军长刘文辉和二十八军军长邓锡侯仍在成都，刘任西康省主席，邓任四川绥靖公署主任，刘、邓、潘为四川地方势力代表人物。蒋介石为控制四川，在成都设行辕，以贺国光为主任。1935年，中共上海中央局被破坏后，在特科工作的张曙时被派往四川，对四川地方实力派开展工作，争取其抗日，抵制蒋的控制。1937年中央又派罗世文入川，与刘湘建立了联系，做争取四川地方实力派的工作，在重点做刘湘工作的同时，还开展了对刘文辉、邓锡侯、潘文华的争取工作。

1938年春，在罗世文主持下成立《新华日报》成都分销处，四川地方实力派的主要人物几乎都订有《新华日报》，就连远离成都的田颂尧军部也订了几份《新华日报》。分销处设在成都祠堂街88号，是租一位川军退伍师长刘肇乾的房子；当反共顽固派威胁他，要他收回租房时，他坚决拒绝。刘文辉还将其公馆的一部分附属房子腾出来租给分销处的人员做宿舍（罗世文亦住此处）。川康绥靖公署主任邓锡侯还亲自到过分销处，要营业员为他寻找一本登有《主和者就是汉奸卖国贼》文章的《群众》杂志。

四川共产党组织1935年遭受大破坏后，部分党员在失去与上级联系的情况下自发地开展活动。张曙时入川后，发展了少数党员；"一二·九"以后，韩天石从北平到四川，转学入川大上学，在抗日救亡运动高潮中，他在成都建立与发展民先队，其周围团结了一批青年；与此同时，失去组织联系的自贡市党员饶世俊（饶孟文）也在成都发展了侯方岳等少数党员，自发组织了中共成都特支；还有特科系统的刘连波、周俊烈等也发展了些党员。1937 年 11 月，延安派邹风平、廖志高、余代生（于江震）、王相才等人回四川工作，由邹风平、张曙时、廖志高组成省工委，程子健到成都后参加省工委。省工委遵照长江局的指示，对张、韩、饶等几个人分别不同情况作了安排。张曙时因 1937 年去延安与中央联系上，其发展的党员予以承认；韩天石等四个党员关系，已转移到四川，因此，将他们的关系全部都接上；饶世俊发展的党员，经一个一个地分别进行审查，多数被接收为党员，少数不够条件的未予接收。经过整顿，原有的几条线都打散了，都统一在省工委领导之下。在此基础上，党的工作有大的发展。

我到四川后，遵照博古的嘱咐和省工委的安排，首先以省工委巡视员的名义，到各地去了解情况。我首先到川北，从成都出发，凭两条腿走路，经新都、广汉、金堂、中江、三台、射洪、遂宁、蓬溪等专县到达南充。沿途先后与新都、金堂、三台等县党员干部接上头，调查当地情况，传达省工委有关指示，与他们一起研究问题，每地短暂停留一二日。

川北工委分管地区为遂宁、蓬溪、南充、西充、岳池、广安、渠县、南部、阆中、苍溪等县，工委领导机关设在南充，书记是余代生（于江震）。1937 年我在中央党校时，与他同学，但不同班次。他是南充人，红四方面军入川时组织游击队，以后参加红军。我到南充后，他向我介绍了川北的情况。他告诉我说：中国民主同盟负责人张澜常来往于南充、重庆之间。张澜的籍贯是南充，他在当地颇有影响。国民党政府南充专员鲜英也是民主人士，由于全国形势处于国共合作抗日的形势下，再加上有张、鲜二人在当地的支持，他几乎可以半公开地活动。工委的同志还汇报说，一年来川北党的组织有很大的发展。按照中央"大胆发展，不让一个坏分子混入"的指示精神，我同余一起对现有党员干部进行了分析审查，审查结果，认为多数党员符合条件，并办理过手续，是合格的，仅有极少数自首以及变节分子乘机混入党内。我向省工委写了个报告，在报告中说："有腐儒乘机混入屋内，我们只好请他出去。"经省工委同意后，我们对这些党员分别作了处理，有的停止党籍，继续审查；有确切证据叛党投敌者，则坚决开除出党。

当时南充的工作开展得较好，在党员干部陈静波（陈文）主持下，民教馆办了一份报纸，宣传共产党的政策。我到南充、西充乡村去调查了解党的基层组织建设，看到党组织主要在小学建立工作据点。因为许多小学教师都是贫苦的知识分子，小学是乡村政治文化的中心，党员掌握了教育阵地，培养教育了革命力量；又通过家访联系了很多农民，在课余之暇热心为农民服务，帮助农民办事，写信、调解家庭纠纷，密切了同农民的关系，在群众中树立了威信。在此基础上，发动群众开展斗争。当时农村中还有一种小学，记得是叫"国民小学"，这种学校只有一个教师，身兼校长、教师、校工、炊事员集于一身。上课、下课自己摇铃，肚子饿了自己烧饭吃。校舍一般是利用破庙，为了尊重群众风俗习惯，还要承担维护庙宇的责任。我去过三所这样的学校，教师是共产党员，且都是年纪较大的男同志。等到他们上完课后，我就和他们促膝谈心，和他们同吃同住。我从群众与他们的频繁往来和遇事找他们商量的情况看出，这些党员同周围农民打成一片，亲如一家，这给予我很大的启发，感到教师很容易接近群众，有利于在农村开展工作。这条经验在我以后领导开展农村工作时发挥了很重要的作用。

南充是丝绸之乡，农民多以养蚕为副业，官僚资本所属的中国蚕丝公司统一收购农民的蚕茧。每年蚕子吐丝成茧变蛹，蚕丝公司便派收购员到乡镇设收茧站，农民赶场时就去卖茧子。收购员按照茧的质量分一、二、三等论价。这些收购员必须经过短期训练，会种桑，掌握养蚕、收购茧子等技术知识。由于养蚕的大都为农村妇女，因此，收购员也大都是女性。我下乡和党员接头时，有的党员就是收购员，逢赶场时我就陪她们收购茧子。当遇到交来的茧子质量较低时，她们就耐心地指导农民养蚕时注意什么，怎样才能提高蚕茧的质量，讲得头头是道，听来很像内行，使人非常佩服。业余时间，我看见她们一般都在同农妇们"摆龙门阵"，相互间亲如姊妹。一个党员告诉我，如果在收购蚕茧时不予农民方便，相反而压级压价，坑害农民，群众就会与你格格不入，甚至产生对抗情绪。

在南充、西充城乡工作了十天左右，我又去岳池。这里只有几个党员，我找一个党员干部了解情况，再向他传达省工委、川北工委有关指示，研究了一些问题，然后就离开岳池到了广安。

广安县委书记叫张选仪，是个知识分子。我在与他的接触中看出，他读过一些社会科学方面的书，有一定的理论知识。在广安和渠县，我还到农村去同基层支部的同志接触，对其工作及农村情况作了些了解。

从渠县回到南充，从南充沿嘉陵江北上，先到南部，后又到了阆中。这时，川北工委委员王相才（子模）不在家，接待我的是阆中县委负责人杨剑华。两天后，王相才从苍溪赶回阆中，我听了他的汇报。这里的救亡运动正开展得如火如荼，他们设立了一个"救亡室"，是抗日救亡团体中的骨干经常碰头的地方，我在这里找一些党员个别谈话。我还出席了几个基层支部的会，一次是由县政府的公务人员中的党员组成的支部，有两次是学生支部。此外，还找了党员骨干何旭（林曦）、杨蕴以及郑鹏九（1941年被捕自首）等个别谈了话。

我到阆中乡村考察农村支部的情况，见到这里的农村还有川陕苏区时的遗风，支部书记姓张的支部就叫"张支部"、书记姓王的支部就叫"王支部"。我在阆中乡下属的一个区听取区委书记汇报了组织情况，说明张支部有几个党员，王支部有几个党员。他说：农民党员把党的要求记得很熟，遵守纪律，执行决议，保守秘密，为党工作，交纳党费，永不叛变。这几条，农民党员入党宣誓后，都牢牢记住，并照着去办。

王相才陪我从阆中到了苍溪。苍溪的县委书记是潘实之，公开职业是县蚕丝改进所的所长。他是当地人，和地方群众有密切联系。王相才也是这里的人，我到了乡下就住在他家。他家附近有所小学，我和学校的校长及教师交谈，其中谈到红军来川北的情况，大家都赞不绝口，他们还唱一些红军歌曲给我听。

阆中、苍溪、南部在川陕苏区时，曾建立过革命政权，党员和赤色群众很多，因此党员发展很快。阆中有两百多人，苍溪有三百多人。南部较少，也有几十人。

正当我在阆中搞调查研究时，突然接到省工委的通知，要我赶回成都参加即将召开的省工委扩大会议。我与王相才、杨剑华等同志交换了对了解情况的看法，并交待工作后，立即起程回成都。我按一天走几十里的速度，约10月末11月初回到省城。

二、在川康特委

约1938年11月下旬（有的说是10月下旬），省工委扩大会议在成都召开。参加会议的有罗世文、邹风平、廖志高、程子健、郑伯克、张曙时、张秀熟、韩天石、余代生、王相才、饶孟文、张文澄、王叙五、李维、李亚群、赵利群、甘棠（阚思颖）等 17 人，其中罗世文是长江局派往四川做统战工作的代表，邹、廖、程、郑、张是省工委成员，张秀熟是特邀代表。此外，韩代表宜宾中心县委，余、王代表川北工委，饶孟文（饶世俊）代表自贡中心县委，张文澄代表成都市委，李维代表梁山大竹中心县委，李亚群代表泸县中心县委，赵利群、甘棠是省工委机关人员。会议地点在西御街杨道生家。

会议期间，王明、吴玉章、林伯渠由重庆去延安参加六届六中全会，途经成都，会议决定由罗世文去请王明和吴老、林老来作指导，因林老要留在旅馆接待来访者，王明和吴老来到会上。他们先后讲了话。王明主要讲统一战线，他讲的"一切经过统一战线"这句话给我印象很深；吴老主要讲的是提高党员干部的政治理论水平问题，他要求大家学马列主义的哲学，还提出要学李达的《社会学大纲》。他说这本书的内容主要是讲辩证唯物主义与历史唯物主义，毛泽东曾说过：这是中国人自己写的第一部马克思主义哲学教科书。在国民党反动统治时期有这样一本书是难得的。

遵照南方局决定，会议对四川党组织作了调整，决定不设省委，分设相当于省委级别的川西特委和川东特委。其中将整个川西（包括成都市、江油、绵阳、德阳、甘孜、阿坝、三台、康定、西昌、雅安等地区）、川南（包括乐山、宜宾等地区）、川中（包括资阳、内江、自贡等地、市）、川北（包括广元、阆中、南充、遂宁、蓬溪等地）划归川西特委。1939 年 1 月南方局成立后，川西特委直属南方局领导，由于康定、西昌、雅安等地划为西康省，南方局将川西特委改为川康特委，特委机关设在成都。

川西特委成立后，先后在西御街杨道生家、暑袜北街沈荫家及西御街赵世兰家等处开了几次会，罗世文传达了南方局对特委人选的初步意见，然后进行表决。表决结果：邹风平为书记，程子健任组织部长兼工委书记，我任宣传部长兼文委书记，三人组成常委。另外的三个委员的分工是：张曙时为统战部长，韩天石为青委书记，甘棠（阚思颖）兼妇委书记。

1939 年夏初，邹风平去重庆南方局汇报工作回来后，召开特委会，传达南方局决定，正式任命罗世文任特委书记，邹风平为副书记，除同意我们原来选举结果外，增加张秀熟为特委委员。并指示罗世文分管统战工作，与张曙时、张秀熟组成统战工作组。在传达时，罗世文插话说："我主要管政策方针以及特委重大事宜，特委日常工作仍由风平主持。"

罗世文是四川自贡市人，1922 年加入社会主义青年团，1924 年任重庆地委（相当于四川省委）宣传部长，以后任重庆团地委书记。1925 年 9 月派往苏联莫斯科东方大学学习。回国后任四川省委宣传部秘书，不久，被派往二十八军第七混成旅旷继勋部工作。1929 年邡部起义，编为中国工农红军四川第一路军，罗世文任前敌委员会书记。起义失败后，罗世文潜回重庆。1930 年任四川省委宣传部长，1931 年任省委书记，1933 年被派往川陕苏区工作，任川陕省委委员，川陕苏区党校校长，1934 年被张国焘（中央局书记）迫害、软禁、监视。1936 年红四方面军与红一方面军会师后，罗世文冤案得到昭雪。1937 年 8 月，中央派他回四川做刘湘以及刘文辉、邓锡侯、潘文华等地方实力派的统一战线工作，推动四川的抗日救亡运动。《新华日报》成都分馆建立后，罗世文以《新华日报》成都分馆负责人的身份进行活动。1940 年 3 月在成都"抢米事件"中被捕，先后关押于重庆白公馆、贵州息烽监狱、重庆渣滓洞，反动派威胁利诱，软硬兼施，罗世文坚持气节，毫不动摇。1946 年 8 月 18 日，罗世文与车耀先在渣滓洞松林坡被残酷杀害。

张秀熟 1928 年代理四川省委书记时被捕，在重庆法庭上舌战"王灵官"[①]，《新蜀报》等报纸曾作了公开报道，在社会上引起过很大震动。

我们召开省工委扩大会议前，全四川的共产党员共有 3400 余人，划分为川西、川东两特委后，川西约 1800 多人，川东约 1500 多人。到 1939 年，川康特委所属的党组织有很大的发展。据 1939 年 6 月 14 日《川康特委组织部关于目前组织工作问题的报告》中"关于目前组织分布情况"中记载：成都市各区及特委各部委所管约 1000 多人，乐山中心县约 350 人，自贡中心县约 400 人，阆中中心县约 1000 人，南充中心县约 450 人，遂宁中心县约 350 人。特委及中心县委所管的县委有苍溪、广安、岳池、蓬溪、荣县、峨眉、眉山、汉源、灌县、内江等县。特委及中心县委所管的特区有彭仁华特区、五通桥特区；特委及中心县委所管的特支有新津、资中、西昌、温江、彭县、郫县、潼南、中江、三台、巴中、夹江、剑阁、昭化等特支，以上共约 3000 多人。又一统计资料载：1939 年党员 1700 人发展至 4500 人，以后转入巩固阶段。

---

① 重庆卫戍司令王陵基，绰号王灵官。

中共川康特委书记、《新华日报》成都
分销处主任罗世文

中共党员、群众救亡领袖车耀先

1981 年 5 月，郑伯克在罗世文、车耀先烈士墓前。

川西特委成立后，将成都市划为几个区，由特委直接领导。各区从 1938 年冬至 1940 年 3 月前先后担任过区委书记的有：东区陈文、赵筱村；外东区任炎；南区尹智琦；外南区沈荫家、彭为果（李澄）、黄飞声；西区张黎群（黎储力）、黄觉民、杨道生、马瑞图；北区梁琅歌（梁洪）、刘藩、屈正中、徐集生；外西区吴德让；城中区梁华。各区机构有所调整，例如东区有段时期划分为东区与外东区，南区原包括外南区，华西、金陵、中央、齐鲁、金女等五大学曾设总支，后总支撤销，设外南区；有段时间建立外西区，后撤销。短期设过城中区。中心县委的书记是：乐山先后有侯泰阶（侯方岳）、廖寒非；自贡先后有饶世俊、廖寒非、胡景祥；阆中先后有王相才、胡景祥（冯列斯）、饶孟文；南充余代生（1939 年秋南充中心划归川东，宜宾中心县由川东划川康，书记为李维）；遂宁先后有王叙五、陈天阶；成（都）华（阳）中心县委书记石秀夫（刘清）；西康中心特支先后有兰绍恒（李止舟）、刘则先、徐坚等；彭（山）仁（寿）华（阳）特支陈述舟、任治荣；新津特支陈文；灌县县委钟嘉泽（1939 年 8 月叛变，后宋维静、宋文彬先后负责）；温江特支刘纪明；广汉特支江厚丰；汉源县委先后为李成之、任炽昌、刘则先；西昌特支先后为廖文彬、徐坚、赵子博；乐山县委李澄；眉山县委先后为周克庄、李公表、张启钰；五通桥区委先后为石秀夫、梁华、李维嘉；夹江县委先后为张黎群、李维嘉；内江县委先后为闻化雨、刘藩；三台特支先后为侯泰阶、黄友凡。

1939 年 5 月，特委派我去乐山检查工作。我乘长途公共汽车，当日就到达目的地。我先去武汉大学找到中心县委组织部长余有鳞（余明）接头，由他带我到中心县委机关。次日，中心县委书记侯泰阶（侯方岳）召集中心县委会，向我汇报工作。会后，我在乐山城里住了一段时期，参加了部分基层组织的会议，找党员干部座谈或个别谈话，了解当地社会和工作情况。

1938 年以来，乐山地区党的工作发展很快，这里的丝绸厂、降落伞厂等工厂的工运工作也蓬勃开展起来。中心县委委员陈述舟分管工运工作，他从当学徒一直到当工人、技师，与工人群众有密切联系。中心县委派高淑贤（曾秀娟）、陈桂芳（沈光英）等党员到丝绸厂去当女工，发动和组织女工。经过一段时间的工作，乐山几个大厂的工会都在共产党的掌握之下，并发动过几次斗争，都取得了胜利。学生工作则以内迁的武汉大学为中心，武大共有党员 30 多人，成立了总支，下设分支，中心县委委员余有鳞任总支书记，分管青年工作。支部以"抗战问题研究会"为中心，团结了多数同学。此外，中心县所属青神、眉山、井研、夹江、峨眉、峨边、犍为、马边等县的工作亦有开展，建立了两个县委、四个特支。

在乐山城里工作约一星期后，我又到五通桥去搞调查研究。五通桥区委书记石秀夫（刘清）是武大学生，我找到他时，他正患疟疾，我让他好好休息，没有与他多谈话。

中心县委下设一个统战支部，书记叫贺国干，1928年在成都成城公学时曾与我同学，他家办了一个盐井，他担任当地盐业同业公会主席、通材中学董事长，在当地有一定的影响。这个支部的委员有梁祚超、张元鼎（张守璞）。

到这里后，我考虑有一个人搞统战工作很合适，就向中心县委推荐。这个人是我的侄女婿，叫秦之良。他小学时与我同学，中学时他考进宾萌中学，但星期日我们也常聚在一起。后他在上海艺术大学上学时入了党，曾任南通团县委书记。1937年冬，我在中央党校时，刘瑞龙与我谈到他当年领导南通暴动时，共青团南通县委的小秦（即秦之良）当时表现很不错，给他留下很深的印象，说他很有工作能力。这时，秦因患病回到家乡。我这次到乐山后，专门去看望他，在了解情况后，我向中心县委提出，可以考虑让秦之良重新入党。中心县委同意我的意见，重新发展他入党，让他担任统战支部委员，主要负责做上层工作。贺、梁、秦三人在当地士绅中展开活动，并开办了一个书店，销售《新华日报》和进步书刊，还组织剧团到犍为、清水溪、黄丹等地演出《放下你的鞭子》等街头剧，推动了犍为城乡以及沐川乡镇的抗日救亡运动。

一天夜晚，我在五通桥小西湖的一只小船上听取通材中学特别支部的工作汇报。支部书记朱泽淮（朱亚凡）是丰都人，俄语很好，曾翻译过列宁《唯物主义与经验批判主义》，这是列宁这部著作的最早中译本。通材中学校长李嘉仲是大革命时期入党的老同志，是中心县委常委兼宣传部长，通过他的关系，省工委和川康特委先后派了很多党员和进步分子到这所学校担任教师，如赵郁仙（赵君陶）、廖友陶、卓问渔、邓泽、李沐英、刘传蓉、周克庄等。特支将学生中党员分为男生部与女生部，男生部由张守璞负责，女生部由赵郁仙、刘传蓉负责。教师中多数是党员，他们以公开合法的身份，指导学生阅读《新华日报》《大众哲学》《论持久战》《论新阶段》等书。特支书记以学校当局名义定期向全体师生报告政治形势，还以学校名义办民众夜校，接收盐工、船工、农民、店员及失学儿童入学。除教文化课外，还设政治课，讲革命故事，宣传抗日，教育培养革命力量。

统战支部经过上层关系，逐步掌握了抗敌后援会的领导权，用该会合法名义公开号召，并以通材中学师生为中心，开展大规模的抗日集会、游行活动。在此基础上，共产党的建设工作也大大发展起来，全校学生近半数被发展入党，附近的小学教师，盐务管理总局、永利化学公司岷江电厂、桥滩盐厂、石麟煤矿等机关企业也建立了党的支部、小组，或进行单线联系。

我参加过通材中学学生党小组的活动，也找过学生中的党员个别谈话。从年龄看，他们都很年轻，十四五岁的不少。但听其谈话，感到他们对党的基本知识懂得很少。我考虑到这部分人为数多，不能急于处理，只同朱泽淮个别交换意见，要他抓紧对党员的教育，并提出发展党员要十分慎重。

离开成都前我曾想过，乐山离我老家很近，家里尚有年逾70岁的老母。我母亲40岁时生我，因缺奶，用米浆把我喂大。我是她所生最小的一个儿子，辛勤把我哺育成人。我七年未能回老家，这次有机会，在不影响工作的情况下想回家看看。我与邹风平谈后，他同意我的意见，说由我适当安排。

五通桥离我老家仅40华里路，工作告一段落之后，我同区委及统战支部同志们商量回家之事，他们都鼓励我说，应该去尽点为子之道。第二天清早，我乘船到竹根滩对岸的西坝，走山区小路，晚上就到达黄丹乡。

在镇上，我打听到母亲恰好同三哥郑绍文一起住在临街的小铺里，我赶到三哥家，见到母亲。她被我这意外的出现，惊喜得半天说不出话来，只是用手抚摸我的脸和手，仔细看了一阵后，才说："唉！这些年你受苦了。看，瘦多啦！"我安慰她说："妈妈放心，我没有什么病，身体很好。"当晚，我一直陪着她说话。她向我解释分家的情况，说我多年没给家里写信，生死未卜，只暂时作了处理。我打断她的话说：我不要什么财产，几个哥哥操持家务都很辛苦，给他们哪一位我都没有意见。这时，胞侄郑昭临跑来告诉我，说我当年教过的炭商小学的学生一直都很想念我，问我能否见他们一面。我考虑这次回来不能声张，就请他转达问候，说：我也很想见他们，但因有急事还需赶回去，以后有机会定去看望他们。

次日，我又去小湾看四哥郑象贤。由黄丹街子到小湾约20华里地，我半天就走到了。一进四哥家，我一眼就见到床上和桌上放了好几本我离家前留下的马列主义书籍和《创造》《洪水》《拓荒者》《文学月报》等刊物。四哥告诉我，这些理论书他看不懂，但文艺书看起来很有兴趣。他问我："你不是在新四军里吗？怎么回来啦？"我简略地告诉他：我到过延安，后到新四军，现在在四川工作，党叫我到哪里，我就去哪里。四哥勉励我好好干。他说："这世道，我看透了，共产党一定会成功。"当天傍晚，我从小湾回镇上，临走时，四哥给了我30元钱，他说：我知道你们的生活很艰苦，这点钱给你零花吧。我对四哥的关心非常感激。

回到镇上，又陪母亲摆了两天的"龙门阵"。之后，辞别了母亲回到五通桥，次日回乐山。回到乐山后，我把在五通桥了解的情况和问题，同中心县委一起交换了意见，然后就回成都去了。

邹风平1940年4月12日给中央的报告写道："1938年12月到1939年9月为川康党的巩固与发展并行时期。"几年间的工作主要表现在以下几个方面：

1. 统一战线工作

川康特委成立时，我们分析了四川的形势，认为国民党中央与地方的对立不是短期内所能解决的。我们要利用其矛盾，团结地方势力，帮助他们加强内部团结与推进施政上的民主，改善人民生活。但四川省政府主席王瓒绪投靠蒋介石，与蒋氏行辕主任贺国光勾结，因此，四川的形势也可能出现逆转。

在抗日战争全面爆发后，中共就开始做争取四川地方势力的工作，党中央派罗世文做当时四川省政府主席刘湘的工作。1938年刘湘死后，我们的工作主要以潘文华为中心。除潘文华外，还联系川康绥靖主任邓锡侯、西康省政府主席刘文辉，争取他们团结抗战，实行民主，并抵制蒋介石反人民、排斥异己等政策。

潘文华曾任川康绥靖公署副主任，蒋介石为"调虎离山"，委任潘为川陕鄂边区绥靖主任。当时潘文华部组织了一个武德励进会，我们在其中发展了党员，建立了以田一平[①]为书记的党支部。川康特委通过该支部以武德励进会的名义派遣党员以合法关系到潘部工作，在驻防阆中的潘部中建立了党

----

① 当时职务为武德励进会组织科长。

的总支与分支，对促进该部属抗日、民主，支持当地救亡工作的开展，抵制蒋系势力的倒行逆施，起到了重要作用。

刘湘部还有个师长叫刘树成，驻防乐山，川康特委曾派洪仿予（洪沛然）去任刘树成的顾问，在该部开展工作。驻泸县的师长周虎亦刘湘所部，在其防区内支持救亡运动。

1938 年至 1939 年间，中共中央代表董必武、林伯渠等曾与西康省政府主席刘文辉会面，对他做工作，促其团结地方势力，抵制蒋介石的反动政策。1939 年 8 月，川康特委派往西康汉源县任特支书记的刘则先不慎暴露，被保安训练所逮捕，在审讯时，刘被迫承认是共产党员。川康特委闻讯后，立即进行营救。罗世文出面与刘文辉交涉，当国民党西康省党部要将他押送该党部审讯时，刘文辉电告保训所将刘释放出境。

对邓锡侯，我党组织派长期在特科工作的周俊烈同其部师长陈离来往，开展工作。

特委还通过知名中医师、党员王文鼎以其职业为掩护，对川康地方势力进行工作。邓、潘、刘等非常看重王的医术，常请王文鼎治病，称他为"药王菩萨"。王与他们交情很深，相机进行工作。

车耀先曾在川军中长期工作过，曾任过刘文辉、邓锡侯部的上校参谋、副官长等职。抗战前夕，他发起成立成都各界救国联合会，广泛联系群众，是成都抗日救亡运动的领导人物，在广大青年中有威信，在上层社会中团结各方面人士，号称"人民阵线线长"。他开设的努力餐饭馆，成为民主进步人士聚会的场所，他在同川康地方军界上层人物以及进步人士交往中，开展统一战线工作。

此外，川康特委统战小组还联系地方上层的部分幕僚，他们大都挂有参谋、顾问之类职务，相机为地方势力出谋划策，以促其抗日、民主。

2. 宣传文化工作

川康特委经过已掌握的或有联系的文化阵地，宣传共产党的政策，扩大共产党的影响。1939 年间，重庆《新华日报》成都分馆的发行量达到一万二千份，经销站遍及川西的灌县、彭县、新津、邛崃、新都、新繁等县，川南的乐山、西康、西昌、汉源、雅安等县，川中的内江、自贡等县、市。分馆馆址所在的祠堂街，书店林立，有生活书店、读书生活出版社、战时出版社、莽原出版社、开明书店、北新书局、华阳书报流通处、益民书店等，都代销《新华日报》和新华日报馆出版的《群众周刊》。成都很多学校如四川大学、朝阳学院、华西大学、协进中学、中华女中等校的很多师生，都订阅《新华日报》，其中仅协进中学师生中即订了 200 多份。

国民党反动顽固派消极抗日、积极反共，在分馆附近布下特务网，监视出入分馆的人员。分馆工作人员处于白色恐怖下，但毫不动摇，坚守岗位，逆流而进。《新华日报》分馆的工作由特委罗世文、邹风平直接领导。祠堂街图书业成立了基层党支部，支部书记为城西区委书记杨道生兼。

1939 年间，在川康特委领导下，文化工作有很大发展。归特委宣传部直接领导的有文协党组，还在星芒社、全民社、《华西日报》《时事新刊》《民声报》建立了党支部，文协主要负责人为周文（何谷天），参加党组工作的有杨波等。文协出版会刊《笔阵》。星芒社支部书记为胡绩伟，成员有张梁、谭吐、车辐等，主要以金钱板、莲花落、川戏等民间通俗说唱的形式，编写唱词、故事，以宣传共产党的政策。《星芒报》被当局勒令停刊后，几度改头换面继续出版，先后出过《蜀话报》《新民报三日刊》《通俗文艺》等。全民通讯社为吴江（吴寄寒）、陈翰伯等人主持，有段时间，方庶民（方仲伯）也参加过工作。他们以发新闻稿的合法形式，反映抗战大后方的情况与问题。《华西日报》为潘文华系武德学友会主办，编辑有唐征久、赵其文、李次平等。《时事新刊》为日报，主持编辑工作的有王达非、苏爱吾（苏幼农）等人。《民声报》为杜桴生主办，陈静波主编，这些报纸以隐蔽的办法宣传共产党的政策，改头换面地转载新华社新闻。归特委宣传部个别联系的还有《建国日报》的周列三及《新民报》的刘承惠（林珈）等。

宣传部直接联系的有协进中学教师支部，支部书记黄文涛（黄觉民）。该校教职员中大都是共产党员和进步人士，校长张志和由特委统战部直接领导，主持学校日常工作的是进步人士谷醒华，教务主任为进步人士杨伯凯，事务主任为特委统战部个别联系的曾学圃。教师支部中有刘披云、洪仿予（洪沛然）、杜桴生、朱挹清（朱孟引）、丁华（帅昌书）等人。他们除教学生文化科学知识外，还教马列主义、社会科学的基本知识。例如，他们以《社会科学常识读本》（沈志远编）代替公民课，课外还辅导学生阅读艾思奇的《大众哲学》、斯诺的《西行漫记》等书。

由特委直接领导的还有四川旅外剧队，吴雪、丁洪、陈戈先后任副队长及代队长，主持演剧队的工作，戴碧湘任支部书记。剧队走遍了四川多数县以至乡镇，想方设法冲破国民党顽固反共派的阻挠破坏，演出宣传抗日、揭露国民党政府黑暗统治、反映人民疾苦的戏，博得广大人民群众的欢迎。

特委宣传部工作人员先后有陈翰伯、朱亚凡（朱泽淮）、兰绍恒（李止舟）等。文委成员有杜桴生、黄文涛（黄曼波、黄觉民）等。

3. 群众运动

1938年至1939年间，川康特委采取灵活巧妙的斗争方式，领导广大工人冲破国民党顽固反共派的阻挠破坏，在川康各地开展了工人运动。

成都排字工人从1938年10月至1939年九十月间，先后三次开展要求加薪的斗争，都取得胜利，并成立了全市性的印刷工会，以合法方式开展斗争。在此基础上，建立了公开合法的成都工人抗敌宣传团，在印刷、长机、机械、服装、木工等行业中都建立了分团。据1939年统计，分团已发展到22个，参加的有1300多人，在成都抗日救亡团体中形成了坚强的堡垒。

南充、乐山等地的丝绸工和自贡、嘉定（乐山）等地的盐工工作都有大的发展。1939年8月，自贡市当局因强行在盐工中抓壮丁，打死盐工，激起工人的极大义愤。共产党组织发动数万盐工总罢工，争取当局答应盐工缓役，保护了盐业工人的切身利益。川康工运工作是在以程子健主持的工委直接领导下进行的，参加工委的有梁国龄（梁华）、祝康龙、徐杰生等。

在青运方面，川康特委领导下的救亡团体有胡绩伟等组织的星芒社，何仁仲、张光昭、伍嘉谟等组织的群力社，陈伯林、陈克勤、郭先泽等组织的天明歌咏团，车耀先组织的大声社，刘玉玺等组织的东北救亡总会成都分会等。每个团体都有几十或上百人不等，参加的有大中学生和职业青年。这些团体中大都建立了党支部，党员有多有少。学校中党员较多，群众运动活跃的有四川大学，党员约80人，总支书记王玉琳（王怀安），副书记邓照明，在文、法、理、农学院皆分设支部，女生单独设了一支部。

川大总支归特委青委直接领导，青委书记韩天石，参加青委的有张文澄、邓照明、杨天华、彭为果（李澄）等。归青委直接领导的还有外南区的学校，有华西大学、中大医学院、金陵大学、燕京大学、金陵女大、齐鲁大学等校，区委书记是沈荫家，参加区委的有伍义泽等。

1938年至1939年间，川大等校学生在共产党的领导下，组织了成都学生抗敌救亡宣传团，川大为一、二团，外南五大学为第三团，协进中学等为第四团，光华大学为第五团，这些宣传团主要在市区、郊区进行抗日宣传。

抗战期间，由沦陷区内迁的还有朝阳学院，全校学生400多人，其中党员有30余人，支部书记先后由彭为果、许存信担任，支部委员有黄飞声等。

中学党员较多的学校有协进中学、中华女中。协进中学的代校长为进步人士谷醒华，教职员中有很多党员和进步人士。学生中的党组织归城西区委领导，1939年初，党员达80多人，总支书记为陈光腾，委员有车崇英等。

中华女中原系青年党所办，学生很少。教务主任范寓梅接受进步教师屈正中自由、民主办学的建议，延揽进步人士担任教师，准许学生阅读进步书刊，参加救亡运动。屈正中加入共产党后，参加城北区委为委员，并分管中华女中学生的组织和工作。教师分别属于两个支部负责：刘以结（马彬）、王志之（含沙）等属特委统战部管；王玉琳、康乃尔等归特委青委，互相不发生横的关系。但教学和工作上都很一致，启发学生思想觉悟，引导学生走向进步。在党员的努力工作下，学校发生了大的变化。很多人都很愿意到这里来上学，学生人数从不满百人发展到400多人。在发展学生党员的基础上，学校建立了党总支，高中、初中分设支部。刘淑仙（刘肃晏）、常绍温先后任总支书记，党员总数前后共50多人。

在妇运方面，川康特委妇委书记为甘棠（阚思颖），参加妇委工作的还有赵世兰等人。妇委主要是通过妇女抗敌后援会等公开合法机构开展工作，她们还组织大众壁报社，以出墙报等方式宣传抗日救亡。

三、第一、二次反共高潮中

1938年冬，抗战进入相持阶段，汪精卫公开叛国投敌，蒋介石集团推行消极抗日、积极反共的政策，秘密地颁布《限制异党活动办法》等反共反人民的文件，掀起反共高潮。1939年8月，成都行辕严令各级机关执行《川康防止奸党活动政策》，形势日益严峻险恶。为坚持抗战，反对投降，反击逆流，在川康特委领导下，川康地区展开了声讨汪精卫投敌叛国罪行的群众运动。1939年1月，成都15个救亡团体联合会向即将召开的国民党五届五中全会提出"肃清汉奸，巩固扩大抗日民族统一战线"的要求。同年 4 月，特委研究，以程子健、郑伯克、韩天石、甘棠组成五月革命行动委员会，程子健任书记，以工人抗敌宣传团为主，动员各救亡团体参加，在 5 月 1 日庆祝劳动节时举行声讨汪精卫叛国投敌的活动。

经过发动组织，5 月 1 日上午，声讨汪精卫的大会在中山公园（今工人文化宫）召开，参加人数达 3000 多人。会后，旅外剧团高唱抗战歌曲，演出《放下你的鞭子》等街头剧，观看演出的人群十分踊跃，抗战歌声响彻云霄。

5 月 7 日，五月革命行动委员会利用国民党政府召开"精神总动员大会"的机会，以工人抗敌宣传团为主力，在少城公园（今中山公园）召开讨汪大会，呼吁坚持抗战、反对投降，坚持进步、反对倒退，坚持团结、反对分裂。晚间，又举行了声势浩大的万人反汪火炬游行。9 月 18 日，成都又组织了十万市民参加"九一八"纪念大会。

在群众运动中，共产党的影响日益扩大，斗争中涌现出不少积极先进分子，经培养教育，将符合入党条件的都发展入了党，因此党组织得到了极大的发展。在大力发展组织的同时，川康特委同时抓紧巩固组织的工作。首先，针对有 90% 党员是新党员的实际情况，把对党员干部的教育训练工作摆在首位，除轮流将部分干部送到重庆南方局所办的训练班受训外，特委自己还办了多期训练班，由特委负责同志分工讲授理论和党的基础知识。如罗世文讲政治形势和统一战线政策，邹风平讲党的建设，程子健讲工运工作，我讲共产主义和秘密技术，韩天石讲青年工作，甘棠讲妇女运动等。邹风平在延安听过罗迈讲课，领会较深，驾轻就熟，课讲得很好，很受人欢迎。

特委除办短训班集中培训党员干部外，还注意在平时的组织生活中对党员的思想教育，例如进行入党第一课的教育。特委规定，凡是新党员入党时，党代表在谈话时要讲党的建设，包括党的性质、纲领、任务，党员要终生为共产主义事业奋斗，遵守纪律，严守秘密，执行决议，对党忠实等党的基本理论和纪律。

特委要求党员加强学习，主要学习党的文件和毛泽东著作，如《反对自由主义》《论新阶段》等，在秘密传阅的基础上，通过组织生活会，谈学习心得体会。特委经常翻印南方局的文件，发给党员阅读。此外，特委对时事教育也很重视，定期向党员干部讲国际国内形势，让同志们认清形势，看到光明前途，增强革命信心。特委按照中央党校课程的安排，把马列主义与联共党史合为一门课，由宣传部写出提纲，供党员干部学习讨论。

在纪律教育方面，特委主要在日常组织生活中培养党员遵守纪律的习惯。党分配的任务，要求党员坚决执行，认真完成，如发现党员执行时消极对抗，阳奉阴违，屡教不改，就给予处分，使党员服从组织、下级服从上级成为铁的纪律。特委在日常组织生活中经常对党员进行气节教育，号召大家读烈士传，学习革命先烈临危不惧的精神；教育党员在任何情况下，都要把党的利益放在首位，万一被捕，要经受考验，绝不供出任何人和任何地址，保护党不受破坏。

特委在抓党的思想建设的同时，也抓紧组织建设，审慎地发展党员。对比较暴露的党员，尽快疏散转移到根据地，或在特委所管区域内就地转移。例如 1939 年冬，趁山西民族革命大学到成都招生的机会，特委安排撤退了王怀安等两百多人到那里去。通过就地转移交流干部，加强了薄弱地区的工作。此外，特委对个别有问题的地方组织进行了处理，例如灌县县委书记钟加林投敌自首，特委采取紧急措施，解散了县委，将他联系的党员尽快疏散或暂停联系；乐山通材中学党组织较暴露，队伍也不纯洁，特委也进行了审查整顿。

为了保护党组织，特委将公开工作与秘密工作严格分开。在抗日运动高潮时，有的外县地方党的同志来成都接头，往往去《新华日报》成都分馆投书转特委，这样做不利于秘密工作原则。为此，特委对所有与地方组织联系的联络点都清理了一遍，一律停止以《新华日报》等公开暴露地址作为联系点。估计到政治形势逆转，特委把群众运动由学校、工厂外大规模的群众团体活动，逐渐转入校内或厂内活动，街头的救亡运动转向学校内工厂内合法的系会级会等活动。

1939 年 8 月末，罗世文去重庆南方局汇报工作后回到成都，召开川康特委扩大会议，传达中央和南方局指示精神，其主要内容是：投降是当前的主要危险，国民党顽固派的反共是为投降作准备的，党的政策是坚持抗战，反对投降；坚持团结，反对分裂；坚持进步，反对倒退。对国民党顽固派可能发动的突然袭击，在思想上要有充分准备。党的建设的主要任务是巩固组织，从组织形式到工作方法都应转入地下。根据中共中央南方局的指示精神，结合川康情况，会议作了具体部署。这次会议先后是在中莲池横街许存信家、我的住处和暑袜北街沈荫家的家等处召开的。

特委认真学习了中央和南方局的指示精神，回顾了近年来川康形势及党的巩固方面问题，认为王瓒绪任四川省政府主席以来，投靠蒋介石，推行其积极反共、消极抗日的政策，几次逮捕抗日进步分子。但由于我党组织利用矛盾开展统一战线工作，争取了地方势力，在几次捕人事件中，共产党组织都未受大的破坏。例如名山特支书记王广义在中学当教师，不注意隐蔽，作风暴露，一直被国民党县党部的人怀疑，终因在他的住处搜查出党的文件而被捕。罗世文经统战关系，经该县县长将他释放出狱。西康汉源特支书记刘则先（刘蜀萍）也因不注意隐蔽而被捕，国民党县党部插手，要把刘交他们处理。我党组织经上层关系，取得西康省主席刘文辉的同意，将他释放。王瓒绪下令逮捕了救亡团体群力社成员，我党组织通过地方关系将他保释出狱。自贡市一个党员在参加工运开会时被市警察局逮捕，我党也通过当地绅士出面活动无条件释放。

1939 年 8 月，川军彭焕章、陈兰亭等七个师长通电倒王，迫使蒋介石改组省政府，自兼四川省主席，以行辕主任贺国光兼省府秘书长。自此，四川的特务活动更加猖獗。10 月，国民党社会部派员侦查省妇抗会、星芒社、大声社、工抗团、《时事新刊》以及青年记者协会等情况，写出《成都市文化界异党活动调查表》上报国民党中央。11 月 30 日，社会部长陈立夫令川省党部对所列团体"严予取缔"。

1939 年秋季，四川大部分地区农产品丰收。成都平原由于有都江堰灌溉之利，一向旱涝保收。从国民党中央政府系统和地方系统的银行以及官僚、地主、商人等年关前后争相到成都抢购粮食，囤积居奇，以致成都"米荒"。顿时成都米价陡涨，民怨沸腾，附近贫民被迫抢米，市面极为混乱。国民党顽固派乘此时机，阴谋镇压革命运动，国民党军统特务头子戴笠从重庆飞赴成都亲自部署。为了制造反革命舆论，特务造谣说："八路军已开到广元，到处抢米，把米价都抢贵了。"3 月 14 日晚约 8 时半，身份不明的暴徒约二三百人（内有穿黄呢裤者多人，并有操下江口音者）在老南门外附近集合，前往老南门外潘文华的重庆银行仓库，用手枪和木棒解除了银行仓库门警的武装，捣坏仓板，将米撒得遍地都是。警察在旁观看，不加阻止。暴徒散后，附近游荡贫民持口袋前往拾米。约 11 时左右，国民党军警宪特如临大敌，包围了现场，捕去多人。这时，恰好《时事新刊》编辑朱亚凡在新南门外米仓对面的印刷厂校对稿子，闻人声嘈杂，出门去看热闹，即被捕去。《时事新刊》是著名的进步报刊，国民党顽固反动派早已把它列入黑名单，朱亚凡被捕后，敌人阴谋以此作为突破口，进一步搜捕共产党人和进步分子。

四川省会警察局长唐毅、成都行辕调查课长张严佛和中统四川省调查统计室主任何培荣等人，密商捏造了一份冒充共产党指挥"春荒暴动"，煽动抢米的传单，在审讯朱亚凡时塞入朱的衣兜里，然后又从朱的身上搜出，以诬陷朱通共。朱亚凡坚强不屈，面对凶残的敌人，义正辞严地指出，共产党坚持团结抗战，所谓共产党"抢米"，完全是诬陷。

3月15日早晨，川康特委常委罗世文、邹风平、程子健和我在焦家巷36号特委机关临时紧急碰头，研究头天晚上发生的事件。当时所知道的仅有重庆银行仓库囤积的大米被抢，至于朱亚凡被捕等情况，都还不知道。特委根据中央指示精神，分析形势。程子健说：看样子，国民党自买自卖，搞希特勒国会纵火案，想嫁祸于共产党。特委经过讨论一致认为：一定要提防敌人借机突然袭击，决定分头通知暴露的党员及时转移，通知党员上下级一般采取个别接头方式，尽量少在公共场所如茶馆里开会、碰头。

15日中午，我去中莲池横街同《时事新刊》的王达非碰头，他向我反映朱亚凡被捕的情况后，我及时找邹风平、程子健商量对策。大家分析认为，形势即将逆转，情况危急，应立即找到罗世文，通知他赶快隐蔽下来。

16日晚7时左右，罗世文因有事到《新华日报》成都分馆处理事务，刚走到祠堂街，电灯忽然熄灭，一片黑暗，罗进入分馆不到五分钟，事前早已布置在分馆周围的特务、便衣警察一拥而上，撞门而入，持手枪胁迫分馆工作人员不准动，架着罗世文就往外走。罗当即抗议说：我是八路军驻成都的代表，你们干什么？这是绑票行为！便衣特务说：行辕请你去。罗说：拿公文来。特务不由分说，强行挟持着罗出门向西将军衙门（行辕所在）方向走去。《新华日报》分馆经理洪希宗立即打长途电话向重庆总馆报告。约两小时后，便衣特务又来报馆，将洪希宗绑架去。

形势急转直下，共产党员和进步人士被捕的消息不断传来。连日来被绑架的有中苏文化协会成都分会会长、分管军事方面工作的车耀先，原刘湘顾问武德学友会秘书长郭秉毅和汪导予。同时，《新华日报》分馆被捣毁，《时事新刊》被查封，医生唐介舟等同时被捕。

朱亚凡被捕后，特务对他进行栽赃诬陷，并于3月18日将他枪杀在小西门外去青羊宫途中的城墙边。据当时的军统川康区特别组组长刘崇补新中国成立后交代：军统川康区区长兼行辕调查课课长张毅夫考虑到国民党还打着"国共合作"的招牌，万一中共方面要求与国民党共同处理这一案件，朱亚凡不承认是他的口供，岂不现了原形。于是与唐毅密商了另一条毒计，先把朱亚凡枪毙，使所捏造的供词死无对证。

枪决朱亚凡的布告是以蒋介石成都行辕、川康绥靖公署、四川省政府三个机关的名义发布的。成都行辕、四川省政府都在布告上盖了关防印信，唯有川康绥靖公署未盖大印，布告只诬蔑朱亚凡指挥抢米，却未提及其政治背景。

3月16日，罗世文、车耀先被捕后，特委召集紧急会议，决定原长顺街焦家巷特委机关立即撤销，及时疏散已暴露的干部和党员，立即焚毁文件，用一切办法联系党员干部做好应变准备，邹风平、程子健、张曙时、甘棠即日转移去西郊农村隐蔽，我则留在城里处理日常工作。

我受命于危难之际，在西郊也设了个点。1939年罗世文传达中央巩固组织的精神，我即与宣传部的兰绍恒（李止舟）商议，由他向其家里要了一笔钱，在成都城里买了一座房屋，在西郊也购置了一处房产，平时闲置，仅有人看守，以备组织上紧急之用。到这时，正好派上了用场。这段时间我在城里有两个住处，一是李止舟在城西购置的这所房子，一是北暑袜街沈荫家处，在郊区也有房子。我同邹风平或程子健在西郊碰头后，不便当天进城，就落脚在苏波桥李止舟所购置的房子里。

为了及时了解敌情，争取四川地方实力派，我几次到新西门外党员王文鼎家，或到城北区他开设的诊所，以请他诊病的方式同他见面。我们在诊所见面时，全部用事先约好的隐语对话，旁边排队挂号就诊的人中即使有特务，亦无从察觉。在他家，王向我汇报：川康绥靖公署主任邓锡侯说，"抢米事件"抓人后，贺国光立即召开省党政军首脑会议。在会上，贺把"抢米风潮"说成是共产党指使的，在座者有附和的，也有被迫表态应付的，还有默不作声，或只点点头的。邓同王说：牺牲朱一人，以救大众，望中共方面原谅他无能为力。枪毙朱亚凡的布告，川康绥靖公署未盖官防印信，以说明他的态度。王文鼎反映：潘文华对重庆银行被抢有所触动，在贺国光召开的会上表现畏怯。郭秉毅、汪导予被捕后，经王文鼎及其幕僚等及时向他提醒，蒋介石方面这一手，一石二鸟，不仅迫害共产党人，也是对地方势力下毒手，让潘有所醒悟。

我到外南朝阳学院教授宿舍，同朝阳大学教授、党员黄松龄接上头，共同分析了形势。我谈到争取地方势力以孤立顽固反共派的政策，并谈到邓、潘在"抢米事件"中的表现。黄说他愿去见刘文辉。据他打听，刘近期恰在成都。我们相约一个星期以后，再向我汇报。

一周后，我再到黄处，他向我汇报了同刘谈话的情况。他说，他劝刘应当坚持抗战、民主，联合进步势力，反对蒋介石消极抗战，独裁专制，控制、排斥并消灭异己的政策，以求自保，刘表示接受其意见。黄松龄是比较暴露的党员，我同他商量了他的疏散转移问题，问他有没有困难。他说刘文辉送给他一千元大洋，眼前的开销和路费都不愁了。

川康特委遭此突然袭击，需及时报告南方局。恰好组织部干事徐杰生（徐文杰）应重庆某酒精厂之约去为该厂搞设计，我们就利用此机会，让他顺便去向南方局报告这里的情况。因来不及写书面报告，只好要徐杰生作口头报告。

青委委员杨天华亦属疏散范围，在他疏散到重庆时，特委也嘱咐他到南方局报告，并建议南方局以群众团体的名义发一宣言，揭露"抢米事件"真相，揭露国民党反共投降派的阴谋。

几天后，杨天华从重庆回到成都，带来南方局起草的以成都市委名义发的宣言，题目是《中国共产党成都市委员会为成都抢米事件真象告成都市同胞及全四川同胞书》，其全文如下：

成都市同胞们！全川同胞们！

3月14日在成都南门外，发生了一件不幸的事件，就是重庆银行和四川银行仓库被奸人匪徒率领300余人，化装百姓带短武器，于是日下午8时左右，从新西门出发，到老南门外，吹哨集合，径往重庆银行，将其仓库捣毁后，又集合于四川银行门前，同样将四川银行加以捣毁。在捣毁之后，复高呼荒谬绝伦之口号，"打倒下江人""打倒资本家""无产阶级万岁"等。当奸人匪徒进行捣毁暴行时，警察在旁并未加以干涉，奸人匪徒在捣毁暴行之阴谋已遂后，遂呼啸而去，而银行仓库附近，满地皆米，于是有附近之老百姓出来拾米，及附近之市民好奇围观者颇多，11时许，有大批警察开到将拾米之老百姓及围观者，捕去近百人，与重庆银行临近之《时事新刊》报馆之编辑和职工在旁观，亦被捕去多人，该刊编辑朱亚凡亦在其内，事后加以莫须有罪名，谓其领导抢米，当遭枪决，尤为奇特者，奸人匪徒在此次暴行后，将其自己一手制造之暴行，企图转嫁祸于中国共产党，散布谣言说，此次抢米暴行是中国共产党领导的，此种阴谋早在希特勒于纵火国会事件时采取过，而遭受失败，中国共产党成都市委员会兹特郑重声明：此次成都抢米事件与中国共产党绝无任何关系，我们始终认为：在全国团结抗战的时候，此种匪徒暴行，只足以破坏国家民族的利益，亦足以破坏团结抗战的利益，此种行为与共产党目前所实行的政策完全不相符合，共产党始终反对个人阴谋恐怖政策，中国共产党成都市委员会特郑重声明：共产党既未领导此次暴动，也未参加此次暴行，相反的，共产党始终坚持反对此种阴谋行为。

证之事实，此次阴谋暴行出之于有计划的行动，事前事后均足证明蛛丝马迹，匪徒所呼之荒谬绝伦之口号，则出自奸人匪徒投降反共分子之手，实毫无疑义；奸人匪徒制造这种阴谋暴行，其目的企图恶化中央与地方之关系，破坏国内之团结，挑拨国共两党之关系，借此作为投降派分裂之口实，借此作为压迫共产党之口实。

证之事实，此次阴谋暴行之后，文化界救亡分子车耀先、唐医生等被捕矣，在成都之公开之共产党员罗世文、洪希宗等被捕矣，成都新华日报分销处被搜查，时事新刊被查封，时事新刊编辑朱亚凡被枪杀，凡此种种，出自奸人匪徒之有计划的阴谋行为，亦属毫无疑义，中国共产党成都市委员会坚决抗议奸人匪徒所组织之阴谋活动。要求中央政府立刻彻底严查此次奸人匪徒之行动，要求立即释放被捕之共产党员及文化界分子。

奸人匪徒企图以卑鄙之行为，拙劣之技术，掩盖天下人耳目，而成都全体市民在街谈巷议，茶楼酒店谈论此次阴谋之来自何方矣。因为事实总是事实，谣言总是谣言，谣言决不可能掩盖事实。惟恐阴谋谣传，外间莫明真象，中国共产党成都市委员会兹特郑重宣言，昭告全市同胞以成都抢米案之真象。中国共产党成都市委员会坚决相信：在我们党中央英明领导下，坚持我们党中央的抗日民族统一战线政策，定能打破日寇汉奸投降反共分子的一切阴谋。

同时，我们也相信，中央政府在蒋委员长的领导下，定能彻底查办：在国民政府青天白日之下，在蒋主席亲自领导下的成都所发生的成都抢米阴谋案件。

中国共产党成都市委员会

1940 年 3 月 24 日

4月5日，延安《新华日报》全文转载了这一《告同胞书》，并于4月8日、12日先后发表社论，揭露国民党顽固派反共、投降的阴谋。《告同胞书》在成都全市秘密普遍散发后，中间人士大为赞赏，地方实力派特别是原刘湘武德学友会人员受到极大鼓舞，他们互相串连，广泛传阅。顿时，社会各界议论纷纷，就连国民党内也有人认为自己输理，四川省党部主任委员黄季陆就不得不推托说："亦不是共产党抢米，亦不是国民党抢米，而是奸人匪徒干的。"《告同胞书》在外南区学校里散发传播后，华西协合大学一个三青团员说："共产党公开反对政府，明知抢米事件是政府干的，而说是奸人匪徒，简直骂政府是奸人匪徒……"全校群情哗然。

在对外散发《告同胞书》，揭露顽固反共分子的阴谋的同时，特委仍继续抓紧巩固组织的工作，主要是疏散隐蔽已暴露的和可能暴露的党员、干部，隐蔽得较好的及从未引起反共分子注目的都留下继续工作。例如较暴露的《时事新刊》王达非、苏爱吾（苏幼农），《华西日报》的编辑唐征久、赵其文等均及时转移、埋伏；而《华西日报》的李次平、《建国日报》周列三等，由于平时政治面目不明显，能够继续留在原岗位上隐蔽的，则留下坚持工作。

为要在短期内把所有党员、干部都联系上，及时把特委的决定通知下去，但又要尽量避免发生横的关系，所以我们仍按原组织系统接关系。在统战部系统，我直接联系的有张秀熟、王文鼎等人。有一段时期我只联系张志和（曾任刘文辉部师长，原由张曙时联系），其他由统战部的刘连波、刘文哲继续联系；宣传文教系统我直接联系的有周列三、李次平等；在教育系统，协进中学教师支部原由黄文涛（黄觉民）负责，黄隐蔽转移后，我直接与吴德让联系，再经过他与李筱亭等联系，此外的关系都交兰绍恒联系；青委系统的关系全部交给青委书记张文澄联系，后特委考虑张在成都工作时间长，亦可能暴露，为精干隐蔽，决定调张去宜宾任中心县委书记。张文澄离成都后，我与原青委委员个别联系，彭为果（李澄）等原青委工作同志相继疏散转移后，原青委所属外南大学区，华大由我与伍义泽联系，川大由我与赖自昌（赖卫民）、胡朝芝等联系；对妇委系统的，我与胡玉斋联系，经她去与其他同志联系。

"抢米事件"前，成都市共产党组织划分为几个区，归特委直接领导。"抢米事件"后，特委决定重新调整区划，以精干原则，撤销外东区、城中区、外西区、南区，只设东区、外南区、西区、北区，我主要与东区书记陈静波（陈文）、外西区书记吴德让、外南区伍义泽等联系；西区中学较多，曾将戴伯华、杨静等组成区的领导机构，我直接与她们联系。1940 年 7 月，伍义泽去延安后，我曾以缪鑫源、常绍温、邢珊瑚组成区委，分头联系华西坝几所大中学的党组织。

罗世文被捕以后，我同程子健商量，找到罗的妻子王一苇，让她冒险去包家巷她俩的住所查看情况。她按照我们的意见，倚仗她的亲属与省政府主席的封建家族关系，大摇大摆地走进屋里，仔细地把文件、信札、通讯地址等都清理出来用火烧掉了。事情办完后，她向特委作了汇报，她说房里一切仍旧，所有用具都未动过，说明国民党特务似尚未发现这个地方。过去因王一苇家庭出身不好，我们对王不够信任，在这一关键时刻考验出王一苇是个好同志。

1940 年 3 月 30 日，中央关于成都"抢米事件"对南方党的工作局发出指示：

（甲）3 月 14 日成都事件，明显地系反共分子准备投降分裂的有计划的阴谋之一部分，应该引起整个南方党组织的严重警惕。

（乙）除成都市委发表宣言外，必须动员广大社会舆论及四川地方有关方面，广泛揭露反共投降分子之阴谋。

（丙）必须立即将成都、重庆及其他地方已暴露或可能已被反共分子注意之党的干部和党员调动和隐蔽，以避免破坏。

（丁）立即严令成都、重庆等地各级党部，将一切秘密文件焚毁，成都方面与世文联系之特委同志及其他同志；必须暂时隐蔽至安全区域，并尽量减少活动。

南方局发出紧急通知，传达了中央指示精神。川康特委接到通知后，立即检查了各地的防范措施。接着，南方局通知邹风平、张曙时、甘棠到重庆，以后转赴延安。

不久，南方局派林蒙（甘道生）来成都了解情况，我在西门外茶店子同他碰头。他告诉我说："抢米事件"后，叶剑英向国民党当局要求释放罗世文等，但毫无结果；《新华日报》社长潘梓年也与国民党当局交涉，国民党政府被迫同意《新华日报》成都分销处恢复营业。我详细汇报了特委的具体措施，并请他转告南方局负责同志，邹风平离成都后，特委班子不健全，我建议明确程子健为书记，以有利于工作。

川康特委在腥风血雨、惊涛骇浪中平稳地度过了一两个月，回头来看，有好的经验，也有深刻惨痛的教训。"抢米事件"前，敌人已散播诬蔑共产党的谣言，但未引起我们的严重注意。罗世文传达中央和南方局指示精神后，特委虽然学习了，但联系川康实际、研究周密的措施却显得很不够。"抢米事件"的第二天，特委委员紧急碰头，尽管会上提出了要提高警惕的问题，但未取得共识。直到罗世文被捕后，特委才采取了紧急措施，邹、程、张等人立即疏散到郊区，撤销了原焦家巷特委机关，留我在城里处理日常事务，负责及时通知已暴露的和可能被特务注目的党员及进步人士转移隐蔽。这些措施是及时的，亡羊补牢未为晚，避免了组织被破坏。如果当时罗世文不去《新华日报》分馆而隐蔽下来，车耀先、唐监舟、郭秉毅、汪导予等均已疏散隐蔽，朱亚凡不去抢米现场看热闹，可能不至于被捕以至牺牲。

"抢米事件"后，形势暂时缓和下来，但为时不久，川康地区又陆续发生捕人事件。地方实力派刘文辉等对反共政策采取抵制或消极态度。1940年4月西昌行辕逮捕田孟雍、万鹏程等十余人，经刘文辉所部押送成都，刘部在押运途中经雅安地界观音堡时将其全部释放。同年7月，国民党特务要在乐山武大逮捕共产党人，川军驻该地师长刘树成获悉此情报，向共产党通了信息，中心县委即时疏散党员及进步分子。中心县委常委罗朗不听劝告，到公园饮茶碰头时被捕，同时捕去十余人。川康绥署主任邓锡侯对反共命令消极执行，在执行之后又向进步势力表示歉意。潘文华虽对反共不积极，但表现软弱。同年6月，行辕特务逮捕了川大农院的罗贤举和华大学生、《华西日报》职员等十余人，华西大学外籍教授魏露丝女士等在英文报上发表文章表示抗议。

1940年4月，接南方局通知，程子健担任川康特委书记，余代生（于江震，原川北工委书记、川康特委组织部干事）任特委组织部长，我任特委宣传部长，三人组成新的特委常委会。特委组成后，认为在当前川康反共逆流中，应继续争取地方势力和中间力量，揭露顽固反共派的阴谋，利用合法形式开展群众工作；在组织上继续贯彻隐蔽方针，巩固党的组织，防备敌人的破坏，尽量避免和减少党的损失。特委决定设青年工作组和妇女工作组，川大总支的赖自昌为青年工作组组长，川大总支的胡朝芝筹建妇女工作组。以后，胡疏散去延安，调季树常（季河清）、曾纪祚（曾秀娟）为妇女组成员。特委分工的情况是：程子健抓全面并分管统战、军事、工运等工作，联系三台、阆中、遂宁等地的工作；余代生分管妇女工作，联系资中、资阳等地的工作；我分管文教、青年和部分统战工作（与张秀熟、王文鼎联系），联系成都市、乐山、自贡、宜宾等地的工作。余代生对川康地方工作不太熟悉，到外地调查巡视的时间较多，他不在成都时，其分管工作交特委秘书长李维代管。为加强统战工作，特委决定在潘部川陕鄂边区驻军中设总支，其下设分支，总支直属特委统战部，其日常党的工作委托川北阆中中心县委代管。为加强成都附近的工作，设成华中心县委，其工作由程子健分管。约在1940年秋，中央青委从延安调孙成德（孙敬文）、杜浮生来，孙负责青年工作，特委调赖自昌去自贡中心县委，杜去川北。

为加强对党员的教育，特委由秘书处刻蜡版油印《新民主主义论》等毛泽东著作和中央文件，下发党员进行学习。

为巩固组织，特委开展了对干部的审查工作，采用从上到下地检查思想的办法，回顾自己的历史和在川康时期的工作情况，总结经验教训，互相展开批评和自我批评。子健带头，从他的家庭出身谈到留法勤工俭学、入党回国、在四川省委、中央军委，以及被捕、出狱等情况，牵涉到其他党员时，也只检讨自己。

1940年6月，程子健去向南方局汇报工作，返成都后，在特委会上传达了中央和南方局关于"长期埋伏，积蓄力量，深入群众，以待时机"的隐蔽方针①，和"有理、有利、有节"的斗争策略。特委进行了认真的学习讨论，并着重研究了如何埋伏，切实转入地下，彻底疏散可能暴露的党员、干部，避免敌人破坏等措施。

---

① 当时传达的十六字方针与以后文件上的文字不完全相同。

1940 年冬至 1941 年初，蒋介石发动第二次反共高潮，成都黄梦谷等二同志被捕，先后被捕的还有苍溪前县委书记潘实之等和党员四十余人。特委凡发现有党员被捕，立即设法在隐蔽条件下与当地联系上，继续疏散可能暴露的党员和进步群众，留下的仍以隐蔽方式坚持工作。

1941 年初，南方局派西南工委书记钱瑛大姐到成都检查工作，并审查了解干部。子健和我接到特委秘书长李维的报告后，立即到泡桐树街特委机关去看望她，并向钱大姐汇报请示工作。

川康特委成立几年来，一般都是特委书记去重庆向上级汇报请示工作，有时南方局派交通员送文件或通知给我们，南方局的负责同志来成都十分难得。大家都十分尊重钱大姐，对她所提的意见都坚决照办。她分别找特委常委以及干部谈话，深入调查研究。我几次去特委机关，见到她自己烧饭、炒菜，看到她生活俭朴，感到很敬佩而又亲切。

在一个寒冷的夜晚，我到长顺街去同《建国日报》的周列三碰面，他告诉我一个消息，说特务头子康泽从重庆带了叛徒宋毓萍等到了成都，已布置了侦缉网，可能要实行大搜捕。我及时赶到子健处，向他通报了这个信息。我们商量让他搬回西郊农村暂避一阵，我在城里，通知干部提高警惕。我处理了工作后，也从北暑袜街沈荫家处搬到后子门国全医院，这里不引人注意。

不几日，我到子健处，恰遇张秀熟正在那里，他汇报了最近发生的事。他说，特务头子康泽把他叫去说："我们请你来，知道你之为人，要逼你叛变共产党，发表反党声明，你绝不会做，只要求你做一件事，到我们那里去讲讲课。"他当即回答："可以。"结果他去了。他去讲了抗战建国纲领，特务无可奈何，也不能把他怎样。

子健同我当即与秀熟商量，让他离开成都转移出去。子健的意见以去延安为好，但短期间很难有便利条件。秀熟说他先回平武老家，他上有年迈的老母，来日无多，当尽人子之道，至于延安，以后定有机会去。我们同意秀熟先回平武的意见，当即约定联系的暗号，并望即刻转移，未离开成都前，暂不联系，以防万一。秀熟去后，子健同我交换了意见，我们都认为他这样安排是可以的。

我们把秀熟汇报的情况及特委处理的意见及时向钱瑛和南方局报告。据以后从南方局所知：我们撤离成都后，南方局继续把秀熟的关系交给以后的特委，与秀熟联系的先后有特委陈予同、川北工委王遂五等，直至解放。秀熟回平武，被选为县参议会议长，他利用合法关系，贯彻川康特委交给他迎接解放的任务。

1941 年 1 月上旬，特委在小西门外郊区农村子健同志的住处开会，研究当前形势和巩固组织等问题。在会上，钱瑛传达了南方局的决定。她说：我离重庆前，南方局曾考虑西南地方党组织要作适当调整。就我来成都后所了解到的情况看，子健和伯克在四川的工作时间长，1930 年即已叛党的宋毓萍等是你们的老熟人，为保护干部，巩固党，你们急需调离川康；余代生在红四方面军公开过，难免不被人认识，为此，都得撤离到南方局去，另行分配工作。青委书记孙成德未在川康工作过，可留下；秘书长李维亦可暂留一段时期，待下届特委都把关系接上头后再离开。

特委常委三人中，以我联系的线索较多。钱大姐传达南方局决定后，下届特委成员即陆续来到成都，我把要移交的工作和关系，除与下层班子个别同志联系外，大都向钱瑛详细介绍，并把关系联络暗号交给钱大姐，经她转出去。这段时期，我与钱大姐接触最多，大姐谈工作之余，常问及我生活情况。她住特委机关，和特委住机关的妇女工作组成员曾文敏（曾秀娟）相处较熟。她几次劝我要建立个家庭，生活上需要互相帮助，工作上更需要掩护。关于我生活问题，特委曾有过考虑，意见不完全一致。在一次特委会上，经大家各抒己见，最后钱瑛分析了形势，她说预计将来的工作环境，比川康更加艰苦，形势也可能更加严峻。她说：伯克相熟的是些家庭出身不好的大家闺秀，一旦遇到恶劣环境，就很难说会发生什么情况。她极力主张我与曾文敏结成伴侣，我听从了她的意见。

1941 年 2 月，我的工作都交代完后，钱瑛让我从城里国全医院搬出来，到西郊苏坡桥农村兰绍恒的房子里住。我搬到西郊后，经常到子健同志处，同他商量工作。我们一起回顾了从 1938 年以来省工委和特委的工作，觉得这几年来，我们恢复重建和发展了党组织，开展了抗日救亡运动。同时，选拔培养了一批年轻有为的青年干部，建立了中心县委、特支、县委、区委以至支部的从上到下的整套组织机构，经过几年惊涛骇浪的严峻考验，尽管有的干部、党员被捕牺牲，但各级组织未受破坏，继续坚持斗争；绝大多数党员表现是好的，经得起考验的。

约 1941 年 2 月上旬，我和曾文敏与余代生一起，从成都西郊出发赴重庆。临行前，钱瑛到我的住处，反复叮嘱在路上注意的事项。

郑伯克与夫人曾秀娟合影。

我们三人以走亲戚家名义同行，余代生扮演为曾文敏的胞兄。从成都到乐山这条路，从 1927 年到 1932 年间，我走过若干次，每条小路和捷径我都很熟。我们每到一个么店子就歇歇脚，肚子饿了就来一碗帽儿头、小碗豆花，加上小碟腊肉片，很解馋。有时走累了，也坐一段独轮车。川西坝子的独轮车，当地传说即是三国时诸葛亮造的木牛流马，坐着别有一番风味。经过几天路程到了乐山市，这地方距我老家沐川黄丹乡仅四五十公里。我们找了一家旅馆住下，因熟人多，我没出门，让余代生他们去租船。第二天早晨，我们一道去岷江边，乘一只大木船南下，到了宜宾，这里中心县委书记是曾任特委青委书记、特委秘书长的张文澄，仓促见了一面后即赶乘轮船去重庆。

第五章　云南十年

一、红岩受命

　　我和曾文敏、余代生三人从成都出发，先到宜宾，与在那里的妇女工作组一个叫何清的同志会合，然后再一起乘船去重庆。

　　到重庆后，我们住到江北香国寺的川大学生、地下党员李侠平的家里。我们四个人与李侠平都很熟悉。她的父亲是当地码头红帮"袍哥"的舵把子、龙头，有一定的势力，住在她的家里是比较安全的。这时，她的组织关系在川东，川东特委的负责同志也经常以她的家作为碰头地点。

　　我们在她家里住了几天，设法同上级联系。一天，川东特委书记廖志高到这里来与李侠平联系，偶然之中，见到我们。我们和廖志高都很熟，见面后，彼此都很高兴。我们迫不及待地托他带信给南方局组织部长孔原，报告我们已到重庆的情况。廖志高走后，我们就耐心地等待组织的通知。

　　这期间，发生了一件事。一天，我在屋里待得很无聊，就和余代生约着到市区去走一走。在路上，偶遇原在上海国难教育社的王洞若。他见到我们十分惊奇，急忙把我们拉到一个僻静处，对我们说：重庆形势非常紧张，特务如麻，要万分谨慎。他劝告我们无事不要上街溜达，以免发生危险。听了他的话，我们才更加意识到情况的严重。从此，我们再也不出门了。

　　约一个星期后，廖志高来了，他带来了我们盼望已久的消息。他说："南方局组织部已通知我们，要你们到八路军办事处南方局机关去报到。"为安全、隐蔽起见，我们商量，分成两批上山。

　　次日清晨，我同曾秀娟一道，辞别了李侠平的父亲，前往南方局。我们先过江到重庆市区，然后经化龙桥进了红岩新村，从这里再走一段蜿蜒曲折

1986年郑伯克（右）在京同廖志高叙旧。

的山路，就到了大有农场场地。大有农场是个果园农场，南方局和八路军办事处的同志就在这里一所三层楼里办公和住宿。

我们走近楼房，看到楼房门口有穿着八路军军服的战士在站岗。房子四周被特务秘密监视，还有国民党特务的哨所，一些鬼鬼祟祟的人在哨所里盯着办事处周围，监视着进出办事处的人。

八路军办事处南方局有一套公开工作和秘密工作分开的原则，为了有利于地下工作者的隐蔽，专门设置了一条秘密通道，以便躲避哨所敌人的注意。做秘密工作的人都不从大门进入，而从这条秘密通道进去。

我和曾秀娟先到传达室，通报了姓名和接头暗号。传达室的同志事前已得到通知，他打开一道小门，让我们进去，顺着一条弯曲的楼梯似的小道从旁边上二楼南方局机关。

上楼以后，受到同志们的热情接待。我们就像回到了自己的家里一样，感觉特别亲切。

钱瑛把我和曾秀娟安排在二楼一间屋里住下，隔壁住的是孔原。住了约半个月，由于有一个地方工作负责同志来重庆汇报工作，钱大姐又安排我们搬到二楼的另一间屋子里去，这间屋子就在周恩来同志住房的斜对面。几天后，那位汇报工作的同志走后，我们又搬回原处。

在南方局期间，我们一般不出屋子，如果要到设在楼房外的厕所去，为了混淆敌人视线，不致引起敌人的注意，就要穿上八路军的军服。我们严格遵守秘密工作和公开工作严格分开的原则，对党在国统区公开的机关报《新华日报》报馆和对外称周公馆的曾家岩 50 号等公开机关，我们虽然知道，但从不进去。

在那里住了一段时间后，我才对南方局的机关熟悉起来。我们住的二楼基本上住的是南方局机关工作人员，三楼是机要室，我们从不上去，一楼进出的大都是搞公开工作的人。平时除了上厕所，我们也不去一层。

一天，我碰到南方局组织部秘书曹瑛（石磊）。1937 年我在中央党校学习时，任《时事周刊》主编，他同我共过事，彼此非常了解。他的妻子陈蔚卿在上海也同我在一起工作过，也很熟悉。所以，有空时，我就到他的屋子里去聊天。在谈话中，他向我介绍了南方局的一些情况。他说：孔原同志因在重庆郊区被曾在上海中央机关工作的一个叛徒发现而暴露，已不再担任西南工委书记，撤回到南方局来了，现在由他主持南方局组织部的工作。西南工委书记现由钱瑛同志担任。

这段时间，我耳闻目睹地处国民党政府战时首都的中共中央南方局，在反共派剑拔弩张的恶劣环境中，在国共合作关系濒于破裂边缘的千钧一发之时，同志们坚守工作岗位，以"头可断，志不可屈"的大无畏精神，与反共顽固派展开英勇的斗争。特别是周恩来同志，始终站在斗争第一线，甚至将个人安危置之度外，竭尽心力，扭转乾坤，挽狂澜于既倒。他配合中央，争取了中间力量和广大群众的同情，扭转了临危的局势。到 1941 年 3 月，在政治上已经打退了国民党顽固派发动的第二次反共高潮。这些都使我受到深刻的感染和教育。

在南方局四个月间，我专心致志地学习和阅读了很多马列主义著作和党的文件。由于长期从事地下工作，紧张奔波，极少有机会专门坐下来读书学习，也很不容易看到党内文件。这次有这样好的机会，看到这么多的党内文件和马列主义的理论书籍，非常难得。更为宝贵的是，在这里，我同周恩来、董老等同志见面的机会很多，与孔原、钱瑛等同志更是朝夕相处，经常得到他们当面的教诲和帮助，使我很有提高。

我还直接听过恩来同志和董老的报告。这时，每当南方局召开报告会，

《新华日报》等公开单位的工作人员都到办事处来听。为了尽量避免我与公开工作的同志见面和接触，每次听报告时，组织都要特地为我精心作出安排。

记得有一次，周恩来作如何打退国民党第二次反共高潮的报告，会场设在二楼图书馆前。钱瑛把我安排到图书馆里去，把门关上，让我在里面听。听完以后，人走完了，才开门让我出来。这次报告，是我从延安出来以后三年多来，第一次直接听到中央领导同志的报告，因此感到非常激动。我仔细听，认真想，受到了很大的教育。

在此期间，孔原、钱瑛等人还分别向我传达过恩来同志的几次讲话。其中给我印象最深的是他讲如何贯彻毛泽东同志提出的"隐蔽精干"方针问题的指示。他说：中央确定的隐蔽精干、积蓄力量、等待时机的方针是很正确的。但政治路线要靠组织路线来完成，我们的组织方针是以巩固为主，没有组织的地方要发展，所以对过去的经验也要检讨。他还说：国民党的政策日益走向法西斯化，即特务化，他的组织路线是实行党化全国的路线。我们要撤退已暴露的干部，提拔新干部，这是保存力量的重要措施。但光是这样是不够的，如果忽视了国民党日益法西斯化这个特点，不及时改变我们的组织形式和工作方法，干部和党员还会继续暴露，党的组织还不能巩固，甚至还不能立足。他指出：党员应该"职业化"和"社会化"，每个党员和领导干部都要有职业。除了必要的少数人，党员不能依靠党生活，要让党员在社会上为生活而斗争。要使党员社会化，不仅不脱离社会，而且要更深入社会。要改变公式主义思想和工作方式。那种认为不与组织联系就不能为党工作的思想是不对的。党员要在社会生根，在社会生根也就是巩固自己的职业，多交朋友，学会认识社会，鉴别各种人；学习、研究学问，学习主义，巧妙地实现党的政策，但不要随便发动斗争。后来，上述精神被概括为"三勤"（勤学、勤业、勤交友）和"三化"（社会化、职业化、合法化）。

孔原、钱瑛等人还向我传达过周恩来和南方局的其他一些重要指示。他们说：目前西南党的任务仍是使党真正成为秘密的巩固的党，要决心建立一些巩固的堡垒。要求各级党从组织形式到工作方法实行完全的转变，各地方党组织与公开机关脱离联系，真正走向地下，以及缩小各级领导机构、建立平行支部，实行单线联系，尽量深入社会，严格秘密工作制度等政策和具体措施。

在《新华日报》工作的许涤新也住在办事处二楼，我经常可以见到他，我们之间也很熟悉。我在上海社联任区委书记时，他任社联的党组书记，经常有工作联系。1938 年我经武汉回四川时，在重庆机房街 30 号八路军办事处与他相遇。当时，我们在一起谈起抗战前在上海的工作，非常亲热。在南方局期间，我有时也到他的居室里与他聊天。他给我介绍过许多情况。他告诉我，中央已决定恩来同志统管国民党统治区工作。他说，去年七八月间，中央政治局会议上，中央听取了恩来同志关于南方局工作的报告，毛泽东肯定了南方局的工作，并特别提出说，统一战线有很大的发展。毛泽东还说："中央今后的注意力，第一是国民党统治区；第二是敌后城市；第三是我们战区。""国民党统治区的党均由恩来全责管理，以统一党的领导。"

许涤新还告诉我，周恩来对统战工作很重视，强调说：我们的任务是争取可能争取的力量，扩大统一战线。我们不要只是同投降派斗争，要争取中间力量。在周恩来的领导下，南方局对争取中间势力的工作下了很大功夫。他说：所谓中间势力，主要是地方实力派和知识分子、文化人。他谈到反共高潮期间郭沫若等文化人如何从重庆撤退到香港，太平洋战争后又怎么撤退出来，周恩来同志精心安排的过程。他还谈了照顾小党派利益的问题，说：过去王明看不起小党派，认为只有国共两大党，不承认小党派。皖南事变后，恩来同志团结争取了小党派，并争取了国民党的元老派，扩大了抗日民族统一战线，孤立了反共顽固势力。

我还清楚地记得，我听过董老作的关于共产主义人生观的报告。他在报告中要求每一个共产党员，无论在艰难困苦的条件下，或是在严重的白色恐怖之中，都要立场坚定，敢于斗争，善于斗争，要有应付突然事变的能力。他提倡党员读一读诸葛亮的《出师表》，学他忠于汉室，"鞠躬尽瘁，死而后已"的精神，终身为党的事业奋斗；还要读一读文天祥的《正气歌》，学他浩然正气，临死不屈，坚持气节的精神；要求党员要像"在齐太史简，在晋董狐笔"那样，坚持原则，在大是大非面前正气凛然。

听了周恩来、董老的这些指示后，我受到很大的鼓励和鞭策，联想到今后的工作中，情况可能更复杂，环境可能更艰险，必须有充分的思想准备。并决心在任何形势下，都要坚持共产主义人生观。在遇到惊涛骇浪的时候，以周恩来坚强的无产阶级党性和大义凛然，临危不惧，沉着应变的雄伟气概作为学习的楷模，与工作所在地区的党员共同奋斗。

八路军办事处的房舍是大有农场的一部分，房舍外围有一小块地，办事处以及南方局同志就利用那块地搞生产。据办事处的同志告诉我，在国民党顽固派的封锁之下，搞后勤工作的同志采购主食和副食都非常困难。他们多方设法，广泛联系当地群众，绕过层层封锁，仍能买到廉价的大米和蔬菜。我们在那里的几个月时间，生活都很俭朴、节约，睡的是竹板床，这在重庆非常适合，特别是夏季，凉爽舒适。这使我回忆起在延安几个月的生活，条件也是十分简陋，这是我们党的好传统。同时想到，我一直做地下工作，有顺境也有逆境，因此要居安思危，不论何种境遇，都要发扬党的传统，克勤克俭，持之以恒。

约5月中旬的一天，钱大姐通知我说：晚上到恩来同志处，恩来同志要找你谈话。晚饭后，她就和孔原一起来，带我去见恩来同志。

我到南方局几个月来，虽和周副主席朝夕相处，同桌就餐，住房也离得不远，但从未进过他的住房。我们走进他屋里时，见到周恩来正在书桌前坐着批改文件。我们进去后，他立即站起身来热情地招呼我们坐下。

恩来同志首先和我拉了一些家常话，他问我说：你在上海工作过吧？我回答：是，那是在抗日战争以前。他又问道：你的名字是你父亲给你起的吗？我说：我现在的名字是我自己起的。原来家里曾经给我起过一个名字，叫"郑国祥"。1929年，我在成都工作时，被国民党当局通缉，为逃避敌人的逮捕，我自己改名为郑伯克。

周恩来同志想了想，说："郑伯克段于鄢"出自《左传》，你一定读过《左传》吧，你还读过哪些书？我把自己从上私塾至以后的学历简略地向恩来同志作了汇报，还说了主要读过的书籍。

在一阵轻松的交谈之后，恩来同志把话引向正题。他严肃地对我说：已决定派你到云南去工作，担任云南省工委书记。你去后，要坚决贯彻中央确定的隐蔽精干的方针，从组织形式到工作方法都要作一个彻底的转变，以适应新的形势的发展。要把云南党建设成为坚强巩固的地下党，党员要有职业，广交朋友，深入社会，与群众密切联系。要使党成为群众的党。

听了恩来同志简单明了的几句话，我顿时感到身上的担子十分沉重，同时又体会到恩来同志对我寄托着极大的希望，所以既不安而又激动。

从恩来同志的屋里出来后，孔原又把我叫到他的住处，进一步给我交待任务。对于孔原，我早就听说他在上海中央工作过，还主持过北方局工作，是位老同志，我对他也很敬仰。这时他的名字叫陈坤元。当晚，我们一直谈到深夜。这以后，我们又交谈过几次。

那天晚上，孔原问我说：我记得你曾在一个大学的外国文学院当过团支部书记，想来你的英文程度一定不低，那对掩护和谋求社会职业很有用处。我说：我在四川大学外国文学院上学时，任过团支部书记，那时，英文版的《莎氏乐府本事》《古史钩奇录》《天方夜谭》等书的有些篇章，我都能整篇背诵。以后，我到上海考大学，考虑到学英文必须多读多背，不读不背就不能应付考试，而且，我还要腾出时间从事革命活动，因此，转入文史系。在文史系，少上几节课也能考试及格。他又问我说：你在中学时的功课怎样？我说：我从私塾到小学，从小学到中学，都是认真读书的，每次考试，我都名列前茅，不后于人。上大学以后，开初，还好好读书，后来因为工作忙，基本就不大读书了。孔原同志说：当学生不认真读书，是不行的。

孔原同志有丰富的党的建设和白区工作的经验。根据恩来同志与我们谈话的精神，他向我详细地介绍了在国民党统治区残酷的斗争环境中如何隐蔽的问题。他说：要隐蔽自己，最好的方法就是要职业化，不仅是党员，就是党的领导干部也要有职业，包括省工委书记在内，都毫无例外。有了职业，不仅是为了掩护，主要为了便于联系群众，深入社会。要深入社会，还需要有各种知识，没有丰富的知识，也不能深入社会。因此，他说：党员必须学习马克思主义基本理论，也要学习业务技能。要教育党员掌握一套谋生的本领，在社会职业中，党员要熟悉所从事的业务，取得优异成绩，成为业务能手。这样，在任何艰难困苦的条件下，才都能独立生活下去，为党工作。

就在恩来同志与我谈话的第二天，钱大姐也叫我到她的住房里谈话。我在川康特委时，钱大姐多次去成都检查工作，我与她来往较多，已经很熟，所以一开始谈话，我就将自己的心里话全盘托出。我说：大姐，恩来同志向我交代任务后，我一晚上辗转反侧，不能入睡。总觉得担子太重，恐力不胜任。钱大姐听了我的话以后，非常热情地鼓励我说："你抗日战争前在上海，江苏省临委书记和你们党组的同志先后被捕时，你敢于把担子挑起来。在川康'抢米事件'时，特委书记罗世文被捕，主持常务的副书记邹风平撤离，组织部长程子健活动困难，你也把担子挑了起来。这次怎么没有信心了？"她说："你的工作，是中央、南方局、周副主席经过深思熟虑以后安排的，组织相信你一定能担此重任。"

　　在谈话中，钱大姐还谈了许多关于贯彻隐蔽埋伏指示精神的问题。她给我介绍了鄂西事件的详细情况，说这一事件是因为鄂西特委交通员向仲原被捕叛变引发的。他被捕后，经不起严刑拷打，供出了特委秘书郑新民。接着，特委机关被破坏，特委书记何功伟被捕，被残酷杀害。这次事件中先后被捕的党员有 1000 多人，致使鄂西党组织遭受极大的损失，有的同志幸免于难，赶快进行了转移，但组织已无法再恢复。她说：从这件事中应该认真地总结经验教训。恩来同志一再教导我们，要严格审查干部，党的领导机关所有的工作人员必须经过严格的审查，要防患于未然。发觉可疑的人，甚至是有点动摇犹豫的人知道领导机关的所在地时，都必须毫不犹豫，立即转移。当然，这是比较被动的方法，最根本的积极的办法，是对党员特别是党员和党的干部进行气节教育，进行终生为共产主义奋斗的无产阶级人生观的教育、马克思主义的教育。

　　钱大姐还结合云南的情况给我作了一些具体的指示。她说：你到云南后，一切问题要按云南实际情况进行处理，但要注意隐蔽。你的住址，不仅下级，即使是同级的同志，如省工委委员，都不一定让他们知道。这不是对他们不信任，而是必要的安全措施。如何功伟的住址，若是保持了极端的秘密，他还不至于被捕。

　　她还说：党的各级组织间、党员与组织间要实行单线联系。党组织布置任务、研究和讨论工作，不宜再用开会的方式，而应个别进行。党员向组织汇报情况，也应采用这种方式。党的各级组织的领导人员要减少，机关地址要常常变换，这些都只让少数负责联系的人知道。

　　她具体针对西南联大的情况说：像西南联大那样党员较多的地方，要建立互相不发生横的关系的平行支部。例如，将原来互相已经打通过关系的数量不多的党员编成一个支部；新转去的党员同原在当地的党员不要编在一起。

　　她把云南党组织领导班子调整的情况告诉我说：南方局决定将前届云南省工委的主要负责同志调离云南，另行分配工作；留在那里的前届省工委成员，系当地生长的干部，因为他们比较暴露，所以，也不参加本届省工委。你去以后，可不必同他们直接发生联系，只要从前届省工委手里把组织和工作接受过来就行了。到昆明以后，你要好生隐蔽下来，先安好家，找个社会职业，以便于工作。站住脚以后，南方局再派干部去，组成一个精干的省工委领导班子。

最后，她还对我到云南的路线作了明确的指示，并嘱咐我说：你经过贵州时，要特别小心，那里国民党统治很严，党的工作难于开展，须万分警惕。

钱瑛同志对我的指示非常具体明确，使我深深感受到组织的工作安排十分周密，对我的关心和爱护更是无微不至。

任务确定以后，还必须等待有适当的交通关系，方可启程。所以，我继续留在南方局学习。与此同时，南方局决定派程子健去延安学习，准备参加党的七大；余代生留在南方局组织部当干事。

接受任务后，我重点学习了《放手发展抗日力量，抵抗反共顽固派的进攻》和《论政策》等文件，对文件中提到的在国民党统治区域的工作方针，反复琢磨体会，并结合选读马列著作中的有关论述，联系当前斗争形势进行思考。当我学习苏联共产党史，读到列宁关于在反动势力猖狂时期，布尔什维克应当学会怎样正确地实行退却，怎样转入秘密状态，怎样利用公开、合法的形式开展秘密工作，保持党与群众的联系，以巩固党，保存党的力量的论述时，受到极大启发，深感党中央、南方局为击退反共高潮所制定的一整套隐蔽精干和"三勤""三化"的方针、政策、策略，极大地发展了丰富了马克思主义关于无产阶级革命的理论，是十分正确的。

我一一重温学习周恩来和董必武同志的指示，感触很深。回想我参加共青团以至转党以来，长期做白区工作，无论从切身体验以及工作中所知，经验不少，教训颇多。回忆在川康特委时，我也曾向同志们进行过秘密技术的教育，但过去对隐蔽的理解是不深刻的。经过学习，我体会到埋伏隐蔽是指导思想、斗争方式、组织形式的改变，是为了更好地隐蔽自己，开展工作，是积极的隐蔽。对隐蔽要有准确的理解，防止两种偏向：如果像大革命和抗战初期那样，白区工作的干部都脱产，即使是有职业的同志也只是挂名，不上班，整天在街头跑；学生有自治会、工人有工会不利用，却只顾去组织赤色团体和工会，这样就会自我暴露；但如果只是强调隐蔽而不开展工作，就失去了隐蔽的意义。要掩护自己的政治面目并积极工作，根本之计，在于"三勤""三化"，其次才是技术措施。

几个月中，我对统战工作的重要性认识也更深刻了。想到在川康特委时，对中间势力的工作开展了一些，但是很不够。在今后的工作中，除抓党的建设和群众工作外，对统一战线工作应重视抓好。

在红岩的看、听、学中，我深深体会到，恩来对白区工作不仅有长期丰富的经验，并有精深透辟的研究，无论党的建设、群众工作、统战工作都有一系列的独创的见解，并制定出完全符合国统区情况的切实可行的策略和工作方法，对此，我由衷地感到敬佩。

1941 年端午节前的一天，钱大姐通知我准备好行李，到市区约定的地点，有同志送我们去搭到昆明的车。当日黄昏后，我和曾秀娟从办事处出来，去后山的车房搭周恩来的小轿车进城。

在途中，同车的八路军办事处管交通的袁超俊向周恩来汇报说，有人在街上看见吴新稼（孩子剧团团长）。恩来同志说：已经通知他隐蔽、转移，他还不注意。你赶快告诉徐冰再给他打招呼。我听到这几句话后，深深感到恩来同志对文化工作同志的热切关怀。恩来同志言传身教，是我们学习的榜样。

到达市中心繁华闹市时，驾驶员同志转到一条僻静的街上，停下车来。我们急忙下车后，车子就开走了。按地下工作的习惯，我们在街上兜了几个圈子，注意到确没有特务盯梢时，才到钱大姐约定的地点接上了头。当夜，就在接头处住了一夜。

第二天凌晨，接头的同志来接我们，送我们乘船过江到南岸的海棠溪，安排我们搭上一辆经贵阳去昆明的商车，开始出发。

二、积蓄力量，待机而动

初到云南

1941 年 6 月，我和曾秀娟坐一辆南方局交通科给我们联系的大卡车，前往昆明。这是一辆满载货物的商车，我们坐在货物上，没有篷布遮盖，风吹日晒，还要随时抓紧货物上的绳子，以免被颠簸下来。汽车经过遵义，到了贵阳。

在贵阳，因汽车修理需要检修，停留了三天。我们住的旅馆附近有个电影院，正在放映苏联反间谍片《荣奖》，我就同曾秀娟一起买票进去看。散场以后，随着人群走出来，也没有引起别人的注意。回旅店的路上，为慎重起见，我们还是转了几条街道，才回到住处。

当晚没事。回味这部片子，给我最大的启示是：反间谍斗争首先应从内部抓起。周恩来说得对，我们就是要把党建设成为坚强的战斗堡垒，如果我们的党是巩固的，党员都有坚强的意志，敌人就无孔不入，无隙可乘。

三天以后，我们继续出发。进入云南曲靖后，这辆商车不走了。我们又改乘火车，到了昆明。

从昆明火车站出来，天色已晚，我们人地生疏，来不及与交通站联系，就自己找到小东门内圆通街的一家小旅社住了下来。这家旅社叫圆通旅社，周围还很安静。第二天一早，我就按南方局交给我的联络地址，到护国路的中央信托局找林震峰，他这里是云南省工委设立的秘密交通站。我见到林震峰后，没有说我的身份，只让他帮我转交一封信给省工委。我在信中告诉省工委，我已到达昆明，并告知了住址。

信交出去以后，我又回到旅社，等待省工委的消息。昆明给我的初步印象是：街道小，不太繁华，民风朴实，社会秩序井然。

过了一天，省工委负责同志涂国林按照预约的暗号到圆通旅社与我接头。涂原在新华日报社工作，皖南事变后，南方局派他到云南，准备接替省工委书记马子卿的工作。以后，又考虑到他曾经搞过公开工作，不宜搞秘密工作，所以，南方局又决定让他和马子卿同时撤回重庆，另外分配工作，而改派我去云南。我和涂国林约定了与马子卿见面的时间之后，涂国林说，改日再来为我安排住房。

几天以后，涂国林来找我，约我一道去昆明附近的呈贡县看房子，说是省工委为我安排的住处。看房以后的第二天，我们就搬到那里住了下来。这个地方叫杨洛铺，离呈贡火车站一公里左右，是个小村子。房主姓罗，是呈贡县一个名叫张庸的党员的亲戚。涂国林

云南省工委委员涂国林

说，他们把我安排在这里，是因为城里不安全，乡下敌人不注意，便于隐蔽。

我搬到杨洛铺的第二天，涂国林和马子卿一起来找我。我们三人开了一个小会。主要内容是他们向我介绍云南工作和组织情况，交代云南党员、干部的组织关系。以后，这样的会议又接连开了三次，每次两小时左右。

通过他们的介绍，我对云南的情况和党的工作有了一个初步的了解。云南早在大革命时期已经建立了地方党组织，第一届省委书记是王德三。1930年，云南党组织遭受敌人大破坏，王德三等同志被捕牺牲。1935年，上海中央特科派水天（李浩然）到云南，会同云南地下党员费炳恢复重建了党的组织，建立了以李浩然为书记的云南临时工

云南省工委书记马子卿

作委员会。抗日战争爆发后，组织了救国会等团体，开展了抗日救亡活动。并在昆明和罗平、沾益等县发展了党员，发展了中华民族解放先锋队（简称民先）队员。

1937年，广州中共南方工作委员会因不了解云南已经恢复党组织的情况，又派云南籍党员李群杰回到昆明恢复重建地方党组织。李群杰回昆以后，也在昆明发展了党员，建立了以李群杰为书记的中共昆明支部。这时，湖北省临工委派来的党员尹冰的组织关系交给了昆明支部，尹冰担任昆明支部委员。中共昆明支部也大力开展了救亡运动，并领导建立了党的秘密外围团体云南青年抗日先锋队（简称抗先）。

1937年6月，水天离滇回上海以后，云南省临工委派李立贤（陈方）去延安接上了组织关系。1938年5月，武汉长江局根据云南省临工委和昆明支部的报告，派马子卿到云南，将临工委和昆明支部合并，于8月成立中共云南省特别委员会，以李群杰为书记，费炳等为委员。特委设组织、宣传、军运等部和青、工、妇等委员会。特委将抗先及民先合并，成立民先地方队部。

1939 年 1 月，南方局成立后，云南党组织归南方局领导。南方局决定成立云南省工委。此后，任省工委书记的先后为李群杰、费炳、马子卿。省工委在昆明大中学校以及工厂、企业、职业青年中建立与加强了党的基层组织，广泛开展了群众运动，掀起如火如荼的抗日救亡运动高潮。在滇东北的昭通、沾益、宣威，滇东南的罗平、泸西、弥勒，滇南的建水、石屏，滇西的楚雄、镇南（南华）等县，以及昆明附近都建立并发展了党的组织，其中昭通、泸西建立了中心县委，一些县有县委，多数县也有支部或小组，党的组织在全省城乡星罗棋布，群众工作也有大的发展。

省工委成立后，撤销了民先组织，将其中的优秀分子吸收入党，其他队员继续参加公开的群众团体，进行救亡活动。

1941 年初，皖南事变后，国民党军统特务康泽率领一批特务到达昆明，准备大规模逮捕进步人士和共产党人。后来欧根告诉我，这次大逮捕的黑名单被国民党省党部一个姓杨的职员得到，他的思想倾向革命，就透露给一个党员，这个党员立即报告了省工委。省工委获悉这一情报后，及时疏散了大批党员和进步分子，使党组织避免了一次大破坏。康泽妄图在昆明建立集中营的计划，亦遭到云南省政府主席龙云的抵制。

皖南事变以后，云南省工委贯彻南方局的指示，撤销了省工委所属的青委、工委和妇委等工作机构，并进行了组织调整，将昆明附近的党组织分为大中学校学生和教职员、工人、统战、妇女等若干系列，指定一些同志负责单线联系。

当我想进一步了解云南党员现在的情况时，他们却不能把确切的情况告诉我。据涂国林说，马子卿主持省工委工作时，组织工作主要交给杨天华负责，他们都不太清楚。谈到杨天华，我很熟悉，他原是川康特委青委委员，"抢米事件"后转移出去，由南方局派到云南任省工委青委书记。涂说：因为大批党员已经疏散，昆明留下的很少。详细情况只有杨天华熟悉，但杨现在已经不在云南了。

马子卿和涂国林交代了上述情况后，即不再与我见面。1941 年 6 月，二人先后启程离开云南回南方局，另行安排工作。

这时，我与南方局基本没有联系，要了解南方局的指示和信息，只有通过公开发行的《新华日报》。当时昆明许多地方的书报代销处都卖《新华日报》，而且可以订阅。在我住的呈贡，车站书报代销处也有《新华日报》零售，

云南省临工委的一个秘密联络点旧址（昆明翠湖北路小井巷 1 号）。

1940—1941 年云南省工委所在地（昆明五华坊 25 号）。

但不能订阅。所以，我只是零买。这种情况与成都大不相同，在成都，看《新华日报》是要被搜捕的，而这里却不一样，这是昆明特殊的政治环境所决定的。在昆明，国民党中央当局和地方实力派的矛盾很大，表现在各个方面。如在昆明市区，驻的是云南的地方宪警，国民党中央系统的军队和宪兵是不准在城里驻扎的。昆明市面上流行的纸票是云南当地富滇新银行的钞票，一般人称它为"老滇票"。国民党中央的"中（中国银行）、中（中央银行）、交（交通银行）、农（农民银行）"四大银行来了，就大量地发行纸票，收云南的纸票。国民党中央用了很大的力量来把地方银行的票子全部消化掉。所以，在昆明，国民党中央的"大四行"和云南的兴文、劝业、矿业、益华"小四行"之间斗争很激烈。在这种国民党中央与地方实力派矛盾尖锐的形势下，云南的白色恐怖还不十分严重，《新华日报》的发行也没有像重庆、成都那样阻碍重重。所以，我能通过仔细阅读《新华日报》来体会党的指示和精神。但最根本的，还是牢记恩来同志和董老的指示，认真贯彻隐蔽精干和"三勤""三化"的方针。

1941年12月至1942年1月，周恩来在南方局会议上提出了建设坚强的战斗的西南党组织的七个条件：一是要使五千党员成为隐蔽的、坚强得力的、与群众有联系并善于影响和推动群众的干部。二是要在主要的群众积聚的单位（工厂、学校、农村、大机关等）建立起一个乃至数个平行的支部。要在主要的工作部门和机关（如行政机关、团体、公司、交通经济部门等）保有我党的组织或个人的联系。三是要使党的领导机关有独立领导的能力和自信。不要怕犯错误，要能认识和改正错误。要善于估计情况，运用策略，创造各种各样的工作方法，使党的方针能在每一项实际工作（组织的改编、干部和党员的审查、反奸细斗争、秘密工作的教育等）中体现出来。四是要在思想上、组织上巩固党，使西南党成为真正的彻底的地下党，成为群众的党。五是要熟悉各主要方面的情况，特别是其历史、政策、人物和活动，首先要知道国民党中央和地方当局的、特别是各特务机关的经常情况和紧急措施。六是要做到凡有群众的地方一定要进去工作。这种工作是以社会的方式进行的。首先要解决的便是进入国民党、三青团、工人团体、学校中的合法组织、农村中的合作社以及一切重要行政机关中去工作，去实现党的抗战、民主、进步的方针。七是要善于使上层和下层工作相配合，公开宣传和秘密宣传相配合，党外的联系和党内的联系相配合，但配合不是暴露。恩来同志说："这七点都做到了，我们西南党组织就是一个坚强的战斗的党组织，时机一到，立即可以起来战斗。"虽然当时我不能直接听到这个重要指示的传达，但是我从一些领导同志的谈话、传达及《新华日报》上陆续体会到了这些指示的基本精神，并按照这些精神开展工作。

在我深入了解情况以后，我认为云南的形势并不像马子卿他们估计得那样严重。虽然蒋介石对云南虎视眈眈，其特务机关有军统的昆明保密站、中统的云南调统室；军队有昆明防守司令部、远征军三个集团军，还有宪兵十三团，其兵力大大超过云南地方第一集团军及地方保安部队，但由于云南地方当局龙云同蒋介石排斥异己的政策矛盾日益尖锐，云南省政府主席龙云对进步活动采取默许态度。听说 1938 年 11 月，省政府机关报《云南日报》连篇累牍地公开发表了毛泽东在中央扩大会议上的报告《论新阶段》，这是全国其他省市的地方报纸所未有过的事。由此可见，蒋介石对云南步步紧逼，使龙云与他的矛盾日益加深，龙云主要考虑的是如何对付国民党中央势力，这使云南形成了一种特殊的政治环境。前届云南省工委对如此特殊的形势，似有些看不清楚，以致在贯彻隐蔽方针中，大规模地将昆明地区的党员进行了疏散。而对疏散下去的党员又缺乏较好的安排，有的没有及时联系，出现了不少党员失去联系的情况。

面对这种情况，我考虑到，要建设坚强的党组织，就必须重新进行组织整顿。从这以后，我根据了解到的一些基本情况和线索，按照涂国林、马子卿交代的那些关系，先把在昆明的党员联系起来。我每天由杨洛铺走到火车站，再搭火车到昆明市区，早出晚归，风雨无阻。中午就随便在街头吃点小吃。因为街头小摊卫生条件很差，我竟染上了严重的痢疾，不得已，只好在昆明巡津街法国人开办的甘美医院住了几天。

我病好出院后，考虑到住在乡下对工作极不方便，并且生活极不稳定，就想搬到城里来住。我找前届省工委工人工作委员会委员刘浩商量，请他帮助寻找一个城里的住处。不久，刘浩帮我找到华山东路节孝巷的一间住房，房主姓窦，住在罗平，房子由其女窦家静管理，窦家静是地下党员。她的房子基本全部被租出去了，只剩下一间，就让给我住。

我住在呈贡杨洛铺时，对房东说我姓"钟"，没有讲我叫什么名字，房东也不打听，只称我叫"钟先生"。搬进城后，我想这里与农村不同，有姓需有名，还是取个化名为好。因为我从重庆启程到昆明时，用的是一个姓

"钟"的人的证件，一路上没有遇到什么麻烦，也没有露出破绽。所以，我决定仍用"钟"姓，再取个灰色的名字。我想到《礼记》中有"良弓之子，必学为箕"一句，就取了个"钟绍箕"的名字。但以后又觉得"箕"字笔画多，便又把"箕"字改为"基"字，用"钟绍基"这个名字报了户口。这是我的公开姓名，至于党内接头联系，则分别用几个不同姓名的化名。

家搬到昆明以后，我的工作方便多了。很快，我与昭通来的西南联大经济系学生、原昭通中心县委书记李德仁（李祥荣），联大师范学院的熊德基、王云，联大物理系的郭沂曾等接上关系。我把昆华师范的祁山，西南联大的傅君召，云大附中的杨泓光、谭元坤、张家驹、唐祺尧等人的关系交给李德仁联系。

1941 年 10 月，南方局派原川康三台中心县委书记侯方岳到云南参加省工委，任省工委委员。侯和其妻陈素敏携儿子同来，我把他们三人安排在呈贡杨洛铺先住下来，以后又设法让他们搬到市区南坝住了一段时期。他的职业经刘浩设法安排在《民国日报》当编辑。以后，随着工作的开展，他的职业和住址又有所调整。

侯方岳来后，我把李德仁的关系交给他，并将李所联系的党员祁山（祁亮珠）等的关系也一并交给他，由他联系。李德仁到昆明以后，昭通等地原中心县委所属关系仍归李联系，由昭通地区转来昆明的亦归李联系。我原曾打算让李联系昆明市区一些学生中的党员关系，后考虑他负责昭通地区工作任务已经很重，所以将其所联系的学生中的党员交给侯安排。另外，中央机器厂陈尚文、云大教师曹某（原系武大学生，侯与之有过联系）也让侯联系。航空机械厂郭佩珊因曾在过武大，也交他联系。

1941 年 12 月 8 日，日军偷袭珍珠港，美国和英国对日宣战，太平洋战争爆发。9 日，我党为太平洋战争发表宣言。中旬，周恩来在八路军驻重庆办事处作了关于日本发动太平洋战争的形势报告，传达了中共中央关于发动太平洋反日统一战线的指示。1942 年 1 月，南方局派张文澄（原川康青委书记，化名贺明）到昆明工作，传达了这一指示。

张文澄到云南后，按照南方局的指示，专门负责军事与情报工作，不参加省工委，主要联系原滇军新三军军长张冲所部驻防滇南的二路军指挥部所属党组织。因西南联大的吴显钺（吴子良）与他曾在华西协中同学，有过组织关系，所以我让他与吴联系；在昆明商业界工作的党员罗君禄在四川宜宾时由他联系过，也让他与罗保持联系；原省工委委员陈方在云南有些滇军将领及上层关系，因考虑到张文澄主要联系滇军中的关系，遂把陈方的关系也交给他。

1942 年 1 月初，刘浩疏散去重庆，在《新华日报》工作。1943 年南方局派刘浩回云南，主要做统战工作，不参加省工委。刘提出把前届省工委委员李群杰以及新闻文化界的党员交给他联系，以便于工作。我听取了他的建议，便把新闻文化界的欧根、姚黎民、马仲明，以及前届省工委委员李群杰，还有在《云南日报》工作的联大学生王凝等人的关系都交给他联系。另有一部分马子卿等移交给我的党员关系中因为职业或住址变动，一时尚未接上关系的，刘浩说他能设法寻找，我就让他设法联系。还有的是刘浩原来所熟悉的党员关系，而且已经有联系的，就由他继续联系。例如沾益的樊子诚，我考虑到刘浩的弟弟在沾益播乐中学上学，刘因此常去沾益，就布置刘浩继续同樊联系。其他由刘浩联系的还有从泸西转移来昆明的赵国徽、从罗平转移来昆明的吴世霖、滇西的刘世鹤等。

张文澄和刘浩到云南后，他们两人均由我分别个别联系。

1942 年 7 月，南方局派原川康自贡中心县委书记刘清到云南，参加省工委，担任省工委委员。开始时他在南坝农村和侯方岳同住，职业是在大中印刷厂当职员。以后他的住址和职业又有调整。

刘清到云南后，我把从南方局转来的联大工学院的学生党员王世堂、方复和与他们有组织关系的文学院学生党员齐亮的关系交给他联系。由于当时泸西中心县委发现一个有内奸嫌疑的人，为此，撤销中心县委。原中心县委书记李晨以及中心县委的陈浩、弥勒县委书记姜必德等转移到达昆明。随后，李晨、陈浩疏散到南方局，姜必德到云大当职员。我把姜的关系交给刘清联系，原泸西中心县委所属党组织，亦交给刘清联系。

我到云南后，南方局还陆续转来一些党员的关系，我先后联系上的有在西南联大经济系的林深（林必宜）及其妻刘聘珊，大理华中大学的何功楷（何志远），正义路某拍卖行的李志民，近日楼商业补习学校的宋树言（宋启华）、戴澄江，金碧路某鞋厂的王斗光（詹猛然）等。我坚持新转移来的党员一般不与原有党员编组的原则，单独进行联系。

当时，马子卿、涂国林给我交代关系说：云南的党员约有 300 人。几年来通过了解情况，这个数字很不准确。交来的关系有名有姓的如力易周、邢方群（邢福津）、古锡麟（古念良）、陈琏等，我都联系不上。几年后才知道，力易周早已离开云南到重庆，陈琏也已去重庆，邢方群已去北平，古锡麟已去广东。又如马子卿、涂国林说滇南孙仲宇、袁永熙等联系着 30 多人。实际情况是，袁永熙已去重庆，约 1944 年才回联大复学。以后我先后同孙仲宇、袁永熙联系上，才知道他们联系的党员很少，怎么算也到不了 30 人。还有马子卿交给我滇西的关系有邓川的王岫、剑川南门外的欧阳德荫、楚雄的方树芹等，我写信去，但都没有回信。几年后才清楚，王岫即王云，仍在联大师范学院上学，欧阳即欧根，仍在《云南日报》社工作。方树芹不在楚雄，已从昆明到滇南建水，后来同在一八四师工作的方文彬结了婚。涂国林还交给我一个昆华师范的教务主任张某，并告诉我说这个关系很重要，他下面可能联系着很多学生。我对这个关系很重视，就没有写信，直接乘火车到了宜良可保村昆华师范疏散的临时校址，去见这位姓张的。谁知他却顾左右而言他，告诉我那位先生将近一年未见面了，然后又文不对题地与我周旋。我深感事情不妙，便应付一番，托故离去。出门以后，为了防止意外，我穿过小路，绕道返回昆明。后来听说此人已去滇黔绥靖公署政训处主任、特务裴存藩的下面当科长。另外，涂说熊德基是环昆明湖十一县教育委员会书记。我与熊会面时，熊却说那个机构已经结束。又如他们交代关系说，林震峰负责职业青年的工作，他联系职业青年中的很多党员。我与林会过一次面，再去找他，他已到上海，未留地址。涂国林交给我的关系中，有的是呈贡育侨中学、昆明南英中学的教师。当时我住在呈贡，就到龙街育侨中学去打听，都说没有这个人。我到城里打听，南英中学已迁往呈贡斗南村，我到斗南村去找，也没有找到这个人。

马子卿、涂国林交给我的关系，有的几年以后才联系上。例如会泽的陆子英（陆光亮），他 1941 年初疏散到滇西，1945 年回到昆明，欧根把他的关系交给我。我见他衣不蔽体，身体很衰弱，十分贫困，就问他怎么会走到这个地步？他说，当时仓促疏散，没有准备，辗转数年，吃尽苦头，几年来同组织失去联系。我给他一些钱，并设法把他安排到金江中学教书。类似这样的情况还不少，我就不一一列举了。

1944 年我到重庆向钱瑛汇报以上情况时，钱瑛说：杨天华到重庆时，所带关系都已交出，但交给谁，现无从查考。另外，当时青委委员李之楠与联大学生李伯娣离昆去滇西，也带走了一些组织关系。后他离开云南，因与省工委联系不上，就把这些关系带走了，这些关系直到1949年滇西大规模开展武装斗争时才接上。

事过多年，回头来看，马子卿、涂国林对当时的形势是否看得过于严重，对中央的隐蔽政策的理解似有些消极，而在执行中又显得有点仓惶失措。按照云南当时的政治形势，地下党在城市、农村中建立和恢复了组织，并有很大的发展，群众运动如火如荼，加上有统战工作的掩护，只需改变斗争方式和组织形式，就有条件打开更大的工作局面，不必那样仓促地大撤退。

经过几年左右的时间，我采取各种办法，尽到一切努力，联系到了前届省工委移交的172人党员关系，已离开本省未联系上的有14人，共计186人。以后几年又零星联系了一些，总共加起来，也不到300人。1946年2月，我在重庆见到在《新华日报》工作的涂国林，我问他：这300人的党员数字是怎么回事？他说：这个数字是个估计数字，不一定准确。

侯方岳、刘清到昆明后，我们组成了新的省工委。经过一段时间的工作，我们作了一个明确的分工：由我管全面工作，并联系昆明市和滇西，还分管统战、军事等工作；侯方岳联系昭通中心县委所属地区以及曲靖、沾益、宣威、会泽等县；刘清联系原泸西中心县委所属地区以及其毗邻的蒙自、建水、石屏等县。我虽分工负责联系昆明市的党员，但有的昆明市的党员与侯、刘分管地区有联系，或因其他工作的需要，我亦分别交侯、刘联系。

在川康特委工作时期，特委有固定的机关和会址，开会时，除常委外，青、工、妇委委员都参加。每次开会，除研究形势、政策外，还讨论组织情况。不仅特委如此，基层支部开会时，全体党员都参加，少则数人，多则十几人。中心县委、县委、区委，都如特委一样。在南方局学习时，我曾仔细琢磨过，这样做不符合隐蔽精干的方针。到云南后，特别是听到李晨（李振穆）谈到那个有内奸嫌疑的人知道中心县委人员的情况，我反复考虑，并分别同侯、刘交换意见，经研究决定，新成立的省工委不设部委，不设固定的机关与会址，也不保留文件，会议不作文字记录，不保留党员名单。省工委会议只研究重大问题，如形势、政策、方针等，具体工作由我与两个委员分别个别研究。

我们还决定，对全省的党组织实行一条线的单线联系办法。昭通中心县委撤销后，由一个党员干部负责联系该地区的党员。弥勒、罗平等县保留县级领导机构，但无党委会组织形式，即由一个党员干部同县里分散的党员分别联系，少数基层有支部或小组组织，多数党员不编组。滇南、个旧等地亦如此。负责联系一县或几县的干部，实为省工委直接领导的特派员。负责一县的，实际负起县级组织责任；负责几县的，实负中心县委之责。全省如此分级管理，纵不越级。党员较多的学校和工厂不设总支，实行平行组织形式。为减少党员的横的关系，党员因工作或职业关系调整，离开原地区，其党的关系一般不转。新转移来的党员不同原来的党员编在一起。另外，有其他任务的党员干部由省工委书记个别联系。

1941 年八九月间，文山地区西畴麻栗坡支部的五名党员被驻防当地的国民党中央系第九集团军关麟征部逮捕，与该支部有联系的两名党员，也先后在宜良、昆明被捕。由于及时采取紧急措施，迅速转移了与之有牵连的在弥勒工作的许南波等党员干部，反动派的破坏因此未能扩大。

约 1942 年初，接连发生了一系列的事件。昆明报纸上登载了一个姓龙的人自首反共的启事，联大发现了用"中国共产党非常委员会"名义发表的反共传单，联系文山发生捕人的事，泸西发现有内奸嫌疑的人的情况，引起了我的警觉。我认为不能盲目乐观，须小心谨慎，摸着石头过河。

这时，前届省工委主要负责同志撤离云南以后，其成员留在云南的尚有费炳、陈方、李群杰、李剑秋等同志。根据南方局的指示，由于他们比较暴露，本届省工委可不直接同他们联系。同时，南方局已指示费炳，暂时停止联系，保留党籍，独立作战，隐蔽下来。对陈方，在张文澄同他联系了一段时间以后，1942 年就把他疏散到延安去了。1943 年到 1944 年间，按照刘浩传达的南方局组织部的指示，刘浩同前届在云南的省工委委员联系。1944 年10 月，刘浩调离云南后，我从几年来逐步了解的情况考虑，认为南方局钱瑛同志对云南原来省工委同志的一些看法和指示，主要是根据马子卿汇报的情况决定的。看来原来的省工委委员并不如马所反映的那样暴露，应当同他们联系上才对。于是，我同李群杰联系起来，以后我又直接联系了李剑秋，并经过他同费炳联系上。

我到云南以后，遵照周恩来和南方局其他几位同志关于职业化的指示，积极寻找社会职业。1941 年 10 月，经刘浩以《民国日报》编辑名义向省合作金库文书股推荐，我进入了地方财经系统所辖的省合作金库当了一个办事员。合作金库在宣威、平彝、呈贡、罗平、泸西、安宁等地都设了代办点，有一定的经济实力。

1995 年郑伯克在昆明与原地下党负责人合影（左起：唐登岷、费炳、郑伯克、李群杰、李剑秋、马仲明、刘浩）。

开始时我在文书股担任撰稿工作，不久，又把我调去管理案卷。上司将约有 5600 多卷的金融文书档案杂乱无章地交给我，就像一堆乱麻。我从来没有干过这种工作，没有任何经验。但是我想，这是锻炼我的耐心、细心和韧性的机会。

在整理案卷中，我发现很多资料对我了解云南情况很有用处。省合作金库属于地方财政金融系统，地方财政金融系统同蒋家王朝的中央官僚资本"中、中、交、农"四大银行有矛盾，互相勾心斗角。地方财政金融系统又分缪云台系统和陆子安系统，前者掌握省经济委员会，其下属有富滇新银行、合作金库等；后者掌握省企业局，其下属有兴文、劝业、矿业等银行。两个系统亦勾心斗角，但与中央官僚资本的斗争有一致性。我管理的案卷里有若干资料，可供研究参考。我当时想，应该好好利用此时机，从地方经济以至地方政治，尽可能做些调查。我认真地进行清理归类，几天工夫，就把几年来积攒下来的文件弄得有条不紊，没有遗失一件。经过我整理后的文件，在需要时，五分钟之内就可以调出使用。我的工作，很快得到了上司和同事公认和好评。在这个基础上，人事关系也好处多了。

我所在的文书股，同在一间办公室办公的近十人，他们的政治态度大都属于中间派。我与他们友善相处，互相帮助，感情上很融洽。我常常利用一些闲聊的机会对他们做工作。如有一次，国民党省党部书记长郜重魁来到合作金库文书股,对我们的上司说,要大家填表参加国民党。郜走后,我就和同事们说:"我们这些小职员,上班时间那么紧张,下班还要忙家务,哪有时间参加国民党,哪还有兴趣去开国民党的会?"大家都同意我的看法,文书股没有人去填表加入国民党。

在工作中,我也交了一些朋友。合作金库先后有两个管收发的办事员,一个姓罗,一个姓李。姓罗的是昭通人,我家乡的不少人渡过金沙江到该地区经商,从他们那里我听说过该地区的许多故事,我同罗谈到一些绥江、镇雄的故事,他感到很亲切,互相间联络起感情。后来对姓李的,我也与他交往很深,他结婚的时候,我还到他家去做客。我们的关系好起来后,我就请他们给我转信。我托词说我有个同乡才到昆明,职业未定,要我代他转信。直到我离开合作金库后,有我的信来,他们都还替我转。

这一时期,我还从多方面入手,开展了调查研究工作,力争较全面地掌握云南的政治、经济、文化情况。首先,从我联系的党员谈工作时顺便了解,在与党员谈话时,我将了解云南情况作为一项主要内容,让他们介绍云南的政治、经济、文化以及风土人情等情况和看法;其次,在工作中通过同事了解。我所在的机关里,有几个老职员,如玉溪人朱某、路南人李某、滇西人赵某等。我尽量找机会同他们聊天,从他们那里获悉一些云南官方和社会风尚、民族关系等情况;此外,我还多方搜罗和阅读了有关云南的历史书籍,如《史记》的《西南夷列传》、《三国志》的《蜀志》、《华阳国志》的《南中志》、《新唐书》的《南蛮列传》、《徐霞客游记》的《滇游》、明代李修《云南通志》以及一些《府志》《县志》等书。有一次,我还约张文澄一道去青年会听著名历史学家方国瑜教授讲云南历史,从中掌握云南的历史和现状。

我过去在诸葛亮的《出师表》和白居易的《新丰折臂翁》中了解到的云南是蛮荒之地,如诸葛亮在《出师表》中说:"五月渡泸,深入不毛";白居易诗写道:"闻道云南有泸水,椒花落时瘴烟起,大军徒涉水如汤,未战十人五人死。""村南村北哭声哀,儿别爹娘夫别妻。""皆云前后征蛮者,千万人行无一回。"在《三国志·蜀志》的《诸葛亮传》,我发现了另一种说法,书中写道:"亮率众南征,其秋悉平。军资所出,国以富饶。"这说明云南有丰富的物产,不是草木不生的"不毛之地"。再读《华阳国志·南中志》,谈到东汉时"益州西部金银宝货之地,居其官者皆富及十世",这更足以证明云南之富。有关典籍还谈到，西汉时"彩云见于南中"。到昆明后，深有所感，这里天高气爽，物产丰盛，得天独厚。在合作金库时，有一次空袭警报，我与几个同事跑警报，途经拓东路，过状元楼到金汁河畔，在休息时，我问同事中的一个姓李的路南人，为什么此地叫"状元楼"？他告诉我说：清末，石屏人袁嘉谷应经济特科试，中了状元，所以，悬"大魁天下"的匾于那座楼上以纪念他，大家便称此为"状元楼"。如此，我更觉得云南物华天宝，人杰地灵。

通过调查研究和分析，我对云南的情况比较熟悉了，我认为云南有和其他地区不同的许多特点，我们必须从这些实际出发，制定工作方针，才能取胜。我当时分析云南的基本情况是：

一、地方实力派有较强大的经济基础。据民国30年（1942年）的统计，云南全省经济委员会及云南省企业局下属的银行、工厂等的资金约3.5亿元。抗战以来内迁不少工厂，这对地方近代化工业的发展提供了有利条件。昆明拥有新式规模宏大的工厂30—35家，其中带国防性的11家，是大后方的重点工业企业。

二、抗战后内迁许多所高等学校，其中有名人学者荟萃的西南联大，还有中法、同济、华中等大学，也都汇聚了若干著名专家、学者。

三、地方实力派有相对的独立性，国民党中央势力在滇受到一定的抵制。虽然国民党中央军队驻云南数量较多，在昆明周围有第四集团军四个军，在楚雄以西有远征军十一、二十等集团军，在迤南山区有第五、第九集团军，国民党中央在昆明还有防守司令部、宪兵十三团。但龙云规定市区治安归地方宪警维持，国民党中央宪兵无从插足。抗日战争期间，云南有中印公路，是蒋家王朝取得美援的重要通道，蒋介石还要顾忌国际关系，为此，也避免与地方发生尖锐的磨擦和军事冲突。

四、云南与英、美等国有一些联系。虽然这些关系不深，但云南地方金融系统仍在设法加深和维系这种关系，使云南处于相当复杂的环境之下。

五、云南地方实力派时时防备和抵制蒋介石的排斥异己政策，对外联络川、康、桂等地方势力，对内则强化其地方统治。在此种情况下，容许某种程度和范围内的民主，允许有某些方面的进步，昆明因此具备了发展民主运动的条件。

六、除昆明和川滇、滇缅路以外，大多数地区国民党统治薄弱，为传播进步思想和文化启蒙创造了条件。

我认为，只要我们因地制宜运用以上这些条件，党的工作在这广阔的天地里，就会大大地发展起来。

1941 年 8 月，党中央发表了《关于调查研究的决定》。我读了《新华日报》发表的中央决定以及贯彻决定的文章，深受教育和鼓舞。1943 年，我将自己了解到的这些情况，写成调查报告送到南方局。这份报告，先有详细资料，最后提出六条分析意见。对于这种做法，南方局给予了鼓励。1947 年 6 月 22 日，南方局在《抗战以来大后方的组织工作》中写道："从党员职业化中，从日常工作中，开始了调查研究工作，有的地方作出了很大的成绩。如云南对地方政治情形，调查颇详。"

在合作金库时，我的工作十分繁忙。每天虽然规定上班时间为早上 9 点至 12 点，下午 2 点至 5 点，但又规定膳食时间分别为上午 8 点半、12 点和下午 5 点半，无形中又增加了工时。我每天 8 点由家启程，下午 6 时返家，晚上还要从事党的工作。有时星期天也要到库里报到，总经理经常在星期天到库里检查。平时，除病假外，一般都不准假。当时，这个职业的收入比其他的职位较为丰厚，不仅可以支撑家里俭朴的生活，还可为工作所用。

当时除我之外，省工委委员和机关工作人员都找到了社会职业。曾秀娟开始时到中华职教社学习会计，毕业后，到近日楼附近的业余补习学校当会计教师。她交了不少朋友。如一个姓马的同事，是个回教徒，她父亲是个阿訇，与她相处熟悉之后，我就用她家的地址作为通讯处。省工委直接联系的几位同志也都找到了社会职业。大家在社会职业中不露声色，争取在熟悉业务中立住足，扎下根。

我到云南以后，按照南方局的要求和周恩来的指示精神，首先抓紧了对党员的思想教育。为了隐蔽，不采取办训练班的方式，而是要求有阅读能力的党员自学马列主义书籍，学习毛泽东的著作和《新华日报》，进行自我教育，提高觉悟。文化水平低的党员，就采取个别碰头的方式向他们宣讲时事和党的政策。

在学习教育中，我们着重开展了共产主义人生观和革命气节的教育。学习怎样做一个共产党员，以及学习党的建设、统一战线、秘密技术、反奸细斗争以及中国革命特点等党的基本知识，要求每一个党员以周恩来等同志的大无畏革命精神为榜样，在革命的惊涛骇浪中锻炼自己的革命意志，有迎接残酷斗争的思想准备，做到在革命的危急关头站稳立场，学会应付突然事变的本领。

1941 年 9 月，南方局根据中央的部署，成立了高级学习组，开始整风学习。1942 年秋，《新华日报》陆续登载了毛泽东的《改造我们的学习》《整顿党的作风》《反对党八股》等整风文献。我从《新华日报》的副刊《团结》上体会到了一些南方局的部署。特别是通过阅读周恩来和南方局其他领导同志号召整风的文章，深受启发。于是，我们省工委首先进行整风学习，展开批评与自我批评。对于基层党组织，考虑到当时的地下环境，普遍开展整风有困难，就采取个别交谈和自己学习的方式，对党员进行教育。

我对自己的要求是要严格，特别是对自己历史上的点点滴滴都以高标准来衡量和要求。我认为党员任何时候对党都应该是有令则行，有禁则止，党员未接到上级指示前，不得离开自己的岗位。我在检讨自己的历史的时候，谈了我从四川到上海的问题，我检讨说是自己动摇了，实际上，这种说法不符合当时实际。我的家乡是四川军阀刘文辉的地盘，刘文辉和军阀刘湘混战，结果刘文辉被打败了，刘湘占领了我们家乡附近的几个县，继而纠集叛徒、特务组成"清共委员会"到了县里，清查共产党员，当时因为我很暴露，必须撤退，我就给团省委写了一封信，但一直没有收到上级的回信。这时因为局势紧张，我就立即前往上海，到上海后才接上了组织关系。对这段历史，我检讨说是没有经党许可就离开工作岗位，无非是怕被抓去砍头，我给自己扣上了动摇的帽子。现在看来，这个帽子是不合适的。一个共产党员应当严以责己，宽以待人，但必须实事求是。

当时，除省工委委员外，省工委直接联系的党员，如张文澄、刘浩、李德仁、姜必德等在碰头谈话中，也都汇报自己的历史，检查入党后的思想和工作。通过整风学习，党员干部的认识有所提高，我们对干部也有了更深刻的了解。

在领导干部中，我们还开展了苏联共产党党史的学习，学习《列宁主义问题》中的论列宁主义基础、论辩证唯物主义和历史唯物主义等章节。除此之外，我们还要求党员进行文化和职业技术的学习。

通过一段时间的学习，党员们普遍提高了组织观念，纠正了过去存在的自由行动、横的关系多、不讲秘密原则、暴露自己等问题。同时，提高了党员对革命性质、任务的认识，坚定了革命信念。还提高了党员的文化技术水平，在此基础上，稳定了大多数同志的职业。

在党员学习中，为了更好地贯彻周恩来和南方局有关方针政策的指示，我们还结合思想实际，重点解决了转变思想作风的问题。通过批评与自我批评，大家都深深体会到，当革命处于低潮时期，组织形式和工作方式都应彻底实行转变，救亡运动高潮时的做法已不适宜，必须隐蔽下来，勤勤恳恳，踏踏实实地开展工作。

为了加强党员教育和革命宣传工作，我们急需有自己的印刷设备。但我们既无钱，又无物质条件，怎么办呢？想了很多办法，最后决定以党员量力相助和回收印刷成本的办法，筹措了一点资金。然后指定姚黎明、严达夫买了一台油印机，在大观街租了一间楼阁，秘密创办了一份党内刊物——《战斗月报》，刊登党中央公开的文件和其他重要文章，转载《解放日报》的重要社论等，还秘密翻印了《评中国之命运》《整风文献》及毛泽东的《在陕甘宁边区参议会的演说》等。此外，还将党员朱希敏、任学源安排到大中印刷厂当排字工人，他们同该厂党员和进步分子设法在夜间秘密翻印了一些党的文件，下发给党员学习。

1943年初，施子健、李天柱、陈鸿图、高槐等同志商量要在昆明开个书店，通过刘浩向我汇报，我当即同意。书店由他们集资，在昆明劝业场租了一间楼上楼下的铺面，开了一间高原书店，由李天柱任经理，其组织关系仍由施子健联系，通过这个书店秘密发行进步书刊。1944年10月，该书店被当局查封。因事先我们得到了情报，采取了措施，反动派没有抓到证据，才没有遭到大的损失。

经过相当一段时间，我交给侯方岳、刘清的组织关系，他们也都联系上，并开始熟悉情况，展开工作。

在我分工的工作中，我把李志民、戴澄江等一些零星的关系交给王斗光，我还先后联系上联大的郭沂曾、王云、黄辉实、林深，华中大学的何功楷，昆明市近日楼商业补习学校的宋树言等。

在把一些零散的关系清理出一点头绪后，我反复琢磨，马子卿时党员集中最多的是西南联大。尽管后来联大党员大都已经疏散转移，但联大有"五四""一二·九"的革命传统，有自由研究学术的学风，是党开展群众工作的优良环境，应把这里作为开展工作的重点。为此，我着手在联大开展工作。

现在回忆起来，我初到云南的这几年中，仅仅是在云南原有的组织和工作基础上初步了解了一些情况。但由于情况掌握得还不透彻，虑事过于小心谨慎，还没有放手开展工作，所以，工作局面也还没有完全打开。

西南联大

1937年7月7日卢沟桥事变发生后，北平、天津相继沦陷，国立北京大学、清华大学和私立南开大学转移到湖南，联合组成国立长沙临时大学。南京失守后，1938年2月，长沙临时大学又西迁到昆明。当年5月4日在昆明正式开学，改称"国立西南联合大学"（简称"西南联大"或"联大"）。起初，校本部和理、工学院设于昆明，文、法学院暂设于蒙自。一学期后，文、法学院也迁到昆明，又增设了师范学院。

西南联大到昆明以后，一批共产党员也随之来到昆明，为了便于领导，1938年10月和11月，云南省工委青委分别在该校建立了两个平行的党支部。1939年7月，两个支部合并为一个支部。1940年3月，该支部扩建为总支，先后由省工委青委书记何礼和青委组织委员杨天华（继何礼之后任青委

西南联合大学校门

书记）领导。1938年八九月间，中共云南省特委（省工委当时改称特委，后又改称工委）将昆明原有的云南青年抗日先锋队（简称"抗先"）与西南联大的中华民族解放先锋队（简称"民先"）合并，成立中华民族解放先锋队云南地方队部（仍简称"民先"），并以地下党员和民先队员为骨干，成立了公开的社团——群社，这个组织在抗日救亡运动中发挥了很大作用。

1939年9月，由于国民党掀起反共高潮，遵照南方局的指示，省工委撤销了民先组织。1941年皖南事变后，又撤销了联大的党组织，将大多数党员和进步分子疏散隐蔽到外地，群社也随即停止了活动。据当年联大的党总支书记熊德基回忆，皖南事变前，联大共有五六十名党员，皖南事变大撤退后，仅剩下10人左右。后来的几年间，实际上联系上的只有9名党员。其中经我联系上的有郭沂曾、王云、王乔、黄辉实、袁永熙、熊德基；经刘浩联系上的有王铁成、马杏垣；经张文澄联系的有吴显钺。据涂国林讲，除此之外，还有两人，有一人参加了三青团，所以切断了联系；另有一人因与特务关系密切，也停止了联系。

几年间，我们联系了联大在校的原有的党员，加上从外地又转移来一些党员，使省工委联系的联大党员增加到30多人。这些党员分别由我和侯方岳、刘清以平行支部的组织形式联系，互相不发生横的关系。其中由我联系的有3条线，12名党员：第一条是新成立的联大党支部，有书记马识途（马千禾）、何功楷（何志远）、齐亮3人。我个别联系的还有郭沂曾、袁永熙、黄辉实、王云（由王云联系王乔）、林必宜（由林必宜联系其妻刘聘珊）；第二条是通过刘浩、欧根联系王铁臣、马杏垣；第三条是通过张文澄联系吴显钺。由侯方岳联系的有3条线，16名党员：第一条是通过云大的李长猛联系3名党员，计思慧（计德生）、孙志能、吴树云；第二条是通过李祥荣（李德仁）分别联系10名党员，唐祺尧、谭元坤、何世杰（何杰）、傅发聪、朱君毅、黄志成（黄自仙）、党凤德、郑家奎、傅君诏、吕茂林；第三条是通过校外的祁山联系两名党员，孟循时、王越峰。由刘清联系的是联大工学院的两名党员：王世堂（王日强）、方复。因为这时党的组织原则是转地不转组织关系，所以有的党员还由原来的党组织领导，如彭华林、陈彰远（刘新）、何明光、黄锡九、刘世泽等5名党员即由重庆联中联系，组成一个党小组；有的由校外的党员联系，如王文中、万国祥、王尊贤等人的关系即在校外；还有6人由南方局直接领导，他们单独组成一个党支部，由章宏道（章文晋）为书记；此外，还有的人进校前就已入党，进校时未能接上关系，一段时间后才逐步接上关系或重新入党，也有的到离校后才接上关系，如张华俊、李明、高志远（高彤生）、于文烈、潘琰、缪祥烈、叶向中、黄平、陈盛年、卢华泽等人。

由于省工委的同志是按分工负责的形式相对独立地开展工作，所以，我主要回忆我分管的联大党支部从建立到开展工作的情况。

联大是当时国内规模最大的高等学府，这里聚集了一大批全国著名的专家教授和民主人士，又有两三千名从全国各地来的青年学生，是知识分子集中的地方。师生们为了抗战远离家乡，流亡到西南边陲，普遍具有强烈的爱国热情。我想，虽然联大的党员和进步分子大多数已经转移，再开展工作存在一定的困难，但如果我们遵照毛泽东、周恩来等同志的指示，隐蔽埋伏，积蓄力量，联大就能成为我们重新打开工作局面，推动昆明工作的据点。正在这时，一些从鄂西、重庆、陕西、两广，甚至南洋等地转移来的党员先后进入联大，部分疏散出去的党员又回校复学，使联大的党的力量得到不断增强，这为我们的工作创造了更加有利的条件。

正当我考虑如何在联大开展工作的时候，发生了一件事，使我感到尽快解决联大党的工作的领导问题迫在眉睫。

1942 年 1 月 6 日上午，我正在护国路合作金库上班时，忽然听到窗外大街上有学生高呼口号，同事们很好奇地推开窗往外看，我也去看热闹。当我见到是一些学生高喊"打倒孔祥熙"的口号在游行时，我很震惊。因为当时党组织正处于隐蔽时期，举行这样大的群众示威游行活动是不适时宜的。为此，我对这件事的发起和组织以及参加的人都很关注。

下班后，我急忙找联大党员了解情况，但他们说对发动和参加人员的具体情况不清楚，只知道联大有部分同学因对香港沦陷后孔祥熙置滞留香港的不少著名人士如何香凝、柳亚子以及联大教授陈寅恪等人于不顾，竟然垄断中航公司的飞机，专为其运输私人财物，甚至把洋狗都用飞机运到重庆的事深感愤怒，参加了游行示威。

1942 年六七月间，从鄂西转到云南大理华中大学，又从华中大学转到西南联大的学生党员何功楷与我碰头时，我才了解到，"倒孔"游行示威运动中，联大学生、原鄂西特委副书记马识途起了重要作用。

我立即深入了解马识途的情况，知道马识途当时还没有找到党组织，没有接上组织关系，出于对孔祥熙的义愤，就积极参与了"倒孔"斗争。我认为应尽快接上马识途的关系，于是，就向何功楷深入了解了马识途的情况。经审查后，接上了他的组织关系。

接着，马识途和新闻界的党员向我进一步反映了"倒孔"运动的情况。据他们说，这次游行是联大一批进步学生自发举行的游行示威。游行开始后，云南大学、中法大学等校的学生也赶来参加。游行队伍的成分比较复杂，其中掺杂有与孔祥熙有矛盾的"CC①派"和三青团员等。

这场运动虽然是一次自发性的群众运动，但对于揭露四大家族反动腐朽的面目有一定的积极作用。这次运动冲破了国民党统治区沉寂的政治局面，得到了国民党统治区广大群众的支持，在四川的武汉大学、在贵州的浙江大学以及遵义的一些中学生都起来声援响应，掀起了"反孔"怒潮，在社会上引起了很大的震动。但是，这一行动也引起了敌人的注意。蒋介石一再密令龙云"负责取缔，严予禁止"，后来又派特务头子康泽再次到昆明，企图镇压学生。由于在运动中表现比较暴露，马识途和云大的侯澄等一批进步学生不得不离校疏散。以后，由于地方势力与国民党中央之间的矛盾，康泽的行动遭到龙云的抵制，加之参加"倒孔"运动的还有三青团员，涉及国民党内部的矛盾，康泽的阴谋才未能得逞。

这时，我感到必须在联大建立党的组织，才能更加有效地领导学生运动，并认为马识途来做支部负责的工作比较合适。一次，在与马识途谈话时，他对我说，从重庆南开中学来的党员齐亮与他同在文学院中文系上学，并且住同一宿舍，建议把他们的组织关系连在一起。我同意了他的提议，把原由刘清联系的齐亮的组织关系转给马识途。然后，把马识途、齐亮、何功楷三人编成一个党支部，由马识途任书记，这个支部由我直接领导。支部成立后，与侯方岳、刘清等联系的党员不发生横的关系，与我直接联系的联大郭沂曾、袁永熙等也不发生组织关系，这是皖南事变后联大重新建立的第一个党支部。

联大支部成立后，我向他们传达了党的隐蔽精干政策，特别是周恩来同志关于"三勤""三化"以及密切联系群众、把党组织隐蔽在群众之中等重要指示，引导他们从思想上认识斗争方式和组织形式的转变的必要性，彻底

---

① 国民党中央党部调查统计局，简称"中统"。

转变救亡运动高潮时期的工作作风，以适应当前的政治形势。

根据南方局的部署和周恩来的号召，支部进行了整风学习，支部成员提高了认识，大家都认真地开展了批评与自我批评。马识途和齐亮都自觉地检查了参加"倒孔"运动的经验教训。马识途深刻地检查说：当时由于其妻子在鄂西特委遭破坏时被捕遇难，小女儿又不知下落，非常悲愤，所以不够冷静，忘记了党的隐蔽精干、长期埋伏、积蓄力量的指示，犯了急躁冒进的错误，险些让党组织遭受损失。通过学习和检讨，大家决心在今后的工作中，从组织形式和工作方式都来一个彻底的转变，勤勤恳恳、踏踏实实地开展工作，从一点一滴做起，建设起坚强的党组织。

整风时，省工委还布置联大每一个党员结合贯彻隐蔽方针和思想实际，联系社会情况写一篇调查报告，分析敌我友各方面的情况，以引导大家认识形势，明确斗争方向。根据这一安排，我直接联系的联大支部以及其他同志联系的几个平行组织都开展了调查研究工作。例如刘清联系的联大工学院的党员王世堂调查了联大理学院和工学院的情况，写了一个调查报告。其中关于理学院的情况是他通过他的好友邓稼先和江泽培了解到的。邓、江都是教授子弟，他们提供的材料准确、丰富（邓后来成为我国"两弹"元勋），所以调查报告写得很好。

支部建立起来后，要开展工作并不容易。自从联大党员和进步分子实行大疏散，原来的群社等进步社团被迫停止活动以后，三青团把持了学生自治会，一批职业特务"学生"乘隙采取种种欺骗手段发展三青团员。他们以免费旅行或毕业后安排就业等许诺拉拢学生；还以"云岗服务社"代办邮政，为学生服务等为名，暗地里检查进步师生的信件；他们组织上演反动话剧《野玫瑰》，又发动"青年的志气和思想"的讨论，组织一些教授在报纸上、广播里大谈青年问题，批评青年没有志气，只会闹事，并向青年宣扬"效忠党国"的思想。同时，叶青等大肆宣传"毕其功于一役"的反动理论，战国策派也用历史循环论的观点，杜撰出第二次世界大战是"战国时代重演"的奇谈怪论，明目张胆地歌颂希特勒。这时，除了反动派的鼓噪外，学校里壁报冷冷清清，校园中一片沉寂，同学们陷入苦闷之中。

为了打开工作局面，我和支部商量，首先从抓党员的学习入手，要求党员加强政治学习，提高政治理论水平。当时西南联大有三个地方可以看到《新华日报》：一是校本部的图书馆，二是师范学院的阅览室，三是工学院的图书馆。当时，党员们从《新华日报》的副刊上看到了有关"三勤""三化"的零星报道。另外，支部还从刘国志那里听到了一些南方局的指示精神。刘国志是南方局青年组刘光直接联系的党员，南方局青年组有时写信给他，传达一些有关"三勤"政策的指示。支部从这些渠道了解了南方局有关"勤学""勤业""勤交友"的指示精神，大家仔细琢磨，然后照着去做。

通过学习，大家认识到，党员要在群众中立住脚，首先必须发挥带头模范作用，学生的本职是学习，只有把学习搞好了，才能在同学中树立威信，并获得教授的信任和支持，为团结多数同学开展工作创造条件。因此，支部要求党员和进步同学勤奋攻读专业知识，努力学好功课。在支部的要求下，联大党员都认真学习，在每次作业和考试中争取得到高分。齐亮钻研功课非常刻苦，除课堂学习以外，下课后，他常常到茶馆里去，找个地方坐下，不受周围的吵闹环境影响，专心致志地看书、做作业。中文系的系主任罗常培很赏识他的才能，提出很多好的课题，希望他毕业后能留校工作，进行研究。像齐亮这样的党员还有很多。由于党员和进步同学刻苦学习的突出表现和考试中的优秀成绩，得到了老师和同学们的赞誉，同时也在同学中树立了威信。

党支部建立以后，还认真贯彻"勤交友"的方针，发挥每一个同学的主观能动性，用灵活多样的方式广交朋友。一次，刘光给刘国志写来一封信，向他介绍了交朋友的多种形式，其中非常主要的就是提倡以大家的不同爱好，组织各种内容和形式的社团，通过开展活动，把同学团结组织起来。在活动中，不急于谈政治，只搞一些文化学习娱乐活动，以后逐步潜移默化地影响他们。这封信给我们以很大启发。根据联大的实际，支部要求每个党员用这样的方法交3至5个朋友。并提出在这些朋友中，既有进步的，又有中间的，但进步分子要在半数以上。这3至5个朋友再交3至5个朋友。这样，每个党员交友数量少则有9个，多则有25个。这些朋友或定期不定期地开展小组活动，或单独个别联系，主要是联络感情，开展共同爱好的课余活动，如星期天相约到近郊去玩，到滇池里去划船等；在学习、生活上互相关心，互相帮助，形成一个团结的集体。

马识途、齐亮等将在"倒孔"运动中发现的一些积极分子作为交友的重点对象，如在延安入党的殷汝棠、王松声、李明等人，他们当时还未接上组织关系，就以政治上信任的方式联系。还有从鄂西来的高志远（高彤生）等和从延安回来的许寿谔（许师谦）、王树勋（王刚），以及从四川国立二中来的李晓（李曦沐）等人都在朋友中起核心作用。支部同这些同学在一起谈心，交流学习体会，互相勉励。由于这几个人的功课都很好，在他们的周围也团结和影响了一批同学。

在广泛交友的基础上，联大党支部以积极分子为核心组成了秘密读书会。读书会没有名称，也没有章程，不留任何文字东西，只是定期在一起学习马列主义、毛泽东著作，学习党报、党刊，讨论时事。读书会的活动很谨慎，读的书都包上了书皮，写上了其他的书名，甚至用黄色小说封面作伪装，大家称之为"白皮红心"。

党支部不仅以周围的进步同学为核心，广泛团结同学，对有的中间的以至落后的同学，也设法帮助其进步。例如与马识途和齐亮住在同一个宿舍的吴国珩，他的父亲是国民党中央组织部组织科长，但他的思想比较单纯，且有正义感。他平时比较消沉，寡言少语，多愁善感。马识途和齐亮非常关心他，根据他爱好文艺的特点，动员他参加各种活动，鼓励他从孤独和悲观中振奋起来，走到同学中去。他们常常和他一起泡茶馆，和他一起摆"龙门阵"，马识途和齐亮还分别向他讲自己的革命经历和对形势的看法，讲革命故事，使吴受到极大的感染和教育，思想转变很大。吴以后走上了革命道路，入了党，在武装斗争中英勇牺牲。

为更加广泛地团结同学，党支部还通过读书会成员等骨干分子，以合法的、社会化的、适合学生不同爱好的多种方式，以壁报社、歌咏队、体育会、同乡会、中学同学会等各种社团来团结群众。如联大与党有联系的郭沂曾、李祥云、王世堂等，与党还没有接上组织关系的李明、王汉斌、陈盛年等，以及受党影响的进步青年李凌等都不谋而合地在隐蔽中发起或参加各种秘密读书会和公开的各种文体学术活动。从1942年以来的几年间，联大学生各种文体社团不断增加，特别是到1944年纪念五四运动前后，联大文体学术社团如雨后春笋，有很大的发展。例如萧荻、王松声、温功智等的联大剧艺社；黄平、陈盛年、刘国志、于产等的星原文艺社；黎章民、严宝瑜、胡积善（方坤）等的高声唱歌咏队；黄海、沈叔平、秦泥等的新诗社；罗长友等的悠悠体育会；赵宝煦、沈季平（闻山）、陈月开（陈海）等的阳光美术社；工学院王世堂、方复、何东昌等的铁马体育会；周大奎等办的山海云剧社等。党员和骨干们还发扬原平津三大学自由研究的学术传统，组织各种学术、文艺壁报，例如马识途、张彦（张光琛）等办的《大路》周刊；何阳、严振等办的《游击》；何扬、袁用之（袁成源）、高志远等办的《冬青》；马杏垣等办的《热风》；程法及、张源潜等办的《文艺》；李明等办的《生活》；王汉斌、谭正儒（严振）、向大甘（陈狄吉）、李凌等办的《现实》；孙柏昌、徐芝应等办的《神曲》等，共有30余种。当时，在西南联大的壁报中，国民党、三青团掌握的只有三个。这样，就使联大学生的课余活动基本上掌握在共产党的领导和影响之下。

1943年5月22日，《新华日报》副刊《团结》上发表了宋平同志《同流而不合污》的文章。文章在开头就说："党是群众（首先是劳动群众）的一部分，它必须与群众有密切的联系，同群众生活在一起，处处依靠群众，在某种程度上也可说是与群众融成一片，只有这样的党，才是不可战胜的。"读了这篇文章后，我很受启发，就组织联大支部的同志一起学习。大家体会到，党员只有与同学同甘共苦，息息相关，才能扎根在群众之中，成为群众的党。

当时，联大学生的生活十分贫困，由于许多学生是从沦陷区来的，他们靠国民党政府发放的贷金维持生活，而每月领到的贷金竟连最低的生活水平都难以维持，因此学生到社会上兼差的十分普遍。其中到中小学兼课和当家庭教师的最多，也有的到报馆当编辑，还有的当店员、邮差、售票员、广告员等。学校里的伙食很差，吃的是老仓米，夹杂着谷子、稗子、砂子、老鼠屎等，同学们戏称为"八宝饭"，菜的质量则更差，于是伙食问题成了同学们最关心的事。联大共产党组织对此十分重视，他们开动脑筋，认真地解决这一关系学生切身利益的问题。党员齐亮和罗长友经过串联，发动五六十个同学办起了膳团。他们为了不让大家吃发霉的"八宝饭"，日夜操劳，到乡下去采购好米，用船运回来，以减少粮商的中间盘剥。为了节约菜钱，他们经常在市场将要收市的时候，带着厨工去买小贩急于处理的便宜菜。他们认真监厨，精打细算，还想尽一切办法来让同学们吃得满意。例如在开饭前，先用菜叶煮一大桶汤，虽然上面只漂着几滴油和碎蛋花，但饭前有汤喝，大家很高兴。他们杜绝一切浪费，到了一定的时候，还能让大家打点"牙祭"，分点伙食尾子。

但是，同学们办膳团，精打细算，勤俭节约，总应付不了物价狂涨的冲击。支部分析认为，要使同学们生活得到根本改善，非大幅度增加贷金不可。于是齐亮联系其他的一些膳团，共同向学校当局提出增加贷金的要求，并提出贷金的数目应按照米价来折算。因为这些要求既合理，又合法，采取的又是心平气和的说理方式，学校当局只好接受。

在联大工学院，共产党员王世堂、方复等办的铁马膳团也千方百计为同学办好伙食，精打细算，有计划地到近郊区选购价廉物美的副食品，使伙食团办得很出色，得到同学的广泛欢迎和拥护。

联大党支部无论办壁报，还是办伙食团，或是组织各种文化、体育、郊游等活动，都要求党员注意有意识地、潜移默化从政治上影响群众，提高群众的觉悟。例如齐亮在向大家报告伙食账时，就有意识地宣传大家生活困难的根源，说明是由于国民党政府的腐败，四大家族的垄断，以致通货膨胀，民不聊生。党员在和同学们交谈中，也有意识地穿插对时事的分析。通过这些活动，党员以其模范作用和深入细致的工作，提高了在群众中的威信，得到了群众的信赖和拥护。

1944 年，国民党政府给西南联大拨来 30 万元"赈款"，同学们对该款的使用有各种不同的意见，大多数同学要求将这笔钱用来救济贫民。党支部与经常活跃的十余个壁报社团商量，合出一期联合版壁报来反映大家的意见，效果很好。此事以后，大家一致要求成立一个壁报协会（简称"报协"），全校的壁报社都基本参加到其中，包括三青团所办的《辨奸》《诛伐》《火炬》壁报会的同学都参加了。通过各壁报社选举，选出《文艺》《生活》《耕耘》三壁报社为报协常委。

在研究如何发挥壁报的作用问题上，我和支部同志共同商量认为，应充分利用合法的方式主动开展活动，因为所谓"合法"，可合乎官方法律之法，也可合乎人民群众的习惯之法。联大学生自治会是学校内合法的权力机关，但其领导权掌握在三青团手里，暂时还没有条件重新改选；我们办的壁报协会合乎群众习惯之法，既可以公开成立，又可以取代三青团控制的学生自治会组织发动同学的作用。从此，通过支部的工作，新成立的报协积极主动地开展工作，扩大了活动范围，对内反映群众的意见，对外代表全体同学参加昆明市学生的各种活动。

报协成立后，组织举办了几次大型的壁报联合版，起到了很好的效果。如同年 6 月，同学们得知美国副总统华莱士要来昆明，我同党支部研究，决定利用这个机会，把中国人民的抗战呼声反映出来。报协请闻一多为指导，办了中、英文联合版大型壁报，壁报高 2 丈，长 4 丈，大标题是《我们誓与世界任何地方任何面目的法西斯战斗到底》，内容主要是揭露国民党的反动统治，表示对国民党消极抗战、积极反共的不满。这一壁报受到美方人士的注意，他们将这份壁报拍摄下来，刊登在美国的一家杂志上。

报协成立后，由于《辨奸》《诛伐》《火炬》等三青团办的壁报坚持反动立场，经常发表反苏、反共文章，败坏报协名声，大多数进步壁报无法与他们合作。1944 年秋季开学以后，进步壁报联合把他们从报协中驱逐出去，把报协改组成壁报联合会（简称"报联"）。报联比报协更加旗帜鲜明地坚持团结、抗战、进步的方针，它名副其实地代表了联大广大同学的利益。

1944 年 4 月起，国内形势发生了很大的变化。日本侵略者为了挽救其在太平洋战场上的失利，援助入侵南洋的孤军，在中国发动了打通大陆交通线战役。日军从河南向国民党战场的平汉、粤汉和湘桂铁路沿线大举进攻，在日本帝国主义的进攻面前，国民党几十万军队连连丧师失地，人民遭受空前灾难。国民党在经济上的掠夺，政治上的腐败，加上军事上的严重溃败，引起全国广大人民对国民党统治的深切痛恨，从而更加深刻地认识到要争取抗战的胜利，必须彻底改革国民党的一党统治，改组国民政府。

在国内民主呼声高涨的形势下，我考虑到，几年来联大党支部在贯彻"三勤""三化"政策中积蓄并发展了革命力量，活动已不限于联大校内；与此同时，昆明市内中学、机关企业、职员以及工厂的工作也逐步开展起来。在这种情况下，有条件可以使联大支部的工作由校内发展到校外，由散兵式的小规模活动发展到大规模的群众活动，以推动昆明全市的民主运动。我把这个意见分别同省工委委员商量，大家同意这个意见。随后，我又找联大党支部交换意见，他们也正有逐步扩大活动的想法，我与他们一起研究，决定将纪念五四的活动作为发动大规模群众运动的起点。

早在 1939 年 3 月，陕甘宁边区的青年组织就提出以 5 月 4 日为中国青年节。当时，国民党在广大青年群众的爱国高潮的压力下，也默认了这个节日。后来，国民党畏惧青年学生的五四革命精神，又于 1944 年 3 月决定将青年节改在纪念黄花岗起义烈士的 3 月 29 日。这一决定，引起各界群众和青年学生的不满。我和联大支部研究决定，要以纪念五四来冲破国民党统治区多年沉寂的局面，开展民主运动。

5 月 4 日之前，国民党政府教育部电告联大，不许从事任何形式的纪念活动。在这种情况下，党支部决定采取合法的方式，事前通过一些教授找校常委梅贻琦商量，决定以放假一天、召开一次座谈会和文艺晚会的形式以示纪念。为避免敌人的破坏和争取更多的人参加，纪念活动特邀请中文系主任罗常培、教授闻一多出面主持，又请沈从文教授和孙毓棠教授指导。除此之外，还找了一个与国民党三青团联大负责人陈雪屏较接近的教授出面接洽，支部则暗中动员同学参加活动。

5月3日，联大历史学会在南区10号教室举办纪念五四晚会，会议由担任历史学会主席的历史系学生李晓主持，师生们参加者达数百人，教室里容纳不下，连窗外都站满了人。会间天上下起了大雨，大家也不肯离去。

会上发言的有张奚若、周炳琳、闻一多、雷海宗、沈有鼎、吴晗等教授。周炳琳有声有色地讲述了他亲身参加五四运动的经过。闻一多回忆了在五四时，他用工楷抄写岳飞的《满江红》，贴在清华饭厅里的情景。张奚若在发言中把五四运动与辛亥革命作了比较，认为五四是一次思想革命，它的价值远在辛亥革命之上。吴晗从发扬五四精神谈到当前青年的任务，提出要打破我们所受到的思想上与文化上的束缚。当有的教授讲话中谈到学生的天职是读书，过问国家大事不免幼稚、感情冲动，是国家的不幸时，闻一多忍不住站起来讲话说："青年不免幼稚，容易冲动，但这并不可耻，感情冲动才能发生力量。"他联系到当时社会上充斥的"尊孔读经"等等复古倒退的论调，认为必须彻底打倒"孔家店"。他说自己是研究古代文学的，知道病根在什么地方，愿意"里应外合"，同大家一起摧毁那些毒害中华民族的封建思想。同学们也慷慨激昂，纷纷发言，表示对时局的焦虑和对现状的不满。有人建议通电全国学生，以实际行动来争取民主。

5月4日，《文艺》《生活》《现实》等20多个团体在民主墙上贴出了各种壁报，并组织了各种文艺、体育、讲演活动，整个校园群情激奋。上午，在新校舍召开的国民月会上，周炳琳作《五四运动》的讲演。晚上，《文艺》壁报社准备举行文艺晚会，邀请著名教授学者进行讲演。由于到会的人数太多，教室容纳不下，一些三青团分子趁机出来捣乱。主持者临时决定将晚会延期到5月8日举行，并将原准备讲演的题目由7个增加到10个。

5月8日，原由壁报社主办的晚会改由国文学会主办，在图书馆前大草坪举行，由深受广大同学信任的中文系学生齐亮担任主席，罗常培、闻一多两位教授共同主持。会议盛况空前，参加者达3000多人，很多外校学生和市民也赶来参加。会上，罗常培讲《"五四"前后新旧文学的辩争》，冯至讲《新文艺中诗歌的收获》，朱自清讲《新文艺中散文的收获》，李广田讲《新文艺中杂文的收获》，闻一多讲《新文艺与文学遗产》，讲演的教授还有孙毓棠、沈从文、卞之琳、闻家驷、杨振声等。晚会结束时，闻一多激动地说："我们的会开得很成功，同学们，你们看，月亮升起来了，黑暗过去了，光明在望，但是乌云还等在旁边，随时就要把月亮盖着。""当然，我们不用害怕，破坏了，我们还要来。"他的讲话引起了经久不息的掌声。一个新闻记者在听了座谈会以后写道："今天，我才看到了联大真正的民主精神。"

从 5 月 3 日至 8 日，连续一周的纪念五四的活动，极大地鼓舞和教育了广大青年学生。这次活动，联大学生称之为"民主精神复兴的一天"，认为是联大民主运动的新起点。从此，联大和昆明学生运动进入了一个新的阶段。

1943 年以来，云大的进步活动也陆续开展起来。秘密读书会中的云大学生陆琼辉（陆毅）、舒守训（文庄）（二人以后入党）联络进步学生李济昌（李艺群）等大力开展文体学术活动。1944 年 11 月，他们联络 40 多名进步学生上访熊庆来校长，提出要以"砥砺学行，用功读书，举办学生福利，树立良好风气"为目的，成立学生自治会。这个要求得到熊校长的批准，后经各系选举，进步学生全部当选。

7 月 7 日，为纪念全面抗战七周年，云南大学学生自治会、联大壁报联合会、中法大学、英专等校学生自治会联合举办时事晚会。经过工作，请云大校长熊庆来主持。当晚，2000 多名学生集合在云南大学至公堂，闻一多、潘大逵、伍启元、潘光旦等也出席了座谈会。他们分别从政治、经济、文化等方面检讨了全面抗战七年来的种种情况和问题，罗隆基在发言中强调了要实行民主政治，闻一多在发言中鼓励学生多关心国事。这是皖南事变以来昆明市大中学生的第一次大规模的联合集会。

这时，国民党政府作出四年级大学生要到国民党部队去为美军人员当翻译的规定，联大党支部在学生中深入开展工作，进行抵制和应付。他们采取的策略是，通过一些有影响的教授与学校当局商谈，设法规定服役期最多为两年，并规定有特殊情况者可免征。在这个规定下，党员和进步同学设法免征；已征调者也争取选择服役地点，并要求他们多交盟邦朋友，改变其部队面貌等。

由于昆明地下党和联大党支部的活动采取的是合法化、社会化的活动方式，敌人始终没有发现有共产党的活动。1944 年 6 月，国民党云南省党部书记长赵澍向国民党中央的报告说：共产党"在昆明的活动向不积极"。三青团中央直属联大分团部干事长陈雪屏向国民党中央的报告中也说联大没有发现共产党的活动，因"以往的活动分子（前群社——原件注）均未返校"。

1944 年秋以后，随着民主运动高潮的兴起，光靠报协、报联来组织学生运动已不能适应形势的要求。在贯彻"三勤""三化"中，联大的党员及其周围的许多进步分子，不仅认真学习马列和党报，且在学校功课上同样刻苦钻研，在考试时不少人名列前茅，在各种社会活动中亦是能手，无形中在同学中成为核心。在团结较多群众的基础上，联大党支部在秋季开始的新学年之始，便着手重选学生自治会的工作。联大平行支部、省工委个别联系的党员以及未接上组织关系的党员和进步学生都相互配合，积极参加。

要夺取学生自治会的领导权，首先要先夺取系会、级会的领导权。党支部经过周密的布置和细致的工作，在各系普遍开展了改选系会、级会的活动。经学生们投票选举，大部分系会、级会为党员和进步学生所掌握。除法律系、政治系外，中文系的齐亮、历史系的李晓（李曦沐）等党员都继续被选为系会的负责人。这样，学生运动就可以通过系会来开展了。

在掌握了大多数系会、级会的领导权的基础上，1944 年秋，支部还适应同学的要求，组织开展了夺取全校学生自治会领导权的斗争。按照学生自治会章程，学生代表大会是最高权力机构，每学期改选一次，由它选举理事会和监事会，理事会是常设执行机构，监事会是监察机构。要掌握理事会，首先要掌握学生代表大会的多数。"学生代表由各系、各年级选举产生，每二十个人产生一个代表"。因此，要掌握学生代表大会的多数，就必须有各系、各年级选举的基础。在党支部的领导下，报联所属进步壁报呼吁大家重视和认真对待选举，要选出真正能代表大家、能为大家办事的学生自治会；支部及其周围团结的进步同学掌握的系会、级会以及各种社团互相串联，进行准备，商量学生自治会候选人的提名。

对此，三青团采取了相应的对策。这时，他们还有一定的势力，控制着法律系、政治系等。二、三、四年级代表选出以后，进步力量占了优势。这时，一年级的学生代表选举成为关键。因为一年级的学生人数特别多，可以影响全校学生代表的比例。三青团慌了手脚，连忙召开一年级三青团员大会，由三青团干事会长陈雪屏亲自主持，布置一年级的选举提名，企图控制选举。

当时一年级的同学刚刚进校，他们大多是国民党军在豫、湘、赣、粤、桂大溃败时期来到昆明的，有的是为躲避敌人迫害来投考联大的，其中有一些失掉组织联系的党员。在改选斗争中，当时还未解决组织关系的洪季凯、萧松等利用湖南同乡关系，从一个与他俩友谊很深且有思想转变的湘籍三青团员那里得到了三青团炮制的一年级候选名单和陈雪屏在秘密会上的讲话记录，遂以"一知情人"的名义，在民主墙上公开揭露了这一内幕，号召同学提高警惕，团结一致，粉碎三青团操纵选举的阴谋。

在此形势下，进步同学紧密团结，努力工作，统一思想，全校广大同学积极认真投票，盛况空前。结果，进步阵营推荐的代表候选人全部当选，从而使全校代表中进步同学达到 80% 左右。代表大会选出理事 17 人，监事 3 人，全部是进步同学。接着，17 名理事又选出 3 人担任常务理事，不设主席。这是仿效联大学校体制，当时联大不设校长，而由北大、清华、南开三校校长担任常委。学生自治会 3 名常务理事是党员齐亮和进步同学陈定侯、程法伋。他们的分工是齐亮抓总，并负责与其他大中学校的联系，陈定侯主持日常会务，并负责与工学院联系，程法伋负责壁报、社团，并与校方打交道。理事会设学术、服务、风纪、康乐、总务五部。学术部定期举行各种讲演会、座谈会，出版《联大半月刊》（壁报），报道学生自治会活动和工作情况，对重大政治问题表态；定期编印《联大通讯》（铅印小报），反映校园动态，与兄弟院校交流。服务部协助同学办好学生膳团。总务部除负责学生自治会的事务工作外，还几次派人去外地采购价廉质优的食米，供应学生膳团。康乐部组织球赛、郊游、同乐会等。

二上红岩

1944 年秋国民党军队在日本进攻下大溃退，国民党政府在国内外舆论谴责声中，被迫召开国民参政会。

1944 年 9 月，南方局通知我到重庆去汇报工作。我向合作金库请了假，说我的母亲病重，要回四川去省视，经理准了我的假。

我买了中国旅行社川滇东路的长途汽车票，从昆明坐火车到曲靖，然后坐了四五天的长途汽车，到四川的泸县，再买票坐船到重庆。

上岸后，我就直接到红岩村八路军办事处。钱大姐亲自接待了我。她说：恩来同志因公返延，由董必武、王若飞同志主持南方局的工作。孔原也去了延安，她也准备要走，由于她要将组织部的部分工作交代张明（刘绍文）同志负责，所以她还留在重庆一段时间。

我在南方局机关住下第二天，即向董老和王若飞同志详细汇报了云南的工作。这次汇报主要是如何贯彻落实"三勤""三化"的方针的问题，其他如整风、审干、党员教育，以及职业化、合法化等也都作了汇报。

董老和王若飞一起仔细听了我的汇报后，董老对我说，具体意见请若飞同志和我谈。以后，王若飞找我谈过几次话。

我和王若飞相识最早是在1937年，当时我在延安中央党校学习，党校派我列席中央党报社论委员会，在社论委员会的几次会上见过他。若飞同志记忆力很好，这次我来汇报时，刚一见面，他就认出了我，问我说：你不是中央党校第五班的吗？我说：是的。他紧紧地握住我的手，感到非常亲切。

若飞同志和我谈话，每次半小时、一小时不等，我对这几次谈话印象极深。在谈话中，他对我三年来在云南的工作给予了肯定和鼓励。他谈笑风生，深入浅出，作了许多精辟的指示，对我回滇后的工作有很大的启发。

若飞同志详细问了民主运动和群众工作的情况，他对每次活动是怎样组织的、是些什么人参加、是怎么动员来的等细节都问得很仔细。他说：你在国民党统治区，能够动员一万人的群众参加民主运动的群众集会，是很不容易的，这比在延安解放区动员十万还难。在解放区，人民群众翻了身，做了主人，群众信任我们，拥护我们，我们一号召，群众就来了，我们要动员几万人参加一个大会也不难。可是，你在国民党统治区，要动员一万人就难了。在谈话中，王若飞特别问到，参加运动的群众中积极分子、中间分子、基层的工人、学生各占多大比例。

王若飞还要我具体谈谈联大党支部周围核心组织的几个人的情况。我就谈了李明、李晓、许乃炯、许寿谔等人的思想、学习、工作情况。若飞同志说：党支部周围的积极分子、进步朋友，一起工作了一两年以上，都在一起学党的公开文件了，我看他们差不多够党员条件了。够条件就应该发展入党，那个只巩固、不发展的决定，已不适应这种形势了。

若飞同志连续两次与我谈了关于合法斗争与非法斗争相结合的重要性，

以及怎样正确理解、执行隐蔽方针的问题。

第一次，他从对干部的审查了解谈起，他举出土地革命战争时期党的地下组织遭受破坏的一些事例，作了分析。他具体谈到上海党组织被破坏的问题。他说：中央在上海时，上海中央局三次被破坏，主要的原因是我们党内出了叛徒。阶级斗争有各种不同的方式，很尖锐复杂，有合法斗争、非法斗争，还有武装斗争。但是，敌人最厉害的一招，就是派特务、间谍打进我们党内来；或者收买了我们党内的不坚定分子。就是"打进去，拉出来"，这种办法有时胜过千军万马面对面的作战。千军万马不能办到的，这种办法能办得到。说着，他翻开手里拿着的一本列宁写的《共产主义运动中的"左派"幼稚病》中译本，翻到第五章，指着它的最后一段，叫我留心阅读，改日再继续谈。

我回住房，反复阅读了这本书，特别是逐字逐句领会若飞同志指出的那一段的精神，思想触动很大。列宁说："合法工作和不合法工作的迅速更替，使我们必须把总指挥部，即党的领袖们'隐藏起来'，藏得特别秘密。这有时就使我们党内产生十分危险的现象。最糟糕的就是1912年奸细马林诺夫斯基混进了布尔什维克中央委员会，他断送了几十个、几百个极优秀极忠诚的同志。把他们送去做苦役。使其中许多人早死。他所以没有能够造成更大的祸害，是因为我们的合法工作和不合法工作配合得正确。为了取得我们的信任，马林诺夫斯基作为党中央委员和杜马代表，曾不得不帮助我们创办合法的日报，这些日报即使在沙皇制度下，也能进行反对孟什维克机会主义的斗争，并且能适当地采用隐蔽的方式宣传布尔什维克的原理。对于这个事实，那些必须学会在反动工会里进行革命工作的德国同志（以及英国、美国、法国、意大利的同志）不妨好好考虑一下。"

列宁还写道："在许多国家里，其中也包括最先进的国家在内，资产阶级无疑地正在派遣奸细到共产党里来。防范这种危险之一就是把合法的工作和不合法的工作，巧妙地结合起来。"

读了这些论述以后，我受到了极大的启发和教育。

第三天，若飞同志找我继续谈话。先问我读书心得，我说，我的体会是：要保护党的组织不受破坏，就要对周围的干部进行严格审查，对党员也要严格审查，不让一个奸细分子混进来。王若飞同志说：这还不够，你看过《西游记》吧，孙悟空钻到铁扇公主的肚子里去兴风作浪。不只是不让敌人打进来，我们还要打进敌人的阵营里面去。接着，他谈到了埋伏隐蔽的问题。他说：你们现在主要是要善于隐蔽。他进一步解释说：隐蔽精干是斗争方式和组织形式的改变。怎么才能隐蔽呢？他顺手拿起一张《新华日报》说：譬如一个学校有一百个学生，其中有进步的学生，也有国民党派遣的特务。如果其中只有一个党员看《新华日报》，那就叫暴露；反之，如果群众工作做好了，逐步争取到九十九个学生都看《新华日报》，仅有一个学生看国民党的《中央日报》，那么，暴露的倒是那个看《中央日报》的学生。总之，要正确执行隐蔽的方针，不是为隐蔽而隐蔽，不是消极隐蔽，共产党员要为党工作，隐蔽是为了工作，必须学会按社会习惯的方式进行活动，善于利用各种合法形式来推动工作，包括尽可能打进国民党政权所属各类机构里面去，以取得掩护和有利的工作条件。

在另一次谈话中，王若飞还以浅显的比喻说明了争取多数的重要性。他说：任何一种群众集体中，都是两头小、中间大，所谓争取多数，主要的是争取中间群众。共产党和国民党斗，具体就是与蒋介石斗，我们就是要争取中间群众，包括上层人士，蒋介石就会被孤立了。他说：党的历史上有很多教训，如王明路线就把应该团结争取的对象都推向敌人方面去了。这样，不是孤立了敌人，相反，而是孤立了自己。他说：我们的党是无产阶级的政党，我们应该依靠工人阶级、劳动人民。仅只依靠无产阶级不行，不要忽视还有同盟军、农民、小资产阶级。中国革命的道路还很长，即便是暂时的同路人，我们也不应放弃，要团结争取。从策略上讲，不仅有直接同盟军，还有间接的同盟军。总之，我们应放手大胆地开展统一战线工作。他要求我们要多团结人，告诫我们切不可多树敌，要使敌人孤立，不要让自己陷于孤立。王若飞举例说：你看过两个人打架吧？如果两只手一起出击，就必然分散力量，不能集中打击对方的要害。如果用一只拳头打出去，狠狠地打在对方的要害部位上，就会使对方受到致命的打击。所以，我们不能分散力量，要集中所有可以集中的力量，集中打击主要的敌人。

关于党的建设和干部政策，是若飞同志与我谈话的另一个重点。他指出选拔干部要注意德才兼备，切忌重才轻德。他谈到我党有一个负责同志在选拔干部时，没有正确的标准，他不用脸上有麻子的人，而见到一个土匪出身的人，会使双枪，就选拔为随身副官。结果被这个副官开枪打死了。他说：我们要接受这样的教训，对于干部，要德才兼备。审查干部很有必要，但凡审查清楚了的，就充分信任，了解了就应该放手使用，不要总是不相信。

在与我谈话中，若飞同志详细地问了我们开展农村工作的情况。当我谈到建民中学和播乐中学据点工作的情况时，若飞同志很注意。他说：这很重要，我们做农村工作的经验，就是从小学抓起。一个农村小学教师，就是农村的头面人物，他可以接近农民，也可以接触上层人士，至于县上的中学，当然更重要。我在汇报中谈到宣威有的农村是民族杂居的边远山区，当年景不好，青黄不接时，常有部分农民被迫铤而走险，出外抢劫。但困难时期一过，就又回乡种庄稼。当地群众对此互相体谅，不以为犯法。并说明在这些地区，也有党的工作基础时，若飞同志说：如果说搞武装斗争，这是一种好的形式。我问他：现在是不是要搞武装斗争？他说：应当有搞武装斗争的思想准备。

在随后的一次谈话中，若飞同志就是否立即着手开展武装斗争的问题明确指示说：搞武装斗争，现在条件还不允许。恩来同志有过指示，国民党统治区不搞武装斗争。农村工作仍要以隐蔽的多种形式进行，只要有了充分的准备，一旦形势变化，出现了搞武装斗争的需要，就可以掌握主动。

这段时间，林伯渠同志正在重庆同国民党谈判。一天，钱大姐把我带去看望林老，她向林老介绍说：他是云南省工委书记。林老问我说：你们那里对龙志舟的工作做得怎么样？我说：我们正在争取他。我们搞民主运动，他也支持。林老说：对国民党蒋介石的斗争，争取地方实力派是我们统战工作重要的一环。

以后，钱大姐还将南方局机要室王雯的哥哥王时风带来同我见面。钱大姐说：以后，由他任云南的交通员，他可以来往南方局与云南之间，他在昆明有职业。以后，南方局与云南的联系要加强，你们不能完全依靠华岗的电台。

在这期间，华岗也来到南方局。一天，董老把我叫到他的房间里，又让张明把华岗找来。董老当场问华岗云南一个党员冒充周恩来代表的情况。华岗说完后，董老问我：这些事，你知不知道？我说：这个同志只是口头向我传达过南方局的通知，说他直接由南方局联系。因此，他的工作向我汇报时我就听，没有向我汇报时我也没有过问。董老非常严肃地说：你是云南省工委书记。党员归党管，所有云南的党员都归省工委管，具体归你管。地方工作主要由你负责，你应该认真地负起责来，工作做对了，做出成绩，有你一份；做错了，唯你是问。董老当面指示我们说：华岗在昆明，仅限你同他联系，他的工作其他人不得与闻。我问华岗说：那个同志说，你向他汇报过你见龙云的情况？华岗说：我深知其人，我怎么会向他汇报？

华岗走后，董老并向我了解了我的职业情况，他提醒我说：目前形势不同了，你不应该像前几年一样，把过多的时间花费在职业上，回去后可以把它辞掉。他问我：谁叫你搞职业的？我说：1941年我在南方局时，组织部的负责同志交代我要搞职业。董老说：所有党员都应该职业化，生活主要靠职业维持。你是省工委书记，你身上的责任比其他的党员都重，唯独你不能搞职业化。

董老与我谈话后，张明通知我，需要联系好交通工具后，才能启程回昆明。我利用这一段时间，重新回顾消化这次在红岩半个月中与领导同志的谈话，感到收获很大。特别是想到董老严肃的批评，认识到对干部应当深入了解。我决心遵照董老的教诲，在今后的工作中认真大胆地担起重任，决不辜负党对我的关怀和希望。

这几天，我再次学习了周恩来关于"三勤""三化"和建设坚强的战斗的地下党的一系列指示，感到几年来我体会还不够深，贯彻执行还不力。我着重从隐蔽方面想得多，从打开局面，放手开展群众工作方面考虑得就不够。王若飞关于争取九十九个人看《新华日报》的说法，使我的思路豁然开朗。我这几年来，抓"三勤"主要是着重"勤交友"，在汇报中也列举了一些数字。但还没有放手地、大胆地开展群众运动，还有些小手小脚的做法。比如，路南发生了杨一波等驱逐贪污的国民党县长许良安的事件。他们做得是对的，应该积极支持。有个同志向我汇报，说路南这些人的做法太暴露了，不应该。我没有详细了解情况，就同意了这个同志的意见。以后我同华岗谈及此事，华岗说：那个同志反映的不符合事实，那个贪污县长是个反动特务，应该驱逐。还有如对一些统战关系，如开明士绅，应该大胆争取的，但我们有的同志有过高的要求时，我没有给予引导，以至于我们的统战局面还没有完全打开。我考虑，回昆明以后，应该把工作部署全面考虑，趁云南当前对我们工作有利的条件，放手打开一个局面来。

汇报工作完毕离开红岩时，我搭若飞同志的车进城。在车上，他再一次嘱咐我，以西南联大为重点是对的，以后要继续抓紧。

下车后，我去到约定的一家店铺与张明见面，按其安排，我到一个交通站，交通站给我安排好坐民生公司的船到泸县，再乘中国旅行社川滇路的客车到云南曲靖，换乘火车返抵昆明。

民主运动高潮和民主堡垒

9月8日，中共代表林伯渠在国民参政会第三届第三次大会上提出了要求召集紧急国是会议，成立民主联合政府的主张，得到了全国各阶层人士的热烈响应。在以周恩来为首的南方局的领导下，国统区的民主运动迅速高涨起来。

我到南方局汇报工作时同华岗一起商量，要以更大规模的实际行动响应中国共产党关于成立联合政府的号召。之后，华岗先启程回昆明，安排布置；我也给何功楷写了一封信由华岗捎去，暗示他此事。何辗转经齐亮、王世堂向省工委刘清汇报了我和华岗商量的意见后，省工委及时作出了安排。

华岗回昆后，与民盟云南支部商量，并得到龙云的默许，决定在10月10日，利用双十节这个合法节日，以"昆明各界"名义举行集会。联大支部事前组织群众以报联名义，号召同学参加。

10月10日，由民盟云南省支部、西南联大报联、云南大学学生自治会、中法大学学生自治会和昆明文化界联合发起，昆明大中学校和各界人士5000多人在昆华女中操场举行"纪念双十节，保卫大西南"大会。由闻一多、李公朴主持，张奚若、楚图南、吴晗、罗隆基等作了讲演。

大会中，国民党特务燃放鞭炮捣乱破坏。负责纠察的同学立即出来疏导，驻防威远街龙云公馆的宪兵队也赶来，特务见势不妙，悄悄逃跑。大会继续进行。

会议最后通过闻一多宣读的《昆明各界双十节纪念大会宣言》。《宣言》指出：今年不但是民国历史上空前的危机，而且是中华民族生命史上空前的危机，"外则强寇深入，二十余省土地沦为敌手，三亿以上人民变为奴隶；内则政专于一党，权操于一人，人心涣散，举国沸腾"。《宣言》强烈要求："坚持抗战，实行民主，结束党治，还政于民。"最后，大会在"动员一切力量，保卫大西南"的口号声中结束。

10月10日后，我从重庆回到昆明。19日，云大学生自治会、西南联大壁报联合会及文艺界抗敌协会在云大至公堂举办"鲁迅先生逝世9周年纪念会"，到会 1000 多人，云大、联大教授徐嘉瑞、楚图南、闻一多、姜亮夫、李广田、李何林、尚钺等在会上发言，共同指出：今天纪念鲁迅，要继承和发扬鲁迅的战斗精神，更要学习鲁迅对敌人的"韧性"战斗精神。

为响应中共中央关于参加民主宪政运动的号召，我同华岗商量，由他通过在民盟工作的云大教授周新民等以民盟昆明支部的名义发起成立了宪政研究会，争取国民党元老褚辅成的支持，借出绥靖路贸易促进会作为活动场所。研究会由周新民主持，褚辅成、张奚若、夏康农等以及地方知名人士 40 多人参加。他们举行报告会、座谈会，呼吁民主，发表了《我们在宪政前的要求》，扩大宪政运动的声势。与此同时，组织了昆明学术界座谈会，在青年会、联大等地分别举行了宪政问题十讲。座谈结束后，发表对目前民主问题的要求，发往《新华日报》刊载。此外，还发起了对目前政治问题的请求的签名运动，要求立即实现允许党派合法存在，取消特务机关等，由褚辅成、梅贻琦带头签名。

1944 年 12 月 25 日，是云南护国首义 29 周年纪念日。我同华岗商量，并经省工委决定再次举行声势浩大的纪念活动，以激起云南人民继承和发扬反对窃国大盗的爱国、民主的护国精神，并以此团结各界人士，争取地方实力派。

大会以民盟的名义负责组织，用"昆明学术界宪政研究会"名义召开。联大、云大学生自治会与云南各界代表在西南文献研究室召开三次筹备会议，出席的有民盟的闻一多、潘大逵、周新民、潘光旦、楚图南、吴晗、罗隆基，学术界宪政研究会的曾昭抡，联大学生齐亮、程法伋、萧荻等，对会议的组织和召开的各项事宜进行了认真的研究，做了大量的组织动员工作。

12 月 25 日，护国起义 29 周年纪念大会在云大操场举行，参加者不仅有大中学生，还有护国元老、滇军军官、公务员和各界人士共约 6000 人。潘光旦教授主持大会，护国元老云龙、白小松讲了话。闻一多、吴晗也相继发言。大家痛斥窃国大盗袁世凯，反对国民党残暴的独裁统治。闻一多说："护国起义的经验告诉我们，要民主就必须打倒独裁。""让我们就从昆明开始，继承护国精神，扩大民主运动，争取更大的胜利。"

大会响应中国共产党提出的"废除一党专政，成立联合政府"的主张，通过了给全国人民的《宣言》。《宣言》指出："保证抗战胜利的唯一方法是民主政治，具体方案是：（一）结束一党训政；（二）召集人民代表会议；

（三）组织联合政府。"接着，数千群众举行了声势浩大的示威游行，街上的行人和市民纷纷加入游行队伍，形成了很大的声势。

1944 年冬，《云南日报》的欧根向我反映了岳世华的情况。当时，岳世华叫岳文彬。欧根说，岳文彬在建民中学工作，几次到昆明来，要求接上关系，他没有和他见面。我问他为什么不见？他说：马子卿交待他停止与岳文彬的关系，理由是岳文彬要求到延安，到了重庆以后，他又不去了，又回到云南。我问欧根："岳文彬不去延安，在重庆做什么？"他说："在黄洛峰下面的出版社当个店员。"我问他："马子卿找岳文彬谈过话没有？"欧根说："没有。"我说："我了解黄洛峰，他是出版界的一个老同志，是党员，云南人，完全可以信任。"我叫欧根把岳世华约到昆明来，我要找他谈谈。

岳世华到昆明后，我详细问了他的情况。岳世华汇报了他几年来的工作情况，谈得较多的是秘密读书会的情况。他说，从 1942 年，在他主持下，许多同志分头个别联系了许多秘密读书会。经他提议，将单线联系的读书会命名为五九读书社，当时经常在一起碰头研究问题的有岳世华、郜有谟、舒守训、赵绥先、王浩、段亚华、李培伦、张受生等人。他们在一起学习《新民主主义论》《整风文献》《联共（布）党史》《列宁主义问题》《哲学选辑》《社会发展史》《西行漫记》等，并阅读《新华日报》和《群众》等刊物，经常讨论形势。1943 年 5 月，他离开昆明去建水建民中学工作，原五九读书社以及后来的夜莺读书社都由张子斋同志领导。1943 年下半年，在昆明的舒守训与他联系，想以五九等几个读书社为主，以在职青年和大中学校的学生为发展对象，组成新民主主义革命的政治团体，他表示赞成。与此同时，张子斋也通知夜莺读书社有关人员开会，宣布成立由舒守训、赵绥先、李培伦、段亚华、王浩、陆琼辉、张家驹等组成的中心领导小组，并作了分工。会上还通过了章程，定名为新民主主义者联盟（简称新联），其宗旨是：服从中国共产党的领导，按党的方针政策办事，团结各界职业青年，为新民主主义而奋斗。

我审查了他的历史后，恢复了他的党组织关系。我和他商量，要他辞去建民中学教师的职务，回到昆明来，负责新联的工作。我同时通知欧根转告了张子斋。

岳世华到昆明后，先后在建国中学、金江中学当教师。他的妻子郭用也是党员，是新联的骨干分子。我与岳世华碰头时，郭用也常和我们在一起研究问题。

我和岳世华商量,新联与民青的工作要各有侧重,新联主要抓公务员和职业青年的工作,主要的发展方向是机关、企业的职员、公务员。为便于集中领导和开展工作,应将新联中的学生成员转入1944年底、1945年初成立的民主青年同盟(简称民青),新联则集中在各界职业青年中进行工作。从此,新联不断发展壮大,遍及在昆明的各行各业,如耀龙电力公司、省税局、市稽征处、银行界、昆华医院、省电报局、省公路工程局、裕滇纺纱厂、云南日报、复华面粉厂、省田赋处、省卫生检验处、云南机器厂等。

岳世华还向我汇报说,他们曾自己刻蜡版,油印过一些党的文件。我同他商量要创造条件,争取铅印。他们成立了秘密的印刷组,创办了《青年新报》,翻印了毛泽东的《论联合政府》《新民主主义论》《目前形势和我们的任务》和朱德的《论解放区战场》等书。

新联的成员除参加大规模的民主运动外,更主要的是在本单位从关心群众的生活,与群众同甘共苦入手来团结群众。他们以生活互助、困难救济来组织各种社会化的团体活动,有时也开展一些文艺、体育等活动;同时,按照群众的要求,发动一些经济斗争,如要求加薪、改善待遇等。在这些斗争中,逐步团结了大多数群众。在有条件的工厂、企业还开展了夺取工会领导权的斗争,逐步掌握了一些企业的工会领导权。

1945年2月,英美苏三国在雅尔塔会议上决定加速反法西斯战争的进程,苏联准备对日作战。眼看盟军在欧洲即将胜利,可是国内战场却连连失利,国民党的腐败充分暴露出来。废除一党专政,实行民主政治,以增强团结抗战的力量,已成为全国人民的强烈要求。周恩来代表党中央向国民党政府提出召开党派会议,讨论结束党治、改组政府的建议,国民党政府根本不顾民意,予以拒绝。

3月8日,我与华岗商量,在云南组织响应中央关于改组政府主张的活动。他通过在民盟工作的党员周新民、李文宜、尚钺等,并与闻一多、楚图南、吴晗等通气;我在省工委会上通报了情况和意见,并通知在新闻文化界工作的欧根、张子斋、唐登岷、裴默农等,以及联大党支部,发动组织群众,以扩大宣传。在共产党组织和民盟的共同努力下,全市迅速掀起响应中共号召,要求改组政府的民主运动。在民盟的女党员李文宜等带头发出了《昆明妇女界对时局的呼吁》:"我们昆明妇女界,为实现民主政治而奋斗!"

接着，昆明文化界 314 人也联合署名发表《关于挽救当前危局的主张》。4 月初，我与联大党支部研究后，由支部通过学生自治会召集全校学生代表大会，讨论通过了由历史系学生李曦沐起草的《国立西南联合大学全体学生对国是的意见》简称《国是宣言》。意见中写道："历史在前进，民主在昂扬，祖国在危难中，同胞在水火里。"，"我们西南联大的 2500 同学，实在不能安于缄默，不能不以血泪的呼声，喊出我们对国是的意见。"接着，提出六项要求：立即停止一党专政，举行国是会议，组织联合政府；取消一切特务活动，释放所有爱国政治犯；没收发国难财者的财产；成立联合统帅部；根绝党化教育；加强与各盟国合作。结语中说："这是我们赤诚的呼吁，我们希望它与全国进步人士要求民主胜利的呼声合成巨响，让民主自由的新中国在这巨响中出现。"

这个《宣言》于 4 月 6 日通过后公布，绝大多数学生表示支持拥护，但也有少数学生发表不同的看法，认为学生自治会不能发表政治性意见；还有人说，不能用"全体同学"的名义发表。

针对这一情况，我与联大党支部的同志研究认为，只能用积极引导的方法来统一认识。于是，学生自治会将《宣言》交给全校同学讨论，在民主墙上公开发表意见。与此同时，党支部经进步同学在学生中做工作。经过讨论和做工作，大家逐渐统一了认识，大多数系会、级会都表示赞成。最后，《国是宣言》以联大全体学生的名义，在社会上公开发表。昆明《民主周刊》全文刊登，并配发了《学生们的赤诚呼吁》的评论。

联大《国是宣言》发表后，云南大学、中法大学等校学生也随即发表对国是的意见。为了扩大影响，秘密印刷厂快速赶印了数万份联大《宣言》，通过邮电系统的党员和外围组织成员，避开了敌人的新闻检查，分别寄给全国各兄弟院校。接着，全国大中城市的各大学学生相继发表对国是的宣言，在全国形成巨大的声势。

1944 年秋，原来的联大党总支书记、皖南事变后疏散出去的袁永熙回到联大复学。孙仲宇把他的关系介绍给我。我同袁永熙碰了几次头以后，考虑到他比较暴露，不能让他做第一线的工作。

袁永熙向我反映了联大一年级的洪季凯（洪德铭）想找党的情况。我要他详细了解情况。他通过萧松了解后，向我汇报说：洪季凯是原新四军团政治处副主任兼营政委，在皖南事变中被俘，他隐瞒了身份，被关了一段时间就释放回到湖南家乡。于 1944 年 5 月辗转来到昆明，秋季考入联大。他同湖南同学比较接近，由于他急于找党，所以积极在群众中搞一些活动，比较暴露。根据这一情况，我要袁永熙继续通过萧松了解他的活动情况，但他的党籍问题需报南方局才能解决。我向袁永熙交待，未接到上级通知前，必要时可在政治上与之联系。

与此同时，洪季凯在西南文献研究室认识了闻一多、吴晗两位教授，他估计他们可能和党有联系，所以有些活动也向他们两位谈，听取意见。

1944 年冬，洪季凯与谭正儒（严振）、萧松、王念平、陈定侯、何东昌等商量，酝酿成立一个青年核心组织，他们把这个情况同闻一多、吴晗谈过。萧松通过袁永熙也向我反映了这个情况，我考虑对洪等组织青年核心组织的积极性应当予以支持，同时，我将此情况分别和省工委通了气，并报告了南方局钱瑛。

1945 年 1 月，洪季凯等草拟了章程，讨论了组织宗旨，将组织定名为民主青年同盟，主要在联大发展了一批成员。与此同时，吴晗等将洪季凯要筹建民青的情况告诉了华岗，华岗立即告诉了我。我把对他们这一行动表示支持的意见告诉了华岗，华岗随即通知闻一多、吴晗：筹建民青一事，地方党组织表示支持。

1945 年 2 月中旬，在滇池的一条木船上，洪季凯等召开民青代表大会，到会 11 人，代表 30 多个民青成员。代表会通过了该组织的章程。其主要内容是：以在中国实现新民主主义为奋斗宗旨，接受最先进的政党的领导。与一切民主力量合作，团结组织青年群众，参加抗日爱国，争取民主的革命运动。首先在学校中发展进步社团，争取对学生会的领导权，同时积极参加社会上的民主进步运动。认真学习革命理论和最先进政党的方针政策，在群众中介绍中国共产党的政策和主张，揭露批判国民党反动派的独裁、内战、卖国政策，与一切反民主势力作坚决的斗争。

会议选举陈定侯、洪季凯、谭正儒、萧松、何东昌组成第一届执行委员会。执委又推选陈定侯为主任委员，洪季凯为组织股长，谭正儒为宣传股长，萧松为联络股长，何东昌为总务股长。袁永熙受省工委委托，联系领导民青工作。同年 6 月，该组织改选，由洪季凯为主任委员、王汉斌任组织委员，谭正儒任宣传委员，李炽先、徐克权任联络委员。

在洪季凯等人酝酿筹建民青的同时，联大党支部看到《新华日报》的副刊《青年生活》提出的"把爱国青年的核心组织起来"的号召和成都民主青年协会成立的消息，也酝酿成立青年核心组织。

几年来，联大党支部不仅在联大许多系级的同学中组织了学习小组，而且扩展到云大、中法、英专以及联大附中、昆华女中、天祥中学、五华中学等中等学校学生，甚至远到郊区马街子电工器材厂，都建立了读书小组，他们周围团结了一批要求进步的群众以至中间群众。1944年多次大的政治集会，都踊跃参加。

当时我与华岗商量，认为洪季凯等筹建民青一事已报告南方局组织部钱瑛，还未获得明确答复。所以，对马识途等筹建民青一事，先在读书小组内个别发展，何时成立核心组织再定。

马识途根据省工委的意见，召集许寿谔（许师谦）、李明、李曦沐、侯澄、许乃炯、王树勋（王刚）等商量，酝酿在读书小组基础上发展民青成员。从1944年冬开始，由读书小组陆续发展民青成员达60多人。

1945年5月，在昆明金碧路中华职教社业余中学楼上的一间教室里，马识途等召开了他们组织的民青的代表会议，参加成立大会的为民青14个分支部，代表盟员130多人。其中有联大的马识途、高志远、李明、许寿谔、李晓、许乃炯、马如瑛（黎勤）、陈彰远（刘新）、李健武、杨邦祺（李定），云大的侯澄、李济昌（李艺群），中法大学的朱润典（丁江），昆华女中的徐菊英（徐淑贞）等。

这次会议讨论通过了许寿谔草拟的该民青组织的章程，选举了领导机构。领导人选由马识途提名，经过会议充分酝酿讨论选举，选出执委会主任委员许寿谔，组织委员马识途、李明，宣传委员李曦沐，总务委员许乃炯，候补委员王树勋、侯澄。马识途受省工委的委托，领导这一民青组织的工作。

同年9月，马识途、许寿谔、李曦沐毕业后离校，这一民青组织由李明、许乃炯、侯澄、王刚、刘新、殷汝棠负责。

1944年底到1945年，联大支部先后解决了李明、高志远的组织问题，发展了许寿谔、李曦沐、许乃炯、徐菊英等入党。

1945年6月，经省工委决定，按照秘密工作原则和历史关系，将原来洪季凯等组织的民青编为民青第一支部，马识途等组织的民青编为民青第二支部，两个支部互相平行，不发生横的关系；袁永熙、马识途代表党组织分别领导两个支部。民青分为第一、二支部后，党支部也明确分为两个支部，袁永熙等的支部为第一支部，马识途、齐亮、何功楷等的支部为第二支部。不久。两个民青支部又经过协商，分别由洪季凯、李曦沐为代表，协调两支部的工作。

1944 年冬，在周新民、尚钺、楚图南、潘大逵等的支持下，云大也成立了民主青年同盟，林培荣为书记，蒋阜南、孙致和、李济昌、杨守笃等为支委。同时，民青第一、二支部成立后，皆在云大发展盟员，我与联大一、二支部的同志及云大党支部商量决定，把云大民青及民青一、二支部在云大发展的盟员调整合编为民青第三支部，与第一、二支部平行，直属云大党支部领导。

民盟中央执委罗隆基知道云大民青成立后，主张将民青置于民盟的领导之下，说民青是民盟帮助建立的，民青应在其领导之下，为全民政治而奋斗。并散布说，民盟和民青应是"父子关系"。华岗和联大党支部、云大党支部都向我反映了这一情况。我同华岗商量，由他通过民盟党组和闻一多等在进步人士中做工作，然后在民盟组织中展开讨论，民青到底应该由谁领导的问题。在讨论中，楚图南、周新民、尚钺、闻一多等都主张民青应该属于中国共产党领导，民盟主要是在大学教授中发展，民盟中大多数人也都同意这个意见。

1945 年 4 月 23 日至 6 月 11 日，党的七大在延安召开，大会制定了"放手发动群众，壮大人民力量，在我党的领导下，打败日本侵略者，解放全国人民，建立一个新民主主义的中国"的政治路线。消息传来，广大党员和群众的精神振奋。我与华岗商量，应立即以行动拥护七大的号召。我将此事提交省工委讨论，作出了纪念五四的决定。同时，华岗与民盟商量及与龙云通气，我又和联大党支部具体研究布置，由联大、云大、中法、英专等四所大学学生自治会主办盛大的五四纪念周，以举办晚会、时事报告会及丰富多彩的文体活动形式，广泛发动群众，扩大民主运动的影响。

反动当局得知要举行纪念五四运动的情况，加紧了防范对策。国民党中央部和云南省党部向昆明各大学当局下达密令："查昆明'奸党'及民主政团同盟，将于 5 月 1 日至 7 日止煽动西南联大学生，举行'五四'周"，"饬令各校严加防范"。同时，反动当局严令昆明各报馆不准刊登联大纪念五四的消息，还别出心裁地令昆明市各电影院在五四期间向各大中学校赠送电影票，以转移学生的注意力。

联大收到南屏、大光明等三家电影院免费招待的 5 月 3 日和 4 日的电影票 2800 张，由训导处出布告要学生去领。在领票处，同学们看到一张招贴，上面写着一个公式："大学生的灵魂 =1 张电影票 <1 斤猪肉"。这是联大工学院《燎原》壁报社的同学用工科学生特有方式写的，同学们一看就明白了，原想拒绝领票，后有人建议把票送给难得看上电影的士兵和居民。于是，学生自治会将票一起领回，转赠给联大附近的伤病官兵和贫民。反动派的阴谋没能奏效，各项活动按计划进行。

4 月 30 日，联大学生自治会主办的科学晚会拉开了纪念活动的序幕。会上，曾昭抡、李继侗教授发言指出：民主和科学是五四运动的两面旗帜，"没有民主就没有科学"。华罗庚教授则大声疾呼："科学的基础应该建立在民主之上"。

5 月 1 日，联大、云大等四所大学在云大至公堂联合举办音乐晚会，由各校歌咏团体参加演出。至公堂内外挤满了人，盛况空前。《五月的鲜花》《民主青年进行曲》《怒吼吧，黄河》等歌曲一首接一首。《黄河大合唱》的词作者光未然（张光年）和音乐家赵沨亲临指导，受到热烈欢迎。最后，与会人员齐声高唱《义勇军进行曲》，大家准备用战斗去迎接黎明。

5 月 2 日，联大新诗社主办诗歌朗诵会，许多同学朗诵了歌颂抗战、反映现实生活的富于战斗性的诗篇。闻一多朗诵了艾青的《大堰河》，获得了热烈的掌声。诗人光未然朗诵了长诗《民主在欧洲旅行》，殷切地呼唤"民主"的到来，博得了全场热烈的掌声。他又应听众的要求，朗诵了艾青的长诗《火把》，给大家留下了难忘的印象。

此时，联大民主墙上的壁报有《街头》《论坛》《科学》《阳光》《法学》《生活》《南苑》《春雷》《政风》《大路》《论衡》《黎明》《冬青》《人民》《现实》《学习》《联大半月刊》《尝试》《透视》《国风》《翻译》《社会》《新阵地》《文艺》《希望》《民主》《新诗》《火炬》《乱弹》《青年》《学苑》等。壁报联合会主办的联合版上刊登了对 18 位教授的访问记，他们畅谈了各自对时局和当前政治的看法。

5 月 3 日，受四大学学生自治会委托，联大历史学会主办纪念五四运动的晚会，晚会由李曦沐主持，主题是对五四以来的青年运动进行总检讨。联大东食堂挤满了人。会议开始时，历史系学生许师谦（许寿谔）就五四以来的青年运动做了回顾，接着，闻一多、吴晗、曾昭抡等教授都讲了话。发言包括两个内容，一是对五四运动的评价，一是对今天青年运动的检讨。在讨论前一个问题时，《论五四运动》《五四运动的意义》《五四运动的价值》等问题的讨论发言一个接一个，十分踊跃。

在谈论当前青年运动的检讨问题时，人们争相发言，一位中学生说：提醒大家注意，在民主运动中，中学生也和大学生一样能够发挥一份力量的。昆华女中学生徐淑贞（徐菊英）走到讲台上说："我只有一句话要说，就是请大哥哥大姐姐不要忘了我们——我们中学学生！"工人王克危（黄河）说：我们工人有力量。他要求知识分子与工人相结合。一位新闻记者说："大家不仅是防守的民主堡垒，还要成为冲锋的民主坦克，要把整个中国变成一个民主堡垒。"大家激昂发言，纷纷要求："我们要行动！""团结！组织！"有的同学大声疾呼：联大这个"民主堡垒"应该成为"民主坦克"冲出去！

根据与会者的要求，联大学生自治会理事会宣布："我们已决定用实际行动来纪念五四，明天下午1点钟在云大升旗台前举行五四纪念会，请大家准时出席。"

吴晗在最后作总结发言，他说，从五四到现在的青年运动，有了鲜明的改变，那就是：第一，从反帝、反封建到反独裁、反法西斯；第二，从文化革命，到政治经济的革命；第三，从校内到校外，都市、工厂、农村，到人民大众；第四，从过去的步调不一致到一致，从散漫到集体。

当天晚上，马识途等向我汇报了群众要求游行的情况。省工委研究后，决定支持群众游行。我通过华岗与龙云和民主同盟云南支部通气，取得一致的意见。

5月4日下午，联大等四大学学生自治会在云大广场召开纪念五四大会。昆明大中学校师生和各界人士8000多人参加了。大会由联大学生自治会常务理事齐亮主持。

大会进行中，忽然下起雨来，一些人想找地方躲雨，会场秩序有些混乱。联大党支部书记马识途及时向闻一多提出建议，请他出来讲话，号召一下。闻一多马上走到扩音器前高声说道："我给大家讲个故事。2000多年前，周武王起兵伐纣，就在宣誓出兵那天，下起大雨。许多大臣说不吉利，建议改期出兵。这时，姜子牙说，这是'天洗兵'，是把我们兵器上的灰尘洗掉，打敌人就更有力量了。今天，我们碰上了下雨，这也是'天洗兵'，不怯懦的人回来，勇敢的人站过来！有五四传统的青年回来！有五四血种的青年回来！现在是行动的时候了，让民主回到人民中去！"他的激动人心的讲话，极大地鼓舞了人们，大家很快地又集中站好，精神振奋，大会继续进行。

大会通过了《昆明市大中学校学生自治会联合举办"五四"纪念大会通电》。《通电》指出："当前首要之务是废除一党专政，召开国民会议，组织联合政府，这是实现民主，争取胜利的唯一途径。"会后，举行了盛大的示威游行，队伍经青云街、武成路、福照街、光华街、金碧路、正义路、华山南路，最后又回到云大。沿途人民群众纷纷加入游行队伍，最后形成了两万多人的巨大的民主洪流。

1945 年 5 月 4 日，昆明各大中学及民主团体举行纪念五四示威游行。

当天晚上，联大师生在联大图书馆前大聚餐，悠悠体育会举办火炬竞走比赛，男女两队冠亚军分别获得由闻一多、马约翰题词的锦旗。

5 月 5 日晚上，联大国文学会、外文学会、冬青社、文艺社、云大文史学会、中法文史学会与昆明文协等七个团体在联大图书馆前草坪上联合举办文艺晚会。各界人士 1000 多人参加，徐梦麟、罗庸、闻家驷、常任侠、楚图南、尚钺、周钢鸣、朱自清、李何林、李广田、卞之琳等学者、教授、诗人作专题发言。闻家驷说："文艺必须动员，文艺动员的先决条件是文艺工作者必须是革命的人"。李广田说："文艺和政治没法子分开，不是为人民的文艺，就一定是反人民的。"

在一次又一次的民主运动中，昆明地区广大学生迫切希望能有一个统一领导学生共同活动的组织机构。五四纪念大游行后，队伍回到云南大学，与会的大中学生提出了组织昆明学生联合会的动议。

经过筹备，5月26日，昆明中等以上学校学生联合会正式成立。成立宣言宣告："云南高原上的数万青年学生，决心继承五四、一二·九的光荣传统，紧紧地手挽着手，在昆明中等以上学校学生联合会的旗帜下面，为实现民主自由的新中国而努力。"会议选举联大、云大、中法、云大附中、昆华女中五校为学联常委，以联大学生自治会齐亮、云大学生自治会李济昌（李艺群）、中法大学学生自治会朱润典、云大附中学生自治会温宗姜、昆华女中学生自治会徐菊英（徐淑贞）五人组成常委会，一致推选联大学生自治会常务理事齐亮为主席。在常委中，全部都是党员和民青成员。

昆明学生联合会的公开成立，在国民党统治区是独一无二的，蒋介石为之大为震动。6月23日，蒋介石电令教育部长朱家骅说："据报，昆明中等以上学校学生联合会，'在奸伪指使下开成立大会，发表成立大会通电'"，"除另饬三民主义青年团中央团部，发动全部学校青年团，主动组织自治会，因而掌握一切学生团体外，即希与该团商定具体办法，转饬学校行政当局，与自治会诚恳合作，以改进学校行政，使'奸伪'无可藉口为要。"

在蒋介石剑拔弩张、磨刀霍霍的严峻形势下，我同联大支部研究采取对策，决定通知联大以至各校学生自治会都要准备后备干部，昆明学联要加强和各校学生自治会的联系，这种联系有时是秘密的，有时是半公开或公开的，根据当时的形势来定。召开全市性的大会，可用四大学的名义，但事前用学联的名义来发动。发表文告，可用四大学学生自治会的名义，也可用学联的名义，具体根据形势来定。这个意见，同时也通知了昆明市做学生工作的何功楷。

1942年，联大学生李凌同职业青年芮锡德等在工人中组织了一个秘密读书会，其成员有印刷工人金永康、徐庆华，中央机器厂工人王克危（黄河）等。不久，联大学生王汉斌、萧松等也参加了这个读书会。1944年以后，王汉斌、李凌等因学生运动工作较多，就把这个秘密读书会的工作交给萧松负责。民青成立以后，萧松等把秘密读书会的成员都吸收参加民青组织，他们打算成立民青第四支部。袁永熙向我反映这一情况后，我考虑党在学生、职业青年、工人中的外围组织应分开，并提出学生中的叫"新民主主义青年同盟"，职业青年中的叫"新民主主义者联盟"，工人中的就叫"民主工人同盟"。我经袁永熙让萧松参加工人外围组织的筹建工作，萧松即与黄河、金永康、杨光亮、丁连元等人多次酝酿建立工人组织的具体事宜。

1945 年 7 月 1 日下午，中央机器厂的工人协会、五十三兵工厂的秘密读书会及地下印刷厂的成员，在昆明北门街唐家花园内的西南文化研究室召开会议，萧松作为共产党组织的秘密联系人参加并主持了会议，讨论成立共产党在工人中的外围组织的问题。会议决定成立云南民主工人同盟，并通过了盟章，其宗旨大意是：团结云南广大工人兄弟，与其他民主运动团体结合起来，开展反内战、争民主的斗争，为建立富强、康乐的新中国而奋斗。会议选举产生了执行委员会，由黄河任执委书记，下设 3 个支部，共有盟员58 人。

1945 年 7 月，德国法西斯已被打败，抗日战争的胜利已指日可待。我与联大党支部商量，由联大学生自治会与云大、中法学生自治会联合举行时事座谈会，纪念抗日战争八周年。会议邀请潘光旦、吴晗、曾昭抡、罗隆基、闻一多等参加，与会者座谈回顾了全面抗战八年以来的教育、文化、经济、政治、军事、外交等方面的情况，并对组织联合政府、制止内战等问题展开讨论，各自发表自己的看法。最后，通过了《通电》。《通电》最后指出："团结全国力量，实行全面反攻！""废除一党专政！立即组织民主的联合政府！""制止内战，枪口一致对日！""抗战胜利万岁！""中国民主胜利万岁！"

由于 1944 年以来，昆明的民主运动以学生运动为主，以西南联大为核心，与民主同盟云南支部密切合作，在云南地方实力派的支持下，各界群众广泛参加，使运动一浪接一浪，造成极大的影响，并为后来的一二·一运动打下了思想和组织基础。开始时，西南联大被称为"民主堡垒"，后来整个昆明成为国民党统治区的"民主堡垒"。中共云南地方党的这一段工作，显示了贯彻周恩来隐蔽精干政策的"三勤""三化"等方针的成果。对此，周恩来给予了充分的肯定。他在 1947 年 9 月 27 日与廖志高、于江震、杨超三人的谈话中说："同样由南方局领导而且也执行'三勤'的云南党并没有发生与马、王、李三处的同样错误，而且一经上级推动，即在民主来潮时起了模范的作用。"这一评价给予云南广大党员以极大的鼓舞和鞭策。

统一战线工作

中共云南省工委遵照中共中央发展进步势力、争取中间势力、孤立顽固势力的方针，在开展以学生知识分子为主力的人民运动同时，抓紧团结多数争取中间势力的工作。

我到云南后，就很注意对以龙云为首的地方实力派的情况进行了解。我了解到云南与四川有所不同。我在川康特委工作时，成都行辕主任是军统特务贺国光，在当地是党政军的最高指挥、太上皇。四川省政府主席王瓒绪是投靠国民党中央系的地方军阀。川康的地方实力派是川康绥靖公署主任邓锡侯、西康省政府主席刘文辉。而在云南，昆明行辕主任、滇黔绥靖公署主任、云南省政府主席、国民党省党部主任委员都由龙云一人担任，龙云集大权于一身，这是其他地方所没有的。所以，开展对龙云的工作十分重要，又具有有利条件。

然而，要开展对地方实力派的工作，必须具备一定的条件。毛泽东在《目前抗日统一战线中的策略问题》一文中说过："争取中间势力是我们在抗日统一战线时期的极严重的任务，但是必须在一定条件下才可能完成这个任务。这些条件是：(1) 我们有充足的力量；(2) 尊重他们的利益；(3) 我们对顽固派作坚决的斗争，并能一步一步地取得胜利。没有这些条件，中间势力就会动摇起来，或者变为顽固派向我们进攻的同盟军；因为顽固派也正在极力争取中间派，以便使我们陷于孤立。在中国，这种中间势力有很大的力量，往往可以成为我们同顽固派斗争时决定胜负的因素，因此，必须对他们采取十分慎重的态度。"我反复学习了毛泽东的这段话以后，考虑到要做好统一战线工作，必须先有坚强的地下党组织，所以，我到云南后的主要精力是放在发展进步势力，建立坚强、巩固的党组织，发展以学生运动为主体的民主运动方面。在此基础上，我们在原有工作基础上逐步开展对龙云及其周围幕僚的统一战线工作。

我党对龙云的工作有很长的历史。从中共云南地下党建立时起，就对龙云做争取工作。大革命时期，为了推翻封建军阀唐继尧在云南的统治，地下党曾争取推动过龙云等四个镇守使联合发动"倒唐"运动。1935 年和 1936

年中央红军和红二、六军团长征过云南时，也曾以多种方式和渠道做龙云的工作，争取龙云以民族利益和保全地方实力出发，不要过分阻击过境的红军。抗日战争爆发以后，周恩来、朱德、叶剑英等同志都直接对龙云开展团结和推动其抗战的工作，争取龙云保持了团结抗战的立场。

1939年，蒋介石掀起反共高潮后，也积极策划在云南镇压共产党和革命力量。1940年4月，何应钦到昆明视察，要求龙云在昆明建立"党、政、军联席汇报会"，加强对我党活动的防范和镇压。当时，省工委委员李群杰和党员刘惠之、欧根等分别找龙云的秘书长袁丕佑和副官长杨竹庵等做工作，故龙云对何应钦的要求迟迟不予表态。1941年1月皖南事变后，国民党顽固派再次掀起反共高潮。这时，国民党中央又派康泽到云南，妄图镇压革命力量。在社会各界的支持下，龙云和地方实力派又抵制了康泽的反共活动，使康泽的计划未能实现。

1941年7月，蒋介石再次派何应钦到昆明督促成立"云南党政军联席汇报会"，龙云为应付蒋介石，成立了由地方人士为主的"云南党政军联席汇报会"，由龙云亲自担任会长，刘耀扬任副主任，袁丕佑任秘书长。刘浩向我反映说：李群杰可以通过他与袁丕佑亲戚的关系，打入该会担任秘书，了解和掌握情况。我当时考虑，这是一个求之不得的非常重要的情报统战关系，机不可失，当即同意了。以后，李群杰果然通过关系担任了该会的秘书，并负责会议记录。从这以后，省工委通过李群杰，掌握了"党政军联席汇报会"的一些主要情况。

李群杰曾反映了该会分工的情况，使我们了解到汇报会设立了几个组，其中情报、行动等组分别由军统特务裴存藩、中统特务查宗藩等主持。有一次，会议上提出要侦察西南联大共产党的活动，侦察后提出了一个黑名单。李群杰知道后，就把名单送了出来。我们看到名单中没有一个党员，只有联大教授曾昭抡、云大附中校长杨春洲等进步民主人士。我们从这个情报分析出来，敌人没有发现共产党员的活动，只是注意到一些进步民主人士，这说明我们的隐蔽工作是做得好的，但是也要保护进步民主人士的安全。我当即通知刘浩，叫他通知曾昭抡等，提醒他们提高警惕。还有，一次会议上，查宗藩提出要注意原省工委委员李立贤（陈方），李群杰就及时转告了李立贤。另有一次，李群杰了解到特务已注意刘浩，于是当晚就通知刘浩，叫他提高警惕，准备转移。不久，刘浩即转移到了重庆南方局。

1943 年，张文澄向我反映，据刘浩汇报说：龙云对蒋介石嫡系杜聿明在昆明城内设城防司令部很恼火，他说他可以去见龙云，做些工作。我同张文澄商量，同意他以云南地方记者的身份去见龙云，从关心桑梓的角度出发，向他揭露蒋介石消极抗战、排斥异己的嘴脸，建议龙云提高警惕，严防蒋介石的阴谋。

几天后，张文澄将由张子斋写的一份给龙云的书面建议书拿给我看。这个建议书主要内容有十条，主要内容是：一、坚持团结抗日；二、与川康邓锡侯、潘文华、刘文辉合作，互相支援；三、与共产党和民主党派取得联系，互相配合；四、与社会民主人士多接近，帮助解决其困难，争取其支持；五、对蒋系中央军进驻云南要加以限制和防范；六、蒋介石把中央特务和宪兵十三团派到云南，主要是对付龙云，要限制其活动；七、要搞好社会秩序，规定昆明治安由地方宪警维持，其他任何机关不得在市区搜查、捕人；八、增强地方军事实力，改进军队政治工作；九、独立自主办好地方经济；十、支持办好地方性报纸。我看后，同意这个建议书的内容。刘浩通过杨竹庵将这份书面建议转交给了龙云。那次建议对龙云产生了一定的影响。不久，龙云作出"不得借故限制和危害民众活动，有关当局必须协助并领导各社会团体，共同保乡，以济时艰"的命令，并对大学教授和民主人士给予一些生活补助。

经过这件事以后，我与张文澄商量，为便于对地方实力派开展工作，刘浩仍由我联系。我按照在川康时工作的经验，书记分管的统战情侦工作，不在特委会上汇报。所以，我对刘浩的这些工作，亦未在省工委会议上汇报，对有关政治重大事件，则向省工委通气。

约 1943 年春的一天，我到昆明护国路转弯处金碧路上的一个小商店去与党员孙仲宇（孙镜秋）联系。孙仲宇告诉我：重庆南方局派华岗来到昆明，因他与华岗在大革命时期就很熟悉，友谊很深，所以华岗找他安排住处。孙仲宇将他安排住在他家，但因他家房间少，很拥挤，他又找进步人士解德文商量，将华岗搬到解的这个商店里暂住。

对华岗我是熟悉的。1930 年，我就读过华西园写的《1925—1927 年中国大革命史》，印象犹新。我在南方局时，许涤新对我说，华西园就是在《新华日报》任总编辑的华岗。我还知道，长江局时期，华岗因深知王明（陈绍禹）的底细，遭受到王明的打击。

孙仲宇向我反映，据华岗说，他来昆明，是做龙云的统一战线工作的。我听了这个情况后，考虑到我是做地下工作的，他是做公开工作的，在没有接到南方局的通知之前，按照组织原则，我不能与他直接联系。但考虑到他的工作和安全，我对孙仲宇说：金碧路系交通要道，他住在这里很不恰当，应及时转移。

过了几天，孙仲宇向我反映，他与解德文商量，由解设法，将解家在正义路马市口附近五华坊的房屋中挤出一间给华岗住，那里比较安全。孙仲宇向我反映华岗有关情况以后，刘浩也向我反映华岗来到昆明的事。我也交代刘浩，对华岗应给予帮助，支持其工作。

1944年9月，我到南方局汇报工作，华岗也回到重庆向南方局汇报。这时，董老才通知我，华岗由我直接联系。在这里，我和华岗第一次见面。华岗一见我，就将他到云南前后的情况告诉我。他说他是利用云南大学到重庆聘请一个姓林的教授的机会，冒名顶替来云南的。到云南后，化名林少侯，公开职业是云南大学教授。

1944年九十月间，我回到昆明后，又去解德文家看华岗。他对我说，住在这个地方不方便。这时因刘浩已调去重庆南方局另行分配工作，他原住的华山西路芮沐律师事务所的租期还没有满，住房的钥匙已交给我，我就把钥匙交给了他，让华岗搬到了那里。从此，华与其妻谭滨若及其子丹波也才比较宽松地安下家来。

华岗对我说，他来云南前，曾代表党去西康，与西康省主席刘文辉联络过。来云南与龙云联系后，1944年又曾一度再去西康，联络西南几省地方实力派，以抵制蒋介石反动政策。

华岗在昆明期间，曾多次与龙云进行交谈，向龙云介绍形势及解放区情况，沟通川康与西南等地方实力派的配合与联系，并就云南问题发表看法，对龙云产生了影响。

华岗说，他来云南后，经他与龙云商量，要在云南建立与中共中央和南方局联系的秘密电台。为此，调已潜伏在二路军指挥部的杨才来筹备这项工作，并担任报务员。杨才原是南方局机要科的机要员，与张文澄一起到云南，在驻建水的滇军二路军指挥部，准备与重庆八路军办事处建立电台联系，但由于设备不全，未能实现。1944年3月，华岗将杨才调到昆明后，被安排在滇黔绥靖公署交通兵训练大队无线电中队当上尉教官，同时，设法购买机器，准备建立电台。电台建立以后，对外称为滇黔绥靖公署无线电总台第三机班，杨才任班副，设在昆明近郊海源寺的龙云的灵源别墅中。杨才由华岗个别联系，开始时是抄收新华社的电讯稿，经交通大队送给龙云。

1944年八九月间，这个电台与重庆八路军办事处的电台取得了联系，紧接着又与延安的中央电台取得了联系。从此，华岗经常将收到的中央政策和指示，然后派谭滨若送给我；同时，也及时地将云南的情况报告了南方局和中央。

后来，由于海源寺的电台周围受到了敌人的注意和骚扰，为了安全起见，又将电台移至昆明城内圆通山后面的小菜园8号龙云的小车库。

1945年3月，华岗向我反映：重庆新华日报社派彭少彭到昆明开设《新华日报》昆明营业分处，并带来了朱德给龙云的亲笔信。彭少彭见到龙云以后，向龙云面交了这封信。龙云看后，当即表示："《新华日报》是蒋委员长批准出版的，既然可以在重庆公开发行，当然也可以在昆明发行。"

彭少彭来后，由华岗单线联系。营业分处选址租房以及报纸发行等工作，地下党暗中予以协助。华岗与我商量，由我经过在中华职教社工作的党员邱文郁（邱松年）派了两个党员去报社当报丁。考虑到《新华日报》的发行经常会受到国民党反动派的阻挠和破坏，我通过欧根指示龙显寰设法利用社会关系谋到昆明邮电局的职业，暗中为《新华日报》的发行提供便利条件。

5月，昆明营业分处开始发行，重庆航空邮寄来的《新华日报》，在昆明很受欢迎，每天都可发行到千份以上，最多时达到了3000份。为了充分利用这块宣传阵地，营业处还附设了几个书架，发行新华日报馆办的《群众》周刊和民盟云南支部的机关刊物《民主》周刊等，还公开发行《论联合政府》等党的文献和进步书刊。华岗说：龙云经常把新华日报馆发售的延安出版的书给身边的高级官员看，特别对《评中国之命运》揭露蒋介石欺世盗名的丑恶嘴脸表示非常赞成。

通过共产党的团结争取工作，龙云对云南的民主运动采取了同情和支持的态度。1945年6月，由于国民党中央军多次随意非法捕人，我经华岗设法通过统战关系，由地方治安联席会议出面，向国民党驻军提出抗议，抗议他们非法捕人，并向云南行营请示。龙云条谕警备部：严禁任意逮捕居民，如有此类事发生，飞报治安机关。倘若坐视不理，一经发生，唯该市县政府及治安机关是问。从 1944 年起，我们发动的多次大规模的民主运动，都由华岗事前与龙云通过气，得到龙云的默许或支持，所以很成功。

据龙云解放后回忆说："抗战期间，在昆明的爱国民主人士很多，尤其是西南联合大学的教授和我随时都有接触和交谈的机会，谈到国家大事，所见都大体相同。对于蒋介石的集权独裁统治，大家都深恶痛绝。他们都反对内战，希望抗战胜利后召开国民大会，制定民主宪法，用以束缚蒋介石，实行孙中山遗教，这也就是我当日的愿望。所以，我对昆明汹涌澎湃的民主运动是同情的。"

在对龙云开展工作的同时，我们还注意在滇军中开展工作。

1942 年初，南方局派张文澄到昆明后，直接与滇军中的共产党组织负责人方文彬（方正）联系。据方正反映，抗战爆发以后，滇军六十军和五十八军开赴前线，云南地下党先后组织一批共产党员和进步青年随军开展工作，鼓励滇军将士杀敌报国。共产党员张治中受滇军六十军一八四师师长张冲（彝族）推荐，到一八四师任政训处主任。在六十军开赴抗日前线途经武汉期间，经张治中找到读书生活出版社的云南籍党员黄洛峰，经黄引见，张冲到武汉八路军办事处会见了叶剑英、罗炳辉，并提出要求中共派干部到一八四师协助开展工作。中共中央长江局随即从延安抽调周时英、张天虚、薛子政、张子斋等到一八四师，与原在该师工作的党员组成了秘密党支部，在张冲的掩护下开展工作。台儿庄战役后，张冲被任命为新三军军长。不久，国民党顽固派掀起反共磨擦，张冲也遭到六十军内部反共分子的告发，说他"准备投共"。因此，张冲被蒋介石下令革职。龙云为了抵制蒋介石，把他调回云南，任二路军指挥部总指挥。随着张冲被革职，原在一八四师工作的暴露的共产党员及时进行了转移，经南方局军事组重新派方正经过公开的合法的形式，进入二路军指挥部开展工作。并在该部组成了新的党支部，由方正任书记。

在张冲的支持和掩护下，二路军指挥部的共产党员到部队所在的石屏、建水等地的中小学兼课，在工农群众中办夜校、识字班。通过这些活动，吸收进步青年到滇军，加强滇军中的进步力量，提高滇军的政治素质。

张冲回云南以后，省工委通过几条线来加强二路军指挥部共产党的力量：一是通过张文澄联系方正和滇军中的党组织；二是通过刘清联系滇南地方党，建水、石屏的党组织都派党员和进步青年以学生的名义参军，进入滇军。因为张冲常驻昆明，周恩来先后委托朱家璧、黄洛峰去看望张冲，转达党对他的问候。南方局还派从一八四师疏散出来的张子斋回到云南，在张冲所部工作，省工委通过欧根与张子斋保持政治联系，经过张子斋做张冲的工作。

1940 年底，中共中央组织部部长陈云派遣在延安的朱家璧回云南工作，周恩来在南方局交待任务说，要他利用社会关系进入滇军，广交朋友，以进步面貌出现，扩大共产党的影响。朱家璧回云南后，由南方局直接联系，与省工委只保持政治联系。他在滇军中，对上层人士开展统战工作，在所在部队整顿军纪，加强军事训练，并组织了十八师艺工队，实际上成为党的一个工作据点。

1939 年，周恩来在一次讲话中说："要积极扶植同情分子，努力争取中间分子，尤其是知识分子及公正绅商参加抗战，以扩大统一战线。"周恩来在重庆开展了大量团结文化人和知识分子的工作，为我们树立了光辉的榜样。省工委遵照周恩来的指示，并以周恩来注重开展知识分子工作的实践为榜样，在知识分子中开展了工作。

抗战爆发以后，大批文化名人、专家、学者汇集昆明，特别是日本发动太平洋战争以来几年间，湘桂等地以及流亡东南亚等地的文化工作者，纷纷来到昆明，一时间，昆明成为大后方文化教育中心。联大是高级知识分子集中的地方，因西南联大党的工作主要由我负责联系，所以我重点考虑了在联大知识分子中的工作。

联大教授大多数经历过五四、一二·九运动，具有爱国思想，倡导民主、科学的学风。他们中的许多人，如华罗庚、陈省身、庄前鼎等原来一直在国外讲学和工作，抗战爆发以后，他们毅然返回祖国，与祖国人民同生死，共存亡。他们来到昆明以后，由于国民党的日益腐败，通货膨胀，物价飞涨，生活十分艰难。一般教授战前月薪在 300 银元上下，到 1943 年，只相当于战前的 8.3 元。昆明的物价在西南后方主要城市中仅次于居首位的贵阳。据报纸报道，1942 年到 1943 年，昆明物价自抗战以来涨了 300 倍，而联大当时教职员薪金只增加了 5 倍。联大教职员多次向重庆国民党中央政府呈请按市价发给米贴，按当地物价上涨指数调整薪金，均遭拒绝。在这种情况下，教授们贫病交迫，破衣蔽体，食难饱腹。曾昭抡的鞋子常常是前后见天；吴大猷上课时还穿着补着一块大补丁的裤子；华罗庚一家人住在郊区农村的一间牛厩的楼上；闻一多除在中学兼课以外，还挂牌为别人刻图章，以补家用；吴晗为了给其夫人袁震治病，不得不卖掉了珍藏多年的大量书籍；就连联大常委梅贻琦的夫人也不得不和潘光旦的夫人合作做米糕，每日挎篮到冠生园去寄售。除此之外，在政治上，国民党当局还加紧了对他们政治上的控制，规定院处以上教授要加入国民党，还要重新审定教授们的教授"资格"，这些都引起了教授们的强烈不满。为此，我们通过几个渠道对昆明的教育文化人士开展工作。

当时联大师生之间的关系是很密切的，教授们不但在课堂上和学生接触，而且在课后也常与学生交往，谈话范围很广泛，师生关系很融洽。如赵忠尧、周培源等还常请他教的学生去他家里吃饭和座谈。省工委通过学生去做教授们的工作，以学生的身份与教授们联系。马识途、袁永熙等都以心照不宣的身份和进步教授联系。马识途在湖北时，与闻一多之侄闻黎智一起工作过，闻一多从其侄闻黎智处知道马系共产党员；闻一多抗战前在北平知道袁永熙的胞兄是共产党员，推想袁也是共产党员。马、袁为遵守党的纪律，不以党员的面目而以学生的身份和闻一多、吴晗等接近，以学生的身份向他们宣传共产党的方针政策。闻一多、吴晗也重视他们的意见。闻一多对马识途说："我愿意当共产党的尾巴。"吴显钺、许师谦等是以进步学生的面貌出现，经常与闻一多、吴晗等教授联系。中文系的齐亮、历史系的李晓等在学校里品学兼优，得到系主任罗常培、雷海宗的器重。他们也经常和教授们来往。联大学生洪季凯、谭正儒、王念平、萧松等先后在西南文献研究室做剪报和资料工作，与联大教授闻一多、吴晗等建立了联系。

同学们常常利用出壁报要请教授作导师的机会，加强与教授们的联系。如李明等办《生活》《学习》等壁报，聘请外语系的教授吴宓作导师，通过他的女儿把他争取过来；刘国光等办《民主》壁报，请张奚若作指导教师；马杏垣办《热风》壁报，就请吴晓玲作导师；袁用之、何扬等办的《冬青》社请闻一多、冯至、卞之琳等为导师；《星原》社请李广田为导师，等等。同学们在聘请他们指导学业、办好壁报外，还有意识地介绍一些进步书籍给他们看。

当时，联大共产党员和进步学生都尊师重道。据历史系的李明回忆，在联大"张奚若是单干，什么都敢讲，他是第一个在昆明公开宣讲要从政治舞台上把蒋介石拉下来的人，我们就支持他讲。"1944年冬，抗战形势紧张，国民党政府发动"十万知识青年从军运动"。联大当局也打算成立应征委员会。这时，共产党员以学生面貌请张奚若发表谈话，他劝同学们不要盲从，使大家弄清了真相。闻一多不明真相，在大会上公开号召学生参加"青年军"。会后，许师谦就去找闻一多，向他说明真相，并肯定他的爱国热情。经过工作，闻一多恍然大悟。

联大共产党员和进步同学与教授们的关系十分密切，多次群众集会，同学们都在事前和教授们通气，请他们到会指导，并作讲话，得到教授们的支持。

省工委对知识分子和文化人的工作的另一条线，是通过华岗以秘密的或者半公开的身份去开展工作。当时知识分子中的情况也是很复杂的，从北平、上海、天津以及湘桂和国外疏散到昆明的一些学者、名流、教授和昆明本地的一些知识分子，在对待抗日救亡的形势和对社会上一些问题的看法、做法都存在着不一致的地方，有的还有分歧，这些，都影响着知识分子之间的团结。针对知识分子中存在的这一情况，华岗邀约了昆明文化界有代表性的人物，在北门街唐家花园（唐继尧之子唐筱蓂的住宅）成立了对外不公开的学术团体——西南文化研究会。联大、云大教授参加的有曾昭抡、罗隆基、潘光旦、闻一多、楚图南、周新民、吴晗、闻家驷等，文化教育界的还有李文宜、唐筱蓂、辛志超、冯素陶等共十余人。

研究会每两周聚会一次，每次都有一个主题，由一位参加者先作学术报告或时事报告，然后大家座谈。开始时政治方面主要由华岗介绍《新民主主义论》和解放区的情况，学术方面由教授们就各自的专业作系统的介绍。以后，政治方面的内容逐渐加多了，如组织学习了毛泽东的《论联合政府》和朱德的《论解放区战场》等。通过工作，引导各种不同门户学派、流派的知识分子和各方面的人士摒弃歧见，在抗日、民主、进步的旗帜下团结起来。

当时有些人对团结像闻一多这样的知识分子是有偏见的，认为他早年参加过新月派，信奉过国家主义，到了云南，又钻进小楼，醉心于《诗经》《楚辞》的研究，认为他不可能革命。对于这些情况，1944年冬华岗向南方局汇报过，周恩来还亲自给他写信说：像闻一多这样的知识分子，对国民党反动派的腐败是反抗的，他们也在探索，在找出路，而且他们在学术界，在青年学生中，还是有广泛的社会联系和影响的，所以应该争取他们，团结他们。遵照周恩来的指示精神，我和华岗商量，对闻一多、张奚若、吴晗这样的知识分子加强团结工作，将一些党的文献送给他们看，使他们了解共产党的政策和对形势的认识，并认真听取他们的意见。我与华岗商量的意见，也同时通知了联大党支部，马识途、袁永熙等也按这一精神开展工作。

华岗与闻一多曾多次进行促膝畅谈，在对团结闻一多有不同意见的同志中也开展了多方面的工作，使他们改变了态度。后来，在现实的教育和共产党的引导下，闻一多走出书斋，成为勇敢坚强的民主战士。

第三个渠道是经过新闻文化界的党员欧根、唐登岷等在新闻文化界开展工作。张子斋曾在《新华日报》工作，调回云南后，他的关系仍在南方局，我经过欧根、唐登岷等与他联系工作。国民党省政府机关报《云南日报》，抗战时期一直有共产党员的活动。1941年以后，在该报的地下党员有欧根、张子斋、马仲明、王纲正、王田（王凝）、姚黎民、黄明、江毓琛、王灿等，1944年下半年，共产党员严达夫进入该报任编辑，1945年派党员王子近进入该社任记者，在报社中发展了余湘、张旭、张贡新等人入党。1942年，国民党云南省党部的报纸《民国日报》改组，党员严达夫利用杨季生的关系进入该社担任编辑兼管社论，还有一些进步青年和西南联大学生到该报任编辑、记者、校对等。同年，刘浩、严达夫等与新闻界人士商量，成立了昆明外勤记者联谊会。据刘浩和袁达夫向我反映，其中的大多数是进步人士、中间分子，也有少数反动记者。他们组织文娱活动，开展时事讨论，交流业务工作。1943年3月，云南省财政厅厅长陆子安在昆明创办《正义报》，这家报纸实际被国民党"CC"分子方国定、阮以仁所掌握。开始，共产党员龙显寰曾参加编辑工作，1944年以后，共产党员王子近进入该社任编辑，1945年后，党员唐登岷、曹世文先后进入《正义报》，又发展了该社编辑何锡科入党。1944年3月，云南日报社又在昭通创办《云南日报》昭通版，共产党员马仲明、吴宗遥、刘运瑞等参加工作。

党员在国民党的公开报纸任编辑、记者，以隐蔽方式开展工作。他们改变方式宣传共产党的政策，以云南地方人士关心桑梓的面目，反映有利于云南抗战进步的呼声，在舆论界支持日益高涨的民主运动。同时，进一步团结了新闻文化界人士，扩大了抗日民主统一战线。

1943年，中国民主政团同盟中央委员、组织部长周新民（共产党员）、宣传部长罗隆基先后到昆明筹建民盟云南地方组织。遵照周恩来指示精神，华岗协助民主同盟在云南建立支部并开展工作。在华岗的推动下，西南文化研究会的成员大多数都参加了民盟云南支部，并成为民盟云南支部的骨干力量。民盟中的共产党员周新民、尚钺、李文宜等，由华岗直接联系。

民盟成立后，在组织发展工作上，周新民等首先打破"三党三派"的限制，广泛吸收了一批教授、自由职业者等入盟，使民主力量在民盟昆明支部中占据了主导地位。截至 1945 年 12 月，全省民盟成员发展到 200 余人。

民盟云南支部对地方实力派和知识分子、文化人也开展了工作，龙云身边的有些人也参加了民盟，联大教授曾昭抡、费孝通、潘光旦等，云大教授潘大逵等都加入了民盟。华岗与云南民盟支部经常保持联系，我经过联大党支部以民青的名义同民盟云南支部建立联系。1944 年至 1945 年昆明的民主运动浪潮中，大规模的群众运动，都由省工委发动和动员群众，再由华岗与龙云和民盟通气，三方一致，召开群众大会，发表宣言，使运动得以成功。

云南有很多的爱国人士和地方士绅，还有许多辛亥革命和护国运动耆老，他们是中间力量的重要部分。经刘浩、严达夫联系的有李根源、刘震寰，经李群杰联系龙云的秘书长袁丕佑等。

1942 年 5 月，日寇突然占领龙陵、腾冲，护国元老李根源在大理呼吁蒋介石出兵收复云南失地。蒋介石乘机利用李根源的要求，派其嫡系宋希濂部进驻大理，大办民团，收买少数民族上层，以控制滇西重镇。龙云恐宋驻而不走，对李根源不满。我了解了这一情况以后，就派刘浩和《中央日报》记者严达夫到滇西访问李根源，交换了对滇西抗战和全国形势的看法，告诉他蒋介石无心收复云南失地，只是趁机插足云南，排斥异己，分裂地方力量，并鼓动他离开大理。李根源接受了这个意见，到了昆明；后又应董必武邀请，前往重庆。

回头来看，抗战时期云南的统战工作有广阔的天地。但我的主要精力放在抓党的建设和群众工作方面，在统战工作中，虽然共产党与龙云建立了联系，在民主运动中取得了地方实力派的支持或默许，但主要工作还是南方局直接领导开展的。至于省工委本身，对统战对象的了解和统战工作的开展都显得很不够，力度不大，进展也不理想。

三、反内战，争民主

一二·一运动

1945 年 8 月 15 日，日本宣布无条件投降的消息传来，昆明全市人民奔走相告，欢庆胜利。在胜利时，我不禁想起毛主席在党的七大的政治报告《论联合政府》中说过，同盟国军队在中国打败了日本后，国民党有可能发动内战，我们不能不有所警惕。我从毛主席的指示，又联想到 1941 年初的皖南事变，感到作为省里党的主要领导干部，应该对形势有清醒的认识。于是，我分别找省工委委员和昆明市几条线的同志碰头研究，交换意见。大家都认为，人民在经历了十四年战火烽烟之后，对胜利欣喜若狂实属常理，但对蒋介石贼心不死则缺乏警惕。所以，有必要向党员干部打招呼，要大家提高警惕，提防内战危机。

我去找华岗时，他也正在找我，我们不约而同地想到要组织一次活动，反映人民要求和平、反对内战的呼声。我们商量决定之后，分头去做工作，我与联大党支部联系，华岗则去同民主人士联系。

我分别找联大一、二支部袁永熙、李明、许乃炯、何功楷等碰头，在统一认识以后，又去找民青一、二支部研究。最后决定以联大、云大、中法三校学生自治会作为发起单位，邀请民主同盟和有关社会团体以及进步杂志社参加，共同发表一个"庆祝胜利反对内战"通电。

8 月 27 日，毛泽东、周恩来、王若飞赴重庆，代表中国共产党同国民党进行和平谈判，并提出了在和平、民主、团结的基础上建立独立、富强的新中国的基本方针。消息传来，人们都非常兴奋，期盼着和平的到来。9 月初，因国共谈判进展的详细情况不得而知，我与华岗商量，要他到重庆去一趟，及时了解中央的部署，以便根据中央的指示开展工作。

华岗走后，庆祝胜利、反对内战的活动迅速形成高潮。9 月初，我同联大党的一支部研究，并通过他们与民青一、二支部商量，还征求了闻一多等人的意见，决定由西南联大、云大、中法大学学生自治会，中国文协昆明分会，中苏文化协会昆明分会以及民主周刊社，自由论坛社，人民周报社，大路周刊等联合举行群众集会,要求和平,反对内战。

9月4日,各界群众 3000 余人在联大新校舍东食堂召开了主题为"从胜利到和平"的盛大晚会。大会由闻一多主持,有教授讲话和群众发言,强烈呼吁民主、团结,坚决反对发动内战。闻一多说:"谁不要人民,人民就不要他!"激起了一阵阵热烈的掌声。会后,发表了《昆明教育文化界庆祝胜利大会宣言》。

华岗9月中旬回到昆明。他说:国共谈判还在继续,对时局的发展要作两手准备,目前有可能争取到和平局面,但地下党仍需埋伏隐蔽,提高警惕。他说:周恩来同志指示要搞"三化",外化内不化,同流不合污。

9月15日,在华岗的推动和指导下,楚图南、尚钺、周新民、张光年、闻一多、李公朴、罗隆基等各界人士联名发表了《昆明各界人士为庆祝胜利及和平建设新中国的通电》,提出:彻底实现波茨坦公告,彻底消灭日本法西斯,严惩战犯及其汉奸走狗;实现民主政治,释放政治犯;停止征兵、征实、征借;废除苛捐杂税,减轻人民负担等六项主张。

10月1日,联大教授张奚若、周炳琳、朱自清、李继侗、吴之椿、陈序经、陈岱孙、汤用彤、闻一多、钱端升等十人联名致电蒋介石、毛泽东,要求停止内战,实现国内和平。同日,昆明《民主周刊》《时代评论》、音乐报社、人民艺术社、《青年新闻》《今日文艺》《农村青年》《妇女旬刊》《中国周报》《大众报》《人民壁报》《民主壁报》等十几个文化团体联合发表宣言,提出废除新闻检查、新闻垄断、邮电检查,保障民营出版业,惩办附逆文化人等主张。

但是,就在全国人民要求和平、民主的呼声日益高涨的形势下,蒋介石却置全国人民的强烈要求于不顾,坚持推行内战、独裁的方针。他一方面与我党谈判,一方面积极准备发动内战。在准备并发动内战的同时,为了安定其统治区的后方,他迫不及待地对云南下手,在重庆多次召见嫡系"CC"骨干分子李宗黄,阴谋剪除龙云,镇压云南的民主力量,以其嫡系势力取代云南地方实力派的统治,达到直接控制云南的目的。

1945年10月3日晚,昆明突然枪声大作,全城戒严,持续了三天。当时,我住在福照街华兴巷,我的房东姓攸,与军统特务有关。他平时与我相处得很好,我同他闲聊,有意打听消息。他告诉我,这几天是蒋介石解决龙云。后来,戒严消除后,我才知道是蒋介石指使昆明警备司令杜聿明,以军事政变的方式，逼迫云南省政府主席龙云下台。另派"CC"分子李宗黄到云南省任民政厅长，代理省主席，关麟征为云南省警备总司令。

我感到云南形势出现严重逆转，需采取紧急措施防范敌人的进攻。我首先考虑到华岗的安全，因为他在龙云周围和民主人士中是半公开身份，危险极大，就马上找他商量，要他及时撤离昆明。他所联系的《新华日报》昆明营业处经理彭少彭，由我通知孙仲宇与他联系，还准备通知龙云与南方局联系电台的杨才立即转移，但因杨才在龙云被攻打之时已转移，没有找到他。

新中国成立后才知，李宗黄来云南之前，蒋介石曾多次秘密召见他，要他到云南消灭"民主堡垒"，镇压学生运动、消灭地方军政势力。蒋介石改组云南省政府，派其亲信掌握云南的目的昭然若揭。

从10月3日军事政变以来，国民党第五军军长邱清泉以查户口为名，逮捕进步人士；邮局非法扣留的《新华日报》堆积如山；反共不积极的学校校长被撤职，白色恐怖严重地笼罩着昆明。

根据严峻的形势，共产党组织进行了调整。联大由我联系的有六条线，都实行个别联系。其中袁永熙、洪季凯、王汉斌等逐步组成第一党支部，领导民青一支；马识途、齐亮毕业离校，由李明、许乃炯、陈彰远（刘新）等组成第二党支部，领导民青二支；留校助教郭沂曾、云大助教殷汝棠负责大学教职员的工作，由我联系。回校复学的吴显钺，仍由我经张文澄联系。侯方岳联系的李德仁已毕业回昭通工作，留校的有唐祺尧（陈光逵）、孙志能等；刘清继续联系工学院王世堂、方复。1945年秋季开学，改选了联大学生自治会，产生了以王瑞沅（民青一支）、李建武（民青二支）、杨邦祺（李定）（民青二支）为常务理事的理事会。昆明中学以上学校学生支部的工作，由何功楷、卢华泽等分别联系。在全市大中学中，共产党员虽然较少，但民青成员却分布各校。至一二·一运动前，全市盟员发展到300多人，各大学和45所中学里分别建立了民青的支部、分支部或小组。党的政策和决定，由我直接传达到联大一、二党支部，再由他们经民青向下布置贯彻。昆明市职工方面的工作，分别由岳文彬、詹猛然（王斗光）、萧松等负责，我分别与何功楷、岳文彬、詹猛然等联系，萧松仍由袁永熙继续联系。为防止敌人破坏，省工委主要采取个别分别交换意见方式，进行组织联系。

在云南与中共中央和南方局联系的电台撤走以后，省工委和南方局靠交通员往来联系。因交通联系时间较长，因此，我们需仔细阅读《新华日报》，收听延安广播，认真体会中央和南方局的精神，密切注意时局的变化，对反动派可能的进攻进行充分的思想准备和组织准备。

1945年10月，经过重庆谈判，国共两党签订了"双十协定"。但"双十协定"的墨迹未干，国民党就背信弃义，动员80多万军队进攻解放区。11月5日，毛泽东以中共中央发言人的名义发表谈话，揭露国民党军队进攻解放区的真相，号召"全国人民动员起来，用一切方法制止内战"。11月19日，重庆成立反对内战联合会，号召各地成立反对内战联合分会。11月21日，延安《解放日报》发表文章，号召国民党统治区的同胞起来响应重庆反内战联合会所发起的运动。延安广播和《新华日报》在联大、云大等校学生中传播时，许多同学纷纷要求对反内战有所表示。

面对这一情况，我反复考虑，就全国形势看，抗战胜利后，和平建国是全国人民的要求，亦为云南人民群众的要求。但从云南形势看，蒋介石派其嫡系李宗黄为代省主席，李宗黄是个镇压人民恶名昭著的刽子手；警备司令关麟征也是蒋介石的嫡系，他驻防文山时，曾大肆逮捕共产党人，总之，当前云南形势对我们极为不利，因此如何响应中央号召，须三思而后行。

我分别同省工委委员分别交换意见，再同联大第一、二党支部的袁永熙、何功楷、李明、许乃炯等同志碰头。我提出，鉴于云南目前局势险恶严峻，既要响应中央号召，又应因地因时制宜，客观环境既不利，只能争取合法地开个时事晚会。他们都同意这个意见，决定召开一次以反内战为内容的时事讲演会，请几位敌人不太注目的教授讲演，发表一个通电，以此来促进反内战运动。根据这一决定，支部分头具体布置落实，先在学生群众中进行酝酿。

11月22日至24日，联大冬青社、文艺社、社会科学研究会、南院女同学会等十五个团体，联名要求联大学生自治会通电反对内战。联大党支部抓住时机，经民青一、二支部在联大学生自治会的同学以个人在学生组织中的公开身份向学联提议，以联大、云大、中法、英专四大学学生自治会的名义，召开一次时事晚会。四大学学生自治会举行了联席会议，决定在25日晚上召开时事座谈会，请老国民党员钱端升教授、伍启元教授、无党派人士与社会学家费孝通教授、中国民主同盟成员潘大逵教授讲演。联大党支部向我汇报邀请这四位教授讲演的安排，我认为很好。

李宗黄等闻讯，惶恐万状。24日，李主持召开云南省国民党的党政军联席会议，作出"凡各团体学校一切集会或游行，若未经本省党政军机关核准，一律严予禁止"的规定。并派人前往云大威胁校长熊庆来，要他不借礼堂（即至公堂）作会场，国民党云南警备司令部又函告联大当局，不得举行任何集会。

根据这一情况，我认为学生情绪很高，敌人引起了注意，要尽量避免碰硬。于是，我同联大第一、二党支部同志商量，党支部又与民青一支部王瑞沅和民青二支部云大学生会负责人侯澄商量，决定将该会会场移往大西门外联大新校舍图书馆前大草坪，会议改为以联大学生自治会的名义主办的校内集会。按当时情况，课余校内集会实际被认为是不成文的习惯，地方政府从未干预。为稳妥和慎重起见，我让联大党支部通过学生自治会，请张奚若教授向关麟征疏通（张为关的同乡前辈，受到关的敬重）；然后又将上述决定向联大当局作了说明。此时，联大已收到省府和警备部的关于不准开会的公函，联大代常委叶企孙认为，学生开会一事，"似无劝阻必要"，表示同意学生在校内举行时事晚会。

11月25日下午7时，晚会在联大举行。除发起的四所大学的同学外，还有昆华、天祥、南英、五华、联大附中等中学同学参加，经新联和工盟动员，部分工人和职业青年以及各界人士也赶来参加，人数约六千余人。

大会由联大学生自治会常务理事、昆明学联主席王瑞沅主持，四位教授在会上发表演讲，他们分别从政治经济等方面论述中国不能打内战的道理，呼吁停止内战。

晚会进行中，国民党中央嫡系第五军军长邱清泉派军队层层包围了联大新校舍，并多次发射枪弹向会场低空射击。子弹在人头上飞来飞去，群众伏地听讲，讲演照常进行。特务又将电线割断，灯光熄灭。主持大会的同学立即点燃原来准备好的汽灯，群情镇定，晚会仍坚持下去。

大会中间，有一个自称"王老百姓"的人，跳上台去，大放厥词，说"现在的危险是'内乱'而不是'内战'"。当时，坐在台下的云南昭通籍学生孙志能（党员）递了一个条子给主席台的会议主持者王瑞沅，说此人不是"老百姓"，是昭通人，叫查宗藩，是云南省党部执行委员兼中统局云南调统室主任。大会主持人立即宣布了这个特务的真面目，引起了群众的公愤，学生纠察队立即将其带出了会场。群众情绪更加高涨，讲演仍然照常进行。

讲演完毕后，大会通过了昆明市各大中学校学生反对内战的通电和呼吁美国青年反对美国派军队参加中国内战的通电，然后在高唱《我们反对这个》的歌声中散会。这时，国民党当局在会场外面紧急戒严，不许行人通过。约两小时后，与会群众才绕道由云大后门进城，至深夜才得回家。

学生在自己校内举行反对内战、呼吁和平的集会，竟然遭到国民党军队的包围，并以枪炮进行威胁，这是对"双十协定"规定的人民享有的起码的民主权利的最粗暴的践踏。时事晚会结束后，学生们无比愤怒，多数同学彻夜未眠，纷纷要求罢课抗议。联大第二党支部的党员、民青二支的李凌和吴鸣锵等在新校舍发起要求罢课的签名，所有宿舍的学生都表示同意，当夜签名的达500多人。民青第一、二支部及党的第一、二支部先后召开紧急会议，分析形势，都认为群情愤慨已极，须支持群众的罢课要求。当夜，学生到处酝酿串联，联大新校舍、南院女生宿舍、联大师范学院都纷纷响应罢课的要求，大家还写出了大量的抗议书贴到民主墙上。联大学生金恒年、吕超英（吕英）、李昌绍（葛翌）半夜将上课敲钟用的半截钢轨藏起来，第二天，同学们听不到上课钟声，也就不去上课了。

1945年11月26日，昆明六千余名学生举行总罢课，由此拉开一二·一运动帷幕。图为参加总罢课的学生游行队伍。

26日晨，昆明几家报纸登载国民党中央社消息说："本市西门外白泥坡附近，昨晚7时许，发生匪警。当地驻军据报告，即赶往捉捕，匪徒竟一面鸣枪，一面向黑暗中逃窜而散。"国民党对爱国学生的公开诬蔑和造谣，更增加了群众的愤怒，罢课情绪更加高涨。

26日晨，我从家里出来，赶到磨盘山黔灵中学同联大第一党支部的袁永熙碰头，详细了解情况。听了袁的汇报后，我们分析了形势的发展，估计云大、中法等校很可能罢课，很多中学亦可能响应。鉴于以上情况，我考虑，李宗黄、关麟征来势凶猛，咄咄逼人。从策略上讲，敌人高压之下，我们不应硬碰。但敌人激起了群众的愤怒，群众已自发罢起课来，我们应当因势利导，有领导、有组织地展开对敌斗争。于是，我们研究决定改变原来只开时事晚会的计划，根据群众的要求，同意罢课，具体由昆明市学联派出联络员到各校联络组织。

接着，我又去金碧路业余中学与联大第二党支部的许乃炯碰头，再到绥靖路何功楷当家庭教师的一个大商人家与他碰头。我与他们分析了形势和传达了开展总罢课的意见后，他们都同意。于是，立即布置向全市各校党员传达，组织各校党员，在学校里应外合，形成全市总罢课。

由于形势突变，斗争尖锐复杂，我代表省工委分工领导昆明市的工作，每天要同好几条线联系。由于情况紧急，凡事不能等到开会研究后再作处理，许多问题只有当机立断与具体工作同志商量决定，再通报省工委委员。如遇重大方针原则问题，才在省工委会上研究。这是紧急情况下采取的紧急措施，但我还是尽量向省工委委员通报有关情况和意见。

为掌握全面情况，以利领导运动，我们对几个方面收集的情况进行研究，分析了全市所有学校的基本情况。我们估计全市共产党和民青组织能够控制的学校约占全市学校二分之一以上，少部分学校当局属于进步势力、在野的地方实力派以及地方开明人士等，经各种渠道可争取其支持，有些学校还有共产党员和进步分子当教师，可以发挥其作用。如此看来，我们可以控制和影响的学校约占全市学校的大多数，国民党能控制的学校是极少数。此外，近一年来，以联大为中心的学联在全市学生中已有相当的号召力，只要我们充分发动学生，就能够达到总罢课的目标。

当时昆明全市46所中等以上学校（包括中技校）的具体情况有四种。

1.学生自治会、班联会、报联会、罢委会为共产党员或民青所掌握的有

20 所。这些学校的学生会、班联会负责人如下。

西南联大：王瑞沅（民青一支）、李建吾、李定（杨邦祺）（民青二支）。

云南大学：侯澄、李艺群（李济昌）（民青二支）。

中法大学：丁江（朱润典）、安洋（陈炳均）、王健（民青二支）。

英专：万若愚、罗应仙、田培宽等（民青二支）。

联大附中：罗广斌（民青二支）。

云大附中：温宗姜（新联）、阎士颐（进步学生）。

昆华女中：徐淑贞（徐菊英，党员）、范映霞、史坚（史锡如）（民青二支）。

中山中学：毕恒光、向克勤（赵春和）、王家栋（王伯林）（民青二支）。

天祥中学：张国士、甘廷芳（甘娥）、丁志（屈翠云）（民青二支）。

龙渊中学：杨性聪、张从龙、赵春锦（赵以群）（民青二支）。

昆华工校：王以怡（党员）、李云、王绍荣（民青二支）。

昆华农校：何汉卿等（民青二支）。

昆华商校：刘永富、吴祺（张家俊）（民青二支）。

昆华中学：王立政、杨益民（均党员）。

市立女中：舒彬（舒莲玉）、段菊芬、杨剑辉（民青二支）。

昆华护士学校：吴世华、高原、杨英、杨军（民青二支）。

此外，学生自治会、罢委会主持人为民青二支成员，姓名不详者的学校有长城中学、五华中学、中法中学、昆华女师四所。

2.学校当局、教师、学生中有共产党员或民青成员或进步分子，对学生自治会能掌握或起一定作用的有 17 所。

金江中学：董事长龙奎垣（龙云之侄），教师党员潘明、陆子英（陆光亮），学生自治会钱在兴、李培基、唐肇槐、张芸华（进步分子）。

求实中学：校长苏鸿纲（民主人士）。

黔灵中学：校长汪颂鲁（开明人士），校务主任孙仲宇，教师袁永熙、董大成（均党员）等。

俄语专科学校：校长刘振寰（开明人士）、校务主持人白麦浪（裴黔农，进步人士，后入党）。

中华业余中学：校长孙起孟（民主人士）、教师许乃炯（党员）等。

天祥中学：教师王刚（王树勋，民青二支）。

昆华师范：校长倪中方（开明人士）。

南菁中学：教师于再（党员）、张人鹤等。

建国中学：教师岳世华、郭用（党员）。

护国中学：教师宋启华（宋树言，党员）。

天南中学：教师何功楷（党员）。

峨岷中学：小学部主任祁山（祁亮珠，党员）。

惠滇护士学校：护士戴凤仙、杨彩和、周寒玉（进步分子，后参加民青）。

培文中学：教师党员袁永熙等。

实用女子职业学校：学生施佩珍（党员）。

南英中学：教师、联大毕业生刘克（进步分子）。

建设中学：教师屈容（党员）。

3. 属于中间状态者有 6 所。

明德中学、衡岳中学、市立中学、大同中学、粤秀中学、省立体专。

4. 属于国民党三青团控制者有 3 所。

云瑞中学、富春中学、中正中学。

26 日起，联大、云大、中法等学联常委单位派出联络员分赴全市各大中学校联络。他们到各校后，这些学校的共产党员、民青成员和进步师生积极做好组织动员工作，里应外合，与反动势力展开斗争。例如，昆华女师校长指使校警关闭校门，企图逮捕联大派去的联络员。校工得到消息后，立即通知学生。该校民青小组立即组织纠察队翻墙到隔壁同求实中学学生联系，放走联大学生。随后，两校同时罢课。昆华女中校长奉命扣留了联大派去的联络员后，学生自治会纠察队又打开后门，把联络员放了出去。云瑞中学高一、二班的同学听到校长刘钟兴要逮捕联大派去的联络员，就赶快让联络员离开学校。南英中学学生尽力冲破该校校长的阻挠，一致罢课。昆华中学校门为国民党政府中央所属警备部队把守，不准学生自由出入，虽然照常有上下课的号，但学生并未上课，一致罢课。也有的学校在联络员未到以前就已经罢课的。从 11 月 26 日起，每天罢课的学校不断增加，计 26 日有 18 所，27 日有 27 所，28 日达 31 所。

联大罢课后，11 月 26 日下午，学生自治会召开包括工学院在内的全校学生临时代表大会，通过决议，授权学生自治会理事会组织罢课委员会，起草罢课宣言，筹备出《罢委会通讯》。11 月 27 日，昆明市学联召开各大中学校代表大会，决议全市总罢课，并成立了昆明市中等以上学校罢课联合委员会（简称罢联），选举联大、云大、中法大学、昆华女中、云大附中五校为罢联常委，各校学生自治会也相继成立了罢课委员会（简称罢委会），统一领导罢课事宜。

11 月 26 日午后，我与袁永熙碰头时，他交给我一份《昆明市大中学生为反对内战告全国同胞书》稿子要我审改。我回到住处时，正巧南方局交通员王时风来找我，我同他一起商量进行修改。他的意见是既要态度鲜明，又要考虑到策略性。我觉得他的意见很好，我反复琢磨：现在我们的罢课虽有充分的理由，斗争形势也很好，但环境十分险恶，仅有理还不够，还要有利才行。大规模的战斗打响以后，还要考虑适当时机休战。我本着这一指导思想进行修改，将该文的题目改为《为反对内战及抗议武装干涉集会告全国同胞书》。在正文中体现其策略性，将内容分为两部分：第一部分控诉国民党挑起内战的罪行；第二部分阐述罢课理由。最后提出两类要求：第一类是关于全局性的，即（一）立即停止内战，要求和平；（二）反对美国助长中国内战，立即撤退驻华美军；（三）组织民主联合政府；（四）切实保障人身自由。第二类是关于昆明事件的，要求云南省国民党党政军当局追究射击联大的责任问题；立即取消党政军联席会议 11 月 24 日禁止集会游行之非法禁令；保障同学人身自由，不许任意逮捕；要求中央社更正诬蔑联大之荒谬谣言，并向当晚参加会议的师生道歉。我当时考虑，将第一类全国性要求作为长期奋斗目标，第二类地方性的要求，作为复课的条件，这样有利于争取教师、社会的同情和支持，也有利于在适当条件下及时休战。因此，通过罢联的《罢委会通讯》上公开明确表示：在第二类要求得到相当结果后，即可复课。

我把《为反对内战及抗议武装干涉集会告全国同胞书》交给袁永熙后，又分别同省工委委员通气，把其中的主要内容告诉他们，并听取了他们的意见，大家统一了看法。然后，在全市已罢课学校学生自治会（罢委会）主持下，交给全体学生逐字逐句地充分讨论。

11 月 26 日下午，联大国民党三青团召开紧急会议，研究对策。因为罢课所提要求十分合理，他们不能公开反对，于是千方百计阴谋捣乱。据事后查档案所知，国民党中央直属西南联大区分部书记长姚从吾 12 月 11 日给联大三青团负责人陈雪屏教授的信说："对罢课不但不能挽救，且只有随声拥护"。"决定采取分化方略"。照此方针，国民党三青团以"无党无派"面目出现，在群众中混淆是非，散布说：我们要求重庆、延安、张家口、成都都罢课；昆明、重庆、延安都要反内战；要求罢课宣言提出的要求第一类第二条改为反对美苏助长中国内战，要求美苏撤退在华驻军。之后，他们四处活动。在联大新校舍，三青团以"政治系 1946 级"名义招人签名。一些不明真相的同学纷纷参加签名，到 27 日签名者达 350 人。联大学生自治会在校本部召集学生会代表大会讨论所提要求时，联大工学院派 7 名代表参加会议。表决时，有 5 位工学院代表不同意只要求美军撤退，投赞成票的代表仅王世堂等二人。王世堂回到工学院后传达了以上情况，因大多数同学不了解情况，就表示同意。袁永熙向我反映了这个情况，并说：联大党支部认为，为争取多数同学，拟将所提要求中的"反对美国干涉中国内政，要求撤退驻华美军"，建议改为"反对外国干涉中国内政，要求撤退驻华美军"。我认为这个意见很好，有利于争取中间群众，孤立三青团，当即同意这样修改，并立即通知联大第二党支部及何功楷等人。

在修改的同时，党支部通过各条渠道在同学中做工作，向同学们说明任何一个国家助长中国内战，我们都反对，苏联原已宣布撤军，后因中国政府要求而延期执行撤军计划；但美国却支持蒋介石打内战，在中国加派军队，所以应将所提要求改为"反对外国干涉中国内政，要求撤退在华美军。"特别是联大工学院党员王世堂、方复等，发动进步同学，在同学中广泛开展宣传，说服持反对意见的同学。经过工作，多数同学态度有所变化。在此基础上，工学院于 11 月 28 日召开大会，表决学生自治会的修改意见，结果以109 票对 5 票顺利通过。

除工学院以外，联大支部调查发现新校舍有不少签名赞成三青团主张的"无党无派"同学，只签学号不签姓名，就到学校斋务股去查，知道他们都是三青团员。便立即将他们的姓名及身份在民主墙上公布，及时揭露了国民党、三青团的阴谋。这样，一些真正的无党无派学生明白了真相，当即有290 名学生公开宣布退出，最后签名的只剩下几十人。

27 日上午，联大校园里有人鸣锣通知签名的"无党无派"开会。经支部发动，200 余名进步同学宣称"我们都是无党无派"，乘机涌去参加会议。签名的 60 余名同学见势不对，纷纷散去。以后，这 60 余人中又有 40 多人公开声明赞同罢课，只是罢课所提条件不完全赞同，现在所提要求既已修改，当然同意，并声明从未参加反对罢委会的任何组织。至此，三青团的阴谋彻底失败。

联大附中学生自治会召开大会，讨论修改后的《为反对内战及抗议武装干涉集会告全国同胞书》中所提要求时，绝大多数同学赞成，只有四人反对。而个别三青团员硬说有四人反对，不能算全体通过。学生当场请在座的联大训导长查良钊出来说明，是否可以算是全体通过，查答称可以说全体通过，三青团的阴谋失败。

通过这场斗争，共产党团结了广大中间学生，孤立了国民党、三青团。经罢课的学校学生代表大会讨论决定后，11月28日，罢联会以昆明市31所大中学校署名公布了《昆明市大中学生为反对内战及抗议武装干涉集会告全国同胞书》。同时，我向省工委委员通报了《告全国同胞书》及修改要求等情况，并通过交通员把它设法送到重庆，再转送到延安。对此，中共中央、南方局都给予了极大的支持。《新华日报》（12月2日）、《解放日报》（12月22日）先后全文发表。12月5日重庆《新华日报》社论指出："这几项要求，实在非常温和而合理。"中共中央和南方局的支持和鼓励，大大鼓舞了群众的斗志，坚定了斗争的信心。

昆明学生罢课以后，李宗黄、关麟征等贯彻国民党中央的指示，"以宣传对宣传，以组织对组织，以行动对行动"，妄图把学生爱国民主运动镇压下去。在"以宣传对宣传"方面，他们指使各报发表反动社论：说现在的危险"不是内战是内乱"，诬蔑学生"不是学潮是政潮"。国民党中央社又以"通讯""读者来书"种种方式统发新闻稿，强令各报刊登，对学生罢课竭尽诬蔑之能事。特务还以"反罢课委员会"名义遍街张贴造谣诬蔑标语，如"反内战的便是共产党！"并用木刻"赤匪"二字，盖在罢委会张贴出去的宣传品上。

针对着敌人的进攻，罢联会出版发行的《罢委会通讯》（由工盟金永康等主办的地下印刷厂印），给予严正的驳斥。指出：国民党当局以武力威胁学生，诬蔑反内战晚会的师生为"匪"，这正好证明国民党当局反对和平、坚持内战。同时，共产党所领导的以及民主同盟的期刊，如《妇女旬刊》《民主周刊》《昆明新报》《自由论坛》《人民周报》都发表文章，驳斥国民党的造谣诬蔑。罢委会还号召各校同学开展不听中央社造谣，不看《中央日报》的活动；并在近日楼等处张贴大壁报，每天还派出千余人组成的宣传队、宣传组，向市民宣传，从而粉碎了国民党的反动宣传。

李宗黄等积极策划"以组织对组织"的活动，11月27日，指使国民党嫡系第五军军长邱清泉在小东门灵光街薛家巷警备总部某部召开会议，组成反罢课委员会，邱任总指挥，下设行动、情报、破坏、撕毁等组，机构设在如安街三青团云南省支团部。并盗用联大滇省籍以及川陕晋冀鲁等外省籍学生名义，反对罢课。学联对此展开了针锋相对的斗争。联大滇籍学生以云南同学会名义，发表《驳斥宵小盗用名义发表谎言并告同胞书》，不承认这个所谓的云南学生反罢课委员会；外省籍同学会亦纷纷发表声明，否认有所谓川陕冀鲁等省学生反对罢课之事。

李宗黄等执行"以行动对行动"的反革命计划，自11月27日至30日，有组织地派出特务，每队5人、10人、30人、50人、100人不等，到处横行，遍街殴打宣传队的同学，捣毁学校。仅29日，学生被打事件就有25起，被捕事件15起；30日，联大师范学院、中法大学、云南大学的壁报及罢委会办公室均被捣毁。

从11月28日起，大批武装特务闯入部分罢课中学，强迫上课。粤秀中学门外架起机关枪两挺，对学生进行威胁；市立中学门外停着一辆吉普车，绑架学生会负责人；昆华中学则被军人驻扎，关上校门，禁止与外界联络；昆华女子师范亦曾被迫一度关起大门，阻止学生不能到校外参加活动。

11月27、28日，李宗黄以国民党省党部主委名义，密令各级党部选派打手，集中到国民党中央军校第五分校聆训。然后分别化装，派到街头行凶。据李宗黄在记者招待会上公布："可动员国民党员2000人，干部200余人"。实际在军分校集合起来的国民党员及三青团员还不到50人。

各校学生在共产党员、民青成员带动之下，团结一致，机智勇敢地向敌人展开斗争。中山中学校长郜重魁威逼利诱学生反对罢课，被学生一致拒绝。昆华女中校长召集学生训话，强迫复课，学生一轰而散，关麟征的警备司令部派特务到该校索取罢委会负责人名单，全体学生一致拒绝。五华中学、粤秀中学等校学生密约：如特务进学校时，大家静坐教室，继续罢课。昆华中学、昆华商校照常摇铃吹号，实则没有上课。市立中学、黔灵中学、天祥中学等校学生自治会组织纠察队维持秩序，把守校门，会客须经过正当手续，以抵制特务入校。在特务密布的情况下，有的学校组织校工传送信息，有的学校组织附小学生担任交通员，校与校之间，互通情报，联系从未中断。

市立中学发生了罢委会学生被三青团特务告密，遭宪兵十三团绑架的事件。罢委会发动学生正式向宪兵十三团要求释放无辜学生。同时，学生自治会还主持召开全校大会，公布特务学生的罪恶勾当，宣布开除其学籍。其他学校亦开展了反对特务学生的活动，使特务学生不敢再出头露面。

在敌人的进攻面前，同学们坚持斗争，罢联会在近日楼继续张贴街头壁报，吸引了无数的市民围观。入夜，在暗淡的路灯下，还有人用手电筒照着看。为了防止国民党当局的野蛮迫害，保证街头宣传的顺利进行，避免学生被打被捕事件，罢联将身强力壮的男学生组成若干个纠察队，跟随宣传队行动。罢联的《罢委会通讯》第二期发表了《我们决不退下》的文章说："虽然我们挨了打，虽然我们受了伤，虽然我们进了监，我们绝不会退下来的。"

此时，我注意到，在群众积极性高涨之下，一种过激的倾向在增长。部分激进学生，甚至包括一些共产党员和民青成员提出了"罢工、罢市"等宣传口号；在行动上不同意罢联会复课标准（即第二类要求获得相当结果），主张直至内战停止时，罢课才能结束。商校、昆华女中、市立中学等校部分学生一再要求举行游行示威。

针对这种情况，我想，我们是地下党，不同于掌握武装的军队。军队打个胜仗，也得付出一定的代价。我们几年来积蓄的力量，不能受到不应有的损失，要在保存自己、发展自己的情况下，打击敌人，保护群众。当前，反动派的压力太大，应竭力避免不必要的牺牲，不宜硬碰。对群众以及共产党员中的高涨积极情绪要爱护，不能责备，但必须加以启发，以理说服劝导。11月28、29日间，我几次分别同联大第一、二党支部以及何功楷等同志反复研究，分析形势，统一认识。认识统一以后，联大党支部和大中学的民青组织尽量说服群众不要游行。

29日，联大剧艺社演出《匪警》等活报剧，欢迎各中学学生观看。国民党便衣特务集中在翠湖边中央军校第五分校，待机出动，一部分同学要求即刻游行。我听到汇报后，立即通知联大党支部通过罢联会派人分别说服，因而未发生事故。通过做细致的思想工作，学生的口号和行动没有超出广大普通群众能够接受的限度，他们的行动始终得到了广大群众的支持，最大限度地团结了多数同学。

教授们对学生集会遭到武装恐吓和造谣诬蔑表示同情。闻家驷教授写了

《当真是匪警吗？》一文，痛斥了反动派的造谣。11月29日上午，联大教授会通过了《国立西南联大全体教授为11月25日地方军政当局侵害集会自由事件抗议书》，指出当局的暴行："不特妨碍人民正当之自由，侵犯学府之尊严，抑且引起社会莫大之不安。"全体一致决议："对此不法之举，表示最严重之抗议"。教授们对师生遭受迫害，尽管有不少人是同情的，但在反动派高压之下，也有所顾虑。联大教授会出于对学生学业和安全的考虑，29日，在图书馆前召集联大罢委会的部分学生开会。在会上，闻一多、吴晗、钱端升、潘光旦、周炳琳、冯友兰等教授劝学生复课，他们在谈话中告诫学生说，如继续罢课，将危及学校前途，荒废学业。

对教授们出于同情和善意的关怀，学生们表示理解。但他们表示，在当前条件下，我们如果无条件复课，必将增长反动势力的嚣张气焰，会使这次民主运动遭到严重的挫折。事后，罢委会派出代表，分头访问了各院系负责人和部分有影响的教授，向他们说明：学生本不愿意罢课，现在的罢课是不得已，只要地方当局接受学生提出的一些起码的要求，就可以立即复课。经过多方面的工作，进步教授更加积极地支持学生，中间派教授态度也有了改变。

为了进一步争取教师、家长和社会各界人士对学生罢课的支持，11月30日，联大党支部经罢联会发表《致各师长书》说：在街头上被打的同学，好多是你们的学生，你们一定以有了这样的学生而感到骄傲。同时发表《告学生家长书》，呼吁父老们："你们一定不忍心看见你们的儿女受到枪炮的威胁和卑污的侮辱，……给你们的儿女以更大的同情和支持吧。"为了避免在街上宣传被特务殴打，许多宣传队员（包括昆明的中学学生）挨家挨户地用云南话向市民宣传、解释反内战的道理，受到广大市民的欢迎。

11月30日，联大工学院全体助教捐款法币五万元以支持罢课。针对特务到处殴打学生，捣毁学校设施的行径，联大68名教职员联名发表声明：反对武力威胁，维护学府尊严；维护各种自由；反对内战，要求立即停止军事冲突；请全国各党各派人士共商国是。

学生的行动得到了民主人士的广泛同情。11月30日，民主同盟云南支部发表声明：认为"罢课是正当的唯一的抗议手段"，认为学生"所提的八条不但合理，而且合乎人情，合乎国法。""完全同情这一运动，声援这一运动！"

罢课得到了社会各界的支持，自罢课以来，罢联会每天都要收到捐款和慰问信。联大工学院豆浆室一个工友捐毛边纸一刀，另一个工友捐款一千元。一个国民党军队的士兵来信说："我等受了一班贪官污吏的压迫，只得忍奈。一定要我去打内战，就是自杀，也绝对不拿枪屠杀自己的弟兄。"联大新校舍门口一个小贩，把他一天卖豆腐干的收入，全部捐给学生；有一对新婚夫妇捐献了他们的结婚戒指，并来信说："让它干些更有意义的事。"云南省政府有五位下级公务人员来信说："看见你们罢课，恨不能马上用行动来响应你们，不幸我们所服务的机关是成天灌输只准拥护一个政府（国民政府）、一个领袖（蒋介石）、一个主义（三民主义）的，因此只有凑了五千元表示声援。"中央电工器材厂一个职工来信说："野蛮的军事当局法西斯党徒摧残青年，蔑视自由的卑鄙手段，诚令人愤恨之极。"

学生在街头的宣传活动，普遍得到市民的支持。当时昆明广大群众对以军事政变方式上台的李宗黄等国民党嫡系势力很不满意，对特务和军人在街头横行非常气愤，因而也就更加同情学生。每当宣传员讲演完毕时，往往是台上台下、学生和群众一起高呼反内战口号，合唱反内战歌曲。有个学生在光华街被特务追捕，商店店员让他从前门进去，后门出来，并关上店门，不让特务进去。得道多助，失道寡助，学生运动争取到各界同情和支持，反动派更加孤立。

自罢课以来，特务到处殴打学生，形势很险恶。我与联大支部及市里的同志多次商量如何复课，结束此战役的问题。但当时学生的情绪很高，反动派的压力越大，学生的反抗越是激烈，社会各界和昆明市民对学生的行动更加热情支持，11 月 29 日，罢课的学校已增加到 34 所。

从 11 月 28 日起，李宗黄、关麟征等对学生的迫害逐步升级。据统计，29 日学生被打事件就达 25 起，被捕事件 15 起，至 30 日情势更加严重。29、30 日，在武成路、南屏街、华山西路等处发生学生被便衣特务打伤、刺伤、手枪击伤事件多起，学生在纠察队保护之下，未被捕去。在残酷的白色恐怖中，参加宣传队和纠察队的共产党员和民青成员与同学们同进退、共患难，密切了党同群众的联系。

11 月 30 日，国民党第五军政治部主任张濯域、中统云南调统室主任查宗藩、三青团昆明市书记长高云裳等密谋镇压学生运动。三青团云南支团部秘书周绅率领特务在中央军校第五分校演习投掷手榴弹；辎汽十七团用美国卡车满载石块砖瓦，倾倒在联大新校舍墙外；《新华日报》营业处、联大师范学院、云大、中法大学都被武装特务闯入，撕毁书报，捣毁什物。

对敌人的高压有加无已，我深感形势日益严峻。我考虑如立即复课，群众一时难于转弯，而逐步缩小战线，群众是可以接受的。11月29、30日，我同联大党的一、二支部负责同志分别碰头，分析情势，大家都同意应作最坏的估计。30日，罢联通知各校加强戒备，暂停上街宣传，要求同学不要单独外出。

12月1日上午8时，国民党省党部主任委员李宗黄在五华山省政府参加卢汉就任省主席仪式后，即匆匆赶往华山南路省党部，向已集中在那里的国民党骨干和便衣特务训话。他说：学生又向我们进攻了，这是大家效忠党国的时机，我们要以宣传对宣传，以流血对流血，进行还击。暴徒们各自携带凶器，由国民党省党部科长杨灿带队，前往如安街三青团省团部集合。

国民党省党部一个同情学生的会计员，立刻把这个消息告知云大民青支部的一个成员；云大党员和民青支部立即向党组织反映，党支部经罢委会采取紧急措施，并很快通知了联大。罢联会决定：整理内部，加强防御，准备战斗。共产党员和民青成员立即把秘密材料收藏起来，以防不测。

12月1日上午10时左右，查宗藩率领近百人，暗藏凶器进攻云大。云大校门大门内有很高的台阶，同学们居高临下，与特务对抗，特务不得逞，只好呼啸而去。

同日上午11时，国民党政府军政部第二军官总队学员一百多人进攻联大新校舍。同学们用大量桌椅、黑板什物等堆积在大门前，严加防御，守住大门。同他们讲理，高呼反对内战的口号。暴徒们企图打破联大木制校门，冲入学校，行凶打人，但未能得逞，而学生罗纪行、向大甘、张君平等被打伤。军官总队学员特务崔俊杰冲进学校大门旁边的一个小门，当即被学生捉住。领队军官被迫派人进校谈判，联大罢委代表答应保证被俘者的生命安全，但必须他们全队撤退后才能释放，军官表示愿意撤退。

当暴徒攻击联大大门时，在校门对面南区实验室工作的袁复礼教授出来劝阻，竟遭暴徒的野蛮毒打。共产党员、南菁中学教师于再与南菁教师张人鹤路过联大门前，见军人蛮横无理攻打手无寸铁的学生，前去劝告，亦被打伤。于再见到一个军人正拉开手榴弹的导火线，准备向校内投掷时，不顾个人安危，强忍伤痛，上前劝阻，手榴弹在其身旁爆炸，于重伤倒地，当场牺牲。联大新校舍在学生的坚强防守下，使暴徒们终未能闯进校内，无可奈何只好撤走。

同日中午12时，周绅带领三青团骨干和邱清泉第五军便衣队数十人向龙翔街联大师范学院发动猛攻。因师院学生已得到新校舍被攻的消息，早已严密防守，紧闭大门。但校门也是木制，不久又被打破，学生们被迫后退。特务向饭厅投掷了一枚手榴弹，同学们联合隔壁的昆华工校学生反攻，将特务队从大门赶出。

特务被逐出大门后，隔墙向校内投掷了两枚手榴弹，又乘机攻入。女共产党员潘琰被炸受伤，特务又以尖头铁棍向潘猛刺。潘伤势过重，抢救无效，英勇牺牲。联大学生李鲁连、昆华工校学生张华昌亦于此时殉难。

1945 年一二·一惨案中，被昆明国民党军警特务袭击后的西南联大校门。

下午 2 时，暴徒到联大工学院寻衅，由于学生早有准备，未受损失。教授马大猷出来劝阻被殴打。

当日，联大附中、昆华女中、南英中学亦被攻打。总计当日牺牲师生四人。被打伤的教授有袁复礼、马大猷等，还有云大医院护士马静成。共计重伤 25 人，轻伤 30 余人。当特务行凶时，联大共产党员、民青盟员都同群众一起舍生忘死，英勇搏斗，死难烈士中有中共党员潘琰、于再。受伤人员中当时是民青盟员的有向大甘、张君平，党员有缪祥烈（当时党籍未恢复，仅有民青关系）等同志。

这就是震惊中外的一二·一惨案。1945 年 12 月 7 日延安《解放日报》社论指出："就全国说来，是 1926 年'三·一八'惨案以来将近二十年间所没有发生过的大惨案。"联大教授闻一多说："鲁迅先生说民国十五年的'三·一八'惨案是中华民国最黑暗的一天，他不知道还有更凶残更黑暗的日子就是民国三十四年十二月一日。"

惨案发生后，全市大中学生群情愤慨，斗志更加高昂。在联大新校舍，罢委会组织学生修理校门，加强巡逻。学生纷纷自动组织起来，参加保卫校园的斗争。联大师院学生加强戒备，轮班守夜，工学院学生吃饭时全院默哀三分钟，向死难同学致敬。昆华、惠滇护士学校学生听到同学们被暴徒打死打伤的消息，立即携带药品到联大主动担任救护工作；郊区龙头村的云大附中学生，全部搬进云大，积极参加战斗。各校原来未参加罢委会工作的学生，现在自动参加了；原来对罢课不积极的学生，现在也积极起来了。

社会各界对学生在校内被国民党特务打伤和残杀表示同情，一致谴责国民党反动派的无耻暴行。在社会各界愤怒压力下，关麟征到联大假装慰问、道歉。以后又派人送去花圈、现款和两口棺材。这些，都被罢联会严词拒绝。看到形势不妙，为推卸责任，关、李之间开始内讧；国民党与三青团、中统（国民党省党部特务）与军统（警备总部特务）互相之间也互相推诿罪责，一些凶手当街互相争吵、殴打。12月1日晚，关麟征招待各报社记者，说希望大家不要刺激学生情绪。

一时，公开横行的特务销声匿迹，反罢委会的公开文字宣传暂时收敛。重庆国民党中央被迫电令云南反动当局："暂停武力镇压，以免事态扩大。"

惨案发生后，我的心情十分沉重。我想，反动派竟在光天化日之下行凶，打进最高学府，屠杀师生，是可忍孰不可忍。反动派的残暴行动已激发了广大学生的义愤，激起社会各界对学生的同情，我们现在处于更有理的地位。关麟征道歉，尽管是假意，但也明显表示敌人亏理。敌退我进，乘此时机，我们应当大举反攻，向社会控诉反动当局的罪行，以争取更有利的地位。

12月1日下午，我分别找联大一、二党支部的同学了解有关情况和昆明市何功楷等同志碰头，并听取他们的意见，及时同省工委委员分别充分交换意见。综合同志们的意见，经分析研究后决定：加强并扩大以学生为主的战斗队伍，争取工人，职业青年、教师及公务人员等各方面的支援，利用反动派矛盾，集中一切力量，向以李宗黄、关麟征为首的国民党反动派大举反攻。在宣传方面，要公布惨案事实真相，做到有理有据地揭露反动当局残暴罪行，争取社会多数的同情，狠狠打击国民党中央嫡系的反动派。

12月3日，袁永熙把第一党支部起草的《昆明市大中学生为"一二·一"惨案告全国同胞书》送我审阅。我稍加修改后，交袁经民青一、二支行动委员会，再经罢联常委提交全市中等以上罢课学校学生代表大会讨论通过。

《昆明市大中学生为"一二·一"惨案告全国同胞书》在具体要求上，

除坚持《为反对内战及抗议武装干涉集会告全国同胞书》提出的第一、二类要求外，增加第三类，即关于昆明血案的要求：（一）严惩祸首关麟征、李宗黄、邱清泉；（二）抚恤死者，医治伤者；（三）赔偿一切公私损失。

省工委派交通员将《昆明市大中学生为"一二·一"惨案告全国同胞书》送到重庆，向南方局汇报，并经南方局电台再转送到延安向党中央汇报。12月5日重庆《新华日报》社论指出："流血的惨剧是绝对掩饰不了的。当局首先应该严惩杀伤学生的凶手及负责人，立刻接受学生的要求，并付予实施，以谢学生，以平众怒。"12月7日，延安《解放日报》也发表社论说："我们对于昆明的学生表示极其真诚的同情。昆明学生与教授的命运，也就是全国人民的命运，我们声援在苦难中的昆明学生与教授，因为他们的奋斗就是为独立、自由、幸福的新中国的斗争，是这个斗争的一部分。"

为加强战斗队伍，我分别同联大党支部负责同志碰头研究，调整领导机构，在民青一、二支部执委会中选拔互相未打通关系的党员干部以民青面目出现，成立行动委员会，担负运动指导责任，实际起党组作用。罢委会设常委，由王瑞沅、程法伋、王树勋（王刚）三人组成，由王瑞沅抓总。另设立治丧委员会，以王树勋、施载宣（萧荻）、李新亭三人主持（李参加了第一次治丧委员会后即退出）。袁永熙在碰头时建议派王汉斌、程法伋去重庆向南方局汇报运动进展情况，并在重庆扩大宣传，争取支援。我同意这个意见，随即派他们前往。罢联会再分派代表到各校讲述一二·一惨案，加强中学联络工作，号召同学团结一致，为死难烈士复仇。同时，采取一系列的措施进行反击。罢联会采取的措施是：

（1）孤立反动势力。各学校学生公开检举三青团特务。联大工学院曾检举出五个特务，要他们悔过，然后替罢委会刻蜡版，抄宣传品。一时间，特务们成了"过街老鼠"，云大的三青团特务史青辑甚至不敢回校住宿。联大昆明校友会全体一致决议，开除压迫罢课学生、曾扣留罢委会代表的云瑞中学校长刘钟兴及教务主任保国强的校友会籍，并呈请母校西南联大追加开除其学籍，在报上刊登启事。一时间，公开的或暴露的三青团便销声匿迹了，只有秘密的三青团特务还在待机而动。

（2）扩大宣传，深入访问。其主要方式有：

进行文字宣传。罢联会从12月1日起，经工盟办的地下印刷厂印制的《罢委会通讯》，澄清和抗议中央社的造谣，报道全国反内战爱国运动的动态，公布罢联的主张，受到社会的普遍关注，销量超过昆明当时的日报和周刊。此外，还印发了《一二·一惨案实录》10 万份、《昆明学生为一二·一事件告各界同胞书》等宣传品约 50 万份。中法大学罢委会出版发行的刊物《反内战》，起到了很大的宣传作用。

张贴街头壁报。凡昆明市区张贴日报之处，皆张贴街头壁报。这些壁报以通俗文字及彩色漫画组成，读者争先恐后。云大、英专等校还在校内出版壁报。以张贴大量的标语、口号、漫画、连环画等进行广泛的宣传。其中，以联大工学院之油漆标语最使人注目，而不易擦去。同学们编写了很多通俗歌谣，内容大都是揭露国民党政府压迫人民的罪行，唤起人民起来斗争。

进行街头演讲。从 12 月 2 日起，各校每天出动 100 至 150 个宣传队（每队 10 人、15 人不等），选择十字街头、人烟稠密之广场或游艺场所，讲述一二·一大屠杀实况，呼吁反内战、争自由。在讲演时，得到群众的普遍支持，例如，在拓东路，一个联大学生讲演时，当场就有一个商人捐助 15 万元给学生。在近日楼，学生讲演后，一个军官跳上台去，痛哭流涕地表示，坚决反对内战，不参加内战。

在街头演剧、唱歌。联大剧艺社自编自演了各种活报剧和话剧，如《匪警》《凯旋》《潘琰传》《告地状》等分别在街头广场演出，观者甚众。在十字街头或广场，学生们以数十人列队，集体合唱《我们反对这个》《士兵们，放下枪杆来》《凶手，你逃不了》《快把世界来改造》《不买中央报》等歌曲，并解说歌词内容，吸引了大量群众。

同学们还到工厂、农村以及市民或铺户中开展宣传和访问活动。他们以三至五人为一组，挨户访问、谈心。从拉家常、询问生活情况，到谈物价，逐步联系国家大事，启发群众觉悟。经过家访，同时教育了学生，使他们亲眼看到人民的疾苦，从同群众的接触中提高了觉悟。

反动派的屠杀激起了社会各界群众的强烈义愤，学生们的斗争得到了社会的广泛同情和支持。自 12 月 2 日起，全市工人、店员、职业青年、各界人士，甚至国民党军队中的一些官兵，纷纷以各种方式支援学生的正义斗争。仅 12 月 5 日一天，罢联会就收到职业青年联谊会、中央机器厂工友读书社及店员 8 人、北平研究院校友 7 人、198 个工人、一个军人、某工兵团一群士兵等的捐款和信函声援。中央机器厂工友读书社全体社员捐赠 1 万元，附信说："让我们携起手来，摧毁法西斯匪徒的集团。"国民党中央军驻昆明工兵某团一群士兵，捐款 9600 元，附慰问信说："将我们仅有的薪饷，捐给你们，以表示热烈的同情心。"国民党军队中一个陆军上校先后捐款 4.7 万元，并来信说："内战是爱国军人的耻辱，昨天野蛮的屠杀，使身为军人的我感到无限的悲痛，为了保持抗战爱国军人的荣誉，现在向诸位亲爱的同学保证，我决不参加内战，且自即日起辞职，绝不去做屠杀同胞的刽子手。"

12 月 2 日，中国民主同盟云南支部发表声明："除对摧残文化，蹂躏民权，草菅人命之负责机构及其主使人员，再度提出严重抗议外，同时以最悲愤严肃之态度，声援被迫害者的呼吁和要求。""请全省、全国、全世界一切主持正义、尊重人权的人士，一致支援。"在新联的发动下，职业青年 1500 人签名，抗议国民党当局暴行，要求惩凶。在新闻文化界张子斋、欧根、白麦浪（裴默农）及民主同盟的周新民、李文宜、楚图南、冯素陶等的推动和民主同盟支持下，《民主周刊》《时代评论》《昆明新报》《大路周报》《人民周报》《文艺新报》《妇女周刊》等期刊联合发表声明，抗议国民党当局的暴行。12 月 2 日，省参议会召开临时会议，邀请罢联代表报告惨案经过，并决议要求国民党政府保障学生安全。

运动还得到了外籍教授和社会上层人士的同情和支持。联大德籍教授李华德捐款 5 万元，为值夜班的学生买烧饼。龙云夫人顾映秋捐款 50 万元，龙云次子龙绳祖捐款 10 万元。金江中学董事长龙奎垣表示欢迎其他学校因罢课被开除的学生在该校入学。联大校友会在龙云家属支持下，由吴征镒等主持，在临江里龙云公馆开会声援学生运动。

当时，昆明市中等以上学校教师中有一些共产党员，如联大生物系讲师吴征镒（进步分子，后入党）、物理系助教郭沂曾，云大生物系助教殷汝棠，联大外国语文学系讲师喻铭传等，此外，还有中国民主同盟成员和民青盟员。联大还有一些学生党员如袁永熙等；一些进步学生在中学里兼差当教师，如朱光亚、杜精南（民青）、冯宝奢等，他们周围都团结了不少群众。一二·一惨案后，他们积极发动教师声援学生。

12 月 1 日下午，云大教职员发起声援学生的签名，当晚参加的即达 71 人。他们发表的《敬告各界书》说："对于本市各大中学校同学反对内战争取民主的运动，在原则上表示衷心的同情与赞助"，认为国民党当局"杀死同学多人"，"实开民国史上未有之恶例"。他们"相信同学们反对内战是出乎忠诚，决非一二流言所能诬蔑"。他们"对于那些以反内战而遭逮捕殴打枪伤的同学，谨致由衷的慰问；对于那些横遭残杀的同学，表示无限的哀悼"。最后要求"合理的解决，俾使内战早日停止，学生早日复课"。

12月2日，联大教职员56人写信慰问负伤学生，说："昨日暴徒肆意屠杀学生，捣毁学校，行似禽兽，恶逾匪寇，凡属血气之伦，靡不发指。地方军政当局纵容啸聚，视若无睹，其为嗾使主谋，显而易见，同人等痛恨之余，拟采取一切有效方法，诉诸全国人士，以申正义，而遏奸暴。"从12月2日起，联大讲师、教员、助教及联大附中教员先后开会决议："一致罢教，以反对内战，抗议（国民党）当局暴行，至学生复课时为止。"同时，全市大中学教师发起罢教签名，一日之内参加的即达31所学校。

12月3日，联大学生自治会发表《致教师书》说："用满眶眼泪向各位敬爱的先生们呼吁"，希望先生们罢教。12月4日，联大教授会决定停课一周，以示抗议。同日，云大教授会决议与联大教授采取一致行动，声援学生正义斗争，并致电国民党政府，要求严惩祸首及负责人，"以平抑公愤"。

12月6日，全市大中学教师298人签名发表宣言，说："同人等目击心伤，念是非之不彰，痛正义之不伸，凶暴违法之徒如不除，就国家言，将何以建国？就同人言，将何以为教？何忍为教！故决于即日起一致罢教，至学生复课日止，以示抗议。"联大教授会发表由法律委员会蔡枢衡、费青起草的《呈国民政府军事委员会告诉状》，列举确凿罪证百余件，以证实李宗黄、关麟征、邱清泉等"阻挠集会，伤害自由，聚众强暴，扰乱秩序，滥用权力，违法杀人，加侮辱伤害于教授，施毒打轰炸于青年，败法乱纪，罪大恶极，苟不依法严惩，岂仅死者含冤，生者衔恨，实足玷辱法纪，影响人心，昆明学潮，尤难解决。"

中共中央南方局对教授的声援活动给予了高度评价。重庆《新华日报》12月9日发表社论指出，"云大教授71人联名声明：对学生表示同情，联大全体教授罢教一星期以响应，更是过去任何一次学生运动中所未曾有过的。"

一二·一惨案发生后，联大图书馆改为灵堂，同学们轮流守灵。

12月2日下午，举行烈士入殓典礼。天上愁云密布，入殓典礼在沉痛肃穆的气氛中进行，全市大中学6000多人前来参加，联大代常委叶企孙主祭，联大教授会特推周炳琳、汤用彤、霍秉权三教授为代表，向烈士致悼。烈士入殓时，参加的人都失声痛哭，有的女生因悲痛过度而昏倒，主祭者亦泣不成声。最后罢联代表致词宣誓："我们不仅哀悼，我们誓死为争取民主自由奋斗到底！我们要复仇，为千千万万无辜的被法西斯匪徒残杀的人们复仇！我们将踏着死者的血迹前进，决不后退一步！"

12月2日晚、3日晨，我分别同联大第一党支部袁永熙，第二党支部李明、许乃炯、何功楷碰头，主要了解入殓典礼情况。我问他们说：往日校门口那些盯梢的，照相的，来回走动的特务有多少？他们反映说，不知怎么，都不见了。

这时，我联想起1945年3月重庆"胡世合事件"，国民党特务因用电不交费，反而打死收电费的工人胡世合，激起了全市工人和市民的义愤，在南方局直接领导下，数万名群众参加了吊唁活动，几百副挽联公开控诉了国民党反动派的罪行，运动搞得很成功。我想，胡世合运动为我们作出了示范，我们应运用此合情合理合法的大好机会，以扩大宣传。我分别同省工委和市区党员骨干以及联大支部同志碰头，他们都同意这个意见。

于是，联大党支部经罢联会发布讣告："本会对此大规模屠杀，极为愤慨。除向政府抗议，向法院申诉外，爰订于本月4日起，公祭烈士。各界人士、死者亲友欲来奠祭者，请驾临大西门外，西南联大停灵处。特此讣告。"

从讣告发出之日起，每天从早到晚，成千上万的各族人群络绎不绝前来参加公祭。全市45所中等以上学校学生都参加了灵堂吊唁，大多数小学师生也都参加了公祭。此外，还有工人、农民、职员、士兵、军官、市民、工商业者、地方士绅、宗教界人士。其中有的是经组织发动的，但多数是得到消息自发来的。一个半月里，参加灵堂祭悼的人数达15万人次（以人数计，占当时全市人口的半数）。集体及团体祭吊的，除大中小学校、工厂、企业等单位外，还有省市参议会、中国民主同盟云南支部、中苏文化协会昆明分会、云南妇女联谊会、圭山区彝族旅省同学会、小贩联谊会、省商会、市商会、牛菜馆业等同业公会、省佛教会、基督教青年会学生服务社、清真铎报社等，参加的团体近700个。

在公祭期间，灵堂挽联达千副以上。这些挽联把矛头对准国民党的独裁统治，很多指名道姓地直指李宗黄、关麟征、邱清泉，控诉了国民党反动派的罪恶。

西南联大学生自治会写道：

今天你们敢打进民主堡垒

明天我们就倾覆法西巢穴

西南联大教授会写道：

争取和平自由，洒尽热血，凛凛浩气传千古
肃清豺狼鬼蜮，完成遗志，矻矻丹心在吾人

中国民主同盟云南省支部写道：

牺牲生命，牺牲头颅，争和平民主，壮哉死矣
屠杀青年，屠杀人民，问民主宪政，果如是乎

云南大学全体同学写道：

反内战，反独裁，先烈已成仁，英灵不昧，莫饶刽子手
争自由，争民主，后死更有责，黑暗未除，誓挤男儿头

中法大学全体师生写道：

集会无自由，杀人有自由，是为民主
血泪哭同学，馨香祭同学，哀此国魂

云南省立英语专科学校 1947 级全体同学写道：

肩负起历史的任务，为反对内战，为争取自由，洒出了你们的鲜血
担当起未完的使命，为根绝独裁，为实现民主，永步着你们的后尘

云大附中全体同学写道：

杀学生，剥夺言论身体自由，法西毒菌在中国犹见
反内战，组织民主联合政府，五四精神在昆明重兴

联大经济系 1945 级级会写道：

罢课干嘛？反内战，争民主
凶手是谁？李宗黄，关麟征

昆明市青云路邮局全体同人写道：

争民主志士奋不顾身精神永存千古

反内战青年竟遭毒手悲痛常在心头

云瑞中学高二班学生写道：

问法西斯走狗良心何在
看新民主青年浩气长存

华丰印刷厂全体职工写道：

联合政府才能建国
反对内战方可和平

市民王齐兴写道：

一党专政
百姓遭殃

李公朴写道：

要独裁残杀学生之政府从来没有好结果
反内战代表人民的公意不久一定要胜利

严立达写道：

国民党还政于民，秋风未去，丢下数枚炸弹；
中央军奉命来省，春风乍到，杀了几个学生。

滇中老百姓高沛远、段长寿、阎得志写道：

要告诉全世界屠夫，就是拿了原子弹，也毁灭不了地球，毁灭不了人民的意志和力量；
真不愧新中国战士，抛弃了大好头颅，也坚决反对内战，坚决反对政治的黑暗与独裁。

文林、徐未明写道：

好话说得尽，阴谋想得尽，坏事做得尽，试问中央社，这样的独裁政府，究竟比北洋军阀怎样？

枪炮吓不倒，谣言骂不倒，金钱买不到，告诉刽子手，今天的中国学生，到底和五四时代不同。

罢联诉讼委员会写道：

以特务党棍治国，以军阀治国，以独裁治国，民国乃成地狱；
以炸弹木棍饷民，以刺刀饷民，以枪炮饷民，学府竟为屠场。

中法大学理学院工友罗润芝、洪照祥写道：

学生一片好心肠，争民主，争百姓自由，虽死犹生，我们永远纪念你；
官府万般臭罪恶，为独裁，为一党专制，纵生若死，大家务必消灭他。

除挽联以外，还有挽诗、标语、挽词等。灵堂展出烈士的血衣，血淋淋的事实，教育了前来公祭的群众，激发起他们对国民党统治的仇恨，赢得了各界的支持。

由于昆明学生的坚持斗争和社会各界人士的同情和支援，运动声势逐步扩大，使敌人处于孤立被动的地位。同时，在中共中央的号召下，全国各地支援昆明学生的斗争，迅速形成民主运动的新高潮。

1945年12月9日，在延安"一二·九"十周年纪念大会上，周恩来指出："我们处在新的'一二·九'时期，昆明惨案就是新的'一二·九'。""这是中国从'三·一八'以来最残暴的大惨案，我们应向全中国全世界的人民控诉。""五四运动未完成的任务，由一二·九的青年继承起来，一二·九未完成的任务，由今天的青年运动继承起来，青年是争取和平民主的先锋队……"同日，重庆《新华日报》发表文章，指出："今天的昆明学生，无愧于'一二·九'的后继者，的确是真诚爱国的青年，因此他们得到社会上广泛的同情和响应"。延安《解放日报》也发表社论指出："昆明的罢课是抗战胜利以后巨大规模的学生爱国运动。这个运动一开始就遭受了比以前更残酷的镇压，它在今后全国人民反对内战争取和平的斗争中，仍然会起着极大的推动作用。"

在中共中央、南方局的热切关怀和号召下，延安和晋察冀、山东、晋绥边区等解放区的首府都相继举行群众大会，对昆明的学生与教授表示热烈的支持。"全国各地都爆发了为援助昆明学生的游行示威，一个以学生运动为主的反内战运动,一时席卷了整个国民党统治区。"

12月9日,重庆各界在沈钧儒、柳亚子、郭沫若、何公敢、邓初民、张东荪、罗隆基、史良、章乃器等主持下,举行了陪都各界追悼昆明被难学生大会,参加的有民主同盟、救国会、三民主义同志会、复旦大学等校学生、北平旅渝同学会等团体,以及各界人士有一挽联写道:

名为民主实际独裁　不啻秦始皇希特勒再起

本是内战偏说内乱　无怪李宗黄关麟征杀人

以学生为仇　以人民作匪　屠杀不遗余力

与敌寇为友　与汉奸为朋　宽容惟恐不周

大会通过要求公审祸首、公葬烈士、赔偿损失、停止内战、保障人权的决议。当场募捐108.7万多元,会后公祭三天,致祭人数达万人以上,捐款150万元。

成都文化界、学生团体于12月9日召开全市大中学生大会,追悼昆明死难烈士,会后举行示威。

1946年1月13日,上海各界人士在宋庆龄、柳亚子、马叙伦、沙千里、郑振铎、许广平、金仲华等主持下,举行昆明死难烈士追悼会,参加者万余人,会后游行。

全国许多地方以捐款、致电慰问、罢课、开追悼会等方式支援昆明学生运动。如:在重庆的中共中央代表董必武、王若飞捐款二万元,《新华日报》捐款五万元,《群众》周刊捐款三万元,解放区青年联合会筹委会捐款十万元。成都各界反对内战联合会、中国妇女联谊会各汇来慰劳金十万元,并表示"休戚相关,誓为后盾",东北文化协会、中国民主实践社、《中国农村》《现代妇女》《中华论坛》等都致电慰问。

西安、贵阳、武汉、广州、长沙、杭州、南京、南昌、福州、桂林、天津等重要城市都有群众性的声援活动。贵州遵义,四川乐山、南充、江津、璧山等市县都以罢课、游行等方式表示声援。

一二·一惨案后,云南境内路南、昭通、宣威、沾益、鹤庆、罗平、弥勒、泸西、建水、石屏、玉溪、元江、新平、安宁、华宁、大姚等县在当地党组织发动下,中小学师生都纷纷以募捐(共捐300多万元)、罢课等方式支援昆明学生运动。

昆明惨案噩耗传到海外，侨胞纷纷声援。马尼拉华侨致电罢联会，对"反内战运动及所提的十一项要求，均表示同情，并决意支持"。美国有六大期刊向美国人民报告了惨案的真相，美国舆论界认为"这是中国民主与反民主的冲突"，并表示同情昆明学生运动。

1945年12月15日，中共中央、毛泽东发出号召，要"援助国民党区域正在发展的民主运动（以昆明罢课为标志），使反动派陷于孤立，使我党获得广大的同盟者，扩大在我党影响下的民族民主统一战线。"

1945年12月23日，重庆《新华日报》国内述评指出："从这次斗争中，我们可以看出站在斗争第一线的虽然是学生，但支持和参加这个斗争的却包括着极广泛的阶层。这证明民主阵线逐渐扩大，除去代表大买办资本家大地主的利益的少数统治者外，自由资产阶级和中小地主也转向到民主阵线来了。"

全国人民的支援，给予了昆明学生很大鼓舞，运动在尖锐复杂斗争中前进。

一二·一惨案发生后，国民党当局为掩盖其罪责，千方百计推卸责任。国民党中央社造谣说：是"第二军官总队一部分学员经过联大发生殴斗"。在众目睽睽之下，敌人的造谣无法掩盖这种光天化日之下发生的惨案。中央社又说："联大新校舍投掷手榴弹，系第二军官总队第二队学员所为。"但以后，中央社却又自相矛盾造谣说："联大新校舍手榴弹，系由院内投出，伤军官总队学员一人。"对在联大师范学院投手榴弹一事，中央社编造说："系失业军人所为。"为此还凭空制造出一个名叫"姜凯"的人，说他是指使人。据此，国民党当局演出了一场所谓"公审"凶犯的丑剧，拉了一个人当替罪羊，企图蒙混过关。

针对敌人的造谣，罢联会针锋相对开展斗争，严正指出，所谓"失业军人"并非真正凶手，一切罪行都应由李宗黄、关麟征等完全负责。联大教授会发表告诉状，一针见血有理有据地指出："军官总队为关麟征、邱清泉所统率。兼之，关曾亲自到联大工学院，表示抢去步枪两支已缴其警备部。若非关麟征主使，暴徒何故向该部缴枪？该部何竟不将缴枪暴徒拿获？暴徒轰炸师范学院之际，大西门城楼上驻军，均以枪口对准该院，警察宪兵均布双岗，足见李宗黄、关麟征事先教唆，其应负教唆杀人罪责，理至显明。"

接着，联大学校当局和罢联会拒绝参加国民党"公审"假凶犯。联大教授会指出："关麟征提出无业流氓陈奇达、刘友治等三名，称系投弹犯人……虽经被告自白罪行，而绝无佐证，……乃竟草率判处陈奇达、刘友治死刑，执行枪决。"

国民党见不能蒙混过关，又指使中央社继续造谣、诬蔑，将罪行嫁祸于共产党。说：凶犯幕后指使人姜凯是所谓"共产党分子"。为揭破国民党阴谋，省工委从国民党省党部内一下级职员那里搞到一份参加行凶人员名单，经联大支部转交罢联后，他们便用街头壁报和印发传单等形式把它公布出来。重庆《新华日报》1945 年 12 月 6 日短评指出："昆明的'一二·一'惨案明明是国民党镇压昆明学生爱国运动而一手造成的，却无端嫁祸给中国共产党，这是抄袭德国国会纵火案的故伎……。希特勒法西斯 12 年前的恐怖，也不能掩没国会纵火案的真实案情，难道任何捏造和谎言，能够掩蔽用血写成的昆明惨剧的事实吗？"

为了破坏运动，国民党当局还强迫中学提前放假，以孤立大学。12 月 6 日，李宗黄召集各中学校长会议，命令各中学立即放假，通知学生家长负责将子女领回。之后，各校开始行动。昆华女中校方强迫学生离校，大同中学停止开伙，龙渊中学破坏分子窃去学生膳团经费，全校一时断炊。

根据这一情况，我找何功楷等负责昆明市工作的同志研究，大家一致认为学生不能离校，斗争不能停止，必须分别不同情况采取不同对策，使运动坚持下去。经过布置，各中学在可能的条件下，组织同学留校，自办伙食，自己维持秩序；有的学生搬到各地区驻昆明的会馆或到联大、云大住宿。云大附中、联大附中等校绝大部分学生留校参加运动，昆华女中、五华女中、中山中学、昆华工校、南菁中学、天祥中学、黔灵中学、昆华商校等校的部分或大部分学生也留校参加运动。有的需要回乡的学生，也布置他们利用这一机会带着宣传材料，组成农村宣传队，到云南各县展开援助昆明的活动。

国民党反动派种种破坏运动的阴谋都未得逞，运动持续进行。蒋介石亲自出马，于 12 月 7 日发表《告昆明教育界书》，要学生遵守纲纪，诬蔑学生运动"妨害青年学业，贻误建国前途"，最后威胁学生说："切不可任令罢课风潮再有迁延，一切问题以恢复常态为前提。"否则他"不放弃安定社会之职责"。罢联会撰文公开作出回答，给以逐条驳斥，指出："妨害青年学业，贻误建国前途的，正是制造内战主张戡乱建国的"。"自由集会被围，学校被枪击炮轰，使用刺刀手榴弹，杀进学校里来"，"试问谁不遵守纲纪？""目前一切问题，应以死者瞑目，罪有攸归，为解决之前提，否则，法纪何在？人权何在？"

国民党最后一张王牌没有打响，被迫宣布关麟征停职议处，派霍揆彰代理其职务，并派其教育部次长朱经农和联大新常委傅斯年赴昆明督促学生复课。傅斯年一方面欺骗学生，另方面挑拨中间派教授来反对学生。经联大中共支部通过党员和进步同学的工作，及时给予揭露，国民党阴谋未能得逞。

12月9日，卢汉发表《告各校同学书》，要学生"即日复课"，"静候法律解决"。同日，卢汉、朱经农、霍揆彰等代表国民党政府邀请罢联会代表谈判。对惩凶等项要求回答说："将秉承蒋主席意旨办理。"国民党政府还经过省市农会、省市商会等向罢联的治丧委员会提出了希望早日出殡的意见。这时，国民党中央社迫不及待地散布谣言："学生所提条件，已圆满解决，昆明学潮已告结束"。

12月11日，卢汉到四烈士灵堂致祭。并与学生代表座谈，仍然要求学生复课，说"惨案问题应静候法律解决"。学生代表仍坚持"惩凶"等项要求，谈话无结果。

学生们对国民党当局的无理要求极为愤慨，有部分积极分子提出罢课到内战结束为止的口号。也有少部分参加罢联工作的学生，提出不必待复课条件有结果即可出殡的意见。

针对当时复杂的斗争形势，我想，卢汉的基本立场是"拥蒋保己"，所以他的态度不会转变，但我们在政策上仍应坚持利用矛盾，中立地方势力，孤立蒋介石，争取在适当条件下复课。我分别同袁永熙等同志研究后，决定通过民青、罢联会负责人向闻一多、吴晗、潘光旦等教授做工作，向他们说明以上意见，闻一多等教授表示支持学生的意见。

12月10日，罢联会公布与国民党政府谈判的经过，以反驳国民党中央社的造谣，并郑重声明：在国民党"中央应负责处理各点没有得到合理解决之前，碍难复课。"治丧委员会发出公告："现因各界人士前来吊祭者甚多，墓地亦未能如期建竣，公祭日期，必须延长，原拟即日发引，故特延期举行。"

国民党中央以关麟征停职、枪决假凶犯等花招来强迫学生复课失败后，又阴谋组织联大教授集体辞职，逼迫联大主持工作的常委、清华大学校长梅贻琦，云大校长熊庆来下台，还准备强迫联大提前复员、云大提前放假，以釜底抽薪的办法来破坏运动，孤立运动。

约 12 月六七日，我考虑运动在扩大，斗争更加尖锐复杂，感到压力很大。仅凭看《新华日报》、听延安广播来体会上级指示，很难完全理解上级精神，对各种问题都处理得当。由于情势常有变化，我必须及时了解掌握情况，考虑对策，又不能分身去向上级汇报，及时得到指示。由于去重庆汇报请示的人还没有返回，9 日，我要交通员王时风尽快前去向南方局报告请示。因交通不便，他十二三日才成行。

14 日，我同联大第一、二党支部袁永熙、许乃炯等以及市区的何功楷，还有个别联系的郭沂曾等同志分别碰头，对运动发展形势进行了解，综合所反映的情况后，我发现从 12 月初至纪念一二·九活动前后，联大新校舍（即校本部）参加罢联工作的学生，约为学生总数的三分之一强，但 12 月 10 日以来逐渐下降到四分之一左右，一部分学生已从工作中退出，一部分学生有疲倦的感觉。不少持中间态度的学生对运动逐渐冷淡，没有事就去坐茶馆聊天、看电影消遣。就整个运动发展形势看，14 日前，参加公祭的已达 10 万人次以上，占全市总人口三分之一以上，捐款 3000 多万元，运动已达到了高潮。高潮之后，似有下降趋势。

13 至 15 日，我注意翻阅了近几天的《新华日报》，分析了全国的形势，就全国各地支援昆明的情况来看，12 月 9 日全国响应已达高潮。12 月 10 日以后国内各省市大规模游行、罢课消息已渐减少，各地各界捐款援助昆明罢课的单位和人数亦逐渐减少。从地方实力派的动向来看，卢汉与学生代表谈判后，12 月 14 日又前往联大吊唁被难师生，说明态度有所变化。

12 月 15 日，我从家里出来，经福照街，去进修教育出版社楼上的孙仲宇处看《新华日报》。在该报 12 月 15 日第 2 版新闻中，登载了"卢主席招待学生代表经过"消息，报道了学生代表所提条件，以及卢汉对学生所提条件例如保障人身自由，赔偿损失，抚恤，公葬等。我揣测此消息是否有南方局意见的倾向性，对运动的掌握有所暗示。但又想到 12 月 15 日之前《新华日报》有个短评，肯定了罢课以来两次《告全国同胞书》所提出的地方性最低要求，表示"这些要求非常正当而合理"，而前些日子同卢汉的谈判，这些要求均未得到答复，斗争能就此罢手吗？这样，我就又犹豫起来。觉得中央多次指示领导斗争要掌握有理、有利、有节，有节便是适可而止。我肩上的责任重大，须谨慎从事。

我从孙仲宇处出来时，在出版社找了一本《"一二·九"——划时代的青年史诗》，想从历史经验中得到一些启发。这本小册子中谈到，一二·九运动发展到抬棺游行时，参加运动的群众已不如以前了。粗略读后，很受启发，感到要吸取一二·九的宝贵经验教训，斗争应适可而止。

这时，我还回顾了1929年在成都参加的全市性的运动——夏氏惨杀婢女成都各界后援会活动的情景。当时，在成都东门外沙河铺临时法庭法医开棺验尸时，运动已达高潮，但领导者未及时转变斗争方式，继续斗争，致使斗争受到镇压。国民党当局包围会场，捕去代表，从此，中间群众离开了运动，仅少数党、团员与赤色外围成员孤军奋斗，不久运动自然结束。前事不忘，后事之师。如果旷日持久，运动将遭受挫折。

经过反复思考，我觉得应把握时机，及时改变斗争方式。15日，我又分别和联大一、二党支部负责同志碰头，交换意见。党支部反映联大、云大等校群众情绪还相当高，目前复课，转弯太急，难以做思想工作，阻力很大。在这个关头，我想起在民主同盟工作的周新民，他有搞学生运动的经验，可以去与他商量一下。虽然他是做公开工作的，平时一般不与他见面，但关键时刻，有必要听听他的意见。

于是，我先去马市口五华坊与《云南日报》的欧根碰头，主要向他了解国内形势。他说：美国总统杜鲁门已准其驻华大使赫尔利辞职，派马歇尔来华"调处"国共争端，看来杜鲁门担心蒋介石内战前线继续失败，才派人来"调处"。我想，这个时机对运动有利，应当乘时转个弯子。但如何结束运动，保存力量，转变斗争方式，他亦提不出意见。于是，我们一起去征求周新民的意见。

为了防止敌人的盯梢，我们兜了几个圈子，才到了绥靖路中国工业合作协会的楼上，找到周新民、李文宜等同志，与他们商量，互相交换情况和意见。周首先分析了国民党中央和地方的矛盾，他说：国民党中央与地方实力派仍有矛盾，表现在很多方面，如守卫省政府大门的警卫营是国民党中央系的警备部派的，卢汉进出时，警卫士兵都很看不起他，甚至当着他的面讽刺说："嘿？这个'大块头'也当起主席来了！"为此，卢汉十分不满，他向霍揆彰提出要把省政府警卫营换成保安团的人马。周也谈了民主人士和社会各界对运动的反映。我把当前我所考虑的问题详细谈了之后，他提出了"停灵复课"的意见。他说，他在安徽大学时有一次斗争就采用了"停灵复课"的办法，使斗争告一个段落，但又没有放弃斗争。他说：这是老百姓的办法，被仇家打死了人，把死者停在屋里，官司不赢不出丧。

我觉得周新民的意见很好，可以就用这个办法结束此战役。于是，分别与省工委侯方岳、刘清商量，经过讨论，意见一致。再和联大一、二党支部以及昆明市的何功楷等人碰头，经过说明，他们都同意这个意见，并照此实施。

这个决策是在不能及时请示上级的情况下，经我反复思考，并多方征求同志们的意见后果断地作出的，后来的事实发展也证明是正确的。1946年2月，我在重庆向南方局汇报到此时，中央青委书记冯文彬也在场，他插话说：当时，中央很关切运动进展情况，少奇同志曾说"是时候了，该复课了"。

12月10日，形势更加复杂。傅斯年主持召开了联大教授会，传达立即劝告学生复课的决定。11日，联大常委会决定并且发出布告，于12月17日（即美国总统杜鲁门派马歇尔来华之日）一律复课，并禁止校外学生住宿校内。学生闻讯，群情愤慨。16日晚，罢联会在联大举行反内战座谈会，会后举行校内游行，参加者达2000余人。到17日，学生中仍然无人上课。

从12月16日起，停灵复课的决定在联大一、二党支部、云大党支部以及中等学校党组织中传达讨论。与此同时，联大一支部的袁永熙将复课宣言送我审改后，再交民青一、二支部以罢联名义提出，通过党员骨干和民青第一、二支部在盟员中传达。

这时，反动派正在逼迫联大常委梅贻琦、云大校长熊庆来辞职。傅斯年在联大教授会上主张作出"教授会辞职的决议"。闻一多向袁永熙、洪季凯反映了梅贻琦与傅斯年有矛盾的情况，袁永熙和洪季凯请闻一多做梅贻琦的工作。12月18日晚，闻一多以老清华的关系同梅进行了长达4个小时的谈话。梅为筹备复员，他刚从北平回来不久，没有亲身经历过一二·一惨案，闻告诉他国民党怎样迫害学生，罢课是出于不得已采取的手段，学生有核心领导，他们顾全大局，热爱民主自由，也珍视联大的前途。闻一多并把运动的来龙去脉经过告诉梅，要他放心，只要在适当条件之下，学生是会复课的。经过这番谈话，梅改变限期复课的主张，并表示愿意支持学生所提条件，积极同政府当局进行交涉和商谈。

18日，云大校长熊庆来的辞职电报和90位教授讲师关于"限学生必须于3日内复课，否则将与校长同进退"的电报同时见报。云大罢委会得知熊庆来校长的辞职电稿是别人从他的抽屉里拿去发表的，就派出负责人侯澄、李济昌及时面见熊庆来，向他说明学生一定复课，希望熊校长不要提出辞职。并且告诉他云大教授中的国民党党员正在活动校长位置，请他勿中奸人之计。熊当时感动得流泪。他说：现在才知道学生是纯洁的，是顾大局，识大体的。经过商量，由云大学生自治会致函报社，对熊辞职消息予以更正。

联大第一、二党支部分别向我汇报了争取梅贻琦、熊庆来的情况，我认为他们这个工作做得很好，我们能争取到梅、熊两位先生公开支持学生运动，就会对争取中间群众起很大作用。

联大、云大争取到校方的支持后，罢联会把复课条件交全市中等以上学校自治会讨论。12月20日，联大一、二党支部将省工委的意见传达到民青，经耐心细致的思想工作和组织学生全体代表大会讨论，一致通过把原提的七条要求改为五条：（一）惩凶；（二）取消禁止游行之非法禁令；（三）保障人身自由；（四）中央社更正诬蔑师生之荒谬言论，请教授会同罢委会将事件真相文告交《中央日报》等报刊公布；（五）由政府支付安葬、抚恤、治疗费用，赔偿公私损失。学生自治会将这五条及时呈报给当天下午联大第八次教授会。教授会逐条讨论，形成决议。当晚，梅贻琦与学生自治会理事王瑞沅、王世堂（党员，工学院罢委会驻校部代表）谈话，原则上同意学生的复课条件，并说明：第一条，甲、教授会已在昨天《告同学书》中说明，关于本月一日之惨案，除军事负责首脑人员已经政府先行停职议处外，教授会并请求政府对行政负责首脑人员先行撤职，决以去就力争，促其实现。乙、涉及李、关、邱诉讼部分，已由法律委员会提起正式诉讼。第二条、第三条，今天卢主席、霍总司令已有声明，可称完备。第四条，教授会已发表此次事变经过情形之报告，送《中央日报》等报馆登载，除函催各报馆照登外，并可印发，广为传播。第五条，抚恤及赔偿无问题，地方当局已有声明，并已由本校呈请政府拨款。12月22日，罢联召开第四次代表大会，讨论并通过上述五项复课条件。

这时，蒋介石在发动内战的军事战场上惨遭失败和后方反内战民主运动胜利发展的形势下，感到继续镇压对他不利，遂电告卢汉"忍让为怀，谨慎处理"。因此，罢联会代表同卢汉、霍揆彰交涉，所提条件，卢、霍等被迫接受。

12月24日，梅贻琦、熊庆来招待各报记者，发表谈话，报告一二·一惨案真相，并指出，地方最高当局"对于学生集会施以高压，应负激成罢课风潮之责任"，"暴徒闯入学校，捣毁教具，殴打学生，实为当时军政当局之责任"。这一谈话全文登于26日《中央日报》和其他各报。

12月25日，全市中等以上学校学生自治会（罢委会）经过热烈讨论，一致通过经袁永熙送我审阅修改后、由罢联提出的《昆明市中等以上学校罢课联合委员会复课宣言》。《宣言》开宗明义说明：昆明四大学学生自治会在西南联大举办时事晚会被横加干涉，非法威胁，无理破坏，因此被迫罢课，以示抗议。其次说明，正当学生准备复课之际，国民党政军当局变本加厉地殴打、枪击以至屠杀师生，因此被迫继续罢课。《宣言》揭露反动当局玩弄"公审"骗局，阴谋诬蔑，含血喷人，罪犯逍遥法外，死者怎能瞑目，因此不忍复课，不能复课。提出我们也急切希望早日复课，各界人士对我们学业也异常关怀。顾及地方及学校当局困难，顾全大局，更为了顾全我们的学业，在下列最低条件下，忍痛抑悲，停灵复课：

一、保障人身自由，不得非法逮捕；不得借故解聘教授及开除学生。经卢汉、霍揆彰明白表示依法保障。

二、取消11月24日云南省府非法禁令。卢汉主席表示此乃一时一地权宜之计，今后宣布无效。

三、要求中央社更正诬蔑学生之消息、言论事，由联大梅常委、云大熊校长发表致报界公开声明，说明事实真相。

四、死伤善后费用及赔偿公私损失事，已由卢主席面允负责办理。

五、要求查办杀人主要罪犯李宗黄、关麟征、邱清泉等事，联大、云大教授会除愿与学生继续向有关方面提起控诉外，并以去就力争，促成关、李等撤职之实现。

《宣言》还指出，杀人罪犯尚高踞要职，凶手不惩，何以安死者地下之灵，必须在祸首李宗黄受到公正的惩处后，才决定公祭、出殡及公葬时间。《宣言》还向当局提出立即停止内战，召开政治协商会议，成立联合政府；明令公布非经司法机关及正式法律手续不得逮捕人，切实保障人身自由，并解散行凶之特务机构等要求。最后表示："和平民主时期已行将到临。只有真正的和平局面到来的时候，才能慰'一二·一'死难烈士之魂，我们——全昆明三万同学愿意继续为争民主争自由而奋斗到底。"

《宣言》发表之同日，在《中央日报》等各报刊登了复课启事，内称："本市中等以上学校自罢课以来，为时已经一月，为尊重各界人士及各校当局意见，所提条件，略有修改，已得到有关当局答复。兹决定即日起，宣布复课。本市中等以上学校学生在此郑重声明，对反内战争民主，自当继续努力，对罢课以来各方人士之同情与支援，敬致无限谢意。"

12月27日，在罢联会决议之下，全市中等以上45所学校全体学生一律复课，教师同时复教。

决定复课后，我随时翻阅《新华日报》。12月23日《新华日报》副刊《青年生活》发表一篇《谈青年的斗争》的文章，其中有这样一段话，说："我们不仅要在斗争开始时，善于掌握具体情况，提出正确的口号，取得一些胜利，更重要在斗争过程中，善于观察情况的变化——反动者策略的改变、社会同情与声援的增强或减弱，群众斗争情绪的提高或低落等，根据新的情况来适当和适宜地发展或结束这一斗争。"同时，该报还发表了《列宁谈迂回、通融、妥协》一文，其中说："现在需要懂得，除了学习进攻的科学以外，还需补习善于退守的科学，他们需要懂得——革命的阶级在自身痛苦的经验中学习懂得——如果不学习正确的进攻和正确的退守，就不能得到胜利。"

我体会，这是南方局对运动须适可而止的明确表示，便及时通知了联大一、二党支部及市区分管学生工作的何功楷等同志，组织党员及民青成员认真学习，结合当前运动，深入体会。以后，在1946年2月我到南方局汇报工作时，问过钱瑛，这些文章是否表示了南方局的意见，她说当时他（她）们对云南的运动发展很着急，觉得应该立即休战，但又无法联系，就同刘光（南方局青委书记）商量，经《新华日报》副刊《青年生活》明确表示了南方局的意见。我又问起12月15日《新华日报》的新闻是否也是暗示。她说，她对此无所悉，但报社的同志们可能议论过。

约12月二十四五日，交通员王时风从重庆返回昆明，带来南方局组织部部长钱瑛的指示信，信中大意说：运动已取得丰硕成果，应及时结束，转变斗争方式。所提要求，有几个条件取得结果，即可复课。李宗黄得到惩处方复课此条件过高，可不提；似曾考虑建立反内战分会可不必。

我及时在省工委会上通报上级指示，并将云南情况和我们的安排报告了南方局，略称：从本月中旬即酝酿停灵复课，经过工作现已复课，至于惩处李宗黄的要求，已提出，难于收回，今后可不强调此条件。反内战分会，系11月25日晚会前提过，以后未再提。有关政策方针，正组织学习。

因交通不便，12月末，王汉斌、程法伋方从重庆返昆，亦带回南方局对及时复课的指示。

复课前后，我及时向联大一、二党支部及市区何功楷等同志传达南方局指示。据袁永熙、李凌等反映，复课时很多积极分子一时转不过弯来，例如，有个民青成员在联大罢委会召开的大会上，思想不通，有个党员告知他这是外面（暗指共产党上级组织）的意见，出于对党的信任，这个民青成员才举手赞成复课。南院有个女同学，复课后到四烈士灵前大哭一场。我与联大党支部同志研究认为，这些都是好同志，由于时间仓促，我们的思想工作做得不够，再加以复课前有些要求提得过高，有的口号提得很不策略，所以思想不易转弯。因此，有必要来一次补课。

于是，各校共产党和民青组织党员、民青成员和积极分子学习党关于有理、有利、有节的方针政策，学习《新华日报》副刊《青年生活》上的有关文章，联系全国形势，使大家认识到，国民党积极发动内战，解放区军民展开自卫反击战，先后在上党战役中全歼国民党军队三万多人，在邯郸战役中歼灭国民党军队七万多人，一二·一运动配合了解放区军民自卫反击战的胜利，迫使国民党政府召开政治协商会议，运动已取得了很大的成果。现在，国民党当局被迫接受罢联所提大部分条件，运动当适可而止。通过学习，党员、民青成员和学生群众思想都有所提高，认识逐渐趋于一致。

1946年1月，联大罢委会发表《认识"一二·一"运动》的文章，指出：目前运动有许多有利条件，但也有不利条件，"这时就应该衡量利害，假如坚持原案，继续罢课，在现在中国的情况下，不易办到，结果必致引起内部的分化，失去社会的同情，使运动陷于孤立而无法继续，招致重大损失。若能将条件稍加修改，能团结内部力量，取得社会的同情，也能得到部分的胜利。而且反内战争民主也不是短期所能奏效的，而复课也不意味着工作的停止。假如此时适可而止，保存实力，巩固胜利，复课以后可以另换一种方式，作有效的努力，所以在这时将条件作部分修改，考虑复课，这做法是对的"。

罢委会还检讨了运动中的一些问题，指出，"领导方针是正确，执行领导方针中有错误，譬如民主精神还未能彻底灵活的运用，对方针的解释工作不够，有的时候提出了不适宜的口号……"

在补课中，共产党和民青组织进一步团结了大多数学生，也有个别思想转不过弯的学生，另行组织了除夕社，宣称"不达目的誓不罢休"。对他们的行为，我同联大一、二党支部研究的意见是，尽量做团结争取工作。以后，经过团结工作，大多数人思想有了转变，复员到平津后，其中有的还入了党。

1月末，联大学生自治会提前选举，联大一、二党支部经民青两支部研究后提出候选人名单，代表大会选举结果，被选出的17人中有共产党员2人、民青成员10人、除夕社成员5人。吴显钺、王松声（共产党员）、程法伋为常务理事，吴显钺负总的责任。

3月14日，重庆《新华日报》发表社论，号召"一切民主力量对国民党保持法西斯统治的企图，给以严重的打击"。蒋介石在全国民主力量和昆明学生一再抗议下，被迫宣布免去李宗黄本兼各职。为响应南方局号召，我们认为联大党支部按照已定的停灵复课所提的条件已基本达到。经省工委同意，决定以公葬四烈士来扩大宣传，打击反动派的气焰，结束战斗。于是，经吴显钺、王松声等以学联常委的名义提议，由昆明学联讨论后，定于3月17日为四烈士举行出殡公葬。

国民党当局闻讯后，手忙脚乱，百般阻挠。云南省政府急电行政院长，说："殊主持其事之学生联合会拟订于寅筱大举出殡。其行经路线，均为本市通衢，且有各种宣传工具。职已转函两校，并分令各校，劝阻制止。"省市商会等对"送殡人数万，更有路祭，大幅墙报、漫画、挽联、广播"等，以"届时惟有相率关闭店户，不愿与见与闻"相威胁。

为了利用公开合法的斗争方式，经研究决定，在坚持按期出殡以扩大宣传的前提下，适当作出让步，不呼口号，不贴标语，但可以设路祭和挽联代替。

3月17日，四烈士出殡仪式隆重举行。出殡的行列以"一二·一死难四烈士殡仪"大横幅为先导，撞击着自由钟开路，钟声哀沉愤怒，震荡全城。自由钟之后，是"党国所赐""自由民主"的大木牌。走在最前面的是殡仪主席团，他们是云大校长熊庆来，联大训导长查良钊，还有南菁中学、昆华工校校长，省商会理事长严燮成，学联常委吴显钺、侯澄、朱润典等。接着是坐在人力车上的一二·一惨案中右腿被炸断致残的缪祥烈。再后面是治丧委员会常委。在主席团后面，引人注目的是上书"民主使徒""你们死了还有我们"等12个字的12块大木牌，后面是军乐队。侯澄担任行列总指挥。按于再、潘琰、李鲁连、张华昌四烈士的前后顺序，全市46所大中学（建民中学1946年初迁昆）分为四队，每一灵柩前有十多所中等以上学校和小学的师生，以及本市市民，送葬群众达三万多名。每一灵柩前都抬有烈士画像亭。学生军乐队和僧、道、尼姑等分别吹奏响器。同学们唱着挽歌：

> 天在哭，
> 地在号，
> 风唱着摧心的悲歌，
> 英勇的烈士啊，
> 你们被谁陷害了？
> 你们被谁残杀了？
> 那是中国的法西斯，
> 那是中国的反动者。
> 让我们踏着你们的血迹，
> 誓把那反动的势力消灭。

1946年3月17日，昆明学生、市民为一二·一死难烈士举行出殡仪式。

游行队伍举着无数的挽联，沿途散发着无数的宣传品。每条大街，每个十字街头，都设有路祭亭。参加路祭的有各校学生自治会、各人民团体、民主党派、各界人士，每篇祭文都是对国民党法西斯罪恶的控诉。

由于出殡行经路线事前已经公布，国民党特务在重要地段埋伏打手，准备破坏。学联得到消息后，当机立断，立即改变路线，待特务发觉后，队伍已经过去了。

国民党政府宪警事前通知全市关门闭户，却给全市人民提供了全部走向街头、万人空巷受教育的机会。游行队伍经过全市主要街道，回到联大校本部，将四烈士遗体安葬在联大院内。主祭人是联大常委代表查良钊，陪祭人是联大教授闻一多、吴晗、钱瑞升，云大教授尚钺等。查良钊、闻一多、吴晗先后在安葬仪式上讲话。三万多人在烈士墓前庄严宣誓："我们将以更坚定一致的步伐前进，我们要集中所有力量，向反动的中国法西斯余孽痛击。"至此，一二·一运动胜利结束。

一二·一运动已过去几十年了。如今回想起来，那一幕幕惊心动魄的斗争场面时时浮现在我的眼前。对这场斗争的伟大历史意义，也认识得更加深刻了。

一二·一运动是继五四和一二·九运动以后规模最大的一次爱国民主运动。它发生在抗战胜利后，中国的前途和命运面临光明与黑暗决战的历史关头。它响应中共中央的号召，高举和平、民主的旗帜，鲜明地提出了反对独裁、内战，反对美帝国主义支持国民党发动内战等口号，广泛发动人民群众，在全国形成了一股势不可挡的民主浪潮，产生了深远的影响。正如1946年12月1日重庆《新华日报》发表的《论"一二·一"运动》一文中说的："它是中国青年一面光辉的旗帜！它光荣地出现在中国青年运动的历史上，正如'五四'、'一二·九'一样放射着灿烂的光芒！"

一二·一运动直接配合了解放区的上党战役和邯郸战役的胜利反击，促成了国内短期和平局面的形成。正因为有解放区军民自卫反击战的胜利和国统区一二·一运动所掀起的全国民主运动的高潮，蒋介石才被迫暂停内战，召开政治协商会议，使国内出现一个短暂的和平局面。曾在1946年担任中共中央重庆分局书记的吴玉章1960年发表《美蒋阴谋的破产》一文，其中谈到一二·一运动时，他写道："一个以学生为主的反内战运动，一时席卷了整个国民党统治区"，"解放区军民自卫战争的胜利，国民党统治区人民反内战运动的高涨和莫斯科三国外长会议对中国问题的决议，特别是由于第一方面的原因，蒋介石才被迫同意召开'双十协定'中规定的政治协商会议"。1946年2月闻一多所撰《"一二·一"运动始末记》也谈到，一二·一惨案后，灵堂公祭，全国声援，他说："在这些日子里，昆明成了全国民主运动的心脏。从这里吸收着也输送着愤怒的热血的狂潮。从此全国的反内战争民主的运动更加热烈的展开，终于促成了停止内战，协商团结的新局面。"

一二·一运动揭开了解放战争时期第二条战线的序幕。早在一二·一运动进行之中，中共中央就看到了这一运动是国统区民主运动新高潮的起点。1945年12月9日，延安《解放日报》发表社论指出："一二·一运动在今后全国人民反对内战、争取和平的斗争中，仍然会起很大的推动作用。"事实正是如此。一二·一运动以后，1946年底，由联大复员到北大、清华的以南系共产党员、民青为骨干的2000多名师生为主体发起抗议美军暴行的运动，席卷全国。1947年2月，在中共中央政治局会议上，周恩来最早把国民党统治区以学生运动为主体的人民运动称作"第二战场"，把国民党统治区的人民运动（特别是学生运动）提到了同第一战场——人民解放战争相配合的战略地位。他说："这个运动是配合自卫战争最有力的运动。"之后，1947年，南京又发动了五·二〇反内战、反饥饿、反迫害运动，1948年北平、上海等地发动了"反美扶日"运动等等，国统区的民主运动一浪接一浪，有力地配合了解放区的自卫反击战。

一二·一运动粉碎了蒋介石直接统治云南的企图。抗战胜利后，蒋介石的计划是要把云南作为一个主要的反共基地。蒋介石曾在发给卢汉的电报中说："中国大陆可以放弃，但云南作为反共基地不能放弃。"他把亲信李宗黄派到云南，是想逐步取代卢汉。一二·一运动则迫使蒋介石将李宗黄调离云南，其直接统治云南的企图以失败告终。

一二·一运动培养了大批干部。1946年2月，我到重庆向南方局汇报工作，组织部长钱瑛指示说：云南在学生运动中培养了大批干部，应乘联大复员前后的机会，输送到全国其他国民党统治区去。联大复员之前，我分别同第一、二党支部的负责同志袁永熙、王汉斌、李凌、陈彰远等多次碰头，组织他们学习党的荫蔽政策和南方局、周恩来"三勤""三化"等指示，要求他们沿途为同学服务，广泛团结同学；到平津后，主动团结北方同学，继续开展爱国民主运动。原联大的共产党员、民青成员大都随校复员，到平津后，仍归南方中央局组织部长钱瑛领导（此后中共代表团撤退，钱瑛先后到上海、香港，参加上海局及香港分局领导工作，原南方局所管地方组织仍归其联系）。由钱瑛领导的平津地区南系地下党组织，与北系地下党组织不发生横的关系，但在反美蒋爱国运动中互相配合，行动一致。联大的北大、清华等复员到北平后，南系党组织党员与民青成员深入群众，团结了多数同学。沙滩北大文理法学院各系会、级会，北大社团联合会、史学会和大一同学会的负责人都是南系党员，清华大学学生自治会的常务理事亦为南系党员等；中法大学民青成员担任了学生自治会主席。他们成了北平民主运动中的领导者和骨干力量。1946年先后输送到全国的共产党员和民青成员，在各地的民主运动中发挥了很大作用，有的甚至献出了宝贵的生命。如齐亮被派到四川后，任中共重庆市委沙磁区委负责人。后在成都被叛徒出卖，英勇牺牲于渣滓洞。马识途到四川后，担任成都工委（相当于川康特委）副书记。此外，去四川重庆的有刘国志（后亦在渣滓洞牺牲）、吴显钺；去湖北武汉的有李明；去东北的有李曦沐、侯澄。洪季凯先到北平，又到成都负责过学生运动，以后到了上海，在钱瑛领导下搞学生运动。

一二·一运动为云南农村工作和武装斗争的开展准备了干部。抗日战争中，为贯彻隐蔽的方针，省工委就有计划地将部分学生派到农村去建立据点，从一二·一运动以后，昆明学生大量被派到农村去。特别是武装斗争开展后，一批批的学生被派到游击区去，有些学校如天祥中学、建民中学等校甚至整个班的学生都到游击区根据地去。到1949年，先后从昆明输送到游击区的学生达两万人以上。他们同战士一起跋山涉水，餐风饮露，浴血战斗，锻炼成长。据不完全统计，中国人民解放军滇桂黔边纵队支队（地师级）级干部中，从昆明联大、云大、云大附中等校来的学生就有23人（包括抗日战争时期下乡的），团级干部为数更多。

一二·一运动极大地推动了昆明全市共产党的工作的开展。一二·一运动以前，昆明的党员数量很少，一二·一运动以后，大多数民青成员经过锻炼发展入党，昆明市的党组织有了很大的发展。例如，联大学生中原来党员仅20多人，复课后，民青中骨干大都被吸收入党，学生中的党员数目超过百余人。同时，民青和党的其他外围组织也获得了很大的发展。运动前，民青盟员 300 人左右，1946 年夏发展到 600 多人。

一二·一运动取得的很大的胜利，是在中共中央、南方局的正确领导下，广大共产党员、民青成员和青年学生共同奋斗的结果。作为当时的省工委书记，回忆当年那惊涛骇浪尖锐复杂的斗争，深感当时主要是中共中央、南方局的政策、方针以及策略措施为我们指明了方向。南方局《新华日报》的社论、短评、副刊《团结》《青年生活》等，不断给予我们鼓励、鞭策及具体指导，给予了无穷的力量。正是由于中共中央、南方局的号召，才在全国形成了以一二·一运动为中心的全国民主运动高潮。也由于解放区自卫反击战的胜利，全国民主运动高潮的兴起，美国政府援助蒋介石的政策不能不有所改变，国民党政府在这种形势下，被迫在复课条件上作了退让，因此，一二·一运动取得了胜利。

一二·一运动还离不开昆明几万学生的坚持斗争。对此，中共中央、毛泽东给予了高度的评价，指出"国民党区域的民主运动以昆明罢课为标志"。昆明学生运动的中心是西南联大，西南联大有五四、一二·九的传统。党支部几年来在贯彻周恩来同志"三勤""三化"以及建设坚强的战斗的西南党组织的指示中成长，在民主运动的浪潮中积累了斗争经验，锻炼了干部，壮大了进步势力，发展了共产党和民青组织，团结了广大群众，为一二·一运动打下了思想和组织基础。运动中党员同群众密切联系，及时向党反映群众的意见，与群众同甘苦共进退，在运动中敢于斗争，善于斗争。不难想象，如果没有广大党员带领群众坚持斗争，不可能有如此结果。

自 1944 年 9 月以来，我时时牢记董老的谆谆教导："大胆地负起责任来，工作做对了，有你一份，做错了，以你是问"，感到担子很重。我经常想起孔夫子的话："必也，临事而惧，好谋而成者也。"回想一二·一运动期间的日日夜夜，我多次苦思苦想，夜间辗转反侧，不能成眠。"胆欲大而心欲小"，方能办事。往往在关键时刻，为解燃眉之急，不允许过多顾虑，优柔寡断；但即使自己作出了决定，也还要多和其他同志商议。一个人的智慧始终有限，必要时，还得在更大范围内集思广益。如此大规模的群众运动，我平生第一次经历，有些事很棘手，不是一个人冥思苦想或少数几个人商议一下所能解决的。例如复课问题，是周新民出的主意。运动中虽然我同支部的同志几乎一天碰一两次头，但形势千变万化，往往临时改变策略，这就要靠支部同志一起想办法、出主意，随时倾听支部以至群众的意见，择善而从。

1986年郑伯克（前排左六）在北京与参加一二·一运动的老同志座谈后合影。

恩来同志教导我们要有独立工作能力，我的体会是：独立工作就是必须贯彻党的政策，走群众路线，有事和群众商量，集中群众的智慧，才能搞好工作。

建立、巩固和发展农村据点

1942年云南省工委班子建立后，对全省广大农村共产党的工作进行了调查。在工作中，我们了解到云南共产党的农村工作过去已有一定的基础。皖南事变前后，前届省工委把大量党员和进步分子疏散到外县去，开辟了农村工作。我们认真研究总结了过去农村工作的经验，并积极推广其行之有效的方法，充分发挥各地的党员的作用，在农村有计划地发展据点工作。

在滇东北地区： 1941年以来，因共产党员樊子诚的舅父温培群是沾益的开明士绅、县参议会议长，在该县温济乡办学。利用这个机会，省工委先后派党员祁山、李天柱、杨泓光、李德仁（李祥云）、孙林、陈明达等到该校任教，他们的工作由省工委直接联系，樊则由刘浩联系。以后刘将樊的关系交给我，我同省工委研究后，交给侯方岳负责联系。

早在抗战初期，共产党员杨兴楷即在宣威以教书为掩护开展工作。1940年，杨发展柴爱国等入党。1942年，播乐中学党支部派蒋程高、蒋开辅到宣威师范教书，他们与柴爱国联系上，共同开展工作。1943年，省工委还安排耿介、宁直、张穆天、张裕兰、陈静波等到宣威中学任教，加强了在宣威的工作。1944年夏，经侯方岳安排，我在昆明与柴爱国见了面，柴向我详细汇报了宣威农村工作的情况。

抗战初期，共产党员费炳等即在昭通展开工作，以后工作扩展到所属几个县，建立了中心县委。1941年我到昆明后，与曾任昭通中心县委书记的李德仁联系上，以后我把李的关系转交给侯方岳联系。李虽住在昆明，但仍负责联系昭通特支李长猛等人的组织关系。1942年8月，许南波疏散到昭通，又在巧家、大关等地，以教师职业为掩护开展工作。

在滇东南地区： 1942年初，我先后几次听取了原泸西中心县委书记李振穆（李晨）、弥勒县委书记姜必德、罗平县委书记黄辉实的工作汇报。罗平在当时是共产党员最多的县，抗战初期党员即发展到40余人。在板桥镇、钟山乡、金鸡乡等村镇建立了1000多人的农民小组、弟兄会等，并在城镇和农村学校建立了据点。1942年夏秋间，我把他们的关系转交给省工委委员刘清联系后，我仍经常接触这个地区的党员干部，了解工作情况，提出工作意见。我同省工委同志研究，南方局周恩来同志曾指示我们要利用机会打入国民党、三青团及政府机关去工作，要了解国民党中央和地方当局的情况和紧急措施，我们要随时注意有条件时能争取掌握政权和武装。1942年，共产党员张蕴朴通过上层统战关系出任罗平县教育局长，我们通过他安排党员到各校任教，开展工作。1944年九十月间，省工委又先后将转移外地隐蔽的任学源、朱希敏、吴世渊等一批党员派到罗平，加强中山乡、板桥镇等地党的工作，并于年底在中山乡成立党支部，任学源为支部书记。此外，1944年初，省工委派宋文溥回家乡弥勒竹园镇，争取当上了竹园镇公所镇长。他利用合法社会地位，开展工作。同时，弥勒共产党员罗丛林、李家宗、罗树坤等打入虹溪镇镇公所，党组织并派彭荣昌、顾先、吴昌宗及其他进步分子到虹溪镇下属担任保长，控制了大部基层政权。

1945年，省工委派已疏散出去的共产党员赵国徽回泸西师范工作，随后利用社会关系打入新民乡担任乡长，掩护党的工作。

1943年，陆良马街小学校长、共产党员朱杰争取到当地统战人士开明士绅杨体元的支持，在原小学的基础上，开办了马街萃山中学。1944 年初，大革命时期的共产党员熊从周出任陆良县县长，并兼陆良县中校长。通过其在云大上学的孙子熊翔与冯契、袁用之联系，先后从西南联大聘请刘国志、方以瑞等和墨江中学的董大成、黄平（黄知廉）等一批党员、民青成员和进步分子到陆良中学任教，开展工作。

1943 年，联大支部马识途向我汇报，他从云大学生侯澄，联大学生李晓、王松声等（当时侯澄等尚未入党）那里了解到路南圭山彝族的一些情况，他们说，那里的少数民族很有反抗精神，国民党军队到圭山区去抓兵时，他们就逃到山里去，敌人路不熟，没有人带路，就不敢去；敌人若派大部队来进攻，他们就躲上山去，用原始武器梭镖、擂石、弩镖、弩箭对付国民党的军队，使他们进不了山。我认为这个地方有有利的地形和群众基础，可以在这里建立工作据点。同时，我还了解到，在抗日战争时期，为躲避日本飞机轰炸，昆明云大附中一度迁到路南办学，共产党员张光年、赵风、尚钺及云大学生侯澄等先后到路南云大附中及路南中学教书，侯澄还在圭山区办师训班，与撒尼、阿细等彝族群众交朋友，为他们做好事，启发他们的觉悟，打下了一定的工作基础。为开展这一地区的工作，西南联大党组织也很重视这里的工作，也派党员和进步分子到路南圭山阿细和撒尼人中开展工作，还把彝族中的进步青年带到昆明。联大学生侯澄、王刚将彝族青年毕恒光带到昆明上学，共产党组织指定李晓负责帮助他。在李晓的启发和帮助下，毕恒光的思想觉悟有了很大的提高，加入了民青，后李晓又介绍他入了党。1945 年 7 月，西南联大、云南大学部分地下党员和民青第二支部成员侯澄、李定（杨邦祺）、刘新（陈彰远）与毕恒光等一起组成宣传队到圭山地区宣传。他们深入到彝家访贫问苦，与彝族交友谈心，为群众治病，开办识字班和文化补习班，还接触了一些民族上层，与少数民族建立了深厚的友情。当学校开学，宣传队员启程回昆明时，当地群众结队送行，洒泪惜别。

1943 年，国民党路南县长、军统特务许良安率军警无理闯进路南中学，撕毁壁报，搜查进步书刊，抓捕党员教师张孝昌和进步教师刘桂五。路南县政府教育科长兼路南中学校长、民主人士杨一波和中学教师中的共产党员以及进步分子在华岗、楚图南、张光年等人的支持下，组织学生奋起斗争，打进县政府，抢回被捕教师。他们搜集到许良安在路南敲诈勒索、抓丁派款、搜刮民膏、贪赃枉法等罪行材料，公布于众。在群众愤怒之下，学生将许良安捕交群众公审。12月4日，路南县参议长、县政府各科长、十三乡乡长联名在《云南日报》上发表《路南县长许良安贪污违法劣迹》，用大量事实揭露许良安的所作所为。在全县各阶层人民的一致支持下，路南中学师生坚决斗争，许良安狼狈潜逃。随后，省政府迫于社会舆论的压力，正式撤销了许的县长职务。1944年1月10日，路南各界公立"许良安遗臭碑"于民众教育馆，铭刻许良安的贪赃劣迹。后来，闻一多被邀请到路南讲演时，称赞倒许运动是路南的五四运动。

在滇南地区：1941年皖南事变后，孙仲宇疏散去滇南，来到个旧，在矿业公会主席苏辛农的支持下，到矿业公会办的《曙光日报》负责编辑。当时联大疏散去个旧的还有袁永熙、周天行、陈琏（陈国仪）、邢方群（邢福津）、刘时平（刘光兴）等。以后，陈琏、刘时平去石屏，邢方群去蒙自，袁以后也离去，惟有孙和周留下。在个旧，共产党组织发展宋文溥、谢加林、苏子骏等入党。1941年，石屏师范和建水进步学生联合自发组织了建石总支。1943年，孙仲宇到建民中学后，经了解并向省工委汇报，将建石总支符合入党条件的学生吸收入党，后又在石屏师范和当地群众中发展了党员。共产党组织亦陆续派人到该校工作，使之成为工作据点。

1945年初，在云锡中学任教的共产党员杨纪庄，通过教育局长兼县中校长的蒋天明，安排党员谢加林到县中任教并兼教导主任，并通过谢加林向蒋天明建议，聘请了一批进步教师到县中和文华小学任教，开辟了党的工作据点。

1942年，负责军事和情报工作的张文澄向我反映，说他与皖南事变以后疏散到磨黑的联大学生、党员吴子良（吴显钺）接上了关系。吴向他汇报了一年多的工作情况。他说，皖南事变后，他趁当地豪绅张孟希到联大招聘教师的机会，同党员董大成一起到磨黑中学，他担任校长，董当教师。二人按照党组织关于"站稳脚跟，联络士绅，深入工作，教好学生"的指示，从教好文化科学知识入手，全面整顿学校秩序。同时，通过各种社会活动，启发学生觉悟，进而组织了秘密组织读书会、社会科学研究会等团体。学校公开教唱救亡歌曲，演出抗日戏剧，显得很活跃。他们的工作得到了地方士绅的赞许。以后，从广东、广西疏散到云南的共产党员黄平、陈盛年在联大肄业，也利用磨黑中学招聘教师机会到磨黑教书。1944年，吴显钺回昆明复学，黄平继任磨黑中学校长。从1943年以来，施载宣（萧荻）、郑道津、卢华泽、袁用之、陈柏松等先后到磨黑中学工作。1945年我同省工委商量，调马识途等到滇南工作，马派齐亮到磨黑联系，并解决了磨黑几个同志的党籍问题，进一步开展磨黑周围普洱、思茅、景谷、墨江等县的农村工作，建立了思普地区工作据点。

在滇西地区：原省工委青委李之楠疏散去滇西后，发展了一批党员。以后因李之楠转到重庆，这些关系未交云南，关系未能接上。从昆明疏散去的还有尹安本、陆光亮（陆子英）、刘世鹤等人。

在滇中地区：1941年，我将王以中的关系交李祥云联系，年底，李祥云又将王的关系转省工委侯方岳联系。1944年3月，趁昆华中学校长徐天祥在昆明代峨山中学招聘教员之机，省工委同意王以中应聘到峨山中学任教，开辟共产党在峨山的工作。

1943年8月，经我同意，李群杰出任昆阳县长，通过李群杰的关系，我们又派共产党员宋启华到昆阳担任县政府秘书，经宋介绍蒋仲明到县中学教书。昆阳县教育科公开聘任该县师范学校校长，省工委派赵国徽前去应聘，被录取。之后，将李群杰、赵国徽、宋启华组成党小组，李群杰任组长。

1945年7月底，按照省工委的指示，西南联大的何功楷派民青成员冯庭旺、魏臻媛、许兰英等到易门县，以教书为掩护在中、小学中开展活动，建立了共产党的工作据点。

在滇北地区：1943年，安宁共产党员李方英从抗大回到云南后，一时未接上关系，就回到家乡安宁青龙乡青龙中心小学当教师。他广交朋友，同当地部分青年交往甚密。他接上关系后，调到昆明工作，由联大党员李明联系。1945年秋，我同李明商量，派李方英回安宁开辟工作。李明因患肺结核病，随同去安宁疗养，同时领导帮助李方英工作。李方英回安宁青龙乡后，被选为中心小学校长，以此为基地开展工作，在安宁、罗茨等地发展了党员。

经过一段农村工作，我体会到开展外县农村工作有几条基本经验。

第一，建立农村据点，应以中学为重点。周恩来十分重视中学教员的作用，他在一次讲话中说："中学教员是党在青年运动中的骨干，青年在中学时代能受到科学的、正派的、进步的教育，就是将来接近马列主义的基础。"他还说："一个教员每个学期教50个学生，两年之后就有200多人。假使我党有500个教师在大后方工作，就可以团结十万青年，这个数目是何等惊人啊！"① 从几年来的外县工作实践中，我们深刻体会到中学教员的重要作用。因为城镇中学学生有部分是从外县考来的，他们大都出身贫寒，毕业后又基本上都回到本乡，这就成为我们连接城镇和农村工作的桥梁。几年来，从昆明分配到各中、小城镇中建立农村工作据点的共产党员和进步青年，最有效的渠道就是到学校工作，以教书为立足点展开工作。他们中的大多数是通过共产党组织的安排或各自的社会关系推荐去的，也有的是趁外地中学到昆明公开招聘教师时，经党组织派去应聘的。这些从昆明下去的共产党员和进步青年在各地中学都很刻苦认真地贯彻执行南方局的"三勤"指示，努力提高教学质量，把书教好，把学校办好。他们通过学生自治会或班会组织各种学习小组，在学习中提高同学的政治觉悟。在课外指导学生唱歌、演戏、出墙报、进行街头宣传和军事训练等，为社会服务。教师和学生情同手足，互相关心爱护，赢得了当地人士的信任和学生的拥护。如建民中学的教师除正常的课程以外，还自编了国文、历史、地理、公民等科教材，将《大众哲学》《政治经济学大纲》《社会发展史》等马列主义入门书以及进步文艺作品作为教学内容。还创办了《建民小报》，组织了建民剧团和建民合唱团，举办文学讲座等，进行革命宣传教育。从 1941 年至 1949 年，建民中学师生中入党的先后有 104 人；从 1945 年至 1949 年建民中学加入民青的 167 人，占全校师生的 10%。农村武装斗争发动起来后，建民中学先后有 200 多人参加了武装斗争的行列，在斗争中英勇牺牲的有 32 人。磨黑中学党支部在学校开展工作，把原有的社会科学读书会分为公开的和秘密的两个部分，公开的叫哲学研究会，公开读社会科学、哲学书籍和《新华日报》；秘密的则学习中国革命史、党纲、党章。党支部在读书会的基础上发展民青组织，一年间即有 80 多人参加民青，其中有很多人还入了党。播乐中学的共产党员以身作则，发挥模范作用，得到学生的拥护，在社会人士和学生家长的支持下，他们首先从教学改革入手，把学生从教科书中解放出来，还把公民课改为社会发展史、政治经济学。对学生成绩的考核，采取了"平时重于考试，小考重于大考"的考试原则，把学生的主要精力吸引到学习方面来，形成了良好的学习风气，也得到了家长的好评，使学校越办越兴旺。播乐中学从 1937 年至 1948 年武装起义时止，省工委先后派了 55 名党员到过该校工作，发展教职

---

① 《周恩来传（1898—1976）》（上），中央文献出版社 2008 年版，第 561 页。

员 51 人和学生 84 人入党，党的外围组织农民解放社的成员发展到近 500 人，先后在这所学校读过书、受过党的影响和教育的青年学生达千人以上。

除在学校讲课外，在学校工作的共产党员还利用课余时间办农民夜校，同农民交朋友，为农民服务。用兄弟会、姊妹会、互助会等形式去组织农民群众，并在农民中建立共产党组织。很多学校的党员教师还在假期中，利用家访到各据点去检查、帮助工作，调查研究。他们通过对学生的家庭访问和其他方式，还了解、掌握当地的政治、经济以及知名人物的情况。有的党组织还利用教师进修班、联谊会的合法形式，培训干部，发展党员。这样就逐渐形成以原来学校党的工作据点为中心；四周有若干新的工作据点的网络。

第二，在农村建立据点离不开统战工作。云南外县地区为地方割据，例如滇南到思普区有所谓"四大天王"[1]"十八路诸侯"[2]，地主豪绅互相割据，鱼肉乡民，所以开展农村工作仅发动农民还不够，必须在地方人士中开展统战工作，以减少农村工作的阻碍，并创造有利条件。城镇中学教师正好有在城镇开展这项工作的便利条件。中学教师在城镇属于头面人物，其职业也有机会和当地上层人士交往。他们在交往中即可联络士绅，有条件开展对地方实力派中颇有影响的人和地主阶级分化出来的开明士绅的统战工作。我们有的党员由于正确地开展统战工作，当上了学校校长、教务主任，有的还当上了县教育局长、县参议员等。

第三，在云南农村建立据点，必须注重民族工作。云南是多民族的省份，从调查研究及实际工作中我们体会到，必须团结被压迫的各民族，才能埋伏隐蔽开展工作。到兄弟民族聚居区工作的共产党员和进步青年，都按照党的指示，与少数民族中的贫苦农民交朋友，尊重其风俗习惯，学习其语言、称谓，有的甚至脱下汉族服装，穿上少数民族的土布和麻布衣裳，有些地区与群众熟悉以后，开始组织弟兄会、姊妹会或结拜把兄弟、拈香姐妹，取得了了解和信任，然后向群众讲解怎样反抗国民党政府的苛捐杂税、无偿劳役的道理。在此基础上，组织农民翻身会，领导他们以原始的武器弩镖、弩箭、梭镖、擂石，以自发的形式反抗压迫和侵犯。

在建立学校据点的工作中，省工委专门选派了少数民族共产党员和领导

---

[1]　新平李润之，磨黑张孟希，景东梁星楼，景谷李希哲。

[2]　所谓十八路诸侯，是指滇南以至思普等地区据地称雄、拥有武装的地方封建势力，有汉族地霸，有彝、傣、哈尼等族上层人物。

干部回到家乡工作。这些党员同本民族有各种社会关系，有的甚至在本民族中有较高的威信和影响，他们通晓自己的民族语言、风俗习惯、生活方式，与本民族有天然的血肉联系，很快打开了民族地区工作的局面。

做民族工作时，我们还注意选拔和培养民族干部。如 1945 年共产党员齐亮到元江东部时，依靠当地彝族党员方金城、巴云鹏等开展工作。后来，傣族党员范嘉乐回到他的家乡撮科工作，同方金城一起做工作。他们不仅在傣族等民族农民中开展工作，而且争取了傣族上层人士刘士纯、彝族上层人士吴彻，在滇南为展开武装工作创造了条件。

通过以上工作，抗日战争胜利前后，我们在云南农村建立了一批工作据点，为解放战争时期进一步开展农村工作打下了一定的基础。

三上红岩

1946 年 2 月，我到重庆南方局汇报工作。临走前，联大党支部的联系工作要有所安排，考虑到王世堂是联大工学院学生自治会的负责人，他代表工学院学生自治会常驻校本部参与联大学生自治会的工作，省工委委员刘清同王世堂等有联系，为此，我委托刘清代表省工委通过王世堂与联大联系，并把何功楷的组织关系介绍给他。

我到重庆南方局时，旧政协会议正在召开，恩来同志很忙，所以由董老、钱瑛、王若飞听我的汇报。

这次，我汇报了干部情况和党组织的隐蔽、埋伏情况，也汇报了群众运动、统一战线、情报侦察、农村工作等情况，重点谈了一二·一运动。听了我的汇报后，王若飞充分肯定了我们这几年的工作。

此间，中央青委书记冯文彬正在重庆考察了解青年工作，也来听我的汇报。听了我的汇报后，他赞扬说：一二·一运动搞得很好。王若飞说：你们是被迫打了一个硬仗，是敌人把群众发动起来了，逼着你们搞这场运动。你遇到的对手李宗黄是个很反动、很残忍的敌人，同时他也是个大笨蛋，他在光天化日之下打进学校，杀了无辜的学生，必然会引火烧身。

王若飞还说：对于今后的工作，你要作充分的思想准备，我们正在争取形势的好转，但形势的发展很难预料，将来你遇到的对手可能更奸险，手段更毒辣，你要考虑将来遇到这样的对手怎么办。

我向王若飞汇报以后,钱瑛找我谈了话。在谈话中我向她提出,如果形势好转,党要公开活动,建议将艾思奇和罗炳辉派回云南搞公开工作。钱瑛说:我们曾经考虑过把艾思奇派回云南。但不论形势如何好转,地下党都要秘密活动,不能公开。当我向钱瑛汇报干部问题时,我将事先准备好的一份名单交给她,并提出了部分党员的安排意见。钱瑛说:几年来,云南培养了不少的干部,有义务向全国输送,如马识途、齐亮等,都应该输送出来,让他们发挥作用。

在我汇报工作期间,重庆发生了较场口事件。2月10日,重庆各界群众近万人在较场口举行庆祝政协成功大会,遭到国民党反动派的破坏捣乱。这时,国民党反动派借口所谓东北问题和张莘夫事件,在重庆策动了反苏反共游行。针对这一事件,王若飞在一个小会上对我们说:我们要警惕,反动派也会搞群众运动。义和团事件开始是反清灭洋,慈禧太后害怕群众运动,她就把运动引向扶清灭洋。国民党搞反苏反共游行,是发动反革命的群众运动,他们在玩火。我们要针锋相对,使他引火烧身。应从各方面揭露他,把群众运动的烈火引到国民党法西斯身上。学生中的共产党员应参加到运动中去,鼓动群众,转移目标,把游行队伍拉到国民政府外交部,要他们说明张莘夫事件的真相,说明苏联的军队在旅大,中国政府与他们订立了什么条约。王若飞说:我们的地方党有条件的,要使他的反苏游行搞不起来,搞起来也形不成运动,参加的人也不多。

我把南方局指示精神,用暗语写信给昆明市的何功楷,要他转到省工委和联大党支部。

我汇报完工作,要离开重庆以前,王若飞又把我叫到他的屋子里对我说:云南与中央和南方局的电台已经撤退了,交通员也可能撤退。今后《新华日报》也可能很难看得到了,你们的工作会更加困难。你们要注意收听延安的新华社广播,还可以考虑办一份党内刊物,刊登新华社的消息,及时向党员和外围组织成员传达党的方针政策,掌握形势,指导斗争。

我在重庆时,吴玉章、王维舟、傅钟等人也在重庆,这时准备建立公开的四川省委。钱瑛告诉我说:南方局准备迁到南京,成立南京局。同时,准备成立重庆分局,分管西南几省的党组织,公开名义为中共四川省委。她对我说:原来考虑把你留在重庆分局,另派一位同志到云南工作,后与董老和王若飞汇报时,他们不同意,说还是在云南工作好,但要你担任重庆分局委员。重庆分局成立后，宣布我担任分局委员，但没有参加活动。

汇报完工作后，我即赶回云南。

旧政协会议前后

1946 年 3 月初，我从重庆汇报工作回到昆明以后，联大党支部袁永熙等向我汇报了我走后昆明的情况，他们都谈到了国民党发动的反苏反共活动，以及党支部领导的抵制斗争。

2 月 24 日，联大国民党教授查良钊、燕树棠等 110 人发起反苏宣言的签名活动。针对这一反苏宣言，联大剪贴社 40 余人首先公开发表声明，指出它是"助纣为虐"。接着，现代社公开揭露它"为虎作伥""受人利用"。《中国周报》《匕首文艺丛刊》《生活壁报》等也相继发表文章，驳斥其反苏论点。《学生报》[①]还发表了张奚若教授的讲话，揭露东北问题是国民党制造的烟幕，苏联没有撤兵，是应国民政府的请求暂留东北。当事件真相被揭露后，参加签名的教授很多都公开声明不同意反苏宣言，要把他们的名字从签名中撤销。

2 月 25 日，国民党把持的联大法学会发出通告：下午 2 时要在联大举行东北问题讲演。联大党支部立即发动党员和民青成员，以昆明学联的名义进行公开抵制。他们针锋相对，在联大校本部大门贴出声明，说这个讲演会与学联无关。一些不明真相想去参加听讲演的同学，看到声明后，很多人打消了参加的念头。

当讲演会召开时，一些党员、民青和进步同学根据布置也前去参加会议。在会上，当燕树棠等国民党教授讲演时，台下的共产党员和民青成员在群众中纷纷讲话，揭露真相。与会群众看到受了蒙蔽，三五成群地散去，开会者走掉一大半。

讲演结束后，国民党分子组织游行。学联事先布置进步学生在游行经过联大校门口街道时在两旁对人群喊话："真正爱国的学生，不要被国民党法西斯利用！""真正爱国的学生退出来"。结果，参加游行的群众纷纷离散，队伍越走越小，出联大校门时的 500 人，最后剩下的大都是国民党反动派以每

---

① 罢课结束后，《罢委会通讯》结束，学联另主办《学生报》，公开发行。

人两万元法币收买来的一群乌合之众。

2月26日，联大法学会成员联名发表启事，要求召开全体大会，改组被反动派包办的法学会。昆明学联也公布了省市教育局强迫学生参加反苏游行的命令，以揭露国民党制造反苏反共的阴谋。

2月27日，昆明学联召开代表大会，会议由学联主席、共产党员吴显钺主持，一致通过昆明三万学生对东北问题的态度。

（1）确保领土主权的完整，苏联、美国均应撤兵，美军不应开入东北，造成国际纠纷；

（2）国民党政府应立即公布中苏谈判经过，中苏均应遵守中苏条约，共同维护远东和平；

（3）中苏双方组织调查团，调查张莘夫事件；

（4）东北内战必须停止，东北问题应用和平民主方式解决；

（5）反对政府与任何国家进行秘密外交。

至此，国民党反动派在云南制造的反苏反共活动，以失败而告终。

我回昆明后，遵照南方局的指示，针对联大即将北返复员的情况，在三四月间主要抓了以下几项工作。

首先，我们组织联大的共产党员骨干袁永熙、王汉斌、李凌、刘新（陈彰远）等和民青的骨干进行学习，总结几年来的工作经验，以提高他们的斗争水平。并向他们提出要求：联大复员到平、津后，要广交朋友，扩大团结面，尤其应注意团结好原在北方的师生，要运用昆明的斗争经验，结合当地的实际情况，把民主运动继续开展起来。还叮嘱他们途经南京时，要向南京局钱瑛同志请示汇报工作。

其次，遵照南方局指示，省工委输送了一批党员骨干、民青干部到省外。除一部分原在校的联大学生党员随王汉斌、李凌等以及负责第一党支部工作的袁永熙复员到平津外，还有一部分党员分赴武汉、上海、四川、东北等地工作。他们中有马识途、齐亮、李明、李曦沐、洪季凯、侯澄、张光琛等，他们离开前都做好了交班工作。

最后，在联大复员前后，昆明学生运动的中心逐步转移到云大。联大复员前，经学联常委推选云大学生自治会主席为学联主席。联大学生自治会主席将学联的工作逐步移交给云大学生自治会。与此同时，原一二·一运动中由罢委会通讯发展成的昆明《学生报》的编辑工作也移交云大负责。

4月，我们建立了云大党支部，由杨知勇、陆琼辉（陆毅）、潘汝谦（潘明）、袁毓芬（陈萍）、舒守训（文庄）、岳竞先、宋文清、何丽芳（余丹）、马丽、杨守笃、普贵忠、尹宜公等人组成，支部委员由杨知勇、陆琼辉、袁毓芬三人担任，杨知勇任书记，由我直接联系。

当时，云大学生自治会常委为蒋永尊、潘汝谦、舒守训三人（均为共产党员），蒋永尊任主席。蒋的原籍是昭通，由省工委委员侯方岳负责联系，他没有与云大党支部发生横的关系。学生自治会和学联的工作，由学生自治会和学联分别研究，一致行动。

接着，我们又调整了各学校的民青组织。原来民青都是跨校组织，每个支部都有大学生、中学生，第一、二支部的成员交叉在一起，线索多头，成员分散，不利于隐蔽开展工作。我考虑联大复员以后，云南的政治形势可能更险恶，民青是个群众组织，不利于搞大规模的团体。所以，我们调整了民青组织，规定大、中学校的民青组织之间也不发生横的关系，逐步地进行组织调整，由所在学校的党支部领导本校的民青，如果本校没有党支部的，就由附近学校的党支部负责领导。

4月间，联大党支部向我反映，王松声、侯澄等有组织圭、西山区兄弟民族歌舞团到昆明作文艺演出的设想，我很支持这种做法。学联主持组成了一个筹备班子，由共产党员王松声等负责，请尚钺、李广田、赵风等一些知名的文化界人士担任顾问。圭西山地区的共产党员毕恒光找到原新三军军长张冲向国民党省党部出面交涉，张冲表示支持的态度，并联络爱国上层人士13人出面支持，取得合法地位。

5月20日至6月4日，圭西山区兄弟民族歌舞团在正义路马市口的省党部的礼堂连续演出了26场，表演了《阿细跳月》等舞剧和《五里亭》等节目。这些节目控诉了国民党大汉族主义对少数民族的野蛮统治和残酷剥削，反映彝族支系撒尼、阿细等人民的勤劳、勇敢、纯朴和苦难生活。演出在昆明反响很大，深受群众的欢迎。闻一多、楚图南、费孝通等都撰写评论文章，支持演出。我几次经过华山南路，注意到看演出的人很多，就同曾秀娟带着孩子买票去看。

圭西山文艺演出以后，国民党省党部书记部重魁对省党部的骨干说：我们同意他们的演出是上了当。他借宴请演员之机，将蒋介石的《中国之命运》一书发给少数民族演员，要他们好好学习，跟蒋介石走。因为演员都是少数民族，听不懂汉族语言，由毕恒光当翻译。毕恒光在翻译时用彝族语言对大家说：他说的这本书是蒋介石写的书，不要听他的话。

4月20日，是云大校庆日。云大党支部书记杨知勇向我反映，他们要借云大校庆的机会，组织群众活动，我表示支持。当时，我住在北仓坡，离云大不远。云大校庆活动开始后，我的邻居们都要去云大看热闹，他们邀我同去。我白天没有去，晚上就和曾秀娟一起，领着小孩，混在人群中进入云大。

到云大后，我看到学生们贴出了很多壁报，还在操场上演出话剧，秩序很好，气氛热烈。广场的营火晚会吸引了很多人，学生们正在演出揭露拉丁罪恶的舞剧《五里亭》、来自解放区的《朱大嫂送鸡蛋》等节目，围观的群众很多。活动结束后，我们又随群众一起离开云大。这次活动一共持续了四天，影响很大。

5月4日，是五四青年节纪念日，又将举行西南联大结业式。我和联大、云大党支部分别商量，这是一个机会，可以开展一次活动，向敌人显示：虽然联大复员，但昆明的学生运动仍具有强大的生命力。大家非常同意，分头进行准备。

5月4日那天，联大举行了结业式。会后，全体师生竖立了一块由闻一多书写的"国立西南联合大学纪念碑"。在云大，学生们把云大校园布置得喜气洋洋，古朴的至公堂大门上，贴着引人注目的"'五四'二十七周年纪念大会"的红字。晚上，人们从四面八方向云大广场聚集，数千人围着两堆熊熊燃烧的篝火，观看各校演出的节目。人们高唱嘲讽反动派的《茶馆小调》《古怪歌》，哈哈合唱团还演出了在陕甘宁边区风行一时的秧歌剧《兄妹开荒》。李公朴、闻一多等也参加了营火晚会。李公朴满怀激情地说："昆明毕竟是一个民主自由堡垒，今天在这里，热火朝天，我感到四周都是力量。"闻一多对身边的几个青年说："今天晚上，我们看到了同一时代的两个不同的社会，对比太鲜明了。"

五六月间，主持新联工作的岳世华向我反映：民主同盟盟员汪大授在他的支持下，接办由龙云侄子龙奎垣出资兴办的金江中学，任代理校长。以此机会，我要岳世华从私立建国中学设法转到该校。岳世华通过冯素陶介绍进入该校分管校务工作。秋季开学前，我同何功楷等商量，从建民、天祥、长城等中学中调出约50余名师生中的共产党员、民青成员，通过转学或推荐应聘的方式，到金江中学任教和继续上学，加强了该校的革命力量，并掌握了学生自治会的领导权，使金江中学成为昆明学生运动中的一支重要力量。

西南联大复员以后，民主人士、联大附中校务主任魏泽馨应聘任昆明南菁中学校长。共产党组织通过与魏友谊较笃的进步人士先后安排了周锦荪、袁用之、欧根、饶博生、杨兴楷等一些党员及宣伯超等进步教师到学校任教，建立了据点。

同时，为了加强昆明市学校中共产党的力量，我同省工委委员商量，将在外县的一些党员干部调到昆明来。六七月间，先后从磨黑调黄知廉（黄平）到昆明，经有关人士推荐，进入云大附中当教师，主要负责该校党的工作；从墨江、建水调高志远（高彤生）、卢华泽、廖新伦、陈家震等分别经社会人士关系进入建民中学、峨岷中学、天祥中学等校任教师，在师生中开展党的工作。他们都由我分别个别联系。

就在这时候，发生了一件敌人突然袭击检查的事。

这要从我搬家时说起，原来我所住的华兴巷（福照街），房东因和我相处得好，他常常透露些官方的小道消息给我，这使我对他的身份产生了怀疑。居安思危，我想另外找一个住处。所以，开始留意吉房出租的小广告。有一次，我路过北门街时，看见一张出租北仓坡住房的红纸小广告，就把这张招贴撕下来，按照上面的地址找到这个地方。

这是一个大院，门口挂着一块"云贵监察使署"的牌子，正房是署长张维翰的办公室，也是他的公馆，右厢房出租给云大教授。监察使署靠圆通山坡，有个花园，园内有几间平房，租给省公路局长浦光宗、宋方夫妇，现在出租的是四合院的右厢房。我考虑张维翰是云南人，据说他属于国民党"CC"系。浦光宗是早期的共产党员，敌人不会注意他，何况他也不认识我。对于周围的环境，只有一个地方比较危险，就是要到北仓坡必须经过北门街，北门街有民主人士李公朴开的北门书店，这是进步人士经常来往的地方，也是国民党特务注意的目标之一。但我考虑只是路过此地，而且过往行人很多，不会有危险。于是我把这间房子租了下来，从福照街华兴巷搬到这里来住。

约6月上旬的一天早上，曾秀娟上街去买菜，刚出门又折了回来。她对我说，张维翰的公馆门口有警备部队把守着。我马上意识到会出现什么情况，赶快收拾准备。我家里一般不存放秘密的和公开的党的文件，但就在前一天刚收到两份《新华日报》，有随报附送的两小页公开文件。情况紧急，要烧毁反而容易暴露，只有想办法藏起来。我的家地方很小，家具什物不多，文件藏在什么地方好呢？急中生智，我看到地板上有一堆孩子刚换下来的屎布，我就和老伴商量，把文件卷起来，夹在一条尿布里，一起放在一堆脏东西之中。我想，特务嫌脏，翻这种东西的可能性小。

过了一会儿，两个带着手枪的士兵和一个歪戴着帽子的非官非兵的人，进了大门。他们先搜查了左厢房，几分钟以后，就来到我们的住房。我镇静地顺手拿出香烟请他们抽。一个士兵把黑洞洞的枪口对着我，要检查证件。我把国民党政府资源委员会的证件给他们看，那个兵才把枪放下了。

接着，几个不速之客开始翻箱倒柜，揭床掀被，把满屋子的东西弄得一片狼藉，因什么也没有发现，那个戴呢帽的人和两个士兵就开始抽起烟来。正在这时，突然听到张维翰在院子里破口大骂，这三个人见势不好，便匆匆忙忙地溜走了。

我抱着孩子假装散步，察看周围没有敌情了，才回到屋里。我赶快把文件拿出来，又认真读了几遍，记在脑子里，然后把它烧了。

敌人这次突然搜查的原因，据我分析可能是军统和中统的矛盾所致，也可能是敌人在附近发现了什么线索。直到 7 月 11 日李公朴在附近被暗杀，我才又推想可能是敌人在暗杀之前的行动。

经过这件事以后，我考虑这里并非我所能安居之所，半个月后，我又搬到离这里较远的巡津街末段的巡津新村和成银行宿舍去。我们收拾好东西后就先走了，是宋启华来替我们搬的家。

1946 年，内战危机空前严重，以周恩来为首的中共代表团在与国民党继续谈判的同时，发动国统区人民开展反对内战、要求和平的运动，人民的反内战呼声空前高涨。在省工委的领导下，并与民盟云南支部密切配合，云南的反内战斗争又走向了新的高潮。5 月 27 日，昆明学联以及 13 个人民团体及闻一多等 98 名文化界人士，致函美国国会议员，呼吁和平，要求美国不要以贷款等方式援助国民党政府。针对云南当局要取缔一批进步期刊的行动，从 6 月 22 日起，昆明的《民主周刊》《时代评论》、青年报社、人民艺术社、《学生报》等 13 家报刊联合发表声明严重抗议，反对查禁、取缔报刊的非法命令，使之未能得逞。

6月26日，蒋介石悍然撕毁停战协定和政协决议，大举进攻中原解放区，发动了全面内战。蒋介石自恃有美国的援助和军事上的绝对优势，狂妄宣称：要在3个月至6个月内击溃我军。在军事进攻的同时，蒋介石千方百计地镇压国统区的人民革命运动。国民党政府密电通知昆明警备总部："为巩固后方秩序，特给予便宜行使职权。"6月26、28、29日，民盟云南省支部连续召开记者招待会，提出"和平建国，民主团结"的主张。会后，民盟和各界人士组织争取和平联合会，发起万人签名运动，反对内战，呼吁和平，争取民主。护国元老、著名民主人士、教授、教师、学生、职业青年、妇女、店员、民族资本家、地方士绅、基督教徒、和尚、尼姑等纷纷签名。

7月1日，昆明学联发表了《对目前时局的宣言》，向国民党当局提出了十项要求：

1. 全面立即无条件停战，实现永久和平；

2. 实行政协四项诺言、五项决议，以协商方式解决内争；

3. 遵照整军方案，缩减军队，减轻人民负担；

4. 撤退驻华美军、反对美国干涉中国内政；

5. 提高教育经费，安定教师生活，救济失业青年；

6. 取消学生军训，废除党化教育及反对教师检定；

7. 救济全国灾荒，停止田赋征实及征购军粮；

8. 保护全国工商业，减轻捐税，反对官僚资本垄断市场；

9. 维护国家关税，反对外轮内航；

10. 反对警管区制。

李闻惨案

昆明高涨的反内战运动使国民党当局十分恐慌。7月初，南京国民党中央政府给云南警备总司令霍揆彰发来一份密电："中共蓄意叛乱，民盟甘心从乱。际此紧急时期，对于该等奸党分子，于必要时得便宜处置。"接到密令后，霍揆彰迫不及待地精心策划向民主人士动手，昆明笼罩在白色恐怖之中。

李公朴

7月11日上午，最后一批复员的联大学生离开昆明。当天晚上，李公朴与其夫人张曼筠一起到南屏电影院看完电影回家时，在大兴街与青云街之间被特务用无声手枪暗杀。

事情发生后，住在附近的云大学生舒守训（共产党员）和杨远基（又名杨实，民青成员，后来入党）闻讯赶来，立即用帆布将李公朴抬到北门城外的云大医院抢救。在民主同盟工作的共产党员唐登岷闻讯后，也赶到医院主持抢救工作。杨远基还赶到闻一多家里，请他提高警惕，在行动上要特别注意。当晚，唐登岷、舒守训、潘汝谦、杨远基等人一直守候在李公朴的身旁。李公朴因肠部被枪弹射穿，流血过多，抢救无效，于12日凌晨逝世。

7月12日晨，我到端仕街市立女中党员舒莲玉（舒彬）家同云大党支部的杨知勇碰头，得知李公朴被暗杀的消息，感到很震惊。我同杨知勇商量，在此白色恐怖的斗争关头，党组织不能退缩，学联必须坚持斗争。

同杨知勇分手后，我估计形势越来越险恶，想到朱家璧曾被蒋介石通缉过，为防止发生意外，我立即到马市口五华坊欧根家里，要他立即找王子近，请他通知朱家璧立即转移出昆明；并要他通知在民盟和新闻界工作的党员唐登岷等继续坚持斗争。

当时，正值假期，学生大多数已放假回家，搞大规模的斗争比较困难，云大支部研究后，通过学联组织学生在云大门口出大字报，有必要时，还可以在近日楼出大字报，揭露敌人的阴谋。我将同云大支部研究的意见，向侯方岳作了通报。我同侯方岳商量，在公开的群众运动问题上，学联和云大学生自治会常委要取得一致，有事时，蒋永尊要找陆琼辉联系。

我当时住在和成银行宿舍，是通过党员林深的关系，他是该行的职员，我借口是他的亲戚暂住在这里。我让林深找到吴显钺，让他设法通知闻一多转移。吴以师生关系去见闻一多，向他说明险恶的形势，力劝他转移隐蔽。但闻一多不愿转移，他说：我们很多人都溃退了，我不能像他们一样，我要坚持战斗。当时，闻一多知道吴是学联主席，但不一定知道吴是共产党员。听了吴显钺的汇报后，我通知云大党支部和在民盟工作的党员，尽量注意闻一多的安全，防止发生意外。同一天，我还先后与何功楷、黄平一起研究组织英专和各中学的党员、民青积极参加斗争，参加悼念等活动。

7月15日，学联以治丧委员会的名义在云大至公堂召开悼念李公朴、控诉反动派的群众大会，大会由蒋永尊主持，到会的有各界人士1000多人。

召开大会前，云大党支部派学生去找闻一多，劝他不要参加大会，但闻一多得知李公朴的夫人张曼筠要出席会议的消息，执意要去参加。他说："李先生的尸骨未寒，我们做朋友的都不出席，怎么对得起死者？又怎么对得起生者？李先生明天就要火葬了，这是最后的一个重要的群众大会，我可以不发言，但一定得去。"

当天，参加大会的群众很多，云大至公堂被挤得满满的，其中也混进形迹可疑的人，学联组织了纠察队监视他们的活动。

在会上，张曼筠愤怒控诉国民党反动派的卑劣罪行，泣不成声，不能继续讲下去。此刻，闻一多突然站起来，昂然站立在主席台前，发表了著名的最后一次讲演。

"这几天，大家晓得，在昆明出现了历史上最卑劣、最无耻的事，李先生究竟犯了什么罪，竟遭此毒手！他只不过是用笔，写出了没有失掉良心的中国人的话！大家有笔有嘴，有理由讲出来啊！为什么要打，要杀，而且又不敢正面来打，光明正大地来杀！今天，这里有没有特务？你站出来！是好汉的站出来！你出来讲，凭什么要杀死李先生？暗杀了人，还要诬蔑人，说什么'桃色事件'，说什么'共产党杀共产党'，无耻啊！无耻啊！这是反动派集团的无耻，就是李先生的光荣！是昆明人的光荣！"

他说："去年一二·一，昆明学生为了反对内战，遭受屠杀，算是年青的一代，献出了他们宝贵的生命。现在李先生为了争取民主和平，而遭到了反动派的暗杀，这算是我们的老一代，我们老战士，献出了最宝贵的生命，这是昆明的无限光荣！"

"这些无耻的东西，不知他们是什么想法，他们的心是怎么长的。其实也很简单，他们这样疯狂害怕，正是他们自己在发慌啊！在恐怖啊！特务们，你们想想，你们还有几天，真理是一定能胜利的。反动派的无耻，就是李先生的光荣。反动派的末日，就是我们的光明！"

"李先生赔上了这条性命，我们要换来一个代价。一二·一四烈士倒下了，年青战士的血换来了政治协商会议的开会！李先生倒下去，要换来一个政治会议的召开！我们有这个信心。一二·一是昆明的光荣，是云南人民的光荣！云南人民光荣的历史，远的如护国，近的如一二·一，都是云南人民的，我们要发扬！"

最后，闻一多说："反动派挑拨离间、卑鄙无耻，他们以为联大走了，学生放假了，我们便没有人了。特务们！你们看，今天到会的1000多青年又携起手来了！我们昆明青年决不让你们这样蛮干下去！历史赋予昆明的任务是争取民主和平，我们昆明的青年必须完成这个任务！我们要准备像李先生那样，前脚跨出大门，后脚就不准备再跨进大门。"

"斗士的鲜血是不会白流的，一人倒下了，将有千百人继起！"

闻一多的讲演引起了一阵又一阵的热烈掌声。在民盟工作的党员唐登岷将他的这篇演讲记录整理出来。

会议结束后，30余名云大学生护送闻一多离开会场，许多素不相识的青年也一起护送在他身边，送他回到府甬道家里。

当天下午，闻一多又到离家不远的民主周刊社出席记者招待会，5点半钟，他离开民主周刊社，由长子闻立鹤陪同回家。他俩行至途中，突然被事先埋伏的特务用美制冲锋枪射击。闻一多身中八弹，当即殉难，闻立鹤也受了重伤。

闻一多遇难的凶耗传来，云大党支部的舒守训和民青的杨实等立即赶到出事地点，闻先生的遗体已被送往云大医院，他们又赶到民主周刊社，这时已经空无一人，纸张杂物狼藉满地，于是，他们将重要物资及电台取出来转交给民主同盟云南支部。

闻一多被害后，昆明学联组织学生散发传单，出街头大字报，揭露国民党反动派的血腥暴行。联大学生自治会负责人吴显钺以昆明学联的名义，通知各大中学学生自治会，组织动员群众参加闻一多的吊唁活动。在何功楷、黄平等的动员和组织下，昆明各校的共产党员和民青成员以及各条战线的共产党员和外围组织成员都以学生自治会等合法的人民团体的名义积极参加追

悼活动。联大教授费孝通等以及昆华女
中、天祥中学、云大附中等学校的学生
自治会都送了挽联，并向闻一多的夫人
高孝贞女士表示慰问。吴显钺并以学联
主席名义主持闻一多遗体火化。

闻一多

闻一多被刺后，特务活动更为嚣张，
许多共产党员被特务盯梢，白色恐怖十
分严重，昆明学联坚持斗争。云大成为
当时进行斗争的基本阵地，集结于云大
的同学坚持印发传单、张贴大字报，向
全国揭发敌人的罪行。昆明学联代表全
市学生发出告全国同胞书，提出严惩凶
手及幕后指使人等六项要求。并以云南
人民争取和平民主协会名义向美国参众
两院发出通电，为李闻惨案提出紧急呼
吁。通电指出：昆明惨案是反动派残杀全国民主人士的开端，要求美国停止
军事援华，以制止法西斯凶焰。

7月17日，毛泽东、朱德及周恩来、董必武、邓颖超、李维汉、廖承志
分别电唁闻一多夫人高孝贞，对闻先生被害深表慰问，对国民党的血腥暴行
表示极大的愤慨。后来，毛泽东高度赞扬了闻一多的大无畏精神，他说："闻
一多拍案而起，横眉怒对国民党的手枪，宁可倒下去，不愿屈服"，"表现了
我们民族的英雄气概"，"我们应当写闻一多颂"。

同日，周恩来在南京举行记者招待会，就目前时局发表《反对扩大内战
与政治暗杀的严正声明》，指出："中国目前面临着两个最严重、最紧迫的问
题，即内战与政治暗杀。"昆明发生李闻惨案，"这完全赤裸裸地暴露了国民
党特务残暴的法西斯本质，采用了最卑劣的手段来镇压和平民主运动及其代
表人物。"次日，周恩来又在上海举行的中外记者招待会上严正指出："这不
是偶然的，而是和平民主运动中的一种反动逆流，想以这种最卑劣的手段来
吓退民主人士。"

李闻惨案的发生激怒了全国人民，各界人士纷纷以各种形式举行抗议和
声援活动。7月17日，上海各民主党派、人民团体举行非常会议，愤怒抗

议国民党的罪行，并通过决议，要求严惩凶手，保障人民生命财产安全。26日，延安各界万人举行反内战、反特务大会，追悼李公朴、闻一多等烈士。朱德、林伯渠到会讲话，号召全国人民团结起来，清洗法西斯分子；中美人民团结起来，反对美帝国主义对华殖民政策；号召边区人民努力生产，誓为全国人民反内战反特务运动的后盾。28日，重庆各界群众6000余人举行追悼李公朴、闻一多大会。7月19日，郭沫若、茅盾、洪深、周建人、许广平、郑振铎、田汉、胡风、曹靖华、巴金等13人联名致书联合国人权委员会，要求派调查团来华，调查国民党杀害李公朴、闻一多罪行的真相。同日，中国民主同盟主席张澜和中央执行委员沈钧儒等为李、闻被暗杀事，向国民党政府提出严重责问与抗议，并要求参加调查真相和审判主凶，立即取消特务机关等。20日，民盟政协代表也向国民党政府提出严重责问与抗议。8月18日，成都各界2000多人召开李、闻追悼大会，中国民主同盟主席张澜等，以及51个团体的各界代表参加了追悼会。10月4日，上海各界人士举行李公朴、闻一多追悼大会，沈钧儒主祭；邓颖超宣读周恩来亲笔书写的悼词："今天在此追悼李公朴、闻一多两先生，时局极端险恶，人心异常悲愤。但此时此地，有何话可说？我谨以最虔诚的信念，向殉道者默誓：心不死，志不绝，和平可期，民主有望，杀人者终必覆灭。"李济深、郭沫若等参加了大会。6日，各界代表又在静安寺公祭李公朴、闻一多，周恩来率中共代表团、新华社、《群众》杂志代表前往致祭。

蒋介石在全国人民的共同声讨下，不得不派新上任的全国警察总署署长唐纵到昆明了解事件经过，以掩人耳目。唐纵在重庆与李肖白等几个特务头子密谋策划，把这一事件嫁祸给共产党，没有得逞，又从白公馆和渣滓洞两个看守所中挑选违犯军统纪律而受处分的人出面顶替。准备把他们带到昆明，叫他们在公开审讯时，冒充是凶手，并造谣说与中共有关。唐纵等人已找好了扮演这一卑劣角色的特务，后因昆明情况发生变化而改变计划。

暗杀李、闻是云南警备司令霍揆彰一手布置的，杀人凶手是警备部特务营长汤时亮和排长李文山等人。霍揆彰在事后还准备利用这一事件来施展一箭三雕的毒计，乘此机会打击云南地方势力。他们造谣说：暗杀李、闻的是云南省政府主席龙云的儿子龙绳曾，并说龙云的副官杨竹庵也参与了此事，便立即开始搜捕。龙绳曾闻讯，连夜逃往昭通老家躲藏，而杨竹庵被捕。

昆明学联针对敌人的阴谋出街头壁报，散发传单，揭露警备部逮捕杨竹庵的真相，以争取地方实力派。各校学生自治会在共产党和民青领导下，继续积极参加吊唁活动。由于霍揆彰借刀杀人的阴谋被揭穿，各民主党派一致要求惩办凶手，保障人民生命安全，蒋介石又派顾祝同到昆明查办，并同意民主同盟中央派周新民、梁漱溟到昆明调查。

周新民到昆明后，我找云大党支部的陆琼辉（陆毅），要他以民青的名义去见周新民，通报李闻惨案前后的情况。陆琼辉事毕向我汇报说，他谈到吴显钺去劝闻一多转移隐蔽时，周新民说：闻一多在当时极其愤怒的思想情况下，谁也阻止不了。

周新民等人调查情况后，写了一份调查报告。蒋介石在舆论压力下，不得不将霍揆彰撤职查办，从监狱中拿出两个判了死刑而未执行的罪犯冒充汤时亮、李文山，执行枪决，以欺骗舆论。而真正暗杀李公朴、闻一多的凶手袁炳南、崔宝山、兰亚民、吴传云等直到解放后才被抓获，他们对奉命暗杀闻一多的事实供认不讳。1951 年 4 月 15 日，由云南省人民政府主席陈赓、副主席周保中亲自签署颁发布告，镇压了这几个罪恶滔天的刽子手。

在蒋介石发动全面内战，昆明发生李闻惨案的情况下，我考虑到我们既要在昆明坚持斗争，又要保护党员干部。为此，我约欧根到小东门外灵光街桃源小学会面，我告诉他，要他立即通知在民盟工作的张子斋、唐登岷立即转移。欧根说：张子斋就在这里。他把张子斋找来和我见面，我要他们立即离开昆明，因李群杰在邓川当县长，可先到邓川停留几日，了解情况后，再到龙陵去与朱家璧会合。

过了几日，欧根向我反映，他们到龙陵与已疏散到那里的朱家璧等人会合后，考虑到要马上搞武装斗争的条件还不够成熟，且久住也不安全，就转移到缅甸去了。

李闻惨案期间，省工委委员刘清反映他发现有形迹可疑的人盯梢他，我们商量让他转移隐蔽。他先到峨山了解地方工作，后到金江中学隐蔽。于是，省工委主持工作的只有我与侯方岳两人。

9 月，蒋介石嫡系昆明警备司令部下令解散由新联和民青成员为骨干组织的公开的海哮声乐队，并派特务到该会的活动地点青年会去监视他们的活动。海啸声乐队的骨干团结全体队员，与反动派坚决斗争，决不后退，我积极鼓励和支持他们的斗争。后来，在云大党支部的支持下，经学生自治会开会决定，海啸改名为南风合唱团，成为云大学生自治会所属的学生文艺团体，继续在社会上活动，并接收社会青年参加该团，演唱进步歌曲，以鼓舞群众的斗志。1947 年，南风合唱团内建立了党支部，直接在市工委的领导下开展活动。

同年 9 月，昆明师范学院开始招生，经过我同意，徐菊英（徐淑贞）等一批党员和民青成员报考该校，得以录取。以后师院也建立了党支部，徐菊英任支部书记。为了加强学联的领导，建立了以杨知勇、陆琼辉、徐菊英三人组成的学联党组，由我直接领导。

为了应付险恶的形势，我布置学联党组和昆明市工委的何功楷、黄平、卢华泽、殷汝棠等抓紧对党员和民青成员的思想教育工作。首先是进行时事教育，教育党员在艰苦的时候，要树立信心，要看到光明的前途。其次是进行共产主义人生观和革命气节的教育和斗争策略的教育等，进一步加强了党的思想建设。

在加强学生工作的同时，昆明市新联和工盟的工作亦有所加强。以岳世华、邓贯一、王克危等为领导骨干，在职工公教人员中继续发展壮大组织。还从生活福利入手，以福利会、职工生活保障会、联谊会、歌咏队、京戏组、球队等形式，广泛团结职工，把争取福利的经济斗争引向反搬迁等政治斗争，并在一些重要的机关、企业、工厂建立了党支部或党小组。

1946 年 11 月，周恩来率领中共代表团部分工作人员从南京返回延安。12 月 16 日，在中央召开书记处会议上，决定成立城市工作部，由周恩来兼任部长，李维汉任副部长。中央城市工作部的任务是"在中央规定的方针下，研讨与经管蒋管区的一切工作（包括工、农、青、妇），并训练这一工作的干部。"1947 年 2 月底至 3 月初，国民党用突然袭击手段，强行封闭了我党驻南京、上海、重庆等地的办事机构，将其人员遣送回延安，南方局、四川省委（重庆分局）随之结束，南京、重庆的《新华日报》也随之停刊。这时，预定留在国统区，并已先期转入地下的南方局组织部长钱瑛，先后参加上海局、香港分局，负责领导原南方局所辖西南等地区的工作。中共南京代表团撤离和中共四川省委撤销后，云南省工委和上级的关系联系中断，我们只是靠收听延安广播来了解中央的政策。直到 1947 年下半年齐亮到昆明后，把上海局的关系联系办法及钱瑛的联络暗号告诉我，我才又与上级联系上。

四、第二战场

抗暴运动和反饥饿、反迫害运动

抗战胜利后，国民党政府取得美国政府的支持，发动内战。与美国政府签订了一系列公开或秘密的条约和协定，大肆出卖中国主权。1945 年 11 月，中美签订了《美国在华空中摄影协议》，中国政府允许美国军队可以在除新疆以外的中国全境从事空中侦察及摄影。1946 年 10 月签订了《中美宪警联合协定书》，规定驻华美军肇事须由美宪警处理，中国警局只有旁听的权利，在实际上恢复了领事裁判权。1946 年 11 月，签订了所谓《中美友好通商航海条约》，规定美国人有"在中国领土全境内居住、旅行及经商"的权利，并可在中国购置、保有、建筑和租借土地、房屋和产业；美国商品在中国之"征税、销售、分配或使用"，享有不低于中国"国民、法人、团体之待遇"；美国船舶可以在中国开放之任何口岸、地方或领水内自由停泊或航行。驻华美军以占领香港者姿态在中国土地上横行不法。据不完全统计，从 1945 年 8 月至 1946 年 11 月，在上海、南京、北平、天津、青岛 5 市，美军暴行至少有 3800 起，中国被害致死致伤残者在 3300 人以上。人民群众日益看清了美帝国主义和国民党反动派勾结的真面目，反美情绪逐渐滋长。

1946 年 9 月 29 日，中共中央发出《关于美军退出中国运动的指示》，提出了当前宣传口号要转到"美军退出中国"，以打破国民党"和平攻势"的欺骗。之后，上海、重庆都开始发动了要求美军退出中国的活动。

12 月 24 日晚，北京大学先修班女学生沈崇在东单操场被驻华美军强奸。次日，北平私营的亚光通讯社发出这条消息，北平市警察局以国民党中央社的名义通知各报不要发表。当时，在《平民日报》担任记者的共产党员李炳泉得知了这一消息，马上向党组织汇报。南系地下党负责人袁永熙、王汉斌等紧急研究形势和对策，北系学委也分析了情况，研究如何行动。

26 日，北平《经世日报》《世界日报》不顾禁令，发表了亚光通讯社的新闻。北大的南系地下共产党员李凌等当即把这条新闻剪贴下来，用大字抄写出来，贴在沙滩校本部里学生上下课的必经之道，同学们围观后，群情愤怒，纷纷表示抗议。为此，中共南、北系地下党领导人共同研究后，决定举行罢课抗议。

国民党当局对沈崇进行造谣、诽谤，并派特务暴徒闯进北大，撕毁壁报，捣毁办公室，殴打学生。这一行径更激起了广大师生的愤怒。在南系、北系地下党领导下，经各校协商，推选出北大的庞邦铺、胡邦定、聂运华，清华的方复、杨立（以上均系南系党员），燕京大学的殷书训（南系进步学生）为指挥小组，12月30日，北大、清华、燕京、师大、中法等校5000多人举行了抗议美军暴行大游行。1947年1月1日，上海交通大学、复旦大学等几十所大中学校也举行了示威游行。这次运动一开始，周恩来就十分重视和加强领导。中共中央主持起草向国统区南京局董必武，北平军事调处执行部叶剑英，重庆分局吴玉章、张友渔和上海局刘晓等发出电示，指出：北平学生因美军强奸女生事，已造成有力的爱国运动，上海、天津闻声亦响应，望在各大城市及海外华侨中发动游行示威，并坚持下去，"要造成最广泛的阵容，采取理直气壮的攻势"，"使此运动向孤立美蒋、反对美国殖民地化中国之途开展。"

在得到北平学生举行抗暴游行、上海学生热烈响应的消息之后，我考虑到：一方面，云南人民在抗日战争中对美军的种种暴行已深恶痛绝，各阶层人士对美帝国主义支持蒋介石发动内战的政策也深为不满；另一方面，一二·一运动以后，共产党组织经过调整，特别是李闻惨案后的锻炼和考验，得到了很大的发展，云大、师院、云大附中、建民中学、天祥中学、昆女中、市女中、昆女师、求实中学等校的学生自治会的领导权，已完全掌握在党员和民青的手中，其他很多学校，我党对学生自治会也能基本控制；被敌人完全控制的学校，只有富春、云瑞、中正等少数几所中学，发动斗争高潮的条件已经具备。此外，我还想到，联大复员以后，必须更多地培养干部，培养新生力量。这时，省工委委员仅我和侯方岳二人，我们商量，决定与学联党组研究，以行动来响应北平学生的行动，抗议美军暴行。

为此，我召集以杨知勇、陆琼辉（陆毅）、徐菊英（徐淑贞）三人组成的学联党组研究如何声援北平学生的抗暴运动。大家一致认为，应以大规模的运动声势来响应北平学生的号召，抗议美军暴行。

根据学联的部署，云大党支部首先行动起来，大造舆论，发动群众。在几天之内，就将控诉美军暴行的壁报、大字报贴满了校园。哈哈合唱团、实学社、刀丛社、云大剧社也纷纷准备了文艺节目。学生自治会在校内组织了控诉美帝罪行的讲演会及文艺晚会，通过这些活动，群众基本发动起来了。与此同时，其他各学校的党组织和民青组织也开展了各种宣传发动工作，充分发动了群众。在此基础上，我们决定召开大会。

1月6日，全市3万大中学生聚集在云大广场，宣读《抗议美军暴行宣言》之后，即举行示威游行。一路上，同学们高喊"美军滚出去""停止内战""废除《中美友好通商航海条约》"等口号。游行队伍高唱着《团结就是力量》的歌曲，到复兴新村美国领事馆门口，由学联代表向美国领事馆递交抗议书，群情高涨，气氛十分热烈。

这次活动是在联大复员后的情况下昆明学生举行的又一次大规模的活动，它充分显示了昆明学生的力量。

对于抗暴运动的兴起，党中央给予了很高的评价。毛泽东在1947年的新年献词中指出："1947年，中国人民争取民主自由的运动，将要比1946年取得更重要的胜利，独立和平民主的新中国一定要在今后数年内奠定稳固的基础。"1月5日，中共中央在《关于响应北平学生反美反蒋运动的指示》中指出："群众已对美蒋采取攻势，标志着全国性的革命高潮已接近，对于这一事变的重大意义必须充分肯定。"2月1日，在中共中央政治局会议上，周恩来在《关于国民党统治区人民运动》的报告中，最早将国民党统治区的人民运动称作"第二战场"，把国民党统治区的人民运动（特别是学生运动）提到了同第一战场——人民解放战争相配合的战略地位。也说明了国统区民主运动走向了新的高潮。

这时，军事形势已向有利于人民的方向发展。中国人民解放军已在战场上夺取了主动，开始转入战略进攻。国民党政府则加紧对其统治区人民的压迫，致使城市通货膨胀，物价飞涨，人民生活异常困苦；农村征兵征粮、加捐加税，民怨沸腾，民变蜂起。毛泽东指出：美蒋的反动政策，"迫使中国各阶层人民处于团结自救的地位。这里包括工人、农民、城市小资产阶级、民族资产阶级、开明士绅、和其他爱国分子、少数民族和海外华侨在内，这是一个极其广泛的全民族的统一战线。"根据这一情况，中共中央发出《关于在蒋管区的工作方针和斗争策略》的指示，提出："针对目前蒋的镇压政策，我们应扩大宣传，避免硬碰，争取中间分子，利用合法形式，力求从为生存而斗争的基础上，建立反卖国、反内战、反独裁与反特务恐怖的广大阵线。"

为了迎接蒋管区民主运动的新高潮，1947年1月16日，中共中央作出了关于调整蒋管区党组织的六项指示，提出：一、南京局在中共代表团回延安以后，由董必武在宁主持，直接管理上海工委、重庆分局、香港分局及一部分统战关系中的党员；二、南京局、上海工委、重庆分局、香港分局组织不对外公开，对外仍用南京办事处、上海办事处、四川省委的名义接洽；三、成立中共中央上海分局，将刘晓、钱瑛两处所管的秘密组织，统一管理，惟下层仍不打通。分局下设上海市委，刘晓不参加。钱瑛原管之组织，除西南（川、康、滇、黔）由重庆分局直辖外，余均划入上海分局，仍由钱瑛直接或间接管理；四、上海分局以刘晓、钱瑛、刘少文及另由刘晓从上海党委中推荐一人组成，负责领导与发展蒋管区秘密党的工作；五、上海分局直属中央领导，南京局对上海分局有意见时，经过中央给予指示；六、重庆分局除直接领导《新华日报》及统战关系外，对川、康、滇、黔党的工作仍应设法加强领导。

为了加强对城市工作的领导，迎接大规模运动高潮的到来，我同省工委委员研究后，将分散在外县的部分党员干部调回昆明，以加强昆明的党的力量。省工委先后从普洱县磨黑中学调袁用之、陈柏松、陈盛年等来昆明，分别负责一部分学校和银行、邮政等职业界党的工作。又从墨江县中学调来王世堂，与从墨江中学调来昆明的周锦荪分别负责一部分中学党的工作。从此，随着城市民主运动的扩大，党员和民青成员的增加，一些党、盟员较多的学校和行业系统，逐步改变分散、多头联系的状况，统一了党的领导关系，建立了一线、二线组织，形成了党支部或党小组。通过党的秘密外围组织，领导公开的群众团体的组织活动方式，由省工委直接领导的少数党员负责人分片、分行业领导昆明市各中学和职业界党、盟组织负责人的领导系统开始形成。陈家震、袁用之、陈柏松、王世堂、周锦荪和黄平、高志远、何功楷等主要分管学校工作，陈盛年主要分管职工工作。市领导干部加强后，我同他们分别研究，决定在隐蔽方式下开展适当的斗争，团结群众，壮大力量，把斗争逐步推向高潮。

昆明市职工运动从人民的切身利益入手，通过开展生活互助等活动，团结了群众。然后又有意识地将职工运动逐步引导到要求改善生活的一系列斗争，如要求增加工资、调整待遇等。这一时期，昆明汽车公司、缝纫业、猪毛业、笔墨业、理发业、木器业、翻砂业、油漆业、洗染业、石龙坝发电厂、云南运输公司、裕滇纱厂、大成实业公司等企业的职工，都以合理合法方式提出要求，到必要时举行罢工斗争，都取得了不同程度的胜利。

随着经济危机的发展，教育危机也日益严重，教育经费缺乏，学校设备落后，教师生活困难，学生失学严重。为抢救教育危机，上海、南京等地教师首先发动了大规模的反饥饿、反内战的运动。昆明市党员干部陈盛年等也抓住有利时机，经过新联发动了教育战线的斗争。2月6日，小学教师联合会举行记者招待会，在会上强烈呼吁，要提高教师的生活待遇。四五月间，云南省教育厅长、反动分子王政要挟建民中学迁回建水，不让进步人士刘宝煊担任校长，不准校董事会成员在经济上支持学校，目的是想解散这所学校。我考虑建民中学是昆明学生运动中的一个堡垒，教师中的党员和进步分子占了绝大多数，学生中的民青成员也很多，必须保住这座堡垒，打退敌人的进攻。于是，我一方面经过建民中学教师中的党员陈家震、卢华泽、廖新伦等发动全校师生开展护校运动，号召全体师生团结起来，艰苦奋斗，生产自救；另一方面，争取校董的支持，抵制反动派的阴谋活动。为此，我找在建水、个旧等地工作过的党员孙仲宇商量，要他去请在当地支持刘宝煊办学的进步士绅马亦眉、苏辛农等出面做校董的工作，希望他们继续捐资办学。我还要孙仲宇同刘宝煊商量，为缓和气氛，由刘宝煊提议请爱国进步人士、在国民党眼里只是个贵公子的韩进之担任昆明和建水两所建民中学的校长。经过一系列的工作，国民党教育当局也同意韩进之当校长，校董们也都继续支持学校办学，敌人的阴谋随之破产。

1947年5月，南京中央大学的学生向国民党政府行政院和教育部请愿，反对饥饿，要求增加伙食费，并支持中大教授会提出的增加教育经费等五项要求。南京学生的斗争，迅速得到北平、天津、上海等地学生的巨大声援，学生们响亮地提出"向炮口要饭吃"等口号。5月20日，京、沪、苏、杭学生5000多人在南京举行挽救教育危机联合大游行，向国民党政府和国民参政会请愿。遭到国民党军警、特务的血腥镇压，制造了五·二○血案。

5月20日，昆华师范学院学生也在共产党的领导下，发起要求增加师范职业学校学生公费、改善生活待遇的斗争。这一斗争很快得到昆华工校、昆华商校、昆华女师等七校学生的响应，组成云南省立公费学校联合会。推选昆华师范学校学生张麟（新联成员）为主席，向全市发出了呼吁书，并组织请愿代表团同省教育厅谈判。在学生们的要求被拒绝以后，七所公费学校的学生同时宣布罢课。24日，在共产党组织和昆明学联的领导支持下，七所学校学生组成千余人的队伍到教育厅请愿。后经昆华师范学校校长倪中方和昆华工校校长李家谟调解，教育厅被迫答应"省立公费学校学生公费，从当月起将每人每月2公斗3升大米，增加到3公斗（48市斤）。"联合会认为斗争达到了预期的目的，决定于6月1日复课。

五·二〇血案发生的第二天，云南大学学生就发表了《为争取生活保障罢课宣言》，决定罢课五天，以声援南京、上海等地学生的斗争，抗议国民党政府的血腥暴行。云大全体学生在罢课宣言中提出四项要求：

一、全体专科以上同学，均享有全公费待遇；增加副食费，每月按真正生活指数调整。

二、改善教职员待遇。

三、增加全国教育经费，占总预算百分之二十。

四、立即废除国府《维持治安秩序办法》。

在此期间，云大学生也派出代表到省政府请愿，组织宣传队上街宣传，张贴墙报，散发传单，在云大广场的营火晚会上，还演出了揭露国民党罪行的独幕话剧《饥饿》和活报剧《兽国春秋》。

为响应华北学联提出将6月2日定为全国反内战日的倡议及抗议国民党当局制造五·二〇惨案的罪行，我与省工委委员商量后，经学联党组研究决定，6月2日，全市大中学校罢课一天，举行"反内战、反饥饿、反暴行"大会。

对于6月2日的活动，国民党早就有所防范。他们事先就放出空气，说要"戒严"，要打人、抓人，吓唬同学不要"闹事"。云大当局也贴出布告，禁止外校学生到云大集中，还将云大后门上了锁，前门加强警卫和戒备，不准外校学生入内。但是，在学联的广泛发动下，昆明市的45所大中学校万余名学生都无所畏惧，一致行动。按照规定时间，于当日12点以前到云大广场集中，举行"反内战、反饥饿、反暴行"示威大游行。

在会上，学联代表宣读了总罢课宣言。宣言中说："祖国正面临灾难，同胞正陷于水深火热之中，遥望中原，则硝烟弥漫；回顾西南，则饿殍载道，民不聊生，学生为反内战，反饥饿，遽遭逮捕。""为了反对妄图武力统一的内战，为了抗议政府陷我们于饥饿的困境，更为了抗议京沪各地惨无人道

1947年6月2日，为声援南京五·二〇惨案，昆明学联组织全市40多所大中学校万余名学生举行"反内战、反饥饿、反暴行"示威游行。

史无前例的暴行，我们——昆明学生，继承'一二·一'威武不屈，团结战斗的光荣传统，誓作京沪同学们的后盾。因此响应北京大学全国总罢课的倡议，本市中等以上学校在今日总罢课一天，以表示我们的决心。为了真正和平，为了我们这一代及子孙后代的安居乐业，我们将更以各种方式奋斗到底。"

这份总罢课宣言在热烈的掌声中通过，接着就举行示威大游行。大家高呼着"向炮口要饭吃""反对内战""反对滥发钞票""提高教育经费""提高公教人员待遇""争取永久和平""取消特务组织""严惩五·二〇凶手"等口号，还唱着《要吃饭的站拢来》的歌曲前进。

在队伍中间，分布着四组化装宣传的同学。第一组四个同学扮演"美金""米""百货"和"内战之神"。"内战之神"在后面用皮鞭追赶，他们不断地往上跳；第二组是"停止征兵"，三个骨瘦如柴的农民被保长和他的爪牙绑在一起，正被驱赶着去当兵。他们年轻的妻子哭泣地跟在后面，拿出她们仅有的钱，苦苦哀求保长释放她们的丈夫，保长凶狠地把她们踢开；第三组是"停止征粮"，四个兵士扛着两大包军粮走着，后面跟着一群乞丐似的面黄肌瘦的群众，手里拿着破碗；第四组是"内战的牺牲者"，三四个断腿折臂的伤兵，拄着拐棍艰难地走着，后面跟着一群孤儿寡妇。

游行队伍到达南屏街中段时，昆明青年联谊会给游行队伍献上了一面"民主先锋"的锦旗，另外的一群市民献了"五四再造"和"为民前锋"的锦旗。同学们高喊着"欢迎市民参加游行"的口号，许多职业青年也参加进游行队伍中来。当学生在警岗亭上用油墨书写"保障人民人身自由""反对任意拘捕人民"的标语时，警察也以微笑来支持学生。

1947年6月下旬，长城中学校方屈从国民党当局的压力，采取种种措施限制学生自治会的活动，打击进步学生，并支持一部分学生组织"暑期学生会"，妄图以此取代选举产生的学生会。由于多数同学的坚决反对，校方的阴谋未能得逞。为此，他们又强迫学生会主席龙甫鸣和干事马丽、梁林（梁惠芬）、张国标、唐希信五人退学。为反击校方的反动行为，在教师、共产党员李方英、梁维舟领导下，长城中学的民青组织发动学生成立学业安全保障委员会，派出代表同校方交涉，开展说理斗争。昆明学联也动员云大、云大附中、昆明师范学院等校学生支援长城中学学生。经过一个多月的斗争，校方虽然理屈词穷，但他们在全国政治形势影响下，顽固坚持对进步学生的迫害，最终以行政手段"勒令"龙甫鸣同学退学，并解聘了李方英、梁维舟，以后又开除了几十名进步同学。共产党组织将这些学生安排到其他学校，同时又从其他学校动员一批民青成员和进步同学到长城中学求学。9月开学后，在上级共产党组织的领导下，长城中学的进步学生又在第三届学生自治会选举中获胜，民青成员普朝柱当选为主席。

6月下旬，我召集黄平、高志远、陈盛年在近日楼玉溪街的一个货栈开会，研究昆明市党的工作。以后我组织他们定期开会，形成昆明市党的领导机构，先后参加开会的还有陈家震、袁用之、王世堂等。因高志远在这家货栈的老板家里当教师，货栈的客人大都是卖烤烟和烟叶的商贩，进出的人比较单纯，因此我们便以此为接头地点。1948年，我向上海局汇报工作时，经上海局确认是中共昆明市工作委员会（简称"市工委"）。

市工委成立后，将昆明市的学校工作分为两个区，东城区学校由陈家震负责，成员有廖新伦、卢华泽、梁微娟等，负责峨岷、建民、天祥、长城、金江等中学和昆华女中、英语专科学校的党的工作；西城区先后由高志远、袁用之负责，成员有杨夫戎、陈柏松，负责南菁、求实、龙渊、中山、昆华等中学和师院附中、昆华工校、农校、商校等学校的党的工作。新联的领导人也有所调整。1947年，我将岳世华调到文山以后，由邓学元（邓贯一）、吴亚松、唐嘉宾负责联系银行的新联盟员，其他单位的新联和工盟成员逐步归所在单位党组织领导，由市工委陈盛年统一负责领导。

在国统区人民的革命斗争迅速高涨的形势下，又传来了胜利的捷报。从1948年7月初开始，中国人民解放军由战略防御转入战略进攻，刘、邓大军挺进中原，直接威胁国民党反动统治的中心——南京。这时，蒋介石十分恐慌，他企图加强对国统区革命运动的镇压，来"安定后院"。7月4日，国民党南京政府举行"国务会议"，一致通过蒋介石提出的"厉行全国总动员，以戡平'共匪'叛乱，扫除民主障碍，如期实施宪政，贯彻和平建国方针案"。8月2日，国民党又宣布《后方共产党处置办法》，在全国布置和屠杀"共产党嫌疑犯"。云南反动当局公布了一批所谓"职业学生"的名单，说他们是"受共产党操纵，以闹学潮为职业的学生"；强迫学校出面，通知这些学生限期到高等法院登记自首，否则就要逮捕法办。云大被列入"职业学生"名单的就有31人，他们都是学生运动的骨干。

针对这一情况，我与省工委同志碰头后，具体讨论对策和措施。学联党组分析研究了形势，决定采取三项对策：一是扩大宣传，揭露敌人迫害学生的阴谋；二是争取学校当局，希望他们认清形势，爱护青年学生，不要做反动派的帮凶；三是将被列入黑名单的同学实行紧急疏散，把他们输送到乡下，要他们在农村建立据点，为以后开展农村武装斗争组织力量。与此同时，云大、师院的学联共产党组织、自治会的共产党组织工作也进行了调整，以利于隐蔽和统一行动。

9月，蒋介石在南京召见卢汉，以答应云南扩充地方武装为六个保安团为条件，要卢汉镇压云南的民主运动。卢汉回云南以后，9月30日，以国民党云南省党部、云南省政府及云南省警备司令部的名义联合公布国民党中央行政院通过的《后方共产党处理办法》，限令本省各地共产党员及为共产党工作者，自10月1日起到31日止，向当地警察局办理登记手续。同时，国民党云南当局还开列了有210人的黑名单，决定11月1日在昆明进行大逮捕。

我获悉卢汉以扩充地方保安团为条件，接受蒋介石镇压民主运动的消息后，就与省工委的同志研究，然后又立即与学联党组商量，最后决定先发制人，团结广大同学，联合地方各界，提出在昆明开展助学运动，打退反革命逆流。

10月20日，学联召开全市39所学校代表参加的联席会议，决定从10月25日起开展助学运动。决定第一阶段在校内展开互助，第二阶段再到社会上去募捐。校内募捐，大学以系级为单位，中学以班为单位组织进行。

运动开始后，学生们广泛在社会上开展宣传，集中宣讲国民党的内战政策给人民带来的痛苦，使许多家庭贫苦的同学面临失学危机的情况。然后介绍贫困学生的动人故事，发动同学以自救救人的态度互相帮助。经过发动，参加募捐活动的同学十分踊跃，到10月29日，募捐总数已达1亿多元。由于开展了争取校方的工作，各学校出现了同学之间、师生之间紧密合作的生动局面。

从10月30日开始，运动转向社会，各校学生走向街头，用讲演、演活报剧、演助学花灯等方式宣传国民党的内战政策和国民党发动内战的罪恶，宣传贫苦学生就学困难的情况，希望各界人士踊跃捐助，抢救失学危机。当时，群众捐助的热情出乎预料，连挑扁担的苦力也慷慨解囊，三日之内，捐款已超过2.5亿元。

云南当局对助学运动十分恐惧，但又没有理由制止，就玩弄两面手腕，妄图扑灭学生运动。卢汉公开出来发表谈话，诬蔑助学运动是受人利用，同时决定成立"贫寒学生救济委员会"，宣布拿出6亿元作为救济费。但反动派的阴谋并未得逞。在卢汉发表谈话之后，各界人士对学生的捐助仍然十分踊跃，运动继续发展。

11月3日，反动当局召开会议，决定对学生下手。4日晚，敌人逮捕了职业界的三名民主同盟成员，同时通知各校当局，要求按警察局开具的黑名单交人。云大等校张贴了黑名单，但没有立即行动。

11月5、6两日，特务机关和五人小组接连开会，决定大规模下手，同时在车站、码头密布特务，防止学生疏散。就在这两天，特务先后捕去英专及黔灵中学教师何志远（何功楷）、叶仲英，女子职业学校施佩珍，云大女同学何丽芳等四人，天祥、长城等中学也有学生被捕。云大和师院同学得知何丽芳同学被捕后，在一小时左右就集中起500多名同学包围了坐落于青云街的警察三分局，直到查清何丽芳没有关押在三分局，队伍才散去。云大、师院学生行动之快，使反动派十分惊讶，昆明警备司令何绍周说："就是我这个带兵的，遇到这种突然情况，也不可能在这么短的时间内组织起五六百人的队伍冲到目的地！"

当晚，学联召开各校代表会，决定组织全市大中学生向卢汉请愿。7日下午，39所大中学校的1.8万多名学生举行示威游行，队伍到达云南省府所在地——五华山大营门口，由杨远基等四个代表进去与卢汉谈判。学联代表提出三项条件：一、释放被捕师生。二、保证以后不得有非法捕人的事件发生。三、各校不得借故开除学生与解聘教师。

卢汉完全拒绝了学联代表提出的要求。他表示：捕人的命令是他下的，他愿意用什么方式就用什么方式捕人，没有什么非法与不非法。斗争陷于僵局。反动派决心捕人，准备在北教场搞集中营，并下令给集中营拨粮。

我同学联党组根据各方情报，作了周密部署：一、争取云南父老和家乡士绅出面调停。二、避重就轻，降低条件。三、孤立和威胁何绍周，中立动摇卢汉，分化动摇特务内部。

上述工作分作几方面进行。首先是争取家长，当时把这个策略措施叫作"外线作战，迂回包抄敌人"。

卢汉在大规模下手之前，决定先造一番舆论。他发出2000封请柬，邀请学生家长于11月15日在胜利堂召开家长会。学联抓紧这一时机，利用这次的会议做争取学生家长的工作。我以云南学生的语气，用文言文起草了一份《告社会人士书》，交给学联党组，经学联常委讨论通过，以学联名义连夜赶印，争取在开会前发到家长手中，以取得家长的同情和支持。在付印前，我又考虑到这次主要是争取学生家长，就将题目改为《告家长书》。书中这样说：

吾辈均三迤子弟，三万大中学生，人同此心，心同此理，咸以吾辈年龄尚幼，寸阴当惜，念兹在兹，未尝敢背父母养育之恩，负师长教诲之德，孜孜求学，焉敢荒怠课业于万一也。然而国步维艰，祸及青年，静坐课堂而横祸飞来，漫步校园而灾难临身，教师被解，学生被捕，光天化日，冤遭不白，同学焉能安于课业？安于枕席？情所不忍，理所不容，不得已学业暂告中缀。

吾滇代有名人，明代安宁杨一清先生、清代昆明钱南园先生敢于抑邪，其著者也。诸公德高望重，众望所归。今在校攻书者，非公等子女，亦属后辈。坐看金马碧鸡之地，沦为血腥之屠场，谁无儿女？谁无弟妹？诸公能无动于衷乎？其能忍乎？

这封《告家长书》既是向学生家长呼吁，也是争取卢汉，打击对象很明显，就是国民党中央政府强加云南人民头上的外来势力，暗指昆明警备司令部。这份《告家长书》在卢汉讲话之前就发到家长手中，在很多家长中引起了反响。卢汉本来布置了几个家长在会上发言，谴责共产党鼓动学生闹事，动员家长将学生领回家，然后下手捕人，然而与会的学生家长都无动于衷，有些被布置发言的家长也为了撤销发言而提前离开了会场。一个湖南籍特务自称是学生家长在会上发言，诬蔑学生，主张严办学生。有些家长便在下面耳语，说他是冒充家长。家长们为此不平，交头接耳。会议开到下午 7 时，散会时剩下的人已很少，卢汉的布置落了空。

因反动派曾造谣说参加罢课的学生男女混杂不清，有失礼义。为了揭穿这一谣言，会后，学联争取家长代表到云大、师院参观。家长代表到云大时，学生从大门起列队恭候，高呼"请三迤父老主持正义""三迤父老要为儿女着想，制止摧残教育的暴行"等口号，学联负责人向家长哭诉学生无辜被害的情形。家长代表看到学生彬彬有礼，深受感动，当即表示不愿做当局的代表，愿作当局与学生之间的调解人。这些家长代表都是在云南有地位有影响的人物，他们的态度的转变，对卢汉影响颇大。

学联党组又以学联常委身份向正在召开的省参议会和家长联谊会做工作，以给卢汉留有余地，又有利于斗争、避重就轻为原则，提出了三项条件：一、被捕师生确有犯罪证据者交法庭审判；二、无犯罪之证据者，一律释放；三、停止非法捕人，当局如需要逮捕之人，须经法律手续，正式传讯。

与此同时，我经市工委陈盛年及新闻界严达夫通过关系请云南耆老、省政府顾问白小松出面去给卢汉做工作。白小松见卢汉后，劝卢汉不要与学生为敌，应让何绍周出来收场。学联的宣传品，也集中攻击何绍周，不提卢汉，对卢汉也产生了影响。

在斗争期间，反动当局曾采用提前放假的做法来分散学生队伍。各校党组织和民青抓紧做工作，在当局宣布提前放假时，没有一个同学离开战斗集体。云大当局曾在报纸上发表消息，诬蔑学生盗窃了化验室的硫酸，为反动派武装进攻学校制造依据；云大共产党组织立即用事实揭穿了云大当局的造谣和诬蔑。

由于广大同学紧密团结，坚持斗争，由于战略运用得当，何绍周被迫释放英专教师何功楷、云大学生何丽芳等数人以缓和空气。这时，我考虑我们在政治上已占优势，若不适可而止，使斗争旷日持久，很可能陷于被动。我和学联党组商量，他们也有这个意见，但顾虑有的学生可能一时思想不通。我对他们说：即使有的同学思想一时不通，也要坚持复课，以后再慢慢解决思想问题。

学联经过讨论，决定于 11 月 27 日宣布复课。复课之前，首先由省参议会、家长联谊会、学联代表三方在共同商定的条件上签字，并由报纸发表新闻；其次由学联在报纸上公开刊登复课启事；第三是发表复课宣言，再一次宣传"反内战、反饥饿、反迫害"斗争和助学运动的正义性，对何绍周的反动措施进行谴责，对地方父老和省参议会表示感谢。宣言说："我们昆明三万大中学生，正告那些妄想在这金马碧鸡之地阔步横行的人，妄想把东方专制权移植到天南一隅的人们：'三户存而楚不亡，一士愤而秦不帝'，昆明学生誓将以各种方式为争取人权，反迫害而奋斗到底。"

学联组成若干小队到街头散发复课宣言，散发完毕，即到指定地点集中，排成大队，一路高呼口号返回云大，又形成一次规模稍小的游行。

在与家长联谊会谈判复课条件时，"CC"派方国定也是一名家长，他一再问学生代表："经过合法手续捕人时，你们是否接受？"学生代表一再肯定回答："当然接受！"我们从特务机关获悉，他们在复课之后，仍然要经过法院传讯黑名单上的人。所以在复课前两天，就利用事先准备好的交通工具，将黑名单上的人全部送走。这次撤退的人的数量很大，仅云大党员就撤走 12 人，还同时撤走一些民青成员。学联的三个常委全部撤走，自治会干事大部分撤走。果然，在复课一日后，高等法院即出传票传讯云大、师院等校学生百余名，结果反动派又扑了一个空。

人权保障运动告一段落之后，卢汉的所谓"贫寒学生救济委员会"捐的六亿元钱毫无下文。学联党组决定抓紧这机会揭露卢汉的阴谋，争取群众对学联的信任，建立和扩大师生的统一战线。因此，学联发出通知：凡贫寒学生，经过本人申请，该校自治会、导师、校长三方面证明，就可批准补助。这样，不到一个星期，助学金就全部分配完毕，并在昆明各报刊登收支账目。由此粉碎了卢汉的诬蔑，证明学联是为群众谋福利的组织，一些原来对助学运动持反对态度的人，也改变了看法。如中法中学校长曾反对该校学生参加学联，开展助学运动时他也反对。互相捐助时，中法中学共捐得 400 万元，而分配时该校却分得 800 万元，他感到学联做得好，通知学生说："你们可以参加学联了。"

人权保障运动告一段落后，约 12 月中旬，我同学联党组的杨知勇、段必贵、徐菊英等开了一个小会，总结这次运动的经验教训。这天，我们几个分头出发到篆塘码头集合，租了一只小木船，划到滇池边的一个僻静处，就在船上开会。经过共同讨论，互相补充，最后小结，大家认为在这次运动中，我们在策略运用上掌握了有理、有利、有节的原则，按照合法化、社会化等政策进行工作，使运动取得了胜利。此外，我们开展助学运动，从群众的切身利益入手，不仅团结了广大师生，而且还获得了社会人士的同情。《告家长书》的言辞以及云大学生对学生家长的态度执礼甚恭，以合乎人情事理、合乎中国人的传统道德礼貌的方式，使学生处于正义的地位，而国民党中央系的警备部处于非正义的地位，因此，赢得了社会人士的同情和支持。昆明警备部参谋长马锳在省参议会上气愤地说：今天昆明的学生满口都是讲理讲法，弄得街谈巷议都说警备部坏。我们提出按法律程序捕人的要求，得到了学校当局的支持，也赢得了斗争的缓冲时间，疏散了黑名单上的人。经护国元老白小松去争取卢汉，利用了地方实力派与国民党中央的矛盾。

事过几十年，我回顾当时的情况，感到我们当时对卢汉的本质认识得还不透。通过社会人士的争取，虽然对卢汉可以起到一些作用，但对这种作用不能估计过高，应从本质上来认识卢汉。卢汉与蒋介石有矛盾，但他的本质是与人民对抗的，在镇压人民的反抗上是一致的，只是程度不同而已。加之当时对卢汉接受蒋介石的条件的情况，也只是听到一点风声，详情不悉，分析也有局限，所以领导运动时还有不足之处。

运动之后，师院党支部负责人徐菊英撤离昆明，由温宗姜接替工作，参加学联党组。云大党支部仍由杨知勇、何美林、岳竞先三人负责，杨、何二人参加学联党组。这时，云大学校当局坚持人权运动时处分学生的决定，即开除 11 人、勒令停学二年者 9 人，记大过二次者 5 人，并宣布解散云大学生自治会，解散云大附中。自治会几次派代表与之谈判，但毫无结果。

党支部对云大形势全面研究之后，决定改变这种形势。人权保障运动之前，党支部的工作重点主要放在群众社团上，这样做的缺点是群众面较窄，积极分子容易脱离中间和落后状态的群众。总结了这方面的经验之后，决定社团的工作继续加强外，工作重点应放在学校的系和班的工作上。方针确定之后，党员和民青成员积极行动，很快就建立起一批学会，如史学会、外语学会、社会学会等等。这些学会既搞学术活动，又搞政治色彩不太明显的一些课余活动，因而能团结较多的同学。与此同时，我们还恢复了在人权保障运动中中断了的《新华社通讯》。

4月，云大选举学生自治会干事，结果，经党支部确定，经过系、级代表会提名的25个候选人全部当选，段必贵（段家陵）、段奇、毛应坤三人任常委。新一届自治会诞生后，云大学生运动又逐步走向高潮。

农村武装斗争的准备

中共云南省工委遵照中央城工部指导方针，除在昆明开展民主运动外，在农村亦在组织农民反"三征"①的基础上开展武装斗争。

抗战胜利前夕，为了成立一个独立、民主、富强的新中国，中国共产党提出了成立联合政府的主张，并为这一主张的实现进行了积极的努力；与此同时，共产党对国民党一贯推行的反共内战政策也有非常清醒的认识，对蒋介石可能发动的内战作了充分的准备。这一时期，中共中央先后向国统区的党组织作出了一系列关于建立农村工作据点、准备发动武装斗争的指示。1945年7月22日，毛泽东在《关于扩大反内战宣传及建立云贵川农村据点给徐冰、张明的指示》中说："蒋一切布置都是准备反共的，内战危机空前严重，望将延安反内战新闻在大后方设法传播。""望用最大注意力布置云、贵、川三省农村据点，准备将来打游击，不使我党在国民党发动内战时处于完全挨打与束手无策的地位。"根据党中央和毛泽东的指示，抗战结束前后，国统区开始进行武装斗争的准备工作。

1946年二三月间，我在南方局汇报工作时，王若飞指示我说：对时局的发展要作两手准备。根据中央和南方局的有关指示，我回云南后，与省工委研究决定，在继续加强城市工作的同时，进一步加强农村的据点建设，更加广泛地发动群众，加紧武装斗争的准备工作。

---

① 征兵、征粮、征税。

在滇东北：在共产党员樊子诚掌握了沾益播乐中学的基础上，省工委先后派李天柱、杨泓光等到这里工作。共产党组织通过学生同农民联系，进一步开展了农村工作。

宣威宝山处于滇黔两省之交，1946年以来，省工委先后派许南波、谢敏、张白林、蒋永尊、李祥云等到这个地区加强工作，组织发动农民。同时，省工委委员侯方岳多次到这一地区检查和布置工作。1946年初，为了加强党的领导，许南波、宁直、耿介组成宣威特支。

在滇东南：罗平共产党组织在抗日战争时期建立工作据点的基础上，争取了东路诸侯唐聚五和开明士绅皇甫侠、张天禄，在乡镇中有条件的地方继续掌握政权和武装。1946年初，罗平地下党组织趁罗平县参议会竞选之机，在基础较好的地区和中山乡做群众工作，通过群众推选，地下党员张连琛、唐德昆出任县参议员。此外，共产党员张惟清亦打入其中，利用参议会的有利条件开展统一战线工作。同年，国民党政府实行新县制，民选乡镇长，罗平党组织利用此机会，一方面运用农民群众中的基础，另一方面利用上层统一战线关系，指定共产党员和进步青年参加乡镇政权的竞选。选举结果，共产党员任学源、李加琳被选为中山乡正副乡长；与此同时，下辖8个保也逐步为党员所控制。统战人士张天禄、共产党员张鸿逵被选为板桥镇正副镇长，下辖各保均由党员和进步分子所控制。这样，共产党组织通过合法程序，逐步掌握了罗平16个乡中9个乡的政权，使之成为党控制的两面政权，为掩护党的地下工作和开展武装斗争创造了条件。

1946年10月，国民党军进攻解放区，攻占了张家口，蒋介石下令召开国大。我考虑到与共产党长期有联系的上层人士张冲在云南的安全问题，认为必须把他送出云南。基于以上考虑，我叫欧根去和他商量，要他以参加国大代表合法身份，趁去南京开会之机，转移到延安。我通过欧根把事前已和中央南京局负责同志董必武约好的暗号告诉他，要他找中共代表团，经他们安排前往延安。欧根找到张冲，与他谈了我们的意见后，他很同意。张冲说：他曾向云南警备司令何绍周购买了勃朗宁机枪6挺、捷克造步枪120支、子弹10万发，交给何现龙分别运到泸西、路南、弥勒等地，由东山窦从孝，圭山杨福安、黄恩培，西山昂天学，五山龙光明等彝族旧部保管。张冲要地下党找何现龙联系，把这部分武器交给共产党。

张冲走后，我就叫欧根通知何现龙到昆明与我面谈。我听取了他关于在弥泸地区武装情况的汇报后，让何现龙逐步集中人枪，待时而动。何遵照这一意见，以张冲储存的武器装备了一支秘密武装小组。在考查了何的历史情况后，欧根介绍何现龙入党。

1946年暑期，联大学生李晓调到滇南工作前，把他所联系的金江中学的学生党员毕恒光的关系交给我，我转交给何功楷联系。1946年六七月，毕恒光向何功楷提出回家乡工作的想法。我考虑毕恒光回民族地区工作有极有利的条件，便约毕恒光见面，与他交谈，进一步了解他的想法，并答应了他回乡工作的请求。我要他回去后，要做深入细致的群众工作，将他们组织起来，待机而动。

在滇南： 1946年6月中旬，马识途同在磨黑中学工作的陈盛年一起到昆明，向省工委汇报工作。根据汇报的情况，省工委决定成立思普特支，全面负责墨江以南思普地区的工作，由陈盛年任特支书记；磨黑党支部书记仍由陈兼任，墨江中学支部由王世堂任书记，高志远调回昆明工作。当时陈任磨黑中学校长，当地上层绅士张孟希让他邀请闻一多到思普去讲学。省工委通过民盟的冯素陶介绍陈盛年、吴显钺拜访闻一多，向闻介绍思普地区反蒋统一战线的情况。闻一多亲笔致函思普地方实力派人士张孟希，支持他积极发展地方教育。经过工作，下半年以后，磨黑、墨江及其周围地区共产党的组织和群众、统战等工作有较大的发展。

1946年8月，马识途调到四川工作以后，省工委决定滇南党组织的工作由张华俊负责。张华俊亦由石屏宝秀中学转到建水临安中学。同月，党组织又派廖必均到元江南部的迤萨、浪堤、大羊街一带进行社会调查，开辟工作。1946年春，建水党组织还派谢加林到江外新街（今元阳县城关镇），通过统战关系开办红河中学，并在芭蕉岭一带农民中秘密组织弟兄会、翻身会，发展会员90余人。1946年夏初，石屏共产党员刘光卿、范嘉乐联络社会进步人士，赶走宝秀中学的反动校长，改组校董会，重新聘请校长，推举刘光卿任校董会主任，进步人士夏俊德为校长，建立了共产党的工作据点。

在滇西： 1946年，国民党云南省政府调李群杰任邓川县县长。李群杰向我汇报后，我考虑到开展滇西工作的需要，就同意他去邓川赴任。这时，联大师范学院的学生党员王云（王岫）刚好从学校毕业，我了解到他曾对邓川的社会情况做过调查研究，就将他派到邓川，加强那里的工作。他到邓川后，经县政府聘任为教育科长，负责教育行政工作，在该县中小学中开展工作。

在滇中： 1945 年底，王以中在向省工委汇报工作时，谈到云大应届毕业班中有几个峨山籍学生，建议将他们派回峨山工作。我通过云大支部进行深入了解，得知其中还有一些党员。于是挑选峨山籍毕业生董治安、董子健（二人均为党员）回乡办学。同时，以"办好桑梓教育"为名，动员峨山籍毕业生踊跃回乡。1946 年 6 月，峨山中学校长病故，经共产党组织在昆明、峨山两地上下配合开展活动，国民党峨山县长林汝森同意任用董治安任该校校长，董子健任该校教导主任，掌握了峨山中学的领导权。1946 年 7 月，峨山县成立县工委，以王以中负责。县工委以峨山中学为中心，广泛开展群众工作。

1947 年 2 月，王以中调离峨山后，由董治安与省工委联系。7 月，董治安到昆明向我汇报工作，我对他说：要充分利用敌人各派势力的矛盾，进一步做好统一战线工作；要千方百计获取武器，做好发动武装斗争的准备，并随时准备武装拒捕。根据这一部署，董治安争取到了文庙掌事的职位，取得了一些枪支；又以保护学校为名，向县政府领取了部分武器，并有计划地对高年级学生进行军训，还培养发展了一批秘密外围组织成员，为武装斗争的发动作准备。以后，通过统战工作，董治安又升任峨山县政府教育科长，董子健接替董治安任峨山中学校长。与此同时，通过合法选举，使一些党员还掌握了一些基层政权，如太和乡八个保中就有七个保的武装为共产党所控制，为武装斗争的发动作了大量的准备。

此外，共产党组织还在玉溪师范学校和江川、易门、华宁、昆阳、呈贡、晋宁、新平等地建立了党组织，通海、河西也发展了民青、新联成员。

这时，李闻惨案后疏散到国境外的朱家璧、张子斋、唐登岷、马仲明、王子近等，组成了以朱家璧为书记的临时支部。他们几次派王子近回昆明，向省工委汇报工作，并积极要求回云南搞武装斗争。

全面内战爆发后，为了准备发动国民党统治区的武装斗争，1946 年 11 月 6 日，中共中央发出关于《南方各省乡村工作方针》，指出："在目前全面内战的形势下，南方各省乡村工作，应采取两种不同方针"，"凡有可能建立公开游击根据地者，应即建立公开游击根据地。"原有各根据地"应鼓励原有公开或半公开武装，紧紧依靠群众继续奋斗，不应采取消极复员政策，长敌人之志气，灭自己之威风。现在南方各省国民党正规军大批调走，征兵征粮普遍施行，正是我党发动游击战争的好机会。""凡条件尚未成熟之地区，则采取隐蔽待机方针，以等待条件之成熟，此种地区在目前当然是占多数，但其目标仍是积极准备发动公开游击战争，建立游击根据地之各种条件，而不是不管条件是否成熟，一概采取长期隐蔽方针。"1947年2月，当人民军队的自卫战争取得巨大胜利的时刻，中央发出《迎接中国革命的新高潮》的指示，指出人民解放军作战的胜利和蒋管区人民运动的发展，预示着中国革命的新高潮即将到来。在这种形势下，3月3日，中共中央发出《关于在蒋管区发动农村游击战问题的指示》，指出："在蒋管区发动与组织农民群众进行武装斗争的客观条件与时间是完全具备的，只要极小心地联系群众，依靠群众，胆大心细地发动群众，既勇敢又谨慎地领导斗争，就会在群众斗争中，建立和组织起武装力量与农村游击根据地。从而逐渐取得胜利。"中央还指出："你们的斗争口号，还不忙马上将下一步的目标揭出，而应多从人民为生存而斗争的口号着想，以利群众斗争的发动、深入和继续。在斗争形式与组织形式上，你们也可先以合法斗争的形式建立群众基础。先从敌人力量较薄弱的地方发动武装斗争，求得存在和发展。尤其在组织上，开始不可铺张门面，过分刺激敌人，以致遭受敌人过早过大的打击。"

自中共中央代表团从南京撤退以后，省工委与上级的联系随即中断，《新华日报》也被查封。我们只能靠收听新华社广播来分析全国形势和体会中央政策。省工委研究，根据全国和云南的形势，要加紧进行武装斗争的准备工作。

1946年九十月间，省工委将沾益特支扩组为中心县委，樊子诚任书记，李天柱任副书记，委员先后有杨泓光、苏子骏、李德仁等。1947年2月，省工委通过当时担任沾益县县长的党员王樵，安排中共沾益中心县委书记樊子诚打入国民党沾益县参议会任参议员，兼任龙华中学校长，并先后派了一批党员到龙华中学任教。中心县委以播乐中学师生为主要力量，先后派出党员到本县以至宣威农村建立据点。到9月，共建立了工作据点40余处，秘密组织农民，开展各种斗争。

1946年7月，经省工委碰头会研究，我把原由我直接联系的联大萧松、金永康等创办的印刷厂交侯方岳联系。同年冬，侯派该厂金永康、徐庆华、董士荣等到宣威宝山，与柴爱国一起进行武装斗争的准备工作。派张柏林、傅发琨到宣威宝山中学，成立党支部，还增派党员到宝山、板桥等地，加强武装斗争的准备工作。6月，在格宜法马坡组织起一支秘密武装，由蒋永尊、柴爱国、谢敏等负责。为隐蔽起见，开始只集中十几人至几十人，先后参加的计100余人，在滇黔边地区活动，准备条件，发动武装起义。以后又派许南波、李德仁去加强领导。同年冬，李德仁、许南波向省工委汇报工作，并提出对这支秘密武装的建议。省工委同意所提建议，认为，以当时当地情况看，发动这支部队举行武装起义尚有困难，决定分散活动，遂调蒋永尊、柴爱国、许南波、金永康、谢敏等去滇东南工作。蒋等在转移途中遇土匪袭击，蒋永尊牺牲。李德仁继续在滇东北领导并坚持工作。

省工委委员刘清1947年2月到罗平，直接领导罗平、师宗、平彝（富源）等地的工作。同年，罗平党员发展到100多人，共产党在乡镇中已掌握800多人枪。同年10月，国民党罗平县政府派县常备队伙同地霸武装400余人进攻钟山乡，企图以武力改组乡公所。钟山乡地下武装400余人在狗街一带与敌对峙10余天。罗平县城地下党发动上层人士，迫使反动当局武装撤退。

刘清到罗平后，省工委研究决定将原刘分管的泸西、弥勒、路南、陆良等地关系，转交侯方岳联系。1947年夏秋间，省工委先后派祁山到弥勒、泸西主持该地区工作。7月，祁山回昆明向省工委作了汇报工作，经研究，决定以西山、圭山、龙海山、东山为重点，准备发动武装斗争。在这一精神指导下，弥泸地区先后建立了弥勒县委、陆良县特支。路南、泸西、邱北指定了专人负责，曲靖、马龙由省工委直接领导。在农村，共产党组织以反"三征"的口号积极发动群众，组织了兄弟会、姊妹会、妇女会、儿童团等群众组织，宣传和动员群众抗粮、抗税、抗抓兵；用集中在自己手里的武器，武装自己；废除保甲制度，民主选举村长，掌握了部分乡村政权；在坝区和圭山区建立了近70多个秘密工作据点，在西山两个乡建立了民兵大队，村建立了民兵小队或小组，分别对他们进行军事训练，直接掌握着一批招之即来的游击武装；龙海山区各村也建立了抗铲联防武装。

1947年7月24日，陆良县城乡士绅之间的利益发生矛盾，发展成为公开的武装冲突。县城里的一批反动士绅鼓动、勾结县政府，派出县里的武装部队，对乡间的士绅杨体元、金家寅实行武力讨伐，企图逮捕乡间开明士绅力量的代表人物、陆良参议会副议长、马街镇镇长杨体元。杨、金二人率领200余人上山抵抗。省政府主席卢汉闻讯，派人到陆良，要杨体元到昆明听候处理。7月底、8月初，杨体元来昆明，住在如安街他早年在滇军中的好友韦杵的家里。他当时对卢汉还存幻想，想到昆明来争取和平解决陆良事件。在昆明黔灵中学当教师的陈盛年、孙仲宇从该校校长汪颂鲁处获悉此事，向我反映了这一情况。我考虑须尽力争取杨回陆良坚持斗争。经研究，陈盛年、孙仲宇等通过汪劝说杨，争取他放弃妥协打算，坚持斗争。陆良党组织同时向省工委反映了这一情况，我决定抓住这一时机，利用城乡士绅之间的矛盾，支持杨体元，造成武装割据的局面，掩护共产党在群众中迅速开展工作。后来，杨经汪的劝说，潜回陆良，但金家寅已投靠敌方。我及时通过云大支部负责人找到了在云大上学的陆良籍学生杨守笃，亲自向杨守笃交待任务，要他回到家乡陆良，通过上层关系，争取杨体元同我党合作，准备开展武装斗争。同时，我把杨守笃的组织关系转交给侯方岳。11月14日，陆良特支许南波与杨体元在雨谷商谈，签订了《雨谷协定》，议定在共产党的领导下，以杨体元掌握的联防武装为基础，共同发展组建人民武装，建立陆良解放委员会，杨体元任主任，许南波任副主任，在龙海山区开展抗粮、抗兵、抗税、抗铲的斗争，积极准备开展武装斗争。

1947年夏，云大党员、学联党组成员陆琼辉（陆毅）毕业。我了解到他是开广地区的人，又考虑到滇东南地区毗邻滇黔桂之交，在军事上很重要，但文山地区共产党的工作尚薄弱，需要派人去开展这一地区的工作，而陆琼辉人地熟悉，是承担这一工作的最适合的人选。我就同省工委研究，决定派陆回文山，同时派岳世华、舒守训（文庄）、宋启华、邓勋、吴士霖等同陆一起到开广地区。为了使武装斗争开始后有个可周旋进退的余地，同时考虑到马关、麻栗坡与越南接壤，须打通一条去越南的交通线，所以，我指示舒守训、吴士霖在边疆建立交通线。遵照这一布置，岳世华等以文山税捐稽征处和开广中学等处的社会职业为掩护，进行工作。为加强共产党的工作领导，7月，组建中共开广地工委，以岳世华为书记，陆琼辉、舒守训等参加。地工委负责干部先后与在开广地区的党的外围组织新联、民青、军盟成员接上关系，广泛开展统战和交友工作，争取了马关县参议长刘弼卿、文山专署保安团连长鲍祖刚、警察局长杨福中等中上层人士。后来吴士霖牺牲，舒守训在越南边境坚持工作一段时间后回国。

与此同时，党员杨宇屏、陆毅等到广南中学教书，传播革命思想，发展党员。党员孙太甲、邓德邦等利用各种社会关系打入广南县城防队，孙太甲任队长，掌握了城防队武装 100 多人枪。

1947 年 6 月，陈盛年向省工委汇报说，他调离思普到昆明工作前，从石屏到磨黑做生意的刘昆府判断他是党员，1946 年 8 月，就主动与他接触。在接触中，陈了解到刘昆府敢于坚持正义，对国民党统治不满，倾向革命，即帮助他认识形势，介绍《新华日报》和进步书籍给他看，刘受到启发。1947 年 1 月，刘昆府经上层关系，利用合法的剿匪大队长名义，前往佛海，进行组织反蒋武装的活动。3 月，国民党佛海县长发现刘昆府进行进步活动，就免去了他的剿匪大队长的职务。刘见时机已成熟，以 40 条枪在佛海与澜沧交界的那京发动反蒋武装起义，成立自卫大队独立队，动员群众反"三征"，宣传为穷人翻身闹革命的道理，当地拉祜族、彝族人民一经号召就起来响应。刘昆府打开局面后，即派人到磨黑请陈盛年派人领导。陈立即派杨汉光、杨家俊两个党员去帮助他。陈盛年到昆明后，思普特支和滇南工委继续领导刘昆府。9 月至 12 月，刘昆府组织起了 1300 多人的队伍，有步枪几百支，机枪 20 挺，号称车（里）佛（海）南（宁）民主联军总队，平时开荒种地，战时出兵歼敌。经过战斗，部队很快发展，根据地由原来三个乡扩大到车里兵房、佛海县蛮芳、澜沧县的发展河，民主联军由一个大队扩编为总队，刘昆府任总队长，杨家俊（党员）任参谋长，杨汉光（党员）为联络员，下辖五个大队。民主联军为民除害，将勾结国民党反动派的区长王小海公审枪毙。滇南工委张华俊从石屏县发动 40 余名农民，携带枪支弹药，由刘光卿率领，伪装马帮前来支援那京起义，遭到保安三团的袭击，刘光卿化装成傣族只身进入那京。9 月底，磨黑特支蒋仲明又通知何宏志增派郑绍先、李春明到那京协助工作。刘光卿率部 30 余人进入宁江，控制了整控渡口，以宴会摆酒席为名，生擒宁江设治局长、中统特务马维庚，巧计收缴了该县常备队武器机枪两挺、步枪 20 余支，占领了宁江县城。这一行动产生了很大的影响，国民党《中央日报》发表云南宁江"共匪作乱"的消息。从宁江城内逃出的特务马维庚向普洱专员余建勋密报了城内的情况，云南省政府主席卢汉电令保安三团联合地方反动军队对起义部队实行"围剿"。在敌人的镇压下，联军遭到重大打击，最后只剩下 80 余人的骨干战斗力量，由刘昆府带回石屏。1948 年初，朱家璧回国到石屏时，带走机枪一挺、步枪 10 余支。同年 7 月，刘光卿带了一部分人枪去元江参加朋程建军。8 月，刘昆府经张华俊批准入党。刘所带领的其余人枪于同年 9 月在石屏成立云南人民自卫军（云南人民讨蒋自救军二纵队）。刘昆府 1949 年 11 月在景谷工作中，由于恶霸县长李希哲叛乱，壮烈牺牲。

1947 年夏，滇南工委张华俊、廖必均先后向省工委汇报说，云南民变武装中滇南较多，惯匪及民变武装混在一起，他们在筹建武装的同时，试图改造民变武装，遂派干部了解了在建水、石屏、龙武等地活动并揭出民主旗帜的龙永和、白小七、李存周等部民变武装情况，又派廖必均深入曲溪王庭珠部。经调查研究，这些武装的主要打击对象为国民党军队和地霸豪绅，虽其头目有些属于惯匪，但其部属大都是破产农民。我和他们研究认为，要改造这些武装，必须具备一定的条件，必须在自己的武装力量强大起来的条件下，做长期复杂细致的工作才能实现。省工委研究同意张华俊、廖必均的意见，决定仍应以主要精力建立共产党领导下的武装。

1947 年夏，昆明市工委袁用之向我反映南菁中学军事教员余卫民（徐宁生）的历史情况，经我审查后，同意袁与之联系。一次，余卫民反映说他有个上层关系可利用，就是通过新平专员严中英专署任政务视察员的职务去滇南，以此名义，可对滇南地区的民族上层进行了调查了解，以摸清"十八路诸侯"的情况。经调查后，余汇报说，元江的哈尼族上层人士李和才可以争取。1947 年，省工委根据袁用之、余卫民的建议，派李和才的女儿、民青成员、建民中学学生李宣明回元江咪里，争取他父亲的支持，在元江准备武装起义。1948 年，在李的掩护下，省工委从昆明派周锦苏等协同余卫民去元江，在李管辖的村寨小柏木开办训练班，调集昆明、建水、石屏等地学生中的党员、民青成员和进步青年参加集训，学习做群众工作和武装斗争的知识，为发动武装起义作准备。

1947 年初，张华俊派傣族共产党员范嘉乐回到家乡撮科，利用其舅父刘士纯任撮科乡长的关系，到他下面去掌握武装。同时在元江撮科、大小哨、洼垤一带工作，在撮科成立党小组，组织了 10 余人枪的秘密武装。

1946 年，敌工小组向我反映：祥云开明士绅李鉴洲在共产党的影响下，对国民党腐败不满，倾向共产党，到昆明来找党的关系，要求领导。我考虑后，派王元昌到楚雄、祥云等地工作，进一步了解情况，开展工作。1948 年夏秋间，我同昆明市工委的陈家震商量，派他去滇西准备武装斗争。陈家震同廖新伦、陈海等到楚雄、祥云等地后，团结李鉴洲，发动农民反"三征"，组织了武装，并以极少的武装袭击了县常备队，击毙作恶多端的县常备队长，在普棚歼灭押送新兵的一个班，缴获了武器，扩大了队伍，为武装斗争的开展打下了基础。

1947年，共产党员费炳出任鹤庆团管区保安副司令，他利用该职务，知悉国民党政府捕人的计划，及时通知了地方党，起到了保护党组织的作用。1948年，甘舜（后入党）任洱源县县长，他利用这一职务，按照共产党的指示，清除了县常备队中的反动分子，并把一批共产党员和进步分子安排进去，掌握武装。与此同时，按照共产党的决定，他还以整顿教育为名，清除了教育系统的国民党骨干，并安排万国祥等党员和进步分子100多人到县教育行政部门和各学校任职、任教。

1947年冬，助学运动告一段落时，我把昆明市工委的黄平调到剑川去。他到剑川后，借王以中在当地的社会关系，在县城站住脚，熟悉情况，开展工作。同时还通过李剑秋，利用社会关系，使熊新民（熊威楚）谋取了国民党剑川县党部书记的职务，掩护黄平等在剑川工作。黄平等以剑川中学、鹤庆师范等学校为据点，在学生中发展党员和民青成员，然后派人到农村，在纳西、傈僳、白、藏、彝、汉等族农民中，组织抗征会、联谊会、兄弟会、姊妹会等外围团体，发动群众，抗击国民党政府的横征暴敛，使当地乡保政权逐步陷于瘫痪和半瘫痪状态。

1947年12月，李方英向我汇报，说与他有统战关系的开明士绅、安宁县教育局长赵楚珩当选县参议长。我知道这一情况后，再次派李方英利用这一关系回安宁开展工作，建立中共安宁特别支部，并担任书记。我对李方英说：要深入开展群众工作，积极发展党和其他群众组织，为开展武装斗争创造条件。同时要利用各种关系开展统战工作，利用各种矛盾和有利条件，开展不同形式的对敌斗争。随后，李方英回到安宁，被任命为县教育局长。李方英以此为掩护，在农村发展党员和进步青年，建立共产党的外围组织——安宁民主青年同盟（简称安青）。以后，有的党员打入县参议会，有的党员和安青成员参加基层政权选举，有四人任西华、青龙等四个乡（镇）正、副乡（镇）长，有十余人分别任正副保长，控制了部分县常备队、联防大队的武装。

1947年，省工委指派孙林培养发展寻甸县款庄中学校长、民青成员朱明华入党。通过这一关系，共产党组织安排一批党员到该校工作，使该校发展成为滇北我党工作据点。同时，省工委派薛正华（薛子英）到寻甸农村开展工作，以后又陆续派了些进步青年到寻甸农村，以小学教师职业为掩护，开展工作。同年秋，党组织还派吉星明回罗茨工作，以后又派了些党员和进步青年到罗茨农村，以小学为据点，开展农村工作。1948 年初，省工委派孙林到嵩明，负责嵩明、寻甸等县工作，在农村建立据点，组织群众斗争，准备武装起义。

经过一段时间的准备工作，开展武装斗争的条件逐步趋于成熟。

上海汇报

1947 年 10 月，在川东工作的齐亮到昆明来，经高志远找到我。我们见面后，他告诉我，钱瑛在中共南京局和中共代表团从南京撤退回延安之前就已经到了上海，他把钱瑛的联络地址和暗号告诉我。这时，中断了很长时间的上级关系总算又接上了。

年底，助学运动告一段落后，我召集省工委开会，把城市工作和农村武装斗争的准备与开展进行研究，并作了安排，随即起身到上海，向钱瑛汇报工作。

我见到钱瑛后，互相作了问候。她告诉我，她现已参加了上海局的领导班子，但原南方局所属的组织关系，仍由她代表上级直接领导，不与其他党组织发生横的关系。

这时，人民解放军已进行全国性的战略反攻，并取得了很大的胜利，国统区的工作在周恩来等同志为首的中央城工部的领导下也深入发展。我把全省城市人民运动、农村武装斗争的准备与开展作了全面汇报。上海局的领导同志听取了我对云南的工作情况汇报，刘晓、钱瑛等都肯定了云南在第二战场中的工作成绩。上海局统战部部长张执一还向我详细地传达了中央城工部的工作方针和政策，主要谈了周恩来提出的第二战场的总方针，就是长期打算，积蓄力量，发动斗争，推动高潮。目的是里应外合，迎接胜利。至于具体工作，仍由钱瑛向我布置。

钱瑛向我传达了毛主席《目前形势和我们的任务》的报告后说，党中央指出：中国革命战争已经达到一个转折点，中国革命已经进入新的高潮时期。云南在农村中已有基础，已掌握了不少合法和非法的武装，开展了小规模的武装斗争，今后除继续坚持和加强城市工作外，为配合解放区的胜利反攻，钳制在云南的蒋系部队，结合云南这几年对武装斗争的准备，要放手在全省大规模地开展敌后游击战争，建立游击根据地。

当我汇报到疏散在境外的朱家璧等已迫切要求回国搞武装斗争的情况时，钱瑛向我详细询问了他们每个人的情况，然后指出：在武装队伍组织起来后，可让朱家璧在军事上负责指挥，张子斋负责政治方面的工作。在现实情况下，不要急于鲜明地打出革命的旗帜，应多从人民为生存而斗争的方面着想，才有利于发动群众。游击武装组织起来后，要报中央批准，再编入中国人民解放军序列。

接着，钱瑛两手按着两颊比划着说："有个名叫张时载的，两颊较凹，是从鄂西来的，现在怎么样？"我回答说："他叫张华俊，现负责滇南党的工作。"钱瑛详细询问了他的情况后说：可增补他为云南省工委委员，刘清不再参加省工委。

上海是我在抗日战争前工作过的地方，钱大姐提醒我要提防特务。她说："破坏南委的叛徒涂征农、郭潜现在上海，就住在逸园附近，他们都认识你，经过逸园等地方时要十分警惕。"她谈到南委被破坏的经过时，一再指示我说：在放手打开局面的同时，仍需保持高度警惕，要抓紧对党员的气节教育，认真审查干部。

听了钱瑛同志的指示以后，我为人民解放战争的胜利发展的形势深受鼓舞，想到革命的高潮就要来临，武装斗争的烈火即将燃烧起来，浑身觉得充满了信心和力量。

圭山、西山起义和自救军南下

汇报请示工作完毕后，我立即赶回昆明。12月底，我召集省工委扩大会议，传达上海局和钱瑛的指示，部署大规模地发动武装斗争。这次会议是在滇南建水郊区一座寺庙里召开的，参加会议的除省工委委员侯方岳、张华俊外，从缅甸回国汇报工作的王子近也列席了会议。

与会同志听了钱瑛的指示的传达后，无不欢欣鼓舞，信心百倍。我们认真分析了云南的情况，分析了各地开展武装斗争的准备情况和基础条件，对云南发动武装斗争的部署和口号方针等问题进行了讨论研究。总的认为，经过长期以来我党工作的基础，云南发动武装斗争的条件已经成熟。

在武装斗争的部署方面，大家认为，滇东南和滇南都有我党长期工作的基础，特别是滇东南地区的弥勒、路南、泸西之间的圭山、西山地区，山脉绵延数十里，彝族群众聚居，且有工作基础，在该地发动武装起义有一定的基础和条件。另外，滇南石屏、宝秀等地也有工作基础，建水、元江等地已有武装斗争的准备，在该地集中了人枪，如条件许可，即可在这些地方发动武装起义。武装打响后，陆续在全省各地展开。

在发动武装斗争的口号问题上，根据中央关于在国统区发动武装斗争"开始不要铺张门面，过分刺激敌人"，"不忙马上将下一目标揭出，而应多从人民为生存而斗争的口号着想"，"求得存在和发展"等指示精神，结合云南各阶层、各民族对国民党的腐朽统治已表现强烈不满，而又存在各种阶级民族矛盾的实际情况，决定按照上述精神再具体研究决定，以利于团结一切可以团结的力量，集中解决推翻国民党反动统治这一革命的根本问题。

1948年2月，朱家璧等接到省工委通知后，化装成马帮，避开了边境的岗哨和巡逻，经思普、元江，到达石屏、宝秀。这里有刘光卿、刘昆府等以及石屏共产党组织方之白等已准备好的人枪；有滇南工委从宁洱、建水、石屏等县农村工作中抽调出来的农民、学生积极分子和民青成员约70多人，拥有20多条枪；还有省工委从昆明民主运动中抽调出来的党员干部董友松、牛琨等为骨干，他们将这些部队组成了基干队。省工委派陈盛年到宝秀与滇南工委和朱家璧等商量行动步骤，经过研究，认为起义枪声打响以后，这里不如圭山更有回旋余地。省工委同意他们的看法，于是把已集结的人枪交给朱家璧带领，分批秘密地越过铁路线，转移到弥勒、路南之间的西山、圭山地区，与在那里的西山地下党负责人李文亮、姜必德、王介及祁山、何现龙等会合，准备发动武装斗争。

当时圭山、西山地区正是春耕大忙季节，国民党政府借口禁烟铲烟苗，派军队下乡敲诈勒索，广大汉族和少数民族群众生活在水深火热之中。彝、汉族农民忍无可忍，到处燃起反抗的烈火。2月初，从昆明疏散到泸西的民青成员刘诚、张望等出于对国民党反动派的刻骨仇恨和对革命理想的急切追求，未向我党请示，就组织部分农民，以民主联军西南纵队的名义，在泸西旧城举行暴动，武装攻打乡公所。反动当局立即调兵进攻圭山、西山地区，在当地烧杀抢掠。当地共产党员带领群众奋起反击。

2月29日，朱家璧、张子斋等人到达弥勒西山，这时，圭山、西山各族农民抗捐、抗铲的群众斗争方兴未艾，蓬勃发展。旧城事件已招来了敌人的进攻，箭在弦上，势在必发。为了保护群众利益，防止被动挨打，经省工委紧急决定，提早起义。

在地方共产党的组织动员下，朱家璧等集结了西山、圭山等地的武装，很快组成了一支拥有几百人枪的游击队，其中有宋文溥掌握的竹园镇公所的几十条人枪，有何现龙掌握的张冲留下的几十条人枪，有毕恒光在圭山区秘密组织起来的武装（扛枪的大都是当地彝族农民），还有昆明下乡来的青年学生。游击队组建起来后，立即向国民党反动派发动进攻，大规模的武装斗争从此揭开了序幕。

敌人集中兵力进攻游击队，游击队紧紧依靠山区少数民族群众与敌周旋，在战斗中锻炼和壮大队伍。他们甩开了敌人的追逐，转移至圭山区休整。正当部队在圭山地区集中武装，准备组建游击主力时，敌军又向圭山地区扑来，在圭山地下党组织和群众的掩护下，游击队又再次摆脱了敌人，转移到了陆良龙海山区，接着又到了师宗县境内靠盘江边的阿乃。

到 1948 年 3 月底，游击队已组建为五个大队、500 多人枪，暂称为"一支人民的军队"。

游击队到罗平时，刘清主持的中心县委派任学源带领 150 人枪前来参加，壮大了队伍。敌军向罗平板桥镇等地进攻，游击队外线作战，迂回攻占了师宗县城，俘虏了县长保国强（后潜逃）。当敌军气焰嚣张，到处烧杀抢掠时，游击队在弥勒西山围歼尾追之敌，经过激战，毙敌 80 余人，缴获步枪 50 余支。游击队南下到达邱北境内时，因下雨，部队未按时到达，内应难以配合，以致久攻不下。到达开广地区时，地方共产党组织负责人陆琼辉组织群众密切配合，地下党员孙太甲率领城防大队起义，参加游击队，游击队攻占了广南县城。游击队到达文山地区时，已组成一支拥有 1000 余人枪的部队。

在云南开展大规模武装斗争的同时，1948 年 2 月，粤桂边工委所属部队到桂西靖（西）镇边开展游击战争，建立根据地。工作中提出"贫雇农路线"，在保安团和地方民团等反动势力配合进攻下，损伤严重，被迫撤出广西境内，进入越南，处境艰难。

1948 年五六月间，郑敦来到昆明，用钱瑛与我联系的暗号同我接上了头。他说他从香港来，传达华南分局并钱瑛的通知，说广西游击斗争开展得很顺利，已经在百色地区、靖镇边区建立了根据地。靖镇边建设得很好，街道很整洁。他说，他这次带来几个方案与云南省工委商量：一、云南全境的党组织交粤桂边工委；二、将全省二分之一地区交给粤桂边工委。三、把滇东南地区，即昆明经开远到河口铁路线以东、昆明经曲靖到平彝（富源）线以南地区划归粤桂边工委，边工委即改称桂滇边工委。这三条方案提请滇工委考虑，必须接受其中一条。

我把郑敦安排住在威远街李渤生家里，要李一家好好招待他。因为我们对他提出的几条意见不理解，所以一时不知怎样决定。过了两天，郑敦见我们没有及时表态，主动约我相谈。他说，恐滇工委为难，只要求把滇东南地区的游击队划归粤桂边工委①领导，云南人民游击部队主力南下到靖镇边去与桂滇边部队会师整训。

对靖镇边的情况，省工委丝毫不了解。对上级的指示，我们从来没有怀疑过。但滇东南地区有党的工作基础，群众已经发动起来，还建立了有利的统一战线关系，有几年来武装斗争的准备工作基础，要将之交给粤桂边，对这一地区的发展到底有什么益处，省工委不得不考虑。我从入党以来，对上级指示、通知、决定，从来都是不折不扣的贯彻执行。郑敦忽然将三个方案改成一个方案，这引起我的怀疑。于是，我召集省工委在滇池边庚家花园碰头，对情况进行分析，大家认为事关重大，需向上级请示。我就写了一封密信给钱瑛，信中说："麻子从家来，所云未悉究竟，不知何故，如何办理？"不久，钱瑛用暗语复函："按麻子所说办。"

接到上级的指示后，我们虽然思想不通，但决定坚决按上级的指示执行。1948年5月，省工委在西山高峣李渤生家开省工委扩大会议，参加会议的有侯方岳、张子斋、祁山和我，郑敦以上级派来的身份参加。会议听取了张子斋、祁山的关于滇东南武装斗争情况的汇报，决定命名这支游击队为"云南人民讨蒋自救军第一纵队"，朱家璧为司令员，何现龙为副司令员，张子斋为政委，祁山为副政委。

将云南人民的武装部队命名为"云南人民讨蒋自救军"，是根据中央指示精神，出于两种考虑：一是考虑到从人民为生存而斗争的出发点，有利于群众的发动；二是为了在开始时不铺张门面，以免遭致敌人过大的打击。

---

① 有时也说成桂滇边工委。

由于云南省工委与桂滇边工委还不能直接取得联系，会议上只按照郑敦传达的上级指示，决定云南人民讨蒋自救军第一纵队交由郑敦带往靖镇区会师整训。至于把滇东南党的工作带到粤桂边工委去的问题，事实上未能实现，因粤桂边工委在越南无法联系，而当时武装斗争正开展之际，因此云南省工委继续保持对滇东南地区的领导关系。

6月13日，自救军在温浏召开大队以上干部会议，传达省工委西山会议精神。听到南下桂西的决定，干部中有很多人想不通。大家认为自救军一纵队是在滇东南经云南地下党长期艰苦的工作组建起来的，正在斗争中发展壮大，且有几大块山区根据地作为依托，有几百万各族群众作后盾，完全可以在战斗中学习、锻炼和提高，为什么非要到远离根据地的地方去整训？并且那里气候不适应，很可能遭到疾病的侵袭。就连朱家璧、何现龙等领导人也想不通。朱家璧说："旱鸭子过不了江，恐怕到那里不适应。"何现龙也说："俗话说：要想下关坝，先把老婆嫁。云南人不适应越南边境的瘴区气候，南下可能会出现意想不到的困难。"尽管大家有许多不同的想法，但是按照党指挥枪的原则，还是坚决执行了这一指示。决定第一、第二支队和第七大队南下桂西；第三支队的第八、第九大队返回盘江北岸坚持斗争；第十大队除抽调10人参加主力南下外，其余仍留双龙营一带分散活动。

自救军一纵队奉命南下后，长途跋涉，翻山越岭，穿越丛林，饱尝艰辛，辗转到达桂西。在桂西却找不到桂滇边部队，也看不到游击队员，所谓靖镇边区已经建设得美好的根据地，现实却不存在。几经查问，才知道粤桂边部队因不能在那里立足，撤到越南，不知何处。

7月中旬，自救军到达越北保罗，这里是胡志明主席领导的解放区，由此才得知粤桂边部队在河阳地区。自救军领导人当即决定向河阳继续前进。他们克服了长途跋涉、酷暑迷漫、蚊虫袭击等等困难，几经周折，才于1948年8月到达越南河阳，与粤桂边部队会师。

与粤桂边部队会师后，自救军认真学习中共中央、毛主席的指示，认真总结前段武装斗争经验，对部队进行政治教育和阶级教育，提高官兵的政治思想觉悟。但是，自救军到达河阳后，因为经过连续作战和长途跋涉，干部战士的体力消耗很大，加上给养困难，营养跟不上，且此时正值河阳疟疾高发蔓延季节，自救军干部战士多系高寒山区的少数民族，不适应亚热带丛林疟疾的环境，因此几乎全部患了恶性疟疾，1000多人中病号达三分之一以上。这种病十分厉害，俗称"打摆子"，一开始是发高烧，浑身颤抖，随着就出现昏迷，上吐下泻，大小便失禁，最后导致死亡。针对这种情况，自救军全力以赴开展了抗疟疾的斗争。在药品极端困难的情况下，自救军到处采集中草药给伤员治病，桂滇边指挥部和越共主席胡志明也热忱相助，奋力抢救一个个垂危的生命。但终因缺医少药，供给困难，70多天病亡了180多人。到部队回国时，有200多名病号不能随队前进，只有留在当地，以后这些留下的病号和回国途中的部队又有百余人疟疾复发而病死，前后共损失600多人，几乎占自救军总人数的一半以上。这样大的损失，令人十分痛心。

1949年七八月，在滇东南召开区党委扩大会期间，干部战士言及自救军下河阳遭受的损失，都悲痛不已，非常气愤，强烈要求有个说法。在李明、庄田、周楠、吴华（我的化名）核心会上，庄、周和我三人都要求向分局反映情况，李明同意。不久分局回电说，"对滇部入越问题可在会议时重作经验的检讨"。直到这时，我才知道郑敦来昆明时的职务是粤桂边工委委员、靖镇边工委书记。

遵照分局的指示，区党委重新召开经验检讨会，在会上，我把郑敦来云南传达分局和钱瑛指示，省工委如何向钱瑛反映，钱瑛如何回信等事实叙述了一遍。庄田发表意见说：当时云南的部队应该在盘江两岸坚持游击战争，建立根据地。离开有利的群众基础和地理条件，而远去越南，显然是不对的。云南省工委虽有意见，仍按上级指示办，是党性强的表现。朱家璧发言说：当时大家都有意见，向郑敦提出，但郑坚持己见，部队只有服从。谈到战士死亡很多时，朱家璧十分悲愤。李明也同意大家的意见，认为不应把讨蒋自救军带到越南去。在大家发表看法之后，郑敦在会上作了检讨。据档案载，郑敦向分局的书面检讨如下：

"去年（1948年）5月，根据云南内外形势和主观条件，积极准备武装斗争是必须和可能的，但是在当时形势和主观条件下，立即提出广泛开展游击战争，甚至放手大搞的方针，则是过早和冒险的。主要是因为干部缺乏，有一些干部未有游击战争思想，农村基础太薄弱，尤其是党的领导在思想上还未作应有的准备。对于当时，由所谓旧城起义（民盟策动）所牵连，而被迫搞起武装，形成大搞行动，但是缺乏人民游击战争思想基础的朱部，为了避免过早行动和遭受损失，再加上当时在分局和在昆明所得材料，知道边委一个主力大队已入滇境。因此与滇工委共同决定，将朱部迅速移靠桂越边，取得边委的联系和帮助，争取时间进行整训，共同开辟边境武装斗争，同时等待分局关于如何合并的指示，这个决定是当时内外形势和主客观条件所要求的，是必须这样做，因此也不是错误的。"

报告还说："郑应估计部队入越境找边委可能遭受的损失，应该帮助克服各种困难，坚持在滇境斗争，郑没有做到这样，以致部队被逼入越，遭受这样大的死亡。郑在此事上应负最大部分的责任，要求分局作组织上的处分，以教育将来，并减少个人精神上的痛苦。"

郑敦这个书面检讨，当时我未见过，亦未听说过，是李明在区党委扩大会议的报告中附录的，报告署名日期是 1949 年 8 月 31 日，这时区党委扩大会议已经结束。我同周楠已于 8 月 30 日动身到宜良，次日去昆明，因此并不知道这个报告。

据档案载，1947 年 5 月华南分局曾致电中央，要求把云南滇东南地区党的关系转交给他们，中央 5 月 21 日复电："滇东南地区，你们可去平行发展，云南关系暂不必转。"至于郑敦书面检讨所说"边工委主力大队已入滇境"，也是不符合实际的。1948 年 5 月 1 日，边工委周、庄给分局电中说："我和庄及一批干部现抵越南河阳，另一主力大队留边境待命。因我们在滇东南无基础，无联络，一下未能开进。"我和省工委的同志在昆明亦未听说两广部队已进入云南。

对朱部入越境河阳问题，李明在《桂滇边工委、滇工委合并扩大会议经过报告》中曾作了专门总结。他说："根据当时情况，朱部应该坚持当地游击战争，向南推进发展，与边委取得战略上的联系。但在执行时，不是这样，只单把部队调到边委受训。"

自救军下河阳，是云南人民武装力量的一次巨大的损失，其教训是十分深刻的。

反对美国扶植日本军国主义

中共云南省工委抓农村武装斗争的同时抓紧对城市工作的领导。

1947 年冬，助学运动结束以后的几个月中，我们将昆明市的共产党的工作重点放在调整组织，积蓄力量，养精蓄锐方面。与此同时，在隐蔽埋伏中加强学联和各校学生自治会的工作。但"树欲静而风不止"，我们没有搞大的活动，敌人还是暗地里对我们下手。1948 年 5 月，在市工委会上，陈家震、袁用之等都反映说：在一些学校里，特务学生集结反动势力与学生会作对，依仗宪、警、特的暗中支持，威吓殴打进步学生。由于特务指使反动学生破坏学生活动，引起学生们的义愤，云大附中、建民、金江、天祥、峨岷等中学相继发生斗争、公审特务的行动。在会上，高志远也反映：根据敌工小组所获得的情报，春季开学以来，军统滇站、警备部稽查、政工等处，市警察局刑警大队、宪兵十三团特高组、国民党省市党部、三青团等单位，向各大中学校安置派送特务，他们混迹在学生中，有的拉拢思想落后的学生，以按月发给津贴等方式收买他们，要他们向特务机关密报学生会的活动，开列学生会骨干、积极分子和进步教师的黑名单；有的伪装进步混入学生组织破坏学生运动。因为学生中出现公审特务的现象，警备部政工、稽查处、宪兵特高组、刑警大队等纷纷布置特务们搜集主持和参加公审活动的进步师生名单，并准备要伺机进行报复。

面临这一情况，我考虑有可能出现更危险的局面，就分别找市工委的同志研究，与他们一起分析形势。大家一致认为，在严酷的斗争面前，要加强对党员的思想教育工作，抓紧气节教育和秘密技术的教育。要求通过共产党和民青组织，教育党、盟员要保守党的秘密，保护党的组织。与此同时，我们要密切注意时局的变化。

正在这时，全国爆发了反对美国扶植日本军国主义复活的斗争。第二次世界大战以后，美帝国主义取代法西斯德、意、日的地位，妄图称霸世界，公开破坏《波茨坦宣言》的规定，在"反苏防共"的烟幕下，推行其阻止、包围、镇压世界人民民主力量的反动战略。在亚洲，美帝国主义一方面支持国民党政府发动内战，为蒋介石策划向解放区进攻，以实现它取代日本帝国主义统治中国的野心，把蒋介石政府变为实现它这一目的的工具；另一方面，它不顾世界舆论的谴责和反对，认敌为友，从政治、经济、军事各方面扶植复活日本军国主义侵略势力。饱受日本侵略残害的中国人民，为了民族的独立和生存，决不允许美帝扶植日本侵略势力复活。

据新华社广播，我们了解到 1948 年 5 月 1 日，中共中央在纪念五一国际劳动节的口号中发出了"全国工人阶级、全国人民团结起来反对美帝扶植日本侵略势力的复活"的号召。五六月间，我代表省工委与学联党组开会，在会上，杨知勇等反映了很多城市响应中央的号召，开展"反美扶日"

运动的情况。如上海学联发表《告学生书》，号召全市学生在纪念五四时要反对美帝国主义扶植日本法西斯，争取民族的独立解放，要反饥饿、反迫害、争取自由生存。接着，上海全市一百多所大中学校一万多学生，在交大举行盛大的营火晚会，宣布成立"上海市学生反对美国扶植日本，抢救民族危机联合会"，30 余名教授发表宣言，反对美帝扶日。紧接着全国学联发表了《为反对美帝扶植日本告全国同胞书》，指出："我们几千年的生存大敌日本法西斯，自战败后由于美帝国主义的积极扶植，今天已走上了复兴的道路，并开始伸展着侵略的魔爪。美国一方面减低日本的赔偿计划，提高它的生产水准，大量贷给资金，恢复日本的对外贸易，使获得原料和市场，以便复兴日本的工业，使日本成为侵略远东人民的工业基地；一方面更使日本保留了具有战争潜力的军事工业，并纵容日本加速重建海陆军实力来复兴日本成为进攻远东人民的基地。"号召全国学生坚决行动起来，反对美帝扶植日本，为保卫中华民族而奋斗。在全国学联的号召下，5 月末，北平各大学学生在北京大学集会，反对美帝国主义扶植日本；6 月 9 日举行规模盛大的"反美扶日"大游行。继上海、北平之后，"反美扶日"的浪潮遍及全国各地。昆明学生得知"反美扶日"运动兴起的消息，情绪激昂，纷纷要求有所表示。

我观察全国的形势，看到中国人民解放军实行战略进攻取得了很大的胜利，几路野战大军乘胜南进，解放区不断扩大，中央已提出"打到南京去"的号召。蒋介石政权岌岌可危，为安定后方，挽救失败的命运，疯狂地镇压京、沪等地的爱国学生。云南的形势这时也有了很大的发展。1948 年春，云南省工委领导的以朱家璧为司令员的云南人民讨蒋自救军在滇东南圭山、西山举行起义，震撼了国民党在云南的统治。我认为响应中央的号召是有条件的。这段时间，省工委委员只有侯方岳、张华俊和我三人，而张华俊常在滇南，仅必要时才来昆明汇报和开会，平时只有我与侯方岳，我们不时地碰头交换意见。我们商量认为，中央发出号召后，京、沪等城市已在响应，云南亦应有所表示。我又同昆明市工委陈盛年、高志远、袁用之、陈家震等商量，大家也认为党中央已发出号召，群众也有要求，省、市工委应该做好发动和组织工作，把"反美扶日"运动和当时正在进行的纪念红五月的活动紧密结合起来，以实际行动响应中央的号召。接着，我找学联党组杨知勇、段必贵（段家陵）、温宗姜等开会，向他们传达了省、市工委研究的意见。

6月2日，昆明学联发表了《纪念"六·二周年宣言"》，指出："由于美帝国主义的积极扶植，日本法西斯势力已经开始复活，日本的军需工业又重新建立，法西斯的秘密组织公开受到庇护。"号召昆明学生："挽救民族危机，把帝国主义的势力逐出中国。让我们团结一致，坚决地立即开始行动，向美帝扶植日本法西斯的政策宣战，彻底摧毁封建、卖国、买办的官僚统治，打倒法西斯势力，反对美帝扶植日本！"并宣布以罢课一天召开"反美扶日"大会的方式，响应中共中央的号召。

6月5日，国民党当局在上海镇压学生爱国运动的消息又传到昆明。我听到这个消息后，即找市工委的同志一起研究，大家认为，鉴于上海学生运动已遭镇压，昆明"反美扶日"运动要作周密布置，以防范于未然。拟先开个小规模的座谈酝酿，然后再开大会。如果军警阻挠，要与之说理。接着，我到云大召集学联党组成员研究。在会上我提出：从云南形势来估计，敌人有可能采取强硬措施，所以在"反美扶日"运动中，一定要注意有理、有利、有节，方式应灵活多样。是否罢课游行，要根据形势发展及群众的情绪而定。根据这一精神，6月14日，学联开会研究决定，于17日罢课一天，召开"反美扶日"大会。但会后是否游行的问题没有作出决定。

云南省政府主席卢汉、昆明警备司令何绍周获悉昆明学生将于6月17日举行集会的消息，十分恐慌，立即策划加以阻挠和破坏。据新中国成立后查档案所知，当时省政府发出命令："据报，近'共匪'借'反美扶日'为题，煽动学生游行示威等情"，"值此戡乱期间，社会治安至关重要，集众游行，法所不许，亟应禁止，如有不服从政府法令，鼓抗游行者，准宪警逮捕法办。"6月16日，该命令发往云南大学、昆明师范学院、云南省教育厅、云南省警备司令部等部门。教育厅通令各中学特别是省立中学严加管训学生，防止参加"反美扶日"集会。与此同时，军、警、宪、特都作好防范学生的准备。美国领事馆也十分害怕受到学生冲击，要求云南警备司令部派出军警给予保护。

6月17日，昆明处于一片白色恐怖之中。为防止郊区学生进入市内，几个郊区通往市区的主要关口都被武装警察把守，学生一律不准入城。市内主要街道也站满军警，云南大学附近更是军警宪特密布，禁止行人通行。有的中学干脆把大门锁了起来，不让学生出来，以免学生去参加大会。

当天早上，敌工小组向我汇报了敌宪、警、特的动向，我感到形势严重，就赶快找市工委的同志说：鉴于形势严峻，必须立即向各学校基层党组织发出通知，改变原来到云大集中开会的安排，要求各校在自己校内举行座谈会，罢课一天。我随即又赶到威远街南昌巷史坚的家里，要她立刻把这个决定通知学联党组杨知勇。但因当时各校已经开始行动，这一决定已无法通知到各校负责人了。

因为形势紧急，约上午 10 时，我直接到云大旁边的北门附近南菁小学（今三十中校址）找到杨知勇、段必贵（段家陵），他们汇报说，全市 40 余所大中学校的 3 万余名师生，正在突破军警的封锁和阻挠，纷纷向云大民主广场集中，参加"反美扶日"大会。中山、金江、求实等中学的学生不顾校方阻挠，整队强行突破沿途军警阻拦进入云大。建民中学离城较远，为避开敌人，学生们头天就住进云大。云大附中头天就把分散在大渔村、龙头村的学生集中到云大农学院。天祥中学参加游行的 3000 余名学生，从小坝出发，行至北站时被宪兵阻拦，不得不改道沿铁路向云大前进，又遭到军警阻拦于莲花池云大操场，经学联派大队学生增援接应才进入云大。天南中学的学生为了绕开黑林铺军警封锁，由菱角塘走小路进入云大。松坡中学、昆女师等校的学生采取分散的办法，化整为零进入云大。师院附中不准学生外出，学生们就砸开了后门的铁锁，出校参加游行。就连反动当局控制较严的昆华中学，也有 300 多名学生砸开被军事教官锁上的大门冲出校门，集队到云大参加大会。在共产党和盟组织的发动下，护士学校的学生还背着急救药箱前来参加。有的砸开了关锁的校门，绕开军警的阻挠，或说服军警越过封锁；有的到了云大附近，受到军警的阻挠，前进不了，学联闻讯后，组织云大学生前往接应，才得入云大。

学生们进入云大以后，对政府当局的一系列阻挠行动表示非常愤慨，强烈要求会后举行示威游行。我同学联党组研究，认为应珍惜群众的革命积极性，因势利导，组织好游行。但要加强戒备，采取安全措施。于是，通知学生要注意集体行动，不要分散活动，以免遭到敌人的攻击。在游行中，要强调"反美扶日"的爱国正义性，不提过激口号。

上午 10 时，大会正式召开。会议由学联主席段必贵主持，云大附中共产党员冯松宣读了《全国学联为反对美帝扶植日本告全国同胞书》，并通过了《昆明学生反对美帝扶植日本并抗议京沪暴行罢课宣言》。《宣言》中说：

"我们——昆明三万大中学生，面临这空前的民族危机，这残暴的对内迫害，我们想到八年来的艰苦抗战，想到八年来同胞们的颠沛流离，想到云南腾龙的沦陷敌手，想到昆明'八·一四'的敌机轰炸，想到交三桥的血肉横飞，在今天，面对着我们已经打倒了的敌人日本，怎能让他东山再起，死灰复燃！对这扶持敌人的美帝国主义怎能不对他切齿痛恨！怎能让他君临祖国，横行无忌！因此，对南京上海的爱国反美运动，我们表示热烈的支援，对反人民当局的暴行迫害，我们坚决地提出严重抗议！""同胞们，我们艰苦抗战八年，牺牲惨重，死伤人数达 1500 万之多，损失财产共 500 亿美元，难道我们的血是白流的吗？财产是白丢的吗？""祖国又面临着空前的危机，民族的命运又到了生死关头，我们应该一致地'反对美帝扶植日本，抢救民族危机'。"

当时，军警包围了云大，学生们意识到一场激烈尖锐的斗争摆在面前。在会议结束时，全体一致举行宣誓："我们，昆明三万大中学生，面对统治者的卖国政策，已认清我们的伟大责任。独裁统治一日不垮台，我们的斗争一日不终止。一人入狱，一校受迫害，全体一致声援，迫害在哪里发生，斗争就在哪里爆发。同生死，共患难，赴汤蹈火，在所不惜！"在群情愤极之下，学生们烧毁了蒋介石的模拟像，浩浩荡荡地走出校门，到美国领事馆递交抗议书。

1948 年 6 月 17 日，昆明学生在云南大学广场上举行"反美扶日"大会。

队伍刚出云大，就遇到了武装军警的层层拦堵。前队学生向军警宣传"反美扶日"的道理，说得士兵们都低下了头。学生们高唱"军警学生本是一家人"的歌曲，冲破阻拦，举着标语牌，高呼"彻底解除日本一切军事和重工业武装！""彻底粉碎美帝国扶日侵华政策！""彻底消灭封建独裁！"等口号，从青云街、华山西路、正义路、复兴路向美国领事馆进发。事后据学联反映，从云大门口到美国领事馆，国民党军警对游行队伍共堵截了六次，但都被学生英勇地冲过去了。

当天上午，我想去了解游行的情况，经大兴街、螺峰街，转了几个弯，没有发现后面有盯梢的人，然后经华山东路，转马市口，来到正义路上。只见街道两旁挤满了各界人士，我混在人群中，看到雄赳赳、气昂昂的学生游行队伍正在向南行进，路旁的群众纷纷赞扬学生的爱国热情。这时，我听到学生高唱"反动政府要垮台"的歌，还看到了队伍中有的学生高举着一幅表现蒋介石投靠美帝的宣传漫画，引起我的注目。这时，我看到李渤生、严达夫也在人群中。严挤到我的身旁，给我使了一个眼神，表现出对这种宣传画的惊讶神态。

学生队伍游行到达复兴新村美国领事馆门前时，我也随后到达那里。美国领事馆旁有一块地势很高的地方，很多人站在上面看热闹，我也混在里面。这时，学生已派代表去与美国领事交涉，队伍原地散开休息。有些学生来到我身边同群众交谈作宣传，恰好云大附中的学生党员杨一堂也来到这里的人群中。我看到学生一直等在那里，担心时间拖久了，可能会出现不利的情况。我走到杨一堂的身边，要他立即通知学联党组的同志，不要再僵持，只要把抗议书交到领事馆去就是胜利。若再坚持下去，时间长了，敌人会下毒手，而且学生的情绪也会受影响。

经学联布置，学生代表向美国领事馆提出，抗议书必须立即转达美国政府。美国领事馆人员害怕事情闹大，答应了学生们的要求，游行队伍随即撤回学校。

第二天，我和学联党组负责人碰头，他们向我反映说：游行完毕后，各校学生按照学联决定第二天照常上课。远郊的学生于傍晚匆忙赶回学校，亦准备第二天上课。就在学生们返校之际，不料中法附中、龙渊、中山等中学和云大等大学的30余名学生先后遭到逮捕。他们说：敌人如此猖狂，学联不能袖手旁观。接着我找市工委的同志研究，大家认为，敌人已经动手

昆明一万多大中学生"反美扶日"游行队伍。

镇压，我们必须坚决斗争，但要注意斗争策略。我提出，要注意利用国民党中央和地方势力的矛盾，组织请愿团，向省政府和警备司令部请愿。此外，还要组织学生开展广泛的社会宣传活动，以各种方式争取社会各界的同情和声援，争取社会舆论的支持。为有利于领导运动，还成立了昆明学生反扶日、反迫害联合会。

按照合法方式，学联请云大学校当局向云南省警备司令部查询学生被捕情况，要求释放被捕学生。警备司令部拒不承认事实，企图瞒哄欺骗，应付过关。学联又派代表70余人组成请愿代表团，再到警备司令部要求释放被捕学生，又遭到警备部的无理拒绝。反动当局有意扩大事端，又扣留了两名请愿代表和两名负责联络的学生。

为此，学联党组根据省、市工委不轻易宣布无限期罢课，应适可而止的决定，宣布昆明市40余所大、中学校罢课三天，抗议此种非法暴行，并要求在三日内全部释放被捕学生。同时，向全社会发出《为抗议军警逮捕学生举行总罢课告同胞书》《昆明爱国学生告全省父老家长书》《告家长、师长、三迤父老书》，揭露政府逮捕学生的罪行，宣传"反美扶日"的爱国的正义行为，以争取社会各界的支持。

但是，敌人并未就此罢手。警备司令何绍周公开叫嚣："当前是国共两党生死存亡的斗争，如果让学生胜利，则国民党非垮台不可。"并继续下令逮捕学生。

当此严峻险恶形势下，省、市工委及学联党组随时注意收听延安新华社的广播。6月17日，中共中央发出《中央关于各解放区应公开响应蒋管区学生反美反蒋运动的指示》，指出：对蒋管区学生的反美反蒋运动，在解放区一切大城市的工人、学生、市民和其他学生集中的地方，均应公开响应并召集会议，报告美帝扶日侵华政策的具体内容及各种事实和蒋管区学生运动状况，并发表宣言、决议等。6月18日，新华社发表《爱国运动的新高涨》的社论指出："中国人民对于美国反动派扶植日本侵略势力的长久愤怒，在最近上海和北平的学生大示威中，在蒋管区其他大城市的学生运动中，大规模地爆发出来了。""蒋介石的军警宪特机关，立即驯服地执行了司徒雷登的凶恶号令，疯狂地压迫逮捕，并打伤了爱国的学生。""但是不顾这一切，大无畏的蒋管区学生和人民的爱国运动，还是继续前进。一方面，是外国侵略者和卖国贼站在一起，一方面义愤填膺，受着迫害，但是相信自己一定能够胜利。——这就是这次斗争中的基本形势。"社论还指出："蒋介石统治下的中国人民，两年来所受的迫害是惊人的，但更惊人的是人民并没有被压服，而是更坚强了，学生运动就是一个显著的例子。谁都知道，今天蒋管区学生处境之险恶，远甚于'五四'、'五卅'、'一二·九'时期。然而他们的奋斗，就其觉悟性、组织性、勇敢机智和坚持性来看，却现在都达到了空前的水平。这个事实一方面是因为蒋介石的压迫和美帝国主义的侵略，逼得中国人民除开团结起来奋斗而外，就没有其他道路可走。而蒋管区的学生则在历次的反抗运动中，都是站在蒋管区人民的最前列。他们的革命要求，经过长时期的熬煎和锻炼，已经随着中国人民的革命运动的成熟而日趋成熟。另一方面，又因为人民解放军在全国范围内的伟大胜利和蒋介石在军事上的致命的失败，极大地鼓励了蒋管区人民首先是蒋管区学生的斗争的勇气。""当学生举行反饥饿、反压迫的斗争时，他们在面前是看到了一个温饱和自由的未来；同样地，当他们控诉美国反动派的扶日侵华时，他们知道，这个控诉也不是徒然的，这个控诉将要加速一个独立的新中国的诞生。因此，他们不但极端地仇视压迫者、侵略者及其走狗的种种凶恶无耻，而且极端地藐视他们。因为无论这些反动派怎样猖狂于一时一地，他们究竟是即将灭亡的反动派。这个普通的信心证明革命高潮不独是在解放区存在，即在蒋管区人民中也同时存在。这正是革命临近胜利的象征。"新华社的广播鼓舞了我们的斗志，群众的情绪也更加高昂。

此时，以上海新闻记者身份在昆明工作的共产党员严达夫反映说：反动派千方百计破坏运动，他们给各校校长施加压力。6月21日，何绍周在翠湖边警备司令部小花园召集各大中学校校长和新闻界开会，借"报告处理学潮经过"为名，意在迫使学校当局配合镇压学生。到会的有师院院长查良钊、云大训导长丘勤宝、英专校长水天同、五华学院院长于乃仁及各中学校长与各报记者共百余人。会上，何绍周给学生强加罪名，诬蔑学生"受人利用，鼓动学潮，破坏教育行政，以致治安混乱"，胡说什么"学生误认暴力联合即为民主，肆无忌惮就是自由"，"为了正本清源，所以下令拘捕"，"望校长与政府通力合作，告诫学生"等等。接着，军统特务、警备部稽查处长阮更生，政工处长刘善述与中统特务《中央日报》昆明分社社长钱沧硕相继发言，诬蔑学生"毁法乱纪"，"全是一伙江洋大盗"，诽谤学校"已成奸匪训练之所"，要求校长们"起来与学生斗争，否则就是乌龟"。大多数正派的校长实在听不进去，但又敢怒而不敢言，会场一片寂静。何绍周见没有人发言，就点名叫英专校长水天同表态。李渤生曾向我反映过，水天同经历过一二·一运动、李闻惨案和英专学生支持他的护校运动，受到共产党和进步师生的影响，有强烈的爱国正义感。这时，他站起来，斥责政府迫害爱国学生。他说："我想先问问总司令，你是要小干还是要大干？如果是要大干，那我就要奉劝一句，最好还是大事化小，小事化了。学生们怎么说，喊的还是爱国的口号；说罢课，罢了一天也就完了，可是，当局竟到处抓人，连女娃娃也抓。刚才一位长官又把娃娃们比作江洋大盗，我看这就大可不必，众怒难犯嘛！钱沧硕先生还要我们起来对娃娃们进行斗争，请问，斗什么？怎么个斗法？我不是云南人，到云南是为地方培养人才，不是来同青年们斗争的。我上过许多学校，中外的都有，只听说做老师的要为人师表，没有听说过要与学生斗争。为人师表，我是做得不够，已经感到惭愧。我这个人怕告状，有人已经告了我四十几条，所以我决定辞职，可以免当乌龟了！"说完，拂袖而起，离开会场。其他校长也以沉默表示反对，何绍周等人不知所措，只有草草收场。

据学联党组汇报，政府当局毫无平息事端的诚意，他们不但拒不接受学生合理合法的要求，仍继续进行非法暴行，还诬蔑"反美扶日"的爱国义举是"受人驱使利用"，"破坏社会秩序"。为此，学联不得不决定再罢课七天。反动派又通令各学校举行期末考试和毕业考，企图以学生关切的升级升学考试来压学生，破坏学生的罢课斗争。6月22日，王政以教育厅命令宣布，昆明各中学开始放假，大学举行毕业考试。这更加激起了学生们极大的愤怒。针对敌人的阴谋，学联组织人员到各中学串联，向学生们揭穿所谓"放假""考试"的阴谋，鼓励其坚持罢课斗争，因此，各校仍然坚持罢课斗争。最后，敌人的阴谋没有得逞。

6月底、7月初，学联党组向我汇报：6月27日深夜，30多个特务驾驶八辆吉普车冲破了松坡中学的校门，抓走了训导主任及四名教师、二名学生。当时在求实中学当教师的市工委委员陈盛年、王世堂等以及学联党组也分别向我反映：6月27日，宪兵十三团按照求实中学职业特务学生提供的线索，逮捕了该校一个姓伍的教师，消息传到学校，激起了大多数学生的义愤，学生们自发地公审该特务学生。晚间，宪兵十三团团长率领200余名宪兵武装包围该校，因师生事先已有警惕，全部集中于教学大楼，用桌凳在楼梯口作障碍，宪兵攻至天明，未能攻下，仅逮捕了未集中到教学楼的三名学生和来该校借宿的建民中学女教师段亚华。学联闻讯，集合学生赶来营救，敌人被迫撤除包围。此后，该校学生即搬进云大。同时，因每个学校学生的安全受到威胁，各校学生人人自危的形势下，很多学校的学生纷纷迁入云大，还有部分学生经父母劝说回家。

从"反美扶日"运动以来，由于形势变化多端，昆明市工委全力以赴，集中精力处理运动中的问题。28日上午8时，我与市工委同志开紧急会议，讨论决定，将分散在各校仍坚持斗争的学生集中到云大、师范学院、南菁中学继续斗争，防止敌人各个击破；对已回家的学生，由各校党和民青组织保持联系。并通知党、盟员，尽快烧毁秘密文件，不留任何痕迹，以防敌人搜查时留下借口。如果被捕，一定要坚持革命气节，保守组织秘密，保护党的组织。

上述指示传达到各学校后，对党、盟员普遍开展了革命气节教育，学习李大钊、瞿秋白、向警予、恽代英等革命烈士坚贞不屈、大义凛然的光辉榜样。大家表示，一旦被捕入狱，头可断、血可流，决不向敌人卑躬屈膝。在坚持革命气节的前提下，还要争取出狱。

7月1日，学联与反扶日反迫害联合会组织以云大、师院为主的1000多人参加的两个宣传大队继续向社会宣传反对美帝扶植日本侵略势力复活的正义斗争，揭露以警备部为首的云南反动当局无理逮捕学生和镇压爱国学生运动的真相，要求释放被捕学生，呼吁社会人士制止镇压学运的暴行。军、警特务同时出动，又在昆明处于闹市的正义路包围殴打、逮捕学生杨一堂等39人。

据新中国成立后查档案，7月1日，卢汉以午东电报蒋介石，诬蔑云大与师院"向为奸匪大本营，该两校已成为共党干部训练机构"，并提出镇压昆明学潮的四条办法：（一）解散两校（即云南大学和昆明师范学院），另招新生，彻底整理；（二）准宪警入校，拘捕"奸党"；（三）集结该校学生，除"奸党"外，集中训练其思想数月，再分配各校；（四）教育部派大员来昆主持，由卢汉负责，协同办理。又发电至教育部，说："云南学潮败坏，实前届政府所养成，职早有整顿之心"，"时至今日，未容再事隐忍，此次处置，盖早具决心。顷奉电示，益增自信"，"即使牺牲少数人，以挽救多数，固人道所许，亦在所不计也。"同日，何绍周发表广播演说，卢汉亦发表文告，宣称："政府唯有断然之处置，严究主犯。"

同日，省、市工委再次召开紧急会议，大家研究认为：为顺应形势发展，暂缓街头宣传，以免再受损失；尽力争取社会人士的声援，撤退部分可能被捕的干部，销毁秘密文件，进行革命气节教育。郊区学生原已集中到云大、师院，为了避免敌人的各个击破，决定城区一部分学校学生亦继续集中，原处于二、三线的，不少已回家的，仍隐蔽下来，保持联系，互相配合，坚持斗争。由于师范学院校舍分散，不便自卫，又在大西门外，距离云大较远，因此集中到那里的师生迁入云大附近的南菁中学，便于互相照应，守望相助。根据布置，学生很快集中起来。先后进驻云大的学校有建民、金江、求实、昆女师、昆女中、市女师、长城、天祥、市立中学等校；进驻南菁中学的有云大附中、中山高工、师院附中、峨岷、昆商、南英、昆农、昆女职、南菁中学等校，约1200余人，大多数是共产党员、民青成员和进步分子。

这时，反动派封锁了云大、南菁，切断水、电，并在北门城楼设立指挥站，架设高音喇叭进行恐吓宣传，逼迫学生放弃斗争。

事态发展至此，昆明各界民主人士和学生家长对国民党反动派的种种暴行日益不满，对爱国师生面临的危险境况甚感忧虑。6月30日，在省参议会工作的省工委统战小组成员唐用九、马曜联合参议员惠国钧、赵鼎盛、耿瑞华、刘向辰、王义仁、沈峻卿、周泽民等向何绍周上书，表示："本市大中学生为响应全国各大学教授学生'反美扶日'，于本月17日发动游行后，被省警备部拘捕30余人，因此引起罢课风潮，各界人士深表关切。"指出"对美国错误政策，学生抗议游行动机极为纯正"。因此，要求当局"将所有被捕学生，一律予以开释"，这份上书在《民意日报》上全文公开发表。

从"反美扶日"运动开展以来，斗争日益尖锐复杂，形势日益严峻，情况瞬息万变。为了直接联系，及时交流情况，研究对策，我和学联党组和市工委的同志碰头很多，同省工委委员的会面商量的时间就相对减少了。运动开始时，我仅在端仕街等处同杨知勇会面，运动发展后，我就经常装成学生家长，有时从青云街云大大门，有时从北门外云大医院绕道到云大学生宿舍，直接找学联党组成员开会，特别是形势紧急时，我几乎每天都去。

7月上旬的一天，我在云大学生宿舍参加学联党组开会时，杨知勇在会上说，他的一个亲戚听警备司令部的人透露，何绍周在一次营以上的军官会议上扬言，要一网打尽云南的共产党，要通过学生找到共产党的首脑机关。他还说，据他们掌握的情况，共产党在云南的头目脸上有个疤，要注意搜捕这个人。听了杨知勇的话后，我暗自吃惊。我小时候曾有一次因调皮跌跤，不小心划破了脸。我在四川时，脸上的疤痕还很明显。到云南已经八年，脸上的疤痕已经渐渐消失了。杨知勇的这个情报很重要，不得不引起我的警惕。但在此斗争的紧急关头，这时我如果惊形于色，会影响学联党组几个同志的情绪。于是，我若无其事地继续主持讨论火烧眉毛的斗争问题，有意淡化杨知勇所反映的情况。

两三日后，我到金碧路美兴和商号去和党员王正帆碰头。我进去时，几个高级职员正在闲聊。王正帆招呼我坐下后，我就在旁听他们的谈话。有个商人模样的人说：学潮一下子平息不了，听说闹学潮领头的那个人的牙齿不整齐，卢主席正要抓那个人。他说这句话时，几位客人亦未注意我，不以为意，继续聊天，我也无动于衷。王正帆借故说要谈生意上的事，同我一道告别了他们，和我一起走了出来。

我出来后，暗自思虑，我儿时缺钙，几颗门牙不规则，联想到杨知勇所谈的情况考虑，可能是党内出了叛徒。我想，在云南，知道我在党内职务的，只有屈指可数的几个人，而这几个人都安然无恙。原南方局知道我在云南的也只有极少数人，究竟哪里出了问题？我不清楚。总之，这关系到党的组织与群众的安危，须十分谨慎地对待。

这段时间，我回想起 1937 年四五月间在上海被捕后，党内与我联系的同志都知道我被捕了，知道的人多了，难以保密，就传到敌人那里去了，幸亏我咬紧牙关，忍受严刑逼供，坚决不承认，才保住了党的秘密。所以，这次特务机关要逮捕我的信息，决不能让党内其他的同志知道。这个问题，直到 1948 年 11 月我到香港去汇报工作时，原南方局组织部长钱瑛才告诉我，因为当时原川东特委副书记、重庆市委书记刘国定被捕叛变，川东川西很多人因他出卖而被捕，四川地下党被破坏得很厉害。他对特务机关交待说，他认识上海中央局负责人和她的住处，还认识云南地下党负责人，但不知道住址和联络暗号。因此，特务机关叫他到上海去搜捕上海中央局；同时，给云南发来电报，描绘了我的特点，要云南当局注意搜捕。

当时，我反复考虑，我一身联系到全省党组织和党员，不能不作防止意外的打算。考虑到云大附近特务密布，我不能再到云大去，于是，我与学联负责同志碰头的地址也经常变换。经几次碰头后，我也考虑杨知勇在校外与我经常碰头使他也很不安全，为预防万一，决定暂停这种联系，而改成通过几个不暴露的党员作间接联系。此后，就由云大学生、原昆华女中的史坚（史锡如）和云大学生岳竞先轮流与我联系，遇到紧急情况时，再由地下党员、市女中的舒莲玉（舒彬）临时通知。我们联系的地点是在史坚的家里或昆华医院吴世华护士的住处。每次联系，我都向她们了解云大、南菁中学的情况，然后传达我对运动的意见，由她们带回学校。由于她们还年轻，没有斗争经验，每次碰头时，我都要详细地询问她们在路上的情况，教她们一些识别特务和如何巧妙地应付特务的方法，还常常给她们讲解革命的艰苦性和革命道路的曲折性，让她们树立起革命的信心和培养自己坚强的革命毅力。

这段时间，我要工作，又要保持高度警惕，提防敌人盯梢。一次，市警察局刑警队传出当夜可能突然查户口的消息，为避免不必要的危险，我约着李渤生，乘他所驾驶的小轿车，在市内兜了几个圈子之后，开到昆华医院内停下来。这时刘清的妻子甘廷芳生小孩住在产科病房，我就在她的病房铺了一张地铺，睡了一晚，次日早晨仍同李渤生一道，回到节孝巷家里。

7月5日，国防部长何应钦代蒋介石以午微电批准了卢汉镇压学生的计划。卢汉拿到了蒋介石的"尚方宝剑"，气焰十分嚣张。他在昆明《中央日报》发表谈话，宣称"政府唯有采取断然之处理，彻底清查，严究主犯，切戒帮凶，以期廓清"。以后，斗争更加紧张，云大、南菁周围特务密布，在断水断电的同时，又实行断粮、断菜，敌人还逮捕了外出买米的工友。但是，在敌人封锁之下，人民群众对学生爱国运动表示极大的支持。郊区农民挑着蔬菜、土豆等，云南纺纱厂的工人挑着包子、馒头，几个医院的医生、护士带着药品送往云大、南菁，缓解了被围师生生活上的困难。

为了争取社会各界的同情和支持，反击敌人的进攻，我同市工委研究，决定组织未集中的学生，分头发动其家长，经市区党员、民青成员以各种关系组织签名，上书卢汉。护国元老、曾任云南大学教授及原昆明行营秘书长的白小松老先生，激于义愤，挺身而出，邀请求实中学校长苏鸿纲、云大教授徐嘉瑞共同发起，串联社会各界人士联名上书。严达夫向我汇报这一情况后，我立即决定派党员严达夫、李渤生、韩进之三人在白小松主持下，做具体工作。要本着有理、有利、有节的原则，合理合法地联名上书，公开登报。不久，白小松、徐嘉瑞拟出了呼吁书，书中说："此次昆明大中学校响应全国各大学教授学生号召，反美扶日，原其动机，系激于爱国热忱"。并指出，由于"治安当局不能不有所措施，遂使事态扩大，积至今日，愈演愈烈，影响所及，恐今后学校难于恢复，社会秩序将蒙受重大损害"。最后要求"对业经被捕学生，从速释放，如查明确有实据者，请送司法机关办理，并从速解决。"

据严达夫反映，在发起联名上书的过程中，何绍周曾派人来请白小松去警备司令部面谈，白无所畏惧，大义凛然，理直气壮地想说服何绍周悬崖勒马，但去后谈话距离很大，何完全听不进去，结果不欢而散。后来，苏鸿纲自告奋勇，亲自到警备司令部将呼吁书递交何绍周。

呼吁书除分送卢汉及周围人员外，严达夫、李渤生等还分送给昆明《正义报》《观察报》，通过新闻界的共产党组织安排，于7月7日公开发表。在呼吁书上签名的（包括登报以后签名的）先后达230人。其中有护国元老、云南耆宿、工商业家、宗教界名人、大中学校校长、大中学教师以及各界知名人士秦光玉、陈启周、詹秉忠、严燮成、邓和风、曾昭德、徐嘉瑞、秦秉中、虞籍、李云谷、苏鸿纲、水天同、王兆齐、徐溥泽、马伯安、白之瀚、李琢庵、周枕云等。

在此期间，我通过市工委让严达夫、李渤生、韩进之提请白小松、苏鸿纲、徐嘉瑞三位先生注意，不能对反动派抱有什么幻想，存有过大的希望，既要从最好的目标去争取，也要从最坏的结果作准备。要努力做到扩大社会舆论影响，迫使反动派对被捕师生不得不按司法程序审理，避免再受特务的酷刑摧残，也不敢乱加罪名宣判枪毙，就是工作有了成效；能争取到比这更好的结果就是胜利。同时也要估计到反动派很可能对各界人士的要求置之不理，一意孤行，大肆逮捕。那样，物极必反，他们只会落得更加丧失民心，垮台更快。这两方面的可能性与三位先生讲清楚以后，他们都很同意这些见解。

与此同时，昆明市大中学校教职员丁贻礼等191人也联名发表向社会人士呼吁书，说："学生反美扶日游行系激于爱国热情，未可厚非。"书中继续列举昆明军警宪非法捕人的事，然后说："以致学子不能上课，教师不能执教，人心惶惶不可终日，社会治安教育前途，均面临空前危机。"然后说："被捕被围，惨遭凌辱者吾滇子弟也，谁无子女，能不痛心疾首。"最后提出："请军警当局停止逮捕殴打及包围学校行为"，"有犯罪嫌疑而证据确凿者，宜按法定手续传讯，不可以它种方式逮捕，引起恐怖。"7月8日，教职员呼吁书在昆明报纸上公开发表，建民中学教师、共产党员霍秉文（何以中），却因送呼吁书稿去登《复兴晚报》而横遭拘捕。

向社会呼吁的还有一群小学教师，共33人。他们在呼吁书中说："本月7日，看到本市名流的仗义执言，为请速解决学潮上书卢主席、何总司令，深深觉得这是我们孩子们和家长们的要求。因此我们恳切地吁请治安当局，采纳民意。"此外，联名上书的还有347人，其中有78人是银行行员，有99人是小学教师，有58人是公务员，61人是店员，51人是小公务员。从7月7日至10日，昆明各报接连几日都刊登有联名呼吁书。

学生家长纷纷表示同情其子女正义行为。当学生访问家长时，一学生家长说："学生们干得好。有了你们爱国学生，我们国家、民族有希望了。"

学生在街头宣传、控诉反动当局迫害爱国学生的罪恶，博得社会上各界的同情。在正义路，当警察、特务追捕学生时，商店店员开门让学生进店躲藏，然后又掩护放走学生。有的甚至寄来了特务迫害学生的揭发信。据市工委汇报，云南反动当局指令耀龙电力公司截断云南大学、南菁中学的电源，公司党支部和工盟组织发动职工予以抵制。但反动当局令军警强制断电,公司派工人谢怀甫两次前往云大会泽院修复电路。当学校因断水、断电、缺粮,学生不能外出而产生种种困难时,公务员、商人、市民自动送来了捐款、捐物。

国民党云南军政当局指使宪警特在街头逮捕学生。7月3日、4日,长城中学学生会主席普朝柱,龙渊中学学生会主席严德裕,中山高工王佐才、昂志学、霍秉元、左国梁等先后被捕。7月8日,天祥中学教师卢福生(卢华泽)在由云大到南菁路上,也被特务抓捕。当住在南菁的学生前去营救时,特务竟在光天化日之下,开枪击伤学生吴慧媛、龚洁兰、李宏生三人,制造了"7·8"流血事件。几百名学生立即将吴慧媛等送到云大医院,在医生、护士的掩护下,避开了特务的搜捕,加速治疗。

这时,我同市工委同志开会,要求第一线公开负责的党员、民青成员必须与群众共进退,坚持斗争。同时,已暴露的党员要尽快安排转移。考虑到何以中被捕前可能已有人盯梢,联想到与何在一起生活的在建民中学的教师陈家震、廖新伦也很暴露,决定将他二人立即实行疏散转移。不久,从师范学院一个有正义感的中间教授那里得知,敌人的黑名单里有师院学生温宗姜。我考虑到温宗姜入党前参加过新联,在云大附中和师院都负过责,认识不少党员,因此通知温宗姜疏散转移。另据敌工小组汇报,特务机关准备逮捕昆华女师教师、区委委员万国祥和许铮,随即将二人撤离;云大附中被列入特务黑名单的有杨一堂、吕涵英、李慧等,鉴于杨一堂已于7月1日被捕,因此,将吕涵英、李慧等及时转移下乡。

我同高志远碰头时,他还反映说:7月9日,伪警备部稽查长、特务头子阮更生到南京请示镇压学生运动。当日,蒋介石总统发出午佳电:"即饬宪警进入云大逮捕奸党。"我们分析估计敌人有可能进攻南菁中学。高志远说:集中到南菁中学的党员反映,那里还藏有一些秘密文件。我们商量,要及时派人把文件取出。高志远随即派四名敌工组成员,穿着警备总部的服装,进入南菁,按秘密技术的规定,找到保管文件的党员学生,对上联络暗号,将文件带出来。事情办妥后,高志远向我汇报说,这是一些党员的入党自传。为防止意外,他们把这些文件拿出来以后,把姓名留了下来,而将自传销毁掉了。

7月13日,卢汉为下手大造舆论,他在国民党的《中央日报》昆明版上发表"重要谈话",诬蔑学生说:"即以此次事件而论,初借扶日为名,提倡反美,借爱国运动为名,策动罢课游行,反抗禁令,破坏法纪"。当日,教育部按蒋介石的旨意,派遣教育部参事刘英士到达昆明"疏导学潮",暗中却与反动军警当局密谋策划,准备大肆镇压。我知道这一情况后,立即和岳崇先碰头,要他赶快通知学联党组,大规模镇压可能到来,要他们清查秘密文件,立即烧毁。同时,布置学联要紧急动员大家作好一切准备,以应付万一。

遵照这一决定,所有聚集在会泽院的学生们[①],都加强了应付敌人进攻的准备。他们将当时放置在云大草坪及网球场边准备兴建矿冶馆的砖瓦、砂石都搬运到会泽院以作自卫之用。

在紧急形势下,我又与市工委成员研究,为以防万一,市、区委联络点作适当改变。建民中学学生、党员王秉宽在学校里不暴露,家在昆明,地点较隐蔽,就通知她回家,以她家作为联络点。

7月15日拂晓,云南省警备总司令何绍周亲自策划并督阵,昆明市警察局长王巍亲自指挥,率领昆明市警察局八个分局及刑警、消防、交通等警察大队的千余名警察,借口学校藏有共党分子和共党文件,将炮架在南菁中学门前,轻重机枪架在师院、云大各路口,将三所学校团团包围起来。然后,兵分三路,一部分进攻南菁中学至公楼,一部分攻击云大会泽院,一部分看守云大西、北两宿舍区。他们头戴钢盔,手持机枪、手枪、步枪、水龙、烟幕弹等武器,向包围地区进攻。

攻入南菁的宪兵分成一线、二线,第二线的宪兵全副武装,沿校内围墙包围一圈。第一线的数百个宪兵面戴劈刺面罩,手持栗木大棒和大铁钩,携带云梯、水龙等凶器,在凌晨5点左右,同时向学生聚集的三幢楼房发动进攻。敌人施放烟幕弹,把三幢楼房搞得烟雾弥漫,以致互相都看不清楚。守卫楼口、窗口的学生非常英勇,他们不怕瓦斯呛喉,烟雾迷眼,水龙喷身,不顾被铁钩钩伤和钩走的危险,用石块、石灰、柴棒还击敌人。女学生、小学生则高声喊话:"中国人不打中国人!""反美扶日无罪,爱国有功!""谁镇压学生运动,决没有好下场!"指挥进攻的警备司令部政工处处长刘善述看到士兵进攻不积极,挥起手枪督促士兵进攻,被学生们用弹弓把他的一只

---

① 有云大、建民、天祥、求实、长城、昆女师、市女中、金江等学校的学生。

眼睛打伤。一个进攻的士兵从房顶上滚下来，当场毙命。敌人从无法防守的礼堂后墙用云梯爬上礼堂屋顶，拆开瓦片椽子，从上面往下进攻，三层楼的至公堂才被敌人攻下；另外两幢楼房，也因学生手中的石块打光，相继被敌人攻下。

1948 年 7 月 15 日，国民党军警围攻南菁中学，学生不畏强暴，激烈反抗。

敌人疯狂地对学生们实行报复，多数学生遭到残酷毒打，连女学生、小学生也不能幸免，不少学生被打得遍体鳞伤、头破血流。被捕的师生都被敌人捆绑着，分别关进了东、西两个教室和食堂。

敌人对云大的进攻开始后，在云大的几位学联负责人商议，认定会泽院是敌人进攻的重点，由于一楼门窗多，不易防守，故决定撤出一楼，坚守二楼，小学生、女学生退上三楼楼顶，向全市人民呼救。指派云大学生自治会 1948 届常委、学联负责人段奇负责总指挥。

当敌人向会泽院进攻时，学生们不畏强暴，从各道窗口向敌人投掷砖头、石块，坚持战斗一个多小时，打退了敌人的多次进攻，直到砖头、石块打完。正如 1948 年 7 月 20 日昆明市警察局长王巍向省府的报告说："当执行官警接近会泽院时，即被学生用预先准备之石块、砖瓦、石灰等，向执行官警投掷，官警等以任务所在，不顾一切仍继续前进，于5时50分抵会泽院底，其时已有受伤官警达20余人。"据敌工组反映，他们拿到几支破烂的校警的枪支，就造谣说是学生密谋暴动的武器，更加猖狂地发起进攻。

敌人占领了一楼，又向二楼进攻。敌人开始用水枪冲，接着又施放催泪弹，学生们被熏得泪流满面，眼睛都睁不开，但是仍顽强抵抗。在市警察局长王巍的报告中说："男女学生退入第二层，至进入第二层楼时，官警受轻重伤者先后已达42名，顽强抗拒，欲图阻止官警行进，因而受伤的学生亦有16人。"防守二楼的战斗也坚持了一个多小时，终因寡不敌众而被敌人攻破。

敌人攻破防线后，学生已有几百人被捕，退至三楼的学生约有400余人，没有来得及撤退的学生遭到敌人的残酷毒打。学生们义愤填膺，全力以赴将通向三楼的钢筋混凝土楼梯砸断，使进攻之敌束手无策，无法上楼。当拂晓敌人再次进攻时，三楼的学生就敲击脸盆、口缸及演剧时的锣鼓，向全市人民呼救。市民闻讯后，齐聚青云街云大门前围观、呼吁。这是昆明市民对学生们爱国反被迫害的支援，也给敌人造成了很大的压力。

何绍周再也坐不住了。15日中午，他亲临云大督战，开始使用高压水枪冲击，学生们急忙将水收集起来备用。何绍周无奈，又改用机枪向三楼屋顶扫射。学生们用棉被披在身上，头上还顶上一个枕头，机枪也无济于事。敌人还施放催泪弹并乘机派消防队员搭云梯，强行往上攻击。但刚到窗口，又被学生推了下去。就这样，一直坚持到7月16日，敌人都无法攻进三楼。学生们的斗争坚持了36个小时。

进攻南菁的宪兵团的一些官兵不忍作屠手而迟迟不前，被长官开枪射击，而警备部造谣说是学生开的枪。住在南菁中学的学生进行了英勇抵抗，到中午学校被敌人攻占，400多名师生被捕，并遭毒打。

15日上午，我原约定与史坚在昆华医院碰头，但她被围在云大，出不了校门。住在云大隔壁南菁小学内的舒彬知道云大被围，立刻赶到昆华医院，告诉我发生的情况。我立即找市工委同志商量，立即分头行动，发动各种关系，争取各方组织声援。接着，数千名学生家长、亲友到云大周围看望，痛哭哀号，抗议当局暴行。一群排列成队的和尚、尼姑带着慰问品，敲着木鱼，也来慰问被围学生，并为之祈祷和平。社会各界的声援给予学生极大的支持和鼓励。同时，市工委亦经过未进入云大、南菁的党员、民青成员和进步群众，争取被围学生的家长营救其子女。

7月16日，云南省政府主席卢汉来到会泽院"视察"。学联党组和学联负责人、云大党支部的学生商议后，决定同卢汉谈判。学联党组负责人、云大党支部书记杨知勇代表学生向卢汉提出三个条件：

1. 立即撤退军警；

2. 不许逮捕学生；

3. 不准殴打学生。

卢汉许诺："军队不可能撤出去，至于不任意捕人，而由法院依法办理的事，是绝对可以办到的。"并说："可以用我的生命、财产、人格来担保，决不逮捕人。"在这种情况下，学生们才撤下楼来。

但是，身为省主席的卢汉在学生下楼以后，却背信弃义，自食其言，待学生们下来后，军警要学生们到教室里进行登记，全部将学生关进了教室里。

从15日早晨4时直至16日下午5时止，学生中重伤送医院的计有百余人，横遭毒打逮捕的一千几百人。

17日，我在威远街李渤生家里听到严达夫反映说，他以上海新闻报记者的身份参加了16日晚何绍周召集大中学校校长、报社记者开的会，在会上，何扬言对共产党要一网打尽，要在镇压"学潮"中，破获共产党云南的首脑机关。何说：国民党中央军石补天师所部在圭山、西山地区进攻游击队，"清乡"时，在农民家里搜查到一个笔记本，上面记叙了一个下乡的学生怎样从云大出来到了游击区的过程①。何说，不论有无"学潮"，他一定要大逮捕。又说，共产党毕竟厉害，先走了一步。当攻下了南菁和云大后，清查全部被捕学生时，才发现原来准备逮捕的温宗姜早已逃走了。

一千几百名师生们遭到逮捕，我深感有切肤之痛，党把我分配在这个岗位上，我代表省工委领导昆明市包括学联的工作，由于在指导上的失误，致使运动遭到如此大的挫折。我下决心一定要竭尽全力，同被捕的党、盟员以及群众取得联系，设法把他们都营救出来。如果被捕关押的党、盟员能立场坚定，使敌人无隙可乘，保卫了党，自己也活着出狱，便是我们的胜利。

于是，我们经过各种渠道加强对被捕的共产党员、民青成员的联系：一是经过敌工小组随时了解敌人审讯及狱中的各种情况；二是经过被捕释放以

---

① 据事后所知，是云大的一个学生党员从圭山、西山转移时留下的笔记本。

及未被逮捕的党员，以送衣物等方式去监狱探监，分几条线同被捕的党员、骨干联系。

7月15日大逮捕的当天，我们即紧急通过各种关系，动员各种力量，发动家长，以各种办法，经学生的父兄领回了一部分年小的学生，有一些虽然年龄大，但身材较小的学生，也假装是低年级的小学生，经其家长保释；一些同宪警有亲戚、社会关系的学生，也利用各种关系领回，共约领回243人。结果被捕的师生共一千两百多人。

为实现彻底破坏地下共产党组织的目的，卢汉、何绍周将上了黑名单的学生全部分别关进了宪兵十三团、警备总部、警察局的监狱中，进行严刑拷打，刑讯逼供。50多天后，敌人毫无所获，又把认为罪行"轻"的送到"夏令营"，"重"的送往特刑监狱。"夏令营"实为集中营。敌人设置"夏令营"的目的，表面是为了"感训"学生，实际是将他们全部软禁起来，想法从他们身上打开缺口，找到中共组织。

原参加市工委的袁用之在南菁中学当教师，敌人攻入南菁后，他也遭到逮捕。这时陈家震已因暴露转移到了滇西，市工委开会的时间就大为减少了。于是，我就采用分别同陈盛年、高志远碰头的方法来及时解决问题。

在一千多名师生被捕后，我们了解到被关进监狱的共产党员、盟员和爱国师生遭受了种种折磨和严刑拷打。在警察三分局，求实中学3个教师和10名云大学生共13个人被关押在一个用57根椽子做成的面积不到4平方米的木笼里，无法睡觉。吃的是发霉的糙米饭，难以下咽。有时，半夜从睡梦中拖起来强迫跑步，或捆在麻袋里，从高处扔下，使人昏迷；有的在睡眠状态中被蒙着眼睛受非刑毒打。在审讯中，他们被施以电刑、压杠子、"老牛拔桩""披麻戴孝"等酷刑，有的人连续受过三次以上的电刑。有位已婚的女教师、共产党员段亚华，因严刑拷打而致小产；有的每夜受着夹棍、板指、吊发等毒打。在警备部所在地承华圃附近的居民，每当午夜梦醒，便会听到撕肝裂胆的惨叫声。但共产党员、盟员和师生们英勇不屈。求实中学的职员王德（王维彩）因为有人供出他是民青成员，便被踩杠子，几乎把脚骨压断；受电刑后，几个星期都不能端碗用筷，还把他拉到挖好的土坑前，以活埋威逼他招供，而他毫不动摇。昆明师院的杨畅东是学生会理事，党支部的负责人，由于他撰写的对学生运动的书面建议落入了敌手，敌人企图从他身上打开破获地下党组织的缺口，对他严施酷刑，还被插上斩条，拉出去以假枪毙吓他招供，但他也决不动摇。中山高工班联会主席、党支部书记王家榘被捕后，因敌人知道他的公开身份，刑讯逼供，用残酷的电刑将他的两个大拇指用两级电流碰火，致使他的大拇指严重烧伤。但他坚贞不屈，严守党的秘密。建民中学教师党员霍秉文（何以中）被关进监狱时遭刑讯逼供，他经受了八次电刑，仍坚贞不屈。在集中营的学生，也英勇顽强地与敌人展开巧妙斗争。无论敌人种种倒行逆施、软硬兼施，都采取对策，使之破产、落空。七·一五惨案被捕的同志在敌人的严刑拷打之下，坚贞不屈的革命精神，使我感到党有这样优秀的党员，党就会稳如泰山，牢不可破；同时，对他们受到的酷刑如同身受，十分心痛。运动后，据新闻界党员了解到的情况，对被捕师生的英勇顽强精神，社会上各方面的人都为之叹服。如云南耆老、前民政厅长丁兆冠说："这些人才是云南的人才，连土匪也吃不消的刑法，他们可以安之若素。"杀人不眨眼的宪兵十三团团长彭景仁也不得不表示佩服，他说："这些人才算是大丈夫好汉，我们国民党真是找不出这样的人来。"

师生们被捕后，未被逮捕的学生以昆明学生反迫害联合会的名义，发表了《为"七·一五"惨案告全国同胞书》。在书中强烈呼吁：

"全国同胞们，我们不过是因为满腔的爱国热忱而举行过反美扶日的游行，我们不过目睹国权沦丧，而对政府当局有所批评，我们不过为了维护学生们的安全，而对警备部派往各校的特务职业学生，有过正当检举和规过善劝，我们不过为了息事宁人，自卫求存，而集中在云大和南菁，我们问心无愧，所以理直气壮，义正词严。然而在今天'欲加之罪，何患无词'，红帽子满天飞，就这样我们的兄弟、姊妹被打。"

"我们昆明学生今生今世地晓得，谁迫使我们不能安心读书？谁不让我们爱国？爱国竟而有罪？谁活生生地夺去了我们的弟兄姊妹？谁夺去了我们的自由，甚至不容许我们活下去？我们有高度的爱！三万人同生死，共患难！因此，我们也有高度的恨！我们将用一切方式，为我们受难的死难的弟兄姊妹复仇！"

《告同胞书》发出以后，北平12所大学中的云南学生于7月18日发表了《昆明"七·一五"惨案给警备司令何绍周的公开信》，警告何绍周："今天你一手造成的'七·一五'惨案，就是明天公审你的铁证！"

一些出狱和未被捕的学生还成立了昆明七·一五后援会，于7月19日致函云南省参议会，愤怒地表示："这次'七·一五'血案的责任问题，我们是誓死追究到底，我们要把这个血案控诉给全国爱好正义的人们，控诉到全世界的每一个角落，使他们了解这些刽子手们的罪行。"同时，社会各界对师生也表示了极大的同情和关注。

由于舆论的压力和各方知名人士以及学生家长（包括警备部副司令兼参谋长马瑛等）的强烈要求，敌人又被迫将临时关押的师生先后释放了几百人。

7月28日，国民党云南当局按照国民党中央政府的命令，成立了高等特种刑事法庭，将他们认为"情节严重，证据确凿"的76人于8月31日移交该法庭，并在陆军监狱专门辟了6间牢房关押他们，进行"重点突破"。这76人中，有34名共产党员，其中有7人分别担任市工委委员、区委书记、区委委员、学联党组负责人、学校党组织负责人等职务，还有很多民青成员。

为团结同志，组织斗争，被关在特刑庭监狱的昆明市工委委员兼西北区委书记袁用之主动采取秘密串联、单线联系的方法，联系了云大附中的杨一堂、中山中学的王家榘、天祥中学的卢华泽、昆明师院的杨畅东、云南大学的杨知勇等，建立了狱内党的临时支部，袁用之任支部书记。袁用之11月出狱以后，临时支部的工作先由卢华泽、后由杨知勇负责。监狱临时支部建立以后，我们与他们取得了联系，我随时听取汇报，研究对策。

支部成立后，对每个党员、民青成员被捕受审的情况作了尽可能详实的审查。经过审查后，基本恢复了组织关系。对个别自首者，决定切断他的组织关系，但仍指定专人和他接触，以便掌握他的动态，阻止他在歧途上继续滑下去。

支部明确提出，进了敌人的监狱绝不意味着斗争的结束，而是斗争在新形势下的继续，"要把监狱变作战场，把监狱变作熔炉，把监狱变作学校""要在敌人统治的心脏里挖锅造饭"。要求难友们在狱中经受锻炼和考验，学习革命理论，炼就坚强的体质，准备好一旦出狱，就能投入战斗。袁用之等还创作了一首歌，叫《把监狱当成熔炉》，在狱中传唱。

为了了解监狱外面的信息，党支部布置同监难友千方百计通过各种社会关系或狱中的看守、狱警，把当时昆明市场上能弄到的各种报纸、杂志、书籍都收集带进监狱。为了让被捕的师生在监狱里看到光明，看到我党在军事上的胜利消息，并坚定同志们胜利的信心，省、市工委通过各种渠道，把《新华社通讯》秘密送进特刑监狱的党支部。党支部布置几个学生系统阅读后，向难友们宣讲，并组织时事讨论。

党支部利用特刑庭管理较宽松的条件，采用合法方式领导难友开展监狱斗争。通过斗争，使监狱将每天"放风"三次改为全天"放风"，还可以自费订阅昆明的报纸、刊物。甚至可以开晚会、高唱革命歌曲。

支部还关心每一个难友的生活，在狱中成立了生活管理委员会，统一管理狱外送来的钱和物，发扬团结友爱的精神，共同度过艰苦的狱中生活。

为了侦察共产党的活动，敌人派奸细混进监狱探听情报，支部团结难友展开了坚决的斗争。监狱里如果关进与"反美扶日"运动无关的人，支部就立即通知大家提高警惕，在生活上一视同仁，一般对待；但不在他们面前流露一切政治性的言论，遇有政治活动也向他们严格保密，使他们察觉不到任何蛛丝马迹。

党支部还根据难友在狱外和狱中的表现，在本人提出入党申请的条件下，经过严格考察后，个别吸收了一些学生加入党组织。

从6月17日示威游行，敌人实施逮捕以来，被捕师生中也有个别党员向敌人自首了政治关系。我同市工委研究，经过内线关系，以亲属和师生关系名义去探监，传达党的指示；狱中党支部也及时做思想工作，对动摇的人，鼓励他坚强起来，不要滑下去。我们还通过敌工小组的同志及时掌握被捕人员的动向，保护被捕人员。敌工小组的同志遵照党组织的指示，通过所联系的外围组织成员和建立的工作关系，想尽各种办法，把敌人酷刑逼供的情况和师生的表现情况通过高志远向省工委作了汇报。敌工小组有两个联系的民青成员，叫杨从新和周仕学，在刑警大队任队警，负责轮流提审受审师生，因此可以进入审讯室，亲眼见到特务行刑的情况，直接听到审讯对答，事后就立即将所见所闻，转告在附近茶馆里等待消息的吉星明，吉又汇报给高志远。

特刑庭成立以后，国民党当局需要预审材料，这一任务由警备部交给军法处汇集整理。恰好军法处有敌工小组联系的4个民青成员，他们又分别担任了文书主任及文书工作，他们将所有移送特刑庭处理的76名师生的预审情况及时向党组织作了反映，以便采取对策。昆女师有一个民青成员，被关在警察二分局，据在刑警队二组供职的民青成员李荣光汇报，在特务审讯时，她讲出了一些学生自治会的成员。根据这一情况，敌工小组成员吉星明利用李荣光值班的机会，亲自到警察二分局，由李把她带到刑警队二组办公室，当面嘱咐她不能暴露民青身份，注意保守组织秘密。

被关押在"夏令营"的学生有500多人（一说为400多人），其中也有不少共产党员和民青成员。反动当局在社会各界人士的呼吁压力下，对"夏令营"的管理不同于警察局、宪兵队，学生因病可回家医治，一定时间还集体组织去看电影等，这些都给我党的秘密活动提供了可乘之机。根据"夏令营"的情况，我同市工委研究，认为主要的任务还是要教育那里的党员和民青成员坚定立场，坚持斗争，批评动摇，反对自首、变节、叛变，保卫党的组织；与此同时，要充分运用"反美扶日、反迫害后援会"的名义，向国内外、社会各界揭露敌人镇压爱国学生的血腥罪恶和法西斯暴行；积极营救被关押的同志和学生。在不向敌人投降，不自首、变节、叛变的前提下，要用各种方法通过家庭、社会关系活动出狱或脱离"夏令营"。

被关进"夏令营"的共产党员也积极与外面的党组织取得联系。学生孔祥芬装病请假外出，与中共昆明市工委委员陈盛年联系上，汇报了情况。她遵照党组织的指示，随后在营内建立了党小组，联系了师院和南风合唱团的党员。云大附中党总支书记倪之栋因病被准许回家治疗，经惠滇医院外科主任、党员任蔚农（任天锐）转市工委接上了关系。我听到市工委的同志汇报此事，即到武成路呈贡县县长倪之祯家去见倪之栋，详细了解了他们在"夏令营"向敌人斗争的情况，鼓励他们继续敢于斗争，善于斗争。在南菁中学集中营的党员、民青成员的关系也都陆续接上了。联系上后，我们每天收集集中营的情况，敌人有什么措施，就研究什么对策，以应付敌人。如分别通知党员、民青成员，在任何情势下，绝对不暴露政治关系，不自首，不供出其他党员、民青成员，如有违反，当纪律处分。对一些重要问题，则统一口径。如对学生自治会，因考虑到它是学校公开合法的团体，规定审讯时可以承认。但只能说进行文化娱乐活动、学生福利事业，不能涉及政治活动；对"反美扶日"运动，必须坚持是爱国的正义的行动等。

"夏令营"要每个学生写自白书，妄想以此打开缺口。我同市工委商量后通知狱内党小组要尽量拖延，如必须写，要避开政治，只写家庭生活和学校生活琐事。结果，学生们遵照党组织的指示，就是不写"悔过书"。敌人要求写日记，就写上操、看电影和生活小事。敌人布置要学生填表，写你读什么书最感兴趣，你最崇拜什么人。学生们就按我们的通知，填最感兴趣的是古典小说、言情小说；崇拜的人是爱迪生、居里夫人、李白、杜甫等，就是不写政治人物，使敌人啼笑皆非，一无所获。

从七·一五大逮捕以来，我即同昆明市工委研究，继续争取学生家长向反动军政当局上书。经过工作，社会各界人士大声呼吁："家长等各家子弟，经国家多年教育，自然初知义理"，"反美扶日运动，核其初心本级纯洁，虽中间容有过激之处，但亦出于青年血气冲动，非如大奸大恶举足造成灾祸也。援情据理，不无可原"。要求秉公办理，释放被关押学生。在社会各界舆论谴责之下，敌人不能不考虑在有条件之下释放一些无任何"罪"证的学生。

省、市工委经过党员、民青成员，利用各种关系，通过各种门路，采取各种合法方式，营救被难师生出狱。如云大附中学生马荣柱被捕以后，被关在小西门城楼临时看守所。因他叔父马瑛当时任警备副司令，再加他的堂兄也在警备部任排长，一经家庭出面，很快保释。而且他还利用这个特殊条件，对营救其他学生和帮助组织上了解监狱及"夏令营"的情况，建立内外联系，传递信件物品等。王世堂被供出党员身份后，致使王的案情加重。但王的父亲曾任国民党高级军官，认识何绍周。他得知儿子被捕下狱，专程来昆找何，当面保释。经过学校校长、教师出面保释出狱。地下党市工委西区片的负责人袁用之在南菁被捕以后，关在特刑监。为了尽快将他救出，经南菁中学的段季远设法向特刑庭法官要求从速判决予以保释。对方索贿黄金六两，我考虑后，决定由党的财经组支付，请原南菁代理校长刘谦书具保结，将袁保释出狱。还有很多学生是由家长、亲友用金币、银元等贵重资财买通政府官员后，得到减轻处理或请保释放；对在狱中身体虚弱和病情严重的，狱中支部发动难友请愿，或由家长申请，以狱外就医方式取保释放。

学生的爱国之举，被捕后的坚贞不屈，致社会各方人士为之惊叹、佩服。同情支持者都出面保释被捕师生。建民中学校长韩进之，是经我们安排担任校长的，他通过范承枢的亲戚关系，获得教育厅长王政的信任，以校长身份公开活动，配合建民中学教师陈萍营救保释了很多该校被捕师生。有的还接到他家里养病，调养后，资助旅费送往游击区。云大附中校长杨春洲及其夫人丁素秋（云大附中教师）也挺身而出，设法营救被难师生。峨岷中学校长茹莱虽是警备司令部外事处长，但教务主任耿介是共产党员，耿介说服茹莱以校长身份和处长的资格同往"夏令营",按校方各班学生名册点名保释。求实中学校长苏鸿纲除各方奔走,呼吁发动社会各界营救被捕学生外,还亲自探狱,给学生送肉送菜,给学生搭床铺。他与家长策划营救,参与担保,使很多学生得以出狱。南菁中学被攻破时,校长魏泽馨、训导主任袁用之、教员杨兴楷等十个教职员均遭逮捕,校内只留下少数教职员,由刘谦代理校长。刘谦四处奔走求助社会名流,同时急电该校董事长顾映秋和龙云,呼吁营救被捕师生,并发动在狱师生员工的各种社会关系进行营救,起了很大的作用。被难师生无论在"夏令营"还是在特刑庭等处,都得到部分警士、士兵的同情,他们有的帮助传递信息,有的暗中帮助,做了不少工作。

我们采取合法方式营救的同时,也不放弃"非法"方式。金江中学学生王子厚被特刑庭判处徒刑 6 个月,按规定刑满后还须具保才得释放。经先释放出狱的党员罗民生自己化装为派头十足的资本家,请学生李淑婉冒充王的表姐先到特刑监探望,然后又到特刑庭对保,使王获释。地下党昆明西区片的负责人陈柏松随师院学生移往南菁,由师院英语系学生黄有福、胡旭东、叶本固等掩护,冒名顶替该系已请假回大理的学生杨光武。直到南菁被攻破,陈都未被特务、宪兵发觉,仍按"杨光武"的名字送到警备部,之后,又因查无罪证,送往"夏令营"。他利用"夏令营"集体到南屏电影院看电影的机会,暗自脱离队伍到玉溪街韩子旺(韩进之)家与组织取得联系,然后经过伪装掩护,由潘守愚与潘的父亲一同借到温泉洗澡为由,坐车通过碧鸡关的宪兵关卡,到达安宁县教育局长、党员李方英处。李安排陈前往滇西北游击区参加了武装斗争。

除以上述不同方式,尽量争取个别保释外,市工委还将"夏令营学生家长调查表"交因病回家的学生秘密带到营内,分发给师生们填写后,又送出来。昆明市工委根据填表细目组织人员分头访问家长,发动了 170 余人上书,要求迅速结束"夏令营"。在各方面的压力和学生家长的抗议下,何绍周与卢汉不得不于 9 月 5 日宣布"夏令营"结束,所有师生一律请保释放。省教育厅长王政说:"夏令营的工作,基本上是失败了。开学以后我们的麻烦又多起来了。"

对特刑庭监狱被关押的少数师生,我们也发动家长李廷彦、胡鸿焘、段杰候等 25 人联名于 11 月 24 日再给卢汉上书,提出了"迅予结束侦讯、速判、速结"的五点要求。

1948年11月，国民党当局在社会舆论的压力下，佯装依法办事，对被关押的师生进行公开审判。狱中临时党支部事先在难友中进行动员，要求大家利用"公审"场合，宣传"反美扶日"的爱国正义性，揭露、控诉反动当局迫害学生的罪行。在"公审"时，反动当局要将提审的人都戴上了手铐。支部发动难友上书进行抗议。最后，当局不得不免除手铐。"公审"时，省、市工委也有计划地组织学生和群众去参加旁听，旁听的群众很多。被审的革命师生义正辞严，斥责当局，从而使敌人的法庭变成了我们宣传的讲坛，使旁听的群众受到很大的教育，都支持和同情学生。

这时，解放战争的形势有了很大的发展。为怕事情闹大，国民党中央政府代总统李宗仁于1949年1月来电："饬令将昆明特种刑事法庭，自奉令之日起即日撤消。前因闹学潮被讯办之学生及政治犯亦准予请保开释。"1949年4月，敌人一无所获，所有被捕师生获释出狱。当时的军统局昆明保密站站长沈醉后来回忆道，被捕的"学生们团结相当紧密，很不容易达到进一步破获中共组织的目的"。

1948年8月底，在"夏令营"即将结束，被捕同志少量出狱的情况下，我们部署了审查被俘党、盟员的工作，审查工作的目的是提高党员、民青成员的思想觉悟，加强党性、组织纪律性教育；搞清被捕人员的表现。方法是根据不同情况，采取个别审查和集体审查相结合的方法，总结提高思想。我们明确指出，对于表现坚定的同志要大胆提拔使用，表现好的民青成员，要培养发展入党；表现动摇害怕，没有严重错误的，要总结参加运动的经验教训，提高思想；对于极少数犯有严重错误的党员，为了"惩前毖后，治病救人"，要给予处分。例如有一个预备党员向敌人自首，并供出了另一个党员。对此，市工委批准了监狱支部的决定，取消了他的预备资格。被捕、被俘的党员和民青成员都积极、自觉地接受了党组织的审查，忠诚地向组织说明情况并严格要求自己。审查工作于1949年春末夏初基本结束。在审查工作的基础上，我们先后抽调了几百名党员和民青成员到农村新区、游击区或昆明郊区开展工作，提拔他们担任了一定的领导职务或安排了重要工作。同时，发展了一批民青成员加入了中国共产党。

将近十个月的"反美扶日"运动中，国民党反动当局声嘶力竭地叫嚷：要一网打尽云南地下共产党。"反美扶日"运动被捕师生全部出狱后，国民党《中央日报》发表题为《严防春风吹又生》的社论，悲叹实行大镇压的计划全部落空。反动当局实行大规模的逮捕后，敌人用尽了软硬兼施的种种残酷手段，但广大共产党员、民青成员和广大革命群众英勇不屈，坚决斗争，使敌人没有抓住共产党组织的任何证据，没有找到任何线索。经过这一场气壮山河的英勇斗争，反动派自叹失败，他们的阴谋彻底被粉碎。

七·一五运动以后，我与昆明市工委研究确定了"隐蔽组织，积蓄力量，发展力量，团结群众，相机进攻"的方针，在组织上采取了一系列的措施。

1948 年 9 月，昆明市工委建立了两个学校区委，分别联系和领导大中学校的地下组织，改变多头领导、平行组织的联系方式。认真执行纵不越级、横不越支、单线联系的原则。

鉴于国民党反动政府解散了云大附中、建民中学、金江中学等党员、民青成员比较集中的学校，这些学校地下组织的周围凝集着大批进步学生；其他学校还有一批被学校以"参加学潮"为由开除学籍、停学、退学的学生，其中有一部分党员和民青成员。我们研究，认为对解散学校和被处分失学的党员和民青成员以及他们周围的大批进步学生不能解散，要利用转学、升学，有组织、有计划地将这些同志、学生作为种子，播散到几所有影响、有潜力的学校，"变敌人的打算为我们的安排"。昆明建民中学解散以后，建水建民中学仍然存在，我们要求他们凡有条件到建水建民中学的党员和民青成员、进步学生，都到建水。云大附中、中山中学、金江中学和其他学校被迫失学的党员、民青成员、进步学生就利用升学、转学的机会进入云大、昆华女中、昆华中学、龙渊中学、云瑞中学、富春中学、昆华工校、长城中学、求实中学、天祥中学等校。其中，云南大学、昆华女中、昆华中学、长城中学等具备条件建立了党总支。以后，求实中学、天祥中学、师院附中也建立了党总支。随着工作的开展和组织发展，1949 年五六月间，市委决定建立大学区委和五个中学区委，每个区委中都至少有两个力量较强的学校党总支或党支部作为骨干，发展了党和民青成员的大、中学校共 38 所。

1948 年秋季开学以后，我党在学校中通过党员和民青成员提出并宣传了"尊师爱生""团结友谊"的号召，动员党员和民青成员、积极分子多交朋友，与学生打成一片。互相帮助，发展友谊，加强团结，搞好学习，尊敬师长，局面大为改观。学生们结为一体。大多数学校在党员、民青成员领导下，先后建立了以党员、民青成员和积极分子为核心的壁报、歌咏、球队、生活学习的社、队和班会、级会、系会。在此基础上着手酝酿成立全校性的学生组织。国民党反动政府取缔了学联、学生自治会，为避开敌人的注意，就不用这个名称，大学叫系级代表会，中学就叫班联会，被反动政府取缔的市学联仍然坚强地存在，并与全市44所大中学系级代表会、班联会仍秘密地保持联系，在群众中仍有号召力。

经过一段时期的调整，共产党和民青组织巩固、发展、壮大了。我们决定要掌握有理、有利、有节的斗争原则，有机会就发动小的斗争，在斗争中隐蔽埋伏，壮大力量，保存力量，以迎接最后胜利。1948年10月，云大学生自治会干事、民青成员旃桂馥，因被捕后受尽折磨，染成重病，释放后不久即逝世了，学生们十分义愤。云大党总支决定发动群众举行追悼会，以控诉反动派的罪行。但这时组织斗争是否会遭致更大的损失？经过认真考虑，我认为这一事件会激起师生和社会各界的强烈义愤，如按兵不动，就会脱离群众。开个追悼会有利于提高群众觉悟，推动学生进一步组织起来。最后，决定以最快的速度作好准备，由文史系学生出面在云大至公堂举行追悼会。追悼会开得很成功，得到了群众的广泛支持。

对于1948年全国的"反美扶日"运动，党中央给予了很高的评价。新华社评论指出："反美扶日运动就其觉悟性、组织性、勇敢机智和坚持性来看都达到了空前的水平。"1949年1月14日，毛泽东在《关于时局的声明》中，也作了充分的肯定。他说："南京国民党反动政府取消人民的一切自由权利，压迫一切民主党派和人民团体使其丧失合法的地位，压迫青年学生们的反内战、反饥饿、反迫害、反美国干涉中国内政和扶植日本侵略势力等项正义的运动"，"南京国民党反动政府决不能逃脱自己应负的全部责任"。

1948年"反美扶日"运动，尽管经历一番曲折的过程，但那是成千上万的革命青年浴血奋战写成的历史，是辉煌的历史。

解放战争时期，国民党蒋介石及其在云南的代理人妄想一网打尽云南地下共产党，多次进行大规模的镇压，其中，尤以七·一五运动为最。它是在蒋介石直接指挥下，由云南的地方实力派卢汉和国民党中央嫡系势力何绍周共同密谋策划进行的空前规模的大镇压。在这次运动中，敌人逮捕的教师和学生人数达千人，被捕的师生中的共产党员、民青成员很多，这在国民党镇压人民群众的运动中是少见的。然而，这一运动却以敌人的彻底失败而告终。这一胜利的取得是来之不易的，有很多历史经验可以总结。

首先，昆明爱国学生继承了五四、一二·九、一二·一运动的光荣传统，拥护中国共产党，以国家和民族的利益为己任，爱国素不后人，以大无畏的爱国主义热情，主动坚决响应中共中央的号召，不畏强暴，不怕困难，敢于斗争，善于斗争，敢于胜利的精神是十分可贵的，是我们引以为豪的。

其次，云南地下党长期贯彻党中央、南方局及周恩来同志关于国统区工作的方针，建设坚强的战斗的云南地下党组织，在运动中发挥了核心领导作用。在思想建设上，省工委多年来始终抓政治思想教育、气节教育、共产主义人生观的教育；在组织上，坚持采取平行支部、个别联系等措施，以防范敌人的镇压和破坏。实践证明，执行这些方针是十分有效的，它使我们的党组织成为一个摧不垮、打不烂的战斗堡垒。大批党员、民青成员、革命群众被捕以后，无论在敌人监狱里还是在集中营里，不论敌人如何软硬兼施，用尽酷刑，除极个别的人自首以外，绝大多数党员、民青成员威武不屈，咬紧牙关，忍受皮肉之苦，保护了党的组织，也保存了自己的青春年华，锻炼得更加坚强。广大党员和民青成员带领成千上万的革命青年浴血奋斗，谱写成了气壮山河的历史。这证明云南地方党是经得起考验的，是坚强的、打不垮的。

在运动中，我们有效地争取社会人士的广泛的同情和支援，是这次运动取得胜利的又一个主要原因。在共产党的努力争取下，从辛亥革命、护国运动的云南耆老，到工商界、教育界、宗教界、省参议会的头面人士以及学生家长，都大声呼吁，支持和声援学生的正义行动，抗议国民党当局的无理暴行，给予学生运动以有力的支援，也对国民党当局施加了很大的压力。这是使敌人不得不释放被捕人员的一个重要原因。

运动中，情报侦察工作发挥了极大的作用。我们通过情报工作，掌握了敌人可能打开的缺口，及时采取措施给予补救；利用有利的机会，保护被捕师生的安全。

七·一五运动锻炼和培养出一大批干部和爱国青年，为开展农村游击战争输送了大批骨干力量，加强了人民武装斗争。经过斗争锻炼的许多学生，成为坚强的革命战士，有的为革命献出了宝贵的青春年华。例如云大学生在武装斗争和"剿匪"中英勇牺牲的，有段奇、岳兢先（岳幼屏）、陈海（陈月开）、闵竺笙、杨家福、俞寿婉等烈士；有云大附中女学生施佩英、施兰（施兰芳），还有潘翼天（潘为鹏）、张达（张运一）、李子丰（姜存礼）、杨勤刚

1998年郑伯克（站立前排右四）在昆明与参加七·一五运动的老同志聚会。

（槐可荣）、王金英（王镜秋）、张澄中（张承忠）、谢海量、马金花（罗星辉）及师院附中女学生席淑筠等。据不完全统计，在武装斗争以及"剿匪"征粮斗争中牺牲的云大附中、天祥、求实、建民、金江、峨岷、昆女师、中山等8所中学学生中的烈士就有59人。

当时，党委我以重任，我当痛定思痛，回顾深思，也有一些教训应该吸取。

首先，中共中央号召开展"反美扶日"运动，地方党组织应该响应。但采取什么方式响应，要结合具体情况，因时因地制宜。1948年5月，解放军的战略反攻取得了伟大的胜利，蒋介石政府为挽救失败的命运，正在作最后挣扎，在京、沪等地已疯狂镇压学生爱国运动；在云南，共产党所领导的云南人民讨蒋自救军已在圭山、西山起义，直接威胁到了卢汉的统治，也震动了蒋介石。处此形势下，垂死挣扎的蒋、卢、何串通一气，疯狂地更残酷地大镇压，这本来是可以预料得到的。但对于这个形势我当时没有认真分析研究，认识不够，因此从政策上来说就把握得不是很得当，具体表现在：

第一，在1948年秋季学校开学以前，四五月间，由于国民党反动派派遣特务学生到各校破坏学生运动，搞黑名单，引起学生的愤怒，就自发地搞起了公审特务学生的活动。我在这时听过几个学校支部的汇报，从我的思想情绪上来说，对群众的高涨热情，我认为应该支持，但没有冷静考虑，三思而行，没有保持清醒的头脑。公审特务的行动意味着和敌人短兵相接，这样的行动会失去中间群众的同情。对学生疾恶如仇的正气，应予鼓励，如果以合理合法的方式，争取社会的同情，用揭露特务学生平时学习不好，为非作歹，丧失做人的品质等方式，使他们成为"耗子过街，人人喊打"，比从政治上与他斗争更有效。当时学生中也有好的经验，例如云大附中抓着一个特务教师生活品行恶劣的事实开展斗争，就把这个教师赶出了学校。因为我过多地考虑到被那个被特务教师迫害的女学生会因此难于在社会上立足，不宜以此事为例。就没有考虑从做人品质上来搞臭特务师生是行之有效的办法。由于当时没有从这个角度去考虑，未善于引导，群众激烈的情绪就继续增长。以后，学联提出要大规模地开展声援上海的学生运动，这也符合我当时的思想，我也是赞成和积极支持的。6月17日游行后，大家听到新华社的广播，斗争情绪更加高昂。作为领导者，应该从斗争策略运用上多考虑如何把握斗争的主动权，而我没有冷静地考虑，在敌强我弱的形势下，对敌斗争应避免硬碰，所以没有采取有理、有利、有节的领导和灵活的策略措施。

在斗争策略问题上，尽管在运动中省、市工委几次开会时，我都强调过要有理有利有节的问题，但是如何实施的问题上我深入研究不够。所以在运动中我们没有提出明确的政策界限，没有把斗争有效地限制在"反美扶日"的范围之内，超过限度的激烈情绪在反动派的高压下更加高涨，表现在6月17日的大会，从焚烧蒋介石的模拟像到游行时唱"反动政府要垮台"的歌，这种超过限度的口号和行动，虽然引起了我的注意，但我当时认为在反动派无理高压之下，群众的反抗性更加激烈是正常的，未深入考虑温度越高，矛盾就会更加激化。6月17日后，采取紧急措施，可能"亡羊补牢"，未为晚也。

其次是对卢汉的认识，我没有深刻地认识形势的变化和以阶级分析的方法来看卢汉的本质，过高地估计了卢汉与国民党中央之间的矛盾。卢汉与国民党中央之间的根本利益是一致的，他们在一些方面的矛盾是国民党反动派内部的矛盾，这与国民党反动统治与人民的矛盾的性质是根本不同的。在云南民变四起，共产党领导的武装斗争已经兴起的形势下，直接威胁到卢汉的统治，卢汉当然要镇压。七·一五大逮捕是卢汉和何绍周串通一气搞的，就说明这个问题。搞大规模的群众运动，在敌人的高压之下，很难有胜利的把握。知难而上，不怕敌人的武装威胁，在枪林弹雨中冲锋向前，革命群众这种精神是可贵的。而我对这一点认识不足，所以没有高度的警惕加以防范。学生自发地开展公审特务的斗争时，我也曾考虑到会有可能出现严峻的形势，为此，强调了思想建设、布置进行了气节教育。但对敌人会残酷地大镇压的可能性估计不足，警惕性还不够高。到召开大会的当天，我才感到形势紧急，想采取紧急措施，但群众已经赶到云大，想要阻止开大会也来不及了。以后敌人每天抓人，罢课三天；反动派派军警打进学校抓人，学生群众情绪继续高涨，学联抗议无效，又罢课七天。在敌人的高压下，学生朝不保夕，人人自危，被迫集中，最后到大逮捕。

第三，从深层次检查，我思想上存在自满情绪。回顾一二·一运动时，一开始我就十分谨慎，而"反美扶日"运动，从运动之初就不那么谨慎。从思想上找原因，主要是从一二·一运动以来，经李闻惨案、抗暴运动、助学运动和人权保障运动，基本没有受到大的挫折，即使敌人实行逮捕，也通过斗争释放了被捕人员，以我们的胜利而告终。在这种情况下，不自觉地增长了自满情绪。在这种自满情绪支配之下，"反美扶日"运动之初，明知敌人可能大镇压，但是，我认为要是做得好，云南也不一定会受到打击，只是一再要求党员坚持气节，要有被捕坐牢的思想准备，但在策略措施上却是硬碰硬。"谦受益，满招损"是千古名言，群众中有高昂的情绪是正常的，作为领导者来说，群众过热时，应该冷静，应该小心谨慎。有自满情绪，就会冒险。

但是，我们现在来回顾历史，总结经验，是不是我们不提过激口号，不集中到云大、南菁中学，就不会遭到大逮捕呢？我认为也不能这样看。从全国的形势看，1948年4月，蒋介石在南京成立了特种刑事法庭，全国大检举、大规模地镇压国统区的民主运动是早有预谋和安排的；在云南，从共产党领导的武装斗争兴起后，何绍周也早就蓄谋要在昆明实行大逮捕，要把共产党一网打尽。在这种形势下，如果说6月17日不游行，7月以后不集中，敌人还是会实行大逮捕，只是其方式不同罢了。

我们和敌人的较量的关键是被捕以后的斗争。敌人的目的，是要一网打尽共产党人，斩草除根。经过长期的、残酷的斗争，我们的党员、民青成员、革命群众坚持与敌人坚决斗争，坚持了革命气节，保护了党的组织，使敌人无机可乘，打不开缺口。所以虽然反动派来势凶猛，然而共产党组织没有被破坏，反而巩固和发展壮大了，敌人的图谋以失败告终，这就扭转了局势。这是不容易做到的，在我党的历史上也是少见的。1982年2月，中央批转云南省委的报告中说："1948年开展'反美扶日'运动，在'七·一五'事件中，地下党组织领导是坚决的，群众斗争是英勇的"。这个结论是完全正确的。

全省武装斗争的开展

自从游击队主力被迫南下后，省工委开会研究，按照原定部署，继续在省内全面开展游击战争。

在滇东南地区：虽按照郑敦所说的上级指示，滇东南划归桂滇边工委领导，但在其领导机关未进入云南之前，因既无电台联系，亦无法从其所在地派人来往。即使偶尔华南分局派人来，也要经过云南省工委。由于敌军对滇东南地区进行无休止的"清剿"，省工委对滇东南工作仍继续领导，有问题仍予以解决，仍安排加强派遣干部、输送昆明学生、供应物资以及有关的敌情的通报，与省内其他地方同等对待。在此期间，这一地区的群众运动风起云涌，武装斗争蓬勃发展。

云南人民讨蒋自救军第一纵队南下后，以杨体元为支队长的暂编第十大队留在邱北县双龙营、温浏一带活动。第三支队的八、九大队400余人为坚持盘江北岸的斗争，转战陆良、罗平、宣威、沾益、泸西等地，袭击敌军，消灭地霸，以陆良为中心坚持根据地的斗争。因考虑到杨年老体弱，行动不便，经与他商量同意，让他带领部分武装在游击区安全地带隐蔽活动。7月，成立陆良中心县委，许南波任书记，统一领导路南、陆良、马龙、平彝等五县的斗争。

路南地下党负责人毕恒光在讨蒋自救军南下后，仍在原地撒尼农民中坚持斗争，但不幸在策动路南新兵大队起义中被捕。路南县长如获至宝，企图从他口中了解地下党省工委和圭山、西山地区地下党组织的情况，对他软硬兼施，进行拷打。毕恒光大义凛然，毫不动摇，视死如归。敌人无可奈何，将他残酷杀害。圭山、西山地区的人民非常怀念他，称他为"撒尼魂"。

1948年夏，罗平地下党以中山乡的几百条枪为基干建立起一支游击队。

省工委决定，编为云南人民讨蒋自救军第二支队，以后又称罗盘支队。二支队争取罗平南路诸侯吴子阶所属两个中小队长近80人枪起义，并与自救军第一纵队第三支队协同作战，打退了国民党二十六军和保安营的进攻。

1948年夏，受地下党影响，曾与何现龙有联系的贵州省盘县在乡滇军军官龙腾霄与朱家璧、何现龙取得联系，在当地秘密发动群众，组织起反蒋武装200余人，称为黔西南人民讨蒋自救军第一支队，龙任支队长，在盘县地区活动。龙腾霄在朱家璧的支持下，举行武装起义，派人与罗平地下党联系，刘清派干部去领导其工作，罗平地下党还先后派干部到盘县、兴义等地开展游击战争，在滇黔桂接壤的罗平、盘县、兴义等地建立根据地。

在滇东北地区： 1948年秋，在省工委布置下，许南波、杨守笃率领讨蒋自救军第一纵队第三支队两个大队，奔袭沾益、宣威。他们先打下宝山乡公所，活捉"剿匪"办事处主任。这时，宣威宝山中学党支部组织100余人枪起义。9月，部队进入沾益，沾益播乐中学革命师生先后起义，参加游击队。部队乘胜转战会泽、沾益、陆良、罗平，在对敌斗争中发展壮大。为了加强对滇东北我党的工作的领导，1948年12月，经省工委决定成立滇东北地委，李德仁为书记，樊子诚、李天柱为副书记，杨泓光、张柏林等为委员。在地委领导下，由自救军第一纵队第三支队的两个大队以及起义的师生为基础，编为云南人民讨蒋自救军第一纵队永琨支队。支队在李德仁、高怀率领下，在沾益、宣威、会泽等县发动群众，清匪反霸。1949年春，部队奇袭雨碌，俘敌滇东会、宣、巧、鲁四县"剿匪"指挥部副总指挥茅兴田及其所率500余人，缴获步枪400余支。并乘胜前进，解放会泽县城，缴获步枪数百支及大批物资，建立了滇东北游击根据地。

在滇南地区： 刘宝煊、方仲伯在元江农村准备武装斗争，将元江小柏木军政干部训练班的学员，分配到元江、墨江、景谷等地，发动群众反"三征"，同时派范嘉乐、方金城、廖学民等争取民族上层人士的工作，准备武装起义。

5月，张华俊等在元江东部的撮科集结武装，袭击了来犯的敌二十六军二七八团，组建了一支游击队，宣布起义。小柏木训练班的人员大部分转移至元江东部与游击队汇合。建水地下党在江外新街发动起义失利，领导人王小石英勇牺牲，起义骨干30多人，分两批转移到元江参加游击队。6月初，小柏木训练班的主要领导干部与元江共产党组织会同筹建游击队主力，为发动武装斗争，培养了军政骨干。

1947 年冬，原建民中学校长刘宝煊受到反动当局的注意而离职，回家乡建水搞武装。以后又到香港，华南分局书记方方接见他，随即指派刘宝煊和方仲伯一起回到云南。他们回昆明后，经孙仲宇介绍入党，我几次同他们见面交谈，经与省工委商量派他们去滇南工作，以后参加滇南工委，在元江小柏木参加武装斗争的准备工作。

1948 年 7 月，省工委决定成立滇南工委，张华俊为书记，委员有刘宝煊、方仲伯、唐登岷、廖必均，统一领导滇南以及思普地区的工作，建立起一支 500 至 1000 人的游击武装。游击队建立时称云南人民自卫军，经省工委命名为云南人民讨蒋自救军第二纵队，以刘宝煊为司令员，张华俊为政委，唐登岷、方仲伯、余卫民等分别负责政治、军事等工作。游击队旗开得胜，首先在洼底消灭反动地霸杨怀麟部，缴获枪 40 多支，机枪二挺，首战告捷，大大鼓舞了士气。同年秋，在猪街伏击，全歼新平专署保安独立大队，俘获新平保安副司令，并粉碎了蒋系中央军九十三军的进攻。后又攻克杨武、墨江等县城，歼灭反动地主武装"元墨剿匪大队"。游击队发展到 1600 余人枪，并乘胜由滇南直逼滇中，威震昆明。

在滇西北地区： 黄平到剑川后，省工委又先后派欧根、王以中、陈柏松、段亚华、杨苏、徐铮（徐淑贞）、陈端芬、尹文桂（王静和）、李德钰等人去剑川。5 月，经省工委决定建立了中共滇西工委。1948 年初，滇西工委在八个县区秘密发展党和民青成员，组织妇女识字班、师生联谊会、青年联谊会等。同年夏，剑川、兰坪发生强烈地震，共产党组织以剑川师生联谊会的名义，发动群众抗灾救灾。共产党组织还在乔后发动盐工开展要求加薪的斗争，罢工数月，迫使厂方让步。滇西工委还争取到川县教育局长赵蠡象的支持，使全县城乡中小学基本都在我党掌握之中。同时争取了小凉山彝族上层余海清、傈僳族上层裴阿欠、纳西族上层习自诚，使他们不同程度地倾向和支持革命。

1949 年初，黄平到昆明向省工委汇报工作，谈到永胜县 200 余人枪过早起义，遭到敌人伏击而失败的情况。省工委研究认为，从滇西北一年多以来工作来看，发动武装斗争的条件已成熟，必须慎重地突破一点，逐步全面展开。黄平回到剑川后，遵照省工委的指示，放手开展游击战争。在洱源乔后共产党组织的领导下，以乡政权出面成立合法的以白族贫雇农为主要成员的自卫队。自卫队在盐场税警队地下共产党组织的配合下，袭击税警大队，缴获 2000 多银元和 13 万元现钞。经邓川、兰坪、鹤庆等县暴动，洱源县长、地下党员甘舜率领常备队起义，部队由小到大，组成 1000 多人枪的游击队，先后攻占剑川、兰坪等县城。起义部队经省工委命名为滇西北人民自卫军。这支游击队在白、藏、纳西、傈僳等族人民的热烈参加与支持下，粉碎了拥有几千人反动武装的"共革盟民主联军"的叛乱和围攻，并在斗争中壮大了自己。几个月中，陆续解放了剑川、丽江、华坪、洱源、邓川、兰坪、维西、中甸、碧江、贡山、福贡、德钦等县，建立了滇西北根据地。

1948 年秋，省工委派陈家震、廖新伦等到祥云下庄街工作。他们在李鉴洲协助下，以在中小学教书为掩护，深入楚雄、姚安、镇南、盐丰等农村，同彝族农民交朋友，组织农抗会、免征会等团体，发动群众反"三征"，普之宝还以乡长合法地位组织"请求免征委员会"进行合法斗争。1948 年冬，滇西工委以彝、汉等族农抗会员和贫苦农民为基础组成了一支游击队，争取到弥渡自卫队和云南驿教养院武装起义，经过袭击云南驿防空站战斗，壮大了队伍。至 1949 年春，已发展成一支上千人的游击队，经省工委批准，命名为滇西人民自卫团，李鉴洲为司令员，陈家震为政委。自卫团发动群众，建立了滇西根据地，摧毁了部分区乡政权，建立了人民政府，先后打退了中央军第二十六军两个团加地方保安团的"清剿"，解放了祥云、弥渡、景东等县。

在滇中：1948 年 9 月间，董治安从峨山到昆明汇报工作后，省工委研究决定增派干部加强峨山工作。这时，我正要到滇南了解张华俊、余卫民等人筹备武装起义的情况。于是，我把营救"反美扶日"运动被捕难友的工作暂交陈盛年、高志远等人负责，就准备与董治安启程一起到峨山。考虑到何绍周等正在搜捕我，而去峨山经昆明西站和昆阳、玉溪交界处的刺桐关等处皆有检查站，我同高志远商量，让共产党员郭用带着两个孩子（亚光、亚苏），安排一辆军用吉普车前往。同车的有董治安和温宗姜。过西站比较顺利，到了刺桐关敌人检查站时，我抱着一个孩子到商店买糖果逗孩子玩，四人说说笑笑，似乎一家人，若无其事地也过了关。

到峨山不久，方仲伯来到这里，向我汇报了元江小柏木的情况。我考虑元江武装斗争打响后，峨山以及滇中地区必须同时展开武装斗争。我了解到峨山中学以及乡镇农村工作已大有发展，在统一战线工作方面也很有成绩。他们利用县参议会议长同国民党县党部书记长的矛盾，赶走了国民党书记长，致使国民党县党部门庭冷落，甚至关了大门。我肯定了峨山的工作成绩，并要求峨山及滇中部分地区加速发展群众运动，建立共产党和民青组织，广泛开展各种斗争，待时机成熟就发动武装斗争，迎接革命的新高潮。

方仲伯在峨山结识了与反动恶霸李润之对抗被关进牢狱的绿林豪杰张云仁，他约董治安一道同张结拜为把兄弟。董治安向我请示，我询问情况后，同意他们结成把兄弟。他们喝鸡血酒盟誓结拜以后，张携带 400 多人枪参加云南人民讨蒋自救军第二纵队。这段时间，派到峨山等地工作的有吕涵英、施佩英、冯松、李志民（李慧）、杨一堂等，接着，建立了滇中地工委，由温宗姜、董治安与董子健等组成领导班子。

滇中地工委成立几个月后，就在峨山小河乡、太和乡、富良棚等乡发动组织农民几百人枪，并掌握了七个保的武装，为发动武装起义作了准备。

我回到昆明后，滇中地工委温宗姜、董治安、杨一堂等趁云南人民讨蒋自救军第二纵队从元江挥师北上，反动派纷纷向昆明逃窜的有利时机，发动彝、汉等族农民，组织峨山中学进步学生起义响应，建立了一支近千人的游击队，击溃反动地霸武装，争取到玉溪峨山联防大队的起义，建立了滇中根据地。

在滇北： 李方英以县教育局长的合法地位，公开提出开办教师训练班，实际是训练革命骨干。训练班结束后，教育局分配这些成员到全县乡镇中小学担任教师或兼课，他们利用合法身份，通过学生家长，深入农村，组织姊妹会、弟兄会，发动群众反"三征"。1948 年初，省工委决定建立安宁特支，以李方英为书记，武西杰为副书记。1948 年末，省工委派云大学生马刚、赵纾、王克微等到安宁工作。1949 年春，安宁乡镇改选乡镇长，特支派党员、盟员利用合法机会打入乡镇政权掌握武装。由于群众中有基础，再加上县参议会支持，安宁 10 个乡镇中，共产党员和盟员当选乡镇长的就有 5 个；另外有 10 个保的保长也为党员、盟员当选。

1948 年春，省工委派孙林到嵩明建立据点，深入农村，发动群众，发展党员、盟员，到 12 月已发展农会会员 400 多人，党员 60 多人，盟员 100 余人。省工委委员侯方岳到嵩明据点检查工作，要求嵩明支部加快步伐，准备搞武装。1948 年省工委先后派师院、云大学生王炜、刘芬等到滇北罗次开辟工作，以后又派干部去盐兴、禄劝、寻甸等县发动群众开展工作。1949 年 9

月，中共地下党先后举行武装暴动，组建了两支由各族贫苦农民组成的武装，即禄（丰）罗（茨）游击大队和安（宁）禄（丰）罗（茨）游击大队。以后，趁云南省保安司令部组建富（民）罗（茨）联防大队之机会，省工委派共产党员和盟员打进去，民青成员段竣德担任大队长。以后省工委派云大学生党员万荣仁等3人和7名民青成员到该队，党支部掌握了这个大队的领导权。

1949年夏，在许南波、杨守笃率领的游击队帮助下，武定县组织了自卫队举行起义。起义后，加上李方英等县组织的游击队，建立了一支近两千人的游击队，王元昌等负责指挥，在滇北展开游击战争，建立根据地。

1948年春，省工委在全省开展武装斗争的同时，原滇军退伍军官段英在大姚、姚安等地揭竿而起，打出民主联军旗号，破产农民铤而走险，纷纷参加；青年学生误认为是革命武装，也有不少人前往参加。我同省工委研究认为，我们正发动武装斗争，段英在滇西打出旗号，吸引了国民党军队的力量，有利于我们发展。我同云大支部商量后，派共产党员岳竞先去大姚调查了解情况，相机争取段英，以牵制二十六军和保安团的兵力。约半月左右，岳返昆向我汇报，说他以非党进步面目见到段英，鼓励其反蒋、反"三征"。段口头应允，实际未执行。据了解，段英的部队是一支乌合之众。以后，我又通过云大党员高天鹏进一步了解大姚的情况，又派云大学生党员雷闻去大姚，再次相机做段英的工作。雷不久回昆明汇报说，段英已失败，队伍已被打散。

赴港汇报与武装斗争的发展

1948年11月，我到香港向钱瑛汇报工作。钱瑛从上海转移到香港后，参加华南分局的领导。她所管的组织，仍单独联系，与华南分局不发生横的关系。她带我去向华南分局书记方方汇报工作，方方详细问了云南的形势及各方面的情况。当谈及云南有各种武装时，他说：我们的武装力量要大大发展，要建立很多根据地，铺开摊子，要抢地盘，搭架子，建立革命秩序，以迎接云南的解放。现在不要让那些杂牌武装打起革命招牌到处胡闹，将来不好收拾。当时，滇南讨蒋自救军第二纵队正在攻石屏，我谈到滇南的地理、交通等情况时，他说：不要急于攻下石屏，要老老实实地做建立根据地的工作。

向方方汇报完后，钱瑛带我到她住的地方具体交待工作。当我谈到郑敦来昆明传达上级指示，先说三个方案要我们选择一个，过两天又说只有一个方案，使我产生怀疑时，钱瑛说：郑敦所谈的这些指示，她都不知道。

我向她详细汇报了干部情况，谈到昆明市的领导干部时，她说：昆明市已有个机构，一直负责研究安排全市的工作，实际起到了市工委的作用。她问我现在这个机构主要的负责干部是谁？我说是陈盛年。她详细问了陈盛年的情况后，说：昆明市应该建立市委，以陈盛年为书记组建个班子。

听了干部情况汇报后，钱瑛说：你们的干部很缺乏，可以从我这里派一个给你们。我身边的干部你都熟，你看派赖自昌（赖卫民）去帮助你工作怎么样？我对赖很了解，表示欢迎。我向钱瑛提出昆明市干部亦须加强的问题，钱瑛说：这个问题由你安排。

钱瑛与我谈到原川东特委副书记刘国定叛变的过程，从敌人如何从《挺进报》为突破口，如何破坏四川全省的党组织，以至进一步想破坏上海局，她如何得到情报赶快转移来港的情况。听到这里，我说我几次在南方局机关都碰到过刘，川东特委几次上红岩汇报和开会，刘都在场；1941年我在红岩住了几个月，刘因此也认识曾文敏（曾秀娟）。钱瑛提醒我要注意隐蔽。我说：我可以经常下乡去，小曾带着几个孩子不好办。钱瑛说：你想办法把小曾和孩子都安排疏散吧。

钱瑛谈完工作以后，专门找了一个人来给我介绍游击战争的问题。听了以后，我与钱瑛谈体会，我说：似乎他比较注重如何保持实力，躲避敌军，而不是主动积极进攻。钱瑛说：他主要是从海南岛的经验出发，各地情况不同，可作参考。到1949年五六月，这个人到云南后，我才知道他就是李明（林李明）。

汇报完工作返昆后，我召集省工委会，传达了上级的指示精神。根据这些指示，对全省武装斗争的发展进行了研究。会议结束后，我即到峨山甸中向第二纵队负责同志及滇中游击队负责同志传达上级指示精神，具体部署滇南地区武装斗争。我的意见是：不要到处攻城略地，过早暴露目标，而应迅速南下思普和车（里）、佛（海）、南（峤）（即今西双版纳）建立根据地。

根据这一部署，第二纵队随即南下元江、墨江进行整训，峨山游击队大部分分散到农村发动组织群众，同时抽调100余名骨干组成武工队，在峨山、易门、双柏等县交界地带建立中心根据地。纵队主力立即南下思普、车

（里）、佛（海）、南（峤）地区，发动群众，开辟新区。不久，袁用之出狱后，省工委派他到这个地区工作。游击队在根据地归侨共产党员的积极参加工作下，争取开明士绅罗正明的支持，瓦解了旧政权，先后解放了思茅、宁洱、江城、景谷、镇源等县。

与此同时，第二纵队留在元江等地的一部，加上彝、傣、哈尼等族农民组成的游击队合编为一个支队，解放元江等县，在建水、石屏、元江地区建立了根据地。

对于云南武装斗争的发展中共中央非常关心和重视。1948年10月，毛泽东在《关于九月会议的通知》中说："党在国民党区域的工作，有了很大的成绩"，"在南方几个大区域内（闽粤赣边区、湘粤赣边区、粤桂边区、桂滇边区、云南南部，皖浙赣边区和浙江东部南部）建立了游击根据地，使这些地区的游击部队发展到了三万余人。"

正当云南境内游击战争大规模开展时，桂滇边部队进入云南；同时，云南人民讨蒋自救军第二支队已向贵州境内发展。

1948年10月，桂滇边工委委员杨萍（杨德华）同杨江（卢伟良）来到昆明，用钱瑛与省工委约定的联络暗号与我接上了头，我把他们安排在玉溪街建水人开的一家商店的楼上住下。杨萍介绍了自己的身份，说明他来的目的，是想了解武装的情况，并要我安排杨江的工作。于是，我安排杨江去罗平，把杨萍也介绍到罗平。

一段时间后，杨萍回昆明向我汇报说，他到罗平后，成立了罗平地委，以刘清为书记，并任命杨江为游击队罗盘支队司令员。杨萍回到桂滇边工委后，将罗平游击武装的发展情况向边工委作了汇报，边工委随即决定改名为桂滇黔边工委。

1948年10月中旬，桂滇黔边工委按照分局电示，由庄田、朱家璧、郑敦组成前委，仍以云南人民讨蒋自救军第一纵队的番号，回师云南。11月间，随庄田之后，边委书记周楠也率领留守部队进入滇东南。这时，开广地区在地工委陆毅（陆琼辉）等的领导下，在农村中建立了据点，在城镇联系了群众，广泛开展了统战工作，打开了工作局面。因此，边工委部队先后回国后，立即发动武装斗争。共产党员孙太甲率领广南独立大队与当地人民群众密切配合，全歼保安一团三营300余人，为打开滇东南开广地区局面创造了条件。他们经地下党提供情报，伏击俘房了逃离途中的麻栗坡督办谢崇奇，歼敌 200 余人。经岳世华、宋启华同已有统战关系的开明士绅马关县参议长兼教育长刘弼卿商谈,争取了刘,经刘做马关县长的工作,县长被迫投诚,解放了马关县城。前委所率部队在砚山地方党和地方游击队的配合下,攻克砚山县城,在广南地下党的配合下,争取城防大队第二次起义,再次攻克广南县城。孙太甲独立大队编为讨蒋自救军第一纵队第七支队,孙为司令,陆毅为政委。孙太甲所率部队先后三战三捷,为打开并稳定滇东南开广地区的局面,作出了很大贡献。

1948 年底,当毛主席亲自指挥百万野战大军与国民党反动派进行战略决战的时候,对南方各省人民武装斗争的发展也作出部署。1949 年 1 月 1 日,经中央军委批准,桂滇黔边的游击武装编为中国人民解放军桂滇黔边纵队,其中包括桂滇黔边部队和云南人民讨蒋自救军第一纵队所率孙太甲第七支队与梁家所率桂滇边部队合编的第一支队;杨守笃、许南波所率的第二支队;刘清、杨江所率的罗盘指挥部(罗盘支队);何现龙、祁山所率的盘北指挥部(弥泸支队);饶华、岳世华所率原自救军留守人员和边工委所率回国时组建的健康大队,这时编为滇东南开广指挥部;还有桂西右江和左江指挥部。中国人民解放军桂滇黔边纵队以庄田为司令员,朱家璧为副司令员,周楠为政委,郑敦为副政委,杨德华为政治部主任。战斗在滇南、滇东北、滇中、滇北和滇西地区的游击部队,仍由中共云南省工委领导。

1949 年初,华南分局并钱瑛通知省工委委员侯方岳调香港,派李雨枫为省工委委员到滇。这时,省工委为我和张华俊、李雨枫三人。这时,人民解放军发动的三大战役已胜利结束,国民党主力已基本被消灭,中国人民革命的胜利已指日可待。在新的形势下,必须加快我们的工作步伐,发展敌后武装,扩大游击根据地,配合解放军的进军。2 月,李雨枫到任后,省工委开会重新制订了工作计划。提出今后的主要工作,一是广泛开展工农群众运动,并大力发展工农党员,采取农村包围城市的战略方针;二是打通滇南与思普的联系,使之连成一片。在这些区域放手大搞,在滇东北小搞,在滇中荫蔽发展。此外还提出了一系列的具体方针,如在策略问题上,争取中立一切可能争取的力量,瓦解与改造地主武装,集中力量打击"国民党中央势力、特务及反动的地主阶级的当权派",扩大卢汉与国民党中央的矛盾;在社会上,提出反"三征"、生产互助、救济灾荒、调济粮食种子耕地,在条件许可下可实行减租减息运动;关于解放云南的问题,决定争取和平解决,但也准备战争解决；在军事上，决定巩固主力，建立各种制度，培养军事干部；在党的领导方面，提出成立地委，健全原有县委，进行审干工作，加强组织纪律；在群众工作方面，提出在我控制区内建立群众组织，在游击区以工作团或小部队或武工队去开展各项组织工作，在隐蔽区建立公开合法之群众组织等；并提出在我控制区内，可以成立临时县政府等措施。

1949 年 3 月，省工委发出了《关于形势与政策的决议》，对形势的发展进行了全面分析，认为："七·一五以后，我们领导的武装斗争壮大了 7 倍。半年来，被我领导的武装先后占领的县城达 24 座，连自发或投机武装占领的在内有 47 座。据保安部门统计，全省民变武装大小达 55 股，兵力 4 万余人。43 个县的国民党政权被摧毁，64 个县不能委派而无人敢当县长（主要的是滇东南和思普区）。"决议要求各级组织和人民武装乘胜前进，继续努力，争取最后的胜利。

1949 年 3 月，中央召开七届二中全会，会议根据三大战役后国民党军队的主力已基本被消灭的情况，决定今后解决国民党残余部队，不外天津、北平、绥远三种方式。全会还讨论了党的工作由乡村转移到城市等问题。省工委从新华社广播中得知二中全会的消息后，大家异常兴奋，即开会研究，决定加强各条战线的工作，争取用绥远方式或天津方式解决云南问题。当前的主要工作是：各地游击队在巩固根据地的同时，扩大战果，歼灭敌军，以迎接野战军入境。同时，加强统一战线工作，争取云南地方实力派卢汉不为蒋家王朝殉葬。在胜利形势的鼓舞下，云南人民武装斗争继续蓬勃发展，游击根据地不断扩大。

随着桂滇黔边工委进入国境，省工委将滇东南地方组织及游击队交边工委领导。开广区的工作由岳世华负责领导，同时成立滇东南指挥部，他们积极出击，解放了几座县城。

弥泸地区的武装力量迅速发展，1949 年 1 月底，成立了盘北指挥部，共组建了 14 个大队，两个武工队，部队发展到 4000 多人枪。4 月初，盘北指挥部撤销，弥泸地区的主力部队组建为桂滇黔边纵队第四支队，并成立弥泸地委；春夏期间，先后解放了弥勒、泸西等县，并分别成立了县委和县人民政府，还成立了桂滇黔边区临时第一人民专员公署。

1949 年 1 月，罗盘区人民武装 4600 余人统编为云南人民讨蒋自救军第二支队。2 月，在罗平县板桥镇建立了桂滇黔边纵队罗盘指挥部，统一指挥罗盘区的革命武装。罗平城区地下武装与第三支队配合袭取罗平县城。敌人两个团疯狂反扑，进踞罗平县城。人民武装 2000 余人围困罗平县城 35 天后迫敌弃城逃跑，罗平全境解放。2 月，部队在师宗沙锅寨全歼敌一个加强连，并把工作重点转入黔西南，相继发动鲁楚营暴动、安龙龙广暴动，在鲁番消灭敌军一个加强营，粉碎了滇桂黔三省保安团的联合进攻，使平彝县南部地区与罗平根据地连成一片。5 月，桂滇黔边纵队罗盘指挥部改编为桂滇黔边纵队第三支队，司令员杨江，政委刘清，部队发展至 5000 余人。

1949 年 2 月 14 日，云南人民讨蒋自救军第一纵队第三支队进行整编，并发动群众参军，队伍很快发展到 800 余人。3 月，改编为桂滇黔边纵队第三支队，与张天祥率领的云南人民讨蒋自救军暂编第十二支队会合，整编后的第三支队共 1700 余人，由朱家璧率领，穿过昆沽路，到滇北去开展工作。

第三支队进入滇北以后，放手发动群众，建立根据地，开辟了寻甸、禄劝、会泽、巧家四县边区，把滇北和滇东北连成一片。他们重点开展了收编和改造反蒋武装的工作，在三个月内，就在滇北收编、整编、教育改造了各种旗号的反蒋武装 2000 多人，消灭、瓦解游杂、土匪武装 200 余人，改变了滇北的混乱局面，在根据地建立了较好的秩序，革命武装也扩大到 3000 余人枪。

1948 年底，中共滇东北地委成立后，就抽调部队组成主力——云南人民讨蒋自救军第六支队（永昆支队），分兵北上，在战斗中，发展为五个大队，1500 余人枪，而且组建了一些地方游击队、武工队。通过统战对象、宣威县长邱秉常在宣威逐步建立起两面政权，成立宣威县解放委员会。3 月下旬，又组建了 1000 余人枪的云南人民讨蒋自救军宣威支队；在滇黔边境上还组建了宣威、沾益支队，经雨碌歼敌、攻克会泽等战斗，歼敌 1000 余人；会泽、巧家也组建了游击大队。滇东北地区初步形成了主力部队、地方游击部队和民兵三结合的武装体系。部队先后夺取会泽等县城，造成了很大的声势。

滇东北地委领导的永昆支队游击部队以后与宣威沾益支队合组为边纵第六支队。他们积极出击，主力部队发展到 3500 余人，把滇东北根据地扩大到十余个县境，与滇北根据地连成一片。

在滇西工委的领导下，滇西人民的武装斗争蓬勃发展。到 1949 年 3 月底，滇西工委领导的地下共产党员发展到 3000 余人，共产党领导下的各种群众组织成员达 6 万余人，民青有 2000 余人，地下党控制的武装有 10 支，共 800 余人枪。据此，省工委同意在剑川发动武装暴动，组建革命武装，建立人民政权。

按照滇西工委的部署，剑川县委于 4 月 2 日发动了剑川暴动。在滇西工委的领导下，暴动武装经攻克乔后，推动牛街暴动、通（甸）兰（州）暴动、维西暴动，及组织丽江示威、洱源起义，歼灭"共革盟"反动武装 800 余人。6 月，组建了滇西北人民自卫军，指挥员兼政委黄平。自卫军解放了剑川、兰坪、洱源、丽江、鹤庆、碧江、福贡等县城，主力发展近 4000 余人，建立了 32 支地方游击队，建立了白族、纳西族、傈僳族、藏族、怒族聚居的 11 个县连片的滇西北根据地。

中共滇西工委祥云分委在领导祥云等地抗拒勒索斗争后，组建了滇西人民自卫团，经过消灭地霸武装、伏击国民党新兵队、奔袭盐丰等战斗，在彝族聚居区的祥云、镇南、弥渡等七个县建立了滇西根据地。

转战于滇南、滇西南的自救军第二纵队进军思普后，在整军整干的基础上积极进攻，先后解放了普洱、思茅、墨江、宁江、澜沧、镇越、江城等七座县城，使思普根据地扩大到 12 个县。1949 年 1 月上旬，自卫军在因远进行整编，参加整编的部队约 3000 余人，其中统战人士领导的部队占三分之一。2 月 8 日，滇南工委在因远召开扩大会议，将自卫军正式组编为云南人民讨蒋自卫（救）军第二纵队，司令员刘宝煊，政委张华俊，副司令员余卫民，政治部主任唐登岷。在整编部队之后，还将景谷党组织、归侨党组织和当地统战人士罗正明、傅晓楼组建的迤南人民自卫军第一支队和普光支队也编入其中。

部队整编以后，在向车佛南地区进军途中，有一部分人提出要到建（水）、石（屏）地区去，反对到车佛南地区，搞分裂活动。部队中共组织立即发动党员干部，开展了严肃的反分裂斗争，并进行广泛的教育。经过严肃的批评和耐心的教育，统一了思想，并开展了"私枪上交"运动，动员大家把私人的武器交给了部队。之后，部队向车佛南地区进攻，建立了车佛南根据地。1949 年初，以省工委委员李雨枫、张华俊和原昆明市工委高彤生（志远）组成工作组也到这个地区工作。

1949 年 4 月，省工委从文山调岳世华到滇南工作。5 月下旬，省工委将滇南地区划分为滇南和思普两个地区，撤销滇南工委，成立滇南地委和思普地委，两地区的部队分别由两个地委领导。滇南地委书记岳世华，廖必均、谢加林、夏林、卢华泽为委员。所辖地区为元江、石屏、龙武、建水、曲溪、个旧、蒙自、开远、河口、屏边、金平等11个县。之后，组建边纵第十支队，岳为政委兼司令员，马为副政委，卢为政治部主任。为打通滇东南和滇南根据地，部队主力渡过红河，向红河江外地区发展。这些地区都是彝、苗、瑶、傣等民族聚居地区，鱼肉农民、据地称雄的反动土司勾结其他土司组成"反共联防"，岳世华等派人对土司部队做了很多争取工作，但未能奏效。于是集中力量打击勾结国民党二十六军与人民为敌的反动土司。8月，元江哈尼族进步人士李和才率300余人枪投奔十支队，充实了部队。同月，攻克龙武县城。

1949年1月，峨山游击大队跨过绿汁江，向双柏进军，组建了武工队。武工队在峨山、易门、昆阳等地打退了敌人的进攻，在华宁西山等地开辟了游击根据地，先后建立了12个护乡团队，拥有3000多人枪。省工委决定将其扩编为游击支队，支队长董治安，政委温宗姜。部队进军扬武，解放新平。随后，省工委从昆明输送大批干部到滇中，经过培训以后，大部分编入团、营、连、排担任军政领导骨干。

滇桂黔边区党委成立前后

1949年五六月间，钱瑛已北上，应华南分局方方的要求，中央将云南划归华南分局领导。分局派李明（林李明）到昆明，带来中央决定撤销两工委，成立滇桂黔边区党委的有关决定。李明并带来区党委主要负责同志的名单。他说，中央原决定钟绍基（郑伯克）、庄田为副书记，他为书记，考虑到调周楠去分局，为此，分局建议以周楠、钟绍基为副书记，中央同意。根据这一指示，省工委立即召开会议，对全省工作作了部署。会后，省工委委员张华俊、李雨枫去思普区传达会议精神并加强那里的工作。我则去文山地区传达贯彻会议精神。

7月，我即同李明以及郭兆华一道到文山，随行的还有惠滇医院外科主任、党员任天锐（任慰农）和两个护士。先由李渤生开车送我们到嵩明、宜良交界处，弥泸地委陈光遽（唐祺尧）率游击队来迎接，并派毕恒光的堂兄毕德光来帮助我们，为我们准备了马匹。几天后，我们一行人长途跋涉到达文山地区，陈光遽牵着马回弥泸地区。

我们到砚山境内时，与周楠、庄田等会面。见面后，周楠拿出华南分局给边区党委周楠、钟绍箕（郑伯克）、庄田、朱家璧等人发来电报，上面说："你们的发展成绩很好。""由于你们的努力，使滇省面貌一新，远不只在解放华南、西南起了很大配合作用，而且在将来对野战军的配合，有了伟大的意义。"电报对今后的斗争指示说："你们的任务，不是单单为着解放全滇，而是应该如何在残敌西撤时能截堵它，务使残敌无法与越南法帝及反动派力量结合，能有力量等待南下大军到达时配合全歼残敌，一切的工作布置，应当本着这些原则。""为适应前面的要求，我们要求你们首先以最大力量完成滇南、滇东南打成一片，成为巩固的根据地，而又能波浪式去扩张占领区，包括到滇西南的越、缅整个边界并从而扩大巩固之。在此阶段，对滇西、滇北、滇中、黔南、桂西只以部分部队或武工队去奠定群众基础，以便这一阶段的任务完成以后，便可根据当时形势作第二步的发展。"电报要求我们"以最大力量有计划地建立滇省主力军，是解放云南的决定因素，应该在此会议中提到最高的注意"。此外，还提出了政权工作和其他工作。

中国人民解放军占领南京并相继解放上海、武汉、西安等大城市之后，国民党云南省政府主席卢汉为自保，一面派人去香港与中共中央联系，一面派余建勋率保安团一部组成"剿匪指挥部"进攻剑川。云南境内各种民变武装纷纷打出民主、民联、共革盟等旗帜，抢占地盘，扰民害民。云南各地共产党所领导的游击队在此大好形势下正在发展壮大。根据地大都连成一片，卢汉所委任的县长近70人不敢到任就职。1949年7月初，滇桂黔边区党委在砚山召开扩大会议。因为处于战争环境，边行军、边开会，会议像马拉松式的，从砚山阿猛开到路南圭山埃吹矣，到会议结束时，已到了8月底，其中在阿猛的时间较长。

我与朱家璧间接联系多年，直到阿猛开会时才第一次见面。我们一见如故，互相问候。

出席这次会议的有李明、周楠、吴华（郑伯克）、庄田、朱家璧、郑敦、杨德华、饶华、孙康、余明炎、黄景文、杨成明（祁山）、宋启华、刘清、王纲正、梁家、林杰、王耀东、全明、廖华、陈金耀等21人，缺席的有李玉生（张子斋）、张连琛、黄建涵等三人。列席会议的有陆琼辉、郭兆华、李耀东、李耀南、刘振江、马应明、张宏谋、谢森、李文亮、唐森、金耀烈、何斌、杨坚、王惠莲、林岚等15人，郭芳一人缺席。会议期间，由李明、庄田、周楠和我组成领导核心小组，每天晚上开会研究确定会议有关问题。我在这个会上汇报了省工委的工作以及经费、交通情况，还详细谈了干部情况。

会议详细传达和学习了党的七届二中全会精神和毛泽东、刘少奇、任弼时等领导同志的讲话精神，分析了全国和云南的形势。认为云南革命运动已出现了空前的高潮，城市民主运动和农村武装斗争都有很大发展，滇桂黔边区游击队已发展壮大，已有条件配合野战军歼灭残敌，解放云南。目前必须加强和统一领导，为此，中央决定边工委、滇工委合并成立滇桂黔边区党委，滇桂黔游击队列入中国人民解放军序列，为中国人民解放军滇桂黔边纵队。

会议之前，先开了几天的预备会。会议正式开始时，正式宣布滇桂黔边区区党委成立，按照中央的决定，李明为书记，周楠、吴华（郑伯克）为副书记，经提名讨论，一致通过李明、周楠、吴华、庄田、朱家璧、张子斋、郑敦、刘清、李雨枫、岳世华等为委员。会议推举李明、周楠、吴华、庄田、朱家璧、郑敦、张子斋、李雨枫、欧根、刘清、岳世华为区党委执行委员，杨德华、余明炎、祁山、饶华、黄景文、黄平、陈盛年、李德仁、许南波、杨江为候补执行委员。会议宣布所属游击队统编为中国人民解放军滇桂黔边纵队，任命庄田、朱家璧为正、副司令员，李明、周楠、吴华为正、副政委（会议结束后，周楠调分局），黄景文为参谋长，张子斋为政治部主任。所有武装编为12个支队、2个独立团（除广西左右江2个支队以外，所有的部队都在云南）。任命梁家、林杰、饶华、廖华、刘清、杨江、祁山、何现龙、许南波、黄景文（杨守笃代）、李德仁、高怀、黄平、陈家震、李鉴洲、张华俊、余卫民、岳世华、莫一凡、黄嘉、赵世同、区镇、温宗姜、董治安、王元昌、马英等分负政治军事责任。

会议总结了一年多来的斗争经验和教训，对有争议的问题进行了认真的讨论，大家本着团结的愿望，认真开展批评与自我批评，检讨了自救军一纵队奉命离开根据地、南下到越南河阳造成严重损失的问题。

会议确定总的工作方针是：

第一，放手发动群众，展开游击战争，打下群众基础，以农村包围城市，建立与提高主力。巩固与扩大解放区，坚决消灭与阻击残敌，以配合南下大军解放全境。

第二，集中力量，迅速把滇东南和滇西南打成一片，并以波浪式推进扩大地区，在滇西和滇东北放手大搞，打下初步基础；在滇中、滇北积极发展，相机大搞；在昆明加紧地下党活动，加强与群众的联系，准备接收工作。在桂西放手发展，在黔南以小部队或武工队活动，打下群众基础。

会议决定加强党的建设，建立健全党的组织，大胆放手地发展党员，培训干部，以迎接胜利。决定区党委下辖1个市委，12个地委，即昆明市委，书记陈盛年；开广地委，书记饶华；弥泸地委，书记祁山；罗盘地委，书记刘清；滇东北地委，书记李德仁；滇南地委，书记岳世华；滇中地委，书记温宗姜；滇西地委，书记陈家震；思普地委，书记张华俊；滇西北地委，书记黄平；滇北地委，书记李天柱；左江地委，书记黄嘉；右江地委，书记区镇。

会议提出要搞好根据地的建设，要求各解放区和游击根据地要广泛深入地开展群众工作、民兵工作，建立健全农会、妇女会等组织，有条件的地方实行减租减息，合理负担。尔后，成立了弥泸、罗盘、开广、滇西北、思普、滇东北、滇南、左江、武鸣等九个行政专员公署，分别由何现龙、张天禄、宋启华、欧根、刘宝煊、李剑秋、马仲明、梁游、姚冕光等任专员。

在统战工作方面，会议提出，"要争取与中立一切可能争取与中立的社会力量，以政治为主，瓦解和改造地主武装、土匪及一切非党武装，集中力量打击伪中央军及地方上当权的最反动的恶霸与特务首要。在解放军空前胜利的形势下，以八项廿四款和平条件为原则，展开搭线工作。"

1949年8月末，区党委扩大会在路南圭山埃吹矣结束。区党委扩大会时，中国人民解放军以摧枯拉朽之势向广东进军。在云南境内，云南人民武装斗争蓬勃发展，共产党领导下的游击队已发展到3万多人，地方护乡团、游击队和民兵已有10万多人，游击战争遍及全省90多个县。滇池边上的昆阳，昆明远郊的安宁，近郊的大板桥、大小连山等地，都有游击队的活动。游击队先后在滇东南、滇南、滇东北、滇西北、滇西、滇中、滇北创建了游击根据地，有条件的地方正发动群众搞减租减息，群众得到进一步的发动，在云南已基本上形成农村包围城市的局面。国民党政府的许多县长（约70人）不敢或不能到任就职。两广解放后，解放大军将直指云南，在地方游击队的配合下，云南全省解放已是指日可待了。

这时，穷途末路中的蒋介石为了在西南建立负隅顽抗的反共基地，拉拢卢汉在昆明进行反革命"整肃"；同时调集重兵，对边纵进行疯狂"围剿"，分几路向我根据地进攻。

从9月开始，边纵在各族人民的支持下，开展了大规模的反"围剿"斗争。当时蒋军第二十六军、第八军、第八十九军、第九十三军的大部兵力向滇东南、滇东北、滇南、滇中和滇北进攻；第七十四军向滇西北、滇西进攻；在思普地区，国民党特务策动地霸武装大规模叛乱。边区党委和纵队部在路南圭山召开会议，根据敌我态势决定，除已组建的主力第一支队外，逐步集结第六、七、九支队各一个主力团，再组建边纵主力第二支队。

昆明"九九整肃"发生后，我随即南下到滇南扬武召集滇中、滇南、思普负责人和边纵九、十支队，滇中独立团负责人会议。会议贯彻落实区党委作出的三区组织重点进攻的任务，研究三区联合军事行动的问题，作出了《关于联合军事行动的决定》。

会后，游击队以十支队为主力，向东南挺进，在胜利进军中，粉碎了地霸武装的阻挠，开辟了红河、元阳两县。为粉碎敌人"围剿"，十支队挺进到个碧石铁路两侧作战，吸引敌二十六军，以减轻对滇东南的压力。以袁用之、余卫民率领的边纵九支队一部组建的主力支队同董治安、温宗姜率领的滇中独立团打退了保安十五、十六团向根据地的进攻后，挥师东向，解放通海、河西等县。余卫民所率的主力二支队第四团相互呼应，向昆明、开远等敌心脏地区外围出击，对敌军造成钳制和威慑。到11月底，粉碎了敌人的"围剿"。

我在滇南布置几个支队向东进攻的同时，李明、庄田等在师宗县的石洞村召开紧急会议。让朱家璧在负责组建主力第二支队过程中，先率第一、第六支队两个主力团跳到外线，挺进滇西，调动敌军，打乱敌军部署，转移敌军目标，以减轻对滇东南的压力。朱家璧和一支队副司令员杨守笃率十七团，穿越敌军封锁线到滇北寻甸，继续西进。西进部队在数万敌军中穿插，到剑川与七支队会师。敌中央军二十六军一个师，卢汉保安团三个师"围剿"朱部，妄图追歼朱部。朱部迂回保山，破坏了滇缅公路上跨越澜沧江、怒江的战略大桥功果桥和惠通桥，切断了敌军逃往缅甸的国际通道，转战30余县，在景谷县与九支队会合，对挫败敌军"围剿"起了重要作用。

与此同时，边纵第四支队在开广区打退敌一六一师和地霸武装的联合进攻；第二支队在弥泸区苦战三个月，歼敌近千人，打退敌军四个团的联合进攻；第三（罗盘）支队向滇桂边出击，打通了滇桂通道，在滇黔边粉碎了贵州保安团的进攻，全歼保安团一个营，解放县城两座，扩大了根据地；第七支队在滇西北依靠各族人民，集中优势兵力，抗击敌军九个团和反动地霸武装的南北夹击；第八支队在强敌压境下，机动作战，攻克了三座县城；第六支队在滇东北集中兵力，打击从黔西南滇东北进攻之敌第八军，迟滞了八十九军回援贵阳的行动；第九支队在思普区发动和依靠边疆各族群众、爱国反蒋力量，平定了敌特武装颠覆根据地的大规模叛乱。

边纵成立以后，云南各支队全力粉碎了敌人五个军的"围剿"，使蒋介石集团妄图退守云南的计划受挫。到 1949 年 12 月 9 日卢汉起义前，边纵解放了 61 座县城，基本上形成了农村包围城市的态势。

石洞会后，李明、庄田、张子斋等率一支队第十五、十六团南渡盘江到滇桂边境。这时，陈赓所率二野四兵团在广西全歼白崇禧集团，广西解放，李明等到南宁迎军。

城市工作的深入发展

在区党委扩大会议上，区党委决定派我去昆明，代表区党委处理昆明、滇东北、滇南、思普、滇西北、滇西、滇北、滇中等地的工作，到滇南布置打通滇南和滇东南的联系，并安排周楠去分局工作。

我和周楠一同回昆明，先从圭山到宜良。到宜良当晚，我即去扶轮小学同铁路局负责人陈静思碰头。陈告诉我，昆明形势发展很快，革命歌曲四处传唱，各界人士普遍要求云南当局维护地方的利益，不为蒋家王朝殉葬。这天，我和周楠都在宜良联络站住宿，联络站的朱华向我汇报了争取卢汉的情况。第二天，我们乘滇越铁路火车赴昆明，在途中，来接我们的党员魏赞章向我们汇报了工作。

到达昆明以后，我立即听取了昆明市委工作汇报，交换了对形势的看法。我到滇东南后昆明市的工作已有了大的发展。

七·一五运动以后，反动当局取缔了市学联和各校学生自治会，解散了云大附中、建民中学、中山高工、金江中学。这时，解放战争的形势发展很快，但昆明的革命运动在敌人的血腥镇压之后，处于低潮时期。我和市工委研究，必须调整组织，转变工作方式，以适应新的形势的发展。为此，制定了"隐蔽精干，积蓄力量，密切联系群众，利用合法形式，不失时机地开展有理、有利、有节的斗争"的工作方针。

七·一五运动以前，省工委对学生运动的领导主要是通过学联党组实现的。此外，云大、师院党支部由我直接领导，市工委则分区领导全市大中学校党、盟组织。七·一五运动以后，我把云大和师院的党组织交给市工委，学生工作逐步由市工委全面领导。我通过市工委了解情况，研究方针，指导工作。

1948 年 11 月，在昆明市工委基础上成立了昆明市委，以陈盛年为书记，赖卫民、高志远为委员。1949 年高志远调思普区工作，增补杨夫戎为委员。1948 年 9 月，市工委在原两个学校区委基础上进行干部调整配备，成立两个区委，一个区委以倪之栋为书记，委员有邹若惠、李为政、董坤德；另一个区委以梁薇娟为书记，杨夫戎、陈江、杨启新为委员。

由于敌人解散了几所学校，我党组织有计划地调整组织，安排一些被解散学校的毕业生通过升学的途径进入云大、师院等大学，其他年级的学生转学到昆华女中、昆华中学、昆华工校及龙渊、长城、天祥、求实、云瑞、富春、师院附中等中学。这些学生进入新的学校后，增强了这些学校我党的力量。云大、师院、昆女中、昆华、长城、求实、天祥、师院附中都先后成立了党总支。这样，敌人误认为解散了学生运动积极的几所学校，学生运动的力量就会削弱了，实际上并不如此，我党的力量丝毫没有削弱，而是更加强了。

在七·一五运动中，国民党反动当局大规模逮捕学生的第三天，我就与云大法律系学生史坚（史习如）接上了组织关系，使学校原来保留的一个党小组和一个民青小组开始恢复工作。8 月下旬，尚未暴露的共产党员和民青成员陆续返校，从各中学又考进一批党、盟员学生。其中，按照组织安排，王裕昆和陆钟伟亦转学进入云大，与史坚接上了头。在学校党员的努力下，学校党组织很快得到了恢复，各学院建立了党支部，全校建立了党总支。与此同时，昆明师院党总支也相继成立，书记王庚，委员有王茂、孔祥芬和徐仁信（后来王茂、孔祥芬相继转移下乡，又吸收杨桂星、何永琼参加总支）。

云大、师院的共产党组织恢复以后，我在市委会议上提出，新的总支要恢复我们学生运动的传统，密切联系群众，广泛团结同学。根据这一意见，新学年一开始，支部立即发动各院系开展各种形式的活动。云大党、盟员在总支领导下，串联发动老同学，以同学会、同乡会的名义组织开展迎新活动，帮助新同学安排生活、登记注册，开座谈会，介绍学校情况，交朋友，谈思想，初步打开了工作局面。当时，云大当局不办食堂，家庭富裕的学生可以在校外包饭，而家庭困难的就只有自己组织办伙食。党总支动员党、盟员出面办伙食，实行"经济民主，自愿组合，轮流当值，共同监督，互相帮助"的方针，党盟员积极热心为群众服务，并在饭桌上与同学交朋友，谈思想，谈时局。通过工作，动员同学广泛参加各院系的歌咏团、读书会等各种社团的活动。英专、五华学院从被停办的中学吸收了毕业的学生民青盟员后，与原在校中第二线的不暴露的盟员组成了民青小组，后组成支部，在党组织的领导下，以文娱、体育、壁报等方式组建各种社团，广泛团结学生，开展工作。其他中等学校党盟组织也实行了调整和加强。例如昆华农校在秋季开学之初，学校当局宣布开除59名学生，被开除的大都是党员、盟员和进步青年，党组织将被开除的学生输送到农村参加武装斗争。留下的党员组织起来，后又发展进步学生20余人加入民青，又从民青盟员中发展了10人入党。据统计，1948年秋季开学至1949年春，各校有130名民青盟员被接收入党，1300多名积极分子被接收入民青，共产党的力量大大增加了。

11月末，云大学生旃桂馥因在特刑庭受尽磨难，带病出狱后不久即去世。党总支在群众悲愤之际，因势利导，组织追悼会。一方面表达对战友的思念，另一方面对还在狱中同志表示声援与支持，同时把群众性的活动进一步组织起来。追悼会由文史系文史学会出面组织，会上，同学们介绍了旃桂馥的生平事迹，赞扬她勤奋学习，助人为乐，纯朴贤淑，以及追求光明、不畏强暴的高尚品德，激发了同学们向她学习的决心和对国民党反动派的仇恨。党组织还利用这一机会，提出成立系级代表会和组织探监活动的倡议，大家一致同意。会后，经党、盟员串联发动，组织到监狱探望被捕同学的活动，收到了很好的效果。

各大中学的共产党组织恢复起来，群众的生活、福利、文体等活动开展后，我同市工委研究，要推动学生运动的进一步发展，应着手恢复被反动当局解散的学生自治会。为争取公开合法，大学以系级代表会、中学以班联会名义出现，组成新的学生领导机构。云大提出要成立系级代表会的倡议后，党、盟员在各系串联，选出候选人。为了团结大多数学生，并取得学校当局的批准，党组织决定以不带政治色彩的旗号，提出"联络感情，砥砺学行，互相帮助，共同进步"作为系级代表会的宗旨，与学校当局进行交涉，取得学校当局的应允。然后由各院、系党员和民青成员在各自的系、级内串联酝酿推出代表，最后召开代表大会，选举产生了由外语系、机械系、文史系、农学院、医学院五个院系的代表为常委。为了便于隐蔽，常委不设主席，而是在五个院系的代表中组成民青领导小组，作为系级代表会常委会的秘密领导核心，直接受云大党总支的领导。英专、五华学院以及各中等学校都陆续以系级代表会、班联会的合法团体名义，取代了七·一五运动前的学生自治会。

各校秋季开学以后，还以合法的方式，相机开展斗争。师院以系级联合会出面，声援四一南京惨案，揭露国民党假和平的阴谋，放手发动群众，开展大规模的宣传活动。英专党支部在1949年春季开学前即组织串联学生，开展反对提高学杂费的斗争，学校当局被迫让步，斗争取得胜利。省立中学学生在共产党的领导下，开展了要求退还多收学杂费的斗争。师职学校学生要求增加公费待遇的斗争，也取得胜利。

1949年3月初，我在威远街财盛巷英专学生党员陈端芬的家里召集市委书记陈盛年、委员高志远等，以及原师院学生、支部书记徐菊英（徐淑贞），学校区区委书记倪之栋等开会，主要总结学生运动的经验教训，重点是研究七·一五运动后学生运动的深入发展问题。会上我提出，在学生工作已经恢复开展的基础上，应抽调一部分力量开展社会工作，将工作范围扩大到本校教职工和社会上的工、农、职业青年，同时，使学生深入社会，与工农相结合，更广泛地联系群众，以便将来里应外合迎接解放。会上还决定派徐菊英、张顺康（张平）等赴北平，代表云南出席青年妇女代表会。

1949年4月，中国人民解放军胜利渡过了长江，南京获得了解放，宣告蒋家王朝的覆灭。在全国胜利形势的鼓舞下，云南人民的武装斗争也有了很大的发展。为了大造舆论，迎接胜利，共产党组织利用各种形式扩大宣传工作。云大、师院党总支趁纪念五四之机，密切配合，轮流在两校举行成千上万人参加的群众大会，除了大中学生外，还邀请各界青年参加，演出革命歌舞、戏剧，举办全校性的、院系的各种座谈会和讲演会，办起各种类型的壁报，揭露国民党反动派的黑暗统治和卖国罪行，歌颂共产党领导人民胜利的大好形势。1949 年夏天，几乎每周都有群众大会或营火晚会，各大中学自己组织的群众活动犹如雨后春笋，层出不穷。

1949 年 7 月底，国民党政府教育部派首席参事刘英士来到昆明。刘是七·一五运动中镇压学生的刽子手。他在昆明师范学院图书馆召开会议，召见各校师生代表。在会上，他高谈什么"大家都是读书人，应该共体时艰……"，要大家"安分守己"地读书。不等他说完，云大机械系一位同学便站起身用手指着他大声说："刘参事，我看你西装革履，脸上发着油亮的光，你必定是天天鱼肉不离口，我敢断言你一定不知道饥饿是什么滋味，所以你讲的话，言不由衷，虚伪已极，我们实在不爱听。你若真的想知道我们的痛苦，我请你明早到我们食堂来和我们一起吃饭，看看我们吃的是什么，然后你再发表高论好不好？"接着，许多学生纷纷起来质问刘英士，控诉国民党反动派发动内战，滥发金元券，置人民于水深火热之中的罪责。8 月 2 日，昆明市委又组织全市各大中学校学生代表前往五华山抗议刘英士来昆，并发表《给刘英士的公开信》，警告刘英士："国民党已经垮台，今日的昆明决非去年的昆明，来昆明筹划反对人民革命的阴谋决不会得逞。"刘英士只好垂头丧气地离开了昆明。

1949 年七八月间，云大、师院、五华学院发起倡议，得到了各校的响应，恢复成立了昆明市学联，主席由三所大学轮流担任。同时恢复了《学生报》。

这一时期，昆明共产党组织发动群众达到了空前广泛的程度。不仅学生发动起来了，教职员工也组织起了各种团体，形成教师、职员、工友的联合行动。昆明教职工中向来有共产党的活动，并已建立了党的外围组织。市委建立了公教人员工作组，先后由赖卫民、杨夫戎负责，把教职员和学生中的共产党与外围组织分开，加以集中领导。云大党组织成立了职员联谊会，后再发展为由讲助会、教授会、学生会和工警会筹组成的全校性的"五联会"；昆明师院也相继成立了"七联会"（包括附中、附小）。省立中学则由各校选出的代表会酝酿后，改为"省立中等学校教职工联谊会"的筹备组织。市立小学教师以昆师毕业的共产党员起核心带头作用，为适应新形势的需要，也重新筹组了市小学教师联谊会，其他私立大中小学，也在各自校内成立了自己的教联组织，各分联组织并积极酝酿成立全市性各级各类学校的总教联。

在把教职员工组织起来以后，我同市委研究决定，根据形势的发展，把经济斗争和政治斗争结合起来，融合成一浪高过一浪的求生存、迎解放的斗争，使运动更加深入发展；在运动的形式方面，采取分散的方法，各单位、各系统的活动互相配合，互相呼应，互相支援。省工委通过市委发出号召，要求各条战线的党、盟员秘密组织串联，在全市性运动中一致行动。

由于国统区物价天天猛涨，人民生活日益困难，市委根据经济斗争与政治斗争结合的精神，提出开展"团结自救、改善生活，反对饥饿，反对迫害"的斗争口号，立即得到了广大教职员工的响应。在共产党组织的领导下，1949年春，昆明掀起公教人员求生存斗争的高潮，省立中等学校一致拒领只折合一元半开的工资金元券，省府不得已宣布从5月1日开始对省市立中小学以半开银元发工资。云大教授会和职员联谊会先后于5月3日和9日宣布罢教和停止工作。云大和师院两校联合发表《告社会人士书》，呼吁救济大学教师，并派代表向省政府请愿，要求解决生活困难。在这次斗争中，教授、工警都参加了罢教和罢工。云大是秦瓒等教授带头发动签名罢教，师院是徐嘉瑞教授和董庶讲师带头发动签名罢教，工警是由工友会发动罢工。

为了抵制蒋介石集团强行收缴云南历年财政结余库存的黄金白银，提出要求动用财政结余增加学校经费和改善教职工生活。在国民党当局召开的记者招待会上，共产党组织串联学生代表发言，慷慨陈词，揭露蒋介石倒行逆施，阐明云南的财政结余是云南人民的血汗，目前广大公教人员生活陷于绝境，库存结余应该用于解救人民的饥饿和死亡。发言得到绝大多数与会者的赞同，群情激奋。相继发言的绅士、参议员都说："学生的发言很对，云南的财政结余只能由云南人民做主。""云南的财政结余要取之于民用之于民，只能用于解决广大公教人员和人民生活，稳定云南经济，绝不能用作屠杀人民的战费。"会后，广大学生又通过各自的社会关系组织访问社会知名人士，争取社会的支持。在社会各界人士的声援和支持下，省政府被迫动用中央银行收兑的银元给云大、师院教职员工发放生活救济费。地方当局也借机抵制了国民党中央的企图，保住了库存的黄金白银。

7月11日至14日，省中教联在昆女中举办了救济清贫学生的舞蹈义演。接着，天祥中学举办了助学歌咏舞蹈义演。这些活动都在社会上引起了极大的反响。

为推动城市民主运动深入发展，昆明市委按照省工委3月会上讲话精神，强调学运与工运、农运相结合。在昆明市委的部署下，各学校党盟员以群众面目通过五联会向学生提出"走出学校，走向社会，到农村去，到工厂去"的号召。为做好这一工作，师院共产党组织还专门开展了一次小整风，叫作"丢包袱"运动，号召同学们丢掉小资产阶级个人主义、温情主义、贪恋城市生活以及软弱动摇等包袱，走出校门与工农结合，上山下乡，到革命斗争第一线去。自5月到9月初，云大、师院有计划地组织共产党员、民青成员和进步师生，按院系专业对口，组成小型服务团队，根据各自的社会关系，到工厂、农村、商店、银行、小摊贩、苦力中，甚至到国民党士兵、警察中进行社会服务，开展文艺活动，开办各种文化补习班和文化业余夜校，帮助组织读书会等等。通过这些活动广交朋友，宣传形势，扩大影响。工学院各系同学以到工厂参观实习的名义，纷纷深入到各工厂。机械系的同学到中央机器厂、裕云机械厂和云茂纱厂，土木系的同学到第四区公路管理局和自来水厂，矿冶系的同学到造币厂，铁管系的同学到小石坝铁路机修厂。

在工厂，学生们一面实习，一面办工人夜校，组织工人学习《社会发展史》和《新民主主义论》，组织教唱革命歌曲，串联工人到学校参加学生活动。学生们还参加工厂的反饥饿、反裁员、反搬迁的斗争，例如1949年六七月间，中国电力制钢厂由于厂方半年多不发工资，只发点维持费，工人处在饥寒交迫之中，强烈要求罢工解决问题。师院总支即决定派地下组织成员胡国宪帮助工人组织职工福利会，领导工人罢工，并由师院系级联合会连夜帮助工人赶写并印好罢工宣言、标语及传单。在工人的坚决斗争和警方的支持下，罢工取得了完全的胜利。在罢工胜利的基础上，在该厂发展、建立了共产党及工盟组织。在公路运输系统第四运输处和第四区公路局发动的"反饥饿、反裁员"斗争取得胜利的基础上，就在敌人控制比较严密的第四运输处本部[①]，由大学派人帮助组织了一次三四千人参加的示威晚会，除了公路运输系统的职工参加之外，附近农村、工厂也来人参加，学校的进步文艺社团参加演出。

云大农学院、医学院的同学组成农村服务团，到近郊农村为农民治病，教农民识字，帮农民干活，进行防病治病和防治病虫害的宣传教育，帮助建立农民翻身会，启发农民的阶级觉悟，团结广大农民群众，建立起通往游击区的陆上和水上交通线。文法学院学生则与师院、英专学生一道，开展城市

---

① 该处有军统少将特务李家杰直接掌握的警卫稽查组、警务科及武装交警大队。

工商业从业人员、手工业工人和市民的工作，使城市民主运动开展得更加广泛深入。这种活动在 8 月份暑期中达到高潮，暑期回乡度假的同学组成返乡服务团，到家乡开展工作，活跃了家乡青年和农民运动。

学生还在昆明和附近县城举行公开义演和勤工俭学和助学活动，公演反映现实斗争生活的戏剧，如讽刺金元券崩溃的《货币万岁》等，不但受到社会各界群众的热烈欢迎和支持，还募集了不少资金用来救济生活困难的学生。

除此之外，省工委经市委还输送大批青年到游击区参加武装斗争，1949年下半年形成了高潮。据不完全统计，从 1948 年七·一五反美扶日运动到1949 年"九九整肃"前后，云大输送下乡参加边纵和地方政权建设的共产党员和民青成员就有 500 多人。他们之中在斗争中献出了宝贵生命的学生达 60 多人，这在全国大学校中是非常突出的。

1948 年至 1949 年以来，市区各条战线的斗争也深入发展。"九九整肃"前后，市委成立了产业工人工作委员会，由唐嘉宾、朱枫等同志领导，具体负责各公私营厂及铁路系统的地下工作和工人运动；同时又决定组建交通运输系统工人工作委员会，具体负责领导公路运输、两航昆明站、邮电部门、广播电台及搬运系统的地下工作。交通运输系统转移了一批第一线的同志到游击区去，第二线地下组织和人员迫切需要调整、充实。省工委和市委考虑，七·一五运动以来，尽管大多数党盟员都积极工作，坚强战斗，在白色恐怖下，有的人难免产生一些消极、畏难甚至动摇情绪。决定共产党在组织党、盟员阅读《新华社通讯》时，要及时进行大好形势教育，坚定胜利的决心和信心，同时调整、加强组织。市工交委按系统组建了八个党支部和三个独立单位的外围秘密组织。省公路局和人企运输处的新联、工盟支部中的党员分别组建党支部。

在市民中，我与昆明市委研究，提出了"建立家庭解放区，为解放军的先遣联络人员准备隐蔽场所"的计划。市委抽调人员组成了市民工作部，作为统一领导和管理市民、店员和其他行业职业青年工作的机构，由市委委员杨夫戎直接领导。云南职教社共产党组织在 1948 年成立了一个民青小组，选择昆明市商业布业公会补习学校作为活动地点，成立职青歌咏队。1948 年 10 月，歌咏队成立时，仅有 30 多人参加，经过工作，1949 年 1 月发展到 100 多人，8 月发展到 200 多人。职青工作不断发展，1949 年，在职教社及其所属的补习学校和中华小学的 27 名专职教职工中，有共产党员 12 人，民青成员 10 人，其他 5 人为进步青年教师。

1949 年 8 月 30 日，我从滇东南游击区回到昆明，在宜良扶轮小学见到滇越铁路的党总支书记陈敬思，我问他铁路和昆明的近况，他说：铁路沿线已经全部由我们控制，可以顺利来往，昆明也是通行无阻。我回到昆明后，就分别找市委了解学生、工人、职工运动的情况。他们反映，七八月以来，学生运动和工人、农民、职工运动都有很大的发展，昆明的书店大量公开发行香港《华商报》和《论人民民主专政》《新民主主义论》等红色书刊，新闻界《正义报》《观察报》《平民日报》都公开刊登解放战争胜利的消息和进步文章，有的连载了毛泽东的《新民主主义论》；各种革命文化活动在各校广泛开展，深入人心，斗争矛头直指蒋家王朝，大家公开传唱："金元券，四支角，中间有个假（蒋）脑壳，人人拿着用不着。""打倒蒋介石，人人有饭吃；打倒宋子文，人人活得成；打倒孔祥熙，人人好穿衣；打倒陈立夫，人人好读书。"《团结就是力量》的歌声响彻云霄，大大地激发了人民的革命热情。学生运动与工农群众结合起来以后，罢课、罢教、罢工的斗争此起彼伏，形成了一个革命运动的高潮。

五、里应外合，迎接解放

省参议会的统战工作

"九九大逮捕"时我从昆明南下到根据地，卢汉起义后回到昆明，回顾几年来统战工作，总的来说，中共云南省工委根据中共中央发展进步势力、争取中间势力、孤立顽固反共势力、争取多数、孤立少数，利用矛盾各个击破等政策结合云南情况，因地制宜地开展工作，是卓有成效的。这里先谈省参议会的工作。

从 1945 年一二·一运动以来的几次学生运动中，我注意到省参议会有几位省参议员的一些提案对学生运动表示同情和支持。我在与新闻界的欧根、唐登岷等联系时，他们反映也注意到省参议会有人同情支持学生。我查问这些人的情况，但他们对其具体情况不甚了解。

1948 年夏，市工委书记陈盛年向我汇报工作时，谈到云南纺纱厂有一个叫王颂陶的党员向他反映，说他过去在镇南师范学校读书时，有个叫马曜的教师现在是省参议员，并通过他认识了另一个叫杨青田的参议员。他们政治思想表现进步，提过一些反映云南人民意愿的提案。我听后，立即引起重视。我考虑到省政府主席卢汉虽正在同蒋系云南警备司令何绍周勾结镇压人民运动，但卢汉为了保护自己，与蒋介石排斥异己、控制云南的反动政策的矛盾并没有消失。1948 年初，省工委虽然组织了敌工小组，开展了情侦工作，但其活动范围仅限于中下级军政人员，而我们特别需要开展对卢汉及其周围上层人士的工作，进而以迂回作战的方式，争取卢汉周围人员，通过他们去影响卢汉，利用卢汉与蒋介石之间的控制和反控制的矛盾，做争取卢汉的工作。要做这个工作，省参议会是非常重要的阵地。于是，我要陈盛年通过王颂陶与马曜、杨青田等加强联系，对他们进行深入了解。

不久，陈盛年向我汇报说，杨青田和马曜过去都有过党的关系，而且都在积极找共产党。我要陈通过王颂陶让马曜、杨青田把本人情况和要求写成书面材料，交给我审查后定。

我看了杨青田和马曜分别写的自传以后，通过王颂陶介绍分别与他们见面交谈。我细致地了解了他们的历史和思想情况。马曜的历史较简单，经历也较单纯；杨青田的经历比较丰富，他是大革命时期就入党的老同志，曾参加过八一南昌起义，起义后失散，只身逃到上海，在《时事新报》当编辑。对《时事新报》，我在上海时也了解一些情况，其副刊《学灯》中也有左联的人为之撰稿。与杨青田谈话时，我问他在报上写过文章没有？他就把写过的文章题目和内容详细作了汇报。除此之外，杨青田还详细谈了他回云南以后的活动情况。经过详细的审查了解，我认为他们两人政治上都可信任，决定解决他们的组织关系问题。当我分别通知他们时，他们都很高兴，表示愿为党多做工作。

在与杨青田谈话时，杨青田还告诉我说，省参议会还有一个曾参加过护国讨袁、大革命时期入过共产党的参议员叫唐用九（唐锡畴），也在积极寻找党的关系，表现也很进步。我叫杨青田要他也写个报告，交我审查后，也解决了他的组织关系。

解决了杨青田、马曜、唐用九三人的组织关系后，我把他们三人编成一个统战工作小组，由杨青田为组长。按照当时省工委的分工，书记掌握全面，并分管统战和情侦工作，所以这个统战小组由我直接领导。

统战小组成立后，每月开一两次会，主要听取他们汇报省参议会和云南上层人士的动向等情况，进行分析研究，决定工作计划。会议的地点有时在杨青田家，有时在唐用九家，有时则是我单独与杨青田约定地点碰头，了解情况和研究对策。

统战工作小组成立后，调查分析了省参议会的基本情况。省参议会是云南各种势力集合的大本营，参议员中大多是属于地方士绅和军政、教育等各界头面人物，尽管他们中间很多人是国民党员，但就其政治态度来看，大致可以分为三类：第一类是有反蒋进步倾向的人士，如甘舜、张天如、刘淑清、赵延康、万寿康、赵鼎盛、张敬恭、惠国钧等。第二种是辛亥革命、护国起义的元老和在唐继尧、龙云、卢汉等各个时期与地方实力派有密切关系的地方人士（包括在职的和在野的军政人员），例如王九龄、金汉鼎、詹秉中、李培人等，他们主张"滇人治滇"，对蒋介石把前云南省政府主席龙云赶下台一事十分不满，属于中间势力，在参议员中占绝大多数。第三类是国民党中央系的国民党、三青团反动骨干，如曾任云南省三青团总干事、参议会议长徐继祖，曾任昆明市国民党市党部书记长的顾执中，曾任国民党云南省党部专员方国定等，这些人在参议会中虽然只是极少数，但总想控制省参议会，为其所用。

1948年秋，杨青田被推选为省参议会副议长，这对我们开展工作更为有利。我向统战小组的同志提出，要以关怀桑梓、反映民意、为云南人民请命的地方开明士绅的面目出现开展工作，把地方耆老与龙、卢有关系的人士争取过来，极少数"CC"分子就会孤立。

省参议会每年开两次大会，闭会期间常设机构为驻会委员会（简称驻委会），大会和驻委会对省政府可提出咨询，参议员提案经多数人同意可形成决议，请省府实施，省府不能不有所表示。随着解放战争的胜利发展，蒋介石加紧了对云南军事上政治上的控制和经济上的掠夺，加剧了蒋介石反动派和云南人民的矛盾，也触及卢汉赖以存在的切身利益。加上1948年底以后，参议会的一些反动分子被卢汉派去当县长，参议会的反动力量就减弱了，客观上对我们争取中间势力、孤立和打击反动顽固势力更加有利。因此，统战小组决定选择有利于云南人民，又照顾卢汉的利益的事件，通过省参议会这一合法阵地来争取地方实力派，开展反对蒋介石的斗争。同时我们也考虑到，有的问题是云南人民的利益所在，但也影响了卢汉的利益。对于这样的问题，我们也要利用合法形式，团结有民主进步思想的参议员，在会上提出议案。

根据以上方针，在统战工作小组的发动和串联下，参议会开展了以下几项大的斗争。

1948年8月，国民党中央政府借口改革币制，发行金元券，强行收兑人民手中的金银外币，以兑换成金元券。统战小组获悉蒋系中央从云南人民手中掠夺的硬币外币数目已超过他们在上海所得，但还不满足，企图将人企公司所属富滇银行存放的金银外币一概收归国有。11月，统战小组开会研究认为，人企公司是云南地方的经济命脉，蒋介石政府竟把人企的硬币外币也搜刮去，这就动摇了卢汉的经济基础。我们要抓紧利用这一机会打击蒋介石，还能争取到卢汉的支持。在统战工作小组的策动下，省参议会大会针对此事提议：黄金白银应存在各省作金元券之准备。但当时昆明中央银行收兑的金银已开始启运交总行，我们知道这一情况后，统战小组立即研究，经与会省参议员在会上提出咨请省政府，令该行停止外运。在省参议会的呼吁下，卢汉作出决定，通知中央银行昆明分行按参议会的意见查照办理。

蒋系云南警备司令何绍周率领全省反动军警宪特镇压人民，双手沾满云南人民的鲜血，他在经济上搜刮钱财，垄断全省烟土（鸦片）贩运，遍设关卡抢夺人民财富，甚至连省政府收缴所存公膏（鸦片）也为其武力控制，无法出境贩卖。在军事上，他指挥全省反动军队，进行反共反人民的活动，作恶多端。卢汉对此也深感不满，打算扩充加强保安团，以便与之对抗。我和统战小组研究认为，尽管何、卢合谋镇压人民，但其之间的利害冲突日益尖锐，要设法找机会狠狠打击何绍周。一次会上，唐用九反映说，现在有个机会，可利用卢汉与何绍周的矛盾把他驱逐出云南。他说，卢汉在扩大军权中处处遭到何绍周的监视，深为不满，为此，卢亲自晋见蒋介石，以请求辞职要挟蒋撤去何绍周；卢曾辗转向一些参议员透露了何绍周在云南的罪行材料，主要有（1）先后劫掠1945年云南省府改组时收缴移存的云南地方枪支13000余支，将7000余支私运去贵州；（2）卖官鬻爵，敲索黄金700余两。到处设检查站，掠夺鸦片数十万两，私自运销川、黔、湘、桂等省；（3）任意抓人，勒索小轿车、黄金等。我同统战小组研究认为机不可失，决定利用这些材料，发动驱逐何绍周的运动，为民除害，把何赶出云南。经事前分别联络，在驻委会上，由张天如、马曜、万寿康、赵延康等12人提出检举，委托张天如撰稿，向蒋介石中央政府控告何绍周，并在省参议会公布何绍周的罪行。在双管齐下的形势下，蒋介石被迫于 1949 年 1 月宣布撤销云南警备总司令部改组为陆军第四训练处，2 月 4 日又改组为第六编练司令部，迁移贵州省会贵阳办公，从此把两手沾满云南人民鲜血的何绍周驱逐出境。

解放战争时期，云南农村广大农民开展了反"三征"的斗争，目标是反抗国民党统治集团的横征暴敛，这个斗争也影响了卢汉的利益。统战小组研究认为，应当以合理合法的方式，支持和配合云南人民的反"三征"运动。即使卢汉不满意，但只要在省参议会争取到多数人的同意，卢汉也无可奈何。1949 年 2 月，经统战小组事前联络，在参议会上，万寿康、赵延康、徐亚雄、张敬恭等九人提议，"请急电行政院停止征粮，并咨请省府立即停止征粮"。提案经省参议会上通过后，卢汉不得不同意"自即日起停止田赋征实征借"。同年 3 月，统战工作小组联络刘淑清、万寿康、赵延康等，提出停止征兵征粮的提案，卢汉也只有同意"应即照省参议会建议，明令公布。即日起，停止征兵。所有因征兵或接收而摊派之一切款项，亦自即日起一律停止。以后兵源补充改为招募。"

在反征税的问题上，经统战小组开会研究，提过提案，将国民党中央政府征的国税截留在云南，这既减少蒋介石中央政府的搜刮，又有利于地方行政的收入，有利于争取卢汉。为此，1949 年 1 月，统战小组串联张天如、刘淑清、李凫若等参议员提出动议，暂将所有云南境内征收之国税划归云南省库收用，以使人民负担不再无限度加重。此举得到省参议员的普遍响应。接着，张茂廷等 7 人、赵延康等 15 人也相继提出了同样的动议。最后，卢汉以采取收国税抵补中央政府补助费的借口，同意了省参议会的动议。

1945 年龙云下台后，新闻检查由国民党中央系警备总部政工处执行，各报经常遭到国民党的非法检查，轻则"开天窗"，重则被罚停刊。1949 年警备总部撤销后，移交省府负责。我与统战小组商量，乘此机会发动撤销新闻检查的斗争。2 月，经统战小组事先串联，省参议会驻委会提出请省府停止新闻检查，卢汉也只好决定"暂缓实施"。从此，昆明各报的共产党员以公开合法的方式，巧妙地宣传共产党的方针政策和解放战争胜利开展的消息。

1949 年，随着解放战争形势的胜利发展，蒋介石为了挽救灭亡的命运，以云南作为其垂死挣扎的反共基地，要把胡宗南部和李弥的第八军调驻云南。贵州谷正伦指挥的中央八十九军刘伯龙部也窜到滇东曲靖一带。为了抢夺地盘，桂系白崇禧设立滇黔桂边区绥靖公署，派桂军进驻百色，准备入滇。一时，云南处于东、南、北三面包围之中。面临这一局势，我同统战小组紧急研究，决定联络省参议员拒绝蒋桂军入滇。4月，在参议会驻会委员会上，马曜、金汉鼎、詹秉忠等22个参议员提出紧急动议："为避免加重滇民负担，便利和谈进行，分别电请李宗仁代总统、行政院、国防部及西南军政长官公署制止第八军及胡宗南部进驻云南，并分电省内外民意机关一致主张"，获得一致通过，并推杨青田、唐用九、马曜等草拟《请制止第八军及胡宗南部入滇》电（卯鱼电）。与此同时，省参议会通电各市县参议会、云南国大代表联谊会，立、监委联谊会及本省人民和平促成会，一致呼吁，支持本会主张。4月21日，《正义报》发表了《全滇应支持"卯鱼电"》的社论。

4月，李弥到达昆明。省参议会驻委会举行茶话会，邀请各人民团体负责人参加，特邀李弥到会交换意见。统战小组事前研究时，我提出：要在会前充分酝酿，开会时多动员孙天霖及绅老马伯安等发言。李弥到会后，马伯安、孙天霖、万寿康、赵延康、张天如、刘淑清等一个接一个踊跃发言，反复强调"三迤人民正陷于水深火热之中，丁尽粮绝，本会代表民意，日前曾电请中枢缓调第八军及胡宗南部入滇，切盼李军长本爱国爱乡之精神，向中央提出第六军缓调滇"。李弥一看会议气氛不对，伪装出关心家乡的姿态，说"此次第八军调滇事，自己事前完全疏于考虑"，现在"第八军人员已由贵州都匀来滇，事实上无法再予阻止。第八军入滇后，如发现扰民或铤而走险，自己当自杀以报乡党。至于胡宗南先生部队调滇两团协助剿匪，系重庆张长官所主张。"

当省参议会驻委会得知第八军已从贵阳调滇的消息后，我与统战小组商量，决定继续呼吁进行抗议。统战小组通过驻会委员会发电说："本会为顾及代表人民之立场，珍视地方前途，不忍再见滇省沦为战场，民遭涂炭，惟有通电全滇人民，拒绝与入滇国军合作，倘因此而不幸发生意外，其责不在滇人。"还分电各县、市参议会：如政府不采纳民意，调兵来滇，加重人民负担，可拒绝与之合作。同时代电李代总统："请将第八军及胡宗南调滇成命收回，以符民望而安地方。"4月，李宗仁复电省参议会说："胡部尚无入滇之拟议。"张群也来电否认他调胡宗南来滇的主张。

6月，白崇禧要在滇桂黔边区设立绥靖公署，卢汉坚决拒绝。但他不顾卢汉的反对，调动两个团兵力进入云南富宁县，并向广南移动。消息传出后，统战工作小组研究决定发动省参议会提出抗议。6月8日，马曜、刘淑清、王九龄、唐用九、金汉鼎等20余人在驻委会上提出紧急动议，经讨论一致决议电告李宗仁、阎锡山，请求制止桂军入滇。电文中说："滇民为争取生存，祗好坚壁清野，团结抗御。"由于形势紧迫，卢汉邀集本省各界人士举行座谈，对桂军入滇问题交换意见，绝大多数人同意云南省参议会电文主张。对此情况，李宗仁、阎锡山不能不有所顾虑，遂由行政院电复："交国防部核办。即令入滇桂军即由富宁撤回百色。"

1949年第二季度，国民党中央政府国防部拟订了西南反共基地计划，派西南长官公署副长官兼参谋长萧毅肃赴昆明进行部署。省参议会邀请他座谈，张天如、唐用九、万寿康、张敬恭、孙天霖等纷纷发言，呼吁云南不能再征兵征粮，中央军也不能再驻云南；严禁特务非法逮捕检查，以维人权。"希望不要把战祸带到云南来"。有的参议员坚决表示反对把云南作为反共基地，发言异常激烈。7月26日，蒋介石又派前国防部长徐永昌、西南长官公署副长官兼参谋长王叔铭等一行十余人赴昆明。云南省参议会举行茶话会招待徐永昌等人，参议员们一致强调，云南年年出兵出粮，元气大伤，经济濒于崩溃，拒绝把云南作为反共基地，反对溃军开入昆明。

1949年春夏期间，国民党妄图将五三兵工厂的全部机械设备迁往台湾。为配合工人的反搬迁运动，省参议会统战工作小组联络赵延康、万寿康等参议员在驻委会上提议，分电国防部等，不同意工厂搬迁。赵延康等到该厂与共产党领导的工人联谊会取得联系，还在《正义报》上发表谈话抗议。在舆论上造成声势，国民党中央政府被迫停止五三兵工厂迁台。

1949年7月，国民党政府发行银元券。统战小组开会研究，鉴于2月昆明南屏街事件，如果再使用银元券，将使人民蒙受极大损失，且国民经济早已崩溃，无法重建币信，不可避免地要步金元券的覆辙。省参议会驻委会7月6日开会决定：（1）咨请省府转中央银行昆明分行在云南发行银元券，务须将同数额之准备金全数运昆，经民意机关验明后，才能流通使用，并须无限额兑现；（2）在昆明之银元券，加盖昆明地名，以限制流通；（3）如准备金不足，切勿轻易发出，以维币信，以免影响民生。这三项提议昆明中央银行当然办不到，故未在云南发行，当时在蒋管区只有云南免遭洗劫。同时，省参议会建议省府，流通使用半开硬币（即5角的硬币），以稳定物价。从此云南便使用半开，不使用国民党中央的货币。

为削弱蒋系中央在云南的权力，在 1949 年 5 月第七次大会上，王九龄、周传性等 49 名参议员动议，请国民党中央政府尽量层层向下放权力，俾专地方权责，得以相机应变，自保自给，保持地方元气。这个提案包括对本省地方放权的原则两项，对民、财、建、教、治安、经济、金融等建议原则的办法七项。其主要目的是使卢汉得以相机应变，使云南能够自保自给。接着，省参议会又根据时局变化，邀请省政府要员交换意见，当面提出原则七项，仍由原提案人提出，经驻委会第六次会议通过："（1）在保境安民之共同目标下，切实团结全省境内之一切武力；（2）肃清特务；（3）按月公布财政收支总数，咨交参议会审核，公布人民周知，激发人民对保安财政之责任感；（4）团结全省各界人民以发挥全民力量，为抗拒溃军之后盾；（5）请政府放开登庸范围，任用贤能；（6）请政府尽力保持'人企公司'资产，以为日后云南经济建设之基础，并征收财产税，以作保安经费及举办农贷救济之用；（7）严密监视一切公私资财，防止外逃。"

自从我党统战小组建立以来，开展反蒋保滇的统一战线工作，逐步团结了多数（包括一般的国民党员）参议员。1948 年上半年，进步势力占参议会人数三分之一左右，下半年上升至 50%。其中甘舜当过县公路、田赋处长，张天如任过县银行襄理，刘淑清是女青年会副会长、南屏电影院经理，李奂若是个旧商业银行公司常务理事，严鉴是银行经理，赵延康是维西县参议员，万寿康是从国民党中央政治大学毕业的，张敬恭是民社党党员，惠国钧、赵鼎盛参加过青年党，这些人都站到进步方面来。参议会中云南元老王九龄、金汉鼎、周传性、詹秉忠都倾向进步势力。杨青田等经常同上层人士交往，并保持联系。会外有影响的知名人士周钟岳、李根源、白小松、马伯安、李鸿祥、赵诚伯、缪云台、王少岩等也都不同程度地支持进步势力。1949 年初，统战工作小组在省参议会发动驱逐何绍周取得胜利后，进步势力大为加强。在 4 月以后反对客军入滇的斗争中，同地方势力有关系的参议员都倾向进步势力，到"九九整肃"前夕，90% 以上的参议员都参加到反蒋保滇的统一战线上来了，反动派越来越孤立，议长徐继祖的态度也有所转变。1949 年上半年，第七次大会选出的驻会委员刘淑清、马曜、段保中、唐用九、万寿康、盛恩需、惠国钧、张茂廷、康良藩九人中，七人都是进步人士。驻会委员会经常开会，对省府咨询，所通过的决议请省府实施。这样，统战工作小组讨论决定的事项，很快就以合法的形式提交驻委会讨论通过。

1949 年起，会内会外以及参议会与云南省政府之间，在地方上层人士和地方实力派中逐步形成了一支强大的广泛团结云南上层人士，孤立和打击蒋介石系统的政治力量。国民党中央特务系统恨之入骨，散布流言说：省参议会已成为共产党活动的场所。

统战小组除了运用参议会这一合法阵地开展反蒋斗争以外，杨青田等还在会外开展争取卢汉起义的工作。

统战小组成立以来，在几次会上，我了解到省参议员、南屏大戏院的经理刘淑清是一个有正义感，且与卢汉等上层人士交往颇深的特殊人物。她早年丧夫，孤儿寡母能够在云南上层社会立足，就是凭借着她与龙云、卢汉及其家属有着密切关系。她可以随时出入警卫森严的卢汉家里。我同杨青田等商量，要加强和她联系，在一些抵制蒋介石势力的提案等活动中，主动团结她。以后，刘淑清日益倾向进步，与杨青田等很接近，有时把电影票送给杨青田、马曜、唐用九等人，有时还请他们吃饭，并主动给杨青田提供重要情报。

有一次，我同杨青田个别接头时，他详细谈了省政府内高级职员吴少默的情况，说吴大革命时期入过我党，1927 年当过卢汉任师长的九十八师政治部主任，其才能得到卢汉的赏识。长期以来，吴虽和我党没有关系，但没有投靠国民党反共。近年来，他在《新云南周刊》上发表反蒋文章，表现进步。吴还向杨多次表示愿为党工作。杨青田还说：吴与卢汉的亲信杨文清关系密切，且在卢汉军中任过职，可以通过他开展争取卢汉的工作。通过杨青田介绍，我与吴少默见了面，经过了解后，我认为可以充分信任他，放手让他为我党工作。

在与吴少默的几次接谈中，他谈到他经常进出杨文清家，卢汉、龙泽汇、安恩溥等云南地方上层人士也常去杨家打麻将，在麻将桌上他们无话不谈。吴还谈到，从 9 月以来，东北战局变化很大，曾泽生率领滇军在长春起义，滇军九十三军被打垮，军长卢浚泉在锦州被俘，对卢汉有很大的震动。卢汉几次叫杨文清请吴到他家里座谈。在谈话中，卢汉说他对共产党的政策感到茫然，要吴介绍一点。吴少默就向他讲《新民主主义论》。以后，卢汉又约民政厅厅长安恩溥、省政府委员杨文清、五十三军军长龙泽汇等少数人，听吴少默讲形势和共产党的政策。我要吴相机做卢汉的工作，提醒他在时局变化中考虑自己的前途。同时我与杨青田商量，统战小组讨论时局和研究工作时，可请吴参加，了解我们的工作方针，以有利于对卢汉开展工作。

统战小组开会时，杨青田等还汇报说：由于时局的变化，参议员都很关心形势的发展。参议会按惯例定期举行聚餐会，过去每次都是杯盘狼藉，谈天说地，如今也开始讨论时局问题。特别是看到东北滇军起义的起义、被俘的被俘，云南的出路怎样？大家非常关心。卢汉也召集省参议员李耀廷和惠国钧去面谈，要求参议会与之合作，共同建设地方。

1948 年底，淮海战役胜利结束时，卢汉邀约省参议会议长徐继祖，副议长杨青田及参议员唐用九、李耀廷、张天如、马曜、惠国钧等座谈时局，大家纷纷议论说：战局急转直下，南京政府很难抵挡得住。卢汉说：我坐飞机从南京上空飞过，看下面江河湖泊很多，共军的重武器、大炮很难运过长江，所以，我看共军要渡江是很难的。1949 年 1 月底，三大战役结束以后，卢汉又邀参议员去谈时局，参加的除了几个参议员以外，还有原陆军大学校长、国民党政府驻苏大使杨杰，省府委员杨文清，民主人士陈复光等人，很多人敞开胸怀，谈了对形势的看法。杨杰认为蒋介石非垮台不可，鼓励卢汉起义，说：当前形势对云南是一个最有利的局面，也是卢主席对地方立大功、建大业的一个大好机会。杨青田在几次座谈会中都以关怀桑梓，让云南免遭兵灾，又为卢汉利益考虑出发发言，劝卢汉在时局急剧变化中，应认清大局以自处。卢汉却不以为然说：蒋介石还有一百多万军队驻守前方，南京还有力量，可以稳定得住的。

1949 年 9 月初，蒋介石逼迫卢汉去重庆，以允许云南的保安部队扩编为两个军，并拨给经费为条件，要卢汉在昆明大逮捕，镇压云南的革命力量，以为撤退到云南，建立反共基地作准备。据军统特务、西南军政长官公署保防处长徐远举被捕后交待，卢汉提供给特务机关的黑名单中有杨青田、唐用九、马曜等。卢汉从重庆返昆后，拒不见客。我同杨青田商量，需赶快找刘淑清了解情况。刘从卢汉夫人龙泽清处获悉要大逮捕的消息后，及时告诉了杨青田等。在"九九整肃"之前，卢汉曾有过省政府西迁大理、保山的考虑，派余建勋到滇西去经营。为了余建勋方便行事，卢汉约马曜会面，派他到滇西和我党领导的边纵第七、八支队联系，沟通和余建勋的关系，以帮助余建勋。"九九整肃"大逮捕，卢汉又翻脸不认人，竟叫余建勋通知马曜回昆明来。马曜到昆明后，才知要逮捕他，就及时转移去滇西了。"九九整肃"中，卢汉下令解散省参议会、封闭报社等，支持国民竞军统局（军委调查统计局）局长毛人凤指挥逮捕多人。杨青田得到消息没有去省参议会，转移中也被捕。

"九九整肃"事件发生后，省参议会被封闭，我统战小组也随即停止了活动。

情报侦查工作

我党情报工作在对敌斗争中有其不可替代的特殊作用。按照周恩来在南方局的指示："要熟悉各主要方面的情况"，"要知道国民党中央和地方当局的、特别是各特务机关的经常情况和紧要措施"[①] 和王若飞"要学孙悟空钻到敌人心藏里去"的指示，中共云南省工委十分重视情侦工作。

对敌情报和侦察工作，我过去没有任何经验。土地革命战争时期，我在上海工作时，曾听说过周恩来领导中央特科同志在虎穴里出生入死，打特务、除叛徒、保护党组织的许多惊心动魄的故事，使我知道了情报侦查工作的重要。到云南工作后，我愈加认识到情报侦查工作是我党的工作中必不可少的一项工作。我想，经验是从实践中积累起来的，只要我们积极慎重地去做这项工作，是一定会有效果的。

1941 年，经我同意，李群杰利用社会关系，打入国民党云南省党政军联席汇报会，掌握情况，提供了不少情报。1942 年，党组织还安排宋文溥利用社会关系打入蒋介石昆明行营调查科担任元（江）墨（江）调查员。他到墨江县政府时，恰遇国民党县党部逮捕了一个"共产党嫌疑分子"，送交县政府；宋文溥把被捕人员的情况向党组织作了反映。1944 年，宋文溥回弥勒工作后，利用国民党昆明行营调查员的身份到县党部了解情况，从那里知道国民党当局正准备逮捕弥勒地下县委书记姜必德，他立即通知姜必德，使姜及时转移，免遭逮捕。1944 年，罗平的地下党员张执中利用社会关系，打入国民党县党部任代理书记长，利用这一职务之便，他掌握敌人的动向，掩护罗平地下党的工作。1946 年 6 月，省工委派王纲正打入两路（滇越、滇川铁路）特别党部中统调统室当通讯员。王纲正多次将国民党云南警备司令部情报组拟定的黑名单照抄下来送交省工委。1947 年 10 月间的一次就抄出了 200 多人的黑名单。我们对这个黑名单进行认真研究，发现这个黑名单中竟没有一

---

① 《建设坚强的战斗的西南党组织》，见《周恩来选集》（上卷），人民出版社 1980 年版，第 111 页。

个党员，但有民主人士和进步群众，我们及时通知这些进步群众和民主人士进行疏散转移。

1947年五六月，国民党南京政府颁布《维持社会秩序临时办法》，并授权各地当局对民主运动实行"紧急处置"。昆明先后发生强迫建民中学迁回建水等打击进步力量的事件。我同市工委委员高志远碰头时，分析形势，感到形势日益严峻，而我们对敌人情况知道得很少，以至于对敌人采取突然措施时显得措手不及，很被动。我想到，我们应该学习《孙子兵法》，知己知彼，打主动仗，才能百战不殆。可以派人打进去、拉出来，以便我们掌握情况，为我所用。

不久，高志远向我反映，从卢汉警卫营可以打开一个缺口。高说：卢汉的警卫营是在原卢汉的第一集团军朱家璧任团长的特务团的基础上建立起来的卢汉的贴身保镖部队，朱家璧在这支部队中有一定的影响。有个班长叫刘运宗，有进步思想倾向，不安心在国民党军队做事，十分苦闷。1946年3月，他与其朋友、昆华工校的学生党员李云谈了他的思想，李云向党组织反映了情况。这一情况引起了我的高度重视，认为这个机会很难得，就同高志远商量，要昆华工校党组织加紧做刘的工作。经过一段时间的教育帮助和考察，经我党组织研究批准，李云介绍刘运宗入党。因为这个关系很重要，我把刘运宗的关系直接交给省工委统战小组的李剑秋领导。

1948年3月，市工委委员高志远汇报工作时又谈到他联系的有个民青成员叫吉星明（以后入党），在敌人军警界有很多社会关系。我考虑这又是一个开展情侦工作的好机会，就将吉抽调出来专门搞情报侦查工作；接着又抽调了田培宽，成立了开展敌工和情报工作专门机构。

由于考虑到敌工和情侦工作的艰巨性和危险性，我们对参加工作的人员进行了严格的气节教育和纪律教育，要求他们坚持革命立场，善于隐蔽，"外化内不化，同流不合污"。在组织领导上，为了直接掌握情况，减少中间环节，决定他们的工作不向市委汇报，直接由我领导。在工作方法上，我向他们提出了"打进去，拉出来，钻到敌人心脏里去烧锅煮饭"的工作方针。5月，正式成立对敌工作小组，由高志远负责。敌工小组成立后，逐步在敌军、警、宪、特中先后发展了共产党员和外围组织成员，建立工作据点。

1948年8月，我批准敌工小组组织成立了党的外围团体云南救国正义同盟会。这个团体主要是在国民党系统中发展建立关系。为了有利于团结多数,有利于隐蔽,在其章程中未明确提出共产党的领导,只提反蒋爱国,着眼于利用云南地方势力与蒋介石中央之间的矛盾开展工作。

1949年3月,我又增派田秉熙参加敌工小组。这时,敌工小组扩建为敌工支部,仍由高志远领导。随着解放军胜利渡过长江的形势发展,为了适应新的斗争形势,敌工支部扩大工作范围,改变方式,实行"多头并进,全面渗透,放开手脚,积极主动进攻"的工作方针,加快情报侦察工作步伐。

在敌工工作发展的情况下,我考虑到,敌工小组发展了大量的民青、新联、工盟成员,与学生、工人和职员的外围组织混在一起,这样做不利于隐蔽。我认为在国民党军警中的组织应与地方党组织的其他工作严格分开,应以不同的组织和系统,互不发生关系。我将这一想法告诉市委后,市委提出了成立国民党军警系统党的外围组织的具体意见,经我同意,在军人系统成立了新民主主义军人同盟(简称军盟),警察系统成立了新民主主义警察同盟(简称警盟),专门负责在国民党军警中发展共产党的秘密外围组织。

1949年6月,高志远调思普区工作,市委委员赖卫民接替领导敌工工作。我对敌工小组的同志交待说:要发展组织,巩固地盘,相机进攻,收集情报,为我所用。我们的情侦人员要在一个机关和一个单位把阵地巩固下来,发展下层,团结中层,争取或孤立上层。

警卫营班长刘运宗加入共产党以后,团结广大下层士兵,与他们交朋友,与士兵打成一片,关心他们的疾苦;他为士兵排忧解难,仗义执言,向长官争取合法权益;还利用组织同乡会等形式,联络广大士兵,与他们谈心诉苦,并因势利导,启发其阶级觉悟。在此基础上,卢汉警卫营秘密组织了读书会,传阅进步书刊。在教育培养考察的基础上,逐步发展了党员和秘密组织成员。刘运宗因为在士兵中有一定的威信,又取得了警卫营营长的信任,晋升为特务排排长。

我敌工小组成立前,警卫营的敌工工作曾从李剑秋那里转出来交给了吉星明,敌工小组建立后,警卫营的工作就由敌工小组负责。1949年3月,警卫营在原特务排的基础上扩建为特务队。这时,从东北九十三军遣散回云南的李焕文带着卢浚泉给卢汉的信来找卢汉,卢汉让他当了警卫营长。敌工小组联系的朱华认识李焕文,将他发展为外围组织新联成员。以后,卢汉把警卫营划归保安团,另组特务队,有90名官兵,专门负责卢汉的贴身警卫任务。特务队脱离警卫营,划归保安司令部建制。敌工支部乘扩建之机,通过警卫营长李焕文将一批学生中共党员和进步青年安排到特务队，开展工作。9月，敌工小组发展李焕文加入了中国共产党。接着，我们在卢汉的警卫营建立了党支部，刘运宗任书记。该支部由对敌工作领导小组领导，并指定由田培宽联系。

为了适应士兵文化低的情况，警卫营党支部在该营组织了武装工作队。经过工作，该营三分之一以上的官兵参加了中共秘密外围组织和武装工作队。截至12月9日卢汉起义时，警卫营共有中共党员6人，民青、新联、军盟成员157人，武工队员145人，占全营官兵的三分之一。其中，正副营长3人中有党、盟员2人，正副连长12人中有党、盟员9人，正副指导员13人中有党、盟员12人，排长18人中有盟员13人，正副班长108人中有盟员83人，事务长6人中有盟员4人，排服务员18人中有盟员15人，连部上士18人中有盟员10人，士兵732人中有盟员114人，政工室、军需室、军械室、副官室、书记室、医务室等6个部门中有3个部门的负责人是盟员。特务队官兵共90人，其中有党、盟员39人，占全队官兵的43%强；事务长以上人员共8人，其中事务长、副指导员和两个分队长是党、盟员，班长、军需、军械上士共11人，其中盟员8人。做到了班无空白，连有小组，营有党支部，从组织上控制了这支部队，卢汉的动向我们也了如指掌。

卢汉军事系统的主要部门是保安司令部，我们在那里也发展了中共党员和外围组织成员。如保安司令部参谋处有军盟成员王仲略，军械科有党员王国光，保安司令部情报组有军盟成员程灿章、民青成员廖蔚荣，绥靖公署军法处有军盟成员刘汉章，滇东师管区有党员张执中。在保安团中，我们发展了三十八团团长李焕文（中共党员）、三十一团团长王绍尧、三十三团团长夏际昌、三十七团团长朱德裕等为军盟盟员。

军统的工作也是我们的重点。吉星明有个老同学叫林羽金，他的父亲林苣耕原是龙云的少将运输处长，是个军统特务。他在绥靖路开了个西北旅社，这里是特务经常住宿玩耍的地方。吉星明注意接近林羽金，做他的工作。林在学校积极参加学运，吉介绍他加入民青，以后又发展了西北旅社的账房先生、林父的随身副官谢家宝加入了外围组织。谢认识很多来往娱乐的特务，可从中搜集敌情。吉星明还认识国民党云南警备总司令军法处的司书钱在贵，他们在中学时，一起参加过共产党组织的秘密读书会，钱与国民党昆明市警察总局刑警大队李荣光很熟，李原是林父的部下，与林关系很好，林经常借进步书籍给他看。根据这些情况，吉星明分别做工作，把李、钱、谢等都发展成为民青成员，由吉联系。李荣光反映他有个朋友叫赵大盈，赵有个要好的同学是军统大特务李家杰的亲戚，在第四运输处警务科当特务。吉星明介绍赵大盈参加了民青，从而获取许多敌特情报。1948 年 7 月，李荣光通过廖蔚荣用黄金厚礼贿赂国民党刑警队组长朱仲德，从而打入刑警队伍里。1949 年 9 月，卢汉成立保安司令部情报组，共产党组织先后安排陈灿章、廖蔚荣、张应武打入该组。此外，军统息烽五期训练毕业的特务李培霖因跟踪共产党不力，被军统滇站借口嫌涉烟毒案，将之关进法院，后被军统滇站开除，经过敌工工作，也被争取过来。

军统所属重要的部门还有警察系统。解放战争时期，国民党昆明市警察系统包括总局和八个分局、四个大队（保警、消防、交通、刑警），另有警务处、警察学校等，共有警官 400 余人，警长及警士 2400 余人，整个警察界的领导权，实际上掌握在国民党国防部保密局（军统）滇站手中，是一支反革命的别动队。先后担任昆明市警察总局局长的李毓祯、王巍，是军统滇站站长，担任刑警大队长的周伯先是滇站第四组的人，其刑警队有经特警班专门训练过的 70 人。敌工小组在警察中的工作，主要是搞形势宣传，通过交朋友培养进步分子，吸收进步分子加入外围组织；了解警察系统内部情况，查清敌特组织人员；利用工作之便，了解有关情报，提供有关证件，掩护共产党组织；保护被捕人员等工作。李荣光发展了刑警大队的周仕学、杨从新为民青盟员。周、杨又介绍该队郭长龄、杨忠义加入民青。杨介绍宪兵十三团部班长杨忠信（其兄）加入民青。截至 1948 年秋，在滇军统宪特中建立了15 个据点。

同年 10 月，我听英专学生运动的汇报时说，听说该校有个学生盟员的父亲原是刑警队侦缉队长。我认为这个关系很重要，就把他的组织关系转给吉星明。此人名孙时熙，以后孙介绍了刑警队情报组政治情报收发张应武加入民青。1949 年一二月间，李荣光又介绍了刑警大队二组中美合作所特训班毕业、经军统滇站分配到警察局的郭荫南加入我党领导的外围团体救盟。

1949 年 6 月以前，我党在警察界的外围组织是单线、平行、多头领导的。介绍人是什么组织，就发展什么组织的成员，所以，有新联、民青等成员。到 1949 年 9 月前，警察界共有盟员约 70 人，其中新联约 26 人，民青约 15 人，工盟 1 人，救盟、警盟 120 人。1949 年 10 月，警盟还发展了昆明市警察局三分局局长李志正，市警察局八个分局长中有五个分局长加入了警盟。到起义时，警察系统有 4 名中共党员，警盟成员总数达 170 人。

据不完全统计，到卢汉起义前夕，敌工组织所掌握的军盟成员有 335 人，另外，还发展了一批民青、新联成员。

在昆军统系统最重要的是滇站，它是军统在云南最高的机构。老中共党员宋方介绍宪兵十三团团长王栩参加军盟，把十三团从军统掌握下逐步分化过来。到卢汉起义前，所有军统系统，从昆明保密站到警备司令部、宪兵十三团、公路总局、第四运输处等军统各机构，都布满了我敌工小组的情侦人员。军统滇站中校特务程灿章加入军盟之后，按组织指示，以双重身份打入国民党保安司令部任情报组的副组长兼昆明小组长。他将特务活动的重要情报，敌特重要头目的材料、照片报送我党。国防部二厅测向台长陶毅加入军盟以后，按组织指示，将所掌握的军统人员在昆明活动情况，国民党在云南公开的、秘密的特务组织、电台及人员的情况和电讯情报密码等送交我党。

我敌工小组还根据形势的需要，开展政治攻势，利用各种关系、渠道将解放战争的胜利消息传播到敌人中去。如三大战役胜利后，敌工小组根据已经掌握的特务名单，指名道姓地向特务寄发署名为云南人民的警告信，警告特务们放下屠刀，投靠人民，不要做反动政权的牺牲品。1 月间，敌工小组又向搬了家的特务再次投了相同内容的警告信，在特务中引起极大的恐慌。警察刑警大队的队员郭荫南系军统中美合作所特训班毕业，接到两次警告信后，考虑到自己的前途，自动向上级请长假，脱离特务组织，另谋出路。李荣光介绍郭参加我党的外围组织救盟后，敌工小组经郭荫南在刑警大队的调查股、鉴识股、刑警队二组、警察总局督察室人事科，甚至在保安司令部保防处（滇站）等单位，都与一些军统特务建立了情报关系。有的特务接到警告信后说："既然人家能发信给我，冤有头，债有主，做什么事，人家清楚，今后凭良心干就行了。"有的说："为了生活干这种事，迟早会引来麻烦，干脆回家种田罢了！"警察总局刑警大队队长周伯先说："奸党"了解我们的情况，我们不知道他们在哪里，肯定我们内部有投靠他们的人，查出来"格杀勿论"。

1948 年至 1949 年间，国民党反动派在昆明市汽车东站、火车南北两站，以及碧鸡关等地皆设了检查卡，并在市区多次戒严、逮捕，对我地下工作人员来往安全威胁很大。我敌工组从警察一、二、三、五、六等分局盟员处提供了大量已盖章的空白身份证、通行证，为我党省市的负责同志和党员进行掩护，起到了很大的作用。例如，七·一五运动、"九九整肃"中几次由昆明输送干部出境时，均靠敌工小组掌握的敌情，以敌工组提供的身份证、通行证为掩护，来往于昆明与游击区之间，太平无事。刑警大队张应武（民青）利用其经管总局机要室、军统滇站、刑警大队所属送来的政治情报，随时向我党提供了有用的情报。1948年4月，李荣光获悉刑警队将逮捕女师附小的一个教师，及时向敌工组汇报；又从警务科得知在碧鸡关设卡，持照片准备逮捕一个从昆明去滇西的共产党嫌疑分子。省工委及时通知去滇西的人员不经碧鸡关而绕道出境。1948年6月，吉星明及时将敌人计划在学生游行时，将逮捕离队的学生的情报通知党组织。7月上旬，市工委委员高志远在南菁中学住宿，敌警宪包围该校。高从后墙翻出去，却留下一包文件在教师宿舍。吉星明在钱在贵、李荣光、赵大盈的掩护下，穿上警备部和警察的服装，进入被宪、特包围的南菁中学，按事前约定的暗号，在校内一老师处取出这包党内秘密文件交给高志远，里面都是党员入党申请、自传。7月15日大逮捕后，敌人把他们认为的"重犯"临时分八处关押在宪警机关。我敌工小组每天两次将审讯情况详细向省工委汇报。省工委以此了解每个被捕人员的详细情况，为营救工作和出狱后的审查提供了重要情报。以后，敌人把认为最重要的76人转到特刑庭，吉星明经钱在贵派两个在警备部的担任文书的民青盟员整理抄报每个人的口供，送给省工委。卢汉所属保安部队三十一团团长是军盟成员，驻防宜良县时，地方我党领导和游击队人员来往昆明与游击根据地，经过宜良县时，通行无阻。不仅如此，滇桂黔边纵队还在宜良城内设联络站，公开活动。

1949年9月8日，卢汉从重庆回昆明，拒不见客，与军统保密局长毛人凤等密商在昆大逮捕。我找高志远，要他很快搞清卢汉的动向。高志远将这一任务交给吉星明，吉星明即于当晚到卢汉亲信杨维竣家打听，见到卢汉副官送来的条子，内写道："维竣：最近不能见你们，请暂时避开一时。"我同市工委得知这个消息，立即采取紧急措施。卢汉警卫营在大逮捕前也向我敌工组反映了敌情，营长李焕文还把共产党员王子近等接到五华山该营隐蔽了一段时期。"九九整肃"共逮捕了480人，由宪兵十三团看守在陆军监狱。军统保密局长毛人凤要将其中的27人派飞机送往重庆处置。已参加军盟的宪兵十三团团长王栩立即向卢汉报告，卢汉急派警卫营替换了宪兵团看守，警卫营抗拒执行毛人凤的通知。中共昆明市委还经敌工小组及时找到云南省绥靖公署军法官、军盟成员刘汉章，要他想尽一切办法营救被捕人员。

我敌工小组成立以后，还有计划地调查掌握敌特组织人员名单、照片和住址。1949 年 6 月，随着解放战争形势的发展，为了迎接胜利，经赖卫民布置，敌工小组进一步汇集敌特名单，作为镇反肃特的依据，内容包括特务的组织系统、姓名或化名、年龄、籍贯、住址、职务、罪恶事实、来往关系、相貌特征等，并要求尽可能地取得照片。这个工作主要由在敌特机关工作的救盟、军盟、警盟成员完成，也有地下党各条战线转来的情报，有的甚至从警察总局会计室工资名册中，抄出在警察系统及刑警队的特务名单。省警务处管理档案的是新联成员，通过工作之便，抄出了云南警官中特警班毕业的学员名单。经过调查，将搜集的 300 余名特务的情况汇集成册，一式三份，准备在解放军到达昆明时，提供给解放军。

争取卢汉起义

统战工作重中之重是对云南地方实力派卢汉的工作，1945 年 10 月 3 日，蒋介石经过密谋策划，在昆明发动军事政变，逼迫省政府主席龙云下台，改组了云南省政府；12 月 1 日，卢汉就任云南省政府主席。

对于卢汉，在龙云统治时期我党对他也开展过工作，但卢汉与龙云有着不同的情况，能不能继续使用抗战时期的统战工作方法，成为我们考虑的主要问题。

为了掌握情况，利于工作，我通过新闻界的共产党员欧根、张子斋等多方深入了解卢汉的情况。卢汉是云南昭通彝族，与龙云是表兄弟。云南讲武堂毕业后，一直在龙云手下供职。大革命时期，龙云在与军阀的角逐中上台，卢汉为他立下汗马功劳。抗日战争中，卢汉任六十军军长，率领滇军血战台儿庄，被任命为第一集团军总司令。1940 年，日军侵占越南，经龙云向蒋介石要求，将滇军六十军的一八二师及一八四师调回云南，进驻滇南一带与越南边界临近的地区防守，派卢汉任滇南作战军总司令。1945 年初，第一集团军改为第一方面军，卢汉任司令官。抗战结束后，蒋介石趁龙云不防备，调虎离山，命令卢汉率第一方面军开往越南，接受日军投降，以使昆明空虚，他好下手。当卢汉带滇军到河内后，蒋介石就指挥云南警备司令杜聿明突然发动军事政变，改组了云南省政府。据龙云、卢汉的亲信安恩溥（彝族，曾任六十军军长）回忆，卢汉为了当省主席，接受蒋介石的条件，竟将滇军全部家当，六十、九十三两个军还加上十九、二十三两个师也主动调往东北参加内战。

蒋介石解决龙云的目的是企图用中央嫡系来控制云南。龙云下台后，他任命其嫡系李宗黄为代理云南省主席。但由于李宗黄制造了一二·一惨案，在全国人民的愤怒声讨下，蒋介石不得不将李宗黄调走，使他欲由中央嫡系统治云南的阴谋也随之落空。

我们分析认为，卢汉的本质属于大地主大资产阶级，但他是地方实力派，就我党的统一战线政策而言，属于中间势力的范畴。龙云虽然下台，但蒋介石排斥异己的政策与地方实力派之间的矛盾不会消失。因此，在有条件的情况下，我们仍要坚持利用这种矛盾，对卢汉采取争取的方针。根据这一方针，在历次民主运动中，省工委在政策上仍集中精力孤立、打击国民党中央嫡系在云南的势力。

卢汉上台以后，采取的是"拥蒋保己"的方针，我们对他的认识也有一个过程。一二·一运动和李闻惨案期间，我们对卢汉投靠蒋介石，配合国民党势力镇压人民运动的情况还不完全掌握，对其投靠蒋介石的一面还没有充分认识。但从1947年的助学运动、人权保障运动到1948年七·一五"反美扶日"运动中，我们对卢汉的所作所为逐渐认识清楚了。例如，在助学和人权保障运动中，当学生到省政府请愿，反对非法捕人时，卢汉竟说：人是我下令抓的，我要抓人就抓，不管什么非法和合法。七·一五"反美扶日"运动中，卢汉和云南警备司令何绍周狼狈为奸，合谋大规模地镇压学生爱国民主运动。学生被围在云大会泽楼后，卢汉先向学生表示不逮捕，但学生下楼后，他竟自食其言，大肆逮捕学生。卢汉反共拥蒋，费尽心思。1948年五六月间，我们通过统战关系派余卫民到新平，在新平专员公署当上了特派员，利用这一合法身份到滇南地区了解地方割据势力的情况。卢汉知道了，就写了一封密信给新平专员严中英，说徐宁生（余卫民）是共产党的人，你不应该任用他。1948年10月，思普区恶霸张孟希屠杀共产党人曾庆铨、蒋仲明。卢汉知道了，立即派禄国藩（彝族，曾任过地方昆明宪兵司令）到宁洱磨黑，嘉奖张孟希反共有功，并委派张孟希为宁洱专员、保安副司令员兼车里县长，还分别委派张孟希的两个弟弟为镇越县长和江城县长，鼓励他们继续反共。新平恶霸李润之公开疯狂反共，卢汉也派禄国藩去新平表扬和鼓励他。

1948 年前后，我们逐步清楚地认识到，卢汉以公开反共来"拥蒋保己"是很明显的。所以，对卢汉的争取工作，任务很艰巨，必须采取迂回战术，多层次多方面逐步开展。经研究，首先从几方面下手：第一是通过我敌工小组开展情报侦察工作，从各方面掌握和了解卢汉的动向；其次是经过省参议会我统战小组，争取团结大多数中间势力和地方势力，抵制和孤立国民党中央势力，推动和支持卢汉与国民党中央势力进行反控制的斗争；三是通过卢汉周围的人，重点是省参议员刘淑清和民政厅主任秘书吴少默，以及民政厅长杨文清，九十三军军长龙泽汇（卢汉妻兄）和安恩溥等做卢汉的工作。

1949 年初，辽沈、淮海、平津三大战役胜利结束，解放战争取得了决定性的胜利。1 月 14 日，中共中央毛泽东主席发表《关于时局的声明》，说明中国共产党愿意和南京国民党反动政府及其他国民党地方政府和军事集团，在八项条件的基础上进行和平谈判。党中央在揭露蒋介石反动派和平阴谋的同时，表明了争取各个地方实力派的政策。在这种形势下，我们认为胜利的形势已经迫近，要加强对敌人的政治攻势。一二月间，我同昆明市委商量决定，经敌工小组指名道姓地向昆明的国民党省市军政人员和特务投递署名为"云南人民"的警告信，指出国民党政权即将垮台，警告他们要放下屠刀，投靠人民，不要做反动政权的牺牲品。警告信发出以后，在特务中引起很大震动，有的特务忙着搬家，有的则审时度势，寻找种种理由为借口脱离特务组织。公职人员也纷纷私议如何自保，但卢汉却无动于衷。

1949 年 2 月 12 日，昆明市民群众在国民党通货膨胀、民不聊生的情况下，因国民党中央银行昆明南屏街分行当天上午发行的关金券，下午就宣布作废，愤怒的市民冲进该行，捣毁簿籍、文具，撕毁纸票，以泄心头之愤。卢汉闻讯，立即命令反动警察和宪兵包围了现场，逮捕了很多市民，并赶至南屏街，当场下令枪杀无辜群众 21 人。

事件发生后，我们认为这是卢汉自绝于人民，对蒋介石表示效忠的严重事件，必须予以揭露。上海《新闻报》记者严达夫（共产党员）和《大公报》记者高旭立即在两份报纸上反映了这一事件。我们通过在昆明一些报纸工作的地下共产党员把这一情况及时反映到香港《群众》杂志。顿时，全国舆论哗然。

对于卢汉残杀人民的罪恶行径,中共中央给予了严正谴责。新华社发表了《警告杀人犯》的短评,指出:"这是穷途末路的反动政府屠杀人民的新血债。对于国民党杀人犯们的这些惨无人道的罪行,全国人民,首先是解放区的人民已表示了正义的愤怒。""我们现在郑重警告那些愿与中国共产党进行和谈的国民党政治人物:你们如果连这种血腥罪行都不能立即确实的制止,那么你们就不能使人相信你们的任何言词,那么你们就不能表示你们同那些万恶的国民党死硬派有什么分别。至于那些杀人的凶手们,他们决不能逃避他们的全部罪责。中国人民解放军必将追寻这些杀人犯至天涯海角,务必使其归案法办。战争罪犯必须严惩,杀人者必须偿命,血债必须付出加倍利息。"同时,中央并把卢汉列入第二批战犯名单。昆明市委收到新华社《警告杀人犯》的短评后,布置昆明我敌工小组将登载这一消息的《新华电讯》投寄给卢公馆。同时,通过各条渠道,寄给卢汉周围的人员。

1949年二三月间,因省工委委员张华俊、李雨枫常在思普区,仅我一人在昆明主持工作。为了进一步了解卢汉的动向,我召集省工委统战小组开会汇报情况。会上,杨青田反映说,卢汉邀请他参加他召集的研究时局和云南出路问题的座谈会。参加这次座谈会的人有前陆军大学校长、第一任驻苏大使杨杰(杨耿光)、省经济委员会主任缪嘉铭及杨文清、安恩溥、省参议会议长徐继祖等。杨青田说:从座谈会上卢汉的言谈看来,新华社《警告杀人犯》的短评,给卢汉以很大的震动。在另一次我同杨青田碰头时,杨向我汇报说:吴少默从杨文清处得悉,卢汉委托宋一痕为代表,带着给毛泽东、朱德的信到香港,通过黄洛峰等找到中共香港分局,表示愿意接受"指示"。香港分局主要负责人潘汉年接见宋一痕,并向周恩来请示。香港分局答复卢汉:云南、四川均可按北平方式行事,可以更多地照顾地方实际。在杨青田反映卢汉派宋一痕去香港之前,云大党支部书记史坚亦向我反映,她所联系的民青盟员席淑芳(后入党)向她汇报了她姐夫宋一痕的活动情况。她说:卢汉派宋一痕去香港找共产党的关系。对于以上情况,我分析说:卢汉在我党的强烈谴责下,不得不考虑他的前途,如果他一意孤行,追随蒋介石,蒋介石一旦垮台,他就要被人民追至天涯海角。经过反复考虑,卢汉才决定要找我党联系,这是他在这场国共决战中,为自己准备的一条后路。

1949年夏,中共云南省工委领导的武装斗争已蓬勃发展,游击队已活动到了昆明外围。在党的七届二中全会上，毛泽东提出了今后解决残余的 100 多万国民党军队的天津、北平、绥远三种方式。省、市工委组织学习会议精神后，确定我们对云南的工作方针是：发动群众，大力开展武装斗争，在作好配合野战军解放云南的准备的基础上，争取以"绥远方式"解放云南。按照中央的方针，通过工作，昆明地区出现了一股争取局部和平的势力，省参议会也以地方人士的色彩开展了争取局部和平的活动，如驱逐何绍周、拒绝胡宗南和桂军等入滇，反对蒋介石残余力量溃退入滇等，给卢汉以一定的影响。

这时，昆明市委委员赖卫民向我反映，敌工组（情侦组）获悉：卢汉在派人与中共中央联系的同时，也派人找云南地下党联系。他通过其妻兄、九十三军军长龙泽汇派与原云南人民讨蒋自救军第一纵队司令员、桂滇黔边纵副司令员朱家璧相识的吴树桐，到弥勒西山根据地找到朱家璧，要求会谈。

早在 30 年代初，朱家璧和龙泽汇就一起考入国民党中央军校武汉分校，后又一起分配回云南，同在滇军供过职。朱家璧认为事关重大，须与上级联系后再作决定。吴树桐走后，朱家璧经敌工组的朱华辗转向我反映了情况。我要赖卫民经敌工组找到朱家璧派到昆明办事的朱华，转告朱家璧：卢汉这个人一支香烟未抽完，就杀了二十几条人命，是杀人不眨眼的，是很反动的。他来找你，是布置一着闲棋，可与他联系，但要提高警惕。

在此之前，杨青田向我反映：卢汉还于 1 月间派"CC"分子王政到溪口向蒋介石表示效忠，说他不买李宗仁的账，蒋介石对之大加赞许。我同杨青田等分析，看来卢汉是脚踏两只船，哪边轻哪边重，还要看形势的发展。现在看来放在蒋介石那边可能要重一些。我们的方针，是要争取其投靠人民那只脚逐步重一点。

1949 年 7 月间，我到滇东南出席区党委扩大会议期间，桂滇边工委书记周楠告诉我，当时朱家璧也向桂滇黔边工委反映了情况。4 月 28 日，周楠和纵队司令员庄田给华南分局发电报，提出："卢汉派人携亲笔函找朱（家璧）等接洽，庄（田）、郑（敦）拟同意起义，并把游击队主力调集向昆明靠近，配合起义。"5 月 11 日，中共中央向华南分局发出给桂滇黔边工委的指示，指示中说："卢汉在滇同样是血腥统治，为大势所迫，亟图反蒋自保，所谓'起义'不可即认为是真正转向人民，不可对之存幻想。但如决心发动反蒋，在可能条件下，我可以一部武装配合卢军消灭蒋匪势力，但除此以外，不可订任何条件，不可接受任何约束。至于云南和平问题，应要卢汉派全权代表直接到北平同人民解放军总部谈判。至于我军行动，虽在可能条件下，可以一部配合消灭蒋匪势力，但大部应在现有地区，利用空隙发展，同时加紧巩固与深入农村根据地的工作，切不可单纯军事冒进。"

5月，卢汉派龙泽汇与朱家璧在磨盘寺会谈，交换了对形势的看法，商谈了建立联系和要求卢汉给人民武装支援武器弹药的问题。在此前后，卢汉曾两次输送武器弹药给游击队。新中国成立后据当时军统云南保密站站长沈醉的回忆说，当沈醉将卢汉送武器给游击队的情报报告了军统局长毛人凤后，毛人凤说，这是卢汉作为向中央"要挟"的本钱，决不是希望共产党壮大起来来取代他的地位，只不过是卢汉权衡利害得失的一种策略。

这段时间，龙云也迫不及待地要卢汉立即起义。杨青田对我说：在香港的龙云看到蒋介石的失败已成定局，急于想叫卢汉在昆明起义，就派秘书张增智到昆明策动卢汉举行起义。杨青田并向我介绍了张增智的历史情况和她与龙云的关系，要求我与她见面谈谈。张是20年代的中共党员，曾参与"倒唐"斗争。早期中共党组织遭受破坏以后即失去了组织联系。我同意了杨青田的意见，并要他安排与张见面。据当时在上海做情侦工作的吴克坚后来对我说，当年龙云逃出南京时，张增智找吴克坚联系过。

经杨青田的安排，我和张增智在金碧路一个商行的楼上见面。我们互相交换了对卢汉的看法。我说：争取卢汉弃暗投明，我们在这方面亦在做工作。如要卢汉现在就起义，时机未到。卢现在似以亲蒋来保存实力，我们要敦促卢汉向起义方向一步步地走，目前可不动声色地为将来起义做些准备。在准备期间，要推动卢汉逐步摆脱蒋介石的控制，逐步靠近人民，不要再做那些危害人民、为蒋卖命的事。要争取他对城市民主运动和农村革命武装部队暗中支持；对蒋介石特务的活动给予控制、拆台、打击。我同张增智商量，这些都可作为她的意见向卢汉提出。

这段时期，中共中央也加强了对卢汉的争取工作。据事后所知，参加傅作义起义的原国民党北平警备总司令周体仁（云南人，傣族）受解放军总部派遣回到云南，做争取卢汉起义的工作。与此同时，省工委敌工组反映，在东北起义的六十军和被俘的九十三军中，有的是在抗战时期即埋伏在滇军中的中共党员，其周围团结了一批进步军人。在党中央的安排下，经合法手续陆续回到云南，以旧部属关系，向卢汉做争取工作。例如九十三军中的李焕文，回云南后，即被卢汉任命为省府警卫营长，后又任命为保安十二团团长。李在警卫营时由省工委敌工小组个别联系，不与该营党支部和党员发生横的关系。敌工组又反映原滇军六十军被俘军官张秉昌回到昆明，向卢汉转达了中共中央军委争取卢汉起义的意愿，卢汉委张为保安部队师长。

这段时间，无论情侦工作及统战工作都有大的开展。1949年6月底，我到滇东南游击区，参加边区党委扩大会议。在去滇东南之前，我委托昆明市委书记陈盛年联系省参议会统战小组的杨青田等人，对敌工作组仍委托市委赖卫民继续联系。并交待昆明市委按照中央方针抓紧促使卢汉起义的工作，关键性大事向上级请示，具体事情由市委直接处理。我离昆后，市委积极做争取卢汉起义的工作。

滇桂黔边区党委向华南分局报告了卢汉的政治动态和争取卢汉的工作情况，分局及时报告了中央。6月26日，中共中央电示边区党委派人到昆明通过宋一痕对卢汉转达中共中央的五点要求：（1）要让云南人民武装发展，并支援武器弹药钱粮；（2）发动省参议会群众团体拒绝蒋桂军队入滇；（3）地方保安部队集中应变；（4）控制特务；（5）卢汉部队要严明纪律，保护国家资财。

我离开昆明以后，昆明市委几次与我通信，汇报争取卢汉工作的进展情况，我也用书信给他们指示。在书信汇报中，我了解到，几个月来，昆明的统战工作有很大的进展。省参议会统战小组团结多数，揭发何绍周贪赃枉法、走私贩毒等罪行。驱逐何绍周出滇，撤销了云南警备司令部和沈醉主持的军统保密站，另在卢汉绥靖公署下成立了保防处。卢汉周围的两个经常座谈时事的会，我们都掌握情况，并经常按照昆明市委研究的意见在其中起促进作用。杨青田等还通过省参议员、南屏剧院老板刘淑清取得重要情报，做争取卢汉的工作。与此同时，我对敌工作组的工作也有很大的发展，在省政府警卫营，从营到班、排骨干，大都是我们的情侦人员；有的外围组织成员还打入军统滇站、省保安司令部情报组，对卢汉和军统滇站行动了如指掌。市委向我反映，卢汉在各方敦促之下，对反蒋投靠人民有所考虑，但决心未下。

8月，在边区党委扩大会议上，朱家璧汇报了第一次同龙泽汇商谈的经过，以及卢汉再次派人要求与边纵进行谈判的情况；我也汇报了在昆明争取卢汉的工作。区党委遵照中央的有关指示和政策，决定同意朱家璧、张子斋等人与卢汉谈判。区党委研究认为，我们同卢汉代表商谈，主要是争取他靠拢人民，至于起义问题，应按党中央的指示，请他派代表到北平，同人民解放军总部直接商谈。会后，朱家璧、张子斋、郑敦代表边纵，根据中央电示精神，在路南石林再次与卢汉代表龙泽汇商谈。商谈的主要内容是在分析形势，明确交待我党方针的基础上，着重讨论卢汉起义的时机、云南保安部队的行动，以及向我边纵部队提供情报等问题。会议达成的协议：一是卢汉起义应在我解放大军进入云南之际，在此之前，云南保安部队不向我方进攻；二是卢汉应向我方通报保安部队的行动路线，并及时给我军提供国民党中央军的有关情报。

8月30日，根据区党委会议决定，我回昆明代表区党委处理昆明等地的工作。到昆后，陈盛年同志向我汇报说：由于8月24日蒋介石由台湾经广州飞到重庆，妄图抢在人民解放军向西南进军之前，亲自部署在西南负隅顽抗，遂于8月末派张群、萧毅肃、俞济时、蒋经国等先后来昆，促卢汉赴渝接受蒋介石部署其陆军总部等机关迁来昆明，省政府迁往大理。同时调动部队威逼昆明，形势已十分紧张。陈盛年并汇报了形势和昆明市委的应变部署。他说：昆明市委已布置在一线工作已暴露的党员，除必须坚守岗位者外，立即隐蔽，准备由陆路、水路两条路线进行疏散转移。同时，市委指示新闻界的党小组不能撤退，要在第一线坚持斗争到胜利。新闻界党小组先后组织在《平民日报》《观察报》《正义报》上发表了《警惕一个血腥的阴谋》《从谣言说起》《小心火烛》等评论文章，号召人们对蒋介石反动派镇压人民的阴谋提高警惕。

杨青田等向我反映说：蒋介石召卢汉到重庆，卢汉忧心忡忡，举棋不定。他先派杨文清去重庆，蒋介石坚持要卢去渝。卢汉召集周围人员商量他是否到重庆去？参加会议的人都说不能去，他犹豫不决。杨青田向我反映后，我同杨青田分析，一旦卢汉到重庆，可能有两个前途：一是接受蒋介石的条件，回来镇压人民；二是回不来，被蒋介石扣留。杨青田说：他身边的很多人都不主张他去。我说应尽力阻止他去。杨青田约着缪嘉铭、徐继祖去找卢汉谈，卢汉说他几次推托都未能得逞，看来不去不行了。

卢汉走后，9月8日，在了解到蒋介石向卢汉提出的条件后，我感到局势严重，要给下面的同志打个招呼，以便作好防止突然事变的准备，于是给滇中、滇南、思普地委写了一封信。在信中，我向他们通报了卢汉到重庆去的情况，然后谈了我对卢汉情况的估计。我说：蒋对云南志在必得，由于这样，在政治上软硬兼施，逼卢为之殉葬，要卢去渝，并提出下列条件：省府局部改组；国军入滇；滇越、滇黔路由中央军控制，昆明、蒙自、沾益、保山四机场由中央军控制；镇压昆明学运；恢复征兵征粮。如卢接受条件，则昆明市区可由保安团负责城防，二十六军撤出昆明；中央补助卢以反共之弹药机枪钱财；恢复滇军九十三军建制，以龙泽汇为军长。以上条件，卢全部或部分接受，因彼尚在渝未悉。基于其保己之政策，接受蒋匪条件，已属必然。我还分析说：蒋、白残部窜滇境已势所必然，卢曾经有过反蒋的样子，那都是看见人民力量的强大而作为保己的手段罢了。到现在，一方面是蒋的压力在当前，一方面解放的火焰在较远的广东、湖南地方燃烧，于是为了保己，屈膝接受条件，牺牲人民利益，造成了当前云南工作可能经历一段艰苦的过程，也许在时间上这过程很短。为此，我提出的具体任务是：粉碎蒋桂残部逃窜云南，配合解放大军解放全省。必须认识云南人民与蒋的矛盾是不可调和的矛盾，因此要歼灭蒋军残匪，要打击与逐步地歼灭二十六军的有生力量，利用反动派矛盾，才能改变云南局势。过去指出的放手发动群众，建立与提高主力，各区打成一片基本上仍应执行。特别在滇南应把二十六军看成主要敌人。滇南思普及滇中在战略上应作机动的配合，在情报工作上应密切联系，以便歼敌。

事实正如我所料，卢汉接受了蒋介石的条件。据蒋经国在日记里写道："父亲正对西南局势，尤其是对滇局忧虑之际，卢汉果于本日下午来渝，致一切既定方针，必须改变"。"此时云南问题实为国家存亡、革命成败之最后关键，如能兵不刃血，和平争取，殊为最大之幸事；且中央军入滇与驻滇各军，皆无必胜之把握，故不管滇卢如何狡狲成性，首鼠两端，亦只有予以相当之满意。"卢汉到重庆后，蒋介石拟定了肃清中共及"反动分子计划"，并与卢汉作了长谈。蒋卢双方商谈后达成协议，蒋介石许诺发给卢汉"剿共"经费 100 万元，给卢汉两个军的编制和番号，拨给军饷武器装备；所有在滇的军警宪特归云南绥靖公署主任卢汉指挥；卢汉则接受在昆明进行"整肃"，让蒋系所属进入昆明，蒋系中央军与滇军"围剿"云南共产党领导的边纵；机场、铁路交通线划归蒋军控制，部分改组省政府等条件。

9 月 8 日这天，李渤生送周楠一行上飞机去香港，见到机场军警森严，不知何故。事后才知，李渤生在机场恰碰到的是卢汉从重庆回来，与卢汉同时到达昆明的还有保密局西南区区长徐远举、西南特区副区长周养浩、军统贵州站站长兼贵阳警备区副司令陈世贤等大批特务，国民党中央政府军统保密局长毛人凤也随后到达。

卢汉接受了蒋介石的条件以后，就根据蒋介石的意旨，筹划捕人，部署地方保安团同蒋系中央军对边纵进行"围剿"。据新中国成立后所知，徐远举交待，他当时是"西南行政长官公署派驻云南'九九整肃'的代表，对云南的情况不明了，没有材料，没有进步人士的黑名单，临时由沈醉派丁翔抄点黑名单。给的名单很草率，极不具体，只有姓名，没有住址，没有政治身份和职业。大逮捕主要靠卢汉提供的一些黑名单"。他说："卢汉开了杨青田、马伯周、李群杰、朱健飞、尹嘉诚、惠国钧、马曜、金汉鼎、杨池生等39个人的黑名单，一律逮捕。"

杨青田向我汇报，卢汉回昆明以后，整天不出门，也不见客。我同杨商量，立即找省参议员、南屏戏院老板刘淑清到卢汉夫人龙泽清那里去打听。不久，刘淑清得知卢汉要大逮捕的消息，很快就告诉了杨青田、唐用九，杨青田及时向我作了汇报。与此同时，龙泽汇写了一个条子，叫警卫营的士兵把大逮捕的消息通知杨维竣，恰好这个警卫营的士兵是我敌工小组联系的成员，他即刻向敌工组反映。昆明市委得到信息后，立即采取了紧急措施，继续撤退和隐蔽已经暴露的党、盟员，留昆坚持工作的人员停止一切可能暴露的活动。同时，在所有党、盟员中加强了保卫组织、保守党的机密、万一被捕不怕牺牲的气节教育。

9月9日，卢汉突然宣布解散省参议会，封闭了报馆、学校，在军统特务保密局毛人凤、西南区头目徐远举的亲自主持下，实行大逮捕。被捕的有省参议员14人，新闻界的编辑、记者、职工100多人，还有五三兵工厂、云南纺纱厂、铁路局、邮电局等单位的工人和部分教师、学生等共480人。昆明陷入一片白色恐怖之中。

大逮捕的头一天，我与杨青田曾碰过头，因杨青田说还有很多重要情况需要向我汇报研究，于是我们约定次日上午到王少岩家碰头。当时，我考虑王少岩是云南有名的腾冲帮大商人、云茂纱厂的老板，国民党第八军军长李弥是他的同乡，经常住在他的家里，估计敌人也不会注意，便同意了杨青田的意见。

9日上午8时半左右，我按与杨青田约好的时间地点去与他碰头，我打扮成商人模样，在路上绕了几个圈子，看后面有没有盯梢的，就经金碧路南头左转弯，到靖国新村。走到王少岩公馆附近时，发现那里有一些不三不四的鬼鬼祟祟的人。这地方很僻静，当时路上只有我一个人。这时我想，我不能后退，后退就会引起特务注意。于是我就若无其事，昂首阔步，大摇大摆地走了进去。我对门房说"我找王少岩先生"，一边走，一边盘算对策。我本不认识王少岩，从杨青田的谈话中，我知道他的思想有进步倾向。

进了王少岩家，王少岩到客厅见我，但未见到杨青田。我心中暗想：不好，杨青田一定遭遇不测，很可能已被敌人抓捕。但又来不及多想，就在客厅同王少岩不动声色地谈起来。我知道云茂纱厂有个股东不在昆明，就托词说我是他的亲戚，因现在不在昆明，带信让我来看看他，顺便问问纱厂的经营情况。我和王少岩谈了约一个钟头，全是关于纱厂经营方面的事。我知道一点棉纱行情，也谈到棉纱买卖。我估计即便有特务躲在王家，他们也看不出破绽。估计时间差不多了，我向王少岩辞别，大摇大摆地走了出去。解放后，王少岩当了省政协副主席。有一次在政协会上碰到他，他一见到我就说："我们不是见过面吗？"我说起那次相见的情况，他啧啧有声，感慨不已。

大逮捕发生后，面对云南局势出现的大反复，我们紧急研究对策。我想，这次被逮捕的人中有好几个前几日还同卢汉在一起座谈，研讨形势，卢汉却一下子翻下脸来，使其阶下作囚，形势真可谓是瞬息万变，卢汉真是反复无常。鉴于几年来云南人民遭受的血腥镇压的教训，我同昆明市委研究认为，从卢汉的动态来看，为了保持其实力及自己的利益，已倒向蒋介石一边，我们宁可把形势发展估计得坏一点有好处。

我在昆明安排好工作后，即赶到滇南召集边纵九、十支队及滇中独立团负责干部，研究粉碎敌军的"扫荡"，部署打通滇南与滇东南的联系，把几个游击根据地连成一片，以便将来配合野战部队歼灭残匪的问题。

9月中旬，我从阳武开会后到新平，接到昆明市委的紧急信，要我回到昆明，有要事相商。我从滇中游击区赶回昆明，见到从滇东南来昆明的郑敦。他说边区党委遵照中共中央电示，仍应加紧争取卢汉的工作。我与郑敦共同听取昆明市委书记陈盛年对当前时局的汇报和分析。经过研究，决定仍按中央指示精神，继续开展争取卢汉的工作，通过宋一痕向卢汉讲清我野战大军即将进军解放西南的形势和共产党的政策，严正指出卢汉违背了自己的诺言，为蒋殉葬是自走绝路，劝其悬崖勒马。我们商量决定向卢汉提出七条具体要求。即：

一、停止捕人，保证被捕者生命安全，勿施刑罚，并寻机释放；

二、恢复报社、学校；

三、将特务名单交我，并压制特务活动；

四、保证保安团不向我进攻，将滇西四个保安团调昆，在铁路线保安团应付蒋军牵制，并随时将蒋军部署行动告我；

五、地方行政人员，反动者撤换，恶霸武装予以改编或解散；

六、我对卢辖区不反共武装及行政人员不予攻击；

七、彼此设一电台，密切联系。

郑敦将这些意见告诉宋一痕后，宋一痕表示愿向卢汉转达。但卢汉不理睬，也不回信。

鉴于卢汉屈从蒋介石后云南形势发生的变化，我同郑敦商量当及时返回游击根据地，继续开展武装斗争。于是，我们把党中央同宋一痕约定的联络暗号交昆明市委陈盛年相机行事。在对昆明工作作适当安排后，我同郑敦分别回到根据地。

1949年10月1日，中华人民共和国成立。人民解放军继续胜利进军，桂系白崇禧部主力在湖南被歼灭。10月14日广州解放后的第二天，中共中央指示滇桂黔边区党委：反动派的目的在于使云南成为反动残余在西南负隅顽抗的基地；蒋介石还会步步紧逼，以达到完全控制的目的，但蒋卢之间的矛盾不可能消失，到解放军接近云南时，在进步分子影响下，卢汉仍有靠拢人民的可能。对卢汉执行蒋介石反动命令要加以揭露和反对；各游击区要积极反"围剿"，要继续加强统战工作和对保安团的工作；要深入发动群众，作好配合大军解放云南的准备。

10月16日，我在滇中传达了中央的指示，并分析了国内形势。我说："估计三五月就可以解放全国，解放西南。因此，我们今天应该大胆地从后面打击敌人，歼灭敌人有生力量。最后配合野战军解放全省。"我分析了蒋介石对云南的政策，一是在政治上抓紧卢汉，利用卢汉，拉卢汉下水；二是在军事上计划调四个军入滇，准备控制川滇、滇越铁路等。我详细分析了卢汉一年的变化和反复，提醒大家要认识卢汉的本质，对卢汉不能抱有任何幻想，要立足于发动群众，团结一切可以团结的力量，发展自己，打击敌人，壮大自己的力量。

11 月中旬，陈盛年约我到呈贡，由呈贡县委书记王茂安排在一个党员家里见面，陈向我汇报了昆明的工作情况。他说：从反革命"九九整肃"中大批的党员和进步分子被捕以来，昆明市委即从我敌工组以及各种渠道，同被捕党员设法联系，并了解其情况。由于党员们经过革命气节的教育，大家都有坐牢和牺牲也决不叛党的思想准备。在敌人的监狱中，他们经受了严峻的斗争考验。特务头子周养浩对大家"训话"，扬言实施自己屠杀革命烈士的血腥手段，进行恐吓，妄图摧垮被捕人员的意志；接着，又要大家写"悔过书""坦白书"。共产党员、秘密外围组织成员与民主人士和群众一起团结一致，与敌人进行了坚决的斗争。敌人利用种种手段都未能找到共产党的线索。如李群杰被带到蔡公祠宪兵十三团审讯时，敌人追问他写过哪些文章，与杨青田、李剑秋是什么关系等等，李群杰严守党的秘密，使敌人一无所获。省参议会进步参议员赵延康、万寿康等人已经估计到杨青田等人是党员，但无论敌人怎样威逼、用刑，都守口如瓶，咬定参议会的一切活动都是代表民意。新闻界的新联成员洪树勋、杨登峰、罗琅等，在敌人的刑讯下表现都很坚强，受刑后回到牢房后，就立即告诉有关同志："我什么都没有说。"《大观报》的编辑孙光庭只是一个进步群众，当敌人审问他一些社论是谁写的，他明知是共产党员严达夫写的，却故意说是已经前去香港的另一个人写的。民主人士马伯安在狱中表现十分坚强，写诗痛骂国民党。敌人把一些特务分子也放进监狱，妄图刺探情况，寻找突破口，但大家都保持了高度的警惕。李群杰、严达夫等人还通过家属送信和外面的党组织取得了联系，汇报狱中的情况，外面的中共组织向他传达党的指示，要他团结群众，进行斗争。

与此同时，市委通过敌工工作、亲友、统战关系等渠道掌握情况，保护和营救狱中的同志。军统特务头子毛人凤提出名单、坚持要杀害 200 人，并企图假卢汉之手来实施这一阴谋，以便拉卢汉为他殉葬。我对敌工作小组布置云南省绥靖公署军法处中校军法官刘汉章（军盟成员，与卢汉有亲戚关系），向卢汉讲解毛人凤的阴谋，要卢汉慎重从事。刘汉章对卢汉说：这个案子要特别认真，慎重处理，一定要防止毛人凤等借刀杀人，假手行凶，用我们的手，杀他们要杀的人，促使我们反共到底。并向卢汉建议：将毛人凤、沈醉交给卢汉的杀人名单压下来，将案子交给军法处办理，规定没有卢汉和军法处的传票、提票、释票，任何人不得传审、提审和调动，做到这一步，再与他们软拖硬磨，拖延时间，相机行事。

卢汉接受了刘汉章会审的建议，发报向蒋介石请示。蒋见卢所提组织军法会审所有"九九整肃"被捕的人，组织五人会审，请他指派三人，即批示"同意照办"，并指派西南军政长官公署少将军法处长陆坚如、西南军政长官公署上校军法官阎仲铎、西南军政长官公署云南军政处长沈醉参加会审，还电令沈醉等将此案移交云南绥靖公署军法处组织军法会审。卢汉则故意拖延时间，等毛人凤等离开昆明以后，卢汉即任命云南绥靖公署军法处长杨振兴为军事法庭审判长，陆坚如、沈醉为审判官，阎仲铎、刘汉章为军法官，刘汉章任主办军法官。命令将所有被捕人员集中关押在陆军监狱，没有卢汉本人的手令或军法处的传票、提票、释票，任何人不得传讯、提审和调动，违者军法从事。在这种情况下，刘汉章等又通过用金钱收买的办法，拉拢和收买了陆坚如等人，掌握了提审和处理被捕人员的主动权。

沈醉一再催促处决100人，刘汉章等一直以案情重大，人数众多，不能草率从事，必须经过复审认定，才能提交军事法庭会审为理由拒绝。沈醉等又将杀害人数减至80人。刘汉章等坚持要经复查证据确凿，依法认定有罪后才能提交军法会审。沈醉等又将80人减为40人。但刘汉章等仍坚持要一个一个地复查后才能作出判决。在此情况下，由刘汉章等人直接对被捕人员进行审讯，并选择了我隐藏的敌工组人员作书记官，取得了无罪的证据。

11月中旬，国民政府代总统李宗仁到达昆明。这时，我市委发动地方人民团体如耆老会、教育会、农会、工业会、商会、妇女会等纷纷向李宗仁上书，请求对被捕的"政治犯"给予从宽处理，以安人心。各界主持正义的人士都挺身而出，保释被捕者出狱。如著名学者、教授方国瑜、邓孝慈、杨坤为营救李群杰向省政府写了报告和证明材料。这时，辛亥革命元老、云南著名上层人士李根源从腾冲来到昆明，派人到狱中探望杨青田，向杨青田提出要被关押的人写一封信给卢汉，方便他向卢汉讲话，进行营救。严达夫就利用这个时机，发动大家联名给卢汉写信，要求释放被捕人员。我昆明市敌工小组也利用各种渠道，向在昆明的国民党上层人士秘密投送《约法八章》和刘、邓《四项号召》，掀起了强大的政治攻势。在社会舆论的压力下，李宗仁于11月15日代电卢汉："据滇省农会、总工会、商会、教育会、工业会、耆老会及昆明市公众团体来呈，关于前次整肃昆明反动分子一案，请求政府早日从宽处理结案，以安人心等情，除将原呈发交贵主任核办外，特再电达，仍希迅予酌情从宽处理为盼。"卢汉接到李宗仁的指示后，遂以"证据不足"为由，先后释放了被捕人员。新中国成立后，据当时任西南军政长官公署保防处处长的徐远举交待："九九整肃"事件，"在所有逮捕人中，一个共产党员也未清出来，更说不上破获地下党组织。"

1949 年 12 月 10 日上午，我在滇中根据地见到了从昆明赶来送信的李渤生。他说：12 月 8 日，昆明市委知道卢汉即将起义的消息，陈盛年通知他从通海立即回昆。当晚，交给他一封信，叫他火速交给我。他赶到新平，新平地下县委李厚安告诉他我在峨山富良棚。于是他到富良棚找到了我。我看了来信，知道卢汉即将起义，就立即赶回昆明。当晚到达玉溪，住在北城地下党员李丽珍的家里，等昆明派车来接。

11 日，张子霖、花灿开着曾华堂的吉普车到了玉溪北城，同时带来了卢汉起义的消息。这时我想，应立即给滇南地委、边纵十支队的负责同志通报情况，于是我写了一封信，通报形势并部署工作。我在信中说："12 月 7 日，张群代表蒋匪来昆，逼卢接受伪中央迁昆命令，卢未接受。张电蒋说迁昆事暂缓，蒋回电令余（程万）、李（弥）、龙（泽汇）三伪军长去蓉。卢一面布置城防，一面敷衍张群。8 日，张等飞蓉，卢把即将'起义'事告我党。""目前形势的发展证明党中央的估计是完全正确的。卢之所以起义，第一是在我党中央政治号召及解放大军压境影响之下；第二，由于卢汉接受蒋介石反动措施以来，我党在军事上不断予以打击，在政治上严词警告，但不放弃可能条件之下对他的争取（争取其靠拢人民）；第三，由于蒋卢之间的矛盾，在卢为了保己之下，这种矛盾便更加尖锐起来。卢汉过去以搭线来保己，又曾以反共来保己，今天则以'起义'来保己，如果我解放军能迅速到达，如果能阻击歼灭逃敌，如果乘此扩大政治攻势以发动群众以瓦解敌人，并争取卢部属进一步向我投靠，则云南全省解放时间可能提早，大大地提早。"

在信中，我对他们的指示是：必须要等解放军来到，建立了新的革命秩序才能算解放。目前应利用这种的局面，加强粉碎残匪，争取卢部署进一步投靠，发动群众以迎接解放大军的到来，然后才能胜利地解放全省。为此提出：

1. 大规模展开政治攻势，宣传我党我军的胜利，宣传约法三（八）章，刘伯承、邓小平布告，宣传"首恶者必办，胁从者不问，立功者受赏"的政策，以争取多数，孤立少数，瓦解敌匪。

2. 利用矛盾，争取卢部署军政人员投靠人民，瓦解顽固反共分子（以其部署下层贫雇农觉悟群众及中下层之投靠人民者为核心）以促成卢的彻底起义。

3. 凡我军所在之地及军力所能到达之地，必须根据解放军总部约法八章、刘伯承将军布告接收伪政权，收编伪军（伪保安团等），歼灭残匪（伪中央军），肃清反动分子，以迎接解放全省的局面。

4. 大规模地发动群众，组织群众，培养干部，准备粮草，以迎接解放大军彻底解放全省。

5. 在军事部署上必须占领重要军事要点，集中优势兵力，瓦解并歼灭伪二十六军、伪第八军，以迎接解放大军。

12 日，我们返回昆明时，沿途已是武装民兵把关检查，傍晚才进入市内。回到昆明以后，我才知道了卢汉起义的具体情况。

11 月，人民解放军第二野战军进军西南，相继解放贵阳、重庆，第四野战军和第二野战军第四兵团进军广西，解放南宁。这时，蒋介石妄图以云南横断山脉地区为反共基地，加紧了控制云南的步伐，蒋系第八军五个师、六个宪兵团、陆军总部部分直属部队以及其他军事机构陆续进入云南，已抵沾益，向昆明集中。驻云南蒋系中央军的兵力由一万人增加到四万人以上。同时，还有大批特务撤退到昆明，来势汹汹，咄咄逼人。卢汉从 9 月初接受蒋介石条件即设想退守滇西自保，不知滇西已被边纵七支队控制，建立了根据地。卢汉派七十四军军长余建勋去仅占领了大理、保山、剑川几座县城，又派陇生文率保安第一旅去滇西，除在武定与朱家璧部激战外，又在剑川、丽江、鹤庆一带与边纵七支队激战。几次遭遇，均伤亡很大。卢汉见滇西苟安退路设想已破灭，昆明即将陷于蒋手，左思右想，惟有起义才能自保。由于成功与否难于预料，就安排夫人龙泽清带着一些财产去香港，准备举行起义，如果起义不成就逃跑。这时，他迫不及待地要吴少默找 11 月底获释出狱的杨青田，要宋一痕找被捕释放的边纵联络员冯憬行，找共产党的关系，并把他准备起义的意图向杨、冯透了气。杨青田即刻向昆明市委反映。

12 月 4 日，卢汉通过宋一痕向昆明地下党转达了附有卢汉手书的在准备起义和起义后对共产党的要求的"衷念"六条。陈盛年通过杨青田向卢汉表示支持的态度，并建议卢汉把迤西兵力集中昆明，停止一切对我的进攻。卢汉表示接受，但他要求：（一）七十四军东调时，共军不要尾追打击，使其安全集中昆明；（二）交通线县城起义前共军暂不进占，以便于麻痹蒋匪帮。杨青田并向卢汉表明：关于起义的时机问题，待向上级请示后决定。并要求卢汉密切注意了解敌人动态，及时告知我们，以便掌握起义时机。昆明市委商请在昆明治病的边区党委执委李雨枫经香港飞广州向华南分局报告卢汉准备起义的情况，同时向全市党组织作了紧急部署，准备应付突然事变。

12月5日，卢汉委托周体仁为全权代表，经香港往广州，于8日晚向叶剑英、方方、古大存报告起义部署，呈交卢汉给中共中央书面报告和致叶剑英的信，表示"决心起义"。并提出起义后，请中央派员改编军队；地方政权请从上而下有秩序地接收，勿混乱地接管；地方土匪武装，请勿改编；军队中的旧军官，请一视同仁，加以安插；云南解放军纵队，请暂在原防，勿把地方秩序搞乱；卢汉的叔父卢浚泉在东北被俘，请予释放等要求。同时，卢汉还派省政府财政厅厅长林南园通过在港的原云南省教育厅长龚自知找到中共香港工委张铁生、吴荻舟联系，报告卢汉即将起义。香港工作组按中共中央指示，要卢汉在解放军进入云南时起义，并要卢汉与刘伯承、邓小平联系。7日，林南园返昆向卢汉汇报了到香港找中共联系的结果。

12月6日晚，卢汉召集一次紧急会议，出席的有杨文清、马锳、侔晓清和龙泽汇，一共五人。卢汉说："时机紧迫，如等解放军到威宁、盘县一带，我们才起义，那就太迟而没有价值了！"这次会议一直开到次日凌晨6时方散。

7日，张群奉蒋介石之命偕秘书周君亮等一行五人突然飞抵昆明。张群见卢汉后，将蒋介石把国民党国防部等重要军事机关搬来昆明的打算告诉卢汉，卢汉以云南元气未复、民心浮动、实难应允等词推脱。张群向蒋介石汇报后，蒋介石已经察觉卢汉的动向，但又不好下手。新中国成立后查蒋经国7日的日记中写道："滇卢之靠共态度亦渐显露，既不愿大本营常驻昆明，亦不肯接受滇黔剿共总司令的名义。"蒋介石不得不继续以拉拢卢汉来稳住他，所以提出要龙泽汇和张群一道去成都面报云南情况。卢汉得知此事后，趁机向张群建议让李弥、余程万同去，以支开他们准备起义。张群应允，于8日偕龙泽汇、李弥、余程万飞往成都。

当晚，张群从成都打电话给在昆明的杨适生，告诉张群一行将于次日返回昆明。杨适生立即告诉卢汉。卢汉认为时机已到，决定起义，将起义的事告诉昆明市委。昆明市委负责同志认为不失时机立即起义，虽然要冒一定的风险，但只要起义部队和地下党组织发动群众力量坚持斗争，就能够在人民解放军野战军的驰援和边纵的配合下赢得起义的胜利。同时，昆明市委即刻布置作好支持配合卢汉的行动部署和随时应付重大事变的准备。

12月9日下午4点，张群的飞机抵达昆明后，卢汉让杨文清和杨适生代表迎候张群到卢汉的新公馆，并以张群来昆为名，通知在昆的国民党军政首脑来开会，并作好了起义的布置。

晚上，卢汉自己参加宴请各国领事，以麻痹外界；同时，作好了扣押这些国民党军特要员的部署。当天下午5时，卢汉把这项任务布置给其亲信、绥靖公署特务队队长龙云青及省府警卫营营长徐振芳（军盟成员），要他们挑选可靠人员，执行任务，并严守机密。龙、徐二人共挑选了官兵21人，其中就有共产党员1人，民青、军盟16人，我敌工组所属武工队员2人，共19人。

等到会人员到齐以后，早已布置好的人员一起行动，一举扣留了李弥（第八军军长）、余程万（第二十六军军长）、李楚藩（西南军区宪兵副司令）、童鹤岑（西南军区宪兵参谋长）、沈延世（空军第五师副司令）、石补天（第二十六军一九三师师长）、沈醉等。起义部队随即出动，解除了蒋系驻昆明军事机关、部队的武装，控制了市区和飞机场。卢汉正式宣布起义，通电报告中央人民政府、中央军委和解放军总部。

12月11日，毛泽东主席、朱德总司令复卢汉电表示"甚为欣慰"。电文中说："云南宣告脱离国民党反动政府，服从中央人民政府，加速西南解放之进展，必为全国人民所欢迎。"电文中还嘱其速与重庆刘邓直接联系，并通令所属一体遵行下列各项：

1. 准备迎接人民解放军进驻云南，并配合我军歼灭一切敢于抵抗的反革命军队；

2. 执行解放军4月21日布告与11月21日刘、邓两将军四项号召，保护一切国家财产，维持地方秩序，听候接收；

3. 逮捕重要反革命分子，镇压反革命活动；

4. 保护人民革命活动，并与云南人民革命武装建立联系。

针对卢汉起义通电中对其已往罪行未有表态，毛泽东、朱德在复电中还提出："为向云南与全国人民正式宣布此次起义，并取得各方谅解，似以另发一通电，对过去进一步检讨，再由我方电复，并于互相同意后发表较为妥当。"卢复电后，朱德亲自为卢汉提出具体修改建议，卢汉即复电完全同意，于12月22日公开发表。在公开发表的电文中有"汉忝主滇政，忽已四载，昧于时局之所趋，慑于蒋匪之威胁，未能及时团结军民抵抗强暴，坐令数万健儿被调于反人民之战场，千百青年受难于反革命之毒手，反躬自省，负疚良多"等句。卢汉见到经过中央修改的起义通电以后，深有感触地说："共产党中央最了解我。"

12月10日，中共昆明市委派杨青田以公开联络员的身份，启用中共中央与宋一痕约定的代号。杨青田到翠湖南路卢汉家向卢汉说出中共中央与卢汉约定的"昆洛"的暗号，但卢汉却瞠目以对，茫无所知。杨青田又急忙去五华山省政府找到宋一痕，刚说出这个代号，宋就欣喜万状地说：原来就是你，欢迎，欢迎！宋即刻用电话报告卢，卢立即赶到五华山。一见杨青田的面，卢就同杨热烈握手，表示欢迎。从此，杨青田就和卢汉建立了正式联系。

保卫昆明

12月12日我回到昆明后，昆明市委向我汇报说：卢汉起义后，成立了云南临时军政委员会，要市委派人参加，市委通过杨青田向卢汉表示不派人参加。13日，云南临时军政委员会成立，卢汉任主任委员，杨文清、安恩溥、曾恕怀、吴少默、宋一痕、谢崇文六人为委员，并宣布起义部队第七十四军、第九十三军分别改为中国人民解放军暂编第十二军、第十三军。为争取国民党中央军第八军、第二十六军起义，安排其军长李弥、余程万为委员，并宣布第八军、第二十六军改编为中国人民解放军暂编第十军、第十一军。军政委员会下设五个处。因当时昆明的特务活动还很猖獗，要巩固起义成果，稳定社会秩序，必须严厉打击敌特的反革命活动。经杨青田与卢汉商定，建议派宋一痕为公安处处长，原警察分局局长李志正为副处长。公安处建立时，市委保卫部派遣原敌工小组的共产党员田秉熙、田培宽、朱人杰等到该处工作。他们根据敌工工作几年来调查整理汇编成册的敌特名单以及各条战线党盟组织转来的大量群众检举揭发材料，每天由公安处根据开出名单进行逮捕。以后市委又陆续派党员、民青、新联、军盟、警盟等成员约40余人进入公安处工作，并在公安处建立了党支部，领导对敌人斗争。接着，又从学委抽调来共产党员盟员200多人参加搜捕敌特的工作。

一天，杨青田向我反映说：卢汉起义的次日，吴少默从杨文清处得知卢汉要释放张群的消息，就立即告诉了杨青田。杨青田根据昆明市委的意见，制止并严正警告他：张群是甲级战犯，必须请示中国共产党中央处理，不能随便释放。但他还是执意把张群放走了（与张群同时放走的还有军统大特务裴存藩）。卢汉还对其下属说：张群对云南（我）有好处，现在不放他，共产党解放军来了，我还能放？卢汉把共产党领导的起义视为旧政权更迭一样，以为他只要起义了，云南的军政大权就会继续由他掌握。所以他擅自将保安团改用人民解放军的番号，他以为只要有了他改编的解放军，解放大军就不会入滇了。杨青田说，昆明市委经他向卢严厉地指出：起义部队编入中国人民解放军，必须经中央军委批准决定。卢汉听了以后，又把保安团改为"暂编中国人民解放军"。当他接到二野刘、邓来电，知道陈（赓）、宋（任穷）率部向云南进军时，他说：我们这样搞，解放大军还是要来的。

我回昆明后，仍然住在光华街沙朗巷。除直接领导市委外，省工委统战小组、敌工小组、财经小组和新闻界党小组都由我直接联系。以后我一直参加市委每周一两次的会议，研究的问题都经我同意后定。我还经常与区级干部见面交谈，区以下的积极分子会议我也参加，分别听取了他们的汇报并同市委一起布置工作。

我同市委研究了卢汉起义后的形势。陈盛年汇报说：卢汉起义后，市委通过杨青田与卢汉分析形势，估计到敌人会进行反扑，要作好保卫昆明的准备，为此还布置将宜良滇越铁路上的桥梁炸毁了。大家分析认为，卢汉虽已起义，却又释放张群，敌特还未彻底肃清，形势仍很复杂。目前应当积极支持并促使卢汉真正投向人民，在解放大军进入云南以前，还有出现反复的可能，应有所警惕。所以，在此期间，共产党组织仍需保持秘密状态，杨青田以中共公开的联络员的身份同卢汉联系。所有共产党员必须严守纪律，未经党的批准，不得公开自己的党员面目。为了宣传共产党的方针，决定要大量翻印和张贴人民解放军布告。

12月13日，市委在铁局巷召开会议，我在会上分析了当时昆明市的形势的特点，提出昆明市党组织的主要任务是：充分动员组织人民群众，协同起义部队保卫昆明，镇压反革命，保护国家财产，管好城市，迎接解放军进城接管。为适应新的形势的发展，会议还提议将原由陈盛年、赖卫民、杨夫戎 3 人组成的市委扩大为 15 人，新增唐嘉宾、朱枫、郭佩珊、吴邦彦、徐仁信、王维彩、倪之栋、田秉熙、刘运瑞、王裕昆、刘淑文、邹若惠等 12 人为委员，经我代表上级批准，并决定：市委书记仍由陈盛年担任，赖卫民担任副书记。市委的工作机构除原有的产业工人工作委员会、交通运输工人工作委员会、学生工作委员会、财经组之外，新增加了组织部、宣传部、统战部、保卫部、职青工作委员会、妇女工作委员会、临时军队工作委员会和郊区工作委员会。会议要求各系统尽快恢复和建立公开的群众组织，并提出当前的中心工作是：建立革命秩序、肃特镇反、保护国家财产、做好协助军管的准备，迎接人民解放军接管昆明。

12 月中旬，卢汉通过杨青田请求昆明市委派人参加云南临时军政委员会财经处的工作。我和陈盛年研究决定，派财经小组的党员韩子旺到临时军政委员会财务处任副处长，协同维持昆明的经济秩序，准备配合解放军进行接管。

在卢汉起义前，昆明市委已从民航局的地下组织搞出来一部电台，派省电报局报务员、地下党员刘运瑞负责进行修理和调试。我回到昆明后，叫李渤生找个安全的地点，放置使用。对选择地方的要求，我向他提出了四条：（1）环境可靠，能够掩护，不致引来合法公开的情侦人员，尤其不要让蒋帮的暗藏特务发现；（2）靠市中心，交通方便而较安静；（3）房屋较高，适合架天线；（4）时间要快，争取两天内安置完毕，开始工作。过了几天，李渤生向我汇报说，经他考虑，赵述完的家里比较合适。因为赵的女儿赵太和是共产党员，赵述完是电报局的总工程师，又是起义在职人员，刘运瑞原是他的部下，他们彼此熟识，在赵家有台收发报机和报务人员，不致引起外界怀疑。再说，赵家位居崇仁街，交通方便而又不繁华，单家独院，周围住的多是大资本家，不易被人发现。李渤生向我汇报后，我考虑也很合适，于是，电台就设在那里，主要是和边纵的几个支队联络。从此，除了滇东南以外，都通过这个电台由我直接联系，一直使用到第二野战军第四兵团入城接管时才撤除，移交给解放大军。移交前，刘运瑞和电台工作的五个同志一日三餐都是赵家供应。

据市委郭佩珊反映，卢汉起义时，曾扣留了昆明第五航空总站站长蒋绍禹。他诡称赞成起义，回到机场后即逃走。张有谷于12月12日在巫家坝机场宣布起义，后卢汉任命张为昆明机场司令部司令，他邀郭佩珊参加领导昆明空军起义人员的工作。郭佩珊请示我是否能去，我认为这是掌握空军的极好机会，便同意了。张安排郭佩珊任副司令，郭与民航局的地下党和群众结合起来，隐蔽保护疏散起义后缴获的飞机、设备，并派飞行员驾机侦察敌军动态，出动教练机到大板桥、小石坝、干海子等敌军集结处侦察并散发传单。此外，市委还派学联工作组到那里配合机场原有的共产党员、盟员开展工作。

与此同时，市委还抓紧恢复群众组织的工作。12月13日，云大、师院、五华学院三个大学学生代表会决议，倡议恢复学联，各校同学也酝酿，决定支持恢复学联。14日，昆明市大中学生联合会正式公开成立。在云南大学举行学联恢复大会，推选云大为学联主席学校，云大、昆明师范学院附中、昆华中学、昆华女师、五华中学为学联常委学校。学联发表《恢复学联的宣言》和《告云南起义士兵书》，并决定组织宣传队，到街头宣传共产党的方针政策，庆祝学联恢复。与此同时，小学教联亦在新建小学恢复。

卢汉起义后，蒋介石集团深为恐慌，他们千方百计组织力量，准备进行反扑。国民党政府陆军总司令顾祝同任命汤尧为陆军副总司令兼参谋长，曹天戈、彭左熙分别任第八军、第二十六军军长，命令两军进攻昆明，讨伐卢汉。国民党政府还派飞机到昆明空投传单，指责卢汉"对党国不忠"，要他"回头是岸"，否则即令在滇军队并增派军队进攻、派空军轰炸昆明。这时，野战军尚在广西、贵州作战，边纵又分散在云南各地，卢汉的起义部队共有暂编第十二军、第十三军两个军的兵力，但起义时暂编第十二军的大部分兵力尚在滇西的大理、下关、祥云等地，昆明地区只有暂编第十三军九个团及暂编第十二军一个团共十个保安团，反扑昆明的蒋军无论在数量及装备上均远远优于起义部队。如果敌人攻入昆明，城市将毁于一旦，人民生命财产将遭受严重损失，起义成果也将丧失殆尽，形势十分严峻。

12月15日，第二十六军和第八军组成的第八兵团四万余人在汤尧指挥下，集结在昆明东、南地区，准备对昆明发动进攻。国民党陆军总部对进攻昆明的部队发给大洋十万元，许下"攻下昆明，准许自由行动三天"的诺言。

在紧急情况下，卢汉加紧调集部队，保卫昆明；同时，向刘邓发电，要求支援；还通过杨青田向地下党提出，要求边纵副司令员朱家璧率部来昆明支援。此时中央军委亦电令边纵驰援。我及时通知边纵几个支队及朱家璧率领西进部队来昆驰援，并布置市委紧急动员群众，协同起义部队坚决保卫昆明。与此同时，昆明市委还成立了临时军队工作委员会，向起义部队中的共产党员、盟员发出指示，要他们发挥骨干带头作用。起义部队中的中共党员和秘密外围组织成员纷纷表示，一定听从党的指挥，打好昆明保卫战。如三十八团团长李焕文等党员，三十一团团长王绍尧、三十三团团长夏季昌、三十七团团长朱德裕等党的外围组织军盟成员都表示了"人在阵地在，誓与阵地共存亡"的决心。

昆明市委紧急行动起来，发动全市党和群众组织从精神和物资等方面支援起义部队保卫昆明，组织支前慰问团、医护队、担架队、政工队，赴前线展开活动，鼓舞士气，协助修筑防御工事；郊区及接近郊区工厂如海口兵工厂、南坝两大纺织厂、发电厂都构筑了防御工事，组织了工人武装，准备打退敌人的进攻。

16日，敌人发动了对昆明的全面进攻。在紧急形势下，我召集昆明市的负责同志召开紧急会议，研究如何配合和支持卢汉保卫昆明的问题。大家认为，解放大军日夜兼程，驰援昆明，但一时还不能赶到，卢汉的起义部队力量有限，恐怕时间长了就会抵挡不住。在这种形势下，只有动员昆明人民积极参战，支持和配合起义部队保卫昆明。大家一致表示，要全力以赴，保护起义成果，保护人民群众的生命财产不受损害。经研究后提出，各级共产党组织应放手发动群众，动员一切力量，配合起义部队，坚决保卫昆明。并决定立即组织一支群众武装，负责城市警戒防守任务，安定后方秩序，以便让担任市区警戒的军警部队也调到前线，加强作战兵力。会议决定这支群众武装的名称叫昆明市义勇自卫队，决定由市委委员王维彩任总队长，朱枫任参谋长。

我通过杨青田与卢汉商量后，卢汉非常高兴。杨青田并告诉卢汉，全市人民已经动员组织起来，踊跃支前，要求坚定前线起义部队坚决保卫昆明的决心和信心。杨青田说：敌军是溃败之师，只要坚持战斗，南下野战军和边纵将迅速进击，敌军进攻不可能持续下去。

当天，根据市委布置，市委成员杨夫戎、朱枫、唐嘉宾、徐仁信等分别按各自联系和领导的系统中的党、盟组织层层贯彻传达党组织的总动员令，号召党、盟员积极发动群众，组织 3000 多人参加昆明义勇自卫队。经过市委联系，王维彩找到参加起义的昆明市市长曾恕怀，从军械库领取了 1000 余支枪和一部分子弹。

17 日，各基层共产党组织带领党员、盟员和积极分子结队从四面八方会集于景星小学，正式成立昆明义勇自卫总队。总队下设四个大队：第一大队主要是由铁路及南、西、北郊工厂的党、盟员和积极分子组成；第二大队主要是由城区工厂、公路及银行系统中的党、盟员和积极分子组成；第三大队主要是由店员、工人及城市居民、社会青年及手工业工人组成；第四大队主要是由郊区特支领导的农民组成。全队共 5778 人，有步枪 2117 支，小炮 2门，轻机枪及自动步枪 70 支，各种土枪 500 余支。义勇自卫总队成立后，极大地鼓舞了昆明人民。群众纷纷说："共产党的地下军出来了。"卢汉对下属感慨地说："我用几十元半开买一个保安兵，组建一个保安团要花很大的力气和时间，共产党一声号令就集合几千人，真令人佩服！"

为了防止敌人的破坏和捣乱，我敌工小组又调武装配合各警察分局警盟成员连夜进行逮捕敌特分子。12 月 18 日，市委组织全市大中学生举行声势浩大的示威游行，沿途高呼"建立革命秩序""肃清反动匪徒""武装人民肃清反革命势力"等口号，显示了人民的力量，震慑了敌人。铁路系统和五十三兵工厂逮捕了本系统和本厂已掌握证据的特务。公安处通令敌特分子到有关部门登记自首。电工器材厂抽人编入一大队进驻昆明后，也到小石坝、安宁等地抓特务。由于开展了这些工作，自卢汉起义以后，昆明社会治安秩序良好，没有发生过特务捣乱破坏的案件。截至 12 月 19 日昆明保卫战最激烈、最紧张时，已搜捕到特务四五百人，捣毁了敌人的保防处、军统滇站等公开或秘密的特务组织，粉碎了特务里应外合破坏昆明的阴谋。

昆明保卫战期间，我与陈盛年经常与王维彩联系，听取他的汇报，对义勇自卫队的工作给予具体指导。

义勇自卫总队成立后，在昆明保卫战期间，担任在城区维持秩序的任务，在市区实行戒严，并在市区主要街道都设置了岗卡，重要街道每隔 50米就有一个队员站岗执勤，检查证件，盘问行人，防止敌人的破坏活动。当敌机空袭时，义勇自卫队指挥群众隐蔽。在银行集中的南屏街等地，义勇自卫队给予了重点保护，各设一个指挥部，相互呼应，以防国家资财受到损失。

自卫总队第二大队担任了保证供水、供电的任务。如当东庄高压输电线被枪弹打断后，义勇自卫队二大队耀龙电力公司的队员在距敌军200米的距离内立即冒险抢修，保证供电。万钟街配电所是昆明配电的总枢纽，又是空袭警报的发出点，义勇自卫队给予了细心的保护，在该所守护的45名义勇队员，在配电所周围埋设了地雷，严防敌人破坏。队员们提出："人在配电所在，誓与配电所共存亡！"在紧张的战斗环境下，保证了昆明从没有断电。当时昆明的生活用水由唯一的一个自来水厂供应，义勇自卫队二大队在水厂配备一个分队，日夜守护在水泵房和蓄水池旁，坚持严格化验，在开闸放水供应前都由党员、盟员亲自试喝检验，才供给市民。

战斗打响后，大部分工厂已经停产，这些工厂的共产党组织和义勇自卫队员投入了保厂护产的斗争。如中央机器厂的护产队员，为防备敌人破坏和敌机轰炸，仅用三天时间就把500多台机器搬进山洞，并派人守卫。电讯局的工人，在敌军逼近时，发动群众将金马寺的载波机务站和长途台的全套通讯设备，一夜之间就转移到南屏街存放。耀龙公司的义勇自卫队员还挖好防空洞，将全部账册和档案分类装箱，存放洞内保存。

在战斗激烈的时候，义勇自卫队还帮助起义部队修筑工事，抬伤员，送给养。政工处还派出干部到前线进行宣传，鼓舞起义部队的士气。当敌人攻到双龙桥云南纺纱厂附近时，义勇自卫队一大队一中队和玉皇阁电厂护厂队还配合起义部队，用棉纱包构筑防御工事和路障。当敌人冲上来的时候，他们用武器甚至棍棒、石灰、砖头、辣子面来与敌人斗争，协同起义部队守住了阵地。

第四大队在郊区，除积极投入战斗外，还努力做好疏散群众的工作。官渡据点的同志把群众疏散到滇池沿岸的六甲、新二、马村、小河嘴、金汁河一带村庄；滇池沿岸据点的同志将船只集中起来，接送疏散的群众。在这些地方的地下党员、民青成员整天忙着给疏散来的群众安排食宿，还日夜巡逻放哨，维护秩序。当敌二十六军占领小街子、陈家营一带村庄，并向昆明包围时，金汁河据点的同志把滇池内塘东岸的船只调往西岸沉入水底，并拆除金汁河一线头坝、中坝、下坝等七座木桥，断了敌人西抄昆明的通道。当敌人迂回到金殿一线时，北郊据点的同志及时把居住在那里的群众疏散到松花坝以北的山区村寨隐蔽。

在昆明保卫战进行时，昆明学联在云南大学成立了慰问团，接收各界人士送来的慰问品，带领各界人士与学生组成的慰问队伍，连同昆明市妇联组织的支前服务团连续三天到前线慰问、宣传，使起义部队官兵受到极大的鼓舞。共产党组织还发动医护人员和医院职工组成七支救护队到前线进行战地救护，收治伤员。

市区和前线防区群众全力以赴支援前线，不断鼓励防守部队英勇作战。大板桥附近小李子村的农民，自动报告敌人准备进攻的消息。防守牛街庄的三十八团从禄劝赶来参加战斗，为修筑工事，他们到群众家去借锄头和簸箕，但没想到村里男女老少都自己跑出来，带着工具要为部队修筑工事。此外，全村家家户户都忙着烧茶送水。起义部队官兵感慨地说："这回打仗不同往常，老百姓对我们太好了，像亲人一样的关心我们。我们不打好这一仗，就对不起老百姓。"九十三军军长龙泽汇到前沿督战，当他走到东寺街时，居民们纷纷上前来对他说："龙军长，不要怕，敌人来了，我们拿扁担也要打死他们。"群众的支持使起义将士深受感动。

起义部队中的地下党员和盟员也积极在部队从中开展工作。三十八团连长马文铨（军盟）负伤不下火线。团警卫排排长柯笃，在全排只剩七个人的危急情况下，仍与蒋军进行搏斗，刺死一个蒋军排长。该团二营营长雷睿知防守南窑阵地，当蒋军已穿插到他们背后在螺蛳湾一带展开激战时，他仍坚守阵地。昆明起义空军在党、盟员的带领下，以教练机作侦察机，以运输机改装成轰炸机，多次飞临蒋军上空侦察和轰炸沾益、蒙自、西昌机场。三十八团长、地下党员李焕文，以及军盟成员、三十三团团长夏季昌，三十一团团长王绍尧和三十七团团长朱德裕等一批党、盟员，勇敢顽强，身先士卒，带领全体官兵浴血奋战，为昆明保卫战的胜利作出了重要贡献。

20日，正当战斗激烈进行的时候，卢汉接到人民解放军第二野战军刘伯承、邓小平及第五兵团杨勇的电报，说已由贵阳派出部队星夜驰援昆明，预计23日可达沾益、曲靖地区。《正义报》印发号外向昆明军民宣传这一重大喜讯。卢汉将来电印成传单，向守城部队及蒋军广为散发。守城部队官兵得此消息后，昼夜苦战的疲劳顿失，欢欣鼓舞，斗志昂扬，加固防守工事，严阵以待敢于来犯之敌。

22日，人民解放军二野五兵团四十九师提前到达沾益，并挺进到陆良天生关一带，歼灭蒋军陆军总部及其直属部队、第八军留守处及第三师一部共3000余人，解放了沾益、曲靖两县城。这时，边纵九支队一个团从滇中进至昆阳、呈贡一线，攻占呈贡机场；滇北独立团到达昆明北郊，袭击蒋军之侧背。六支队、二支队及一些地方游击队也主动出击向昆明增援的敌军。

野战大军的神速入滇，使敌二十六军、第八军感到即将被围歼，仓皇向南撤退，至 23 日晨全部撤离昆明。历时七天七夜的昆明保卫战，遂告胜利结束。

昆明保卫战以后，卢汉对野战军入滇的态度有了比较明显的改变。过去，他不愿让野战军入滇，想保住自己的统治地位。但在蒋匪反扑昆明时，他日日夜夜盼望解放大军来。昆明保卫战胜利以后，他说："我对共产党十万个放心。"

昆明保卫战结束后，起义部队集结等待整编。市委所属临时军工委派费炳、马凤岗、郭世英、刘运宗等动员和组织以党员、盟员为骨干的大中学生约 400 余人到各起义部队工作。他们给部队上政治课，组织学习毛主席的著作，开展个别谈心活动，教唱革命歌曲，跳秧歌舞，活跃部队生活，掌握部队思想动态，摸清官兵对起义的态度。这些工作，为解放军的接管改编打下了基础。

配合野战军歼灭残敌，迎军接管

12 月 29 日，驰援昆明的边纵西进部队在朱家璧的率领下进抵昆明。当部队到达楚雄时，残敌第八军、二十六军已撤离昆明，卢汉闻讯，派龙泽汇去迎接。我考虑到敌军虽撤离，但昆明尚未安定，遂捎信给八支队转达朱家璧，让他们继续前进，驻昆明郊区呈贡一线。31 日，余卫民、袁用之率领从南线来的边纵部队到达昆明，亦驻在郊区。当天下午，昆明市人民团体联合会在拓东体育场召开昆明各界庆祝中国人民解放军滇桂黔边纵队第一、二支队胜利会师大会，昆明人民衷心欢迎子弟兵，人心更加稳定。

朱家璧到昆明后，与野战军二野五兵团四十九师牛副师长研究，向我汇报。经与卢汉协商后，决定由朱家璧带领边纵西进部队两个团和卢汉的起义部队四个团去滇南，配合野战军围歼滇南敌军。朱部南下行军中，刘邓司令部致电卢汉，要求以不少于三个团的兵力，协同我朱家璧部，经峨山向元江攻击前进，配合二野四兵团陈部合歼残匪。卢汉 1950 年 1 月 17 日复电："陇生文师共四个团于上月底即与朱家璧商定，归他指挥，已于 1 月 2 日出发，当日遵示，电令主力集中元江。"

朱部南下后，我在昆明从电台里不断收到各支队传来的捷报：朱家璧指挥西进部队二支队四团、滇中独立团和起义部队南下，迅即攻占了元江桥头制高点，断敌逃路。随即配合野战军围歼逃至元江东岸的敌第八兵团。边纵九支队一部及边纵滇中独立团歼灭了被国民党特务操纵的新平李润之"反共救国自卫义勇军"总部。在二野四兵团陈赓司令员的统一指挥下，边纵各支队配合野战军进行滇南战役，一支队配合左路部队野战军沿中越边境河口、金平一线阻敌外逃，四支队配合中路部队野战军奇袭蒙自，占领机场，阻敌空中逃路。朱家璧率领西进部队、滇中独立团和起义部队为右路部队赶赴元江歼敌五一〇团，随即配合野战军围歼敌第八兵团和陆军总部，俘敌陆军副总司令汤尧和第八军军长曹天戈。边纵二支队在曲靖至路南公路线配合野战军歼敌联勤总部4000余人，南下解放开远。十支队在建水歼敌第七、八两团，迫使其师长率部投降。九支队在思普地区配合野战军歼敌九十三师和一七〇师。滇南战役胜利结束后，七支队奉命参加围歼国民党贺国光部的西昌战役。二野四兵团进入云南后，在边纵的配合下，歼灭了原李弥所属第八军和余程万所属二十六军等残匪。邓小平1950年4月11日在《关于西南工作情况报告》中说："西南作战从战役发起到结束，为时不过57天，前进约3000华里，提前两月完成战役计划，消灭蒋胡残余部队约90余万人，其中包括投降俘虏40余万，起义40余万。西南战役之能获得如此胜利，是由于毛主席领导的正确，全国胜利形势的影响以及人民解放军的无坚不摧的力量，同时，卢汉、刘文辉、邓锡侯、潘文华诸将军于12月9日宣布起义，亦起了良好的配合作用。"

昆明保卫战结束后，昆明共产党组织的中心任务是迎接解放大军进驻昆明，接管城市；以迎军为中心，恢复被打乱了的生产、工作、学习和市场秩序；按照中国人民解放军布告（即约法八章）和刘、邓对西南所发四项号召，保护和清理各部门的设备、物资、财产、账目、档案，维护治安，做好协助解放军接管的准备工作。

卢汉起义后，市委决定对敌工作领导小组一分为二：成立昆明市委临时军队工作委员会，其任务是依靠党、盟力量，巩固起义部队，发动组织起义官兵，保卫起义果实，迎接军事接管整编；成立昆明市保卫部，其任务是肃清特务，镇压反革命，粉碎敌人里应外合阴谋，保障昆明社会治安。为了加强肃反工作，1950 年 1 月初，我听取了市委赖卫民和敌工组的汇报后，想到肃特工作仍很重要，就将疏散去罗茨的吉星明调回，化名艾光卿进入公安处加强工作，分管侦察情报、监狱侦察及特务自首登记工作。情侦小组以公开合法地位搜捕敌特分子，其中有军统滇站站长沈醉，军统西南区区长徐远举，军统西南区副区长周养浩，军统保密局处长郭旭、成希超，军统滇站副站长胥光辅，国防部二厅副厅长沈蕴荐少将、台长戴章、武官戴光明，中统云南调统室主任查宗藩，以及各系统的特务反动分子，共 1290 名。后全部交中国人民解放军昆明市军管会公安处。

为了动员和组织人民维护社会秩序，组织恢复生产，完成迎军接管的准备工作，我与昆明市委的同志研究后，决定按照《共同纲领》的规定，在各行业、各界群众组织的基础上成立一个相当于临时政权性质的组织来统一领导各方面的工作。当时考虑用传统的学联来领导工作的做法已经不适合形势发展的要求，从报纸上看到上海解放后成立了人民团体联合会，我们参考上海的做法，决定成立昆明市人民团体联合会。

根据这一决定，12 月 21 日，昆明市委召开了组建昆明市人民团体联合会的工作会议。24 日，昆明市工联、农协、学联、教联、妇联等 50 多个团体的代表，在云大正式组建昆明市人民团体联合会（简称"人联"）。25 日晚，在云大举行的联欢晚会上，昆明市人民团体联合会宣布成立，其三大任务是：一、建立革命秩序，镇反肃特，恢复生产，复工复学，各行各业坚守岗位，迎接新时代；二、加紧准备迎接解放军入滇；三、组织起来，协助解放军搞好城市接管。

12 月 28 日，中共昆明市委在昆明铁路局召开第一次干部扩大会。参加会的有在昆明市党员领导干部 50 多人。我在会上作形势报告，要求全市党的干部全力以赴，恢复生产，加紧迎军接管的工作。鉴于革命胜利后，党员中有可能滋长以胜利者自居的骄傲情绪和可以松一口气的思想，市委要求全市党员必须时刻领会毛泽东同志提出的"夺取全国胜利，这只是万里长征走完了第一步"的指示，继续保持谦虚谨慎的优良作风，发扬艰苦奋斗的精神，继续坚持战斗。坚决反对脱离群众的现象，并传达了党的统一战线政策，要求共产党员与起义人员和各阶层人士平等相处合作共事，防止关门主义倾向。

12 月 29 日，人联在华山南路原国民党省党部内正式开始对外办公。它采取团体负责制。由于共产党员大都以身作则，起模范带头作用，因此，群众团体派出的代表大都是共产党员，以主要党员干部组成了党组。主任委员由总工联派代表担任，先后担任主任委员的有高常明、杨劲松、李家聪，副主任由学联的白祖诗担任，下设组织部、宣传部、联络部、总务部、福利部、武装纠察部。

30 日，昆明市市民联合会也宣告成立，参加昆明市人民团体联合会为团体会员。按昆明八个行政区划，以二区为试点，建立了各区的区民联谊会。区民联谊会按照组织成员分布，以街道为主，再设立区联会的支会，把历来相互很少来往、彼此缺乏联系的居民组织起来，做好迎军宣传工作，宣传共产党和人民解放军为人民服务的宗旨，宣传人民当家作主的新社会，动员捐献日用品慰问解放军，并把居民组织起来守夜、巡逻，举报暗藏在居民中的敌特分子，做好防火、防特和冬防工作。

人联成立后，首先，组织了大规模群众学习宣传活动，大力宣传共产党的方针政策，组织广大群众学习《共同纲领》《新民主主义论》《论人民民主专政》等书籍，并大量翻印革命书刊，以满足人民的高涨的学习要求。同时，组织共产党员深入学习七届二中全会精神。从 1950 年元旦起，人联要求主要的人民团体都要组织宣传队，开展宣传周活动。派出一万多人分片、分区深入市区、工厂、农村，采取漫画、壁报、花灯、歌曲、活报剧等多种多样的形式进行宣传。还组织数万农民进城表演龙灯、花灯、板凳龙、高跷等传统节目，庆祝翻身解放。2 月中旬，又组织了春节迎军宣传庆祝活动。通过持续两个多月的学习和宣传，使全市人民在欢庆解放的基础上，加深了对共产党和人民解放军以及新中国的认识和热爱。

第二，号召职工立即恢复生产，恢复交通。人联根据党的指示精神，进行了动员和组织，把迎军和恢复生产、恢复正常秩序紧密结合起来，将人民群众巨大的热情转化为推动生产的动力。工厂、企业的职工提出"搞好生产，迎接解放军"的口号，开展竞赛。耀龙电力公司和昆湖电厂坚持发电供电，保证工业生产和生活照明用电。五三兵工厂工人赶制轻机枪 200 挺、指北针 500 具，准备献给解放军。云南纺纱厂、裕滇纱厂的职工努力生产棉纱，供应市场，起到了稳定市场物价、打击投机倒把的作用。纱厂工人改变过去春节回家过年的习惯，坚持生产，主动降低工资的 30%，放弃年奖，为国家节约资金。裕滇纱厂仅 1950 年 1 月至 5 月就上缴万元旧人民币。大成实业公司职工生产电石，保证煤矿、锡矿需要，并加紧生产肥皂、面粉，以满足城市供应和支援人民解放军。邮电系统职工保证市内电话、邮路畅通。

运输部门的共产党组织，领导职工，抢修军用飞机、汽车，抢修公路、铁路、桥梁，保证畅通，恢复了昆明—罗平—兴义一线和昆明—晴隆的交通，又抢修了川滇西线南华至大姚路段和当时破坏较严重的滇缅路上的三座大桥。在"架大桥，迎大军"的口号鼓舞下，工人和技术人员克服各种困难，快速完成了修桥任务。经广大工人和技术人员日夜奋战抢修，使全长956公里的滇缅公路于1950年1月11日恢复通车。人联还直接安排运输部门，抓紧检修，派出300多辆卡车，奔赴沾益、贵阳、百色等地支援解放军。还在六天之中开出了军用列车22次，转运追歼逃敌的解放军和军需物资。在昆明的中央航空公司和中国航空公司的机械师和职工，克服各种困难，在巫家坝机场抢修C-46运输机12架，献给人民解放军。

为保证人民生活，共产党组织通过店员工人向老板宣传党对资本主义工商业的政策，鼓励他们开门营业，恢复市场供应。昆明市的大、中学生，虽临寒假，在学联的组织下，仍集中到校，举办寒假学校，学习新知识，围绕迎军开展宣传活动。机关职工坚持工作，并保管好文书档案资料。全市的医院恢复开业，并组织了30个医疗队，为解放军救护伤员。昆华、市立、惠滇、云大等医院联合组成两个后方医院，前往开远、蒙自两地为追歼残敌的解放军部队服务。郊区的农民也积极组织做好备耕工作，准备了大量的粮食、蔬菜、柴草供应人民解放军。我们通过人联的工作，使全市的生产、工作、学习、市场、生活秩序保持正常，为建立新秩序打下了基础。

第三，人联在市委继续镇反肃特的要求下，号召各系统，提高革命警惕性，严密注意敌特活动。国民党军统势力在昆明经营多年，其组织广泛深入军、政、警、宪、交通、工厂企业、社会各系统，是昆明人民凶恶的敌人。为防止敌人的破坏和捣乱，在人联的努力工作下，提高了警惕性和防范措施。12月22日，市委经人联再次组织了全市三万余人的镇反肃特大游行，又一次向反革命势力显示了人民建立革命秩序、肃清特务分子、镇压反革命分子的力量，动员全市人民行动起来，投入肃反肃特斗争。有的工厂、企业、学校的革命群众，把过去在民主运动中破坏运动、镇压群众的坏分子自行逮捕送交公安处、义勇自卫队和警察局。工厂、企业、机关、学校的群众组织坚持值班、守夜、巡逻，保卫人民生命财产，防范敌特的捣乱和破坏活动。历来习惯于"各人自扫门前雪"的街道居民，也在地下党市民工作总支领导下，经市民联、区联谊会和街支会把居民组织起来守夜、站岗、检举揭发暗藏的敌特分子。人联还成立了武装纠察部，由警察联谊会负责，与公安处、义勇自卫总队和起义部队密切配合协作，共同担负起镇反肃特和维持社会治安的任务。

第四，发动各人民团体、各系统的基层群众组织，分别抽调人员组成清点小组，对工厂、企业、银行、仓库、邮政、电讯、机关、学校的物资、机械设备、财产、文书、档案、账册进行清点登记，防止转移、偷盗、私分和毁坏。纱厂工人利用下班后的业余时间清点纱锭，清盘物资。裕滇纺纱厂和耀龙电力公司的职工会得知存于美国花旗银行的资金有可能被转移时，立即采取措施，分别保住了 53 万和 20 万美元的巨款。造币厂的厂方企图将库存的一万两黄金私分，受到了及时的制止，保护人民的财产不受损失。

人联在人民群众中有很高的威信，人们都把人联当成共产党的权力机构，遇到问题都找人联解决。如西山区有的农民认为解放了，就可以为所欲为了，便跑上山去砍伐树木，寺里的和尚就找到人联报告，人联立即派出干部，找农协的同志商量，召开群众大会，宣布不准砍伐森林的公告，保住了西山风景区的林木。在一些私营企业中，由于劳资双方对新民主主义的工商业政策认识不深，劳资纠纷时有发生。人联获悉后，由福利部派出干部，按政策精神做双方的工作，共同协商解决问题。如商务酒店的老板因职工争要年奖而决定关门，并开始解雇工人；人联便派出代表与老板商量，使他同意继续营业，职工也不再闹着要年奖。东陆烟厂的资方因烟价猛跌，被迫停产，经劳资双方商量后，由职工会管理生产，工厂得以继续生产，解决了近百名工人的就业问题。

1950 年，在重庆西南局常委张际春和西南局委员蔡树藩听取昆明市委书记陈盛年汇报后说，昆明人民团体联合会实际起了临时政权的作用。

在解放军到来之前，我们还布置党员干部传达学习中共中央关于团结会师问题的文件，明确树立向解放军学习的思想。

团结会师，中共云南省委成立

1949 年 12 月 7 日，区党委发出了关于会师的指示，提出了四条措施，其要点是：

1. 这次与南下大军与南下干部会师，不仅是政治上的会师，而应是思想上的会师。又是南下大军与当地群众，南下干部与当地干部的紧密的政治联系，紧密团结合作，彻底解放边区以至全西南的重大问题。

2. 解放云南以至全边区，南下大军是主要力量，是起决定作用的，而我们是次要的力量，只能起配合和辅助作用。我们应该虚心切实向南下大军和南下干部学习，学习他们的宝贵经验、对政策的了解与掌握、思想作风的纯正与宽宏及各种制度的正规化，以弥补自己的不足，改造与提高自己。我们应该绝对服从他们的领导与指挥。对他们的意见，均需尊重与听从并表现于实际工作与行动上。

3. 对外来干部与本地干部的结合问题，应学习会师指示的精神，认真探讨，坚持自我批评，以达到团结无间，做好工作，有力地完成任务。

4. 我们号召全党向南下野战大军、南下干部认真学习，并以紧张热烈的工作精神去做好一切迎军工作，为大军解决困难，以此来作为检验各地各级党的工作的好坏的基本尺度之一。

卢汉起义后，国民党控制的报纸已经停刊。我考虑1946年创办的《新华社通讯》已不适应当前形势的需要，要办一份我们自己的报纸来宣传共产党的方针政策。于是，我召集赖卫民、郭佩珊、吴邦彦、严达夫、李剑钊、何锡科、龙显寰在张人杰家开会，提出办报纸的意见，指出这份报纸应办成党报性质。严达夫提议名叫《云南人民日报》，请白小松题写报名，大家都同意。由于李群杰主持云南临时军政委员会文教处工作，我通知他，由他以合法正式的手续通知《平民日报》副总编严达夫和《正义报》的何锡科、龙显寰等接管《中央日报》。当时《中央日报》原来的社长、总编和许多编辑都是国民党的人，有的被逮捕，有的逃跑了，但是工人却还在，工人中还有三名工盟成员。严达夫等就以剩下的原班人马，于12月26日创办出版《云南人民日报》。我写了一篇发刊词，首先讲了人民解放战争胜利形势；其次谈到云南人民的光荣革命传统和云南游击队的发展壮大，肯定卢汉起义为加速西南解放战争的进程所起的作用；最后号召云南人民要以新的精神建设新云南。报纸办起来以后，由郭佩珊定期与他们研究、把关，日常工作由严达夫等具体负责。

这时，我们千方百计与在沾益的五兵团四十九师联系上了。这个师派参谋长雷声和我们联系，又经过这个关系，我们和陈赓、宋任穷也联系上了。我对雷参谋长谈了办报的事，我说："地下时期我们出过油印刊物，现在有条件了就出份报纸，但好些事情没有把握。"他说："报纸既已出了，来不及请示，那就不发社论，只发新华社电讯。"我们照他的意见办了。以后向宋任穷、陈赓同志汇报工作时谈到《云南人民日报》的问题，宋、陈说：这个参谋长有水平。 1950 年 3 月，《云南日报》正式创刊，经省委研究决定，《云南人民日报》与《云南日报》合并。

人民群众听到解放大军就要到来的消息，无不欢欣鼓舞，纷纷投入迎军工作。他们组织起来，修桥铺路，筹备粮草，设立了粮秣、柴草、茶水、食宿、卫生、运输等站，以便迎接部队。富宁县只有五万人口，但他们却省吃俭用，筹集了近一百万斤粮食支援大军。麻栗坡的群众在十多天内就为大军做了四万多双布鞋。很多群众主动捐献了大批慰问品，写了大量的慰问信和感谢信。据不完全统计，昆明郊区农民捐献粮食 6000 担，柴草 31 万斤，豆料 100 担，蔬菜 500 担，布鞋 1000 双。另外，城市和工矿企业也纷纷捐物支援慰问解放军，如明良煤矿捐献煤 200 吨，柴炭业捐柴一万斤，教师捐信封信签六万套，云茂纱厂捐月历 2000 份和女工赶制的水笔套 3000 个，裕滇纱厂用棉纱 5000 箍换成毛巾、袜子捐献，云南纺织厂工人们亲手制作了1000条衬裤和绣上自己慰问解放军的话语的手帕献给解放军。人联对解放军进昆明的入城式、迎军大会以及庆祝活动，包括医药、茶水、洗衣、缝补等服务工作，都作了周详的安排。还派出慰问团，携带慰问物资，分别到沾益、开远、泸西、呈贡等地慰劳人民解放军。对此，陈赓、宋任穷两将军曾给予高度的赞扬，他们致函说："敝军奉命入滇，得到各地人民餐风露宿、夹道欢迎，馈赠犒劳，倍至丰厚，使全军将士有入闾里之感，大家更鼓舞了为人民服务的意志。"

2 月上旬，我和陈盛年商量，布置检查云南人民企业公司及所属单位的经营、资产情况和上层人员的政治面貌，以及国民党四大家族在云南的经济掠夺的情况。我们设计了调查表，分别下发进行填写。不久，宋任穷派毛更甦、刘华、苏林、黎明等财经工作干部先期到达昆明，作接管财经部门的准备。他们秘密进城后，与地下党财经小组取得了联系。财经小组各个同志作了明确的分工，具体负责他们的生活、交通安全，配合他们搞清财经、工交、财税、金融方面的情况，为他们提供具体资料和进行接管咨询工作。

其间，四十九师参谋长雷声告诉我说：二野四兵团政委、云南省委书记宋任穷等已到贵州盘县。我对他说：我们在地下工作多年，远离中央，对党中央、毛主席派来的领导同志，怀着无限崇敬的心情，渴望能早日见见任穷同志，聆听他的教导。第二天雷与我见面时说：任穷同志带信来，要你到盘县去一趟。我异常兴奋，立即准备，当日就启程，雷声派了一辆吉普车送我到盘县。

到盘县后，我见到了宋任穷同志，向他详细汇报了云南的工作。宋任穷听了以后，肯定了云南的工作成绩。最后说：所有成绩的取得，是由于党中央、毛主席完整无缺的领导。这句话给我很大启示，使我刻骨铭心，终生不忘。任穷同志对团结会师以及对卢汉及其部属的统一战线工作作了具体指示，嘱咐我立即返回昆明，为野战军进昆明接管作些安排。我回到昆明后，向市委传达了宋任穷的指示，同时与市委一道积极准备迎军接管工作。

2月4日，我再次接到通知，前往贵州盘县，又同宋任穷、周保中、马继孔、刘林元、张冲等一起去贵州安隆。在这里，我见到了陈赓同志，也见到随野战部队到安隆的李明、庄田等同志。6日，新的中共云南省委成立。周保中传达了中央的有关指示精神，主要谈了团结第一、工作第二的方针。我表示完全拥护中央指示，并认真贯彻，决心在省委领导下，做好党内团结，外来干部与地方干部的团结，还要做好对卢汉及起义人员的团结。会上还传达成立西南局的决定：西南局由邓小平、刘伯承、贺龙分别任第一、二、三书记，宋任穷为副书记，委员名单中有我的名字。然后宣布了经中央决定的云南省委名单：由宋任穷、陈赓任第一、第二书记，周保中、李明、郑伯克、刘林元、郭天民、庄田等为委员。在会上，李明和我代表区党委汇报了云南工作，省委部署了会师入滇接管工作，同时决定，滇桂黔边区党委和滇桂黔边纵队随之结束，所属各支队分别编入分区部队。我主要汇报了近期工作，主要是配合野战军歼灭敌军以及争取卢汉起义的工作。我还汇报了省工委成立，机构、组织以及经费、交通等以及区党委成立前后的工作。

省工委的组织、机关、交通、财经工作

从我到昆明组成新的中共云南省工委后，原来准备在省工委下面设立青委和妇委，后根据南方局的指示没有设。省工委机关也不固定，一般省工

负责同志住的地方就是机关，地址也经常变动。工作人员就由曾秀娟、陈素敏二人担任。另外，省工委开会的地方也不固定，基本是临时约定。由于我们采取了很多措施，从 1941 年到解放，省工委领导人的住地都没有被敌人发现过。

省工委刚成立时，除个别支部外，上下级关系基本是单线联系。泸西、昭通中心县委撤销后，一个地区和一个县都由一个负责同志联系，不设中心县委和县委。1942 年以后逐步开始设县委。到 1946 年以后，随着我党的力量的加强和党的队伍的发展壮大，逐步建立了中心县委和工委，1948 年以后逐步建立了地委。

省工委成立之初有机关支部，定期过组织生活；1942 年以后经常有人下乡，支部生活不能正常进行，就改为个别碰头。省工委会议开始是正常定期召开，以后形势发生变化，1946 年刘清转移了，省工委委员只剩两人；1948 年增加张华俊，但他常在滇南；1949 年初，李雨枫调到云南，侯方岳调走，这时，张华俊和李雨枫都到了思普区，实际上在昆明的只有我一个人。由于有这些特殊情况，省工委会议很少开得起来，平时就按各人的分工独立地处理问题或由省工委书记和委员分别碰头，具体研究解决。即使开会，也只是研究政策和工作方针及学习等重大问题。

对共产党员的教育主要通过自学来进行。省工委成立后，从来没有办过训练班，要求党员平时加强学习。在和党员接头谈工作时，经常教育党员服从党、终生为共产主义奋斗，遵守纪律、严守秘密，保持革命气节，勤学、勤业、勤交友等。此外，经常进行时事教育。1947 年以前主要学《新华日报》上的中央文件，例如毛泽东整顿三风的报告，以及副刊《团结》等。1946 年冬以后，按王若飞的指示，办了一份《新华社通讯》，作为学习、宣传的秘密刊物，开始由学联党组陆毅和云大党员尹宜公在云大印刷，由于出刊物容易暴露，以后变换了好多地方。七·一五前后，是王维彩收听新华社广播后，刻蜡版印刷。后来是在电讯局工作的刘运瑞负责印刷，一直办到卢汉起义后才结束。党内文件的印刷不定时间和地点，有条件就印，主要的文件是通过工盟成员金永康所在的印刷厂印刷，由萧松联系印刷。一二·一运动前后的所有文件都是金永康的印刷厂印的，七大的文件主要是白麦浪找的印刷厂印刷。

1941 年我到昆明时，南方局交待我先找中央信托局的林震峰联系，这是省工委的联络点。不久，林震峰离开昆明去上海，这一联络点就随之撤销。上届省工委向我交待工作时，没有交待任何的党内交通站和专门的联络员，所以，我到云南后，开展工作非常困难。在相当长的一段时间内，从各地县来昆明汇报工作的同志，都是自己找地方住下，然后再设法找我们。这种情况很不适应地下工作的需要。据我所知，南方局就设立了专门从事交通联络工作的部门，负责接待和安排来往的同志；南方局的领导人和工作人员出去工作，就由他们负责安排交通工具、住宿、接头等，有时还担任传达指示和消息的任务。比如，我从重庆到昆明时，就是南方局交通科给安排的车子。我考虑，交通工作是地下工作不可缺少的一个重要方面，必须列入议事日程，逐渐建立。

我在省合作金库上班时，有两个暂时的通讯联络点。合作金库收发室一个姓罗的昭通人，为人很老实。因昭通与四川宜宾地区近邻，口音和我差不多，我将他认作"大同乡"，经常与他来往，我请他帮我转信，他爽快地答应了。这成了我的第一个联络点。另外，曾秀娟到中华职教社补习会计时，与一个阿訇的女儿相处得很好。她家住在金牛街，在那里的回民中有一定的势力。我叫曾秀娟与她商量，利用她家的地址帮我转信，这成为我的第二个联络点。但是这些方法毕竟不是长久之计，一年多以后，随着联系的增多，这种方法已不适应了。

工作开展起来后，各地区的联系逐渐增多，我们就利用一些地区在昆明设立的会馆作为较固定的联系和住宿的地方。这些会馆地方色彩较浓，对当地的人来说，比较熟悉，也较安全。

1944年我到重庆向南方局汇报工作，由于没地下交通线，只有靠自己买火车票到曲靖，到那里后又买中国旅行社川滇东路到四川泸县的长途客车票，再从泸县乘船到重庆。随着工作局面的打开，上下级之间的联系日益增多，来往的同志也愈来愈多，如果没有自己的交通线，很难保证不出问题，建立一些地下交通线已成为十分迫切的问题。

1944年以后，孙仲宇联络部分滇南的民族资本家共同集资，在昆明晓东街开办了康宁书店，由孙仲宇主持，店员基本上都是建民中学的共产党员和进步学生。这个书店成立后，我们将它作为正式的秘密联络点。凡是从滇南来的同志，因与孙仲宇和书店店员都熟，不约而同地都到晓东街康宁书店联系，经他们转告省工委。我几乎每周都到那里与孙仲宇见面，由康宁书店转达消息。

这段时间，我还从欧根处了解到马子卿在昆明时，经常在共产党员李同生家办训练班，吃大锅饭，把那里作为接头地点。我注意了解李家的情况，知道李同生家是云南的官宦家庭，几个子女都先后走上革命道路。李的母亲全韵和非常开明，很支持共产党的工作。欧根特别向我汇报说，李家有个儿子叫李渤生，由于社会关系较多，所以有的同志对他有意见，马子卿等也不信任他。我想，社会关系多正是我们工作的便利条件，不能因为一个人的社会关系多就不信任他。于是，我又向欧根详细了解李渤生的情况，知道他为人正直，倾向革命。经过多方考察，我决定将他发展入党。征求欧根的意见，他也同意。后经欧根介绍，李渤生加入了共产党。

李渤生入党后，由我直接联系。经过了解，我认为他是一个做交通联络工作的适当人选，就叫他负责这一工作。在工作中，他想方设法，工作完成得相当出色。

按照钱瑛的吩咐，我没有把我的住址告诉党内的任何同志，李渤生家就成为上级和我联络的地点。我的住址，也只有他知道。如南方局有来人，需要与我接头时，先由他联系。我不在昆明时，他就与昆明市委联系。例如1948年4月郑敦从香港到昆明来，就由李渤生接待，住在他的家里一个多月。李渤生一家对他关心备至，为他烧水做饭，帮他买书买报，病了给他请医生医治。

我在昆明遇到紧急情况时，很多时候都是用李渤生自己开的车来应付。上级派到昆明的许多人也由他亲自开车接送。李渤生的汽车是辆老车，凡是遇到远途办事，他就利用关系借用大商人曾华堂的吉普车。跑长途总是要经过一些国民党地方军政设置的关卡，岗哨是要盘查的。但是，他们有个规律，就是军官开的车就不敢阻拦。于是，李渤生利用关系在国民党"吃空"的名额中挂了个"军佐"的名，一直保存着军服和证章，遇有护送同志的长途任务时，他就穿上军服开车，出城后，又戴上证章，这样，他开的吉普车闯关越卡，通行无阻。

军统特务对航空交通一贯控制是比较严密的。航空站的人员中暗藏着许多特务，受昆明警察总局特务机关的秘密领导，执行警戒任务。他们规定了一套繁杂的申请、填表、登记、审查、批准等手续，然后才可以买票。表上不仅要详填籍贯、职业、住址、旅行等事由，还要交付相片。机场不仅验票，还要据表查对乘客，只有认定来人与照片相符，才能换登机牌上飞机。由于种种原因，乘客到了机场还被留下来的事是经常发生的。我地下党的同志乘坐飞机，必须设法避开这种繁杂的手续，才能保证不出问题。原来地下党的航空交通，由滇南资本家黄美之开设的美兴和公司的高级职员、共产党员王正帆利用他的社会职业条件，与中央航空公司昆明站的经理打交道，一手办理。王调广州以后，这条路子断了。我就问李渤生能不能买到飞机票，他答应试试看。

李渤生找到他的朋友黄其芳，黄其芳的父亲黄子衡是越南华侨，是云南侨界选任的省参议员，与李渤生家有两代交情。黄其芳幼年在法国读书，后被其母包办婚姻，从法国召回嫁给一个地主，成了家庭妇女。李渤生被聘为黄子衡家的家庭教师，在教黄子衡的两个儿子的同时，也教黄其芳的孩子。由于黄其芳受到资产阶级民主主义思想的影响，对封建社会十分不满，李渤生经常与她交谈，向她灌输进步思想，他们关系很好。当省工委要开办协祥纱庄时，租不到黄金地段的铺房，李渤生找到她，请她帮忙，她便撇开丈夫和代理人，借口她自己要开纱庄，收回正义路黄金地段的一间铺面，租给协祥纱庄。七·一五运动期间，李渤生被捕后，李渤生的弟弟将消息告诉黄其芳，她不避嫌疑，积极说服其父亲出面营救。通过这些观察，李渤生决定通过她去打通航空交通线。

中国航空公司昆明站的售票员张振铎是黄其芳家的住房租户，同住一个大院里，张家夫妇与黄其芳感情很好。张是个不问政治的人，不爱交朋友，也不参加社会活动。航空站里的人员，包括那些特务，总是勾结商人做生意，携带黄金、外币、毒品上飞机，常常需要预留客票或挤掉别的客人的座位。由于张掌握着售票权，他们之间互相卖人情，张代朋友买票就可以不办繁杂的手续。

1949 年初，省工委委员侯方岳和桂滇边工委委员杨德华两人到香港，我叫李渤生买两张飞机票。他找到了黄其芳，果然，第二天，黄其芳就把两张飞机票和空白登记表送给李渤生，并且说明登记表只要不要超过起飞的当天时间，什么时候交都可以。

李渤生买到飞机票以后，向我汇报，说是中国航空公司的昆、穗、港线班机，起飞时间是 1 月 16 日上午 7 时。考虑到起飞时间太早，侯方岳和杨德华头天晚上就安排在他家住宿，次日一早送他们上飞机。

李渤生接到任务以后，又请黄其芳向张振铎要了个字条，通知机场换登机牌的人，说明是临时买票，登记手续在张振铎处，请他们放行。李渤生持条换了登机牌，从头到尾避开了检查，顺利地将侯、杨二人送走。之后，又另外编造了上机人员姓名填写了登记表，交给张振铎了事。

为了侯方岳、杨德华的工作方便，临行前，我还叫李渤生给他们准备些港币。李渤生通过美兴和公司的经理写了一封信交给侯方岳，让侯方岳到香港后向该公司香港分号取款。后来，因华南分局已给他们准备了费用，他们没有去取款。

1949年春节期间，华南分局派李雨枫到云南工作，他和妻子带着刚出生不久的婴儿前来，先到达协祥纱庄找到李渤生。这天，正遇上卢汉在南屏街指挥杀人，李渤生马上把他们带回自己家里，然后向我汇报。我考虑在他家里也并不安全，就立即安排昆明市委的赖卫民把他们接走，安排在较隐蔽的地方住下。过了半个多月以后，我又通知李渤生把李雨枫送回香港。当时，昆明的形势很紧张，军统特务对昆明机场的控制加强了。按规定的繁杂手续办理最快也要一个星期，才可以批准购票。李渤生仍通过黄其芳以帮助协祥购票为由，第二天就把票搞到手了，并想办法安全地将李雨枫同志送走。此外，我还安排李渤生接送过林李明等一些同志，类似这样的情况很多。

1949年9月6日，卢汉被蒋召见到重庆后，形势很危急。我安排李渤生尽快搞到香港的飞机票，送周楠一家五人回香港。我只给了李渤生一个假名，没有告诉他周楠的真实身份。那段时间，昆明两航公司的正常班机都已经停航，只有中国航空公司的"霸王号"偶尔由重庆经昆明、广州飞往香港。很多人看到国民党政府将垮台，也纷纷逃往香港，买飞机票真是"难于上青天"。李渤生约黄其芳一起去见张振铎商谈，借口说："人家老太太在香港病重，一家大小要去见个面。"经过他们的一再争取，终于将五张机票买到了手。可是，买到了机票，还需办注射伤寒、霍乱防疫针，还要经警察总局卫生科审验、盖章才能放行，而这些手续办下来起码要三天才能完成。在紧急情况下，李渤生又设法找到著名眼科医生秦开业，在他的协助下，将手续办妥。

9月8日，李渤生送周楠一行上飞机时，恰遇卢汉从重庆回来，机场森严壁垒，李渤生沉着应付，终于将周楠等平安送上飞机。

"九九整肃"后，我要李渤生负责被捕的严达夫、何锡科、龙显寰三人和家属的生活费，再加上邮局被捕的 17 个人在监狱里的生活也要照顾起来，他都想方设法，圆满地完成了任务。此后，李渤生跟我到滇中游击区，为实现打通滇南与滇东南游击区的联系，我们来往于阳武、新平、峨山等地。

1948 年全省武装斗争开展后，从昆明派到各地的学生很多，来往的共产党员和进步分子也很多。为适应斗争的需要，除了省工委的交通联络点外，我们在全省也建立起了一些交通线。

华宁盘溪是在滇南和滇东南交界的地方，有火车站，是个交通要道，因此我们考虑在盘溪建立一个交通联络站。抗日战争时期共产党员朱家璧统率滇军的五个营在这里守防，并介绍进步人士和党员到中学任校长和教师，打下了一定的工作基础。之后省工委派张华俊到华宁教书，他同当地开明士绅、进步人士段立久结下了友谊，打开了那里的工作局面，1948 年初，省工委又派共产党员陈柏松、段亚华夫妇到这里，因段亚华即段立九的女儿，以此关系，在段立九的支持下，以其家作为秘密交通站。省工委陆续又派赵伟、杨东方等党员带领民青、新联成员到这里，由赵伟、杨东方、段毓华组成党小组，以盘溪乡村小学为据点开展工作。交通站负责接送来往的党员和青年学生。当时，从昆明到圭山、西山的学生都是先到这里，然后再从这里前往。朱家璧等从境外回来发动武装斗争，分作两批走，其中一批从石屏到弥勒的途中，经盘溪时就住在这个交通站。

圭山、西山起义后，省工委又先后在云大附中民青成员张望家的宜良段官村、宜良县城内时家巷和昆明市圆通街小堆子巷，分别建立了地下交通联络站。张望的母亲李士娘思想进步，曾以资财和枪弹支持张望等举行旧城起义。1948 年 2 月底，省工委决定以其家为交通站，她倾其财力物力，使全家都投入工作，她们隐蔽接待和护送了地下党的领导同志和许多疏散下乡的教师、职员、工人、青年学生。她们为来往人员安排食宿，站岗放哨；为赶路的同志准备干粮，准备化装的衣服、礼帽、鞋袜和路费等。我党组织还通过她家转运大批武器、弹药、药品、粮食和革命书刊到根据地。1949 年 9 月，昆明小堆子巷十一号地下交通站遭破坏，李士娘及其女儿张群生和地下交通站的冯憬行、许立等七人被捕坐牢，之后到交通站的人也陆续被捕。李士娘在敌人的严刑拷打之下坚定不移，保守了党的秘密。1949 年卢汉起义前，在释放"九九整肃"被捕人员时获释。

在滇南，建民中学也是共产党内的秘密联络点。这所学校的大多数教师都是党员和进步人士，来往的同志大都和这里的教师熟悉，自然就都到这里来住，并由他们安排到游击区。

在到滇西的路上，省工委在安宁设立了秘密联络转运站。当时李方英任教育局长，凡是从昆明到滇西七、八支队的同志，或是滇西的同志到昆明来，都在安宁住宿，并了解情况后，再从这里出发。

在昆明周围，昆明市委也建立了几条交通线，输送大批学生、干部和医药、武器支援游击区。

1948 年到 1949 年间，为适应武装斗争需要，川滇、滇越铁路线魏赞章、陈敬思等和铁路员工中的工盟成员及铁路职工的掩护下，凡是到滇南、滇东南游击区的人和物都经铁路线。一般在昆明附近的小站上车，有铁路上的同志接应，通行无阻。

当时，滇池上有客运昆湖轮船航行，运载旅客。我们在轮船公司职工中也发展了党员和工盟成员。在他们的掩护下，到滇南的一部分人员可坐昆湖轮船到昆阳，然后经峨山，再转滇中、滇南和思普区。

在昆明附近，还有条由农民组成的马车交通线，主要是运送到昆明附近嵩明、富民、禄劝等地的人员和物资。

由于有了以上的几条主要的交通线，我们有效地避开了昆明东站、西站、碧鸡关三个检查站敌人，将解放区需要的物资和人员安全地送到游击区。

除交通联络工作外，地下党的财经工作也是很重要的工作。我到云南后，开始一段时间，按照南方局孔原等同志的指示，要求省工委的所有人员谋取社会职业，省工委机关工作人员也有相对固定的社会职业。在这种情况下，我除保障基本生活外，还能挤出少量经费开展工作。1944 年我到重庆汇报工作时，董老严肃地向我提出我不能搞职业化的问题。从重庆回来后，我就辞去了合作金库的职务，只留了个没有实际意义的空衔。这样做的结果，我倒是可以集中全力来做工作，但却失去了固定的收入，生活很不稳定。尽管我和曾秀娟难免饥肠辘辘地度日也满不在乎，但还有呱呱待哺的孩子，生活就很难维持下去。房东对我们的经济状况也有所察觉，怕我们拖欠房租，平日就施以白眼和冷嘲热讽。更重要的是工作上需要的钱也无法解决。如有时派干部到外县去，甚至连路费都无法筹措，工作十分困难。由于以上原因，我想，还是要有较固定职业，以减少工作上、生活上的困难，于是就通过宋启华把曾秀娟介绍到商业补习学校教会计，我也经宋的关系，化名到拓东路的护国中学教历史和地理。有时，南方局给我们带来一点经费，且很有限；党员交党费也不正常，收入得很少。但我们从来没有向南方局主动要过钱。

1946 年，李群杰在昆阳当县长时，省工委先后派宋启华、赵国徽、蒋仲明到昆阳去开展工作。为了了解他们的工作进展情况，我去过一次昆阳，李群杰了解到党的经费相当困难，就捐了一部分银元（半开）作为党的活动经费。

全省武装斗争开展以后，需要的经费也日渐增多。游击区要药品、电讯器材，我们要派更多的人到游击区，需要很多路费。因此，我开始找人做生意，想赚点钱来保证开展工作。1947 年间，有一个叫林必宜的共产党员在和成银行当职员，他给银行经理家的小孩做家庭教师有一点收入，就捐了一笔外币出来，作为本钱，由我交给一个姓罗的党员做生意，但不仅没能赚到钱，反倒亏了本。这个党员因与其职业关系的人不和，突然搬了家，从此不知去向。以后又找了一个叫梁子章的党员，他自称是广东人，说他会做生意，自愿为党赚钱，但也没有结果。

1947 年冬，我向李渤生谈起党的经费困难的情况，他毫不犹豫地说，他去想办法做生意，赚钱交给党。我对他说，做生意可以，但是现在我们拿不出钱来给他做本钱，要他自己想办法，赚的钱交给党，亏了也由他们自己负责。

李渤生立即变卖了自家的房产，将所得的钱都交给了党。我把王正帆和李渤生组成财经小组，让他们负责经营商业。1948 年夏秋间，王正帆将在美兴和所得的奖金捐给党为基金，加上李渤生捐的钱，再多方集资后，在昆明市中心地带，商业比较集中的正义路开了一个协祥棉纱庄，由李渤生和王正帆具体经营。从此，他们赚了一点钱，主要供给省工委和昆明市委使用。

这时，由于有了一点经费，可以应付一些急需。游击战争开展后，游击部队也急需大量药品，我们就用这些经费，多方设法购置所需药品，提供给他们。再如有的同志被捕，我党需要通过党员的社会关系将被捕的同志保释出来，需要用钱贿赂或送礼。一些同志被捕后，其家属的费用也由组织承担起来。还有就是省工委及上级同志来往的车船、飞机票的费用也有了保障。

1949年，随着革命形势的发展，省工委经费来源也较多了，有的党员和进步人士也给我们捐款。我记得党员韩子旺捐过一笔钱，云茂纱厂的老板王少岩也捐赠给我们一笔钱。除此之外，1949年武装斗争开展以后，游击队也向省工委提供经费。如滇南十支队在开辟红河、元阳两县时，摧毁了反动土司头人的巢穴，缴获了一部分金银首饰，就交给省工委，作为党的活动经费。在卢汉起义前后的一段时间，昆明在肃清特务分子的活动中也缴获了一些实物和钱，都交给了省工委。

为了便于管理和使用党的经费，1949年，我们加强了财经小组的机构，增加了人员，主要由李渤生、王正帆，还有陈鸿图等人参加。财经小组建立了详细的收支账目，并本着极为勤俭的原则，实行严格的管理。1950年云南省委建立后，我经财经小组，将这笔经费包括所有的金子、金首饰等，都如数交给了省财委。

喜迎人民雄师进入昆明，欢庆全省解放

省委会议后，省委要我先回昆明一趟，了解一下近期的政治情况，并约定等了解情况以后，再回到陈、宋赴昆的路途中碰面。我回到昆明，先后找市委和杨青田了解了近况，随之将所了解的情况写了一份报告。我赶到宜良至呈贡途中，把报告交给宋、陈，并作了口头补充。以后，宋任穷把这份报告报西南局并中央。在报告中，我对卢汉起义的原因，主要分析有三条：一是解放大军的胜利进军，加上我党的争取工作，是卢汉起义的决定性因素；二是蒋卢矛盾，蒋系中央计划迁滇，逼卢为之殉葬；三是云南武装力量的发展，使卢汉幻想以大理为根据地的计划破产。在全国解放战争节节胜利的形势下，其统治基础动摇，卢汉的军政人员纷纷起义。

1950年2月，昆明市加紧组织准备迎接野战军进入昆明的工作。临时军政委员会的代表、人联的代表和各界人士的代表组成了云南各界欢迎解放军莅临筹备会（简称迎军筹备会），统一领导迎军工作。吴少默、李群杰、张克诚、杨劲松、白祖诗、李慕尧、缪雄章、董坤德、陆介福、赵静康、游重武、赖卫民、白小松、徐梦麟等为委员。人联选派程干亨担任迎军总指挥，

副总指挥由安庆松、李志正、王维彩、彭毓秀、毕旺担任。

临近解放军入城前一周左右,市委安排在临时军政委员会工作的李群杰、徐仁信、杨劲松、白祖诗代表人联去找卢汉商量有关迎军的安排事项。徐仁信向卢汉汇报了人联的计划和工作,卢汉表示很满意,但是,他提出迎军活动应以云南临时军政委员会的名义主持,并要求在迎军大会主席台和主要街道悬挂"云南临时军政委员会"的布标。李群杰等人提出异议,说迎军应突出表达人民群众对解放军的渴望和热爱。经过协商,双方决定以"云南各界"的名义组织迎军。后来,卢汉还提出要多备宴席招待解放大军的意见。人联代表们向卢汉说明云南经济困难和刘、邓大军指示不能为迎军增加人民负担的意见,卢汉表示采纳,把宴请的范围缩小了。

2月17日是春节大年初一,解放军先头部队到达昆明近郊的呈贡。《正义报》将此特大消息专门以号外发出。全市人民欣喜若狂,奔走相告。人联派出以何保光为首的代表团一行400余人,专程到呈贡迎接。2月19日,卢汉也派代表到宜良迎接野战军进驻昆明。

2月20日,云南人民盼望已久的亲人解放军来到昆明,昆明各界举行了规模宏大的入城式。这天,昆明全城一片欢腾,万人空巷,仅有30万人的昆明竟出动了12万多人夹道欢迎。迎军筹备会在东郊菊花村搭起了迎军台,以卢汉为首的主席团一早就来到迎军台前恭候。下午1时,解放军的入城队伍在军乐声中,迈着雄健的步伐,走到迎军台。此时27响礼炮齐鸣。陈、宋两将军和主席团的成员一一亲切握手,互致敬意。人民群众欢迎解放军的队伍从东郊菊花村经东站、拓东路、金碧路、正义路、华山南路、华山西路,出北门街,到莲花池,长达十余里。人们还用传统的高跷、花灯、狮子、龙灯等节目欢迎亲人解放军。昆明全市歌声飞扬,口号震天,出现了昆明从未有过的盛大局面。

2月22日,在拓东体育场,昆明各界群众10万余人举行欢迎人民解放军进云南的迎军大会。各人民团体的代表把锦旗、慰问信、签名绸缎、银制毛主席塑像和各种各样的慰问品送上主席台,献给解放军。最注目的是五十三兵工厂的工人献上了他们日夜赶制出来的200挺轻机枪、500具指北针。会上,卢汉首先致辞,他欢迎人民解放军进军云南,表示要在中国共产党的领导之下,为建设新民主主义的新云南而努力。接着,陈赓在大会上讲话。他指出:"由于中国共产党中央、中央人民政府和毛主席的英明领导;

1950年2月20日，中国人民解放军进入云南。

1950年2月22日，在昆明各界群众欢迎人民解放军大会上，五十三兵工厂的
工人扛着献礼的步枪进入会场。

人民解放军在全国范围内的伟大胜利；云南人民和中共云南地方党所领导的人民革命武装的长期奋斗，卢汉将军及所部起义才有今天这样的胜利。"宋任穷讲话指出："我们已经胜利了，但是我们今天的胜利，仅仅是万里长征走完了第一步。云南也和全国各解放区一样，从此开始进入和平建设。我们要着手组建一个人民的新云南，这个任务是非常沉重地落到了我们肩上。"

经历过李弥第八军、余程万二十六军反扑昆明而深受烽火惊扰的昆明人民知道，中国人民解放军野战军入滇歼灭了国民党残敌，才有全省的完全解放，才有今天的欢庆。

邓小平曾高度评价云南人民为革命所作出的贡献。他在 1950 年 4 月 11 日中央人民政府第六次会议上的报告中说："云南解放后，曾发生原已被迫宣布起义的李弥、余程万两将军的叛变行为，我云南人民武装及二野一部曾协同卢汉将军进行保卫昆明的战斗，旋以四野、二野各一部由广西赶赴滇南，因为云南有广大的解放区，有久经锻炼的人民军队，有有组织有觉悟的解放区人民，在他们的有力地协同和支援之下，才能迅速地扑灭了李、余两匪的叛乱。"

在敌人的血腥统治下，长期在城市进行秘密工作的共产党员、民青成员、进步群众和在农村浴血奋战的指战员们，满腔热情，欢欣鼓舞地迎接二野四兵团、西南服务团、云南支队进驻云南，欢庆云南的解放。回顾已往，我们在周恩来制定的第二战场总方针指导下，配合二野四兵团歼灭残敌，才实现了里应外合、迎接解放的目标。由于我们长期地处边陲，远离中央，对中央政策方针体会不深，学习不够，难免有误，当虚心向中央直接领导下的野战部队和南下干部学习。今后决心继续努力，在省委的领导下，贯彻中央的政策方针，为建设边疆、巩固边疆贡献一切。

2 月 24 日，宋任穷等同志召开全省地、师以上干部会议，宣布成立中共云南省委，撤销中共滇桂黔边区党委。在会上，周保中传达了中央领导人对云南工作的指示。我也在会上讲了话，表示按照中央首长的指示，搞好团结。随后，经中共中央西南局批准由九名委员组成的云南省委正式成立。宋任穷任第一书记，陈赓任第二书记，周保中、李明（林李明）、我和刘林元、郭天民、庄田、牛树才（未到职）任委员。

对于野战大军的到来，我非常高兴，也对他们非常敬佩。我认为，他们在党中央的直接领导下工作和战斗，政治水平较高，有丰富的斗争经验和优良作风，值得我们很好学习。这种想法也是我们地下党同志普遍的想法。

1950年2月24日，在昆明召开全省地、师以上干部会议。
图为人民解放军第二野战军第四兵团政委宋任穷在大会上讲话。

在野战大军到来之前，边区党委就专门作出了《会师指示》，号召云南干部要学习南下干部的宝贵经验，特别是对政策的了解和掌握，思想作风的纯正与宽宏，各种制度的正规化，以弥补自己的不足，改造与提高自己。野战大军到来后，我们在工作中密切配合，与他们团结得很好。

3月4日，在昆明胜利堂召开有解放军第四兵团、西南服务团云南支队及原中共滇桂黔边区党委干部两千多人参加的会师大会。在这次会议上，宋任穷、陈赓、周保中、李明、庄田、刘林元和我都分别讲了话。我在讲话中表示，要搞好党内团结，学习南下干部的长处，克服自己的缺点。要以统战工作为中心，克服"左"的倾向，和卢汉搞好关系。并认真贯彻执行中央的指示，在省委的领导下，克服困难，努力奋斗，保卫和建设好云南边疆。

第六章　新中国成立初期的几年

云南解放后，开始全面建立政权和各种机构，我也被任命了许多职务。1949年，在全国新民主主义青年团代表大会上，我被选为中央委员。同年3月18日，中共中央西南局批准云南省委成立青年工作委员会和妇女工作委员会，省委决定两个委员会都由我兼任书记。4月，中国新民主主义青年团云南省工作委员会成立，也由我兼任书记。新的省委成立时，林李明担任组织部长，以后林李明调到中央，省委决定由我接任组织部长；宣传方面，由于设立文教委员会，由我任书记，不兼宣传部长。我还先后兼任过人事厅厅长、省政府党组成员、党校党委书记、省体委主任、省纪委书记等职。省委刚成立时，设立纪委，大家都说我是组织部长，应兼纪委书记，所以又由我兼任书记。1950年，又任西南局委员、西南军政委员会委员。由于职务太多，很多方面我都力不能及，只是挂名而已。

但是，这个局面维持没有多久，1951年初，一股否认中共云南地下党的暗流就开始泛滥开来。当时，丽江地委书记张子明、原滇南工委书记刘有光向西南局写报告，汇报云南地方党组织的情况，说云南地下党组织严重不纯，问题很多，工作开展不起来。由于反映的问题"很严重"，故而引起了西南局的高度重视。

同年3月，中央召开第一次全国组织工作会议，我由于工作繁忙不能出席，由郑敦率云南12个地州的组织部长前往出席。在会上，云南出席会议的12个地州的组织部长对云南工作的估价意见分歧很大，其中有6位组织部长认为云南工作成绩是主要的，有6位组织部长则认为云南的工作错误是主要的，为此争执不休。会后，刘少奇把云南同志留下，专门开了个会。少奇同志对大家说："云南党光荣伟大是第一，还是应肯定的，但是还有第二、第三。应该承认他们做过好事，打了游击，建立了武装，培养了干部，他们做的正确，做的伟大，做的英勇，是有功劳，要承认，要肯定。但还有个第

二、第三，那就是有毛病、缺点、错误。第一第二都要承认。只看缺点而抹杀优点、成绩不对，只看见成绩而忽略了毛病、缺点也不对。"刘少奇同志在谈到云南问题特别是丽江的情况后，对如何全面地看问题讲了许多意见。

全国组织工作会议结束后，云南代表团到了重庆，向西南局汇报工作，邓小平同志也针对云南整党问题作了讲话。他说："少奇同志的指示，要作为中央局、云南省委、整个党组织的执行方针。"邓小平在肯定工作成绩的同时说："刘有光同志反映的也可能有出入，要实事求是。"

这时，西南局又接到郑敦写的一个报告。这个报告中说："云南地下党问题很大，不仅是基层组织的问题，而是部分领导干部的问题。不仅是思想作风问题，而是政治上、组织上的问题。思想作风不纯，不仅是一般生活作风上的问题，而主要是不愿意参加反封建斗争，不同意斗争继续深入发展的问题。组织上的不纯，不仅是先锋队与群众不分的问题，而是敌我不分的问题。政治上的不纯，不仅是水平太低的问题，而是敌人跑到党内不断地企图从内部来阻挠与破坏革命前进的问题。"这个报告，使云南的问题更加复杂化了。

全国组织工作会议后，我们积极向全省党员传达会议精神，接着，为了解决云南地下党组织上和思想上的问题，云南省委根据中央、西南局关于整党的指示精神，于1951年7月至1953年3月，将全省地下党和边纵县、团以上干部分三期集中到省委党校进行整党。这次参加学习的各级干部共1394人（其中地、师和县、团级干部占46.2%，区营级干部占53.8%）。1953年8月至1954年11月，根据省委"全省还有不少的地下党员干部未经过整党，要求在政治理论学习的基础上结合审干"的指示，省委党校又开办了三期干部理论学习班，结合审干。参加学习的学员有3038人。以上合计，1951—1954年底在党校参加整党、审干的学员，共有4432人。开始时，大家思想上都有不同程度的抵触情绪，主要是对过多地指责地下党的错误接受不了。对此，我们做了大量的思想工作，开展思想教育，端正态度。并要求党校学员以党员标准的八项条件，进行认真学习。经过联系自己的思想和工作实际学习，广大党员的党性有所增强，觉悟有所提高。接着，进行思想清理和组织清理。当时要求我们解决的主要问题是：组织路线不端正，入党标准掌握不严，组织混乱，党员教育抓得不紧等，所以要清理队伍，整顿组织。在这样的指导方针下，在整党中，受各种党纪处分的925人，占学员总数的

20.8%，其中开除党籍和取消候补党员资格的 600 余人。很多同志在遭到这个打击之后，身心受到极大的伤害。

党的十一届三中全会以后，在落实政策的过程中，不少同志陆续向党校提出申诉，要求改正整党时的结论。经过拨乱反正，按照"实事求是，有错必纠"的原则，对绝大多数同志落实了政策。特别是在批判了"左"倾路线后，也彻底否定了地下党搞"地方主义"等污蔑不实之词和错误的结论，还了历史的本来面目。经党校复查，申诉要求改正的 104 人中，原结论和处分基本恰当，应予维持的 11 人；原结论和处分全部都搞错了，撤销原结论和处分的 79 人；原结论和处分部分搞错了，改变原结论和处分，但不恢复党籍的 13 人；原结论和处分全部错了，但整党后本人犯罪被判刑，经复查，撤销原结论，但不恢复党籍的 1 人。在问题最严重的丽江地区，党的十一届三中全会后，也进行了复查和平反冤假错案的工作。丽江地委经过复查，上报省委，省委于 1989 年 9 月 12 日批复：同意撤销丽江地委 1951 年 1 月 20 日《中共丽江地委会关于停止全区党农村支部活动告全区党团员书》；1951 年宣布停止活动后失去党籍的党员，不论在什么时间重新入党，应承认原来的党籍，党龄连续计算；1951 年宣布停止活动后失去党籍的党员，被停止活动后一贯表现好，本人又积极要求恢复党籍并基本符合党员条件的，经支部大会讨论，县以上党委批准，可承认原来的党籍，不能恢复党籍的，承认光荣历史，不要求恢复党籍的，党籍不予恢复；对能恢复党籍的同志，党籍恢复后生活确有困难的，按云组发（1985）31 号文件规定办理。文件还规定，全省其他地区解放初期被错误停止党的农村基层组织活动的党员的党籍问题，可参照上述意见办理。有了这样一些措施，整党落实政策的工作在全省逐步推开，并取得了极大的成绩。

1954 年，随着全省整党高潮的过去，谢富治将斗争矛头逐渐对准了我。2 月，省委召开扩大会议，省委书记谢富治主持，开始对我进行批判。他们以我生活上的错误作为突破口，然后再逐步引向政治问题进行批判。我在婚姻问题上有过错误，曾在 1951 年全省地委书记以上干部会议上作过检讨。当时，宋任穷同志的意见是：错误是两方面的责任。但是，郑伯克是老同志，另一方是新同志，老同志与新同志之间的问题，老同志应负主要责任；再说，郑伯克是领导同志，另一方是被领导同志，领导同志与被领导同志之间的问题，领导同志应负主要责任。在这个事件的具体处理上，我有不当之处。按照宋任穷同志的意见，组织对这个问题已进行过处理。但是，谢富治又把这件事拿出来，大做文章，把批判的矛头直接引到我的身上。顿时，在会议上，各种造谣污蔑铺天盖地迎面而来。很多人用污蔑不实之词，对我进行攻击。比如郑敦说，1950年初，他随十三军由广西进入云南，到蒙自后，在蒙自县城打电话到昆明找我。当时昆明有一个边纵联络站，站长是樊子诚，电话通过樊子诚找我。我想，卢汉刚刚起义，城市还较混乱，我在昆明还没有公开暴露身份，也还没有接管邮电系统，从蒙自公开打电话谈工作，是不符合秘密工作原则的。所以，我就叫樊子诚先接电话，再转告我。郑敦在这次会上就这件事大做文章，说他在电话上讲的是解放军的进军路线，因为我不接电话，边纵各支队不知道我军的进军路线，没有配合，于是让李弥逃到国外，成为云南边境长期的后患。由此得出一个结论：郑伯克拒绝接电话，说明郑伯克拒绝与解放军联系，不与解放军合作，让国民党军队乘机逃出云南，造成严重后果。实际上，李弥在解放军进入蒙自的前一天即从蒙自坐飞机逃到台湾，以后又从台湾到缅甸金三角，国民党军队有一小部分是从金平和河口之间逃出国境的，这与我们完全没有关系。于一川最后在大会上讲话，完全引用了郑敦的发言。他代表省委的讲话印成正式文件，在全省发放，并报告中央。接着中纪委转发了这个文件，并印发全国。于是，我就被扣了几顶帽子："地方主义""右倾机会主义""独立王国""放走李弥，放走国民党军队""拒绝解放军入境"，等等，结论就是"反党反中央"。

那次会议后，谢富治找我谈话。他说：你的错误很大，可能党籍都保不住了。你只要照着于一川的讲话承认错误，还可以保留党籍。我想了很久，最后决定，眼前这杯苦水只有吞下去。所以，我在党代会上作了检讨，承认了"错误"。于是，省委决定把我下放到东川因民矿区，当一个地质勘测队的副队长。当时云南省委给中央的报告中有这样一段话：鉴于郑伯克同志和云南的广大党员还有联系，为团结广大党员，对郑伯克同志的错误不作组织处理，不作结论，保留原职务，下放东川锻炼。因此我到东川矿区还带了一个警卫员，工资、职务都照常保留。

从1954年5月到1956年七八月，我一直在东川矿区。到了东川以后，我一直在想：为什么谢富治他们会这样对待我？想来想去，我想可能是由于我在解放后，任职太多，所有人事大权都是我一个人包揽，我自己干不了这么多事，能力也不行，但是我不够自觉，才造成那么多的问题。我决心从头开始，埋头苦干，夹着尾巴做人，在什么地方摔了跤，就在什么地方再爬起来，一步一步地再向前走。

东川矿务局是一个局级单位，因矿务区是一个处级单位，勘测队是处下的一个组，我担任勘测队副队长。但我忠于职守，每天和勘测队员一起爬高山、穿峡谷，寻找矿石，中午就到老乡家买土豆、做饭吃。地质勘测队员大多是地质专业的大学生或中专生，我与他们相处很好，大家无话不说。我们那个矿的矿长不重视知识分子，不爱惜人才，这些知识分子很受压抑。他们经常谈起一些不愉快的事，我就开导他们，成为他们的知心朋友。这段珍贵的感情，一直保持下来。直到我到北京后，还保持着来往。

我的老家也有开煤矿的，但是坑道很低，矿工在坑道里基本是爬行，所以我从未进去过。而现在东川的铜矿可以昂首挺胸在里面行走，我因工作需要经常下矿。矿区工人大多数是从东北鞍山来的老工人，我和他们都有深交。我童年时就经常与矿工接触，他们比这些工人苦得多。我与这里的矿工交友，有的工人生病，我带着他们上昆明，帮助他们找医生。后来我到中组部后，有的工人还一直与我保持通信联系。有一个工人后来提拔为勘测队队长，有一次在昆明附近搞勘探，还来信谈工作情况。这段友谊，使人终生难忘。

1954年高饶事件后，党内清理内层。我是戴了五顶"帽子"下放的，开始时他们把我当作高饶分子来对待，要整我。谢富治知道后说："郑伯克已经到了这步田地，何必再整他。"就这样，我才躲过了这场灾难。

第七章　在财贸部门

1956年10月的一天，我突然接到云南省委的电话，通知我回昆明。我一时不知是福是祸，匆匆准备了行李，赶回昆明向省委报到。

到昆明不几天，省委书记谢富治找我谈话。他说："我们马上就要召开省党代会，没有安排你进入省委委员候选人名单。但因为你在云南工作多年，估计到开会时，可能还会有人提你的名。如果出现这样的情况，省委将很难处理。所以，经与中组部商量，决定把你调出云南，安排到北京去工作。"听了这些话，我明白了其中的用意。我想，离开昆明对我也可能是一件好事。于是，我非常爽快地答应了。

这次谈话不久，我便接到中央组织部的通知，调我到北京工作。我随即起身赴京，到中央组织部报到。中央组织部没有很快给我分配工作，而是把我安排在翠明庄招待所暂时住下，并叫我把家属也迁到北京。于是，我又回昆明，把家属接到北京，等待安排工作。

这段时间，我看望和拜访了一些老朋友。一天，我见到曾任云南省政府主席的周保中同志，他对云南的情况很熟悉。当我谈到自己的近况时，他愤愤不平地说："我知道你的情况，谢富治故意抓你的小辫子，无限上纲，批判你，给你扣上反对党中央的罪名，这是有意诬陷，你应该向中央申诉。"我非常感激他对我的理解和支持，但我认为向中央反映情况不妥，因为我是自己犯了错误，才有小辫子可抓。所以，我认为应该严格要求自己，接受组织的审查和考验。于是，我对他说："我现在要一切重新开始，夹起尾巴做人，小心谨慎，兢兢业业，埋头苦干。跌了跤，再爬起来，一步一步地向前走。"这是我对自己今后工作的打算和要求。

大约过了两个月后，中央组织部通知我，要我到农产品采购部工作。组织给我安排这个工作，出乎我的意料之外。因为我过去很少接触经济工作，财贸工作对我来说更是陌生。但作为一个老党员，党把我分配到哪里，我就要在哪里干好，所以，我无条件地服从组织决定，并默默地下定决心，要从头开始，重新学习，努力工作。

1956 年 11 月，我正式到农产品采购部报到，单位把我分配在科学研究所工作。我去上班的当天，杨一辰部长就找我谈话。他说：科学研究所的所长是我兼任，你任副所长，你的待遇维持原七级。我当即对他表示：我是一个共产党员，党分配我干什么，我就干什么，一定认真地把工作干好。

农产品采购部的主要任务是采购农产品，以供应城市人民的日常生活需要。这项工作关系千家万户老百姓的生活，十分具体和细致。为了做好北京市场的安排，必须了解北京市民日常生活中对农产品的需求。因为我出生在南方，又长期在南方工作，对北方老百姓的生活习惯不熟悉，对开展工作很不利。因此，我带领同志们对北京的市场进行广泛的调查研究。这次调查，使我增长了不少见识，了解了很多情况。有一次，我们找一位名叫金受声的人了解情况，听说他的家族是正黄旗人，清朝灭亡以后改姓金。他对北京市民的生活情况，特别是老北京的传统食品和老字号食品十分熟悉。他向我们介绍了北京有名的酱菜"六必居"。我记得他说"六必居"创自明朝，相传招牌是奸相严嵩所书，已有几百年的历史。为了更深入地了解情况，我带领科学研究所的几个干部到"六必居"去蹲点，了解酱菜加工过程，看如何选原料、如何加工各种酱菜的过程。例如酱黄瓜，其黄瓜原料固定河北某县的，要选顶花带刺的嫩黄瓜，几百年来，这个规矩没有变。我从中知道，老字号之所以久负盛名，一个主要原因是他们重视产品质量和特别讲究原料加工，这样才能做出好的产品。再如，为了解决当时蔬菜的供需矛盾，掌握蔬菜的生产情况，我们专门赴呼和浩特搞调查研究。在呼市，区党委财贸书记热情接待我们，并给我们介绍情况。他说包钢这个大单位有几十万职工，给包头市增加了很多生活方面的负担，但包头财贸部门解决了这个矛盾，大家的生活很好。他建议我们到包头去取经。我们接受了这个建议，专门到包钢蹲点调研。在近两个月的时间里，我们确实学到了不少蔬菜供应方面的知识和经验，特别是他们指导菜农排开播种生产、分期上市供应，使供需矛盾得到逐步缓解的经验，给予我们很大的启发。

包头的调研告一段落后，我们到呼和浩特向自治区党委汇报。此间，利用工作之暇，我带领同志们到市郊参观了王昭君墓。《方舆纪要》载："塞草黄白，惟此独青，故名青冢。"我们去时，正当冬季，墓边草已黄落，未见独青。墓前有许多碑石，我们没有一一浏览，而是拜访了附近一位老农民。他说：都传王昭君葬在此处，但抗战时期日军侵占绥远，曾挖地两丈多，也一无所见，从此作罢。

1957 年 1 月，上级决定撤销农产品采购部，成立城市服务部。杨一辰部长找我谈话，他对我说，已经征求了中央组织部和云南省委的意见，考虑到我的历史情况和所犯错误，决定安排我参加党组，任部长助理，分管职工教育局和卫生检疫局，兼职工教育局局长、干校校长，负责指导全国城市服务部系统的干校和技术学校工作。

这段时间，我工作的重点就是抓职工教育和培训，主要是组织职工开展学习毛主席著作的活动，同时，也抓业务技术的培训。由于这项工作对于我来说，也是一项全新的工作，根据以往的工作经验，我还是先进行调查研究，分别召开了几次职工教育座谈会和干校座谈会，根据大家的意见和所了解的情况，再制定学习安排和学校课程设置，广泛开展工作。

1957 年，根据上级指示，城市服务部与中华全国供销总社合并，改名为第二商业部。我的职务和分管工作没有改变，只是作为党组成员，又参与了机关党委的工作。

这年夏天，我们党发出"组织力量，反击右派分子猖狂进攻"的号召，一场全国范围内的反右派斗争铺天盖地，席卷而来。当我听了有关领导同志作的反击右派分子猖狂进攻的报告后，得知右派分子向我党发起猖狂进攻，十分气愤。我想，几十年来，无数革命先烈牺牲了宝贵的生命，才夺取了全国的胜利。今天，这些右派分子公然提出要来"轮流坐庄"，这坚决不能答应。因为有如此情绪，我对反右派运动的态度比较积极。后来反思起来，正是由于这种情绪，使我对形势产生错误的估计，对同志产生了不正确的评价，在工作中出现了偏差，也误伤了一些好同志。至今，心里还总是怀有深深的歉意。

1958 年，二商部与商业部合并。这时，学习毛主席著作的活动出现了新的高潮。为了了解职工学习毛主席著作的情况，推动学习活动的深入进行，我们开展了选拔学习毛主席著作积极分子的工作。我先后带人到沈阳、哈尔滨、长春、上海、南京、杭州等城市搞调查，发现典型，推广经验。在哈尔滨，我们开过几次座谈会，与职工交谈学习心得体会。通过了解，我从中选拔出了理发员查桂民、百货商店售货员魏淑琴，还有营业员于清贤、王洪文等作为学习毛主席著作积极分子。其中，魏淑琴是哈尔滨第七百货商店的售货员，她反复学习《矛盾论》《为人民服务》《纪念白求恩》等毛主席著作，并结合工作实际，写了《售货员的哲学》《售货员的技术》等著作。通过总结和宣传、推广她的先进事迹，大家深受启发和教育。

在沈阳，我去东北局看望了宋任穷同志，这时，他担任东北局第一书记。作为我十分敬重的老上级，我向他汇报了工作和思想。任穷同志给予了肯定，并指示我要接受云南遭受挫折的经验教训，好好工作。

1993 年 10 月郑伯克（左）与宋任穷合影。

在这里，东北局财委的同志向我们推荐了另一位学习毛主席著作积极分子，她就是李素文。李素文是沈阳市北陵区一个副食品商店的售货员，河北省乐亭人，后来举家迁到东北当了店员。她热爱本职工作，礼貌待客，周到服务，业务熟练。有的顾客来买辣椒，她就能根据口音判断顾客是什么地方的人，然后针对不同情况介绍顾客应该买哪种辣椒。下班之后，她还到北陵区东北局机关宿舍，悄悄地把机关干部换下来的脏衣服带回家去，洗干净晾干后，再悄悄地一家一户地送回来。她做这些好事，从来不留姓名。东北局的干部向我介绍了她的事迹后，我又召开几次座谈会，征求大家的意见和反映。最后，我们根据大家的意见，确定李素文为学习毛主席著作积极分子。

回到北京后，东北的这些同志都出席了商业部召开的学习毛主席著作积极分子座谈会。为了更好地宣传李素文的事迹，我找《人民日报》理论部的同志商量，帮助她写了一篇《为人民服务》的文章，以李素文的名义在《人民日报》上发表。在这次座谈会上，魏淑琴等人提出建议，请北京市建筑公司的木工李瑞环来谈谈学习毛主席著作的体会，大家一致表示同意，我们立即作了安排。李瑞环来到会议上，与大家座谈交流学习体会和经验。座谈会结束时，分管财贸工作的国务院副总理李先念到会，给学习毛主席著作积极分子颁了奖，大家受到极大的鼓舞和鞭策。

1958 年，程子华调任商业部部长。1959 年庐山会议后，批判所谓"右倾机会主义"的斗争全面展开。按照上级规定，每个单位要按至少 5% 的比例挖出"右倾机会主义分子"。要完成这个比例，不仅看现实表现，还要查阅每个人档案。当时，划"右倾机会主义分子"的标准有六条，其中有一条是历史上犯过右倾机会主义错误，还有一条是有现行的右倾机会主义言论。机关党委书记亲自查阅我的档案，其中查到我在云南做龙云、卢汉的统战工作是"右倾机会主义"的记载。他们公然以此为依据，说我在历史上犯过"右倾机会主义错误"。接着，又在我的现实工作中找"错误言论"。当时，我的实际职务是个局长，但是还保留行政七级，享受副部级政治待遇，因此能经常听到毛主席指示的传达。有时在讲话时，我引用过毛主席郑州会议、武昌会议上讲的"徐水不如安国""有人放假卫星"等话，而他们却说这是"右倾机会主义"言论，在党组扩大会上批判我。无论我如何解释，但他们不论青红皂白，一定要定我是"右倾机会主义分子"，要我签字。我不服，就是不签字。

在这种情况下，我想只有我的老上级钱瑛大姐最了解我，我应该去中纪委向她反映情况，听听她的意见。但我又顾虑直接去找她，会使她为难。于是，就委托原西南联大学生、后在外交部工作的何功楷去找她，向钱大姐反映我的情况和我的思想。过了几天，何功楷向我转告钱瑛大姐的话说：我在云南的错误已成定案，至于言行当中有无右倾言论，即使有丝毫的错误言行，也应严以责己，提高认识。她要我尊重所在单位党组、党委的意见。听了钱大姐的话后，我仍想不通，不承认自己是"右倾机会主义分子"。这时，我已被责令停职检讨，机关不分配我工作。但我还是坚持每天上班，自己找工作做。

在这段时间，团中央宣传部的同志来找我，要我给他们谈谈云南昆明一二·一运动的情况。我在 1949 年曾是团中央委员，调到北京后，也去过几次团中央，我想，给他们讲一二·一运动，是不可推卸的责任。我就开始到北京图书馆、首都图书馆、北大图书馆查找一二·一运动的资料，还多次同原西南联大的学生、北大历史系副主任许师谦同志共同回忆当时的斗争情况，交换对这场运动的看法。然后，我多次给团中央青运史研究室的同志介绍情况，提供了有关一二·一运动的资料。就这样，被停职的这段时间，我也做了不少事。

1964 年，我的所谓"右倾机会主义问题"被甄别平反。平反后，面临恢复工作和职务问题。部党组征求我的意见，说中央组织部想安排我到北京农业大学任党委书记，问我的意见如何。我想，我对商业部的工作刚熟悉，还是留在商业部较好。组织上尊重我的意见，仍把我留在商业部，继续负责职工教育工作。

1964—1965 年间，中央决定抽调一批干部到各地去搞"四清"，我被抽调参加贵州"四清"工作队。临出发前，中央组织部部长安子文召集工作队的同志一起开会，他在会上明确地交待了任务，并要求我们到贵州以后，要扎根串连，不要暴露自己的身份，注意保密。到了贵阳后，领导"四清"工作的李大章、钱瑛又召集我们开会，向我们介绍贵州的情况。他们介绍说：贵州的问题非常严重，从省委书记到省委、市委的很多领导人，还有许多厅局领导干部都已"烂掉"了。三年困难时期，贵州的农民饿死几万人，省、市委书记还住豪华别墅。因此，要把全套班子都换掉。从这些讲话中，我感到了问题的严重。

考虑到我是商业部的，工作队分配我带领一个工作组到贵阳市商业局。我在贵州的熟人很多，老战友也很多。因为工作队认为商业局从局长起整个班子都"烂掉"了，所以刚去不久，就宣布局领导班子成员暂时停职反省。但后来实在查不出问题，在结束"四清"之前，又让停职反省的商业局领导班子成员恢复了职务和工作，公开宣布他们没有问题。同时，整个贵州"四清"的情况也没有预想的那样严重。结果贵州省委书记调离贵州，到西南局任书记处书记；贵阳市委书记也恢复了工作，然后调到湖北省委工作。

1965 年，"四清"回来后，我继续抓职工教育。我带领几个同志到上海搞调研。到了上海商业学校，我去课堂听教师讲课。老师讲课前，全体学生起立，先读毛主席语录，讲课当中也要不断地穿插毛主席语录。我听到他们所念的毛主席语录与所讲内容完全没有关系，认为搞这样的形式主义，实际是用毛主席语录贴标签，把毛主席语录庸俗化。下课后，我与老师们座谈，我说："你们这样学习毛主席著作，实际上不能体会原著的精神实质，达不到学习的目的。"但万万没有想到的是，我刚回到北京，"文化大革命"就轰轰烈烈开展起来，马上就有人揭发我在上海反对学习毛主席语录。没几天工夫，几万张大字报铺天盖地而来，对我进行无限上纲。说我"反对学习毛主席语录就是反对林副主席，反对林副主席就是反对毛主席"。因为这个罪名，我被停职反省，戴上了"三反分子"的帽子。

从这以后，我白天除了劳动，就是挨斗。有一次，部里召开批斗我的大会，我坐在下面，左右都有红卫兵押解。批判发言，反复就是喊那么几个口号，内容空泛，语言无味。我实在听不下去，就闭目养神，竟至睡起大觉，鼾声大作。造反派恼羞成怒，把我揪起来，做"喷气式飞机"。

这段时间，上海、四川、江西、武汉乃至全国各地的造反派来找我，调查我过去认识的老同志和曾在一起工作过的同志的情况，要我按照他们的要求写出证明材料。有时一天至少来十几批人，多时达三四十批。对于这些，我都坚持实事求是，绝不无原则的迁就。由于我在云南工作时间较长，他们认为我的"罪恶"也最大。所以云南的造反派联合组 30 多人专程来到北京，组织批斗我。他们说：云南地下党、边纵成员大都是叛徒、特务、土匪，我是叛徒、特务、土匪的头子。他们搞了一份《揭穿云南地下党的黑幕》的黑材料，材料中说"刘少奇、邓小平、宋任穷、郑伯克是一条黑线"，并把云南地下党、边纵的多数领导人带上叛徒、特务的帽子。来调查情况的造反派每次都把整理好的各种材料拿给我看，并要求我写出证明材料。我不照他们的要求办，而是如实地写出每一个同志的真实情况，说明那些云南地下党的同志不是叛徒、特务、土匪，绝不能给他们作假证明。他们达不到目的，就只有批斗我。有时，他们也会玩弄一些阴谋。一次，一个造反派给我看一份黑材料，说："这个人揭发你的许多问题。只要你证明他秘密自首过，背叛了党，我们就不追究你的问题。"我说："他没有秘密自首过，没有做过背叛党的事。他写的揭发材料虽是诬陷我，但我不能以其人之道还治其人之身，我不能诬陷他。"那个造反派达不到目的，只有扫兴而归。

后来，商业部的造反派把我关进两人一间的"牛棚"，不准回家。我有每天晚上洗冷水澡的习惯，关进"牛棚"后照样用冷水冲洗，监管人员说有伤风化，不准我洗。但不管他们如何对待我，我仍注意锻炼身体，吃好饭，睡好觉。

这时，部里的造反派停发了我的全部工资，没收了我的银行存款，全家的生活仅靠妻子曾秀娟的微薄收入，十分困难。不久，因为我的问题，曾秀娟也受到牵连，被停职审查；我的五个孩子也都在劫难逃：老大到贵州一个工厂做工；老二到北大荒，以后派到鸡西煤矿（一次，黑龙江省组织了一个工作团到鸡西视察，团长是哈尔滨第七百货商店的售货员魏淑琴，她发现他有才干，就向鸡西市委推荐，调他到鸡西市委当了宣传部长）；老三到衡水一家铁厂劳动；老四到山西阳高县农村插队；老五因年纪小在家，也常常被邻居的孩子歧视打骂。造反派还要把我家的保姆赶走，为了保护老五，我就趁此机会让保姆把她带到河北定县她家去躲藏。这样，一家人四分五裂，彼此不能照料。

批斗高潮过去以后，我被派到辽宁盘锦商业部干校劳动改造。劳动对我来说，倒是件好事。我出生在南方，从小是吃大米长大的，但对大米的种植过程不甚了解。在干校劳动，我从稻子选种、播种、分秧、插秧、中耕，到稻子成熟时打稻、碾米等过程都参加了，从实践中学到了不少知识。当时，我们这些被划为"黑帮"的人，不能吃肉吃鸡蛋，只能吃咸菜。在去盘锦前，我利用可以回家住一个晚上的机会，用辣椒面加上植物油熬了一罐油辣椒，带到干校。这瓶油辣椒，成为我非常宝贵的"佐餐佳品"。

在盘锦干校期间，部里每月把我的工资扣去 200 多元，只发给我 100元。我每月只留 20 元，80 元留给家里。秀娟苦于难熬这漫漫长夜，就想到我过去在中共上海地下党工作时认识江青，想请江青给予帮助。于是写了一封给江青的信，把我在上海的情况告诉江，让江回忆起当时的事，并反映现在的情况，请江主持公道。这封信发出前，她征求我的意见。我看后立即告诉她，千万不能这样做。我说：这样做不仅不能解决问题，搞不好还会大祸临头。她听了我的意见后，信没有发出。

1971 年九一三事件后，我被恢复革命群众的待遇。由于吃辣椒的关系，我得了白内障和耳鸣的毛病，就要求回北京治病，得到同意。于是我回到北京治病。经过治疗，耳鸣的毛病治好了，但白内障的毛病却伴我终身而不愈。

回到北京后，"文化大革命"中被扣的工资逐步补发给了我，我的行动也比较自由了。我经常与老战友交往，由于大家都受到历次政治运动和"文化大革命"的冲击，分散了很久，见面以后，悲喜交加，异常亲热。我知道西南联大的许多同学也受到冲击，例如：李凌被划成"右派"，黎勤也因之受牵连而靠边站；彭珮云被说成是"陆平、彭珮云反党集团"的头子；王汉斌被下放到工厂去劳动；袁永熙在反右派斗争中被清华大学打成"极右分子"，到河北省南宫县立中学教书；四川大学的王怀安也被划成"右派"，到北大荒劳动。谈话之余，我总是鼓励他们，要相信将来一定会弄清事实真相。我们在一起，有时还谈论时事形势，大家都十分痛恨"四人帮"胡作非为的罪行。

这段时间，我还常到姚依林家串门。姚的夫人周彬在商业部教育局任副局长，与我是同事，在工作中，我们结下了友谊。姚依林当时任外贸部长，我们在一起互相交换意见，十分投机。我们都感到有很多事情想不通，特别是对"四人帮"的种种言行很气愤。我曾对姚说了江青在上海的情况。我说江青在上海时是共青团员，但她冒充是共产党员。她在小沙渡路女工夜校任教时，被叛徒罗毅供出，随之也自首叛变。姚依林说，江青自首叛变的情况他也知道，但不知道具体情况。之后，他把江青叛变的情节详细报告了叶剑英同志。

我还常到胡耀邦家去串门。我与胡耀邦很早就相识。1937年，在延安中央党校学习时，有个同学叫赖大超，和我关系很好，他介绍我认识了胡耀邦，但彼此还不熟悉。解放后，胡耀邦任川北区党委书记，我们都是西南局委员，西南局开会时，我们都在一起。他曾向我了解四川地下党的情况，我给他作了详细介绍。"文化大革命"中，他"靠边站"以后，我们的交往多了起来。我常去看望他，我们喜欢在一起讨论马列主义理论问题。有一次，他把我带到他的书房里去，我看到书房四周摆满了各式各样的书，马克思、恩格斯、列宁、斯大林、毛泽东的书很全，还有我国古代历史文化方面的书，琳琅满目。我顺手翻开一本《列宁选集》，看见眉旁批注密密麻麻，我深被耀邦同志认真学习的精神而感动。

我还常去孔原家串门。孔原在抗日战争时期曾任中共中央南方局组织部部长，"文化大革命"开始时，时任中央调查部部长、总理办公室主任的他被打倒，受了很多折磨。恢复工作以后，被安排在中央军委工作。我们经常在一起回顾在南方局时期的斗争和生活，特别怀念在周总理身边工作的日子，回忆周恩来同志如何坚持团结、进步、抗战，反对分裂、倒退、投降，巩固和发展国共合作的统一战线；我们如何在特务如麻的陪都重庆坚守阵地、顽强斗争的那一段历史。我们都以周恩来同志为楷模，保持和发扬南方局的优良传统和作风。我常到赵君陶处闲聊。她的姐姐赵世兰在川康特委以及重庆分局时与我是同事，她在川康工作，亦互相熟悉，我们在一起谈川康旧事，也谈对"四人帮"横行的深恶痛绝。

还有一次，我和曾秀娟一起去花园村看望刚被"解放"出来的李井泉。我一见到他，就高兴地说，"井泉同志，你们一家子又可团圆了。"没想到，他难过地说："我是团而不圆。"这时，我才知道，"文化大革命"中，他的夫人被逼跳楼身亡，一个儿子被打死。看到他的景况，我又心痛万分。

这时候，商业部准备对我的历史问题进行结论处理。因为通过多方审查，没有发现新的问题，他们就把过去的问题再清理一遍，主要是对以下几点进行重新调查：一个就是关于我在四川和上海被捕后如何出狱的问题。"文化大革命"中，我的一个中学同学给商业部写了一封检举信，这封信中诬蔑我被捕后，在犍为县被关押时，曾经承认自己是共产党员，表示要退党，要悔过。商业部为此派两个干部专程到四川省犍为县去调查，找到了犍为县当时的县长。那个县长说：当时担保他出狱的人曾经答应过，说他出狱后要登报声明退出共产党，但他出狱以后没有兑现这个承诺。外调的人又找到时任共青团四川省委书记的郝谦。郝谦说：郑伯克出狱后，我详细审查过他被捕后的表现，没有发现他有自首叛变问题，所以很快给他恢复了组织关系。关于我在上海被捕出狱的问题，商业部也派了两个人到上海，找到当时审问我的特务、我出狱时的担保人和当时我联系过的人，都没有找到我自首的证据和问题。调查人还找了当时上海临委组织部部长王翰。王翰说：郑伯克在上海出监狱时，我和他接上头，并对他进行过审查，没有发现问题，就恢复了他的组织关系。他们还到云南找到一个人，此人冒充是省工委委员。他说我在1942年省工委整风时写过"1935年在上海被捕时自首，对不起党"的书面检讨，并称他看过这个检讨。调查人员找到当时的云南省工委委员侯方岳，要他证实。侯方岳说："1942年省工委整风时，郑没有写过检讨。"在没有拿到任何我自首的证据的情况下，他们仍不死心，还多次找我谈话，要我自己承认有过自首等错误。但我没有答应，坚持自己从来就没有自首叛变问题。这样，他们毫无办法。当时审查我的又一个问题是关于我在新四军南昌办事处与蒋经国来往的问题。调查人找到江西省省长黄知真，他当时是东南分局青委委员，同我交往甚密。调查人问他说：郑伯克1937年、1938年间在新四军南昌办事处和蒋经国来往中有没有问题？黄知真说："当时郑伯克是做统一战线工作的，没有问题。"虽然调查没有得到任何材料，但是，他们还是不肯放过我，硬是对我采用"内控"的办法，就是给我背上一个包袱，控制使用，不得重用。根据这个处理意见，商业部党委决定先恢复我的组织生活，以后再做结论。因我提出要求工作的意见，于是就分配我到经济研究所工作，担任党支部书记。

经济研究所的所长是许涤新，他和我是南方局的老战友。许在"文化大革命"前任中央统战部副部长兼国家工商局局长，"文化大革命"中，国家工商局划归商业部，他受到严重冲击，这时尚未平反。我们在一起，虽然都处于逆境，但相互支持、配合，心情很舒畅。我们在一起商量经济研究所的工作时，他曾经提起周恩来总理曾指示要编一部《中国资本主义发展史》，首先编《中国资本主义萌芽史》的情况，我们都认为这是经济研究所应做的一项非常有意义的工作，必须完成总理交待的任务。经过商量，我们立即组织力量进行编写。经济研究所工作人员大部分是工商管理局的人，我以这些同志为骨干，从搜集资料开始，先后收集整理了上海、南通、苏州、无锡等地从家庭手工业到工场手工业发展过程的资料，还征集了上海五口通商前后资本主义原始积累时期的一些资料，然后参考冯梦龙的"三言二拍"以及明清时期的稗官野史等书籍的体例和方法，编写出《中国资本主义萌芽史》一书，使人们从中了解中国资本主义发展的起源。

我作为支部书记，要根据上级的布置，时常组织一些时事政治学习讨论。有一次，上级要求我们讨论《水浒传》。开会学习之前，我和许涤新交换意见，引导大家以唯物史观的观点研究《水浒传》，研究中国历史上的农民起义。我们还联系到郭沫若的《甲申三百年祭》，议论到农民起义的前途和结局，受到许多启发。

1976年1月8日，周恩来总理与世长辞的噩耗传来，我不禁悲痛欲绝。在民主革命时期，周恩来长期领导和开辟国民党统治区共产党的工作，在党的建设、统一战线、群众工作、武装斗争等方面都建立过卓越的功勋；新中国成立后，他日理万机，为了新中国的强盛鞠躬尽瘁；他的崇高精神风范在人民心中树立了一座不朽的丰碑。他的离去，是我们党和国家的重大损失。为了让人们寄托哀思，追悼大会召开前，在劳动人民文化宫设了个简易的灵堂，恩来同志的遗体停放在那里。向遗体告别的人们排着长长的队伍，悲痛的抽泣仿佛在诉说着心中的悲愤。我与商业部机关党委的同志一起参加了遗体告别，面对恩来同志安详的面容，我含泪深深行了三鞠躬。回到部里，我抑制不住心底深处的感情，泣不成声。"四人帮"违反人民群众的意愿，设置种种障碍，一条一条的禁令，压制群众悼念总理。到 4 月初，终于爆发了天安门事件。经济研究所的人大多住在东城，他们到商业部上下班大多骑自行车，必经天安门。天安门事件发生时，都去看人民英雄纪念碑周围的诗词，有揭发批判"四人帮"的，多数是怀念周总理的。他们一上班就议论、背诵那些诗词。我早晨也去人民英雄纪念碑拜读那些感人肺腑的诗词。我认为大家的心情是可以理解的，对总理的怀念也是正当的，不应对他们加以指责，更不能给他们头上扣上什么罪名。因此，凡是上级需要我汇报这些情况时，我都理直气壮地保护群众。经济研究所一个人反映许涤新夫人方卓芬多次背诵天安门诗词的情况，写了一个报告，交给我，让我反映上去。我没有这样办，还提醒方卓芬要注意保护自己。

　　这一年是个多事之秋。7 月 6 日，全国人民敬爱的朱德总司令逝世。我不能前去向遗体告别，只是暗自悲悼。一年以后，廖志高同志从福建卸任回到北京，住在西山。我和他相约去看望了朱德的夫人康克清大姐。9 月 9 日毛泽东主席逝世的消息传来，举国悲痛，山河呜咽。我去瞻仰毛主席的遗容，长长的瞻仰队伍中人人表现无比悲痛。我决心继承他们的遗志，不懈奋斗，革命到底。

第八章　在中央组织部

一、举步维艰的时期

1976 年 10 月 6 日，"四人帮"被一举粉碎，举国欢腾。许多遭到冤假错案打击迫害的人，更是欢欣鼓舞，盼到昭雪平反、重见天日的一天。然而，事情往往不像想象的那样简单。粉碎"四人帮"后，由于其影响还不能很快肃清，加上华国锋坚持"凡是毛主席作出的决策，我们都要坚决拥护；凡是毛主席的指示，我们都要始终不渝地遵循"的"两个凡是"的方针，极大地禁锢着人们的思想，所以在一段时期内，全国的形势还没有显现出根本扭转的态势，甚至冤假错案还在继续发生。特别是中央组织部在郭玉峰一伙人的把持下，对"四人帮"的揭批运动按兵不动，对党内和社会上拨乱反正的强烈呼声置若罔闻，无动于衷，激起了中央组织部内外同志们的强烈不满。

1977 年 12 月 10 日，中共中央任命胡耀邦同志为中央组织部部长，郭玉峰从此下台。耀邦同志到任后，仍处在一种十分艰难的境况之中。他一方面要继续贯彻华国锋的指示，另一方面，又要推动思想上和组织上的拨乱反正。当时，大批的老干部的问题需要解决，长期以来在错误路线影响下造成的各类问题需要处理。耀邦同志从恢复党的优良作风，落实党的政策着手，在中央组织部专门成立了一个老干部接谈组，由陈野苹任组长，章蕴任副组长，专门负责老干部落实政策的工作。他们每天负责接待来访的老干部，根据他们反映的情况，帮助他们解决问题。许多老党员、老干部看到中央组织部的这种变化，奔走相告，来访者接踵而至，各种信件纷至沓来。中央组织部封闭的大门被打开了。在耀邦同志的领导下，中组部认真对待和处理每一个干部的问题，在广大党员干部中逐步恢复了"干部之家"的形象。

为了全面掌握情况，主动搞好落实政策的工作，中组部还专门成立了一个专案组，专门负责调查、了解中央国家机关各部委尚未安排工作的老干部的情况，安排他们的工作。1978年初，中组部派人到商业部了解老干部的安排情况，商业部党委向他们反映了我的情况，说我的问题尚未解决，只是暂时担任商业部经济研究所的党支部书记。由于许涤新同志对我的情况比较熟悉，中组部又找他进一步了解情况。这时，许涤新已经恢复了工作，任国家计委副主任兼国家计委经济研究所所长和商业部经济研究所所长。许涤新与他们谈了两个小时，详细介绍了我的情况。不久，上级决定将我调到中组部工作。

1978年3月，我到中组部报到，分配我在老干部接谈组，在柯里同志所在的小组里工作。回想过去二十几年，客观环境迫使我常常无法工作，正当年富力强之时，让光阴白白流逝，今朝能放手工作，我应竭尽全力，尽力工作，以补偿失去的时间。

胡耀邦对接谈组的工作十分重视，经常过问。并且还亲自接待来访的老同志，凡是要求与他直接交谈的，他都尽量安排时间，亲自接谈。他常常对我们说："对到中组部反映情况和问题的老同志一定要热情接待，认真倾听他们的意见，帮助他们解决具体问题和困难。"在耀邦同志的领导下，我们热情接待每一位来访者，使很多长期受到不公正待遇的老同志感到无比的温暖。他们反映说：到了中央组织部，就像回到了自己的家，见到了久别的亲人，倾诉着被压抑了多少年的心声。有的人一到我们的办公室就激动得热泪盈眶。我记得有一位同志对我们说："二十多年来，我们有话无处说，这下总算找到地方倾诉了。"有些同志甚至向我们表示说："我不要求解决我的问题，只要我能把心中的苦水向你们倾诉，就已经满足了。"这些情形，极大地增加了我们工作的责任心和使命感，再苦再累也毫无怨言。

一天，柯里通知我：商业部党委收回了原来对你实行"内控"的处理决定，另外做了结论，证明你的历史上没有问题。这样，背在我身上的这个沉重的包袱终于卸下来了。从此，我工作起来心情更加轻松愉快。那时，我家住三里河，离上班地点较远。我每天早晨7点出门，步行去上班，中午在机关食堂就餐，下班仍步行返家。工作虽然紧张，但是精力十分旺盛。

平反冤假错案的工作开始时非常艰难。胡耀邦带领着中组部的同志们，以高度的责任感，克服了一个又一个的困难，认真地解决每一个问题。遇到疑难问题，就召开会议集体研究，通过分析案例，提出解决问题的意见。

1978 年，中组部先后召集有关地方和部门召开了六次疑难案例座谈会。各省、市、自治区党委组织部长，中央、国家机关有关负责人都参加过会议，耀邦同志几乎每次都参加。这段时间，参加这项工作的很多同志的思想上存在各种各样的思想问题，有的由于"四人帮"的影响还没有清除，对这项工作还心有余悸；有的怕否定"文化大革命"和历次政治运动的成绩，放不开手；有的怕形势出现反复，惹火烧身；有的有畏难情绪，不知如何下手。所以，在落实政策，分析疑难问题的会议上，态度不是很积极，工作很难推进。针对这些情况，胡耀邦同志每次都在会议上发表讲话，给大家做思想工作，教育大家要解放思想，实事求是地对待和纠正我们历史上的一些错误。他总是鼓励大家，要为党和人民的利益，而敢于负责。他有一句名言："入地狱我先入，上刀山我先上。"这鲜明地体现了他的无私无畏的高尚品质。在他的直接指导下，平反冤假错案和落实党的政策的工作局面不断打开。1978—1979 年间，耀邦同志在许多会议上的很多讲话，都给我留下了难忘的印象。

1978 年 1 月 5 日，耀邦同志说：我们要坚持实事求是，谁不实事求是，谁以后是要还账的。他说：实事求是要靠群众路线保证它。实事求是的传统作风不能破坏，不能动摇，一件事上一动摇、一调和，就会给歪风邪气开方便之门，甚至给某些坏人开方便之门。但方式方法可以灵活，这叫灵活性，但又要有坚定性。3 月 22 日，他讲：一个人被捕后放回来，不能只根据哪一年的规定，不加认真地调查，就简单地定其为叛徒。要看十几年、几十年表现怎样，情况千差万别，我们要分清楚。他还说："文化大革命"中，非正常死亡的案件，对死因我们就不要强调了，但政策一定要落实，自杀的要作具体分析，不要简单地一律按自杀对待。毛主席曾在一个被迫害自杀的人的处理案件上批示说："人都逼死了，还开除什么党籍！"对毛主席这句话，我们要好生体会。"文化大革命"中有人自杀，是被迫害所致，是痛不欲生嘛。把这些同志说成是"畏罪自杀"，太不合情了！对死去的同志要写个好的评价，一律按革命干部对待。要告诉我们的子子孙孙，对待自己的同志，对待人民内部矛盾，再也不能这样搞了。要严禁逼供信。迫害致死的是革命干部，该平反做结论的要抓紧，不要拖，拖下去了伤感情。如果我们处理不好这些问题，会影响几十年，会影响几代人。3 月 28 日，他在一次会议上指出：什么叫把落实党的干部政策这个事办好了？应该有个标准。第一条，没有结论的，应该尽快做出结论，结论不正确的，要实事求是地改正过来。第二条，没有分配工作的，要适当地分配，或者加以适当的安排。不是所有的都要安排工作，年老体弱的要适当安置。第三条，死去了的，包括自杀的，也要做出实事求是的结论，把善后工作处理好。第四条，他们的家属子女应当解决的问题，适当地加以解决。4 月 4 日，他在一次会议上讲：对"四人帮"帮派体系的处理，要缩小打击面，扩大教育面。4 月 28 日，他说：要做一个彻底的唯物主义者，实事求是。不管什么文件定的，什么时候定的，什么人批的，全错全改，部分错部分改，不错的不改。5 月 12 日，他讲：毛主席告诉我们，一切案件都要负责核实，都要与当事人、见证人同他本人见面，原则是实事求是，办法是群众路线。特别是党籍问题，必须按照党章办事。党员受处分，本人到场。9 月 20 日，他在会上说：毛主席历来教导我们，实事求是是马克思主义的一个根本问题，我们要大力恢复和发扬实事求是的传统作风。毛主席在世的时候，就曾多次提出，真正搞错了的人，要改正过来。

　　从以上我记得的 1978 年间耀邦同志的这些讲话的片段摘录中，可以看出耀邦同志对党对人民高度负责的精神，对纠正冤假错案的鲜明立场和战胜一切艰难险阻的坚强意志。在他的讲话中有几个方面的重要内容：一是要坚持党的优良传统和作风；二是要坚持实事求是的原则，毫不犹豫，有错必纠；三是要坚持群众路线、群众办案的方法，接受群众的监督；四是落实政策必须慎之又慎，绝对不能草率；五是要注意处理好"文化大革命"中去世的同志的问题，一律要按革命干部对待，把善后事办好。这几个方面内容始终贯穿在耀邦同志的一系列讲话中，它成为我们开展工作的重要指导思想。

　　当时，需要复查的案件之多，难度之大是难以想象的。正如胡耀邦同志在《1978 年中组部工作意见》中所讲："积案如山，步履维艰。"例如我们党历史上著名的"六十一人案"，是件重大的错案，但你要真正平反，困难很大。因为当时所有重大案件的档案都在中央专案一办手里。六十一个人通过一定的方式出狱是中央定的，本是有案可查，但是中央专案一办就不把档案交出来，复查工作非常困难。当时向薄一波等人传达中央决定的孔祥祯在 1967 年 12 月被捕关押后，强迫他承认 1936 年他向被关在北平军人反省分院的同志送的是刘少奇的"黑指示"。他坚决不承认，他说当时不知道刘少奇的名字，只知道是中央的指示。就是这样，"四人帮"就给他安上罪名，关了 8 年。1978 年，还有人对他实行威胁说："你若不说送的是刘少奇的'黑指示'，还会坐监。"在这些干扰下，调查工作进展非常困难。为了寻找确切的各种人证、物证，中组部决定把干审组的贾淑苹专门抽调出来，专门就此问题进行调查。贾走遍全国，历尽艰辛，搜集到各种人证、物证。最后，终于拿出了铁证。中组部根据这些证据，立即做出复查结论，上报中央。经中央批准，"六十一人案"的错案终于得以平反。又如，帅孟奇同志1932年被捕的问题，中央专案一办于1975年5月将其结论定为叛徒。根据中央的批示，中组部重新组织复查。经过复查，认为此结论与事实有出入，不应定为叛徒。遂于1978年4月向中央写出报告，予以改正。但中央专案一办却背着中组部，也于1978年8月26日，向中央上报了他们的复查报告，将帅孟奇仍定为叛徒。中组部没有放弃自己的意见，继续研究有关帅孟奇被捕问题的调查证明材料，再次查阅了有关人员的档案，并找到与帅孟奇同时关押在监的钱瑛、夏之栩、熊天荆、姚文、易纪军、张越霞、张元、薛迅等十多人，进一步澄清了帅孟奇的所谓"叛徒"问题。1932年10月，帅孟奇任江苏省委妇女部长时，因被叛徒朱镜如出卖，在上海被捕。在审讯帅孟奇时，叛徒朱镜如、顾顺章等都出面对质，帅孟奇大义凛然，痛骂他们。在身份已经暴露的情况下，帅承认自己是共产党员、江苏省委妇女部长、丝厂罢工委员会主席、莫斯科留学生。这些都证明，帅孟奇没有叛变的问题。另外，我们还搞清了所谓"帅孟奇动员和支持同狱人写叛党自首书"等问题，查明原结论都与事实不符。在查清问题的基础上，中组部于1979年6月18日再次写出复查报告上报中央，建议撤销原中央专案一办1975年和1978年的审查和复查报告。在大量详实的材料基础上，中央批准了中组部的报告，同时决定撤销中央专案一办的审查和复查报告。

平反冤假错案的这种困难局面，一直到中共十一届三中全会以后，才彻底好转。

二、平反冤假错案和落实政策

1978年4月27日，中央组织部成立老干部局，我被任命为老干部局局长。1982年，我的问题被彻底平反后，按照原来的级别和职务，担任中组部的顾问，分管老干部局和干审局的工作。

中共十一届三中全会前后，中央组织部开始大张旗鼓地拨乱反正，平反冤假错案，工作比过去顺利多了。随着落实政策工作的进展，带来了大批老同志、老干部的安置和生活照顾问题。这些同志都是长期受到压制和打击迫害，有很多具体问题需要解决。平反冤假错案的工作和老干部工作成为密不可分的两个部分。可以这样说，只有把老干部安置好了，政策落实才能落到实处。所以，这时的老干部工作是围绕平反冤假错案、落实干部政策展开的。至于干审局的工作，在那个时候更是理所当然地以平反冤假错案为中心。

1978 年 8 月 3 日，胡耀邦就老干部局的工作做了重要指示。他指出："老干部工作应当放手一点，好些问题没有解决，要抓紧。第一，冤假错案一定要坚持原则，平反昭雪。张际春、王世英、张经武……该昭雪的昭雪，该善后的善后，没有开追悼会的要开。第二，所有没有平反的老干部，生活待遇、政治待遇应早点恢复、早点改善。有病给他去看看病；身上没有钱，多给他点；给他看看文件。对已经平反解决了问题的老同志，生活待遇、政治待遇更要抓紧解决好。第三，对还没有平反的要抓紧平反，还未安排工作的、来看病住院的，要经常去看看他们，问候他们。要有一份老同志健康表放在办公室。第四，也有的老同志，党对他已落实了干部政策，但他仍不满意的，要做点说服工作。也还有孩子表现不好的，也要做点说服工作。"耀邦同志的这些指示，成为我们开展工作重要的指导思想。我们认识到，老干部工作是一项十分重要的工作，一定要认真贯彻党的方针政策。

老干部局在部里统一领导下，开展了大量平反老干部的冤假错案和善后安置工作。仅 1978—1979 年两年，就完成中央和部领导人交办的工作共 342 件，也是处理老干部平反后的善后工作最繁忙的两年。

全国几十万右派的复查、平反、改正工作，是一件任务很重的工作。这项工作，主要由中组部副部长杨士杰、干审局局长何载主办。1957 年全国开展反右派运动，涉及的面很广，平反和改正的工作量很大。以中央管理的干部为例，原中央管理干部被划为右派的共 784 人，经过复查，属于错划的，改正了 762 人，占原划右派总数的 97.2%，不属错划不予改正的 22 人，仅占 2.8%。中央、国家机关共划右派 6284 人，经复查改正了 6105 人，约占 97%。在这两部分被平反、改正的干部中，除死亡、退休者外，中组部和各个有关部门做了大量的工作，为这些同志调整或安置了工作。

"六十一人案"平反后的后期工作也是非常细致复杂的工作。在

"六十一人案"中，"文化大革命"中被迫害致死的 12 人，在世的仅剩 26 人。老干部局的同志分别去看望在京的 16 位老同志，向他们传达中央为他们平反的决定，给他们看文件、检查身体、安排治病，发布票、粮票，照顾他们生活。廖鲁言、徐子荣、胡锡奎、王其梅、侯振亚、刘慎之、赵明新、王新波、高仰云、胡敬一、刘文蔚等 12 人在"文化大革命"中被迫害致死。我们于 1979 年 1 月为在京的廖鲁言等五位同志开了平反昭雪追悼会，悼词事先征求其家属及同难人的意见，家属住房、子女工作等项生活照顾都一一予以解决。对于外地的同志，我们与其所在地联系，在当地为他们召开平反追悼会，圆满解决其善后事宜。此外，我们还应家属要求，为张玺同志重新举行骨灰安放仪式，圆满解决其善后事宜。恢复了安子文、李楚离、杨献珍、刘澜涛等同志的党籍，解决了他们看文件、住医院、住房、补发工资等生活问题。

李维汉同志是我们党创立之初入党的老党员，任中央统战部部长。"文化大革命"中被监护审查。1974 年 10 月 29 日，经毛主席批准出狱就医，保留党籍，保留原工资，安置到湖北。1977 年 12 月，李维汉回到北京，组织关系、生活关系归中央组织部。当时，中组部只有一个老干部支部，由我兼支部书记。李维汉德高望重，一向是我崇敬的老同志。为了让李维汉生活上安排得好一点，我在东城给他找了一个独家院子，安排他住下来，与夫人和孩子团聚。凡是他所需要的，我都尽量去办。但李维汉要求自己非常严格，总是自己克服困难，从不在生活上提任何意见和要求。我只有多观察，多了解，多听他身边同志的意见，然后再作安排。在工作上，他提的建议和要求，我都认真地去办。他非常重视党史工作，建议由胡乔木出来主持党史工作，我即把他的建议转告了乔木同志，同时报告了胡耀邦同志。他还建议要找罗章龙了解党史中的一些问题，抢救党史资料。罗章龙曾因反对中共六届四中全会，进行分裂活动被开除党籍。解放后，长期以教书维持生活。根据李维汉的建议，我们与湖北省委联系，邀请罗章龙来京参加党史座谈会。根据耀邦同志的指示，我找他谈话，交换对历史问题的看法。罗在谈话中，始终坚持自己反对王明路线是正确的，不承认自己有任何错误。他在京 5 个多月的时间里，我们先后安排他参加了中国革命博物馆、中央党校召集的 19 次座谈会（罗主讲 16 次），提供了五四运动、马克思学说研究会、共产主义小组、二七罢工、武汉时期国民政府、马日事变后湖南省委等有关史料，以及李大钊、王尽美等烈士的情况。在这期间，罗章龙还对北京的十余处革命旧址（如毛主席早期在北京活动的地址、北大红楼、三眼井和长辛店工人夜校等）作了实地的回忆和认定，提供了当年的具体情况。他找到了1920年北京大学马克思学说研究会（"亢慕义斋"）活动的原址——马神庙原北京大学二院。鉴定了50多种文物、照片、报刊，为一些文物资料提供了有关历史背景和编辑、作者的笔名等情况。还从北京大学图书馆找出了由李大钊从国外购买的、马克思学说研究会收藏的共产主义运动丛书和《共产党宣言》英文手抄本，以及北方区委编印的《非宗教论》等珍贵书籍。罗为建党之初和大革命时期的党史研究提供了许多有价值的参考资料。李维汉还建议把尚在拘留审查中的刘仁静 [①] 释放出来，参与党史资料的回忆和整理工作。我们经向中央反映，得到中央批准后，即与公安部商量，安排他回到人民出版社当编辑。以后，他也提供了很多宝贵的党史资料。李维汉重视党史资料的抢救工作，而且自己也动笔写回忆录。为了帮助他，我们为他调配助手，及时为他解决一些实际问题。1978年12月，李维汉向党中央反映，申诉对他的历史问题的诬陷，要求彻底平反。中央责成中央组织部复查办理。为此，我同干审局、机关党委的同志一道同李维汉多次谈话，并同中央统战部部长杨静仁同志商量，由中央统战部具体进行复查。经过复查，1980年，中央统战部写出复查报告，上报中央。报告认为：李维汉同志的历史是清楚的，政治上没有问题。从遵义会议以后，李维汉同志一直拥护毛主席为首的党中央，拥护毛主席为代表的革命路线。他在为党工作的几十年中是积极努力的，是有许多贡献的。原中央专案一办《关于李维汉的审查结论》在一些重大问题上是违背党的实事求是原则的，应予撤销，林彪、"四人帮"强加给李维汉同志的一切诬蔑不实之词均应予推倒，为李维汉同志彻底平反，恢复政治名誉。不久，中央批准了这个报告，李维汉终于丢掉了背在身上的沉重包袱。

陆定一同志在"文化大革命"中因被"四人帮"诬陷与中统特务"勾结"的罪名而被关进监狱。中央专案一办的审查结论是将他开除党籍，安置到外地养起来。陆定一不服，仍被关押在秦城监狱。后因心脏病、高血压很严重，从秦城监狱转到复兴医院特别病房治疗。根据中央的指示，1978年12月，我们把陆定一接到北京医院，并从秦城监狱把他夫人严慰冰和她的妹妹

①　第一次全国党代表大会代表，以后为托派，"文化大革命"前任人民出版社特邀翻译。

严钊接出来。与此同时，帮他找到他的三个子女陆德德、陆瑞君和陆健健。一天，我们带着严慰冰及其子女到北京医院去看他，多年失散的夫妻父子见面，相抱痛哭，他们一再表示感谢党中央，还说要"誓以有生之年，在党中央领导下，为四个现代化效力。"接着，中央组织部干审局遵照中央的批示，对其进行了复查，查清了问题，并报中央批准，撤销了中央专案一办的复查报告，为其彻底平反。与此同时，严慰冰及她的妹妹严钊的问题经复查也得到了平反。为了安排好陆定一全家的生活，我们同中直管理局商量，将他安置到其原住的宣内安儿胡同一号院居住。我们对陆定一在生活上尽量地给予照顾，并常去看望他。

李达同志是中国共产党一大代表和创始筹备人之一。一大代表休息、住宿的地方就是由李达的妻子王会悟联系的，一大继续开会的地方嘉兴南湖和乘坐的船也是王会悟找的，他们为中国共产党的创建作出过贡献。李达脱党以后，以教书为职业，继续宣传马克思主义，曾多次出版过宣传马克思主义的书籍文章，1936年即出版了《新社会学大纲》。全国解放后，李达任武汉大学校长、三届人大常委。他在武汉遭到诬陷，中央组织部部长安子文得知这个情况，就把李达接到北京来，给他安排房子，把他安置下来，以为这样异地安置就可以消灾免难了。但不久，"文化大革命"开始，他又被点名批判，戴上"武汉大学三家村黑帮头目"的帽子。湖北造反派又把他抓回去批斗，将他定为"反党、反社会主义、反毛泽东思想的资产阶级代表人物"，给他戴上"叛徒""地主分子"的帽子，将其开除党籍。在残酷斗争、刑讯逼供中，李达含冤而死。1973年，湖北省委进行复查，决定给李达平反，恢复党籍，恢复名誉，并举行了追悼会。1979年，在中组部指导下，湖北省委再次对李达的问题给予复查，对李达在党的历史上的贡献作出了全面评价，对1973年复查结论中某些不实之词进行了彻底的修改和纠正。中组部研究了湖北省委的复查报告和平反决定，于1980年5月向中央上报了《关于李达同志问题的复查报告》，得到中央的批准。在处理李达的案件中，我与王会悟和石曼华谈过多次话，安慰她们，听取她们的意见，并与中办老干局联系，使她们得到妥善安置。对李达问题的处理，其家属表示非常满意。

粉碎"四人帮"以后，原山东大学校长华岗的夫人谭滨若对华岗的问题也多次提出申诉，要求复查，为其平反昭雪。华岗1903年生，1925年入党，曾任共青团南京地委书记，中共江苏、浙江省委书记，党中央宣传部副部长和华北巡视员等职。1932 年 12 月，在青岛被国民党逮捕。1937 年被送入湖北反省院，同年 10 月出狱后在武汉、重庆担任《新华日报》总编辑。1943—1945 年，被中央南方局派往云南任党代表，以云南大学教授名义为掩护，与龙云等人建立联系，做龙云等地方实力派和民主人士的统战工作。这段时间，我任中共云南地下党省工委书记，对他的情况比较了解。1945 年 10 月，蒋介石以武力改组云南省政府，龙云下台后，他离开云南，任旧政协中共代表团顾问，1946 年 6 月任上海工委书记。解放后任山东大学校长。1955 年 8 月，被扣以"反党反革命"的罪名而逮捕判处有期徒刑 13 年，剥夺政治权利 7 年。华岗在历次政治运动中历经磨难，1972 年 5 月病故。1979 年，中共公安部党组对华岗的问题进行复查，认定华岗的罪行都不能成立，遂报经中央批准，撤销原判，宣告无罪，发还没收的全部财产。中央还决定由山东省委为其补开追悼会，平反昭雪，恢复政治名誉，并为其受株连的家属消除影响，做好善后工作。山东大学按照以上意见，积极筹办华岗的追悼会。这时，华岗的夫人谭滨若给中央组织部副部长陈野苹写信，要求华岗的追悼会改由山东省委主持办理，并要求把华岗的骨灰安放在北京八宝山革命公墓。野苹同志收到信后，把这件事交给我办理，要我考虑谭滨若提出的问题，能办到的与山东商量解决，办不到的向家属做好解释工作。我对华岗有很深的感情，看到领导同志对他的问题很关心，非常感动。根据野苹同志的指示，我先与山东省委组织部老干部处协商，最后提出了以下处理意见：决定华岗的追悼会由山东省委主持；追悼会后在《大众日报》发消息；经与谭滨若商量，骨灰安放在济南市等。1980 年 7 月 5 日，华岗同志追悼会终于在山东省委的主持下举行，省委书记兼组织部长武开章主持，山东大学校长吴富恒致悼词；邓颖超大姐、彭真、胡乔木、王任重都送了花圈，骨灰安放在济南革命公墓。

冯雪峰同志是 1927 年入党的老党员，从 1931 年起先后担任过中国左翼作家联盟的党团书记、中共上海中央局文化工作委员会书记、中共江苏省委宣传部长、瑞金中央党校副校长、中央东南局文化工作委员会委员等职。解放后，曾任上海市文艺工作者协会主席、上海市文学艺术界联合会副主席、中国作家协会党组书记兼副主席和人民文学出版社社长等职，并当选为第一届全国人民代表大会代表和第一届全国政协委员。冯雪峰一生主要致力于党的文艺事业，曾在周恩来的直接领导下从事党的秘密工作。1958 年初，冯曾被错划为右派，开除党籍。在林彪、"四人帮"猖獗时期，惨遭迫害，于1976年1月31日逝世。1978年10月，冯雪峰的子女冯雪明、冯夏熊、冯夏森联名写信给耀邦同志，反映冯雪峰临终要求回到党内来的请求。耀邦同志在他们的来信上批示：要找他们谈谈，要为他作个公正的结论。遵照耀邦同志的指示，我先后找冯夏熊等谈话，并把他们所写申诉材料转给审干办公室，配合审干办公室督促冯原来的所在单位人民出版社，复查和纠正他的右派问题。1979年4月29日，冯夏熊写信给耀邦同志，说冯雪峰右派问题已经得到改正，全家都非常感激党，并提出要求为冯雪峰开追悼会、发表悼念文章、公开平反等。耀邦同志又批示给我们，说：冯雪峰同志的善后工作，请你们同各方面沟通思想，力求合情合理而又稳妥慎重。遵照耀邦同志嘱咐，我同宣教局交换意见后，先后找周扬、陈翰伯、冯夏熊等人，还有出版局政治部与人民文学出版社负责人了解情况，交换意见。大家对为冯开追悼会，意见是一致的。但对悼词稿中有些提法，对30年代一些争论问题和《新文学史料》第二辑上发表的1966年冯雪峰写的一篇文章，各执一词，难于一致。我认为，召开冯雪峰同志追悼会，目的是团结一致，激励大家，集中力量搞四化。既然目前意见不一致，条件不成熟，那就等做好工作后再开。经请示中宣部和部里领导人同意，我继续同各方反复商谈，分别交换意见。经过周扬等人做30年代有关同志的工作，出版局同志做家属的工作，取得了家属和各方一致意见后，终于在文代会开会期间，于11月16日在西苑旅社开了冯雪峰同志追悼会，追悼会开得很圆满，同时发表了一些悼念文章。我向耀邦同志汇报了上述情况。以后，我们还为因冯雪峰的问题受到牵连的家属冯雪明落实了政策，安排了工作。

重庆的肖泽宽、李止舟、廖伯康"反党反社会主义"案，也是全国有名的冤假错案。在"大跃进"期间，四川省以粮食"高产"报捷。成都会议期间，毛主席到新都去考察，从成都到新都20余公里的公路两旁，看到的都是"高产稻"。但是，当时并不知道，这实际只是一种假象。这些"高产稻"，是为了报功而从其他地方临时移栽过来的。这时，全国很多地方严重缺粮，纷纷向中央要粮救助。因为四川上报粮食"高产"，中央就从四川调拨粮食去救助其他地区。结果，四川省把库存的粮食都拿出来了，还是完不成中央下达的任务。为了掩盖虚报的真相，政府把农民家的存粮都拿出来上调，有的地方甚至发展到去农民家翻箱倒柜，坛坛罐罐都翻遍了。弄得农民走投无路，生活没有着落，结果饿死了不少人，问题相当严重。1962 年，中办主任杨尚昆派人到四川去调查了解情况，重庆市委组织部部长肖泽宽、团市委书记李止舟和廖伯康三人向中央工作组的肖风、邓照明如实地反映了四川的情况，提供饿死人的情况和资料。这样，他们就冒犯了当地的某些领导人。1963 年，三位同志因此被撤职下放劳动。不久，中央组织部把肖泽宽调到北京，任国务院侨办政治部主任。"文化大革命"运动开始后，三位同志又因此受到严重冲击，分别被立案进行审查，都被戴上了"反党反社会主义黑帮"的帽子。肖泽宽被从北京揪回重庆，接受审查和批判。粉碎"四人帮"后，胡耀邦亲自过问他们的问题，责成我们督促四川省委和重庆市委进行复查处理。经过大量的调查研究工作，到 1978 年底，终于在大量事实面前，恢复了历史的本来面目，为他们平了反，推翻了种种污蔑不实之词，恢复了他们的政治名誉。

袁永熙与我有过长时间的交往。他是 1938 年入党的党员，1945 年的昆明一二·一运动中，他是西南联大的学生，在共产党的领导下开展工作，表现很好。西南联大各高校回迁后，他在北平负责学委工作，于 1947 年 9 月 26 日晚在家中被捕。与他同时被捕的还有陈琏、邢方群、陈彰远等同志。由于敌人从其家中搜查出"民主青年同盟"文件，他被迫承认参加了民青，并承认这些文件是自己的，实际上是陈彰远身上带的，而当敌特砸门时，袁将文件匆忙藏起，他自己承担责任，保护了同时被捕的同志。袁永熙在狱中八个多月，经敌人多次审问并两次用刑逼供，均未承认自己的共产党员身份，也未暴露党的组织秘密，表现出一个共产党员应有的革命品质。1948 年，他由其岳丈陈布雷与姐夫叶公超保释出狱。袁永熙出狱后积极找到共产党组织，交待了被捕的经过及狱中表现情况。解放后，党组织对他被捕期间的问题进行了审查，中央青委（即团中央）组织部于 1949 年做出审查处理意见：给予留党察看一年处分。后经中央组织部审批开除党籍，同时批准其重新入党。粉碎"四人帮"后，袁永熙提出申诉，要求团中央重新复查 1949 年的结论和处理意见。团中央机关党委对此进行了复查。经过调查，团中央机关党委认为，1949 年 7 月中央组织部关于袁永熙被捕后党籍问题的处理是不妥当的，建议恢复袁永熙的党籍，撤销原中央青委组织部和中央组织部的处理意见。1957 年，袁永熙任清华大学校长助理、党委书记，反右中被划为极右，开除党籍。1980 年 8 月 15 日，经我和干审局商量，督促团中央为其复查。

团中央机关党委提出新的复查结论，经报请中央组织部批准，恢复了袁永熙的党籍，撤销了原结论。袁永熙的问题得以圆满解决。在处理袁永熙的案件中，我多次与原清华大学校长蒋南翔交换意见，他非常支持我们的工作，使袁永熙的右派平反问题得以顺利解决。

赵世炎的胞妹赵世兰是长期从事地下工作的一位老同志。30 年代初，她曾在上海党中央机关工作；抗战期间在四川从事地下工作；重庆分局建立后，在重庆分局工作，为重庆分局候补委员；解放后，任煤炭工业部党委书记。"文化大革命"中，因受康生等人的打击诬陷，于 1969 年 1 月 8 日含冤去世。粉碎"四人帮"以后，赵世兰的九妹赵君陶常常与我一起交谈，谈到康生蓄意诬陷她，她如何同康生斗争等情况，所以我对她的情况比较了解。经赵君陶反映和我们与中共煤炭工业部党组协商，对赵世兰被迫害致死一案进行了彻底清查。清查结果是，赵世兰纯系被康生、曹轶欧诬陷迫害致死的。1984 年 12 月，中共煤炭工业部党组作出决定，为赵世兰彻底平反昭雪，推倒一切诬蔑不实之词，恢复名誉，重新安放骨灰，由八宝山革命公墓第九室移至一室，并在《人民日报》《中国煤炭报》等报上发表缅怀赵世兰光辉革命业绩的纪念文章；对煤炭部有关犯有严重错误的人员做出严肃处理。

张露萍是抗日军政大学毕业的学生，入党后，利用其姐夫系重庆卫戍司令的关系，被派往国民党军统机关做情报工作。张打入敌人心脏，取得信任，多次向南方局送出情报，使戴笠几次破坏我地下党机关的行动计划都未能实现。后因被敌人发现，将其逮捕，关在贵州息烽集中营。敌人刑讯逼供，张坚强不屈，守口如瓶，后惨遭杀害。重庆解放后，误认张露萍是军统特务，未列入烈士名册。在平反工作中，我们接到一封人民来信，反映张露萍的情况，为她伸冤。我们立即打电话给四川省委党史办，请他们查清情况。四川省委党史办派人多方了解，均找不到知情人。我找到原南方局组织部长孔原，询问此事，孔原说叶剑英可能知道具体情况。后来，叶剑英证明说是他派张去军统工作的，还介绍了不少具体情况。张露萍由此得以平反，恢复名誉，被追认为烈士。

1978 年 6 月、8 月，李锐的女儿范茁先后几次来信，要求中组部对李锐的所谓"阶级异己分子、叛徒"问题进行重新复查，并要求允其回京治病和为其解决生活困难问题。1960 年 2 月，水利电力部以李锐参加所谓"彭德怀为首的'反党集团'"等问题，将他定为阶级异己分子，清除出党，行政上撤销一切职务，降低生活待遇，先后下放北大荒和安徽省磨子潭水电站劳动。1967 年 11 月到 1975 年 5 月将他逮捕关押起来，进行审查。后定为阶级异己分子、叛徒，仍回安徽劳动。范茸几次到中组部反映情况，我接待了她，安慰和鼓励她说：李锐同志的案子是错案，一定可以平反昭雪。耀邦同志也很关心李锐的问题，亲自批示，要我们同水电部商量，在生活上给予照顾。按照胡耀邦同志的批示精神，我们同水电部、政治部、安徽省委组织部进行协商后，对李锐的治病、生活费、看文件等问题都一一给予解决。同时，复查工作也由水电部党组抓紧进行。1979 年初，水电部党组向中共中央提出了李锐问题的复查结论和处理意见的报告。报告指出：经复查，1960 年 2 月中共水利电力部机关委员会所作"对阶级异己分子李锐的处分决定"是错误的，予以否定。1979 年 5 月 5 日，中共中央批准了电力工业部党组的复查报告，李锐得到平反。

1978 年 8 月，原郑州大学党委常委、副校长郭晓棠的夫人齐欣给中央写信，要求为郭晓棠平反昭雪。9 月和 10 月间，邓小平、陈云对处理好郭晓棠的善后问题专门作了批示，要求中央组织部认真落实。陈云指出："郭晓棠同志是河南党内比较有名的党员，我看了郭的简本档案。晓棠同志已死，现在应该对他历史上的是非功过做出确当的结论。"耀邦同志对此案十分重视，连续作了两次批示，要我们"抓紧进行"。按照耀邦同志的批示，我多次同干审局一起商量，将邓小平和陈云的批示精神转告给河南省委组织部，并转去齐欣的来信。经过我们上下几次协商，河南省委终于于 1978 年 12 月中旬作出了《关于为郭晓棠同志平反昭雪的决定》，为在九泉之下的郭晓棠平反。12 月下旬，河南省委为郭晓棠补开了追悼会，并在《河南日报》上发了消息。

1978 年 8 月 31 日，徐明的弟弟徐光给耀邦同志写信，要求与耀邦面谈。耀邦同志批示给我说：这是在周总理身边工作的徐明同志的弟弟。徐光 13 岁随其姊到延安参加革命，1957 年在中央党校学习时被错划为右派。他要我与徐光谈谈。遵照耀邦的指示，我与徐光见面，听了他的想法。他说，1957 年，他在中央党校向党交心的思想活动中，在领导者的诱导下，他说出"中国会不会发生赫鲁晓夫事件"的想法，就被错划为右派。详细了解这个情况后，我与中央党校政治部联系，传达了耀邦的批示，督促中央党校对徐光的问题进行复查。在我们催办下，中央党校政治部进行了复查，最后认定把徐光划成右派是错误的，决定予以改正。

1978 年 9 月，骆是愚同志到北京来，申诉将他定为"叛徒"的冤案。耀邦同志批示叫我办理。我即刻打电话给甘肃省委组织部，请他们的部长到北京来，我和他们的部长反复研究骆是愚的问题。经过兰州市委复查，最后决定由兰州市委给予落实平反。1978 年 10 月 31 日，中共甘肃省委常委会议研究，同意中共兰州市委对骆是愚同志的复查结论报告，恢复他的党籍，并恢复名誉，补发工资。骆是愚平反后，准备把他安排到四川任省政协副主席，我与他谈话，他欣然同意，随后到四川报到。

1978 年，人民日报社《情况汇编》第 440 期刊登了一篇《为什么对彭湃的老战友还不落实政策？》的文章。该文中谈到广东省海丰县园墩林场黎小红反映其祖父黎连平、父亲黎宣的冤案。黎连平、黎宣都是为革命工作多年的老干部，在"文化大革命"中被无故打成"黑帮""走资派"，家属受到株连，至今尚未平反。胡耀邦看到这篇文章后，立即批示，要求"老干部局过问一下"。我接到耀邦同志的批示后，立即电话告诉广东省委组织部，请他们复查，并提出处理意见。广东省委组织部在认真调查后，对黎连平和黎宣的问题重新做出结论，恢复了黎连平的组织生活和原工资级别，补发了审查期间被扣的工资；对黎宣也进行公开平反，并任命他为园墩林场党委副书记、革委会副主任，补发了被扣的工资。黎宣的妻子刘玉梅也恢复了国家干部待遇，相应地解决了工资问题。黎连平的妻子和黎宣的七个子女，全部恢复了城镇户口和粮食关系，并按黎连平的意见，迁往园墩林场院随黎宣一起生活。

1979 年 7 月，商业部干部教育局蒙定明打电话找我，说他的哥哥蒙定军到北京来申诉他的冤假错案，要求平反。蒙定军原任十七路军三十八军中共地下党工委书记，"文化大革命"期间被康生、"四人帮"等诬陷而遭迫害，要求平反和安排工作。蒙定明告诉我，蒙定军住在厂桥中办招待所。我同王万定去看他，听了他的申诉。回到部里，又接到耀邦同志转来的政协常委杨拯民、孔从洲给叶剑英委员长写的关于为蒙定军平反昭雪的信。我和干审局商量，督促陕西省委对他的问题进行复查和平反。关于工作问题，我们和中央统战部联系，调他到中国社会科学院少数民族文学研究所工作，安排他为政协常委。生活问题，经我们与国务院机关事务局商量，在木樨地 24 楼为他安排了一套住房，使他的问题得到了根本的解决。

1979 年 8 月，张爱萍同志给中办打电话说：请耀邦同志再过问一下吕振羽的问题，他年老多病，结论没作，看病联系医院、用车都很困难。耀邦同志在电话记录上批示叫野苹、步新、沙洪和我负责落实，并要求将结果告诉他。根据领导人的批示，我同民委副主任胡嘉宾商谈解决了吕振羽的生活问题。将吕原有房子退还给他，帮助他迁入。并帮助他解决了生活费用，查找到了被抄走的图书 8 万册，还帮助他解决著作的出版问题。治病按副部长级待遇，医疗关系落实在北大医院。吕振羽最关心的是他的审查结论。后来，经过民委党组复查，写出了复查报告，认为中央专案一办的原结论定吕为"历史反革命分子"是不妥当的，应予改正，恢复名誉，并建议恢复吕的组织关系和原工资级别待遇，发给 3000 元的生活困难补助。中央批准了民委的报告，撤销了中央专案一办的审查结论。以上情况，我都向耀邦同志作了汇报。

1979 年，原中国农机研究院党组书记兼院长张文昂因对中央专案一办将他定为"叛徒"的结论不服，向中央领导人提出申诉。耀邦同志指示陈野苹、李步新要抓紧调查落实他的问题，并请派人去看他。陈野苹和李步新安排我去看望他，进一步了解他的情况。我带领几个同志一起去看张文昂，传达了耀邦同志和中组部对他的关心，并认真听了他的意见，了解他的情况和处境。回来后，我们立即请干审局督促农机部抓紧复查张的问题。两个月后，农机部提出复查后的意见，彻底否定了中央专案一办所定的"叛徒"的结论，恢复了他的组织生活。但是，不幸的是，还没有等安排工作，张文昂便于 9 月 13 日病故。

1979 年，北京市政协副主席范瑾给中央写信，反映康生、江青、谢富治诬陷黄敬的情况，要求公开为其平反，肃清影响。耀邦同志随即批示：悼念黄敬同志文章，请抓紧办理，有关材料的销毁，也可照办。范瑾同志精神不好，请你们派人去看看她，并看看安排照顾是否适当。野苹同志批示请老干部局办。我们接到领导人的指示后，与北京市委组织部联系，并去看望了范瑾同志，征求她的意见，同时，组织落实撰写悼念黄敬的文章。

原外贸部海关局副局长丁贵堂的女儿丁耀琳向中组部反映：她已故父亲丁贵堂在"文化大革命"中被定罪为"潜伏特务""历史反革命"，骨灰从八宝山取出，其亲属也受到株连，要求中组部澄清事实，恢复其历史本来面目。我们对此进行了认真的调查研究，弄清了情况，并与外贸部联系，督促他们为其平反。外贸部党组为丁贵堂平了反，将丁贵堂的骨灰盒重新安放在八宝山革命公墓第一室，并举行了骨灰安放仪式。

1980 年 1 月 29 日，新华通讯社国际部瞿独伊（瞿秋白、杨之华的女儿）给我部来信，要求查找杨之华口述、洪久成整理的《忆秋白》的原稿，并提出为杨之华骨灰盒覆盖党旗、修复瞿秋白的墓碑等问题。部领导同志很重视，野苹同志批示：请老干部局协同有关单位办。根据野苹同志的批示，我们同干部调配局、行政处等有关单位进行了研究，商定了具体处理意见，妥当解决了她提出的问题。

我参加全国政协五届会议时，见到无党派人士张秀熟。问到他的情况，他说解放后组织上没有给他接上关系。我了解详细情况后，在 1981 年出差到四川时，找省委组织部长安法孝讲了这件事。安法孝认为张秀熟到集中营给国民党讲过课，不好办。我向安介绍了当时的情况：张秀熟 1927 年任川西特委书记，1928 年到重庆担任代理省委书记时被捕，在法庭上，他宣传马克思主义，舌战重庆警备司令王陵基，在全国都有影响。1941 年 2 月，国民党特务头子康泽从重庆带领一批大叛徒、大特务到成都，就把张秀熟请去，要他到集中营去讲课。张秀熟答应了，可他讲的是抗战建国纲领。第二天，张秀熟就跑到成都郊区苏坡桥特委书记程子健家里，向党组织汇报了那天的情况。当时我也在，子健同志同我商量，张秀熟对付特务的办法很巧妙，党组织可以同意他的这种做法。后来，我们想办法送他到延安。张秀熟表示他家有老母年龄大了，为党工作之日长、为子尽孝之日短，请党准许他回老家，回家还可以为党做工作。我们同意了他的请求，并把事情的经过和处理的情况报告南方局。根据这个情况，我和安法孝商量后认为张秀熟只能采取重新入党这个办法。后来安法孝告诉我，他和省长杜心源介绍张秀熟重新入党，没有候补期。张秀熟重新入党以后，继续要求恢复他全部党籍。我把他的情况详细报告部里，经部里研究并报中央同意，又恢复了他以前的党籍。

在六届人大常委会上，我见到经济学家薛暮桥。我在上海做地下工作时，虽然没有和他见过面，但彼此都很熟知。我知道他是个老党员，被捕过，出狱以后回到上海。一次，上级要他参加示威游行，他认为参加示威游行就会暴露，没有参加，就被开除了党籍。开除党籍后，薛暮桥参加社联，主编《中国农村》，公开宣传马克思主义。以后，他重新入党。他对我说，抗战以后他到湖南长沙，徐特立批准他重新入党。我认为他应该恢复全部党籍，就让他写了一个报告给中组部。以后，干审局审查提出意见，部委会进行了讨论，大家认为薛暮桥停止党籍以后，参加了社联，主持《中国农村》刊物，宣传马克思主义，肯定中国社会性质，与托派叶青等人论战，做了很多工作，在社会上产生了很大的影响，决定恢复他的全部党籍，并上报中央。最后，恢复了他的党籍。为了安排好他的工作和生活，我们还建议把他的工作、生活关系由国务院政策研究中心转回到国家计委。

1978 年，云南省委组织部长黄天明、陆启余出差到北京，曾向我谈起 1958 年 4 月原云南省委常委、组织部长郑敦和副部长王镜如被划为右派分子和"反党集团"首要分子，开除党籍、撤职降级的问题。我记得谢富治任云南省委书记期间，有一次他到北京来开会，我去看望他时，他对我说，1954 年我被停职反省后，他发现郑敦中午在我办公室里休息。为此，他说：郑敦未经许可就占据这个办公室，显然有野心，必须随时注意他。从与谢富治的这次谈话中，我感到他的这种看法是极端片面的。以后，谢富治把郑、王定为"有目的、有组织"的"反党集团"。依据主要有五点：一是因为郑曾在整风时暴露思想说，他想过"组织上是否要自己当书记"。郑下放后，王曾给组织部的一个处长交待，要他把部里的全面工作抓起来。由此就说郑、王有野心，郑想当省委书记，王想当组织部长。二是 1956 年，郑、王提出党代会要"发扬民主""详细介绍候选人情况"。1957 年整风时，郑等曾调查农村存在的矛盾，批评省委的某些特殊化作风，因此就说他们两次向党发动进攻。三是因为郑、王曾批评过有些干部的缺点，并经省委批准，审查过几名老干部。因此就说他们执行地方主义、宗派主义干部政策。四是郑、王主张"党政分工"，发挥各种组织的作用，就说他们宣扬资产阶级民主。五是郑、王几次派人到农村调查组织状况，反映一些问题，批评有的县盲目冒进，就说他们反社会主义。1958 年，云南曾在全省各级领导班子内深挖所谓"郑、王反党集团"的"钉子""爪牙"，株连大批干部，仅省管以上干部就有 158 人被划为右派。在中组部的协商和督促下，云南省委对"郑、王反党集团"冤案进行了复查。经复查，原处理决定是不符合事实的，遂予以彻底改正，恢复郑敦、王镜如党籍，恢复政治名誉，恢复原工资级别，分配适当工作。对于因这一错案受牵连的其他人，与此案同时宣布改正。

以上这些例子，仅是我们工作的很少一部分。中共十一届三中全会以后，在党中央的领导下，经过全党努力，落实干部政策工作取得了很大成绩。截至 1986 年 5 月，"文化大革命"中的案件复查工作已基本结束，全国共复查了 230 万件"文化大革命"中被立案审查的干部案件（包括 1977—1978 年）。还有为数更多的虽未立案审查但被错误批斗或受株连的人员的问题也得到了纠正。此外，据 25 个省市区统计，共复查了"四清"案件 63 万件，基本完成错案改正工作。各地还复查了 110 万件"文化大革命"以前的历史遗留案件（不包括反右派、"反右倾""四清"的错案改正）。其中，地下党历史遗留问题的案件 14 万件；历史上受限制使用的干部 19 万人；一批地方性大案、要案涉及的干部达十几万人，包括第二次国内革命战争时期肃反错杀人员 2.3 万人，新中国成立初期审查处理的"中原突围"脱队人员近 5 万人，以及一些地方反地方主义、地方民族主义的案件等。这些案件，都按照全错全纠、部分错部分纠、不错不纠的原则和处理历史遗留问题"粗一点、宽一点"的精神，实事求是地作了复查结论，并按有关政策规定妥善处理了善后工作。

这段时间，除了落实政策和安置工作外，我们还承担着大量为被"四人帮"迫害致死的老同志开追悼会和举办骨灰安放仪式的工作。这些工作虽然十分具体，但是意义很大，影响面很大，必须做细做好，不能出问题。比如悼词的起草，就关乎对每位同志的评价，要字斟句酌，反复征求意见和修改；再如会议的安排，要听取家属和各方面的意见，协调各方面的关系，必须面面俱到。在这些工作中，我们都精益求精，毫不马虎，得到普遍好评。几年来，我们先后为张闻天、张际春、徐冰、马明方、张秀岩、徐海东、吴芝圃、刘长胜、张霖之、南汉宸、刘裕民等数十位老同志举办了追悼会或骨灰安放仪式，为郑位三、曾涤、赵汉等 6 位同志的骨灰盒覆盖了党旗。办理了中央、国家机关 29 位副部长级干部治丧事宜的审批手续。同有关单位解决了王世英、马明方、王维舟、张如心等 26 名同志遗属的住房或生活困难补助等问题。1980 年至 1984 年间，我们还协同中央办公厅、人大常委会、国务院办理了为刘少奇同志平反昭雪、开追悼会、安置其遗孀及孩子等事宜。协同国务院、人大常委会、全国政协办理了宋庆龄、沈雁冰等人的丧事。张鼎丞同志生前表示过自己的愿望：死后丧事从简，不成立治丧委员会，不举行遗体告别仪式，不开追悼会。为进行丧事改革，中央批准其要求，满足其愿望。张鼎丞逝世后，我们同其家属商量，家属也同意，最后遵照其遗言办理。为此，我们撰写了《最好的悼念》的文章，以新华社评论员的名义发表，树立典型，提倡丧事从简。后来，多数同志的丧事比以前简约了。

老干部局成立后，遇到大量老干部和他们的遗孀、子女生活上存在的各种各样的问题，而帮助解决这些问题，也是我们的一项重要工作。耀邦同志非常重视这项工作，指示我们认真处理，做到事事有着落，切实帮助这些同志解决困难和问题。如果实在不能办到的，也要做好解释和说服工作。我们按照耀邦同志的指示，努力工作，得到了广大同志的好评。

1978 年 10 月，国家建委顾问赖际发的夫人鲁风给耀邦同志写信反映说：由于孩子陆续调回北京工作，房子不够用，影响际发同志的休息，希望组织给予解决困难。耀邦同志批示说：赖际发同志是一个相当老的同志，年纪大了，身体又不好，我意房子问题必须适当解决好一下，并请你们去看看他。老干部工作主要是一个个、一件件落实，而不是搞一般号召。按照耀邦同志批示，我们去看望了赖际发同志，进一步了解他的情况。接着，又与建委等部门联系，共同研究解决问题的办法。最后，建委又在前三门给赖际发安排了一套两居室的住房，解决了他家居住拥挤的问题。

外贸部长南汉宸是我们党一位有影响的老同志，他去世后，其夫人王友兰在生活方面存在很多问题，就给中央组织部写信，要求组织帮助她解决一些实际困难。耀邦同志看了她的信后，十分重视，明确指出：王友兰同志现年已六十九岁，患脑血栓，行动不便，只有三间房子，看病要车子也很困难，她是外贸促进会干部，外贸促进会归外贸部管，对他家属必须要作适当的照顾才好。请同外贸部政治部具体商量办理。遵照耀邦同志的批示，我们找外贸部政治部研究，提出了解决这些问题的具体办法：为了便于子女照顾她，请国务院机关事务管理局帮助她将两处住房调在一起；保证她看文件、听报告、看病等用车；安排她到部里和贸促会看文件；解决其儿媳的工作调动问题；发放困难补助，以解决生活困难的问题等。这样，王友兰的困难基本得到解决。

安徽省原副省长朱光去世后，他的夫人余修给耀邦同志写信，要求把朱光的骨灰安放在北京八宝山。耀邦同志批示交给老干部局办理。经过研究，我们认为朱光在广州工作时间长，骨灰以安放在广州为好，于是便做余修的工作，提出了我们的意见。余修同意我们的意见。她给耀邦同志写信，说他们全家认为中央组织部的意见更为合适，因为朱光在广州工作 11 年，群众基础较好，威信较高，还是将骨灰安放在广州好。经我们协调组织，朱光的追悼会在安徽举行，然后由广东派人将骨灰接到广州安放。

大革命时期江苏省委负责人侯绍裘烈士的夫人胡鸣鹤，来信要求看病给予照顾。根据部领导人的批示，我们与北京市民政局商量，为她解决了这个问题，并指定了医院。我去看望胡鸣鹤，把结果告诉她，她很感动。

蒋文谟（又名唐天才）是1931年参加红二方面军的老同志，"文化大革命"前任山西省沁水县运输公司经理。1974年离休后回湖南省石门县原籍后，工资关系未转到湖南，一家五口人的基本生活都不能保障。他来信要求组织帮助解决。我们派干部去山西了解情况后，和长治地委、沁水县委研究，决定给蒋每月补助供养费80元，并把工资关系转到了湖南省石门县。

习仲勋原来的妻子郝明珠给耀邦同志写信，要求到京分配工作，并在北京养老。由于要求来北京住的人很多，我们有个原则，就是凡属各省市区负责人的家属，一律在原省市区居住，并由各省市区照顾。至于照顾不好，可以向各省市区反映。遵照这个原则，我们向她讲明情况，郝同意仍在陕西工作。我们与陕西省委联系，对郝明珠生活上的困难给予照顾。

1978年10月，湖南省离休干部慕容楚强向中央组织部反映了他的工资级别、住房和孩子的工作安排等问题。耀邦同志批示给湖南省委的毛致用、万达同志：此人，北京许多老同志很关心他，请你们妥善安排一下。还指示我带上他的批示，直接找毛致用或万达商谈。我立即照办。以后我还与湖南省委组织部联系、催办。湖南省委组织部非常认真，对慕容楚强的工资、住房和其子的落实政策问题都做了妥当处理。我们将办理结果向耀邦同志作了汇报。

1979年7月12日，儿童文学作家张天翼的夫人沈承宽给宋任穷写信，反映医疗、住房困难等问题。陈野苹批示说：在医疗、住房等方面，同意按副部长待遇，对这类著名老作家的政策，望勿忽略。根据这个指示，我们同卫生部联系，将张天翼的医疗关系转至首都医院二门诊。关于住房问题，我们会同机关行政处与国家机关事务管理局多次协商，在木樨地22楼给其安排了一套住房。

1979年7月，北京市西城区委组织部管理的离休老干部杨宪吾给胡耀邦同志写信，要求解决到北京医院内科检查身体和调整房子问题。胡耀邦同志见信后即批示：此人1937年带上海一批大学生到延安，是一位对党的事业有贡献的同志，要给予照顾。为此，我们与北京市委组织部和北京医院联系，对杨宪吾的上述要求及时给以解决。可惜的是，数月后，杨宪吾因病情严重而逝世。

叶佩英等人反映，要求在报上公开为其父叶季壮作出评价，并要将其母亲马禄贞的名字见报和解决住房等问题。耀邦同志指示我和李步新处理，并提出了具体意见。他说：叶季壮同志是我党一位很老和有重大贡献的同志。逝世时，如果因为林彪、"四人帮"路线的干扰，没有按本来面目和规定举行追悼仪式，可以举行一个覆盖党旗的仪式，再加发一个消息；登照片的方法，则会引起更多家属请求，不便采纳。可请马禄贞同志，或党内哪几位同志再补写一篇纪念性文章，在党报上发表。对马禄贞全家住房还不够用、马禄贞本人生活还有困难的问题，请外贸部在可能条件下予以适当照顾。但请告诉叶佩英等兄妹，目前国家经济尚未根本好转，人民群众和广大干部生活住房都很困难，群众在这方面对领导干部和高干子女议论不少，这就要求高干子女认真继承老一辈（包括叶季壮同志）艰苦奋斗、发愤图强的革命精神，做好样子，不可在这方面向组织多提要求。根据耀邦同志的指示，我们找叶佩英了解情况，听取意见，并先后几次同外贸部政治部的同志商量解决的办法。经了解，1967年6月27日叶季壮逝世后，6月30日举行过追悼会。追悼会的规格是相当高的，中央和国务院的主要领导人周恩来、叶剑英、李先念、李富春等同志都参加了，悼词中对叶季壮的评价也比较高。叶佩英也承认这一事实。所以，确定这次骨灰盒覆盖党旗时不再举行仪式，由外贸部几位领导同志写一纪念文章，在《人民日报》发表。对马禄贞长期患病，有些营养药物自费，经济上有些困难的问题，可由外贸部采取困难补助办法给予适当解决。住房问题，由外贸部调整增加一间住房。

1979年，师哲同志向小平同志反映，要求配备助手，帮助他整理中苏两党关系的材料。小平同志批示给耀邦同志处理。耀邦同志指示野苹、步新或我，要我们中的一位同志去看看他，同他谈谈，可从社会科学院或党校党史教研室抽一两个人帮他整理。根据领导同志指示，我同师哲谈了话。师哲提出工作和政治待遇、生活待遇等问题，我分别与干审局、宣教局和社会科学院、国务院机关事务管理局的领导人交换意见，于7月20日又同师哲交换意见，既做了思想工作，也为他解决了实际问题。

1980年1月，我们收到转来的萧三同志给邓颖超大姐的信，要求解决住房问题。邓大姐和野苹同志分别作了批示。遵照领导人指示，我去看望了萧三，并将邓大姐和中组部的意见转告他。我并同中国作家协会秘书长张僖联系，与他们一起和国管局商量，最后在木樨地22楼为其解决了一套住房。

由于我分管老干部局和干审局工作，这方面的问题，不管是主动找上门的，还是别的同志提出的，只要了解了情况的，我都想方设法帮助解决。有一天，我在玉渊潭公园散步，回来的路上经过南沙沟，碰到曾三，他说到生活上有个问题没有办法解决。我问他有什么困难？他说：他家住在三楼，因没有电梯，上下楼很不方便。我立即写个报告送给国务院副总理万里，建议为他调整一套楼下的房子。但不巧的是，这里一楼的空房刚分配给某部的一位副部长。当我了解到这位副部长还很年轻，就设法通过国务院副总理田纪云做了他的工作，给他安排了另外一处住房。让曾三搬了进去，解决了他的实际困难。

剧作家谢铁骊与我是邻居。一天，他告诉我说：夏衍住的房子很小，书都堆在地下。我随即让老干部局副局长王建根到夏衍家看看。王建根回来反映，实际情况确实如此。我即找到国务院机关事务管理局局长，请他为夏衍安排部级住房。国务院机关事务管理局非常重视，不久就给夏衍在六部口安排了一处房子。

北京医院李辅仁大夫住在建国门的一个胡同里，我常到他家里去，了解到没有给他补发"文化大革命"中被扣的工资，他家的生活确很困难。我即到北京市详细了解他的工资情况，并和劳动人事部商量，请劳动人事部出面为他解决补发工资问题，但没有实现。后来，我又写报告给中央书记处书记胡启立同志，向他反映李辅仁大夫工资被扣的来龙去脉和实际情况。在胡启立的关心下，李辅仁大夫的问题得到圆满解决，所欠工资全部补发。

一天，我去拜访京剧表演艺术家张君秋，听他说到他的工资在"文化大革命"期间被扣情况。我向野苹部长报告了这件事，野苹部长说：按照知识分子政策，扣他的工资是很不应该的。为此，我先后和北京市委副书记谈了三次，最后市委答应给他适当解决。

有一天，原轻工部的一个叫李沐英的局长给我打电话，说她已70多岁高龄，因卫生间的蹲坑不方便，想换个马桶，机关不给她解决。放下电话，我即给轻工部的老干部局打电话，要他们找机关的木工限期做好一个马桶架子给她装上。一个星期以后，我让老干部局的同志去检查，发现已经给她装上了。

一次，我到北京医院看望住院的老干部。到了程子华的病房，程的夫人张辉反映说，她的住房从卧室到饭厅要经过一段露天的地方，下雨和下雪天很不方便。我回机关以后，打电话找他们的两家单位，经商量，给他们盖了个棚子，解决了他们的问题。

三、老干部局的奠基工作

随着落实政策工作的展开，老干部工作越来越突出出来。我们党的老干部，在长期的革命斗争中，为我国的革命和建设事业作出了重大的贡献。他们是我们党和国家的骨干力量。由于自然规律的作用，老干部逐渐增多，其中有一部分已年高体衰，不能适应日益繁重的工作任务，需要做好妥善的安置。做好老干部管理工作，是党的干部部门的一项重要任务，它对于贯彻党的路线，落实党的干部政策，恢复和发扬党的优良传统，调动一切积极因素，加速实现四个现代化，都具有重大的意义。

党中央和毛主席历来重视和关心老干部。1964年，在党中央和毛主席的关怀下，中组部成立了老干部管理机构，加强了对老干部的管理工作。"文化大革命"中，由于林彪、"四人帮"仇视老干部，极力推行其反革命政治纲领，使许多老干部遭受严重的摧残和迫害，老干部的管理工作也受到了严重的干扰和破坏。粉碎"四人帮"以后，党中央多次指示，要重视和关心老干部，要从政治上和生活上关怀和照顾他们。遵照党中央的指示，各级党委加强了对这项工作的领导，根据不同情况，对一大批老干部进行了妥善的安排，使他们各得其所，更好地为社会主义事业贡献自己的力量。为了进一步加强老干部工作，1978年4月27日，中央组织部又成立了老干部局，我被任命为老干部局局长，中央组织部由李步新副部长分管老干部局的工作。

老干部局成立时，部里规定其主要任务是：（1）有计划地系统了解全党老干部的情况，编制第一次国内革命战争时期和第二次国内革命战争时期的老干部名单。（2）了解没有担任实职的老干部的安排、变动情况，提出对一些老干部的安排意见；研究如何为老干部从事力所能及的工作（如编写革命史、回忆录和进行革命传统教育等）提供必要的条件。（3）经常了解不担任实职的老干部的政治和生活等方面的情况。组织老干部学习马列主义、毛泽东思想，阅读文件、听报告，在健康条件允许的情况下，安排适当的参观访问活动；尽可能地妥善解决他们的生活困难。（4）经常了解和关心老干部的健康状况，协助有关部门解决他们的治病问题；在老干部住院期间，经常探望他们。（5）处理老干部逝世后的善后事宜，办理中央交办的老干部的丧事。（6）教育和照料老干部的遗属。（7）研究对一些老干部的遗著、遗物、真迹的保管和处理问题。（8）研究老干部管理方面的政策问题，制定老干部管理条例和有关制度。

根据中央通知要求，中央、国家机关各部委政治部（政工组），各省、市、自治区党委组织部，地市委组织部，重点县（老干部比较多或有老干部休养所的）县委组织部，都逐步建立起相应的老干部管理机构；没有设立老干部管理机构的县，也在县委组织部配备专人分管这项工作。

中组部老干部局是在原来组织部八处的基础上充实力量组建起来的，组成人员中有中组部的老同志王万定、刘恒志、方朗、李同仁等，王金耀、张嘉显、严洁身、王震松、闵宗等人分别任处长。还有从首钢选调来的孙炳存，从辽宁选调来的李有存，还有佟宝贵、施毓林、初世同、毛颖等人。面对繁重的工作任务，老同志和新同志团结一致，拧成一股绳，劲往一处使，冲破阻力，克服困难，积极投入到紧张的工作之中。

老干部局从成立的时候起，我就有一个明确的指导思想，就是必须把老干部工作放到党的全局工作中去认识，并要紧紧围绕部里的中心工作，一项一项地研究和安排老干部局的工作。

老干部局成立后，原临时组建的老干部接谈组即宣布撤销，陈野苹升任秘书长，章蕴调中纪委，接谈组的大部分工作逐步移交给老干部局。当时的干审组组长是个大庆的工人，工作没有完全担负起来，很多干审工作也由老干部局来做，因此，老干部局的任务十分繁重。在这种情况下，我们一方面完成平反冤假错案、为去世的老同志开追悼会及其善后工作等，另一方面，还必须考虑老干部局的基本建设，尽快使老干部工作走上轨道。

为了搞好老干部工作，上任之初，我即与老干部局的沈梦罴到湖南、江西等地去搞调查研究，了解各地对老干部的安置和照顾情况，调查存在的问题。每到一地，我们总是直接找老干部交谈，或者召开座谈会，专门征求对老干部工作的意见，得到很大的收获。

我们一到长沙，就去看望了病休老干部谭余保。我对他的情况很熟悉。

抗日战争爆发前，他任湘赣省委书记，在湘赣两省交界的九龙山建立了革命根据地。在这里，还发生过一段小故事：陈毅到九龙山找他，与他谈国共合作和抗日民族统一战线的问题。他对统一战线还不理解，因此怀疑陈毅是叛徒，就把陈毅抓起来，准备枪毙。后经陈毅反复解释，才弄清情况，把陈释放出来。我到长沙后，听说他的身体不好，在长沙省立医院住院治疗，就赶到医院去看他。他对组织的关心很感动，流出了眼泪，紧紧地握着我的手不放。我详细地了解了他的生活情况和实际困难，并听取了他的意见。此外，我还看望了原中共湖南省工委书记周里，没有给他安排工作，在家休息。见到我来，他十分高兴。他对我说，多少年了，没有人关心他，也看不到党的文件。我问他有什么要求，他只提出了一点希望，就是再能为党做点工作。了解了他们的情况后，我分别把他们两个人的情况向湖南省委报告。湖南省委很重视，经过认真研究，决定安排周里担任湖南省政协主席，安排谭余保到北京治病。在湖南省委的关心下，他们的问题一一得到了解决。

湖南省委组织部下属两个干休所，老干部处的处长陪我去那里进行考察。我们分别去各位老同志家探望，又召开了座谈会，听取他们的意见。当时，老干部们主要是对生活方面的照顾很不满意，反映了很多意见。我一一记录下来，与省委组织部的同志一起研究，逐项解决，受到了老同志们的好评。

在长沙，老干部处的同志还陪同我参观了毛主席、杨开慧读书的地方——长沙师范学校，到韶山瞻仰了毛主席故居。

在湖南调查之后，我们又到了江西。在江西，我们也看望了一些老同志。其中，有一个叫谢象晃的老将军，他的一只脚因受伤而致残。在与他谈话中，我感到他身上有一股刚正不阿、是非分明的正气，而且从不计较个人得失，使人深受感动。我还看望了方志敏烈士的弟弟方志纯，转达了组织对他的关心。陪同我们进行调研的江西省委组织部老干部处长萧桂珍，对所属两个干休所的情况很熟悉，她给我详细介绍了情况，对我了解江西老干部工作很有帮助。我们分别在两个干休所开了几天座谈会，老干部们畅所欲言，反映了各种各样的问题。甚至一些区区小事，引起老同志互相之间的矛盾，也向我们倾诉。我耐心地帮助他们解决问题，化解矛盾，促进团结，取得了较好的效果。

在这些调查研究工作中，我深感老干部工作有其特殊性，要做好这项工作，除了做老干部工作的同志要尽心尽力、高度负责以外，还需要发挥老同志的积极性，组织老干部们自己管理自己。于是，我去找江西省委书记江渭清，谈了我的想法和建议。他听了以后，非常支持我的意见。我又与江西省委组织部副部长王铁一起商量，在干休所实行由老干部自己选举支部书记和委员，自己管理自己的做法。后来得知，江西的干休所这样做以后，效果很好，老干部们再也不是被动地给管理人员提意见，而是积极主动地改进工作，解决矛盾，这样关系就理顺了。

在江西期间，我还参观了原新四军军部和新四军驻赣办事处旧址。旧地重游，不胜感慨。萧桂珍还陪我经吉安到井冈山，在吉安参观文天祥的遗迹，又经莲花、永新到井冈山。井冈山有个老干部休养所，人不多，我们到那里看望了这些老同志，受到热情接待。

从井冈山回到南昌，接到部里来的电话，要我准备去桂林主持召开由中组部、民政部、劳动人事部等部门联合召开的关于老弱病残干部和老工人退休安置工作会议，并要求形成一个文件，上报国务院。我想，这样的会议应该由部领导人主持更合适，就打电话给胡耀邦同志请示，并谈了自己的想法。耀邦同志在电话上对我说：你大胆地放手干吧。这样，我就开始全力以赴，在进行调研的基础上，认真地准备材料，筹备会议。

大约 4 月份，我和沈梦罴一道到了桂林，召开关于老弱病残干部和老工人退休安置工作会议。参加会议的有中央有关部门和全国各省市区组织和人事劳动部门的负责人。我代表中组部作报告，经过与会同志的认真讨论，最后形成《国务院关于安置老弱病残干部的暂行办法》和《国务院关于工人退休、退职的暂行办法》两个文件草案。这两个文件经中组部领导人审定以后，于 1978 年 6 月初报国务院。后经全国人大常委会通过，形成国务院〔1978〕104 号文件。这是老干部局成立以后起草的第一份文件。以后以这个文件为基础，我们又代中央起草了《中共中央、国务院关于设置顾问的决定》和《国务院关于老干部离职休养的暂行办法》等一系列文件，规定了许多具体政策。这些工作，可以说是老干部局的重要的奠基工作。

围绕如何发挥老干部的作用，安排老干部担任顾问的问题，我们调查了石油部、铁道部、教育部等 9 个部委和湖南的顾问工作情况，召开了有 44 名顾问参加的 9 次小型座谈会，还个别走访了一些担任顾问工作的老同志。调查并起草了《关于安排一部分老干部担任顾问的意见》，使这项工作有章可循，更有效地开展起来。

1982 年，由老干部局牵头与组织局、调配局、干审局等共同进行讨论、研究，起草了《关于确定建国前干部参加革命工作时间的规定》中组发〔1982〕11 号。这个文件制定以后，又陆续发布了关于左联、社联、反帝大同盟、中国革命互济会等革命团体成员确定参加革命工作时间的规定；关于在解放区脱产即算参加革命工作时间、在国民党统治区接受党的任务或参加党的外围团体即算参加革命工作时间等规定。

老干部离休是件大事。胡耀邦指示我们："老干部离休以后，政治待遇基本不变，物质待遇略为从优，党给他们的任务是安度晚年，健康长寿，写完他们的光荣历史。"在《中共中央关于建立老干部离退休制度的决定》执行过程中，困难很多。胡耀邦给大家做工作，说："老同志离休以后，生活上应该多照顾，按照参加工作年限计算，还要争取一年增加一块钱。"对此，大家纷纷发表意见，有的说："老同志离休以后，用他的工资养自己，已经足够了，要什么补助？"胡耀邦耐心地对讲这句话的同志说："你这些话不对，你无儿无女，单身一人，你的工资够你自己花还有余。但是，好多老同志都有很重的负担，况且一年增加一块钱算不了什么。"陈云也很关心老同志离休以后的生活问题，我和野苹同志向他汇报时，他说：我要财政部拿出几亿元钱出来，安置补助老同志足够了。关于给老同志生活补助的问题，最后提到中央政治局会议讨论。胡耀邦举了南斯拉夫的例子，说：南斯拉夫有个老干部组织，铁托每年都要与老干部同吃同住一次。南斯拉夫老游击队员离休以后，在政治上和生活上有种种优待办法。南斯拉夫革命才几年？中国革命几十年，我们对待老同志还不如南斯拉夫，说不过去。有的同志也提出了不同意见。我也发表意见说：既然中央发了文件，原则是老干部离休以后，政治待遇不变，生活待遇略为从优，应该按照这个文件执行。后来，由顾问委员会制定了个暂行办法：老同志按参加工作年限每年补助一块钱，但不管参加革命工作时间有多长，补助不超过二十年。直到 1985 年工资改革，才重新规定老干部新中国成立前参加革命工作的从参加革命工作之日起，每年补助一块钱，取消了"补助不超过二十年"的限制。

为了推动老干部工作的开展，宣传先进经验，老干部局成立后不久，我们还认真整理了 13 份做好老干部工作的经验和顾问、离休干部发扬党的优良传统作风搞好传帮带的 7 个典型事迹，通过《组工通讯》《人民日报》、新华社、中央人民广播电台，进行广泛宣传，产生了很大的影响。

在中央的直接领导下，全国的老干部工作逐步走向正轨，从根本上改变了老干部工作无人管理的状况。到1980年，全国29个省市区和多数地市委以及中央国家机关47个部委局，都建立了老干部工作机构。其中，陕西、江苏、河南、江西等省设立了老干部局；安徽省委设立了老干部工作委员会，省委书记李世农为主任，省有关部门的领导干部为委员；黑龙江、山东的部分地县也设立了老干部工作委员会或领导小组。全国大多数县市配备了专职干部。各地都安排了一大批年老体弱的老干部。据河南、北京等10省市和三机部、外贸部等18个部委的统计，有3300名老干部退到二三线，有600多名老干部退到人大、政协任职。有的地区和部门采取多种形式和渠道安排老干部，如吉林、湖南等省安排老干部担任视察员、参事。北京、辽宁等21个省、市、区和文化部、邮电部等12部委制定了对退居二三线的老干部政治上尊重、生活上照顾的具体办法和措施。辽宁、山东、陕西、浙江等许多省每年都拨专款100万元到300万元，解决老干部住房的困难。

1980年，我们还重点检查了中央、国家机关老干部工作。工作开始时，我们召开了中央、国家机关老干部工作座谈会，对检查工作作了布置。在文化部、全国政协等单位调查了解的基础上，10月28日又召开了中央、国家机关主管老干部工作的副部长、司局长、处长等近400人参加的老干部工作会议。宋任穷部长在会上传达中央指示精神，就普遍检查落实退居二三线老干部政治生活待遇的问题，提出意见和要求。会后，中组部老干部局对各部委局进行了解和督促。

为了进一步推动老干部工作的开展，我们还协同有关部门制定了组通字〔1978〕10号通知，对老干部局的工作任务和各级党委设立老干部机构作了一些明确的规定。通知发出后，对3个省区和中央、国家机关16个部委的贯彻情况，进行了调查了解。先后召开了15次120多人参加的小型座谈会；召开了各省、市、自治区组织、人事部门负责同志90多人参加的座谈会，了解情况，讨论研究如何贯彻党的老干部政策和老干部工作的任务问题。在调查研究的基础上，根据党中央关于老干部工作的方针政策和中组部领导人的意见，协同研究室拟定了中组部《关于加强老干部工作的几点意见》。这个文件进一步明确了老干部工作的任务、政策和组织领导，对推动各级党委进一步加强老干部工作起到了积极作用。

　　我们把为给老干部编写革命史、回忆录提供条件，也作为一项重要工作来抓。为中组部老干部支部李维汉、王学文等人编写革命史提供方便，如查档案、核对史实，组织人力协助工作等。对李锐编写青年时期毛泽东同志革命活动史给予支持，并与安徽省委组织部商量为李锐提供条件。我们还总结了湖南省委组织部协同宣传战线有关单位组织老干部撰写革命史、回忆录的经验，通过《组工通讯》《宣传动态》《人民日报》和中央人民广播电台，向党内外宣传，《人民日报》还配发了评论员文章。我们审查了中央负责同志和部领导人交办的 50 多篇革命回忆录和悼念文章，核对了档案，对其中不符合历史事实的和提法不恰当的，提出了意见或建议。

　　因为我兼任中央保健委员会副主任，我们还同卫生部制定了中央、国家机关、北京市司局长级和十三级以上老干部以及老专家（包括在职的、不在职的）医疗照顾办法，办理了中央、国家机关和北京市的十三级以上干部 12222 人的医疗照顾，其中副部长级及以上的老干部 918 人，司局级干部 11304 人；由 11 个医院为以上干部进行了体检。通过体检，对发现病状或疑点的，及时采取了治疗措施。如文化部长周扬体检时发现其肺部有阴影，就作了进一步的检查，确诊为肺癌，经治疗阴影消失，后来一直未再出现。经济学院处长卞居正（行政十三级）体检时发现肺部阴影，经拍片会诊确为肺癌后就及时进行手术，取得良好效果。我们与卫生部协商办理了罗贵波、谭启龙、谭余保、苏毅然等副省长以上干部到京看病手续 250 人次。探望陆定一、李维汉、安子文、徐少甫、李培之、萧三、赖际发等住院老干部 400 多人次。通过贯彻组通字〔1978〕40 号通知，各省、市、自治区也恢复了对厅局级老干部的医疗照顾制度。

　　我还以中央保健委员会的名义和卫生部保健局的同志定期召开中央、国家机关和省、市、区卫生厅局长会议，布置和检查各单位及各省市的医疗保健工作。并以中央保健委员会成员的身份，每个礼拜到北京医院看望住院的老同志，检查医院的治疗和服务工作情况。

　　组织由中组部管理的老干部和待分配工作的老干部看文件，照顾好他们的生活，是非常细致的工作。当时由老干部局直接管理生活的老干部 20 人，待分配工作的老干部 53 人，共计 73 人，均由我们负责组织阅读文件，基本上做到让他们能及时看到文件。对我局管理的老干部，除平时搞好文化娱乐、生活照顾外，还组织他们去烟台、青岛等地疗养。此外，还组织新疆、湖南等省区市的 1000 多名老红军、老干部来京瞻仰毛主席遗容，参观人民大会堂，观看文艺晚会，丰富了老同志们的文化生活，受到他们的欢迎。

按照部里的要求，我们向有关单位提供了部分第一次、第二次国内革命战争时期参加革命的老干部名单。为了具体落实对离休老干部的政治、生活待遇要适当从优照顾的规定，我们征得民政部、财政部和劳动总局的同意，与他们联合发出了《关于解决部分老红军、老干部工资过低和生活困难补助问题的通知》。各部委和各省市区积极贯彻执行这一通知。据 1979 年 10 月底 14 个省市自治区的统计，按照通知提为十七级的有 1100 人。多数省市区在贯彻这个通知和我部组通字〔1978〕40 号通知中，还制定了一些从优照顾的具体办法。

我们积极开展总结、宣传老干部工作经验和老干部的先进事迹的活动。先后总结了石油部、黑龙江省、四川省财贸口、抚顺市公安局搞好顾问工作，四川省采取"大分散、小集中"的办法安置离休干部，鞍山市领导同志重视建立一套管理离休干部制度，山西黎城县建立三级参谋网、发挥离休退休老干部作用等 14 个单位的经验；收集、整理了湖南省委书记周里、中纪委委员浦安修（彭德怀夫人）、祁东县委副书记刘克俭，以及铁道部株洲桥梁厂顾问刘冠英、鞍钢生活管理处顾问韩德凤、贵阳市街道居委会党支书记李忠贵、原衡阳地委工交政治部副主任郝守财等 9 名顾问、离休干部发扬党的优良传统、搞好传帮带、培养接班人、为四化作贡献的先进事迹。通过《人民日报》、中央人民广播电台，报道了石油部顾问工作、鞍山市离休干部工作和刘克俭、刘冠英、郝守财等 7 个单位与个人的经验和先进事迹；通过简报《组工通讯》，向全国或部分省市宣传了黑龙江省顾问工作和周里等 10 个单位与个人的经验和先进事迹。这些工作，对于搞好党风，推动顾问、离休干部工作，起了积极的作用。

在新中国成立 30 周年的时候，邀请外地部分顾问和离休老干部到京参加庆祝活动，老干部局和部行政部门组成接待组，共接待顾问和离休老红军、老干部共 69 人。他们大部分参加过长征，部分老干部经历了第一次国内革命战争，为党作出过贡献。他们听了叶剑英的重要讲话，出席了国庆国宴和文艺晚会，参加了中组部领导人主持召开的座谈会，与领导人一起照相。在座谈会上，许多老同志交流了离休后发扬革命传统的经验，并对老干部工作提出了不少宝贵意见。这是新中国成立以来第一次邀请顾问和离休老干部从外地来京参加国庆活动和座谈会。通过此次活动，这些老同志都感到无上光荣。他们认为这是党和人民给的崇高荣誉，一致表示，要在有生之年为四化作出贡献。历时 15 天的活动，代表们都表示满意。他们来得高兴，走得愉快。关于这次活动的情况，在《要情反映》中得到反映，在报纸上也进行了宣传报道。这些老同志回去后，向各省、市、自治区党委领导同志作了汇报，引起了各地的重视。各省市自治区还按中央组织部通知的精神，邀请了部分顾问和离休的老红军、老干部参加了当地的国庆活动。这次活动，实际上是一次对顾问和离休老干部工作的一种广泛宣传，提高了顾问和离休老干部的地位，增强了他们的光荣感和责任感，对于形成尊重老干部的风气，起到了积极的促进作用。

处理好来信来访工作，是我们的一项经常性的重要工作。仅 1979 年，我们就处理群众来信 1732 件，接待来访 1740 多人次。我们对信访的处理，凡属于合理的，尽可能地帮助解决；一时办不到的，耐心地给予解释；对无理的要求则决不迁就，坚持按政策办事；对极少数冒充革名老干部的坏人，便会同有关部门查清并作了严肃处理。

制定有关老干部的一些具体规章制度，是老干部局的一项重要奠基工作。这一时期，除前面提到的一些文件外，我们还研究起草治丧、保健等有关问题的规定。例如，起草了《中央国家机关高级干部逝世后治丧工作的暂行规定》（征求意见稿）、《副部长以上党员干部逝世后骨灰盒上覆盖党旗的通知》《关于按规定办理进京看病手续的通知》，制定了《关于我部直接管理的老干部范围问题的规定》。还协助民政部起草了《中华人民共和国褒扬革命烈士条例》。

在工作中，我们有以下几点体会。

（一）要把掌握和宣传贯彻老干部政策放在工作的首位。老干部工作是政策性很强的政治工作，又是带事务性的具体工作，需要解决一些具体问题。只有宣传贯彻好党中央关于老干部的方针政策，具体问题才能顺利解决。从全国看，通过深入揭批林彪、"四人帮"打击迫害老干部的罪行，拨乱反正，宣传贯彻党中央关于要重视和关心老干部的政策，各级党组织和党员干部提高了认识，明确了老干部是党的宝贵财富。做好老干部工作有利于促进安定团结、发扬党的优良传统作风、发挥老干部在四个现代化中的骨干作用。因此，老干部工作受到了全党重视，林彪、"四人帮"横行期间对老干部冷漠仇视的局面有了根本转变，组织机构设置和政治、生活、照顾等具体问题就解决得比较顺利。过去，有的组织部门的同志，对老干部的申诉处分过重的问题不大重视。在老干部工作座谈会上，经过学习讨论耀邦同志 1978 年 11 月 18 日讲话和中组部《关于加强老干部工作的几点意见（讨论稿）》，大家认识到要正确对待犯错误的老干部，要全面地、历史地评价其功过是非，对这个问题就比较重视了，好些省市还对历史上处理老干部过重的，主动提出了复查计划。

（二）对老干部要有深厚的无产阶级感情。部里的领导同志经常提醒我们，要做好老干部工作，恢复我党尊重老干部、关心老干部的传统，必须明确老干部工作机构就是为老干部服务的，做老干部工作的同志要有"俯首甘为孺子牛"的精神，努力为老干部服务好。我们在各项工作中注意了这个问题，主动地、尽可能多地接触老干部，除热情接待来访外，还走访、看望了老干部及其家属近 600 多人次，积极认真地解决问题。我们感到这样做的效果好，与老同志的关系也比较融洽。同时，我们强调在设立老干部工作机构时，要选配党性强、作风好、对老干部有深厚无产阶级感情的干部到老干部局工作，对在这方面做得好的省、市、自治区，我们及时总结推广了他们的经验，以引起各地重视。

（三）领导者亲自动手，把一般号召和个别指导结合起来。在这方面，耀邦同志带了一个好头，局里也注意领导同志亲自接待和处理来信来访，经常走访、看望老干部，征求他们的意见，掌握了许多第一手材料。对于一些疑难问题，亲自动手和有关同志一起研究解决，收到了较好的效果。

（四）坚持原则，灵活掌握。在处理老干部及其家属提出的问题时，要坚持原则，灵活掌握。对合理的要求，要满腔热忱地帮助解决；一时办不到的，要耐心解释；对过高的要求应说服教育。例如，对于老干部的政治生活待遇，注意既要适当从优照顾，又要防止脱离群众，要发扬党的优良传统；对于给老干部本人的照顾（如用车等），子女要求享受的，则对子女说服教育，不要搞特殊化。又如，在处理老干部冤假错案的善后工作中，对老干部及其家属要求来京的，分别不同情况具体对待：本人原在北京工作，被林彪、"四人帮"、康生迫害去外地安置的，工作需要、本人有要求的，或者本人年迈、在政治上需要照顾的，经部领导同志批准，在京安排；没有必要来京，而本人一再要求来京的，则要会同有关局反复做说服工作，仍在原地安置；在京老干部年迈多病、需要家属来京照顾的，要适当解决。如萧三同志，已 80 多岁，生活难于自理，我们协助他所在单位，将其孩子调京工作，以便照顾他。对各省、市、自治区原负责人的家属要求来京的，我们根据耀邦同志关于"各省、市、自治区负责同志的家属，一律在原省、市、区居住，并由各省、市、区照顾"的批示精神，都说服他们在原省、市、区居住，并与有关省、市、区联系，给予妥善照顾。

总之，在领导同志的关怀和指导下，围绕党中央关于老干部工作的方针政策和部里的中心任务，老干局的同志团结一致，兢兢业业，埋头苦干，在人少事多的情况下，做了大量的工作。

虽然老干部局成立之初，做了很多奠基的工作，但是，现在回想起来，还有许多不足的地方，主要是：我们的思想还不够解放，工作不够大胆主动，效率不高，政策业务学习较差；工作方法上，调查研究、集体领导不够，工作还跟不上形势发展的需要。这些都是留下的遗憾。

第九章　中共云南地下党的平反和为我恢复政治名誉

　　谢富治担任云南省委书记以后，他认为云南省委原书记宋任穷同志提出的"团结第一，工作第二"的方针不符合云南实际情况，而认为对中共云南地下党要实行"改造第一"的方针。为此，从1954年开始，就开始对我和地下党进行污蔑和打击；到反右派时，又把地下党作为主要对象，很多地下党员被划成右派；到"文化大革命"，整地下党达到了高潮。云南地下党被污蔑为"国共合作的党"，中国人民解放军滇桂黔边纵队被诬蔑为"地霸""土匪"武装。为此，云南全省各级革委会都将地下党、边纵作为运动的重点，列入专案审查。省革委二办把地下党地委、边纵支队以上主要领导干部列入"叛徒、特务登记表"，广大地下党员、边纵指战员遭到残酷斗争，无情打击，一些同志被迫害致死，许多人致伤致残，并株连家属子女，有的甚至牵涉到统战人士和少数民族上层人物。更为恶毒的是，他们还把斗争矛头直接指向刘少奇、周恩来、邓小平等老一辈无产阶级革命家，造成了很大的混乱和极为恶劣的影响。

　　"四人帮"被粉碎后，特别是党的十一届三中全会以后，在党中央的领导下，被颠倒的云南地下党和边纵的历史逐步被重新颠倒过来。1979年1月，省委书记安平生在全省县委书记会议上宣布："文化大革命"中对云南地下党立案审查是错误的，因这个问题受到政治迫害的同志应予平反，恢复名誉。为了进一步拨乱反正，对云南地下党、边纵历史作出实事求是的评价，进一步解决好历史遗留问题，云南省委组成复查工作小组，专门进行复查。经过大量艰苦细致的工作，搞清了云南地下党和边纵的主要问题，恢复了历史的本来面目。

　　1981年1月底，中共云南省纪律检查委员会副书记陈盛年来到北京，专程向中央组织部上报中共云南省委组织部关于云南地下党、边纵若干历史遗留问题的复查报告和关于为我恢复政治名誉的报告。在报告中，有针对性地对云南地下党、边纵和我的几个主要问题进行了拨乱反正，并作出了实事求是的评价。

一、关于过去认为"1928 年正式成立的中共云南省委员会的委员，均先后遭逮捕而叛变"的问题。经过复查，省委认为：云南地下党是党中央派人来建立的。1926 年成立了中共云南省特别委员会，1928 年成立了中共云南省工作委员会，传播马列主义，开展革命活动，在滇南几个县发动过武装起义。1930 年，王德三、李鑫等主要领导同志和许多党员被捕，党的组织遭到破坏。省工委成员，除有个别自首叛变外，其余都英勇就义。云南地下党早期组织的主要领导干部和广大党员是经得起考验的，他们表现出大无畏的牺牲精神，在云南人民心中树立了不朽的丰碑。对他们的污蔑不实之词应坚决推倒。

二、关于过去认为"1935 年至 1941 年夏，云南地下党执行'右倾投降主义路线'，省工委委员'都有严重问题'，有的是老牌特务、内奸和阶级异己分子'"的问题。经查证：大革命失败后，云南地下党遭到全面破坏，但是基层的地下党组织领导党员和革命志士继续战斗。1935 年，云南地下党在困难的条件下，恢复重建组织，出版刊物，宣传党的主张，在易门边界地区发动过武装暴动，1938 年 5 月建立了中共云南省工作委员会。在党中央、长江局、南方局领导下，建立了云南抗日先锋队和中华民族解放先锋队，在城市、工矿、学校和一些农村地区，建立了工作据点，在上层人士中进行争取工作，开展抗日救亡运动等，为后来各方面的发展打下了基础。经过长期的审查和考查，省工委委员中没有发现特务、内奸和阶级异己分子，这些同志一直担任领导工作。过去的结论是不符合事实的。

三、关于过去说"地下党省、市工委在'七·一五'事件中，进行了一系列右倾投降活动"的问题。经过复查，这一结论也是完全不符合事实的。1941 年 1 月皖南事变后，南方局根据党中央"荫蔽精干，长期埋伏，积蓄力量，以待时机"的方针和准备应付突然事变的指示，对云南省工委的领导成员作了调整。新的省工委继续深入群众，积蓄力量，同时开展统一战线工作。1945 年春，相继建立了民主青年同盟、民主工人同盟、新民主主义联盟等党的外围组织。抗战胜利后，又领导了反内战、反独裁的昆明一二·一运动。周恩来同志对这次运动给予很高的评价，在延安"一二·九"十周年纪念大会上指出："昆明惨案就是新的一二·九。"1946 年夏，云南地下党领导了声讨国民党杀害李公朴、闻一多的斗争；1947年举行了声援北平"反美抗暴"游行示威，开展了"反内战、反卖国、反迫害、反饥饿"的斗争；1948年领导开展了"七·一五反美扶日"运动。在这一系列的民主运动中，中共云南地下党组织领导是坚决的，群众斗争是英勇的。1949年，在群众中开展了求生存、争解放、保厂护厂、反对资金外逃、反对设备搬迁台湾、反对蒋介石残余力量溃退入滇负隅顽抗的斗争。在斗争中锻炼培养了大批革命骨干，输送到农村和游击队。各地中共党组织，经过长期艰苦奋斗，在各族群众中扎下了根子，形成了星罗棋布的地下工作据点。说地下党"回避斗争"，在"七·一五"事件中"省市工委领导人进行了一系列右倾投降活动"和"反美扶日运动遭到失败"的结论不符合历史事实，应予推倒。

四、关于说云南省工委"阳奉阴违，对抗毛主席'立即将工作转移到农村，发动游击战争'这一英明指示"，"只搞学生运动，迟迟不开展武装斗争"等问题。经查证：1946年底，党中央指示南方各地党组织，放手发动群众，开展武装斗争，组织起几支中坚游击队，建立几个成块的根据地，迎接人民解放军的全面反攻。中共云南省工委于1947年在滇东和滇南地区，组织了小规模的武装活动。在发动农民群众反"三征"斗争和反蒋统一战线工作的基础上，于1948年春在滇东南地区发动了游击战争，成立了云南人民讨蒋自救军第一纵队。7月，第一纵队主力一部，南进千里，与粤桂边区主力一部会师。10月，两支游击队主力在前委领导下，团结战斗，打回滇东南，和在盘江南北两岸坚持斗争的部队汇合，建立、巩固、扩大了滇东南游击根据地。1949年1月1日，根据中央军委命令，正式成立中国人民解放军桂滇黔边区纵队。同时，在省工委领导下，1948年7月，在滇南地区发动游击战争，建立了云南人民讨蒋自救军第二纵队，以后又在滇东北、滇中、滇西、滇西北和滇康边界、滇北发动了武装斗争，建立了根据地。1949年7月，云南省工委与桂滇边区工委合并为滇桂黔边区党委，统一领导全区工作。全区游击队统编为中国人民解放军滇桂黔边纵队。中国人民解放军野战军进军云南之前，边纵部队在敌军围剿中发展壮大，组建了十二个支队、两个独立团，其中有两个支队在桂西，罗盘支队主力一部和部分游击团在黔西，共三万多人；还组建了二十二个护乡团，三个游击团，共一万多人，游击队、民兵九万多人。经过两年的艰苦战斗，消灭了数万敌人，解放61座县城。游击队的活动遍及云南90多个县和昆明四周，基本上形成了农村包围城市的态势，钳制了敌人五个军，对野战军的正面战场起了配合作用。在野战军压境的形势和党中央政策感召下，促成了卢汉起义。说中共云南省工委"对抗毛主席指示，只搞学生运动，迟迟不去开展武装斗争"，是完全不合乎历史事实的。

五、关于说边纵部队是"以招兵买马、招降纳叛为主"，是"地霸土匪武装"的问题。经查证，云南省委认为：边纵部队是按人民军队建军的宗旨、原则建立的，是严格执行三大纪律八项注意的。部队大部分是在兄弟民族聚居和杂居地区发展起来的。成分主要是各族贫雇中农。解放前，云南许多地方都有一些民变武装、反蒋的地主武装和少数民族头人的武装，各踞一方，根据共产党的统战政策收编改造，集中力量反蒋，是正确的，统一战线工作是成功的。临近解放时新收编的武装，改造工作没有完成，有多方面的原因。据此就把边纵部队说成是"以招兵买马、招降纳叛为主"，说成是"地霸土匪武装"，完全是诬蔑不实之词。

六、关于说云南地下党省工委、边区党委委员"都属叛徒、特务嫌疑"，边纵地委、支队领导干部"问题极为严重，其中有相当一批人属叛徒、特务、武装土匪头目、地霸分子"，"后期的云南地下党，客观上起了特务、叛徒、国民党、三青团骨干防空洞的作用"等问题。经查证，省委认为：1949年7月以前，云南地下党发展党员是比较慎重的，7月以后，控制不严，个别县区接收了一批不够条件的人入党，有的坏人趁机混入党内，造成有些组织不纯。此外，有的人有政治历史问题，未经严格考察就接收入党，安排了不适当的领导职务，这是工作中的问题。尽管如此，长期以来敌人力图破坏云南地下党组织的图谋都未得逞。这一时期的省工委、滇桂黔边区党委委员和地委、支队领导干部50多人，除被迫害致死和病故的外，现都在省内外担任各级领导职务。因此，"文化大革命"中对地下党省工委、边区党委、边纵领导干部和整个云南地下党的污蔑都应予推倒。

与此同时，云南省委对在"文化大革命"以前的几次政治运动中，由于"左"的思想影响和领导工作中的某些失误，对云南地下党和边纵的认识和对有些同志的处理上发生过的一些错误，也进行了拨乱反正，恢复了历史的本来面目。

一、关于整党问题。1951年，根据党中央关于在全国进行整党的决定，云南省以地下党干部为重点进行了整党。这次整党，提高了干部的觉悟和政策水平，增强了党性，纯洁了组织，对完成土地改革等各项任务起了积极的作用。必须充分肯定，这次整党的方针是正确的，成绩是主要的。但是，正如省委在 1952 年 10 月《关于云南初步整党工作报告》中所说的："部分地区进行组织处理不够慎重，有的缺乏具体分析和分别对待的精神或处理面过宽"。当时结论和处分的依据，主要靠本人交代和小组批评帮助，材料一般未经调查核实，使一些同志受到错误处理，有的长期挂起来，有的在后来的运动中被引申上纲受到错误处理，有的影响了对他们的使用。这些问题的产生，有当时的历史背景，要实事求是地对待和纠正。

二、关于我（郑伯克）的问题。1954 年，省委开始对郑伯克进行批判，说郑伯克有几个方面的错误。通过复查，澄清了事实，对郑伯克的问题重新进行了实事求是的评价。省委认为：郑伯克 1941 年到云南担任省工委书记后，在南方局领导下，贯彻执行党中央、毛主席关于白区工作的路线和指示；滇桂黔边区党委成立后，在郑伯克分工领导的地区认真贯彻区党委的决定。1949 年 11 月，人民解放军野战部队向大西南进军。12 月 9 日卢汉宣布起义，当月中旬，敌第八军、二十六军进攻昆明。中央军委命令第五兵团一部迅速由黔入滇驰援，命令滇桂黔边纵队与当地人民一起保卫昆明。昆明市委发动群众，组织义勇自卫总队，逮捕敌特和反革命分子，维护社会秩序，支援前线。边纵西进支队和九支队一个团，接到通知，赶往昆明支援；为了稳定局势，安定人心，部队进驻昆明市郊，在东郊开了军民大会；之后，随即南下参加滇南战役，完成配合野战军追歼逃敌的任务。这是符合中央军委命令保卫昆明的部署的，不能视为"抢先入城"。各地建政，是根据华南分局的指示，随着解放区的扩大而建立的。有的是在卢汉起义后形成空白，为了建立革命秩序和做好阻匪迎军（解放军）工作而建立的。这是形势发展的需要，也不能视为"同中央抢地盘"。邓小平同志 1951 年就说过："以宋任穷、郑伯克、李明为首的会师，是做得好的。"边区党、政、军、民从 1949 年秋就在激烈的反"扫荡"中，开展迎接野战军的准备工作，在各游击根据地，筹集了大量粮秣给养和慰问品，修桥筑路，设立接待站。12 月，边纵司令员庄田、政委林李明、政治部主任张子斋率领一支队到广西百色。1950 年 1 月，郑伯克到沾益和贵州，迎接野战军。野战军进军云南，沿途受到边区军民最热烈的欢迎。不能说"抗拒解放大军进入云南"。在滇南战役中，纵队司令员庄田率领的一支队，与四野的两个师配合，沿滇越边境疾进千里，堵截敌人南逃国外的去路。边纵领导机关，率领四支队配合四兵团十三军，进军蒙自地区。纵队副司令员朱家璧率领的西进支队和起义部队一部，从滇中直插元江，抢占元江桥头阵地，配合十三军歼灭未过江的敌陆军总部和第八军。其他各个支队、所属武装和广大民兵，亦积极参加阻击敌人的战斗。对此，邓小平在1950年《关于西南工作情况报告》中曾作过历史的概括，说："我云南人民武装及二野一部曾协同卢汉将军进行保卫昆明的战斗，旋以四野、二野各一部由广西赶赴滇南，因为云南有广大的解放区，有久经锻炼的人民军队，有有组织有觉悟的解放区人民，在他们的有力地协同和支援下，才能迅速地扑灭了李、余两匪的叛乱。"因此，1954年省委所作的结论，不符合历史事实，应予否定。

三、关于批判所谓"郑、王反党集团"的问题。经过查证，省委认为：1958年，省委在省党代表大会上的报告中说："云南地下党在建党建军方面有过严重的路线错误"，存在着"系统的地方主义"，"他们在国家机关和党内窃据了重要职务，披着共产党员的外衣，竭力散布资产阶级的毒素，图谋篡党，实现资本主义复辟"。报告强调深挖"反党集团"的"钉子""爪牙"和右派分子（当时被划为右派分子的省管以上干部158人，其中地下党干部就占122人），对地下党的同志还采取了"改造团结教育"的政策。这些评价和做法都是错误的，应予改正。

综上所述，云南省委给予云南地下党作出了实事求是的评价：云南地下党是中国共产党的一个组成部分，边纵是中国人民解放军的一个纵队。云南地下党和边纵在党中央、毛主席、南方局、华南分局领导下，贯彻执行了党的路线、方针、政策和指示，在远离中央的边疆多民族地区和各种矛盾错综复杂的环境中，进行了长期艰苦曲折的斗争。在党的建设、秘密工作、民主运动、武装斗争、统一战线、民族工作、敌军工作各个方面，成绩都是显著的。工作中也有许多缺点错误，主要的是在解放前后，形势发展快，斗争任务重，干部思想跟不上形势和任务的需要，有的干部对一些重大问题的政策不很清楚，有的人组织纪律性不强。在云南解放前后的几个月中对发展党员控制不严，发生了一些偏差。但总的看，成绩是主要的，缺点错误是次要的。1951年，出席全国组织工作会议的云南小组，对云南地下党的看法发生争论，刘少奇明确指出："云南党光荣伟大是第一，这是应该肯定的。"，"应该承认他们作过好事，打了游击，建立了武装，培养了干部，他们作的正确，作的伟大，作的英勇，是有功劳，要承认，要肯定。但是，还有第二、第三，那就是有毛病缺点错误。第一第二都要承认，只看缺点而抹杀优点成绩不对，只看成绩而忽略了毛病缺点也不对。"这个评价是合乎历史事实的，是正确的。

省委认为：解决云南地下党和边纵的历史遗留问题，是关系到进一步发展云南安定团结的政治局面，巩固边防，调动各族人民的社会主义积极性，促进四化建设的大事。要按照《关于党内政治生活的若干准则》规定："建国以来的冤案、假冤、错冤，不管是哪一级组织、哪一个领导人定的和批的，都要实事求是地纠正过来，一切不实之词必须推倒。"本着"实事求是，有错必纠"的精神，全错的全改，部分错的部分改，不错的不改。要肃清"左"的思想影响，根据党在国民党统治区工作的方针政策，结合云南当时的历史情况和特点，历史地、全面地、具体地分析问题，积极、慎重、稳妥地落实政策，着重从政治上解决问题，对符合政策规定的要求，应妥善地加以解决。要引导干部团结一致向前看，识大体，顾大局，不纠缠个人是非和历史旧账。为此，对处理云南地下党和边纵历史遗留的有关问题，提出了以下意见。

一、"文化大革命"中，诬陷云南地下党和边纵的冤案应予平反，一切诬蔑不实之词应一律推倒。尚未解决的遗留问题，应妥善解决。"文化大革命"前对云南地下党、边纵所作的不恰当的结论，应予纠正，恢复历史的本来面目。对于受到错误处理还未改正的，应按中央组织部〔1981〕5号文件精神，予以复查改正。

二、对于被捕、被俘的问题，应按中央有关规定处理。对于在地下斗争、游击战争和"七·一五"事件中被捕被俘人员，在敌人审讯时供出公开的组织，而没有损害党和革命的行为，过去被定为政治、思想动摇、自首叛变等问题，这是不恰当的，应予改正。

三、在地下斗争中，经党的组织和领导人派入国民党的各种机关团体和乡保组织，同党组织保持联系，以社会职业为掩护，进行革命活动，是正常的、正确的。因此受错处的，应予复查改正。被迫加入国民党、三青团，在事前或事后向组织作了报告，没有危害党和革命的行为而受错处的，亦应复查改正。

四、解放初期，被停止活动或解散了的基层组织的党员，表现好，在土改、合作化中已重新入党的，应承认其原来的党籍；至今未重新入党的，不再恢复党籍；现在申请入党，具备党员条件的，可以重新入党。

五、1949 年 12 月 9 日以前，个人或集体自动脱离国民党党、政、军、警、宪、特机关，加入我党领导的边纵或其他革命组织，或与我方取得联系，接受指示，仍在敌人内部为我党工作，确实做过有利于革命事业的工作的人，受到错处的，应按云统发〔1980〕09 号、42 号文件规定办理。

在地下斗争和游击战争中，和我党有统战关系，支援过我们，解放后一直靠拢我党，受到错处的人士，仍应按党的统战政策对待。

六、对错被开除党籍，后来一直表现好，现在具备党员条件的，可以恢复党籍或重新入党；错处理后丧失党员条件的，不再恢复党籍；按党的原则不应接收入党的，不恢复党籍。对于错被开除公职，错被资遣回乡的，复查改正后的工作和工资问题，原来是地方错处理的人员，按中组发〔1979〕33 号、〔1980〕7 号文件规定办理。原来是部队错处理的人员，按国发〔1980〕194 号文件规定办理。自动脱离革命队伍的，正常复员转业的，不属落实政策的范围。

七、复查中档案材料遗失，确实找不到的，可按当时处理的主要依据进行调查，作出结论。复查后，档案材料要进行清理。中央有规定的，按规定办；没有规定的，参照 1979 年 1 月 16 日中央组织部《关于处理整风反右派斗争中干部档案材料的若干规定》的原则处理。

八、原地下党、边纵人员的申诉，原则上由原处理单位负责处理，现在所在单位配合。原单位撤销的，地方由本人现在所在单位或所在地的县以上党委，部队由军分区或接收其业务的单位负责处理。原部队换防的，由其所在地军分区、武装部受理，与原部队联系解决。部队转材料到地方，由地方处理的，由处理单位复查。集体案件，由原审查单位复查。复查结论，按干部管理权限报批。

省委要求各级党委要重视云南地下党和边纵历史遗留问题的处理工作，省和这类案件多的地、州、市，要建立专门班子（有了解当时历史情况的同志参加），做好复查落实政策的工作。

此外，省委还单独提出了为我（郑伯克）恢复政治名誉的专题报告，对郑伯克的问题作了澄清。原说郑伯克 1949 年 7 月滇桂黔边区党委成立前后一段时期，"进行了公开的分裂活动"，"郑所领导的地区，实际上已经成为脱离中央的独立王国"，"资产阶级的路线，贯串在他建党、建军和统一战线工作的各个方面"，"组织上的极为严重的地方主义、分裂主义和政治上的右倾机会主义，是郑伯克在这一时期各方面错误的实质"。经过查证，省委认为1949年7月以前，云南与粤桂边区的游击队主力各一部会师，建立、巩固、扩大了滇东南根据地，团结战斗是好的。同年7月，云南省工委和桂滇边工委合并，成立滇桂黔边区党委之后，郑伯克同志是贯彻执行中央、南方局、华南分局的指示的，并亲自传达区党委的决定，各方面的工作都有进一步发展。在党中央的英明领导和广大干部的努力下，到1949年12月9日卢汉起义前，全省游击队解放了61座县城，基本上形成了农村包围城市的态势。原来所作的结论与实际情况是不相符的。

原说郑伯克1950年初"到处搭架子，搞接收，同中央抢地盘"，"企图先中央而接管昆明"；"擅自出版《云南人民日报》"，"宣扬地方主义，而对解放军只字不提"，"其思想实质是抵抗大军入云南"，"在四野二野部队急进滇南堵歼南逃残敌，急切需要游击队配合并与他建立联系的紧急时机，他竟按兵不动并多次拒绝联系……造成残敌逃窜国外的一项条件"。经过查证，省委认为，云南游击根据地的党政机构，是根据华南分局的指示，随着解放区的扩大而逐步建立的。有的地区，临近野战军入滇前建立政权，是为了建立革命秩序，发动群众，迎接野战军入滇消灭敌人，不能说成是同中央抢地盘。卢汉起义后，敌第八兵团进攻昆明，接运边纵部分武装到昆明，是为了稳定局势，安定人心。之后，随即及时赶赴滇南参加滇南战役，完成配合野战军追歼残敌任务，并未接管昆明。出版《云南人民日报》，主要是刊登新华社电讯，宣传党的政策，发刊词的第一句话就是"解放大军正向昆明兼程前进"。初出版时，发表过几篇社论，后发觉有的社论不妥，即未再发表。郑伯克还亲自到贵州迎接野战军，不是宣传地方主义和抵抗大军入滇。野战军进入云南，就与边纵取得联系，滇南战役中边纵有六个支队主力密切配合野战军英勇作战，歼灭了敌人，并未按兵不动。

报告指出：郑伯克同志在云南工作期间，是执行党的路线的，成绩是主要的。原认定"资产阶级的路线，贯串在他建党、建军和统一战线工作的各个方面"，"组织上的极为严重的地方主义、分裂主义和政治上的右倾机会主义"等结论，是不符合历史事实的，应予推倒。经省委研究决定，撤销1954年4月12日《云南省委关于省委委员郑伯克同志的错误的报告》及附件，消除影响，为郑伯克同志恢复政治名誉。

为了更广泛地听取意见，中共云南省纪委副书记陈盛年在北京还走访了一些同志。他曾访问了于一川。因为在 1954 年 2 月 16 日省委扩大会议上，于一川作了《关于郑伯克同志所犯错误的初步发言》，影响很大。二十多年后，他对这个问题也有了新的认识。他对陈盛年说："在那次会议上，最后我发言，是根据大家发言，没有查证，这是不严肃的。"他说："当时扣了好多帽子，那些帽子是不对的。这一段，我是有责任的。"接着，陈盛年又访问了原南方局的童小鹏。童小鹏说："据我在南方局工作时所了解，云南地下党无论在建党、统一战线和建立革命武装方面，都有很大的成绩，否定他们的成绩是不对的。""当然，还有缺点和错误，但不是主要的。"陈盛年还访问了原南方局组织部长孔原。孔原说："云南地下党，作为我们在白区党的一部分，统战工作、秘密工作和武装工作是有成绩的。特别是统战工作方面是成功的，这是云南地下党工作的一个特点，在南方，比如广西、湖南等省，都没有做到这个程度。在滇军工作、民族工作等方面，工作是好的。我完全拥护你们的报告。为郑伯克同志平反，我完全赞同。"

1982 年 2 月 6 日，中央批准了《关于云南地下党、"边纵"若干历史遗留问题的复查报告》和《关于为郑伯克同志恢复政治名誉的报告》两个报告，并在报告上批示说："云南地下党和'边纵'在远离中央的边疆多民族地区，艰苦奋斗，做了很多工作，取得了重要成绩，为解放云南做了贡献。通过这次解决历史遗留问题，希望进一步调动一切积极因素，更加团结一致，同心同德，振奋精神，为我国社会主义的四化建设而努力，卓有成效地做出新的贡献。"1982 年 3 月 2 日，中央组织部下发〔1982〕6 号文件，印发云南省委《关于解决云南地下党、"边纵"历史遗留问题的报告》和《关于为郑伯克同志恢复政治名誉的报告》的通知，向各省、市、自治区党委，中央各部委，国家机关各部委党组，各人民团体党组转发中央批示以及云南省委报告。通知指出："据了解，有些省、市、自治区，也不同程度地存在着地下党历史遗留问题。有的正在解决，有的还没有得到很好的解决。中央领导同志曾批示：'地下党问题要很好抓一下，公公正正地解决'。请你们根据这一批示精神，结合本地实际情况，参考云南的做法，对地下党的历史遗留问题，妥善地予以解决。"

至此，云南地下党、"边纵"和我的问题终于得到了解决。

为了推动全国处理地下党历史遗留问题工作的开展，中央组织部于1984年9月12日至21日在云南昆明召开了处理地下党历史遗留问题座谈会。参加会议的有16个省、自治区、直辖市党委组织部和处理地下党遗留问题领导小组的负责同志。各地汇报了情况、交流了经验，讨论了今后的任务和进一步处理好地下党历史遗留问题的措施。

会议学习了中央对处理地下党历史遗留问题的有关指示，回顾了近年来处理这一问题的工作情况。党的十一届三中全会以来，有关省、自治区、直辖市党委，遵照中央关于拨乱反正、落实政策的方针，贯彻胡耀邦同志关于"地下党问题要很好抓一下，公公正正地解决"的批示精神，为处理好地下党历史遗留问题做了大量工作，平反、纠正了一批冤假错案，解决了一部分地下党组织和党员的党籍等问题。但是，这项工作进展不顺利，还有不少遗留问题没有解决或解决得不彻底，有些地区才刚刚开始，任务还相当繁重。会议一致认为，处理好地下党历史遗留问题，是关系到坚持党的实事求是的思想路线，进一步增强党的团结，调动各方面的积极性，以利于集中力量推进社会主义现代化建设。哪里还存在这类问题，哪里的党组织就应抓紧工作，主动解决，负责到底。

会议认为，全国各地的地下党组织和地下党领导的游击武装长期在白色恐怖中英勇奋斗，为中国人民的解放事业作出了应有贡献。新中国成立初期，党中央根据当时党内存在的某种程度的组织上和思想上不纯的状况，决定对地下党组织进行普遍整理，是完全必要的。但是，一些地方在具体工作中，由于对地下斗争的复杂性认识不足，对于地下斗争的历史环境和特点缺乏了解，也由于"左"的思想影响和工作上的失误，致使一些地下党的同志受到了错误的处理和不公正的对待，造成不少遗留问题。特别是在"文化大革命"中，林彪、"四人帮"对地下党横加诬陷，制造了大批冤假错案。

会议认为，处理历史遗留的地下党问题，要按照《关于建国以来党的若干历史问题的决议》和中央有关政策、指示精神，坚持"实事求是，有错必纠"的方针，公公正正地加以解决。既要分清是非，解决问题，又要有利于安定团结。不追究个人责任。要着重从政治上解决，对长期受错误处理的同志在政治待遇和生活待遇方面，要作适当的补救。

会议指出，地下党历史遗留问题，主要指当地解放前建立的地下党或地下党所领导的游击武装、秘密外围组织及其成员，因被错误处理而形成的冤假错案和遗留的党籍等问题。凡是本人（或家属）提出申诉的，组织上对原处理有疑问的，以及原地下党领导同志和有关同志建议要求复查的，均应认真进行复查，作出结论。复查的重点放在大案、要案和被定为敌我矛盾、被开除党籍、被开除公职等案件上。会议认为，处理地下党历史遗留问题，宜粗不宜细，大是大非要分清，小是小非不纠缠，着重搞清主要问题和主要情节。在处理过程中可先易后难，对那些事实清楚、已有政策规定、又比较容易解决的问题，要迅速加以解决；凡属地下党组织和党员的冤假错案应一律平反，取消所戴的各种帽子，推倒一切不实之词，恢复名誉；对错杀的要昭雪，错判的要改正；受株连的家属子女要消除影响；个别使用不当而又有可能的可适当调整；长期被错误处理、又有一定影响的老同志要视情况酌予适当安排。在落实地下党政策中，对受到错误处理的同志要满腔热情，负责到底。如果本人确实错误较重，经复查主要事实依据没有变化，处理基本正确，可不再改变。要继续克服"左"的影响，防止怕麻烦的思想和厌倦情绪，纠正遇事等上级表态，批一件办一件、不催不办甚至催了也不办等不负责任的态度。对个别顶着不办，经教育不改的，要严肃处理。同时也要注意防止不坚持党的原则，不按政策办事，过分迁就不合理要求等现象。会议还就几个具体问题进行了认真讨论并提出意见：（1）过去中央关于解决新中国成立前党员脱党期间党龄党籍问题的有关规定，在坚持总的原则下，考虑到地下斗争的复杂性和特殊条件，对抗日战争以后，主要在三次反共高潮期间，地下党组织按照中央隐蔽精干的方针，布置党员隐蔽埋伏，或由于转移关系等客观原因，使一些党员长期失掉组织关系的，各省、自治区、直辖市党委可本着实事求是的精神，区别不同情况研究制定具体规定，具体问题具体解决。（2）地下党同志因受到错误处理，使工资级别明显过低，极不合理的，可个别解决；因受错误处理的影响，未定级或定级过低的，可根据本人受处理时担任的职务和一贯表现，参照同级干部当时定级的情况，重新确定或调高工资级别；原错受降级处分，1982年普调工资级别以后复查改正的，除恢复原工资级别外，还应按普调工资政策规定办理。（3）对于现在在农村的地下党老党员，因年老体弱，丧失劳动能力，无人赡养，生活低于当地一般群众生活水平的，可酌情给以定期生活补助。

会议认为，当前处理地下党历史遗留问题任务相当艰巨，建议有关省、自治区、直辖市党委继续重视，加强领导。组织、人事、纪检、政法、民政等部门，要在党委统一领导下，分工负责，互相配合，密切协作。任务重的地方，根据实际情况，应由组织部门牵头组织联合工作机构。党委要有一位负责同志分管，经常过问，加强督促检查，主动研究和解决问题。要强调层层负责，一级抓一级。当前，要特别注意县以下人员的案件，被错误处理没有申诉的案件，以及"文化大革命"中造成的冤假错案。对遗留问题多，重复上访多而又进展不大的地区和部门，逐一进行检查帮助。要自始至终做好思想政治工作，要从大局出发，共同努力，解决好这一历史遗留问题，以同心同德，搞好四化建设。

昆明座谈会之后，全国各地认真贯彻会议精神，处理地下党历史遗留问题工作达到预期的目的。

附录：郑伯克同志生平

　　中国共产党的优秀党员，久经考验的忠诚的共产主义战士，第六届全国人民代表大会常务委员会委员，中共中央组织部原顾问郑伯克同志（部长级待遇），因病医治无效，于 2008 年 3 月 5 日 5 时 10 分在北京逝世，享年99 岁。

　　郑伯克同志，1909 年 7 月 19 日出生于四川沐川县。早在 1927 年在成都省立第一中学读书时，开始参加中国共产党领导的进步活动，1929 年 8 月在四川大学加入共产主义青年团，任团支部书记。1930 年 7 月因参与筹备反帝示威活动而被捕入狱，经受了严酷的考验。营救出狱后，很快同组织取得联系，于 1933 年赴上海，先后任中国左翼社会科学家联盟上海江湾区委书记、中国左翼新闻记者联盟常委兼宣传部部长、中国新兴教育工作者联盟沪西区委书记、上海国难教育社总干事等职。这一时期，他在党的领导下，广泛联系党员和进步群众，为开展白区地下工作和抗日救亡运动作出了重要贡献。1935 年 7 月郑伯克同志转为中国共产党党员。1937 年 5 月再次被捕入狱，受到敌人严刑拷打，但他忠贞不屈，表现了共产党人坚定的革命意志和不怕牺牲的革命精神。

　　抗日战争全面爆发后，郑伯克同志前往延安中央党校学习，并负责主办《时事周刊》。后被派往江西，任中共中央东南分局秘书，1938 年初调任新四军南昌办事处秘书长，为新四军的组建做了大量的具体工作。同年调任中共四川省工委委员，后任中共川康特委常委兼宣传部部长，为恢复川康地区地下党组织，宣传党的政策，扩大党的影响做了大量工作。1941 年初，因中共川康特委遭受破坏，撤退到中共中央南方局。同年 6 月由南方局派往云南，任中共云南省工委书记。面对国民党顽固派发动反共高潮的严重形势，在周恩来同志的领导下，带领中共云南省工委认真贯彻党中央白区工作隐蔽精干的方针，转变工作方式，恢复和加强中共地下党基层组织，使党组织深深扎根于群众之中。他紧紧抓住西南联大这一有广泛影响的重要阵地，以共产党员为核心，团结广大青年学生和知识分子，积极组织进步活动，为开展民主斗争积蓄了比较雄厚的力量。他利用云南地方实力派与国民党中央当局存在尖锐矛盾这一有利条件，多渠道地开展统一战线工作。通过大量卓有成效的工作，将昆明的民主运动开展得有声有色，在大后方产生了很大的政治影响。

抗日战争胜利以后，为了反对国民党的内战独裁政策，郑伯克同志领导中共云南省工委在1945年底发动和组织了著名的一二·一运动，拉开了国民党统治区开辟第二条战线的序幕。他领导云南地下党组织在各地建立了星罗棋布的工作据点，广泛发动和开展游击斗争，通过多条渠道、多种方式对地方实力派、滇军将领、民主党派、知识分子开展团结争取工作，发展壮大了党的组织和武装力量。1949年1月任中共滇桂黔边区党委副书记，同年8月兼任中国人民解放军滇桂黔边区纵队副政委。他带领云南省地下党组织，放手发动群众，壮大武装力量，到云南解放时，党领导的人民武装发展到十多万人，为配合野战大军解放大西南，争取昆明的和平解放发挥了重要的作用。他领导云南地下党组织创造性地贯彻执行党的白区工作的方针政策，取得了显著成绩，为丰富和发展党在白区工作的理论和实践，夺取革命的胜利作出了重要贡献。

1950年云南解放后，郑伯克同志先后任中共中央西南局委员、西南军政委员会委员，中共云南省委委员、省委组织部部长、省纪委书记、省委党校党委书记、省委秘书长，新民主主义青年团云南省委书记等职。为云南党的建设、政权建设、经济社会发展和巩固民族团结做了大量工作。1954年5月遭受错误批判，下放到云南省东川矿务局工作。1956年11月调到北京，先后任农产品采购部科学研究所副所长，城市服务部、第二商业部党组成员、部长助理，商业部教育局局长等职。在"文化大革命"期间，受到林彪、"四人帮"的迫害，下放到辽宁盘锦商业部干校劳动。在身处逆境的情况下，他始终坚信共产主义理想，坚信党的领导，没有放松学习，密切联系群众，任劳任怨，做了大量工作。

1978年初，郑伯克同志调中共中央组织部工作，任接谈组成员。同年4月，中组部成立老干部局，他主持筹备工作，7月被任命为老干部局局长。

1983 年 7 月任中组部顾问，分管老干部工作和干审工作。他紧密围绕党的工作大局和组织工作的重点任务，以高度的政治责任感，怀着深厚的感情，竭尽全力，勤奋工作，深入实际，调查研究，系统了解和掌握全国老干部的基本情况，研究制定老干部工作和干部审理审查工作的有关政策，为大批干部平反冤假错案，落实政治、生活待遇，重新走上领导岗位做了大量艰巨细致的工作。在落实党的干部政策、开创全国老干部工作新局面等方面作出了突出贡献。他还多年兼任中央保健委员会副主任，参与制定了中央、国家机关和北京市老干部以及老专家医疗照顾办法，经常到医院看望住院的老同志，检查医院的治疗和服务工作情况，为干部的医疗和保健做了大量工作。

1978 年，郑伯克同志当选第五届中国人民政治协商会议全国委员会委员；1983 年，当选第六届全国人民代表大会常务委员会委员。

1995 年 6 月郑伯克同志离职休养以后，仍孜孜不倦地学习，积极参与党史研究，特别是为党在白区工作的研究写了大量回忆文章，撰写了《白区工作的回顾和探讨》《郑伯克回忆录》。他收集有关史料，整理了《周恩来对白区工作的贡献》等书籍和文章，在党史和党的建设研究领域作出了成绩。

郑伯克同志具有坚定的共产主义理想信念。他旗帜鲜明，立场坚定，坚持真理，刚直不阿，胸怀坦荡，光明磊落，长期的革命斗争实践，锻炼和培养了他坚强的无产阶级党性和坚韧不拔的革命意志。他无论身处顺境，还是逆境，始终对党和人民无限忠诚，对革命事业矢志不渝，处处把党和人民的利益放在首位，淡泊名利，顾全大局，严于律己，宽厚待人，生活俭朴，助人为乐，从不居功自傲，从不计较个人的得失与荣辱，体现了一名共产主义战士和无产阶级革命者的高风亮节。

郑伯克同志的一生，是革命的一生，战斗的一生，全心全意为人民服务的一生。他把毕生的精力无私地奉献给了中国人民的解放事业和社会主义建设事业，为中华民族的伟大复兴作出了重要贡献。他的逝世使我们失去了一位久经考验的忠诚的共产主义战士，失去了一位德高望重的老领导、老党员。我们要学习他崇高的革命精神和高尚的革命品格，紧密地团结在以胡锦涛同志为总书记的党中央周围，认真学习邓小平理论和"三个代表"重要思想，贯彻落实科学发展观，为建设中国特色社会主义而努力奋斗。

郑伯克同志永垂不朽！

后 记

　　1985 年秋，有一次孔原同志向我谈起在南方局时周恩来同志对云南工作的关切。他嘱咐我，要把云南地下党工作的经历写出来。我说：那十年间，恩来同志的很多重要指示都是我间接听来或从《新华日报》的字里行间琢磨出来的，贯彻的仅是其十分之一二；工作如有成绩，那是云南广大共产党员、干部艰苦奋斗的结果。孔原同志反复说，把这些写出来，责无旁贷。从此，我开始考虑写白区工作的回忆。回顾 1927 年以来，耳所闻、目所见和亲身经历的事实，我党广大白区秘密工作屡遭破坏，而云南我地下党在敌人的血腥镇压下不仅没有受到破坏，反而得以发展壮大，为中国革命作出了应有的贡献。追寻其原因，这主要是同周恩来的正确领导有着密切的关系。为了缅怀恩来同志，纪念共同战斗和牺牲了的同志，我都应当尽自己的力量总结那段永远难忘的经历，如实地把它写出来。

　　从 1986 年起，我就回忆所及，断断续续地写，并查阅档案和有关资料。1997 年，云南省委党史研究室委托袁丁同志参加这一工作，使我更得以进一步集中时间和精力投入到写作中去。宋平同志对这本回忆录的写作给予了很多关怀和指导，对陆续送请审阅的书稿，他每次都给以具体指导，最后并为本书写了评价很高的序言《一部白区工作的忠实纪录》。宋任穷同志对这本书给予了很大鼓励，并题写了书名。中央党史研究室负责同志也给予了大力支持，袁丁同志利用业余时间，全力以赴，假日也风里来、雨里去，帮助我查阅、核实资料，担负了书稿的记录、整理、润色、打印和全书的编纂等工作，给了我很大的帮助。李曦沐同志对全书的文字工作提供了帮助。常绍温同志就其熟悉的川康三年的情况，帮助作过修改。许多北京、四川、云南、上海、江西当年的老战友对这本书提过不少好的建议和修改意见。对所有这些领导者和同志们，我都表示深深的谢意。

1999 年 7 月，我的回忆录上卷《白区工作的回顾与探讨》出版后，我感到很有必要把我从云南到北京工作的这段历史很好地回忆一下。从 1954 年谢富治诬陷我开始，一直到 1982 年中央批准为我平反，正式为我恢复名誉，在这 20 多年的日子里，我受到了很不公正的对待，同时，云南地下党也因此受到很大的牵连。这段历史，应该给予总结。1978 年，我调到中央组织部，筹建中组部老干部局，经历了拨乱反正，平反冤假错案，举步维艰的时期。这个时期，我在耀邦同志的领导下，全力以赴。中共十一届三中全会以后，在任穷、野苹等同志领导下继续工作。作为当事人，在我有生之年，有责任把这个时期的工作情况写下来。为此，从 1999 年起，我就和中共中央党史研究室的袁丁和我的秘书刘崇宏一起，开始了我的《回忆录》下卷的策划编写工作。我们查阅了档案，搜集了大量的资料。袁丁同志由于中共中央党史研究室的工作繁重，只能利用业余时间加班，她帮助整理了在云南一段的历史。我到北京后的回忆，由我口述，刘崇宏作电脑记录。完成初稿后，又进行了反复修改。李曦沐同志对本书提出了宝贵意见。特对他们表示感谢。

这部回忆录难免有疏漏失实之处，请老战友多提意见。

郑伯克

2002 年 5 月